D1731925

V&R

HANS HÜBNER

Biblische Theologie des Neuen Testaments

BAND 2

Die Theologie des Paulus und ihre neutestamentliche Wirkungsgeschichte

VANDENHOECK & RUPRECHT
IN GÖTTINGEN

In memoriam
professoris et doctoris
Antonii T. Hanson
amici et Veteris Testamenti
in Novo investigatoris

Die Deutsche Bibliothek–CIP-Einheitsaufnahme

Hübner, Hans:
Biblische Theologie des Neuen Testaments / Hans Hübner. –
Göttingen: Vandenhoeck und Ruprecht
Bd. 2. Die Theologie des Paulus und ihre neutestamentliche Wirkungsgeschichte. – 1993
ISBN 3-525-53587-2

Vorwort

Im Grunde ist ein Vorwort ein recht eigentümliches Paradox. Es steht *vor* den Ausführungen eines Buches, und doch ist es in der Regel erst *nach* Abschluß des Manuskripts verfaßt. Dieser Sachverhalt ist insofern sinnvoll, als nun der Autor schon auf den ersten Seiten das sagen kann, was ihm erst während der Niederschrift seines Buches deutlich geworden ist. Auf den vorliegenden zweiten Band der Biblischen Theologie des Neuen Testaments bezogen: Meine Überzeugung hat sich verstärkt, daß Exegese der Heiligen Schrift von ihrer ursprünglichen Intention her *Interpretation* der Heiligen Schrift ist. Daß sich Exegese primär als Interpretationswissenschaft versteht, wird allerdings nicht von allen zugegeben. Bei der Lektüre vieler exegetischer Publikationen gerade aus der letzten Zeit gewinnt man den Eindruck, daß sich manche Exegeten bewußt mit der historischen Aufgabe begnügen. In der Tat darf kein Bibelwissenschaftler die historischen und literaturwissenschaftlichen Aufgaben vernachlässigen; sie sind conditio sine qua non. Aber wo man die historische und literaturwissenschaftliche Arbeit mit Absicht nicht um des theologischen Verstehens der Heiligen Schrift willen führt, ist das Eigentliche der exegetischen Arbeit nicht getan. Das Bemühen um die Theologie des Paulus und ihre neutestamentliche Wirkungsgeschichte hat mich des weiteren auch in meiner Überzeugung bestarkt, daß man nur dann sachgemäß erfaßt, was ein neutestamentlicher Autor sagen will, wenn man sich von ihm auf seinen Weg der theologischen Argumentation mitnehmen läßt. Zumindest gilt das für diejenigen neutestamentlichen Schriften, die im nun vorliegenden zweiten Band behandelt werden.

Ist durch die chronologische Vorgehensweise eine Art der Darstellung neutestamentlicher Theologie entstanden, die sich in Konzeption und Aufbau erheblich von anderen Theologien des Neuen Testaments unterscheidet, so ist das doch freilich nicht ganz neu. Der Jesuit *Ferdinand Prat* hat bereits den ersten Band seiner Theologie des Paulus nach der chronologischen Reihenfolge der Paulusbriefe konzipiert, freilich nicht unter dem Gesichtspunkt einer theologischen Entwicklung.[1] Daß jedenfalls das methodische Vorgehen, Paulus auf

---

[1] Vielleicht ist es für einige Leser nicht uninteressant zu wissen, daß mir der verstorbene Kirchenhistoriker *Hubert Jedin*, als ich ihm mein Buch über das Gesetz bei Paulus und somit über die theologische Entwicklung des Apostels gab, folgendes erzählte: Bei

seinem theologischen Werdegang zu begleiten, ihn als geschichtliche Gestalt und gerade darin als reflektierenden und argumentierenden Theologen besser verstehen läßt, zeigt vielleicht der hier vorgelegte Versuch.

Dankbar bin ich für die so weitgehende Zustimmung zu meiner Konzeption, die ich in den Prolegomena vorgelegt und begründet habe. Fast durchgängig wurde begrüßt, daß der Leser durch die Art der Darstellung in das Werden dieser Konzeption hineingenommen wurde. Angesicht der so freundlichen Aufnahme der Prolegomena gebe ich ein wenig zögernd den zweiten Band in die Hände derer, die ihn lesen werden, da ich nicht weiß, inwieweit ich den anscheinend hochgespannten Erwartungen entsprechen kann. Ich hoffe aber, daß zumindest der Versuch als solcher, die Theologie der behandelten Schriften unter dem Gesichtspunkt der Zuordnung von geschichtlicher und hermeneutischer Fragestellung zu behandeln, das richtige Ziel vor Augen hat. Die nicht nur historisch, sondern auch theologisch gemeinte Unterscheidung von Vetus Testamentum und Vetus Testamentum in Novo receptum ist entgegen meinen Befürchtungen von der größeren Zahl der Rezensenten akzeptiert, zum Teil sogar begrüßt worden.[2] Fast gleichzeitig mit dem zweiten Band meiner Theologie erschien *Peter Stuhlmachers* Biblische Theologie des Neuen Testaments, Band 1, in dem auch die Theologie des Paulus behandelt ist. Ich bedaure, daß ich aus Zeitgründen nur noch in sehr wenigen Fußnoten auf dieses wichtige Buch eingehen konnte. Denn er, seit langem schon einer der profiliertesten Vertreter des Anliegens einer Biblischen Theologie, bestreitet die von mir getroffene Unterscheidung von Vetus Testamentum und Vetus Testamentum in Novo receptum. So wird das Gespräch zwischen uns - ich hoffe, es ist auch für Außenstehende ein fruchtbarer Dialog - erst zu einem späteren Zeitpunkt weitergehen.

Dankbar bin ich auch, daß die Zustimmung zu den Prolegomena nicht nur von evangelischer, sondern auch von katholischer Seite kam. Ich wollte ja einen Beitrag zum ökumenischen theologischen Gespräch leisten. Ich freue mich besonders darüber, daß die Ausführungen im sy-

---

seinem Rigorosum in Breslau (1925!) habe ihn *Friedrich Wilhelm Maier* gefragt, was er an *Prats* Buch über die Theologie des Paulus auszusetzen habe. Er gab selbst die Antwort: Prat hat die Entwicklung der paulinischen Theologie nicht erkannt.
[2] S. auch den in diesem Punkte weiterführenden Aufsatz von *Nikolaus Walter*, "Bücher: so nicht der heiligen Schrifft gleich gehalten ..."? Karlstadt, Luther - und die Folgen.

stematisch-theologischen Abschnitt über *Karl Rahner* von katholischen Rezensenten begrüßt wurden. Die weitreichende, wenn auch natürlich nicht völlige Übereinstimmung katholischer und evangelischer Exegeten im Verständnis und in der Wertung der paulinischen Rechtfertigungslehre ist in der gegenwärtigen theologischen Situation von eminenter Bedeutung. Denn seit einigen Jahren verstärken sich die Angriffe vor allem amerikanischer Exegeten auf die von den meisten evangelischen Theologen vertretene Überzeugung, daß für die Theologie des Paulus die Rechtfertigung aus dem Glauben ohne des Gesetzes Werke zentral sei (z.B. *Ed P. Sanders* und *Francis Watson*). Offen werden in Rezensionen Autoren dafür gelobt, daß sie "die lutherische Position" exegetisch zu Fall gebracht hätten. Nicht die Meinung eines bestimmten Exegeten oder einer bestimmten theologischen Schule wird kritisiert, sondern das Paulusverständnis der lutherischen Theologie und der lutherischen Kirche. Hier steht nun nicht mehr die eine exegetische Meinung gegen die andere, sondern hier wird Exegese als Bestreitung der theologischen Grundlage einer kirchlichen Konfession betrieben. Um so dankbarer sollten wir die erhebliche Annäherung im Paulusverständnis zwischen katholischen und evangelischen Theologen registrieren.

Einige werden sicherlich kritisieren, daß ich dem Judentum in neutestamentlicher Zeit zu wenig Aufmerksamkeit gwidmet hätte. Ich darf in diesem Zusammenhang zunächst auf die Prolegomena, S.258f, verweisen. Außerdem bin ich der Meinung, daß es angesichts der gegenwärtigen Forschungslage erforderlich war, zunächst den hier eingeschlagenen Weg konsequent zu gehen. Daß andere mit anderen Forschungsinteressen ergänzen müssen, was ich nicht leisten wollte oder konnte, versteht sich von selbst.

Wie im ersten Band geschieht die Auseinandersetzung in der Diskussion mit der relevanten Literatur. Das kann bei einem so weitgespannten Thema nur in Auswahl geschehen. So habe ich unter der inzwischen fast unübersichtlichen Fülle der Publikationen auswählen müssen und dabei zuweilen recht Wertvolles unberücksichtigt gelassen. Wo ich in früheren Paulusbüchern die Diskussion schon geführt habe, meinte ich, dies hier nicht mehr ausführlich tun zu sollen. Im übrigen verweise ich auf meinen kritischen Literaturbericht über die Paulusforschung seit 1945 (ANRW II/25.4, 2649-2840), wo der Leser vieles, was er hier vielleicht vermißt, nachlesen kann.

Ich danke vielen, zunächst einigen Kollegen der Theologischen Fakultät Göttingen. Nennen möchte ich vor allem Herrn Prof. Dr. Georg Strecker und den Altlandesbischof Herrn Prof. Dr. Eduard Lohse. Ihnen danke ich für die kritische Lektüre des Manuskripts. Ich danke Herrn stud. theol. Marc Wischnowsky für die Erstellung der beiden Register, außerdem ihm und Herrn Diplomtheologen Maic Zielke für technische Hilfe, Frau stud. theol. Cora Bartels für die Durchsicht des Manuskripts. Besonders gilt mein Dank Frau Heidi Wuttke für das Schreiben eines sehr schwierigen Manuskripts.

Die Widmung diese zweiten Bandes der Biblischen Theologie des Neuen Testaments ist ein schmerzliches *in memoriam*. Gestorben ist mein englischer Freund *Prof. Dr. Anthony T. Hanson*, ein Neutestamentler, der die Entstehung meiner Biblischen Theologie mit großer Anteilnahme verfolgte, der aber leider nur das Erscheinen der Prolegomena erlebte. Gerade er war ein bedeutender Forscher auf dem Gebiet der Rezeption des Alten Testaments im Neuen, aber auch auf dem der Theologie des Paulus. So mag gerade die Widmung dieses Buches, das sowohl das Vetus Testamentum in Novo als auch die Theologie des Paulus zum Inhalt hat, in besonderer Weise zeichenhaft sein. Ich schaue dankbar auf lange Jahre wissenschaftlichen Austauschs und bereichernder persönlicher Begegnung zurück.

Hermannrode/Göttingen, 1. Adventsonntag 1992   Hans Hübner

Inhaltsverzeichnis

2. Biblische Theologie der neutestamentlichen Schriften (Mesolegomena)

2.0 Vorbemerkungen

Mit den Prolegomena wurde das *theologische Koordinatensystem* erstellt, innerhalb dessen die Ausarbeitung einer Biblischen Theologie des Neuen Testaments sinnvoll geschehen könnte. Dabei zeigte sich, daß sie nicht nur so etwas wie ein formales Gerüst für die materiale Aufbereitung der theologischen Gedanken der neutestamentlichen Autoren darstellen, sondern selbst schon inhaltlich Gewichtiges zur Theologie der biblischen Schriften zu sagen haben. Es erwies sich sogar als sinnvoll, zuweilen schon recht ausführlich auf theologisch so zentrale Topoi wie etwa die Rechtfertigungsverkündigung des Paulus einzugehen. Es wurde deutlich, wie *exegetisch-theologische* und *fundamentaltheologische* Aspekte bereits in ihrem jeweiligen Ursprung spezifisch ineinander verflochten sind. Wesen und Inhalt von Offenbarung lassen sich eben nicht voneinander trennen. Deshalb dürften die Prolegomena, vor allem was in ihnen exegetisch-fundamentaltheologisch zum Offenbarungsproblem gesagt wurde, schon ein wenig inhaltliche Abrundung dessen ausmachen, was Intention einer Biblischen Theologie des Neuen Testaments ist. Doch weist die immanente Fragerichtung des gewonnenen Resultats über dieses hinaus. Das Gefüge der in einem inneren Zusammenhang stehenden Antworten des 1. Bands drängt vehement zu neuen Fragen.

Jedoch, machen wir es uns nicht zu leicht, wenn wir als konstruktive Vorgabe einen solch theologischen Gesamthorizont herstellen? Setzen wir dabei nicht zu unreflektiert voraus, daß sich dieser Gesamthorizont als eine von vornherein fixierbare, feste Größe bestimmen läßt, in die hinein wir dann all das einräumen können, was die exegetische Arbeit nun an Einzelelementen produzieren wird? Müssen wir nicht damit rechnen, daß die nun neuen Detailergebnisse Rückwirkungen auf das bereits erstellte theologische Koordinantensystem haben? Indem wir nämlich auf das hören, was uns die neutestamentlichen Autoren über ihr ureigenes Verständnis, besser noch, über ihr ureigenes Verstehen der alttestamentlichen Schrift zu sagen haben, ändert sich ja auch wieder unser anfängliches Verstehen des Ganzen. Aus diesem hermeneutischen Zirkel kann keiner herausspringen, der sich historischem Fragen stellt. So werden wir zwar im wesentlichen an den Ergebnissen der Prolegomena festhalten müssen; aber wir werden uns auch dafür offenhalten, zuvor Gesagtes aufgrund neuer exegetischer Detailergebnisse in neuer Perspektive zu sehen, damit wir nicht vorschnell das Neue, das möglicherweise Ungeläufige, in das zuvor Gewonnene, nun zum Geläufigen geworden, einordnen.[1]

Der theologische Umgang der meisten neutestamentlichen Autoren mit dem Neuen Testament zeigt sich am auffälligsten in den *formellen*

---

[1] *Martin Heidegger* hat in seiner Hölderlin-Vorlesung vom Wintersemester 1941/42 diesen Gedanken vom *Geläufigen*, von dem wir uns am schwersten trennen und in dem wir das *Ungeläufige* unterbringen, vorgetragen; deshalb sei es ein langer Weg, bis wir Hörende geworden seien, Gesamtausgabe II/52, 1.

Schriftzitaten. Ihre theologische Absicht läßt sich in weitem Ausmaß an diesen Zitaten ablesen. Aber nicht nur der Inhalt der Zitate, sondern auch die formelhaften Wendungen, mit denen sie zumeist eingeleitet werden, die *formulae quotationis*, bringen in vielen Fällen die theologische Intention des jeweiligen Autors - zuweilen sogar programmatisch - zum Ausdruck. Sie sind, freilich in recht unterschiedlicher Weise, Wendungen mit geprägter theologischer Begrifflichkeit und erheblicher theologischer Aussagekraft. Nähme man aus den neutestamentlichen Schriften die alttestamentlichen Elemente heraus, so verlören die meisten ihr theologisches Gesicht und Gewicht.

Zu berücksichtigen sind aber auch die *Anspielungen,* doch sind sie schwerer zu verifizieren. Nicht in jedem Fall kann mit Sicherheit entschieden werden, ob eine alttestamentliche Parallele, die *wir* als solche nachweisen, auch vom neutestamentlichen Autor als bewußte Anspielung eingebracht worden ist. Wir müssen damit rechnen, daß ihm alttestamentliche Sachverhalte und Aussagen so vertraut waren, daß sie ihm immer wieder wie selbstverständlich in seine Ausführungen eingeflossen sind.[2] Wir werden also den Anspielungen auf die Schrift auch dann theologisches Gewicht beizumessen haben, wenn sie möglicherweise nicht bewußt geschehen sein sollten. Denn so oder so verraten sie einiges über das theologische Denken und den theologischen Horizont des jeweiligen neutestamentlichen Autors. Trotzdem wird weithin ein gewisses Schwergewicht unserer Untersuchungen auf den formalen Zitaten liegen müssen, da sich in ihnen in der Regel der theologische Wille der neutestamentlichen Schreiber entschiedener zum Ausdruck bringt als in den Anspielungen. Es ist also zu prüfen, wie und in welchem Ausmaß die Argumentation des jeweiligen Autors mit Hilfe der alttestamentlichen Zitate und Anspielungen Bausteine für die theologische Argumentation der betreffenden neutestamentlichen Schriften bereitstellt.

Sprechen wir jedoch von *Argumentation,* so ergibt sich ein weiterer wichtiger Aspekt. Argumentation ist nämlich gerade innerhalb rhetorisch konzipierter Einheiten von besonderer Relevanz. Umstritten ist zwar heutzutage, in welchem Ausmaß und in welcher Weise sich neutestamentliche Autoren der *antiken Rhetorik* bedient haben. Doch dürfte sich in der neutestamentlichen Forschung immer mehr die Einsicht durchsetzen, daß der Exeget nicht mehr auf die Kenntnis der antiken Rhetorik verzichten darf, weil er mit rhetorischen Kenntnissen und Fähigkeiten bei zumindest einigen der neutestamentlichen Autoren zu rechnen hat, vor allem bei Paulus. Verstehen wir nun den Begriff *argumentatio* als Teil einer nach den Regeln der antiken Rhetorik verfaßten Schrift, so stellt sich die Frage, wie sich die in ihr vorfindliche theologische Argumentation mit dem Alten Testament in den Ablauf ihrer argumentatio fügt: *In welchem Umfang und mit welchem Gewicht bestimmt die Argumentation mit dem Alten Testament die jeweilige theologische argumentatio des betreffenden neutestamentlichen Autors?*

---

[2] Zum theologischen und hermeneutischen Problem der Anspielungen (aber auch der Zitate) s. Abschn. 2.1.4.

2.1 Zitate und Anspielungen

2.1.1 Die formulae quotationis

Formulae quotationis[3] finden sich bereits in vorneutestamentlicher Zeit, erste Ansätze schon im Alten Testament, z.B. 2Kön 14,6 *kakkātûb bəsepær tôratˉmošœh*, LXX: 4Bas 14,6 καθὼς γέγραπται ἐν βιβλίῳ νόμων (!) Μωϋσῆ, 2Chron 23,18 *kakkātûb batôrat mošœh*, LXX: καθὼς γέγραπται ἐν νόμῳ Μωϋσῆ und Bar 2,2 κατὰ τὰ γεγραμμένα ἐν τῷ νόμῳ Μωϋσῆ. Dem entspricht qumranisches *kî> ken kātûb* oder *ka>ašœr kātûb* (1QS V,15; VIII,14; 4QFl I,2.12; CD VII,19). So ist anzunehmen, daß das für erst nachneutestamentliche Zeit nachweisbare rabbinische *kəkkātûb* bzw. sein aramäisches Äquivalent *kədəkkətîb* auch schon in neutestamentlicher Zeit in rabbinischer Exegese gebräuchlich war.

In dieser exegetischen Tradition steht die häufigste neutestamentliche formula quotationis καθὼς γέγραπται bzw. ὅτι γέγραπται, γέγραπται, γέγραπται γάρ o.ä. (62mal), davon in Mt 9mal, Mk 7mal, Lk 9mal, Joh 1mal, Act 5mal, Röm 16mal, 1Kor 8mal, 2Kor 2mal, Gal 4mal, 1Petr 1mal. Daneben finden sich andere Formen von γράφω, z.B. καθὼς ἐστιν γεγραμμένον, vor allem in Joh, oder in verschiedenen Variationen ἡ γραφὴ λέγει in Joh, Röm, Gal und 1Tim.

Mit der letztgenannten Formel ist schon der Übergang zu denjenigen formulae quotationis gegeben, für die eine Form von λέγω konstitutiv ist. Anstelle der Schrift können deren Autoren genannt werden, z.B. καθὼς εἶπεν Ἰσαίας ὁ προφήτης, Joh 1,23; Δαυὶδ ... λέγει, Act 2,25; aber auch einfach καθὼς ὁ προφήτης λέγει, Act 7,48. In der eigenartigen formula quotationis ὡς καὶ ἐν τῷ Ὡσηὲ λέγει, Röm 9,25, ist wahrscheinlich von V.24 hei Gott das Subjckt.[4] Doch sehen wir einmal von denjenigen Fällen ab, wo durch die 1. Pers. Sing. in den Zitaten Gott, Christus oder der Heilige Geist als Sprechender eingeführt wird - hier wären vor allem Röm 9-11 und der hinsichtlich seiner formulae quotationis ganz eigenwillige Hebr zu nennen - , so wird Gott selbst nicht als der Redende in den formulae quotationis genannt. Im Corpus Paulinum ist καθὼς εἶπεν ὁ θεός 2Kor 6,16 singulär. Aber dieses Zitat ist Teil einer Interpolation in den paulinischen Text. In allen elf Fällen ist im Neuen Testament λέγει κύριος Bestandteil des Zitats selbst oder Hinzufügung zum Zitat durch den neutestamentlichen Autor.[5]

Einen Sonderfall bilden die formulae quotationis der Reflexions- oder Erfüllungszitate des Mt ἵνα/ὅπως (τότε) πληρωθῇ (ἐπληρώθη) τὸ ῥηθὲν (ὑπὸ κυρίου) διὰ τοῦ προφήτου λέγοντος o.ä., die für seine theologische Konzeption konstitutiv sind; die ebenfalls theologisch relevanten Erfüllungszitate des Joh sind weniger stereotyp formuliert.[6] Spezifisch für Mt sind auch die mit ἠκούσατε ὅτι ἐρρέθη (ἀρχαίοις) eingeleiteten und in einer

---

[3] Im englischen Sprachbereich hat sich weithin der Begriff introductory formula durchgesetzt.

[4] S. die Kommentare.

[5] S. vor allem *Ellis*, Prophecy and Hermeneutik, 182ff.

[6] Zu den einzelnen Variationen s. Bd. 3, Joh-Teil.

Antithese überbotenen bzw. außer Kraft gesetzten Schriftstellen in Mt 5. Für ἐρρέθη ist rabbinisches *næᵓæmar* vergleichbar.[7]

Die Apk ist voll von alttestamentlichen Anspielungen, doch findet sich in ihr kein förmliches Zitat. Deshalb gibt es in ihr auch keine Wendungen, mit denen Zitate eingeleitet werden. Lediglich in Apk 15,3 wird mit καὶ ἄδουσιν τὴν ᾠδὴν Μωϋσέως τοῦ δούλου τοῦ θεοῦ καὶ (!) τὴν ᾠδὴν τοῦ ἀρνίου λέγοντες ein aus alttestamentlichen Bestandteilen zusammengesetztes Lied eingeleitet. Die Schwierigkeit, daß Apk 15,3 notwendig an Ex 15,1 denken läßt, jedoch Ex 15 in Apk 15,3f. gerade nicht zitiert wird und dieses Lied dem Geiste von Ex 15 entgegengesetzt ist, läßt *R.H. Charles* vermuten, daß die Erwähnung des Mose in Apk 15,3 eine Marginalglosse sei.[8]

Zuweilen werden mit nur einer formula quotationis Zitatenkombinationen (Zusammenfügung von zwei oder mehreren Schriftworten) oder Mischzitate (in ein Schriftwort sind Teile eines anderen eingefügt) eingeleitet.[9] Beide Phänomene sind nicht typisch jüdisch und folglich kaum jüdischer Exegese entlehnt.

2.1.2 Schriftzitate und Midrasch

Allerdings kannte die jüdische Exegese die Zusammenstellung von Schriftworten, die sich gegenseitig interpretieren, im Midrasch. Bis heute wurde jedoch in der judaistischen Forschung (*R. Bloch, J.W. Doeve, R. Le Déaut, G. Vermes, A.G. Wright*) über den Begriff des Midrasch noch keine Einigung erzielt. Wie weit tatsächlich bestimmte Arten des Midrasch, etwa der Proömien-Midrasch (Peticha), im Neuen Testament ihre Parallelen besitzen, ist im Einzelfall schwer zu entscheiden. *E. Earle Ellis* sieht z.B. in Hebr 10,5-39, Röm 9,6-29 und Gal 4,21-5,1 "the general outline of this pattern", in Lk 10,25-37 und Mt 15,1-9 "a somewhat different pattern, called in the rabbinic writings the *yelammedenu rabbenu*".[10] *Dietrich-Alex Koch* bestreitet jedoch solche Parallelen und macht vor allem darauf aufmerksam, daß für den Proömien-Midrasch charakteristisch sei, was für Paulus nicht zutreffe, nämlich daß der zu interpretierende Text - gemeint ist der Seder-Text - erst am Schluß der Auslegung erscheine.[11] Doch wird gelegentlich in dieser Art von Midrasch der Seder-Vers noch vor dem Peticha-Vers zitiert, so daß dieser Einwand zumindest etwas relativiert ist. Noch energischer bestreitet *Koch* bei Paulus Analogien zum Jelammedenu-Midrasch[12]. *Otto Michel* verweist, ohne jedoch in diesem Zusammenhang den Begriff Midrasch zu verwenden, auf "die rabbinische Eigenart, Zitate mehrerer Schriftgattungen zu verbinden", nämlich "Thora, Nebiim und Kethubim" oder nur "Thora und Nebiim" und vermutet darin eine Wurzel der paulinischen Zitatkom-

---

[7] *Bacher*, Die exegetische Terminologie, ad voc.

[8] *R.H. Charles*, Revelation II (ICC), 35.

[9] Vor allem bei Paulus; s. Paulus-Teil in diesem Band.

[10] *Ellis*, Prophecy and Hermeneutik, 154ff.

[11] *Koch*, Die Schrift als Zeuge des Evangeliums, 224-227.

[12] Zur Frage des Midrasch bei Paulus s. auch *Hanson*, Studies in Paul's Technique and Theology, 201ff.

16

binationen.[13] Insgesamt ist das Verhältnis der Zitierweise der neutestamentlichen Autoren zum Midrasch noch so ungeklärt, daß es sich empfiehlt, im folgenden nicht darauf weiter einzugehen.

Auch das Verhältnis von Midrasch und *Targum* ist umstritten. Deshalb wird hier auch nicht das Verhältnis von Targumpraxis und Schriftzitaten im Neuen Testament thematisiert; wohl aber wird im Einzelfall, wo erforderlich, die Targumfrage genannt.

2.1.3 Zur Textkritik

Obwohl die meisten neutestamentlichen Autoren das Alte Testament nach der LXX zitieren und nur in bestimmten Fällen ein Rekurs auf das hebräische Original ernsthaft zu erwägen ist, z.B. für einige Erfüllungszitate des Mt, finden sich immer wieder Differenzen zwischen LXX-Text und neutestamentlichem Zitat. Nachdem sich die Hypothese *Paul Kahles* nicht durchsetzen konnte, wonach die Geschichte der Septuaginta nicht mit einem Urtext beginnt, der im Laufe der Zeit Entstellungen, aber auch Rezensionen erfahren hat, sondern mit mannigfachen targumartigen Übersetzungen hebräischer Vulgärtexte ins Griechische[14], sollte man heute mit *Dominique Barthélemy*, *Robert Hanhart* und anderen Septuagintaforschern annehmen, daß kontinuierlich LXX-Rezensionen in Richtung auf inhaltliche Koinzidenz von griechischer Übersetzung und hebräischem Original vorgenommen wurden und daß sich dieser Prozeß auch in den Zitaten des Neuen Testaments spiegelt[15]. So hat die exegetische Arbeit an den neutestamentlichen Schriftzitaten auch ihre Rückwirkung auf die textkritische Arbeit an der LXX.[16]

2.1.4 Anspielungen und das theologisch-hermeneutische Problem von Zitaten und Anspielungen

Es wäre zu einseitig, wollte man den theologischen Umgang der neutestamentlichen Autoren mit dem Alten Testament nur an ihren alttestamentlichen Zitaten ablesen. Daß sie förmliche Zitate bringen, ist ja nur Ausdruck eines tiefergehenden Sachverhaltes. Das Alte Testament bzw. die Schrift, die γραφή, wie sie selbst sagen, ist für sie geistige und geistliche Heimat zugleich. In ihren Büchern sind sie zu Hause, aus ihnen zehren sie. Der durch die Schrift konstituierte theologische Horizont ist für sie weitgehend diejenige Wirklichkeit, innerhalb deren sie das Neue, was Gott in Christus gewirkt hat, verstehen und zum Ausdruck bringen. Sicher, es ist der *alte* theologische Horizont. Aber das Neue läßt sich doch zunächst nur in der theologischen und religiösen Begrifflichkeit des Alten aussagen. Was die Schrift als das aus der religiösen Tradition Überkommene an Begriffen, Vorstellungen, Bildern usw. bietet, ha-

---

[13] *Michel*, Paulus und seine Bibel, 83.

[14] *Kahle*, Die Kairoer Genisa, 222ff.

[15] *Barthélemy*, Les Devanciers d'Aquila; *Hanhart*, ZThK 81, 400ff.

[16] Aufgrund der enormen Fortschritte in der neueren LXX-Forschung (u.a. Göttinger Septuaginta) ist die Zusammenstellung der alttestamentlichen Parallelen durch *Wilhelm Dittmar* in seinem 1899/1903 erschienenen "Vetus Testamentum in Novo" überholt. Neubearbeitung durch *Hans Hübner*, Göttingen 1993ff.

ben sie ja verinnerlicht - internalisiert, wie der psychologische Terminus sagt - ; es liegt aber im Wesen der *Sprache*, es liegt in deren Kraft und Dynamik, daß aus ihrem zur Verfügung stehenden Potential, also aus dem, was sie als "Altes" bereitstellt, *Neues* ausgesagt werden kann. Findet aber das Neue mit Worten des Alten seinen sprachlichen Ausdruck, dann geschieht geradezu das Wunder, daß die Sprache mit ihrem "Vorrat" an alten Worten selber neu wird, indem sie mit Altem Neues "zur Sprache bringt". Es gehört zur *Geschichtlichkeit der Sprache*, daß sie sich so immer wieder erneuert.

Was nun aber für die Sprachrezeption schlechthin gilt, trifft in besonderer Weise für den konkreten Fall der Rezeption des Alten Testaments im Neuen zu. Die *Sprache des Neuen Testaments*, genauer: die jeweilige Sprache des einzelnen neutestamentlichen Autors, ist *zumeist durch und durch alttestamentlich geprägt*. Von den Zitaten einmal abgesehen, bestimmen daher alttestamentliche *Anspielungen* ihre theologischen Argumentationen und Schilderungen. Erst recht gilt das für den Fall, daß sich ihre Sprache an Höhepunkten ihrer Ausführungen zur Gebetssprache erhebt. Inwieweit sich allerdings der neutestamentliche Autor im Einzelfall bewußt ist, daß er auf eine oder vielleicht sogar mehrere Stellen des Alten Testaments anspielt, ist oft nicht mehr nachweisbar. Im Grunde ist dies aber auch unerheblich, da uns der wichtigere Sachverhalt bekannt ist, nämlich ihre geistige und geistliche Beheimatung in der heiligen Schrift Israels. Es ist das alte Gottesbild, es ist das alte Menschenbild, das immer wieder das theologische Denken der neutestamentlichen Autoren in erheblichem Ausmaß prägt. Sie hatten es auch nicht nötig, auf wichtige Aussagen und Auffassungen des Alten Testaments zu verweisen, weil, wie gesagt, die geistige und geistliche Welt des Alten Testaments für sie und, wie sie wohl meinten, auch für ihre Leser selbstverständlich war. Oft ist auch nicht auszumachen, ob man einen Anklang an Aussagen des Alten Testaments als Anspielung im eigentlichen Sinn oder als bloßes Sich-Bewegen in der Sprache des Alten Testamentes beurteilen soll. Die Übergänge sind fließend, unser Urteil in vielen Fällen, selbst wenn es richtig sein sollte, unerheblich. Darauf kommt nämlich alles an: Wo die Autoren des Neuen Testamentes die Sprache des Alten Testaments sprechen, da sprechen sie mit genau dieser Sprache so radikal Neues, daß *ihre* Sprache im Grunde neutestamentlich und gerade nicht mehr alttestamentlich ist.

Damit stellt sich aber das grundlegende *hermeneutische* Problem. Die neutestamentlichen Autoren schöpften in grandioser selbständiger *Unmittelbarkeit* aus dem Alten Testament als ihrem religiösen und theologischen Fundus. Haben sie in den Zitaten dadurch, daß sie sie als Mittel der theologischen Reflexion einsetzen, eine gewisse Distanz zwischen der Schrift und sich geschaffen, also eine gewisse Verobjektivierung des Alten Testaments vorgenommen, so sind gerade die Anspielungen, weil sie ja direkter in den jeweiligen Duktus der neutestamentlichen Schriften einflossen, viel unmittelbarer auf das Alte Testament bezogen. Und genau hier ist der Punkt, an dem wir, mögen wir auch noch so sehr mit dem Alten Testament vertraut sein, nicht mehr in dieser Weise an der Unmittelbarkeit partizipieren können. Gerade da, wo Christen das Alte Testament bestens kennen, da lesen und verstehen sie es *vom christlichen Vorverständnis her*, also als den ersten Teil der Gesamtbibel, die ihren stärksten Akzent auf dem Neuen Testament hat. Selbst da, wo Christen das Alte Testament fundamentalistisch und unter der Voraussetzung einer sog. Verbalinspiration lesen, werden unbewußt oder durch eigenwillige hermeneutische Gewaltakte Sinnverschiebungen alttestamentlicher Aussagen zugunsten neutestamentlicher Inhalte vorgenommen.

Nun wäre es zu kurz gedacht, wollten wir das bewußte und sicherlich weithin auch unbewußte Aufgreifen von alttestamentlichen Aussagen durch die neutestamentlichen Autoren und ihr Sich-Bewegen in alttestamentlicher Idiomatik lediglich als eine Rezeption von *Texten* interpretieren. Denn das Beheimatetsein im Alten Testament ist ja weit mehr als das bloße Vertrautsein mit einem Buch. Es ist eben nicht ein rein literarischer Vorgang, den die Literaten des Neuen Testamentes praktizierten! Indem sie nämlich mit den Schriften des Alten Testaments vertraut sind, sind sie zugleich mit der *Wirklichkeit* vertraut, aus der diese Schriften erwachsen sind und wovon sie Ausdruck geben. Diese Wirklichkeit ist die gottgesetzte, die von Gott geschaffene Realität. Die neutestamentlichen Autoren sprechen die Sprache der Heiligen Schrift Israels, weil in diese Sprache das Sprechen Gottes und die dadurch bewirkte Realität eingebettet ist. In der Rezeption der alttestamentlichen Sprache vollzieht sich also die, wenn auch gebrochene Kontinuität der frühen Kirche zur geistlichen Realität Israels. Es ist nicht einfach das Sich-Bewegen in der Sprache eines vorhandenen Buches. Ist schon gemeinhin Sprache eine Wirklichkeit, die das Wesen des Menschen ausmacht, ist, um mit *Martin Heidegger* zu sprechen, die Sprache "*das Haus des Seins*", kann er daher sagen "*Das Sein von Jeglichem, was ist, wohnt im*

Wort"[17], so gilt das in hervorragender Weise vom Worte Gottes, das in der Form des menschlichen Wortes an Israel ergangen ist.[18]

Daß wir mit unserer Sicht von der Affinität der Auffassung von der Sprache als dem "Haus des Seins" zur Auslegung der Heiligen Schrift nicht fehlgehen, zeigt das viel beachtete Gespräch zwischen einem Japaner und einem Fragenden - dieser ist natürlich Heidegger selbst - über das Wesen der Sprache.[19] Auch hier begegnet wieder die Wendung "Haus des Seins".[20] Heidegger war der Titel "Hermeneutik" von seinem Theologiestudium her geläufig: "Damals wurde ich besonders von der Frage des Verhältnisses zwischen dem Wort der Heiligen Schrift und dem theologisch-spekulativen Denken umgetrieben. Es war, wenn Sie wollen, dasselbe Verhältnis, nämlich zwischen Sprache und Sein, nur verhüllt und mir unzugänglich, so daß ich auf vielen Um- und Abwegen vergeblich nach einem Leitfaden suchte."[21] *Otto Pöggeler* beruft sich auf dieses Gespräch: Der Bezug des spekulativen Denkens auf das Wort der Heiligen Schrift impliziere einen in sich selbst geschichtlichen Anspruch. "In diesem Anspruch gibt sich Wahrheit, indem sie sich zurückhält; sie bleibt ein Geheimnis, das auf eine zukünftige Offenbarung verweist. Der Anspruch stellt als Heilsanspruch in die Entscheidung; er leitet den, der glaubt, in jene Wahrheit, in der der Glaubende ... sein künftiges Bleiben hat, das Haus, in dem er wohnt (Joh 8,31f.)."[22] Joh 8,31 heißt es: " Wenn ihr *in meinem Wort* bleibt, ἐὰν ὑμεῖς μείνητε ἐν τῷ λόγῳ τῷ ἐμῷ, seid ihr in Wahrheit meine Jünger. Und ihr werdet die Wahrheit erkennen, und die Wahrheit wird euch freimachen." Die Angesprochenen sind also, indem sie "in" Jesu Wort, also "in" Gottes Wort wie in einem Haus sind, diejenigen, die die Wahrheit, die ἀλήθεια, erkennen.[23] Die Erkenntnis der Wahrheit ist aber nicht eigentlich Tun des Menschen, sondern das von Gott gewirkte eschatologische Heil. Denn theologisch entscheidend ist, daß Gott sich erkennen läßt. Erkennen können aber nur die Glaubenden, weil sie ἐκ τοῦ θεοῦ sind, Joh 8,47. Wer aber die Wahrheit als aus Gott Existierender hören kann und sie daher versteht, den wird sie freimachen, also aus dem Haus der Knechtschaft in das Haus der Freiheit, in das Haus Gottes (Joh 14,2) versetzen. Wer daher - so können wir

---

[17] *Heidegger*, Unterwegs zur Sprache, 166; Hervorhebungen durch mich.

[18] Erinnert sei in diesem Zusammenhang an das, was in den Prolegomena in den systematisch-theol. Erwägungen zur Offenbarung in der Heiligen Schrift gesagt und dabei über den Menschen als hörendes Wesen ausgeführt wurde (Bd.1, 203ff.). Dabei waren *Karl Rahner*, *Rudolf Bultmann* und *Martin Heidegger* die bevorzugten Gesprächspartner. Zu *Heidegger* noch folgende Bemerkung: In "Sein und Zeit" hat dieser die Sprache in seiner existenzialanalytischen Analyse im Zusammenhang mit der *Rede* thematisiert. Diese ist mit den Existenzialien Befindlichkeit und Verstehen gleich ursprüngliches Existenzial (S. 161). Als solches Existenzial ist sie das existenzial-ontologische Fundament der Sprache (S. 160).

[19] *Heidegger*, Aus einem Gespräch von der Sprache, 83ff.

[20] Ib. 112.

[21] Ib. 96.

[22] *Pöggeler*, Der Denkweg Martin Heideggers, 270.

[23] Zu Joh 8,31 s. die Kommentare und *Hübner*, EWNT I, 143f.

Joh 8,31f. paraphrasieren - "im" Wort Jesu bleibt, der ist für immer "in" der Sprache Gottes als im von Gott erbauten Haus des heilhaften Seins.

Rezeption ist, wenn sie wirklich als geschichtliches Ereignis stattfindet, *kritische Rezeption*, selbst da, wo Kritik nicht primär intendiert ist. Keiner kann so tun, als könne er zuvor Gesagtes in genau dem Sinne mitvollziehen, wie es in seiner Ursprungssituation gemeint war. Es mag beim Vorgang der Rezeption eines geschichtlichen Textes recht viel inhaltlich beibehalten werden. Wenn es aber gerade um einen Text geht, der das Kolorit des *Geschichtlichen* besitzt, so wird der in neuer Geschichtlichkeit ausgesprochene Sinn nie den alten exakt reproduzieren. Andernfalls wäre Geschichte nicht mehr Geschichte, wäre Geschichtlichkeit nicht mehr Geschichtlichkeit.

Sofort meldet sich der theologische Einwand: Wie ist *kritische* Rezeption, die aus hermeneutischer Sicht notwendig kritisch ist, da möglich, wo es um die Rezeption von *Offenbarung* geht? Vor allem werden theologische Schwierigkeiten da manifest, wo Inhalt der Offenbarung das Gericht Gottes ist. Ist nicht die kritische Rezeption des von Gott angesagten und in die Tat umgesetzten Gerichts, also der von Gott angesagten und vollzogenen Krisis eine blasphemische Mißachtung Gottes? Kann, ja darf der Mensch Gottes Krisis kritisch rezipieren? Eine sinnvolle Beantwortung dieser Frage kann nur für den jeweiligen Einzelfall erfolgen. Doch soll wenigstens das theologische Grundproblem schon ansatzweise aufgewiesen werden. Als das fundamentale hermeneutische Problem zeigte sich bereits das Verhältnis von Unmittelbarkeit und Mittelbarkeit. Es kam zunächst unter dem Gesichtspunkt in den Blick, daß die neutestamentlichen Autoren, zumindest die aus dem Judenchristentum kommenden, eine ganz andere Unmittelbarkeit zum Alten Testament hatten als die, die erst über den Umweg ihres christlichen Glaubens Zugang zu ihm fanden (und finden). Die Ausführungen in den Prolegomena über die alttestamentlichen Offenbarungen und die neutestamentliche Offenbarung zeigten aber bereits, daß die *eigentliche* Unmittelbarkeit die der unmittelbaren Anrede Gottes an den Menschen ist. Behauptet nun das Neue Testament die Identität Jahwähs, des Gottes Israels, mit dem Vater Jesu Christi, also mit dem im Neuen Testament verkündeten Gott, so stellt sich die für eine Biblische Theologie drängende Frage, ob sich das im Alten Testament unmittelbar aussprechende Ich Gottes, also das Israel unmittelbar anredende Ich Gottes, sich auch an die christliche Kirche wendet und somit auch uns heute noch unmittelbar anredendes Ich Gottes ist. Daß dies vor allem für diejenigen alttestamentlichen Aussagen gilt, in denen Gottes Ich sich als in eschatologischer Zukunft wirkendes Ich aussagt, liegt auf der Hand. Anders formuliert: *Greift das Neue Testament das im Alten Testament ausgesprochene Ich Gottes als uns anredendes Ich Gottes auf?*

Mit diesem Aspekt von Unmittelbarkeit haben wir jedoch erneut auch die Zitate mit in unsere Erwägungen einbezogen. Denn gerade in ihnen begegnet Gottes Ich - freilich das *unmittelbare Ich Gottes* in der *Mittelbarkeit des Zitats*, das, wie bereits gezeigt, durch die Distanz der theologischen Reflexion eben diese Mittelbarkeit erzeugt. Insofern freilich schlägt die Mittelbarkeit gewissermaßen wieder in die ursprüngliche Unmittelbarkeit um, als durch die - nun auf neuer Stufe erfolgende - Rezeption, nämlich durch den Leser des Neuen Testaments, das in der theologischen Reflexion verobjektivierte Ich Gottes *zurückgeführt* werden soll *in* das für ihn relevante *unmittelbare Ich Gottes*. Führte der Glaube der neutestamentlichen Autoren zur theologischen Reflexion, zur Theologie, so soll nun diese Theologie wieder zurückführen zum Glauben des Lesers. Und da dieser nach der Intention des neutestamentlichen Autors in der Regel der bereits Glaubende ist, sollte es zutreffender heißen: die Theologie des neutestamentlichen Autors sollte zur Stärkung des Glaubens des Lesers führen.

Das unentflechtbare Verwobensein von Glaube und Theologie, wodurch freilich Theologie erst Theologie im eigentlichen Sinne ist, ist nach diesen Überlegungen im Zusammenhang des Verhältnisses von Unmittelbarkeit und Mittelbarkeit zu sehen. Innerhalb dieses Komplexes hat aber dann der Aspekt des Kritischen seinen Ort vor allem auf der Ebene der theologischen Reflexion und somit der Mittelbarkeit. Dann ist es jedoch nicht der Vorgang der an Israel ergangenen Offenbarung *als solcher*, der der bewußten theologischen Kritik unterliegt. Das wäre ein theologisches Unding. "Kritisch" wäre die Rezeption der Offenbarung als solcher höchstens insofern im Verständnis des Rezipierenden, als immer schon notwendig das Moment des Kritischen im Verstehensprozeß der je neuen geschichtlichen Situation mitgesetzt ist. Bewußt kritisch und somit kritisch auf der Ebene der theologischen Reflexion ist aber die neutestamentliche Sicht der alttestamentlichen Heilsgemeinde. Denn diese gilt nun entweder als überholte geistliche Wirklichkeit, oder sie wird sogar mit gravierenden Negativprädikaten bedacht. Dann aber ist die Kirche, um bei der von Martin Heidegger entlehnten Metapher "*Haus des Seins*" zu bleiben, ein neues Haus gegenüber dem alten. Dann ist die Sprache Gottes im Neuen Testament, auch wenn sie die des Alten Testaments aufgreift, ein neues Haus. Indem Gott *neu* spricht - Hebr 1,1f. ist dafür aufschlußreich: ἐπ᾽ ἐσχάτου τῶν ἡμερῶν τούτων ἐλάλησεν ἡμῖν ἐν υἱῷ - , hat sein neues Reden uns neu als Kirche konstituiert. Die neue Sprache Gottes hat uns neu geschaffen. Wir sind jetzt die neue Schöpfung, die καινὴ κτίσις (Gal 6,15; 2Kor 5,17); wir sind *creatura nova* als *creatura verbi novi*.

Eine interessante Parallele zu dieser Problematik bringt der französische Philosoph *George Steiner* in seinem leidenschaftlichen Essay "Von realer Gegenwart", einem der interessantesten und aufregendsten Bücher der letzten Jahre. Auch ihm geht es um *kritische Rezeption*, auch ihm - und das vor allen Dingen - um *Unmittelbarkeit*. Auch er will eine Auffassung von Sprache, Sinn und Gefühl vermitteln, die letztlich auf der Annahme einer Gegenwart Gottes beruht.[24] Er schafft in der Phantasie eine Gesellschaft, in der jedes Gespräch *über* Kunst, Musik und Literatur verboten ist. Jedweder Diskurs dieser Art gilt in ihr als illegales Geschwätz.[25] Was Musik ist, interpretiert allein der Musiker im Vollzug des Musizierens; was ein Theaterstück ist, interpretiert allein der Schauspieler auf der Bühne. Gerade in diesem Tun praktiziert der Künstler kritische Rezeption. So polemisiert Steiner gegen die "Vorherrschaft des Sekundären und Parasitären"[26]. Er entwirft "eine Gesellschaft, eine Politik des Primären; des Unmittelbaren im Hinblick auf Texte, Kunstwerke und musikalische Kompositionen"[27]. Indem der Künstler durch sein künstlerisches Schaffen im Konzertsaal oder Theater eine Hermeneutik so praktiziert, "daß damit der Vollzug eines verantwortlichen Verständnisses, einer aktiven Aneignung definiert wird"[28], "bringt der Ausführende" - anders als der Rezensent - "sein eigenes Sein in den Prozeß der Interpretation ein"[29]. Erfreulicherweise bricht Steiner in diesem Zusammenhang auch eine Lanze für das Auswendiglernen - manche "moderne" Schul- und Universitätslehrer betrügen ihre Schüler bzw. Studenten darum!, sie betrügen sie also um geistiges Eigentum! - , indem er auch den privaten Hörer oder Leser ermuntert, ein Gedicht oder eine Musikpassage auswendig zu lernen.[30]

---

[24] *Steiner*, Von realer Gegenwart, 13.

[25] Ib. 15.

[26] Ib. 18.

[27] Ib. 17.

[28] Ib. 18.

[29] Ib. 19.

[30] Ib. 21: "Auswendig zu lernen heißt, dem Text oder der Musik eine innewohnende Klarheit und Lebenskraft zu verleihen, sie zu ver-inner-lichen... Was wir auswendig lernen, entfaltet eine Wirksamkeit in unserem Bewußtsein, wird zu einem 'Schrittmacher' für das Wachstum und die wesensmäßige Differenzierung unserer Identität. Durch keine Exegese, durch keine Kritik von außen lassen sich die formalen Mittel, die Prinzipien des organisatorischen Vollzugs einer semantischen Tatsache, sei sie verbal oder musikalisch,

Worum es *George Steiner* geht, ist also, daß ein Kunstwerk nicht durch begriffliche Analyse erklärt werden kann. Denn dessen Gehalt ist etwas, das nur durch Nachvollzug[31] verstanden werden kann und uns gerade dadurch verändert und bereichert. Geht es um den wechselseitigen Austausch zwischen "uns" und dem, was das Herz weiß, so doch darum, daß wir nach der Hermeneutik Steiners dann Verstehende werden, wenn unser Herz zum wissenden Herzen wird. Was er zur Kunst sagt, gilt aber dann a fortiori von dem, was der "Text" der Offenbarung Gottes sagt, was Gott in seinem Text spricht. Das künstlerische Verstehen wird so zum Analogon des glaubenden Verstehens. Denn was Gott als der Offenbarende und gerade darin Sich-Offenbarende sagt, ist ja, was letztlich nur das Herz wissen kann. Auch hier ist die "Vorherrschaft des Sekundären und Parasitären" von Übel. Natürlich, als Wissenschaft kommt Theologie nie umhin, das "Sekundäre" zu tun. Nötig ist ja auch eine theologische Arbeit, die nicht in jedem Fall *unmittelbare* Reflexion des Glaubens ist. Es gibt auch notwendig eine Exegese, die nur über eine Reihe von Stufen der Mittelbarkeit wieder zur Unmittelbarkeit zurückführt. Aber Exegese als theologische Wissenschaft weiß darum, daß sie im tiefsten das ἐξαγαγεῖν von "Texten" ist, die die Sprache der Offenbarung sind. *Joh 1,18* bleibt zentraler theologischer Bezugspunkt aller neutestamentlichen "Exegese": ἐκεῖνος ἐξηγήσατο. Exegese hat auch dazu zu führen, daß biblische Texte - mit George Steiner gesprochen - auswendig gelernt werden und folglich eine *Wirksamkeit in unserem Bewußtsein entfalten*. Ist die Unmittelbarkeit des göttlichen Lebens das, worauf Exegese letztendlich aus ist - natürlich kann nicht jeder exegetische Schritt in direkter Weise diese Intention verfolgen - , so demaskiert Steiner mit Recht eine Exegese, die den Blick auf die Unmittelbarkeit aus ihren Augen verloren hat oder gar verlieren will.

Steiner stellte die Frage, ob sich irgendetwas Sinnvolles über das Wesen und die Bedeutung von Musik *sagen* oder schreiben lasse.[32] Wir können sein Bemühen um diese Frage hier nicht im einzelnen explizieren. Es sei nur darauf hingewiesen, daß er immer wieder den Bereich des Theologischen tangiert, ja, daß bei ihm alles auf den in der Immanenz gerade nicht faßbaren Gott hinausläuft. Was aber das Wort angeht, so gelangt er mit *Augustinus*, *Boehme* und *Coleridge* zum *gegebenen* Wort. *Datur non intelligitur.*[33] Und so kann eine wissenschaftliche Theologie wie die hier vorgelegte nur das Ziel haben, auf das *datur* zu verweisen, also das Ganze so darzustellen, daß die Unmittelbarkeit des göttlichen *datur* irgendwie aufleuchtet. Freilich, die Theologie, so sehr sie auch vom Glauben geschaffen ist, schafft ihrerseits

---

so direkt verinnerlichen. Genaue Erinnerung und Rückgriffe auf das Gedächtnis vertiefen nicht nur unsere Auffassung eines Werkes: sie erzeugen auch einen wechselseitigen Austausch zwischen uns und dem, was das Herz weiß. Und in dem Maße, wie wir uns verändern, ändert sich auch der gestaltgebende Kontext der internalisierten Dichtung oder Sonate."

[31] Damit meint *Steiner* mehr, als *Wilhelm Dilthey* mit seiner im Gefolge *Schleiermachers* betont psychologischen Hermeneutik des Nachverständnisses, des Nachfühlens und der Nachbildung meinte; *Dilthey*, Die Entstehung der Hermeneutik, 317f.

[32] *Steiner*, Von realer Gegenwart, 33.

[33] Ib. 292.

nicht die Unmittelbarkeit. Eine Theologie wäre aber pervertiert, würde sie den Weg dorthin verbauen.

Den interessanten Versuch, die theologische Konzeption des Alten Testaments im Neuen mit Hilfe der Theorie der *Intertextualität* - mit diesem Begriff wird seit einiger Zeit in der Literaturwissenschaft die Beziehung von Texten aufeinander bezeichnet[34] - zu untersuchen, hat *Richard B. Hays* in seiner Monographie "Echoes of Scripture in the Letters of Paul"[35] vorgelegt. Auch ihm geht es dabei um mehr als um die bloße Verifizierung von Zitaten. Daß Hays dieses neue literaturwissenschaftliche Instrumentarium für die Frage nach der Rezeption des Alten Testaments im Neuen nutzbar machen will, ist äußerst verdienstvoll. Er hat der künftigen Forschung einen wichtigen methodologischen Weg gewiesen.[36] Leider hat er um eines gewissen Pragmatismus willen bewußt darauf verzichtet, die mit dem Programm der Intertextualität gegebenen philosophischen Implikationen (Poststrukturalismus) in grundsätzlicher Weise zu thematisieren. Unklar bleibt bei ihm auch der Begriff "echo". Angesichts der noch bestehenden methodologischen und philosophischen Unklarheiten wird Hays' Monographie hier für die Darstellung der Theologie des Paulus nicht unter konzeptioneller Perspektive fruchtbar gemacht, sondern nur gelegentlich für materiale Einzelfragen herangezogen.

---

[34] S. dazu vor allem Intertextualität, Hgg. *U. Broich/M. Pfister.*

[35] New Haven & London 1989.

[36] Ausführlich habe ich mich in Zustimmung und Kritik zu *Hays'* programmatischem Entwurf in meinem Aufsatz "Intertextualität - die hermeneutische Strategie des Paulus?" (ThLZ 116, 881ff.) geäußert.

2.2 Die Theologie des Paulus

2.2.1 Der theologisierende Apostel und der argumentierende Theologe

Geht es im folgenden um die Theologie des Paulus, so ist gemäß der in den Prolegomena genannten[37] Unterscheidung *Gerhard Ebelings* von der in der Bibel enthaltenen Theologie und der der Bibel gemäßen, der schriftgemäßen Theologie[38] zunächst einmal diejenige Theologie gemeint, die Paulus selbst treibt. Wir wollen zunächst der Frage nachgehen, wie *er* theologisch denkt. Das legt sich gerade für Paulus in besonderer Weise nahe, da er einer der bedeutendsten Theologen des Neuen Testamentes war. Mag auch schon vor ihm in der Urkirche theologisch gedacht worden sein, und zwar gerade in hellenistisch-judenchristlichen Gemeinden, so ist er es doch wohl gewesen, der diesem Denken das geistige Format gegeben hat.[39] Es paßt zwar nicht in eine gewisse moderne Plausibilität hinein, den Apostel als geistigen Heroen zu bezeichnen. Eine derartige Formulierung ist sicherlich auch etwas deplaciert. Aber Paulus besaß schon eine unbestreitbar überragende theologische Größe. Und gerade als dieser große Theologe hat er Briefe geschrieben, deren Inhalt in erheblichem Umfang Theologie ist. Der Römerbrief z.B. ist ein Schreiben, in dem er theologische Sachverhalte vorträgt und vom Leser bzw. vom Hörer, dem der Brief vorgelesen wird, erwartet, daß er sich ins theologische Denken hineinnehmen läßt. Theologisches Denken bedeutet aber für Paulus, theologisch zu argumentieren. Und *Argumentation* ist für ihn Entwicklung, Entfaltung theologischer Fragen.

Wem mutet Paulus zu, mit ihm zusammen theologisch zu denken, zumindest das, was er argumentierend vorträgt, *nach*-denkend zu erfassen? Vom Philemonbrief abgesehen, sind seine Briefe Schreiben an Gemeinden, die er, von Rom abgesehen, als seine Missionsgemeinden gegründet hat. Paulus schreibt also theologisch argumentierend an Gemeinden, die bereits christlich sind. Somit sind seine Briefe *keine Missionsschreiben*. In keinem einzigen von ihnen geht es um Missionspredigt! Es sind die Probleme innerhalb der einzelnen christlichen Gemeinden, die in dieser oder jener Hinsicht des apostolischen Wortes bedürfen, doch gerade darin auch des theologischen Nachdenkens. So praktiziert Paulus seine apostolische Autorität auch in der Weise, daß er seinen Gemeinden aufgibt, zusammen mit ihm ihre Probleme theologisch zu bedenken, sie zu durchdenken. Demnach versteht er seine Autorität anscheinend so, daß seine Gemeinden der Aufforderung zum theologischen Denken ohne Zögern nachkommen. Haben sie sich doch dadurch, daß sie zum Glauben gekommen sind, qualifiziert, über ihren Glauben und dessen Konsequenzen zu reflektieren! Kommt auch der Glaube aus dem Hören der Predigt, Röm 10,17, so ist doch glaubende Existenz kein punktuelles Geschehen. Die Briefe des Paulus zeigen, wie

---

[37] Bd. 1, 24ff.

[38] *Ebeling*, Wort und Glaube I, 69.

[39] Anders *Räisänen*, Paul and the Law, 266f.: "It is a fundamental mistake of much Pauline exegesis in this century to have portrayed Paul as the 'prince of thinkers' and the Christian 'theologian par excellence'."

für ihn das laufende *fidem quaerens intellectum* charakteristisch ist. Die Gemeinde soll urteilen, δοχιμάζειν, Röm 12,2.[40].

Verkündigung ist nicht Theologie, und Glaube ist nicht theologisches Überzeugtsein. Aber die Grenze zwischen Verkündigung und Theologie, zwischen Glaube und theologischem Überzeugtsein ist fließend. Bereits die der paulinischen Theologie vorausgehende Missionspredigt, die ja primär weitergegebene Anrede Gottes an den Menschen ist, bringt immer wieder Argumentation, kann auf sie nicht verzichten. Zum nicht geringen Teil ist diese Argumentation Berufung auf die Schrift. Die Missionspredigt bedient sich des Schriftbeweises. Mag dies zunächst vor allem für die Judenmission zutreffen, so wird es aber auch immer wieder in der Heidenmission der Fall gewesen sein, vor allem dann, wenn die betreffenden Heiden als Gottesfürchtige dem Judentum zuvor schon innerlich verbunden waren oder es sich gar um solche handelte, die bereits Proselyten waren.

Doch eben diese Argumentation mit der Schrift ist es auch, die für die theologische Argumentation der Paulusbriefe *konstitutiv* ist. Gerade an ihren zentralen Stellen ist die Argumentation des Paulus mit der Schrift wesenhaft für sein theologisches Argumentieren. Er bringt Schrift-*Beweise*, bedient sich also der undiskutierten, der nicht hinterfragten Schriftautorität, ohne daß sie die aus seiner Damaskusberufung gewonnene Autorität als Apostel Gottes und Jesu Christi berührte. Das Verhältnis von apostolischer Autorität und Schriftautorität diskutiert Paulus nicht. Er hat es wahrscheinlich auch gar nicht als Problem empfunden, während wir, einmal darauf aufmerksam geworden, nicht mehr umhin können, uns dieser Problematik zu stellen.

Paulus argumentiert nun aber in seinen Briefen, wie sich zeigen wird, mit rhetorischer Kompetenz. Zwar wissen wir nicht, auf welchem Wege er mit der antiken *Rhetorik* vertraut wurde. Denn seine Jugend und sein Bildungsweg sind für uns weithin terra incognita.[41] Bis heute gibt es in der Paulusforschung noch keinen Konsens darüber, ob der Apostel, wie Act 22,3 behaupten, tatsächlich in Jerusalem bei Gamaliel d.Ä. studiert hat. Bekanntlich hat dies Rudolf Bultmann aufgrund von Gal 1,22 bestritten.[42] Aber daß Paulus vor seiner Berufung den Gemeinden Judäas unbekannt war, kann man nicht als Argument dagegen anführen, daß in einer Stadt von mindestens 25.000 Einwohnern[43] der Rabbinenschüler Paulus den Jerusalemer Christen bekannt gewesen sein müßte. Doch ist damit noch nicht sein Studium in Jerusalem bewiesen. *Joachim Jeremias* will aufgrund seiner exegetischen Methodik in dem Gamalielschüler einen Hilleliten sehen.[44] Aber es fällt schwer, in dem Torahrigoristen Paulus (Gal 1,13f.!) einen Hilleliten zu sehen.[45] Außerdem ist nicht si-

---

[40] S. dazu vor allem *Betz*, ZThK 85, 208ff.

[41] Was jedoch über den jungen Paulus gesagt werden kann, hat jüngst in vorbildlicher Weise *Martin Hengel* in seinem Aufsatz "Der vorchristliche Paulus" ausgeführt.

[42] *Bultmann*, [2]RGG IV, 1020f.; *Bornkamm*, [3]RGG V, 168, rechnet hingegen mit seiner Ausbildung in Jerusalem.

[43] *Jeremias*, Jerusalem, 97f., spricht von ca. 25.000 bis 30.000 Einwohnern Jerusalems. Diese Zahl dürfte wohl zu gering geschätzt sein.

[44] *Jeremias*, Paulus als Hillelit.

[45] Dagegen *Hübner*, KuD 19, 215ff.

cher, daß Gamaliel d.Ä. Hillelit war.[46] So ist ernsthaft mit der Möglichkeit zu rechnen, daß Paulus vor seiner Berufung den streng schammaitischen Standpunkt vertreten hat.[47] Wir können hier offenlassen, ob er Gamalielschüler war, überhaupt, ob er in Jerusalem studiert hat.[48] Was jedoch unbestritten bleiben sollte, ist, daß er schriftgelehrte Kenntnisse erworben hat, exegetische Methodik anzuwenden verstand und vor allem mit der Septuaginta vertraut war. Er war, mit *Adolf Deissmann* gesprochen, Septuaginta-Jude.[49]

Wir wissen also nicht, woher Paulus seine rhetorische Kompetenz hatte; wir wissen nicht, in welchem Ausmaß er sie sich erworben hatte. Aber unbestreitbar zeigen seine Briefe offenkundige Vertrautheit mit der antiken Rhetorik. Es ist vor allem *Hans Dieter Betz* zu verdanken, daß die Frage nach der rhetorischen Analyse der Paulusbriefe als unverzichtbare Aufgabe weithin erkannt wurde.[50] Wollen wir der theologischen Argumentation des Paulus auf die Spur kommen, um dadurch das Profil seines theologischen Denkens schärfer erfassen zu können, so ist die rhetorische Analyse gerade seiner Briefe unverzichtbar. Es legt sich daher nahe, die Theologie des Paulus in der Art darzustellen, daß wir die authentischen Paulusbriefe in chronologischer Reihenfolge untersuchen und sie dabei auch, soweit erforderlich, rhetorisch analysieren. Auf diese Weise erschließt sich uns nicht nur der theologische Inhalt der einzelnen Briefe, sondern, was um des Erfassens gerade dieses Inhalts unverzichtbar ist, auch die Dynamik des theologischen Denkens des Paulus. Seine Theologie ist keine statische Größe! Im *Prozeß des Theologisierens* wird seine Theologie geboren. Nur in der Darlegung des *Werdens* der Theologie, auch und gerade *in* den jeweils einzelnen Briefen, wird uns das theologische Wollen des Paulus zugänglig. Nur wer den oft mühsamen Weg des theologischen Denkens mit Paulus mitgeht, versteht wirklich, worum es ihm im tiefsten geht. Wer lediglich auf die begriffliche Endgestalt schaut, um sie zu konsumieren, bleibt an der theologischen Oberfläche.[51]

Vom Werden muß aber auch im Blick auf die *Inkonsistenz* von unterschiedlichen, z.T. widersprüchlichen Theologien in unterschiedlichen

---

[46] Ib. 228f.

[47] Ib. 224, s. auch *Haacker*, War Paulus Hillelit?

[48] Ich halte freilich ein Studium in Jerusalem für wahrscheinlich.

[49] *Deissmann*, Paulus, 79; zum Verhältnis von Paulus und rabbinischer Schriftauslegung s. vor allem *Ellis*, Prophecy and Hermeneutic, 147ff.

[50] *Betz*, NTS 21, 353ff.; diesen auf der SNTS-Tagung in Sigtuna/Schweden am 13. Aug. 1974 gehaltenen Vortrag hat er später zu seinem großen Gal-Kommentar (Hermeneia) ausgearbeitet.

[51] Damit sei keine exegetische Pionierarbeit an der theologischen Begrifflichkeit durch vergangene Exegetengenerationen diskreditiert! Was die theologische Welt z.B. der Theologie des Neuen Testaments aus der Feder *Rudolf Bultmanns* verdankt, bedarf keiner Begründung. Was er etwa über den anthropologischen "Begriff σῶμα" (§ 17), den "Begriff σάρξ" (§ 22) oder den "Begriff der δικαιοσύνη" (§ 28; s. auch §§ 29 und 30) ausführt, gehört zum Besten der exegetischen und theologischen Arbeit unseres Jahrhunderts, zumal er nicht einfach analytische Begriffsbestimmungen bietet, sondern die Begriffe *interpretiert* und sie so aus ihrem bloßen Vergangenheitscharakter herausnimmt. Es ist aber *heute* zu wenig, bei einer solchen Darstellungsweise stehenzubleiben.

Briefen gesprochen werden.[52] So wird sich z.B. zeigen, daß es ein Werden der Theologie des Gesetzes vom Galaterbrief zum Römerbrief gibt. Die argumentative Situation des Röm ist vor allem Resultat der Wirkungsgeschichte der Argumentation des Gal. Paulus hält zwar seinen Grundgedanken der Rechtfertigung aus Glauben und nicht aus Gesetzeswerken durch. Aber die im Röm vorgetragene Theologie, in deren Rahmen die Rechtfertigungsverkündigung neu reflektiert wird, hat sich erheblich geändert. Es gibt also auch ein Werden der Theologie des Paulus, das als Weiterentwicklung von früher Gedachtem und Gesagtem zu verstehen ist, als Weiterentwicklung nämlich mit einem erheblichen Moment an Modifikation und Korrektur, bedingt dadurch, daß Paulus die neuen historischen Umstände berücksichtigte. Dann aber ist Argumentation - und das trifft nicht nur für Paulus zu - ein Geschehen, bei dem es gilt, den zu sehen, der argumentiert, seine Situation, zugleich aber auch die Situation derer, an die sich die Argumentation richtet. Die *argumentative Situation*, die für Paulus zugleich die *rhetorische Situation* ist, ist also ein compositum der Situationen von zumindest zwei Seiten.[53]

Für den Autor wie für den Leser bedeutete und bedeutet der hier eingeschlagene Weg, den Theologen Paulus bei seinen zuweilen mühsamen, vielleicht sogar manchmal ermüdenden theologischen Reflexionen zu begleiten, also kritisch mitzuargumentieren und dabei auch immer wieder über ihn hinaus zu argumentieren und schließlich interpretierend das Ganze zu reflektieren, die Zumutung, einen exegetisch-theologisch langen Atem zu haben. Ich meine aber, Paulus und seine Theologie - besser: sein Theologisieren und seine Theologien - wären es wert, daß wir diesen Preis gerne zahlen.

---

[52] *Christiaan Beker*, Paul the Apostle, bemüht sich, in seinem zweipoligen Schema von *Kontingenz* und *Kohärenz* der paulinischen Theologie Aussagen des Apostels, die zunächst als in Spannung zueinander stehend erscheinen, als letztlich konsistent aufzuweisen. Im Prinzip ist *Bekers* Ansatz richtig. Doch ebnet er offensichtliche Inkonsistenzen, die sich hinreichend erklären lassen, wenn man die authentischen Paulinen in einen chronologischen Rahmen einordnet, zu sehr ein. Letztlich läuft sein Verfahren auf eine unzulässige Harmonisierung heraus. S. auch die Kurzfassung *Beker*, Der Sieg Gottes. Zu *Beker* s. *Hübner*, KuD 33, 162ff.

[53] Hier kann nicht auch noch das ganze Problem der modernen Argumentationstheorie diskutiert werden. Verwiesen sei lediglich auf: Theorie der Argumentation, hg. M. Schecker.

2.2.2 Zur Biographie des Paulus

Zur Biographie des Paulus soll hier nur das gesagt werden, was zur Darstellung der Theologie(n) seiner Briefe erforderlich ist. Als authentische Briefe werden - in chronologischer Reihenfolge - angesehen: 1Thess, Gal, 1 und 2Kor, Röm. Die chronologische Einordnung der ebenfalls authentischen Briefe Phil und Phlm kann nicht mit Sicherheit vorgenommen werden. Wichtiger als die absolute Chronologie der Briefe ist ihre relative, vor allem die Priorität des Gal vor der korinthischen Korrespondenz. Denn von dieser zeitlichen Einordnung hängt ab, wie man die theologische Entwicklung des Paulus beurteilt. Von den Vertretern der zeitlichen Priorität der korinthischen Korrespondenz vor dem Gal wird als wichtigstes Argument angeführt, daß nur im Gal und Röm die paulinische Rechtfertigungstheologie explizit dargestellt wird und folglich die beiden Briefe in zeitlicher Nähe geschrieben sein müßten; 1 und 2Kor zeigten allenfalls Ansätze zu dieser Theologie.[54] Für die zeitliche Priorität des Gal vor der korinthischen Korrespondenz kann hingegen als Argument genannt werden, daß der Gal kompromißlos verbietet, sich in entscheidenden Punkten der Torah zu unterstellen, während sowohl aus 1Kor 8 als auch aus Röm 14 und 15 eine konzessionsbereitere Einstellung deutlich wird. Dann aber würde eine zeitliche Einordnung des Gal zwischen der korinthischen Korrespondenz und dem Röm eine eigentümliche, geradezu unglaubhafte Oszillation bedeuten: Zunächst eine einlenkende Haltung, dann äußerste Kompromißlosigkeit und schließlich wieder Abkehr von dieser starren Einstellung. Hinzu kommt, daß trotz der engen terminologischen Berührungen von Gal und Röm ihre theologischen Differenzen, vor allem in der Gesetzesfrage, nicht unerheblich sind.

Die Ereignisse, die den Lebenslauf des Paulus aufgrund des Zeugnisses seiner Briefe am nachhaltigsten beeinflußt haben, waren vor allem seine *Berufung zum Apostel* in oder bei Damaskus, dann seine engagierte Teilnahme an der *Jerusalemer Heidenmissionssynode*[55] (sog. Apostelkonzil) und schließlich die für ihn bittere Erfahrung anläßlich des *factum Antiochenum*. Wir sind über diese so einschneidend in das Leben des Paulus eingreifenden Geschehnisse vor allem durch Gal 1 und 2, die narratio des Briefes, informiert; hingegen verzerren die Berichte in Act 9 und Act 15 die historische Wirklichkeit in so mancher Hinsicht. Wir werden daher bei der Darstellung der paulinischen Theologie weitge-

---

[54] S. vor allem *Borse*, Der Standort des Gal. Einen imponierenden Entwurf der theologischen Entwicklung des Paulus im Sinne der chronologischen Priorität von 1 u 2Kor gegenüber Gal legte *Jürgen Becker* mit seiner Monographie "Paulus. Der Apostel der Völker" vor.

[55] Im Folgenden verkürzt *Missionssynode* genannt. Den Ausdruck "Heidenmissionssynode" hat jetzt auch *Wechsler*, Geschichtsbild und Apostelbrief, 300.394, übernommen.

hend auf die Act verzichten.[56] Natürlich ist aber auch der autobiographische Bericht im Gal keine "objektive" Darstellung.

Die entscheidende Frage ist nun, ob nicht die autobiographische narratio dieses Briefes, die ja im Dienst einer theologischen Argumentation steht, die Ereignisse möglicherweise in falscher Optik sieht. Sollte nämlich die im Gal explizierte Rechtfertigungstheologie erst das Ergebnis theologischer Reflexion angesichts der galatischen Wirren sein, wie es z.B. *William Wrede* mit dem Begriff der Kampfeslehre zum Ausdruck bringt[57], so hätte Paulus diese seine neue Theologie in die Missionssynode hineinprojiziert.

Aber unsere Zweifel an der Interpretation der Synode durch Paulus dürften eher durch andere Überlegungen hervorgerufen sein. Man wird nämlich schwerlich leugnen können, daß Paulus, wie aus dem narratio-Teil Gal 2,1-10 zu folgern ist, einer gewissen *Selbsttäuschung* erlegen ist. Er berichtet hier von den Diskussionen und dem Ergebnis der Missionssynode, von der Einmütigkeit mit den Jerusalemer Autoritäten. Und er tut dies mit der erklärten Absicht, gerade diese Männer als Zeugen seiner so gesetzeskritischen, ja antinomistischen Aussagen in der theologischen argumentatio des Briefes (Gal 3,1-5,12) namhaft zu machen. Daß aber die Jerusalemer, vornehmlich die "Säulen", niemals einer Theologie des Gesetzes, wie sie Paulus im Gal vorlegt, zugestimmt hätten, liegt auf der Hand. Paulus *muß* deren Zustimmung falsch interpretiert haben. Dies wird später noch genauer zu begründen sein.

Aber mag sich Paulus auch in *dieser* Hinsicht geirrt haben, so ist doch die Auskunft wenig glaubhaft, er habe nachträglich die Situation auf der Synode so sehr durch die Brille der galatischen Situation gesehen, daß er die wesentlichen Elemente seiner jetzt erst gewonnenen Theologie in die Synode hineinprojizierte, obwohl er zu jener Zeit theologisch in entscheidender Weise noch nicht so gedacht hatte.

Was Paulus über seine *Berufung* sagt, bestätigt das soeben Ausgeführte. Auch dieser Punkt sei hier nur skizziert. Paulus spricht zu Beginn der narratio (Gal 1,13f.) über die Zeit vor seiner Berufung, von seinem Wandel im "Judaismus", wie er damals im Übermaße die Kirche Gottes verfolgte und sie zu vernichten suchte. Er tat dies als einer, der in diesem Judaismus größere Fortschritte machte als viele seiner Altersgenossen. Konkret hieß das für ihn, im Übermaß ein fanatischer Eiferer für die vä-

---

[56] Damit ist nicht geleugnet, daß die Act auch historisch interessante Hinweise enthält.
[57] *Wrede*, Paulus. 67ff.

terlichen Überlieferungen und somit erst recht für das mosaische Gesetz gewesen zu sein. Darf man in ihm also so etwas wie den "Chefideologen" des Torah-Judaismus auf lokaler Ebene (Damaskus?) vermuten? Man wird sicher seinen fanatisch ideologischen Torahrigorismus als das entscheidende Motiv für seine Einstellung und sein Verhalten zum soeben sich konstituierenden Christentum sehen können: Der Torahrigorist verfolgte die Kirche Gottes, weil sie - doch wohl zunächst eine innerjüdische religiöse "Partei", freilich mit energischem Exklusivanspruch[58] - als eine Gemeinschaft von *Juden* in nicht mehr genau eruierbarer Weise gegen das jüdische Gesetz verstieß. Die Verfolgung der Kirche durch Paulus erklärt sich aufgrund von Gal 1,13f. am ungezwungensten, wenn eine in den Augen des Torahrigoristen ungebührliche Freiheit gegenüber dem Gesetz diese Christen als jüdische Apostaten disqualifizierte. Dann aber muß das plötzliche Widerfahrnis der Damaskusberufung für Paulus wie ein Schock gewirkt haben; sein ganzes, auf dem Gesetz basierendes theologisches Koordinatensystem war mit einem Schlag zerstört: Gott steht auf seiten derer, die sich, in welcher Weise und welchem Ausmaß auch immer, vom Gesetz emanzipierten, also das Gesetz brachen! Steht aber Gott auf seiten der Gesetzesbrecher, dann ist sein fanatisches Eintreten für das Gesetz ein fanatischer Kampf gegen Gott selbst gewesen. Somit ist *Damaskus die Stunde der Geburt der theologischen Freiheit vom Gesetz*, wie rudimentär zunächst auch dieses neue theologische Überzeugtsein gewesen sein mag.[59]

Diese Deutung des Berufungswiderfahrnisses und die oben vorgetragene Interpretation der autobiographischen Darstellung des Gal, wonach es Paulus auf der Missionssynode um die Durchsetzung der - grundsätzlichen! - Freiheit vom Gesetz ging, stützen sich gegenseitig.[60] Kann man

---

[58] Nach *Francis Watson*, Paul, Judaism and the Gentiles, passim, ist das Christentum zunächst eine jüdische Reformbewegung; Paulus habe sie nach dem soziologischen Modell "the transformation of a reform-movement into a sect" (ib. 19) durch "his creation of Gentile Christian communities" in radikaler Weise von der jüdischen Gemeinschaft getrennt und so zur Sekte gemacht.

[59] Ähnlich z.B. auch *Dietzfelbinger*, Die Berufung des Paulus, 22ff. u.ö.; s. auch *Hübner*, Die Theologie des Paulus im Lichte seiner Berufung.

[60] Neuere Versuche, die gesetzesfreie Einstellung der Jerusalemer Hellenisten von Act 6 als lukanische Konstruktion oder als Ergebnis späterer hellenistisch-judenchristlicher Theologie zu erweisen (z.B. *Strecker*, Befreiung und Rechtfertigung, 231), werden also von Gal 1 und 2 her recht fraglich. Die Autobiographie des Paulus stützt die genannte Interpretation von Act 6; weniger stützt hingegen Act 6 das, was soeben zu Gal 1 und 2 ausgeführt wurde.

somit die Berufung des Paulus nicht isoliert von der Gesetzesfrage sehen, muß ihn also sein Damaskuswiderfahrnis notwendig vor genau diese Frage gestellt haben, dann ist es äußerst schwer vorstellbar, daß er bei seinem Kampf um die beschneidungsfreie Heidenmission nicht die Gesetzesfrage vor Augen gehabt hatte. Es ergibt sich wohl folgende *Sequenz:* Hat die Einstellung des Paulus zum Gesetz bei seiner Verfolgung der Kirche eine oder gar die entscheidende Rolle gespielt, hat somit seine Berufung zum Apostel notwendig Konsequenzen für sein zuvor so fanatisches Eintreten für das Gesetz gehabt, hat er dementsprechend dann auch sein Eintreten für die beschneidungsfreie Heidenmission auf der Synode im Horizont der Gesetzesfrage sehen müssen, während seine Gesprächspartner allem Anschein nach seine radikalen Absichten nicht recht erfaßten, so ergibt sich als nächstliegende Lösung dieses ganzen Komplexes - vor allem auch angesichts der Ausrichtung der narratio des Gal auf die argumentatio - , daß auf der Synode die Jerusalemer Autoritäten dem Paulus (und dem Barnabas) für die Heidenmission die *Befreiung von der Beschneidungsforderung* zugestanden haben, Paulus aber als der, der als prinzipieller Denker alles auf seine prinzipiellen Implikationen hin durchdachte, dieses Zugeständnis sozusagen zwangsläufig als *prinzipielle Freiheit vom Gesetz* interpretierte.

Trifft diese Vermutung zu, dann läßt sich gut verstehen, warum es beim *factum Antiochenum*[61] zum Eklat kommen mußte, Gal 2,11ff. Beide Seiten sahen sich voll im Recht. Jakobus, anscheinend über die Mahlgemeinschaft von Judenchristen und Heidenchristen in Antiochien informiert, fühlte sich brüskiert: Die Konzession einer beschneidungsfreien Heidenmission bedeutet doch nicht, daß Heidenchristen nun Judenchristen zum Abfall vom Gesetz verführen dürften, in diesem Falle also von den Speisegesetzen! In den Augen des Jakobus war es auf der Synode ja *nur* um die Beschneidungsfrage gegangen. Den Heiden, die Christen werden wollen, - und nur ihnen! - war diese eine Konzession gemacht worden. Dieses Argument, von den nach Antiochien entsandten Jakobusleuten verfochten, leuchtete dann anscheinend sowohl dem Petrus als auch dem Barnabas ein, schließlich auch der ganzen Gemeinde von Antiochien. Paulus seinerseits konnte und wollte jedoch dafür keinerlei Verständnis aufbringen. Die Konsequenz war für ihn freilich tragisch; denn er stand nun einsam da. Be-

---

[61] Zum factum Antiochenum s. neuestens *Wechsler*, Geschichtsbild und Apostelstreit, vor allem ib. 296ff.

sonders hart mußte ihn das Verhalten seines Mitstreiters Barnabas getroffen haben; hatte doch dieser zusammen mit ihm die Jerusalemer Vereinbarung durchgesetzt! Doch allem Anschein nach hat Barnabas die Synode nicht so radikal, so prinzipiell interpretiert wie Paulus. In Petrus mußte Paulus einen äußerst inkonsequenten Menschen sehen. Er, ausgerechnet einer der "Säulen", hat sich nicht an die Abmachung gehalten! Aber man wird zu seinen Gunsten annehmen dürfen, daß das Argument des Jakobus für ihn zwingend war. Eher war schon Petrus vor der Ankunft der Jakobusleute inkonsequent. Er hat sich der Situation in der "gemischten" Gemeinde Antiochiens einfach angepaßt. Er war eben nicht so konsequent wie Jakobus.

Die Vorgänge beim factum Antiochenum hat also Paulus allem Anschein nach in ähnlicher Weise falsch beurteilt wie zuvor die Situation auf der Synode.[62] Doch trotz des heftigen Zusammenstoßes zwischen den beiden Aposteln in Antiochien sah sich Paulus auch weiterhin in Kirchengemeinschaft mit der judenchristlichen Gemeinde in Jerusalem. Dies erhellt eindeutig aus dem Gal; denn sonst wäre seiner Argumentation in diesem Brief der Boden entzogen. Man muß sogar einen Schritt weitergehen: Sogar noch zur Zeit der Niederschrift des Gal sieht Paulus sowohl die Synode als auch das factum Antiochenum in jener Perspektive, in der er beide Ereignisse ursprünglich gesehen hat. Immer noch versteht er die Jerusalemer Entscheidung als prinzipielle Einigung in der Gesetzesfrage; immer noch interpretiert er das Verhalten seiner Kontrahenten in Antiochien als puren Opportunismus, dem er mit klaren theologischen Gründen entgegengetreten ist. In der Gesetzesfrage ist er immer noch unerbittlich; nicht die geringste Konzilianz ist in seiner Argumentation erkennbar. Er sieht sich einfach nicht in der Lage, Gründe für eine gewisse Beachtung von Gesetzesvorschriften anzuerkennen. Schwache im Glauben - der Begriff begegnet im Gal noch nicht - sind für ihn zu dieser Zeit noch Verräter des Glaubens. Ein Verständnis für solche "Schwachen" begegnet erst im 1Kor. In 1Kor 8 wird Paulus dann diejenige Verhaltensweise anraten, die er noch etwas später im Röm in analoger Weise der in dieser Frage wohl zerstrittenen Gemeinde in Rom dringendst empfehlen wird, Röm 14,1-15,13.

---

[62] Diese Erklärung des factum Antiochenum spricht für die Annahme, daß es nicht lange nach der Missionssynode stattfand. Damit entfallen die Gründe, die *Gerd Lüdemann*, Paulus I, 101ff., für die chronologische Umstellung von Missionssynode und factum Antiochenum anführt.

Der *Römerbrief* ist nicht nur ein theologisch besonders wichtiges Dokument; er läßt auch Rückschlüsse auf die Zeit des Paulus vor seiner Abfassung zu. Wieder geht es um die Frage des Gesetzes und des Verhältnisses zu Jerusalem, mehr noch, um die theologische Frage nach Israel. Von besonderer theologischer Relevanz sind - einmal ganz abgesehen von der theologischen Argumentation Röm 1,18-11,36 - nicht nur der Abschnitt 14,1-15,13, in dem die bereits aus 1Kor 8 ersichtliche neue Einstellung des Heidenapostels weiter ausgeführt und in einem anderen geschichtlichen Kontext konkretisiert wird, sondern vor allem die Aussagen über seine Pläne in Kap. 15. Er will Rom als Ausgangsstation für seine Mission in Spanien machen. Er will aber zuvor unbedingt *selbst* nach Jerusalem fahren, um dort die auf der Missionssynode beschlossene "Kollekte für die Armen der Heiligen in Jerusalem" abzuliefern, Röm 15,26. Daß er sich trotz der ersichtlichen Gefahr für Leib und Leben in die jüdische Metropole begibt, dürfte mit der vielleicht berechtigten Befürchtung zusammenhängen, daß man seitens der Jerusalemer Gemeinde gar nicht mehr gewillt sein könnte, die Gelder anzunehmen. Sieht man diese Situation im Lichte der seit dem factum Antiochenum so schwer belasteten Beziehungen zwischen Paulus und den Jerusalemern, so wird man Verständnis für die möglicherweise negative Reaktion der letzteren aufbringen.

Verhält es sich wirklich so, wie man weithin vermutet[63], so zeigt dies, daß sich die Situation, wie sie sich noch beim factum Antiochenum darstellte, in die jeweils entgegengesetzte Richtung entwickelt hat. In Antiochien attackierte Paulus in Petrus die Jerusalemer und distanzierte sich theologisch von dieser Jerusalemer "Säule"[64]; jetzt distanzieren sich die Jerusalemer von Paulus, und zwar erheblich radikaler, als dieser es in Antiochien gegenüber Jerusalem tat. Paulus hatte die Verletzung der "Wahrheit des Evangeliums" (Gal 2,14) durch Petrus und die übrigen "Juden" als Heuchelei, also als Opportunismus gescholten (Gal 2,13); jetzt sah man wohl in Jerusalem die Kirchengemeinschaft mit Paulus als zerstört an. Von einem Manne, der sich so entschieden gegen das heilige mosaische Gesetz ausgesprochen und folglich mit der Diffamierung des Gesetzes Gottes Gott selbst diffamiert hat, gibt es keine Kirchengemein-

---

[63] In der Forschung verstärken sich immer mehr die Vermutungen, daß in der Tat die Jerusalemer die Kollekte nicht angenommen haben.
[64] Leider wissen wir nicht, ob und wie sich Paulus während des factum Antiochenum über Jakobus äußerte.

schaft! Eine derartige Argumentation der Jerusalemer ist zwar aus dem Röm nicht direkt beweisbar, aber zu vermuten, wenn man die Befürchtung des Paulus, seine Kollekte sei womöglich für die Heiligen in Jerusalem nicht akzeptierbar, wirklich ernst nimmt. Immerhin sieht er es als erforderlich an, daß die Römer für die Annahme der Kollekte durch die Jerusalemer Judenchristen beten, Röm 15,31.

Für diese hypothetische Rekonstruktion der Situation des Paulus muß allerdings eine Voraussetzung gemacht werden, die sich nahelegt, wenn man sich nur die Situation so konkret wie möglich vor Augen stellt: Der *Galaterbrief* muß, zumindest was seine antinomistische Tendenz angeht, in Jerusalem bekannt geworden sein. Waren nun die Gegenmissionare in Galatien, wie sich in der Forschung inzwischen durchgesetzt hat[65], Judenchristen und haben sie, wofür die größere Wahrscheinlichkeit spricht, Kenntnis von diesem Brief erlangt[66], so spricht alles dafür, daß sie seinen Inhalt möglichst umgehend nach Jerusalem denunzierten. Die gesetzeskritische Reaktion des Paulus war doch für sie Wasser auf ihre Mühlen. Vielleicht haben sie dem Jakobus und seinen Anhängern süffisant gesagt: Wie konntet ihr damals diesem Verräter auf der Synode nachgeben! Jetzt seht ihr, was dieser Mann wirklich denkt! Jetzt hat er endlich sein wahres Gesicht gezeigt!

Spricht also eine hohe Wahrscheinlichkeit dafür, daß Jakobus über den Gal durch die judaistischen Gegenmissionare informiert war - vielleicht haben sie sogar das, was Paulus geschrieben hatte, in vergröberter Form nach Jerusalem kolportiert - , so bedarf es keiner besonders angestrengten Phantasie, sich die Reaktion in Jerusalem und insonderheit die des Jakobus vorzustellen. Wenn die Informanten denunzierend das weitergaben, was Paulus in Gal 3 und 4 an Negativem über das Gesetz sagte, wenn sie zudem den Jakobus davon überzeugen konnten, daß Paulus solche in jüdischen Augen ungeheuerlichen Dinge in seiner Funktion als Apostel Jesu Christi vertrat, sich überdies auch noch dafür auf

---

[65] Freilich hält *Walter Schmithals*, ZNW 74, 27ff., immer noch an der Gnostikerhypothese fest.

[66] War es vielleicht die Intention des Paulus, daß auch die judaistischen Gegenmissionare seine Argumentation zur Kenntnis nehmen? So z.B. *E.P. Sanders*, Paul, 60: "Paul's argument was aimed not only at his converts but also at his opponents, who quoted Scripture." Man sollte diese Möglichkeit erwägen; beweisen läßt sie sich jedoch nicht. Da aber die Galater zu der Zeit, als der Brief des Paulus bei ihnen eintraf, noch mit diesen Leuten in Kontakt standen - darauf läßt doch wohl der Inhalt des Briefes schließen! - , werden diese die Argumentation des Paulus zur Kenntnis genommen haben.

die Vereinbarung mit Jerusalem berief, dann konnte Jakobus gar nicht anders reagieren als diese Theologie energisch abzulehnen. Damit war aber für ihn, da die Torahobödienz zu den elementaren Grundlagen seiner theologischen Überzeugung gehörte[67], der theologische Bruch zwischen ihm und Paulus vollzogen.

Das letzte Glied in unserer Argumentationskcttc ist dann, daß Paulus seinerseits wieder von der Reaktion des Jakobus erfuhr und nun selbst zu reagieren hatte. Da ihm an der Einheit der Kirche lag, mußte er alles, was ihm irgendwie zu Gebote stand, vor allem seine theologische Kompetenz, dafür einsetzen, daß der Bruch zwischen Jerusalem und ihm wieder gekittet würde. Daß Paulus im Röm die Gesetzesfrage in einer theologisch viel differenzierteren und weniger radikalen Weise vorträgt, daß er bei vollkommener Wahrung seines Grundanliegens von der Rechtfertigung allein durch den Glauben ohne des Gesetzes Werke dem mosaischen Gesetz und selbst der Beschneidung einen positiveren Wert als im Gal beimessen konnte, daß er sogar das Gesetz als heilig und von pneumatischem Charakter werten konnte, Röm 7,12.14, zeigt sein *theologisches Einlenken*. Daß er anstelle von Gal 4,21-31, einer für jeden Juden und Judenchristen unerträglichen "Allegorie", nun in Röm 9-11 als Fazit seines neuen theologischen Nachdenkens über Israel zum Schluß kommt "Ganz Israel wird gerettet werden", Röm 11,26, zeigt sein Engagement, mit Jerusalem theologisch und kirchlich wieder zu Rande zu kommen. Daß dabei seine neue Theologie nicht Zeugnis eines kläglichen Opportunismus, sondern Ergebnis eines tatsächlich geschehenen neuen theologischen Nachdenkens ist, sollte man nicht bezweifeln. Daß er im Röm um die Möglichkeit des Scheiterns seines Jerusalembesuchs weiß, daß er wahrscheinlich sogar sehr gut verstehen kann, warum der Besuch scheitern könnte - all das läßt sich recht ungezwungen als Reaktion des Paulus auf Nachrichten aus Jerusalem nach dem dort geschehenen Bekanntwerden seines Gal einsichtig machen. Wer dieser Hypothese widerspricht, *muß ebenfalls hypothetisch* auf andere Weise die Wirkungsgeschichte des Gal *rekonstruieren*. Er muß, da auch er notwendig mit Hypothesen argumentiert, seinerseits Gründe dafür anführen, daß Jakobus vom Gal eben nichts wußte und daß somit eine Reaktion dieses Mannes auf diesen Brief nicht erfolgt ist. Wie groß ist aber die Plausibilität einer solchen Hypothese?

---

[67] Es gibt eine Reihe neuerer Versuche, die nomistische Einstellung des Herrenbruders Jakobus zu bestreiten, z.B. *Schmithals*, Paulus und Jakobus, vor allem 85ff. Sicherlich war er kein Judaist. *Franz Mußner*, HThK XIII/1, 10, kann zugestimmt werden: "Was seine vielberufene 'Gesetzlichkeit' angeht, so scheint Jakobus zwar ein streng gesetzlich lebender Judenchrist gewesen zu sein, aber kein fanatischer Ritualist." Wenn *Mußner* dann den Herrenbruder als einen Mann des Ausgleichs und der Vermittlung charakterisiert (ib. 10), so muß jedoch gefragt werden, ob dies auch noch für die Zeit nach dem factum Antiochenum und erst recht nach dem Gal zutrifft. Zu Jakobus s. auch *Pratscher*, Der Herrenbruder Jakobus, vor allem ib. 63ff. Die Auffassung, daß der Jak auf den Herrenbruder zurückgeht (so z.B. *Mußner*, op. cit. 8), kann ich nicht teilen.

Das oben skizzierte Paulusbild wurde aufgrund weniger, in den authentischen Paulinen gegebener Fixpunkte rekonstruiert. Diese Skizze bedarf nun der exakten Fundierung durch die theologischen Aussagen der Paulusbriefe. Mit ihr ergibt sich aber ein Problem für den, der sich nicht mit der bloßen Feststellung der theologischen Gedanken des Paulus beruhigt. Es zeigte sich nämlich, daß dessen theologische Bemühungen aufgrund *seiner* existenziellen Situation um Fragen wie Gesetz, Heilige Schrift, Verhältnis zu Israel, Verhältnis zur judenchristlichen Kirchenleitung in Jerusalem u. dgl. gingen. Auch, ja gerade seine tiefsten theologischen Anstrengungen um die Darstellung der Rechtfertigung aus dem Glauben geschahen um dieses Problemkomplexes willen. Sind aber diese Fragestellungen dasjenige, was uns *heute* theologisch interessiert, vielleicht sogar theologisch bedrängt? Ist das Verhältnis zu Israel, zum Volk des Alten Bundes und zu seiner Heiligen Schrift - verstanden jetzt als die Schrift, die originär *diesem* Volke galt (und gilt) - wirklich eine Angelegenheit, die das Zentrum gegenwärtiger christlicher Theologie betrifft?[68] Ist also die paulinische Theologie in ihrer Israel- und Gesetzeszentriertheit nicht eine so sehr *zeitgebundene Theologie*, daß sie im Prinzip überholt ist? Welcher Christ will sich heute wie einst die Galater beschneiden lassen? Welcher Christ - von gewissen Ausnahmen abgesehen - will sich heute an das Gesetz des Mose halten, um auf diese Weise gerecht vor Gott dazustehen? Welcher Christ ist heute an einem guten Verhältnis zum praktisch nicht mehr existenten Judenchristentum in Jerusalem interessiert? Das theologische Engagement des Paulus galt doch der spezifischen Missionssituation der Urkirche.

Noch bedrängender werden diese Fragen, wenn *Ed P. Sanders* recht haben sollte, daß die Theologie des Paulus nicht aus der existenziellen Notsituation des Menschen erwachsen sei, sondern nach dem Motto "Erst die Lösung - dann das Problem"[69] konzipiert wäre: Es gilt a priori, daß Gott in Christus die Menschheit erlöst hat - also ist sie erlösungsbedürftig! Sanders sagt es am Ende seines Werkes sehr drastisch; es sei das englische Original zitiert: "In short, *this is what Paul finds wrong in Judaism: it is not Christianity.*"[70] Eine recht *formale* theologische Basis!

---

[68] In *Deutschland* darf uns wegen der furchtbaren Verbrechen des nationalsozialistischen Regimes diese Frage nach der theologischen Relevanz Israels nicht kalt lassen. Aber ist deshalb die Israelfrage weltweit von *primärem theologischem* Interesse?

[69] *Sanders*, Paulus und das palästinische Judentum, 415.

[70] *Sanders*, Paul and Palestinian Judaism, 552; Hervorhebung durch *Sanders*.

Es wird daher zu fragen sein, ob die paulinische Theologie trotz ihres Verhaftetseins an die damaligen Ursprungssituationen der paulinischen Missionsgemeinden eine Theologie *impliziert*, die für uns heute nicht nur von existenziellem Interesse ist, sondern darüber hinaus eine Theologie ist, in der es um Tod und Leben geht und die, indem sie uns in ihrer *eigentlichen* Intention aufgeht, uns deutlich macht, daß sie uns unbedingt angeht. Es ist also die hermeneutische Aufgabe, die uns notwendig gestellt ist, wollen wir nicht die Darstellung der paulinischen Theologie als ein bloßes kastalisches Glasperlenspiel betreiben.

2.2.3 Die Briefe des Paulus

Eine kurze Vorbemerkung ist zur Darstellungsform der Theologie des Paulus nötig. Das Darstellungsprinzip ist, wie bereits gesagt, das der Chronologie der authentischen Paulusbriefe. Diese sind aber, was den Modus ihrer theologischen Aussagen angeht, sehr unterschiedlich. Es gibt Briefe, in denen der Apostel so etwas wie einen theologischen Traktat schreibt, seine Theologie in geradezu grundsätzlicher Weise vorträgt. In anderen Briefen behandelt er Probleme seiner Gemeinde in einer Weise, daß er zur Beurteilung der Situation, zur Kritik und zur Ermahnung theologische Maßstäbe anlegt und dabei zu recht grundsätzlichen theologischen Ausführungen gelangt. Da nun die Art seiner theologischen Argumentation von Brief zu Brief so unterschiedlich ist, ist es nicht möglich, zumindest nicht ratsam, für alle Paulinen die gleiche Darstellungsweise zu wählen. Es sollte daher nicht als Willkür angesehen werden, wenn im folgenden für jeden Paulusbrief die Darlegung seines theologischen Inhalts ihr eigenes Gesicht hat, nämlich gemäß der Argumentationsstruktur des jeweiligen Schreibens.

Liegt nun unseren Ausführungen das chronologische Prinzip zugrunde, weil nur dadurch vor dem Leser das theologische Werden der paulinischen Theologie plastisch vor Augen geführt werden kann, so ist es angesichts des dringend gebotenen Desiderats, die Ausführungen nicht ausufern zu lassen, geboten, für einige Briefe eine Auswahl der zu behandelnden Aussagen vorzunehmen. Es gilt daher, aufgrund theologischer Gewichtung diese Auswahl vorzunehmen. Daß hierbei Ermessensurteile unvermeidbar sind, liegt auf der Hand.

2.2.3.1 Der Erste Thessalonicherbrief

2.2.3.1.1 Die Argumentation im Ersten Thessalonicherbrief

Der 1Thess[1] ist ein sehr persönlicher Brief des Paulus an die Gemeinde zu Thessalonike. Er thematisiert die guten Beziehungen zwischen dem Apostel und den Adressaten. Die rhetorische und inhaltliche Analyse des Briefes bringt dies anschaulich zum Bewußtsein.[2] Entscheidend für das Verständnis des Schreibens sind die Überlappungen einzelner Abschnitte. Dominiert weitgehend die Thematisierung des gegenseitigen Verhältnisses von Apostel und Gemeinde, so ist sie doch fast durchgehend mit bestimmten Sachthemen verwoben. Damit hängt zusammen, daß die einzelnen Abschnitte aufgrund gemeinsamer Aussagen ineinandergreifen.

Auf das Präskript 1,1 folgt die *Danksagung* für den guten Zustand der Gemeinde, 1,2-10. Paulus schaut auf seine erfolgreiche Missionstätigkeit in Thessalonike zurück. Er dankt für den Zustand der Gemeinde, indem er auf *sein* Wirken verweist - kein Selbstlob, weil dieses Wirken den Heiligen Geist zum eigentlichen Subjekt hat. Zugleich bindet der Apostel seine eigene Existenz mit der der Gemeinde zusammen, indem er bereits in V. 3 einen Grundakkord des Briefes anschlägt, nämlich das *eschatologische coram Deo*: ἔμπροσθεν τοῦ θεοῦ καὶ πατρὸς ἡμῶν: Wer im Glauben existiert, weiß, daß er im Angesicht des Gottes existiert. Und wer sich dieses seines Seins coram Deo bewußt ist, schaut notwendig auf den Tag des Gerichts, der für den Christen jedoch Tag des Heils ist. Dementsprechend schließt dieser Abschnitt mit dem eschatologischen Ausblick 1,10. 1,9f. greift bekanntlich (jüdische und christliche) Missionsterminologie auf.[3] Aber diese "dogmatischen" Wendungen werden nicht als Dogmatik vorgetragen; dogmatische Belehrung haben die Christen in Thessalonike nicht nötig! Mit diesen Worten soll vielmehr zum Ausdruck gebracht werden, daß ihr Glaube weit und breit bekannt ist. Vor allem aber gibt dies dem Paulus die Gelegenheit, auf seinen Eingang, εἴσοδος, bei den Thessalonichern hinzuweisen. Weil er sie zu Glaubenden im Sinne von 1,9f. gemacht hat, erzählen Christen in ganz Makedonien, Achaja und darüber hinaus von diesem seinem Eingang.

Nach 1,2-10 scheint also der 1Thess bereits im ersten Abschnitt eine Art Brief des *genus demonstrativum* zu sein, in dem es um Lob oder Tadel, hier also um Lob geht.[4] Daß dieses nicht im Sinne einer *captatio*

---

[1] Zur neueren Diskussion über 1Thess s. u.a. die Forschungsübersicht von *W. Trilling* in ANRW II/25.4, 3365ff.

[2] Zur rhetorischen Analyse des 1Thess s. vor allem *Jewett*, The Thessalonian Correspondence, 61ff.; *Johanson*, To All the Brethren, 81ff.; *Schoon-Janßen*, Umstrittene "Apologien", 47ff.; *Hughes*, Rhetoric of 1Thess.

[3] S. vor allem *Bussmann*, Themen der paulinischen Missionspredigt, 38ff.

[4] In der antiken Rhetorik unterschied man drei Redegattungen: 1. *genus iudiciale*, deren Musterfall die Gerichtsrede ist, 2. *genus deliberativum*, deren Musterfall die politische Rede ist (Aufforderung der Volksversammlung zur Entschlußfassung), 3. *genus demonstrativum*, deren Musterfall die vor einer Festversammlung gehaltene Rede zum Lobe ei-

benevolentiae gemeint ist, zeigt der Duktus des ganzen Briefes. Doch der Klassifizierung des 1Thess als eines epideiktischen Briefes steht der Sachverhalt entgegen, daß es in 4,13-18 und 5,1-11 um *theologische Information* geht, um Information nämlich über eschatologische Fragen, wenn auch eine gewisse *protreptische*, also ermahnende Zielsetzung nicht übersehen werden kann.[5] Mag somit auch die eschatologische Aussage am Ende der Einheit 1,2-10 bereits eine Erklärung im eschatologischen coram Deo von 1,3 finden, so dürfte doch der Hinweis in 1,10 auf "Jesus, der uns aus dem kommenden Zornesgericht herausreißen wird" zugleich die eschatologische Belehrung von 4,13ff. vorbereiten. Der epideiktische Abschnitt 1,2-10 steht also höchstwahrscheinlich *auch* im Dienste der Belehrung, der Information über einen theologischen Sachverhalt. Wie jedoch 4,13ff. rhetorisch zu klassifizieren ist, ist später noch genauer zu erwägen.

Der Danksagung folgt die *Apologie* 2,1-12. Umstritten ist, ob sich der Apostel gegen tatsächlich erhobene Vorwürfe zur Wehr setzt oder sich lediglich gegenüber tadelnswertem Verhalten von philosophischen und religiösen Wanderpredigern abgrenzt.[6] Letztere Auffassung, vertreten u.a. von Martin Dibelius[7] und Philipp Vielhauer[8], dürfte zu konstruiert sein. Die größere Wahrscheinlichkeit spricht vielmehr dafür, daß in Thessalonike ausgesprochene Verdächtigungen Paulus zu seiner Apologie nötigten.[9] Dafür, daß er sich gegen ihn gerichtete, in der Gemeinde kursierende Vorwürfe zur Wehr setzen mußte, spricht auch, daß er sich in anderen Briefen ebenfalls zur Abfassung von Apologien gezwungen sah. Weithin ist das *corpus Paulinum* ein *corpus apologeticum*.

Auch für 2,1-12 ist es mit der zunächst genannten Klassifizierung nicht getan. So sehr der apologetische Grundzug in dieser Briefeinheit dominiert, so ist doch das *protreptische* bzw. paränetische Moment unübersehbar. Paulus hat als der, der mit Freimut das Evangelium verkündet, 2,2 - viermal begegnet in 2,1-12 der kerygmatische Begriff τὸ εὐ-

---

ner Person, Gemeinschaft u.s.w. ist (aber auch Rede zum Tadel). Als Teile der Rede sind zu nennen: 1. *exordium*, ihr Hauptzweck besteht darin, die Sympathie der Hörer, vor allem der Richter zu gewinnen, 2. *narratio*, die Schilderung des Sachverhalts, 3. *propositio*, kurze Darstellung des Sachverhalts, u.U. die Konsequenz aus der narratio, zuweilen auch Zusammenfassung des Streitpunktes, 4. *argumentatio* oder *probatio*, der zentrale, ausschlaggebene Teil der Rede, 5. *peroratio*, ihr Ziel ist Gedächtnisauffrischung und Affektbeeinflussung. Zu den *genera* s. *Lausberg*, Handbuch der literarischen Rhetorik, §§ 139-254, zu den *partes artis* s. ib. §§ 255-1091; s. auch *Fuhrmann*, Die antike Rhetorik, vor allem 75ff.

[5] S.u.

[6] Zur Diskussion s. die Übersicht bei *Johanson*, To All the Brethren, 52-54.

[7] *M. Dibelius*, HNT 11, 11.

[8] *P. Vielhauer*, Geschichte der urchristl. Lit. 86.

[9] So z.B. *H. Schlier*, Der Apostel und seine Gemeinde. Auslegung des Ersten Briefes an die Thessalonicher, Freiburg/Basel/Wien 1972, 31. Die Frage, welcher Art die Gegner des Paulus waren, ist für unsere Überlegungen von nur geringem Gewicht und bleibt deshalb hier unerörtert.

ἀγγέλιον (τοῦ θεοῦ) in betonter Aussage[10] - , diese Verkündigung auch sehr bestimmt als Ermahnung verstanden, als ἡ παράκλησις ἡμῶν, 2,3, als παρακαλεῖν, 2,12. Er, der sich selbst als denjenigen bezeichnet, der fromm, gerecht und untadelig den Thessalonichern gegenübergetreten ist, 2,10, ermahnt und ermutigt sie, würdig des Gottes zu wandeln, περιπατεῖν ὑμᾶς ἀξίως τοῦ θεοῦ, der sie zu seiner Herrschaft und Herrlichkeit berufen hat, 2,12. Diesem καλεῖν Gottes, das in der Predigt des Evangeliums geschichtliche Wirklichkeit wird[11] - in dieser Predigt sind alttestamentliche Grundaussagen virulent[12] - , antwortet das περιπατεῖν des Menschen, der im Glauben das Evangelium ergriffen hat. Auch die mit hohem theologischen Gewicht versehenen Begriffe βασιλεία und δόξα schauen auf das Alte Testament zurück und besitzen ihre erhebliche eschatologische Dimension.

Für die rhetorische Analyse bedeutet der herausgestellte protreptische Zug innerhalb von 2,1-12, daß Charaktermerkmale des *genus deliberativum* vorliegen. Andererseits paßt der apologetische Grundzug dieses Abschnitts eher ins *genus iudiciale*. Das Lob der Gemeinde im vorangegangenen Abschnitt 1,2-10 ließ aber an das *genus demonstrativum* denken. So zeigt also bereits der Anfang des 1Thess, daß Paulus, der auch und gerade in seinen späteren Briefen große Vertrautheit mit Mitteln der antiken Rhetorik verrät, Charakterzüge unterschiedlicher rhetorischer genera kombiniert, ja vermischt. Eine Klassifizierung seiner Briefe gemäß dieser klassischen genera ist also zumindest für den 1Thess unmöglich. Sie ist daher auch für die späteren Briefe höchstens im Einzelfall zu erwarten.

1Thess 2,13 hat Übergangscharakter. Das καὶ διὰ τοῦτο zieht die Konsequenz aus dem zuvor Gesagten (einschließlich 1,2-10). Mit dem hier erneut ausgesprochenen Dank greift er 1,2 auf. Beide Wendungen von εὐχαριστοῦμεν τῷ θεῷ können als inclusio für die zwei, vor allem durch εἴσοδος und εὐαγγέλιον miteinander verbundenen Abschnitte 1,2-10 und 2,1-12 begriffen werden. Zugleich geschieht in 2,13 eine theologisch begriffliche Präzisierung: Das Wort der Menschen wird dem Worte Gottes kontrastiert; *Evangelium*, auch im Munde des Menschen Paulus, ist nicht Wort des Menschen, sondern *Wort Gottes*. 1Thess 2,14-16 - keine spätere Einfügung![13] - konkretisiert die Verfolgungssituation der Thessalonicher. Durch μιμηταί V. 14 ist Rückbezug auf 1,6 erfolgt und erneut ein Element des genus demonstrativum deutlich geworden. Das Thema "Juden" wird hier lediglich beiläufig genannt; für die theologische Grundtendenz des 1Thess besagt es wenig. Die Ausführlichkeit zeigt jedoch, wie sehr das Thema Paulus und vielleicht auch die Gemeinde in Thessalonike bewegte.

In 2,17-20 finden wir nochmals eine *laudatio* der Gemeinde. Die durch die Abwesenheit des Paulus verwaiste Gemeinde ist für ihn Hoffnung, Freude und Kranz des Ruhmes. Er sagt es wieder mit eschatologi-

---

[10] Sonst im ganzen Brief nur noch zweimal, auch in 1,2-10 (in V. 5 als τὸ εὐαγγέλιον ἡμῶν!), wodurch 1,2-10 und 2,1-12 u.a. auch durch diesen eminent theologischen Begriff aufeinander bezogen sind.

[11] Ob hier Gottes vorzeitliches Berufen mitausgesagt wird, muß offenbleiben.

[12] s.u.

[13] *Hübner*, Gottes Ich und Israel, 129ff.

schem Akzent: Sie ist es "vor dem Herrn Jesus am Tage seiner Parusie". Ihr wird sogar das Prädikat "unsere Doxa" zuteil!

In Kap. 3 berichtet Paulus von der Rückkehr des Timotheus, dem Mitarbeiter Gottes in der Verkündigung des Evangeliums Christi. Erneut begegnen die relevanten Stichworte von Kap. 1 und 2. Erneut tauchen die bekannten Züge des genus deliberativum und des genus demonstrativum auf. Ebenso findet sich das Motiv des Dankes. Und wie Kap. 2 mit dem eschatologischen coram Domino endet, so Kap. 3 mit dem eschatologischen coram Deo. Kap. 3 rundet also, was zuvor geschrieben wurde, mit der Information der Thessalonicher über die Rückkehr des Timotheus und seine gute Nachricht (εὐαγγελισαμένου!) ab. Man mag 1Thess 1-3, wenn man so will, mit dem Begriff "Freundschaftsbrief" klassifizieren.[14] Die Frage ist nur, ob damit viel zum Verständnis dieses Briefes gewonnen ist, zumal wir über die antike Epistolographie sehr wenig wissen und die Untersuchung über das Verhältnis von antiker Rhetorik und Epistolographie gerade in bezug auf die Paulusbriefe immer noch ein Desiderat der Forschung ist.[15]

Allgemein sieht man in *1Thess 4 und 5* den zweiten Hauptteil des Briefes.[16] Sicherlich ist durch λοιπὸν οὖν, ἀδελφοί für 4,1 ein Neuansatz innerhalb des Briefes deutlich markiert.[17] Doch werden zugleich mit der in 4,1 einsetzenden Paränese die zuvor aufweisbaren protreptischen Aussagen weitergeführt, wobei freilich diese neue Paränese im Gegensatz zu zuvor Gesagtem detaillierte Aussagen macht. Das den Abschnitt einleitende παρακαλοῦμεν brachte Paulus bereits betont in 2,12 in einer programmatischen Formulierung, nachdem er zuvor schon seine Verkündigung als παράκλησις charakterisiert hatte, 2,3. Aufgabe des Timotheus in Thessalonike war στηρίξαι ὑμᾶς καὶ παρακαλέσαι, 3,2. Doch wird nun, was Wille Gottes ist, grundsätzlicher und konkreter dargelegt. Er wird als Heiligung, ἁγιασμός, definiert, 4,3. Zu ihr hat Gott die Thessalonicher berufen. Das bereits aus 2,12 bekannte καλεῖν erhält in 4,7 einen *ethischen Akzent*. Gott hat Menschen in seine Herrschaft und Herrlichkeit berufen; also beruft er sie auch zur Heiligung. Und in genau diesem Zusammenhang greift Paulus auf eine zentrale Aussage des Propheten *Ezechiel* zurück (Ez 36,27; 37,14), allerdings nur indirekt in einer Negation: Wer ein Leben in Heiligung ablehnt, der lehnt Gott selbst ab, "der seinen heiligen Geist in euch gibt", διδόντα τὸ πνεῦμα αὐτοῦ τὸ ἅγιον εἰς ὑμᾶς, 4,8.

Hier liegt also kein formelles Zitat vor, erst recht keine formula quotationis. Wenn Paulus mehr en passant eine alttestamentliche Aussage bringt, so ist es natürlich möglich, daß er die Formulierung in seine Ausführung einfließen läßt, ohne die Kenntnis des Alten Testamentes auf seiten seiner Adressaten vorauszusetzen. Aber konnte er vielleicht nicht

---

[14] S. jüngstens *Schoon-Janßen*, Umstrittene "Apologien", 39ff.; ib. 47: 1Thess geht über den reinen Freundschaftsbrief in Richtung Lehre und Paränse hinaus.

[15] Dazu ausführlicher ThLZ 109, 241ff.

[16] So z.B. *Kümmel*, Einleitung, 220; *Vielhauer*, Geschichte der urchristl. Lit., 84; *T. Holtz*, EKK XIII, 29ff.; *Schlier*, 1Thess, 12f.; in textlinguistischer Hinsicht unterscheidet *Johanson*, op. cit. 67ff., 1Thess 1,2-3,13 als a predominant expressive function und 4,1-5,24 als a predominant conative function.

[17] So z.B. *Holtz*, EKK, 151.

gerade deshalb die Anspielung so beiläufig bringen, weil er damit rechnete, daß den Thessalonichern das Theologumenon des Ezechiel als zentrale prophetische Aussage der Heiligen Schrift vertraut war? Immerhin ist im 1Thess mehrfach, und zwar an nicht unwichtigen Stellen, vom Geist die Rede (schon 1,5!). Hinzu kommt, daß der Apostel, der schon mit 1,9f. nicht nur speziell christliches Kerygma, sondern auch Topoi der jüdischen Mission zitierte, nun in 4,5 ein Schriftwort der jüdischen Heidenpolemik aufgreift, Jer 10,25: τὰ ἔϑνη τὰ μὴ εἰδότα τὸν ϑεόν.[18] Doch selbst wenn Paulus die alttestamentlichen Aussagen nicht als solche bei seinen Adressaten als bekannt vorausgesetzt haben sollte, bleibt, daß er selbst an zentraler Stelle seiner Argumentation sehr bewußt auf das Alte Testament zurückgegriffen haben dürfte. *Daß* christliche Existenz Existenz im Geiste ist, *daß* Gott seinen Geist in das Herz der an Christus Glaubenden gegeben hat, war aufgrund der Geisterfahrung anläßlich ihrer Konversion zu Gott, der Christus von den Toten auferweckt hatte, lebendige Wirklichkeit.[19] Insofern ist auch im 1Thess die mehrfache Berufung auf den Heiligen Geist ein Stück *argumentatio*, einerlei, ob die Anführung der Ez-Aussage in 4,8 primär als Argument aufgrund der Schrift oder aufgrund der Erfahrung allein gemeint ist. Will sich Paulus tatsächlich in der Weise auf Ezechiel berufen, daß den Thessalonichern der Schriftbezug deutlich wird, so wäre dennoch diese Berufung zugleich eine Berufung auf die Erfahrung, daß das, was der Prophet verheißen hat, an ihnen seine Erfüllung gefunden hat. Dadurch, daß die Anspielung auf Ez betont am Ende des Abschnittes 4,1-8 steht, erhält sie zudem inhaltliches Gewicht.

Mit der Ermahnung zur Bruderliebe enthält auch 4,9-12 konkrete Paränese. Paulus leitet sie mit erneutem Lob der Thessalonicher ein: Sie haben es nicht nötig, daß Paulus ihnen darüber schreibt! Unmittelbar nach V. 8 mit der Ez-Anspielung ist die Begründung aufschlußreich: Sie sind in dieser Hinsicht von Gott selbst belehrt, ϑεοδίδακτοι, einander zu lieben. Der Bezug auf 1,3 ist offenkundig. Dort dankt Paulus für das Werk des Glaubens und die Mühe der Liebe, hier geschieht das Lob der Liebenden. Trotzdem wiederum das stereotype παρακαλοῦμεν ὑμᾶς, V. 10. Denn was gegeben ist, muß zur Fülle auswachsen. In diesem Zusammenhang begegnet in V. 12 auch wieder das περιπατεῖν des programmatischen Satzes 2,12. Das inhaltliche Beziehungsgeflecht der einzelnen Briefabschnitte wird vor unserem Auge immer dichter, immer plastischer. Und die, denen der Brief damals vorgelesen wurde, bekommen die entscheidenden Dinge in je neuem Zusammenhang immer wieder erneut gesagt.

Im Abschnitt 4,13-18 kommt Paulus auf die *eschatologische Frage* zu sprechen, derentwegen er den Brief vor allem geschrieben hat. Wie schon in 4,9 findet sich auch in 4,13 eine περί-Wendung: περὶ τῶν κοιμωμένων. Bereits im Zusammenhang mit 1,9f. wurde angedeutet, daß es in 4,13-18 nicht um bloße Information geht. Diese steht zwar im Mittelpunkt der Darlegung. Doch ist die Absicht, die um ihre Toten besorgten Thessalonicher zu trösten, unübersehbar (V. 18!).

---

[18] LXX wörtlich: ἔϑνη τὰ μὴ εἰδοτά σε. S. auch ψ 78,6: ἔϑνη τὰ μὴ γινώσκοντά σε und Hiob 18,21: οὗτος δὲ ὁ τόπος τῶν μὴ εἰδότων τὸν κύριον. Cf. Gal 4,8f.
[19] S. Gal 3,1-5!

Fragen wir jetzt nach den alttestamentlichen Implikationen in diesem Abschnitt, so ist auf *apokalyptische* Vorstellungen in Spätschriften des Alten Testaments hinzuweisen (Auferstehung der Toten: Jes 26,19; Dan 12,2; vom Himmel herab: Dan 7,13; Posaune: Sach 9,14; Jes 27,13; Ps 47,6). Doch werden keine alttestamentlichen Stellen als Argument eigens angeführt. Als *argumentatives Element* findet sich zunächst in V. 14 der Kern des neutestamentlichen *Kerygmas*: "Wie wir nämlich glauben, daß Jesus gestorben und auferstanden ist, so wird auch Gott die Entschlafenen durch Jesus mit ihm führen." Hier liegt also der Schluß vom Christus-Kerygma auf die ungeklärte eschatologische Frage vor. In V. 15 beruft sich Paulus dann auf ein *Herrenwort*, das er als *Argument* einführt. Er sagt also das Wesentliche gerade nicht kraft eigener apostolischer Autorität, sondern aufgrund der Autorität der vorgegebenen Christuspredigt und des vorgegebenen Herrenwortes. Die apokalyptischen Vorstellungen des Alten Testaments - falls sie überhaupt *direkt* aus ihm übernommen sind und nicht über den Umweg einer verbreiteten apokalyptischen Grundhaltung, die selbstverständlich von einem Repertoire apokalyptischer Vorstellungen des Alten Testaments wesentlich mitbestimmt war - erscheinen fast wie bloße Ausmalung des in 4,13ff. ausgesprochenen Grundgedankens.

Auch für den wiederum mit einer περί-Wendung eingeleiteten *zweiten eschatologischen Abschnitt* 5,1-11 trifft zunächst zu, daß eschatologische Information geboten wird. Und wie für 4,18 gilt, daß der Abschnitt mit der Aufforderung zum Trost schließt. Dem πάντοτε σὺν κυρίῳ ἐσόμεθα von 4,17 entspricht in 5,10 σὺν αὐτῷ ζήσωμεν. Aber der Grundton in 5,1-11 ist doch ein wenig gegenüber dem in 4,13-18 verschieden. Zwar wird durch das αὐτοὶ γὰρ ἀκριβῶς οἴδατε in V. 2 wiederum das heilswichtige Wissen der Thessalonicher herausgestellt (vgl. 2,1.2.5), und durch die Apostrophierung der Adressaten in V. 5 als Kinder des Lichtes und des Tages spricht Paulus ein weiteres Lob aus. Doch die drängende Mahnung zur Wachsamkeit ist unüberhörbar (V. 6: μὴ καθεύδωμεν ... ἀλλὰ γρηγορῶμεν!).

Auf die Frage nach den alttestamentlichen Implikationen in 5,1-11 kann, anders als für 4,13-18, auf einen *zentralen* Topos des Alten Testaments verwiesen werden, nämlich den *Tag Jahwähs* (z.B. Amos 5,18.20; Joel 2,1; 3,14). Indem aber die Aussage über den Tag des Herrn in 5,2 mit αὐτοὶ γὰρ ἀκριβῶς οἴδατε eingeleitet wird, ist es eine bestimmte, den Adressaten vertraute Auskunft. Und es ist zugleich eine bestimmte im Alten Testament angesagte Zukunft, auf die sich Paulus beruft. Ob er für 5,3 auch an Jer 6,14 denkt, ist mit Sicherheit nicht zu sagen.

Der Abschnitt 5,12-24 ist noch einmal ein Stück Paränese. Der Brief endet also, sieht man von den Schlußversen 5,25-28 ab, mit einem *protreptischen* Teil. Bezeichnend ist dafür die Häufung diesbezüglicher Verben, z.B. ἐρωτῶμεν, ἡγεῖσθαι, παρακαλοῦμεν, νουθετεῖτε. Der paränetische Teil schließt mit der "dogmatischen" Bezeichnung Gottes als desjenigen, der "euch beruft", πιστὸς ὁ καλῶν ὑμᾶς. 2,12 und 4,7 werden wieder in Erinnerung gerufen.

Schaut man auf den ganzen Brief zurück, so ist die übliche Gliederung in die beiden Teile 1,1-3,13 und 4,1-5,28 durchaus sinnvoll. Doch eine zu scharfe Grenzlinie zwischen ihnen verwischt die sich durchziehende Intention des Paulus, der in lobender, ermahnender und argumentierender Weise die Einzelabschnitte des Briefes in ein recht enges Geflecht miteinander bringt. Auf die hier vor allem interessierende Frage nach der Theologie, die im ältesten erhaltenen Paulusbrief zum Ausdruck kommt, und nach ihren alttestamentlichen Implikationen ergibt sich folgende Antwort: Der Brief bringt *argumentierende und reflektierende Theologie nur in unthematischer Weise.* Er ist eben nicht als theologisches Schreiben konzipiert und unterscheidet sich insofern von Briefen wie etwa dem Gal oder Röm. Seine dem genus demonstrativum - dieses sollte man hier wohl zuerst nennen - , deliberativum und iudiciale verwandten Teile sind allerdings in theologisch reflektierter Weise geschrieben. Dieser so durch und durch seelsorgerliche Brief weist, wie sich zeigte, eine Fülle wichtigster theologischer Begriffe auf (z.B. Evangelium [Gottes], Glaube, Hoffnung, Liebe, Herrlichkeit, Berufung [als Aktivität Gottes], Zorn, Heiliger Geist, Heiligung, Auferstehung, Tag des Herrn). Und ein nicht geringer Teil dieser für den 1Thess zentralen theologischen Termini bleibt ohne die Kenntnisnahme der jeweiligen *alttestamentlichen Vorgeschichte* theologisch äußerst blaß. Deshalb sollen im folgenden auf dem Hintergrund der soeben vorgetragenen rhetorischen und z.T. auch inhaltlichen Analyse die theologischen Gedanken, die hinter der Konzeption des Briefes stehen, in mehr systematisierender Hinsicht dargestellt werden.

2.2.3.1.2 Die Theologie des Ersten Thessalonicherbriefes: Sein vor Gott

Da die Bedrängnisse der Gemeinde in Thessalonike aufgrund ihrer Verfolgungssituation und auch die Bedrängnisse des Apostels selbst für die Thematik des Briefes von erheblicher existenzieller Bedeutung sind, empfiehlt es sich, mit dem Thema "*Apostolat und Leiden*" zu beginnen. Paulus wird es erst innerhalb der Apostolatsapologie des 2Kor im 4. Kap. in seiner christologischen Dimension ausführlich darstellen. Der 2Kor ist aber ein Dokument der letzten Ära der missionarischen und theologischen Tätigkeit des Paulus. Doch schon im frühen 1Thess spricht der Apostel über dieses Thema, wenn auch ohne die christologische Tiefendimension von 2Kor 4. Ansätze zu einer Beziehung von apostolischem Leiden und Christologie sind jedoch im 1Thess schon vorhanden, wobei die Leidenssituation der Gemeinde mit in die theologische Reflexion einbezogen wird. Denn Apostel und Gemeinde sind gleichermaßen Bedrängnissen und Verfolgung unterworfen. Insofern sind die Thessalonicher Nachahmer, μιμηταί, des Apostels und in einem damit Nachahmer auch des Herrn, 1,6. Diese Bedrängnisse sind sogar notwendig, 3,3: "Ihr wißt ja, daß wir dazu bestimmt sind!" Die θλίψεις dürften hier die messianischen Drangsale meinen.

Im Alten Testament ist in den Psalmen oft von den θλίψεις des Beters die Rede, vor allem aufgrund der Bedrückung durch persönliche Feinde (z.B. ψ 9,10.22; 53,9). Der Begriff sagt aber auch die Bedrängnis und Trübsal des Volkes Israel aus, auch des Israel vertretenden Frommen.[20] Apokalyptische Bedeutung bekamen die Drangsale in apokalyptischen Abschnitten der Propheten (Jes-Apokalypse) und Daniel (Dan 12,1ϑ': καὶ ἔσται καιρὸς θλίψεως, θλῖψις οἵα οὐ γέγονεν ἀφ' οὗ γεγένηται ἔθνος ἐπὶ τῆς γῆς ἕως τοῦ καιροῦ ἐκείνου). Von da aus ist der theologische Schritt zur Vorstellung messianischer Wehen um des Messias Jesus willen nicht mehr weit.[21] Daß der alttestamentliche Gedanke des Gottesvolkes, das messianische Drangsale und Wehen erleidet, zum analogen neutestamentlichen Gedanken führt und von daher auch 1Thess 3,3 theologisch zu interpretieren ist, versteht sich von selbst. Es stellt sich jedoch die Frage, ob das dem Zorn des göttlichen Endgerichts verfallene Volk der Juden (2,16: ἔφθασεν δὲ ἐπ' αὐτοὺς ἡ ὀργὴ εἰς τέλος) sein Israel-Sein an die Kirche abgegeben hat. Ist nun diese gewürdigt, mit der Freude des Heiligen Geistes (1,6) die eigentlich Israel zugedachten messianischen Drangsale zu ertragen? Findet sich also im 1Thess in dieser Hinsicht eine Art *ekklesiologische Substitutionstheologie*: Ekklesia statt Synagoge?

Mit dem Hinweis auf die Drangsale des Apostels und seiner Gemeinde ist die Frage nach der christlichen Existenz schlechthin thematisiert. Theologie ist somit in ihrer anthropologischen Dimension in den Blick gekommen. Christliche Existenz ist nach 1Thess 3,3 notwendig Existenz in der Verfolgung. In eben diesem seinen Selbstverständnis wußte Paulus sich mit seiner Gemeinde in Thessalonike verbunden. Im Zusammenhang mit der großen Drangsal spricht er aber - geradezu paradox! - von der Freude des Heiligen Geistes. *Existenz in Drangsal und Verfolgung* ist also zugleich *Existenz im Heiligen Geist*. Die Verfolgungssituation und zugleich die Geistsituation bestimmen die beiden aufeinander bezogenen Teile des Briefes. Existenz im Heiligen Geist ist jedoch auch jene Wirklichkeit, auf die Paulus in seinen so grundsätzlichen paränetischen Aussagen über die Heiligung in 4,3-8 hinzielt. Und gerade in die-

---

[20] *Schlier*, ThWNT III, 141,48ff.; ib. 141,51ff.: "Es wird zwar nirgends als allgemeiner Satz ausgesprochen, daß zur Geschichte Israels als des von Gott erwählten und geleiteten Volkes die θλῖψις notwendig gehört, aber Israel widerfährt in seiner Geschichte tatsächlich fortwährend θλῖψις, die für sein Bewußtsein heilsgeschichtliche Bedeutung hat."
[21] *Kremer*, EWNT II, 375ff.

sem Abschnitt findet sich im betont letzten Satz die Anspielung auf die Geistverheißung des Ezechiel. Da also, wo Paulus sagt, *was ein Christ ist* - und das ist in der Tat vor allem in 4,3-8 der Fall - , da ist der Bezug zum Alten Testament essentiell. So unbestreitbar auch Paulus im 1Thess das Alte Testament kein einziges Mal formell zitiert, so muß doch zugleich das theologische Gewicht bedacht werden, mit dem der Apostel den zentralen paränetischen Abschnitt 4,3-8 auf die Ez-Aussage theologisch hinstreben läßt. Mag auch die wichtigste Intention der paulinischen Argumentation die eschatologische "Information" von 4,13-18 sein, so darf man deshalb keinesfalls die theologische Bedeutsamkeit von 4,3-8 herunterspielen. Wenn Paulus in 4,8 Worte aus Ez 36,27 und 37,14 bringt, und zwar gerade an dieser Stelle, dann ist das von erheblicher Bedeutung für die Rolle, die das Alte Testament, genauer: das *Alte Testament als prophetisches Buch* für sein theologisches Denken spielt.

Ez 36 und 37 sind ihrem Literalsinn nach Kapitel mit *eschatologischer* Aussage, sie bringen die eschatologische Geistverheißung für das Volk Israel.[22] Nun ist der 1Thess ein eminent eschatologisches Schreiben. Was der Apostel darlegt, ist vom Bewußtsein akuter Naherwartung geprägt. Insofern sind diese Aussagen nicht in objektiver Distanz gemacht. *Martin Heidegger* hat in seiner Existenzanalyse aufgewiesen, daß, existenzial gesehen, unser Dasein grundsätzlich durch *Befindlichkeit* bestimmt ist, d.h. wir "befinden" uns, existenziell und konkret gesehen, immer grundsätzlich in dieser oder jener Stimmung.[23] In diesem Sinne ist die im 1Thess herrschende "Stimmung", kurz vor dem Weltende und der Wiederkunft Jesu zu leben, ein Paradebeispiel für den fundamentalontologischen Sachverhalt des Existenzials der Befindlichkeit. Ist aber der ganze 1Thess genuiner Ausdruck der das Dasein durch und durch beherrschenden Naherwartung, dann kann zwar nicht mit letzter Sicherheit gesagt werden, daß Paulus in seiner hocheschatologischen "Stimmung" die eschatologischen Aussagen von Ez 36 und 37 in ihrem *eschatologischen* Originalsinn erfaßt hat. Wohl aber dürfen wir es mit hoher Wahrscheinlichkeit annehmen.

Ez 36 und 37 verheißen allerdings nicht den Geist für die weltweite Ekklesia, sondern "nur" für Israel. Damit stellt sich erneut die Frage, ob Paulus die bereits erwähnte Substitutionstheologie vertritt, diesmal in

---

[22] Zu diesen Kapp. s. vor allem *W. Zimmerli*, BK.AT XIII/2, 869ff.
[23] *Heidegger*, Sein und Zeit, § 29.

pneumatologischer Sicht. Das würde jedoch bedeuten, daß Paulus die Ez-Stellen in einem ersten Schritt gemäß ihrem Literalsinn als Verheißung für Israel verstände und dann in einem zweiten Schritt sehr bewußt eine das Nationale sprengende Ausweitung auf die weltweite Ekklesia vornähme. Doch dürfte er eher die von Ezechiel ausgesprochene Verheißung *sofort* als messianische Verheißung gelesen haben. Daß die beiden Ez-Kapitel ihn bis zur Niederschrift des Röm beschäftigten und daß sie für sein theologisches Denken überaus bedeutsam blieben, zeigt Röm 8.[24] Dieses Kapitel bildet immerhin den Abschluß von Röm 3,21-8,39, also das pneumatologische und eschatologische Ziel desjenigen Briefteils, der das Werden der Rechtfertigung und das Sein des Gerechtfertigten darlegt.

Dann aber zeigt sich folgender Sachverhalt: Während im Röm die theologische Argumentation so vor sich geht, daß in 3,21-8,39 Rechtfertigungs*geschehen* und pneumatisches *Sein* der Gerechtfertigten in etwa gleichgewichtig expliziert werden, scheint im 1Thess unter paränetischer Perspektive nur der zweite Aspekt von Belang zu sein, nämlich die Heiligung kraft der Gabe des Heiligen Geistes. Heißt das, daß den Paulus des 1Thess im Gegensatz zum späteren Paulus des Gal und Röm theologisch nur das pneumatische Sein des Glaubenden interessierte, er also zur Zeit der Niederschrift des 1Thess die später sein Denken beherrschende Rechtfertigungstheologie noch gar nicht reflektiert hatte?[25] Unbestreitbar ist in der Tat, daß die im Gal und Röm dargelegte Theologie der Rechtfertigung - vielleicht sollte man besser von Rechtfertigungsverkündigung oder Rechtfertigungstheologie statt von Rechtfertigungslehre sprechen, weil durch diesen Begriff zu sehr ein verobjektiviertes, den verobjektivierenden Denkenden draußen lassendes System suggeriert wird - im 1Thess nicht dargelegt ist. Hinzu kommt, daß die noch zu erörternden Differenzen zwischen der Rechtfertigungstheologie des Gal und der des Röm zeigen, wie wenig zur Zeit der Niederschrift des Gal das theologische Denken des Apostels als eine schon feste Größe angesehen werden darf. Hat sich jedoch in der Zeit zwischen Gal und Röm dieses Denken in erheblichem Ausmaße weiterentwickelt, sogar bis zum partiellen Widerspruch gegen früher Geäußertes, dann stellt

---

[24] S.u., auch *Hübner*, KuD 36, 189ff.

[25] So z.B. *Strecker*, Befreiung und Rechtfertigung, 237: "Wir gehen also davon aus, ..., daß der frühe Paulus eine Rechtfertigungslehre, wie sie aus den judaistischen Kämpfen erwachsen und in den Hauptbriefen entfaltet worden ist, noch nicht vorgetragen hat."

sich die Frage, ob sich nicht das Denken des Paulus auch zwischen 1Thess und Gal im Prozeß der Bewegung befand. Zu fragen ist daher, ob die geschichtliche Situation der Niederschrift des 1Thess soweit sie für uns rekonstruierbar ist, Fingerzeige für unsere Frage bietet.

Hat nun Paulus, wie im biographischen Abschnitt gezeigt, bereits auf der Missionssynode die grundsätzliche Freiheit vom Gesetz verfochten[26], so vertrat er bereits *vor der Niederschrift des 1Thess*, die ja nach fast einmütiger Auffassung erst nach dieser Synode erfolgte[27], die wesentlichen Momente der im Gal ausgesprochenen Auffassung vom mosaischen Gesetz. Ebenfalls spricht für unsere Sicht der Dinge, daß sich auch das factum Antiochenum vor dem 1Thess ereignete. Einerlei, ob Gal 2,16 ad-hoc-Formulierung anläßlich der Konzeption des Briefes war oder dem, was Paulus dem Petrus vorgehalten hatte, ungefähr wörtlich entspricht - es ist auf jeden Fall damit zu rechnen, daß die Formulierungen von Gal 2,15f. *der Sache nach* das wiedergeben, was in Antiochien Paulus dem Petrus polemisch entgegenhielt. Angesichts dieser *historischen* Überlegungen, die auf der chronologischen Sequenz der Geschehnisse der vita Pauli beruhen, ist es äußerst unwahrscheinlich, daß die Substanz der Rechtfertigungstheologie, wie sie expressis verbis zuerst im Gal begegnet, zur Zeit der Niederschrift des 1Thess noch nicht theologisches Eigentum des Paulus war. Man kann sogar fragen, ob nicht sogar εἰδότες in Gal 2,16 signalisiert, daß sich Paulus auf eine (fast) formelhafte Wendung beruft, die schon vor dem factum Antiochenum (auf der Synode?) geläufig war.[28] So stellt sich die Aufgabe, die Ausführungen des 1Thess darauf abzuhorchen, ob in ihnen nicht zumindest unterschwellig ein Zusammenhang zwischen Glaube und Rechtfertigung ausgesprochen ist. Daß Paulus im 1Thess die polemisch-*negative* These "Rechtfertigung nicht durch Werke des Gesetzes" nicht bringt, hängt mit dem theologisch unpolemischen Charakter des Briefes zusammen; wohl

---

[26] Näheres s. im Gal. Teil.

[27] S. die gängigen Einleitungen ins NT; anders nur sehr wenige, z.B. *Lüdemann*, Paulus, der Heidenapostel I, 264.272: 1Thess um 41, Apostelkonvent 47 (50).

[28] Die Art, wie Paulus in Gal 2,16 diese Formel bringt, ja geradezu zitiert, provoziert die Frage, ob sie nicht schon in den Diskussionen auf der Missionssynode eine zentrale Rolle gespielt hat. Könnte Paulus mit εἰδότες - es ist ja immerhin das part. conj. zu ἡμεῖς von V.15! - auf eine Übereinstimmung während der Synode anspielen? Beweisbar ist es natürlich nicht; aber ich halte es durchaus für möglich, zumal diese Formel ja nicht notwendig die theologische Abwertung des Gesetzes in Gal 3 und 4 impliziert.

aber könnte das *positive* Äquivalent "Rechtfertigung durch den Glauben" im theologischen Rahmen des Briefes einen guten Sinn ergeben.

Nun ist ein *zentrales Implikat* des Theologumenons der Rechtfertigung bereits genannt, nämlich das *eschatologische coram Deo* bzw. *coram Domino* (1,3; 2,19; 3,9.13). Der Verweis auf die nahe Parusie und das damit gegebene baldige Stehen vor Gott sagt zugleich das nahe Gericht Gottes aus. Das eschatologische coram Deo ist also eminent *forensisch* gedacht. Der Christ steht beim Jüngsten Gericht sozusagen Auge in Auge (ἔμπροσθεν) vor Gott und Christus. Damit ist ein wesentlicher Aspekt der *theologischen Anthropologie* des Alten Testaments aufgegriffen. Die Selbstverständlichkeit, mit der Paulus dies tut, zeigt, wie sehr er in der Tradition biblischen Denkens steht: **Existenz ist für den alttestamentlichen Menschen immer Existenz vor Gott.**[29] Dieses *personale* Moment, das weitesthin die Schriften des Alten Testaments trägt, ist im 1Thess deutlich virulent.[30] Der alttestamentliche Mensch kann sich gar nicht anders verstehen als in seinem verantwortlichen Sein vor Gott. Existenz *ist* Verantwortlichkeit coram Deo, vor dem Gott nämlich, der ihn ins Dasein gerufen hat (z.B. Ps 94,9); wer den immer präsenten, Verantwortung fordernden Gott ignoriert, ist ein Narr! Nur die Toren sprechen in ihrem Herzen, daß kein Gott sei (Ps 14,1), wobei dieser "Atheismus" das Sich-nicht-kümmern um Gott meint.

Israel sah sich als Antwortenden auf Gottes Heilstat. In diesem Zusammenhang hat *Gerhard von Rad* betont, daß in dieser Antwort, vor allem im Gebet des Psalters, die Grundzüge einer theologischen Anthropologie deutlich werden; sichtbar wird "das Bild des Menschen vor dem lebendigen Gott".[31] Mit ihm ist festzuhalten, daß "die Art, wie sich Israel da vor Gott sah, ... theologisch höchst bemerkenswert" ist.[32] "*Nur vor Gott und mit Gott ist der Mensch Mensch,* und wo er diesen Bezug verloren hat, wird er sofort unweigerlich zum Unmenschen."[33] *Hans-Joachim Kraus* hat mit gutem theologischem Recht und in bezeichnender Weise für seine Konzeption dem letzten alttestamentlichen Abschnitt seiner "Theologie der Psalmen" die Überschrift "Der Mensch vor Gott" gegeben.[34] Und in der Tat ist in den Psalmen immer wieder die Rede vom Menschen *vor Gott*. Sein Postulat ist richtig: "Die Anthropologie (sc.

---

[29] S. z.B. *E. Best*, BNTC, 70, zu 1Thess 1,3: "... he (sc. Paul) 'thinks' before God as much as he acts before him; his whole life is continually held in the presence of God."

[30] Genannt sei z.B. ψ 89,8: ἔθου τὰς ἀνομίας ἡμῶν ἐνώπιόν σου
          ὁ αἰὼν ἡμῶν εἰς φωτισμὸν τοῦ προσώπου σου.

[31] *von Rad*, Theol. des AT I, 367.

[32] Ib. 367.

[33] *von Rad*, Gottes Wirken in Israel, 142; Hervorhebung durch mich.

[34] *H.-J. Kraus*, BK.AT XV/3, § 6, 171ff.

des Alten Testaments) muß darum von ihrem Ansatz her theologisch ausgerichtet sein, d.h., sie hat der Frage nachzugehen, wie *der Mensch in Israel vor Jahwe* ins Licht tritt."[35] So "ereignet sich gerade im Leben und Wandeln vor dem Gott Israels die *Menschwerdung des Menschen, das Finden des eigentlichen Seins*".[36] Geht es in den Psalmen einmal mehr um Israel als Volk, das vor Gott steht, ein andermal mehr um den einzelnen in eben dieser Situation, so ist die Existenz des einzelnen coram Deo besonders eindrücklich im Buche *Hiob* zum Ausdruck gebracht. *Heinrich Groß* kommentiert Hiobs Rechten mit Gott in Hiob 13,23ff., wo der Dulder, sich selbst im Recht wissend (V. 18), ihn wegen seines Schweigens anklagt: "Das rührt an seiner Existenz. Lebt der Israelit doch von dem ihm zugewandten Antlitz Gottes."[37] Gerade das Buch Hiob ist es aber, das die Existenz coram Deo in den Bereich des Forensischen stellt. In diesem Zusammenhang ist es wiederum bezeichnend, wenn Kraus im Kap. "Der Mensch vor Gott" den 4. Abschn. überschreibt: "Der Glaube der Gerechten".[38]

Sein vor Gott ist also auch im Sinne der alttestamentlichen Theologie, so unterschiedlich ihre jeweilige Ausprägung in den einzelnen Büchern ist, *Sein vor dem richtenden Gott.* Dieser Gedanke ist zwar im Alten Testament zumeist nicht als theoretisch-theologischer Satz ausgesprochen, er ist aber im *Selbstverständnis* des alttestamentlichen Frommen gegeben. Und es ist gerade der alttestamentliche Beter, dem es um sein *Gerecht-Sein vor Gott* geht - in welcher Variation auch immer: Der Sünder will wieder gerecht werden; der unschuldig Verfolgte will wieder seine ihm genommene Gerechtigkeit zugesprochen bekommen. Das Selbstverständnis des alttestamentlichen Frommen findet dann seinen theoretischen Ausdruck in der theologischen Terminologie des Alten Testaments, vor allem im Begriff der Gerechtigkeit.[39]

Der Umweg über das Alte Testament war erforderlich, weil eine existentiale Interpretation der Wendung "vor Gott und unserem Vater" in 1Thess 1,3 und den entsprechenden Parallelstellen in den gängigen Publikationen zu kurz kommt. Gerade diese Aussage des Apostels ist theologisch relevanter als es gemeinhin zum Ausdruck gebracht wird. In ihr treffen sich wie in einem Brennspiegel die alttestamentliche Vorstellung vom Menschen als Existenz vor Gott, die alttestamentliche Vor-

---

[35] Ib. 179; Hervorhebung durch *Kraus*.

[36] Ib. 179; s. auch ib. 185: "Die Einschaltung von Ps 139 in die 'Aspekte der Anthropologie' sollte deutlich machen, daß und in welchem Ausmaß jede Sicht des Menschen in die Relation des Lebens und Seins dieses Menschen *vor Jahwe* hineingehört."

[37] *H. Groß*, Ijob, Leipzig 1986, 53.

[38] *Kraus*, BK.AT, 193ff.

[39] S. vor allem den ausgezeichneten Art. *ṣdq* von *Koch*, THAT II, 507-530. Über das Existenzial Gerecht-Sein-Wollen vor der als zuständig erkannten Instanz, also über den Menschen als forensisches Wesen, s. Bd. 1, 227ff.

stellung vom Menschen als im theologischen Sinne verstandenen forensischen Wesen, vom Menschen als dem Wesen also, das sich Gottes als der höchsten richterlichen Instanz gewiß ist und das sich in einem damit als vor eben diesem Gott verantwortlich weiß; alles in allem: ein Existenzverständnis, das durch den *Personalismus der Begegnung von Gott und Mensch* bestimmt ist. Man wird des weiteren in gerade diesem Zusammenhang nicht übersehen dürfen, daß Paulus in der Gebetswelt der Psalmen lebt, daß diese Psalmen mit ihrem so oft forensisch geprägten coram Deo seine religiöse Heimat sind. Der theologische Sinn der forensischen Aussagen des 1Thess erschließt sich also erst dann, wenn deutlich wird, *in welchem theologischen Gesamtdenken* des Paulus sie formuliert sind.

Wie sehr die Anthropologie des Alten Testament und speziell die der Psalmen in theologischer Affinität zur Anthropologie des Paulus stehen, zeigt ein Vergleich beider. Obwohl *Hans-Joachim Kraus* sich gegen einen Ansatz bei einer nichttheologischen Anthropologie wendet[40], *Rudolf Bultmann* jedoch bei der Darstellung der paulinischen Theologie bewußt bei den formalen Strukturen des menschlichen Seins einsetzt[41], treffen sie sich in der Bestimmung anthropologischer Begriffe z.T. bis in die Formulierungen hinein. So interpretiert z.B. Kraus den alttestamentlichen Terminus *leb̲/lebāb̲* "Herz", als Zentrum des menschlichen Lebens. "Dieses 'Herz' ist der Sitz alles Sinnens, Planens, Nachdenkens, Erörterns und Trachtens ... Es ist die zentrale Stätte, in der Freude ... und Schmerz, Angst und Furcht ..., Erbitterung ... und Hoffnung ... mit ihrem den ganzen Menschen bestimmenden Gewicht erlebt bzw. erlitten werden."[42] Die Nähe zu Bultmann ist frappierend: "Wie in LXX leb durch καρδία oder durch νοῦς wiedergegeben wird, so gebraucht Paulus καρδία weithin in dem gleichen Sinne wie νοῦς, nämlich zur Bezeichnung des Ich als eines wollenden, planenden, trachtenden."[43] Wie Kraus dem Herzen im eben definierten Sinn dann Schuld, Zwiespältigkeit, aber auch von Gott gewirkte Reinheit zuschreibt[44], in denen sich das Planen und Trachten konkretisieren, so geschieht es auch bei Bultmann: Die καρδία ist Subjekt des Zweifelns wie des Glaubens (Röm 10,6-10). "Wie der Unglaube die Verstockung des Herzens ist, ... so kommt es zum Glauben, wenn Gott das Licht im Herzen aufgehen läßt ... Gott ist es, der die Herzen festmachen kann ...; er schenkt dem Herzen die Gabe des Geistes ...; seine Liebe ist durch den Geist in den Herzen der Gläubigen ausgegossen ... Überall steht καρδία für das Ich ..."[45] Beide Theo-

---

[40] *Kraus*, BK.AT, 179.

[41] *Bultmann*, Theol. des NT, 192ff.

[42] *Kraus*, BK.AT, 181.

[43] *Bultmann*, Theol. des NT, 221; von "zur Bezeichnung ..." an von *Bultmann* im Druck hervorgehoben.

[44] *Kraus*, BK.AT, 182.

[45] *Bultmann*, Theol. des NT, 221f.

54

logen sind sich nicht über die existentiale Interpretation einig, beide aber praktizieren sie letztendlich in zumindest verwandter Weise.

Kann aber das forensische Moment mit dem durch die Biographie des Paulus nahegelegten gesetzeskritischen verbunden werden und ist zudem durch die enge Verbindung von Glaube und Hoffnung der Glaube als Grundbefindlichkeit[46] christlicher Existenz auf den Jüngsten Tag ausgerichtet (1Thess 1,3), so liegt zumindest ansatzweise fest, daß das *Bestehen des Christen vor Gott bei der Parusie Christi aufgrund des Glaubens* geschieht. Röm 5,1 mit seinem δικαιωθέντες ἐκ πίστεως wird also in 1Thess 1,3 zumindest thematisch präludiert.

Das Fazit: Es stellte sich heraus, daß die Ausführungen des Paulus im 1Thess nur zum sehr geringen Teil durch alttestamentliche Aussagen strukturiert und äußerlich erkennbar bestimmt sind. Das hängt nicht zuletzt mit dem in der Analyse herausgearbeiteten protreptischen Charakter des Briefes zusammen. Paulus brauchte hier nicht polemisch Aussagen des Alten Testamentes denen entgegenzuhalten, die agitatorisch gegen seine Mission Obstruktion und Gegenmission übten. Zugleich ist aber auch deutlich, daß die lobenden und paränetischen Darlegungen des 1Thess von tiefer theologischer Substanz sind und dieses theologische Denken vom fundamentalen Existenzverständnis des Alten Testaments geprägt ist. Der 1Thess ist, so paradox, so widersprüchlich es klingt, noch nicht der ganze Paulus, und doch ist er es zugleich schon. Soviel ist jedenfalls unbestreitbar: *Die in diesem Brief ausgesprochenen Gedanken sind theologisch derart inhaltsträchtig, daß die Linie zu später von Paulus ausgesprochenen theologischen Aussagen gezogen werden kann.*[47] In dieser Hinsicht verdient der älteste uns erhaltene Paulusbrief

---

[46] *Holtz,* EKK, 44.

[47] Erst nach Fertigstellung der Ausführungen über den 1Thess erschien *Thomas Södings* Studie "Der Erste Thessalonicherbrief und die frühe paulinische Evangeliumsverkündigung. Zur Frage einer Entwicklung der paulinischen Theologie" (BZ 35, 180ff.). Der Vf. hat in dieser in wesentlichen Punkten ausgezeichneten Analyse und theologischen Interpretation des 1Thess überzeugend herausgearbeitet, daß in ihm bereits zentrale theologische Gedanken der paulinischen Hauptbriefe impliziert sind, vor allem die Freiheit vom Gesetz: Die Mahnung zur Agape ergeht nicht, weil sie einen Anhalt im Gesetz findet, sondern weil sie der von Gott geschaffenen eschatologisch-neuen Wirklichkeit der Ekklesia entspricht; ohne daß die Freiheit vom Gesetz selbst zum Thema wird, ist der 1Thess "ein klarer Beleg für die gesetzesfreie Evangeliumsverkündigung des Apostels", ib. 198. Sieht nun Paulus keinen Anlaß, die Gesetzesfreiheit zu verteidigen und zu begründen, so ist sie doch wie selbstverständlich vorausgesetzt. "Entscheidend ist, daß (schon) der 1Thess die eschatologische Manifestation des Heilswillens Gottes in Jesu Tod und Auferweckung sieht und die ganze Theologie darauf abstellt." Schon in der vorpaulinischen Rechtfertigungs- und Tauftheologie ist die Negation einer Heilsbedeutung des Gesetzes angelegt, ib. 199. Vor allem hat *Söding* richtig gesehen, daß der entscheidende Unterschied zu den Hauptbriefen darin besteht, daß das Wirken des Kyrios und des Pneuma nicht direkt zueinander in Beziehung gesetzt werden und auch indirekt

größere Aufmerksamkeit des Theologen als es bisher in der Regel geschehen ist.[48]

---

kaum verbunden sind, so ib. 191 mit *Thüsing*, Gott und Christus in der paulinischen Soteriologie I, 291. *Thüsing* und *Söding* ist auch darin zuzustimmen, daß der Primat der *Theologie* für die paulinische Verkündigung des 1Thess (und der Hauptbriefe) kennzeichnend ist, *Thüsing.* op. cit. passim, und *Söding*, op. cit. 189. S. auch *Horn*, Das Angeld des Geistes, 119-160, vor allem 147ff. Zu *Peter Stuhlmacher*, Bibl. Theol. des NT I, 333: Es ist kein geringes Mißverständnis, wenn er mich unter die Vertreter der Anschauung rechnet, nach der Paulus erst aufgrund der Auseinandersetzungen in Galatien zur Verkündigung der Rechtfertigung des Gottlosen durchgedrungen sei. Ich habe immer wieder gerade dieser Auffassung mehrfach widersprochen und mehrfach das hier erneut begegnende Mißverständnis meiner Hypothese von der Entwicklung der paulinischen Theologie zurückgewiesen. Schon 1980 habe ich in NTS 26, 445ff., aufzuzeigen versucht, wie der Gal in der Kontinuität vom 1Thess her zu verstehen ist, nämlich als polemische Ausformung der im 1Thess bereits enthaltenen theol. Substanz (ib. 458).

[48] Es müßte eigentlich auffallen, in welchem Ausmaß gerade in den Kommentaren zum 1Thess die Wendung ἔμπροσθεν τοῦ θεοῦ καὶ πατρός ἡμῶν zu kurz kommt. Die Ausleger interessiert in der Hauptsache die logische Zuordnung der Satzteile zueinander; in dieser Hinsicht wird auch unsere Wendung reflektiert. *James Everett Frame*, ICC, 77, verweist z.B. auf ihren eschatologischen Sinn, schenkt aber ihrer theologischen Tiefendimension keine Beachtung. *Traugott Holtz*, der sonst so ausgezeichnet den Text auslegt und über die exegetischen Probleme informiert, unterläßt in seinem Kommentar eine inhaltliche Interpretation für diesen Teil von 1Thess 1,3 ganz. Selbst *Ernst von Dobschütz*, KEK, 67, läßt uns mit dem wenigen, was er dazu sagt, ziemlich im Stich.

56

2.2.3.2 Der Galaterbrief

2.2.3.2.1 Argumentation und Theologie im Galaterbrief

Für die theologische Argumentation des Gal[49] sind die formellen, zum großen Teil mit formula quotationis eingeleiteten Zitate konstitutiv. Für seine theologische Aussage sind die alttestamentlichen Zitate sowohl argumentationsstrukturierend als auch themenbestimmend. Zugleich ist gerade der Gal derjenige Brief, für den die rhetorische Analyse von erheblicher Relevanz für das Verständnis der theologischen Intention des Paulus ist.

Die Auffassung von *Hans Dieter Betz*, der Gal sei als apologetischer Brief, genauer: als apologetische Gerichtsrede in Briefform und somit als briefliche Version des *genus iudiciale*[50] zu klassifizieren[51], wurde zwar von einer Reihe von Autoren bestritten[52]; doch ist es durch Betz zumindest zum weitgehenden Konsens der Exegeten gekommen, daß die rhetorische Analyse die Strukturierung der Aussagen des Gal in schärferen Konturen als bisher erkennen läßt und insofern unverzichtbar ist. Doch einerlei, ob man den Gal mit Betz als apologetischen Brief zum *genus iudiciale* oder mit Kennedy zum *genus deliberativum* rechnet - unbestritten ist, daß er apologetischen Charakter besitzt[53] und daß er bei den Galatern eine Sinnesänderung bewirken will. Man kann fragen, ob

---

[49] Eine gesonderte Darstellung von Argumentation und Theologie wie für den 1Thess empfiehlt sich für den Gal nicht, weil bereits durch den Aufweis der Argumentationsstruktur des Briefes das Entscheidende über seine Theologie gesagt ist.

[50] S. Anm. 4 von S. 41.

[51] *H.D. Betz*, NTS 21, 353ff.; *ders.*, Der Galaterbrief. Ein Kommentar zum Brief des Apostels Paulus an die Gemeinden in Galatien (Hermeneia-Kommentar), München 1988; amerikanisches Original Hermeneia-Reihe, Philadelphia 1979.

[52] So u.a. *Kennedy*, NT Interpretation through Rhetorical Criticism, 144-152, vor allem ib. 146, der den Gal ins *genus deliberativum* einordnet: Paulus will die Galater zu einem bestimmten Verhalten bewegen. S. auch *Smit*, NTS 35, 1ff. *Verena Jegher-Bucher*, Der Gal auf dem Hintergrund antiker Epistolographie und Rhetorik, ist aufgrund der eigenwillen Argumentation, anscheinend hervorgerufen durch die ideologische Vorentscheidung, den Paulus des Gal als Anwalt der Torah zu sehen (Untertitel: "Ein anderes Paulusbild"!), und aufgrund einseitiger Literaturauswahl (im Lit.-Verzeichnis z.T. bibliographisch sonderbar angezeigt, z.T. sogar falsch) nicht geeignet, die Diskussion um die rhetorische Analyse des Gal weiterzubringen. Das ist um so bedauerlicher, als die Vf. das Problem des Verhältnisses von antiker Epistolographie und Rhetorik erkannt hat. Nur eine kurze Skizze ihrer Auffassungen: Das Thema des Gal ist der Beweis des Paulus, daß das sog. Aposteldekret für Judenchristen und Heidenchristen verbindlich sei. ἡ ἀλήθεια τοῦ εὐαγγελίου (Gal 2,14) meint dieses ʾæmunāh genannte Aposteldekret! Gal 2,1-10 schildert eine Sondersitzung nach dem factum Antiochenum von 2,11ff.

[53] *Sanders*, Paul, 54: "The passion and the rage show that Paul the Apostle to the Gentiles had to defend both his theology and himself ..."; *Schoon-Janßen*, Umstrittene "Apologien", 66ff., sieht in Gal 1,10-2,14 einen apologetischen Text; nicht aber sei der Gal insgesamt apologetisch ausgerichtet.

Paulus nicht im Rahmen einer Verteidigungs-"Rede" unversehens zum "Angriff" übergeht und so mit Hilfe seiner polemischen Argumentation die Galater zur Einsicht führen will.[54]

Deutlich lassen sich im Gal zunächst *exordium* 1,6ff., *narratio* 1,13ff. und *argumentatio* 3,1ff. als rhetorische Einzelabschnitte erkennen. Sieht man in 2,15-21 die *propositio*, so umfaßt die narratio 1,13-2,14. Das Ende der argumentatio ist umstritten.[55] Spätestens in 5,13 beginnt der bis 6,10 reichende *paränetische* Teil, der, wie auch Betz zugibt, nicht ins Schema des genus iudiciale paßt. 1,1-5 ist als *Präskript* genuiner Teil eines Briefes und kann aufgrund dieser *epistolographischen* Einteilung keiner direkten rhetorischen Analyse unterzogen werden. Anders steht es mit dem *Postskript* 6,11-18. Als solches ist es zwar epistolographisch klassifiziert. Betz aber sieht in ihm *auch* eine rhetorische Funktion, nämlich die der "*peroratio* oder *conclusio*, d.h. Ende und Abschluß der Verteidigungsrede, die das Briefkorpus bildet".[56]

Ansatzweise ist aber schon das *Präskript* in die theologische Argumentation des Briefes einbezogen, wie vor allem das anderen paulinischen Präskripten gegenüber auffällige Spezifikum in V.4 zeigt. Der hier gesetzte *soteriologische* Akzent hat programmatische Bedeutung für den ganzen Brief. An *Jes 53* erinnert τοῦ δόντος ἑαυτὸν ὑπὲρ τῶν ἁμαρτιῶν ἡμῶν, vor allem an 53,6 καὶ κύριος παρέδωκεν αὐτὸν ταῖς ἁμαρτίαις ἡμῶν und 53,12 διὰ τὰς ἁμαρτίας αὐτῶν παρεδόθη.[57] Ob bewußte Anspielung vorliegt, ist zwar umstritten[58]; doch ist zumindest mittelbarer Einfluß anzunehmen. Nach *Karl Kertelge* dürfte die in Jes 52,13-53,12 tragende Idee vom Leiden des Gottesknechtes für die Vielen von Anfang an auf die frühchristliche Deutung des Todes Jesu größeren Einfluß gehabt haben, als man in den ältesten neutestamentlichen Texten nachweisen könne.[59] Sollte also Paulus in Gal 1,4 nicht in erster Linie an Jes 53 gedacht haben, so hätte er höchstwahrscheinlich der Grußformel eine urchristliche Formel angehängt, von der er wußte, daß sie im christologischen Horizont Jes 53 rezipiert. Dafür, daß dieses Kapitel schon in ei-

---

[54] *Hübner*, ThLZ 109, 249f. Zur Diskussion mit und Kritik von *Betz* s. außer den bisher genannten Publikationen: *D.E. Aune*, RelStRev 7 (1981), 323-338; *W.D. Davies*, ib. 310-318; *P.W. Meyer*, ib. 818-823; *Hester*, JBL, 103, 223ff.; *Lategan*, NTS 34, 411ff.

[55] *Hübner*, TRE 12,5f.

[56] *Betz*, Herm., 530f.

[57] S. auch Jes 53,5: μεμαλάκισται διὰ τὰς ἁμαρτίας ἡμῶν.

[58] Bejahend z.B. *H. Schlier*, KEK VII, 32: "Dabei wirkt der Gebrauch von παραδιδόναι in der christologisch verstandenen Stelle Jes 53,6.12 mit ein."; *J. Rohde*, ThHK IX, 35; vor allem aber *J. Jeremias*, Zum Sendungsbewußtsein Jesu, 200.206; unentschieden z.B. *F. Mußner*, HThK IX, 51; *Betz*, Herm., 95. Anm. 49; ablehnend z.B. *Popkes*, Christus traditus, 253f. (ohne Nennung von Gal 1,4, doch ist diese Stelle hier aufgrund des Zusammenhangs der Darstellung impliziert), s. vor allem ib. 254: "Jes 53 ist nicht die Wurzel der Dahingabe-Aussage, sondern diese zog den Rückgriff auf Jes 53 erst nach sich."

[59] *Kertelge*, QD 74, 119; er nennt aber in diesem Zusammenhang Gal 1,4 nicht.

nem sehr frühen Stadium aus christologischer Perspektive gelesen und rezipiert wurde, spricht alles, wenn man sich den konkreten Umgang der ersten Christen mit der Heiligen Schrift vergegenwärtigt. Da diese aus dem Judentum kamen und somit mit Jes vertraut waren, ist es ein unwahrscheinliches Postulat, daß sie bei der Lektüre oder beim Hören dieses Kapitels nicht die Passion, den Tod und die Auferstehung Jesu assoziiert hätten![60] Wer mit diesem Postulat argumentiert, steht unter Beweiszwang für die Annahme, daß diese ersten, dem Judentum entstammenden Christen nicht mit Jes vertraut waren.[61]

Hat also Paulus bereits im Präskript sozusagen *überschriftsmäßig* die soteriologisch zentrale Aussage von Jes 53 über die soteriologische Argumentation des Briefes gestellt, so tat er dies nicht nur, indem er vor Jes 53 ein christologisches Vorzeichen setzte, sondern auch, indem er die ihm aller Wahrscheinlichkeit nach vorgegebene Tradition von der Hingabe des Messias durch Gott als *Selbsthingabe* des Messias aufgriff.[62] Daß er dadurch die ureigene soteriologische Aktivität Gottes nicht leugnen wollte, zeigen Aussagen wie 2Kor 5,21, Röm 3,25; 4,25 oder Röm 5,6ff.[63]

Kann in Gal 1,4 die Finalaussage im Anschluß an die Anspielung auf Jes 53 "damit er uns aus dem gegenwärtigen bösen Äon herausreißt" als Indiz für die Situation der Adressaten verstanden werden? Vielleicht gibt Gal 4,8-11 einen Fingerzeig: Mit der Annahme des Evangeliums des Christus haben die Galater die Freiheit von den versklavenden Weltelementen (Gal 4,3.8f.) erfahren, haben sie *erlebt*. Sollte dies zutreffen, so verbliebe die soteriologische Überschrift im Präskript nicht im Bereich spekulativer theologischer Theorie. Denn dann hätte Paulus in 1,4 ganz elementar die existentielle Situation der Adressaten angesprochen. Doch

---

[60] Auch *Bultmann*, Theol. des NT, 49, rechnet damit, daß man schon in der Urgemeinde in Jes 53 eine Weissagung auf die Passion Jesu gefunden hatte, "wenngleich ... nicht schon in der allerersten Zeit".

[61] Für diese Diskussion ist es unerheblich, ob Jes 53 in frühchristlicher Zeit bereits von jüdischer Seite messianisch gedeutet wurde, wie es später in TgJes 53 in einer massiven Herrlichkeitsmessianik literarisch nachweisbar ist. Ob man im Gottesknecht des Dt-Jes eine Messiasgestalt sah oder nicht, ist für unsere Fragestellung deshalb ohne Relevanz, weil die für uns entscheidende Frage darin besteht, ob bereits die ersten *Christen* in der *Leidens-* und *Herrlichkeits*gestalt von Jes 53 den Heilbringer Jesu von Nazareth erkannten. Der *Messias*-Titel als solcher ist für unsere Fragestellung sekundär!

[62] So z.B. *Conzelmann,* Theol. des NT, 55, Anm. 6: *Deichgräber*, Gotteshymnus und Christushymnus, 113, Anm. 2; *Popkes*, Christus traditus, 197; *Roloff*, NTS 19, 43; *Betz*, Herm., 94f.; B. *Corsani*, Lettera ai Galati (Commentario storico ed esegetico all'antico e al nuovo testamento, NT 9), Genova 1990, 59f.

[63] Mögen diese Stellen auch nach Abfassung des Gal geschrieben sein und muß man zudem mit einer nicht unerheblichen theologischen Entwicklung des Paulus rechnen, so gibt es doch keine ernstzunehmenden Kriterien, aufgrund derer eine Entwicklung von der Auffassung einer soteriologischen Aktivität Jesu zu der einer soteriologischen Aktivität Gottes anzunehmen wäre.

wie immer man hier urteilt, auf jeden Fall hat Paulus bereits im Prä-
skript eine theologisch zentrale Aussage gemacht, die, indem sie das
Thema des Briefes als soteriologisch bestimmt erscheinen läßt, auf das
Alte Testament rekurriert.

Warum aber bringt Paulus die Worte aus Jes 53 dann nicht als
formelles Zitat? Nur deshalb nicht, weil ein solches nicht formal in ein
Präskript gehört? Das ist durchaus möglich, da er immerhin im Präskript des Röm ähnlich vorgegangen ist. Dafür, daß Paulus in Gal 1,4 Jes
53 nicht als formelles Zitat bringt, gibt es aber noch eine andere, gerade
für unsere Argumentation relevante Vermutung: Die christologische
Formel von Gal 1,4 mit ihrer Rezeption von Jes 53 war so sehr *Allge-
meineigentum der ersten Christen*, daß Paulus gar nicht erst auf diesen
Text aufmerksam machen mußte.[64] Weil die mit Worten von Jes 53
formulierte soteriologische Formel allgemein und erst recht von den judaistischen Gegenmissionaren wie auch wohl von den Galatern akzeptiert war, konnte Paulus sie in einem klugen Schachzug ins Präskript
seines Schreibens hineinnehmen. Gerade das Formelhafte ist ja da, wo
Argumentation in der Öffentlichkeit, auch in der kirchlichen, geschieht,
besonders geeignet.

Indem aber mit hoher Wahrscheinlichkeit zentrale Aussagen aus Jes
53 über den so rätselhaften Gottesknecht in eine christologische Formel
eingeflossen sind[65], hat das christliche Kerygma diesen Worten einen
neuen Bezugspunkt angewiesen. Jetzt *wurde* aus Jes 53 eine Aussage
über den Messias Jesus von Nazareth. Damit steht Jes 53 *im endgültigen
theologischen Koordinatensystem der neutestamentlichen Christologie*. Der
leidende Gerechte von Jes 53 ist jetzt unwiderruflich eine bestimmte
geschichtliche Person geworden. Die theologische Diskussion über die
Identität des Gottesknechtes steht von nun an nicht mehr frei. Das Christusereignis sagt, wie Jes 53 allein verstanden werden darf.

Ist aber Jes 53 in diesem Sinne verbindlich als Vetus Testamentum
in Novo receptum in den christologischen Horizont hineingestellt, so ist
das Kapitel seinem alttestamentlichen Koordinatensystem entnommen.[66]
Denn einerlei, wer auch immer im Literalsinn der in Jes 53 Be-

---

[64] S. auch *H. Lietzmann*, HNT 10, 4: "v. 4-5 bieten eine eigenartige, an Rm 1,2-4 erin-
nernde Erweiterung des sonst stereotypen Grußendes: sie geben knapp den Inhalt der
evangelischen Verkündigung an. Da diese Formulierung unseres Wissens auch von den
Gegnern nicht bestritten wurde, wird hier eine direkte polemische Absicht ... nicht vermutet werden können."

[65] Zur immer noch nicht ganz geklärten Frage über das damalige jüdische Verständnis
des Gottesknechtes in Dt-Jes s. *Haag*, Der Gottesknecht bei Dt-Jes, 34ff.

[66] Aus diesem Grund ist es auch philologisch sekundär und theologisch irrelevant, ob
man wegen des ὑπέρ in Gal 1,4, da in Jes 53LXX diese Präposition nicht begegnet (statt
dessen in V. 5 und 12 διά, in V. 6 einfacher Dativ), den hebräischen Text zugrunde liegen
sieht oder ob man die Formel auf die LXX zurückführt.

schriebene ist, es ist nicht der neutestamentliche Messias.[67] Was jedoch von der theologischen Aussage dieses Kapitels im Neuen Testament aufgegriffen wird, ist die Vorstellung von der *stellvertretenden Sühne*.[68] Und es ist zudem, je nach Interpretation, ein in Jes 53 gesehener *universaler Gedanke* im Blick auf die Sühne.[69]

In der *narratio* berichtet Paulus von seiner vorchristlichen Zeit, seiner Berufung, der Missionssynode und dem factum Antiochenum.[70] Vor seiner Berufung war Paulus Torahrigorist, und somit hatte das Berufungswiderfahrnis erhebliche Konsequenzen für sein Torahverständnis und folglich für sein Selbstverständnis. Vom Kontrast der Zeit des Paulus vor und nach Damaskus her ist demnach zu interpretieren, was er Gal 1,15f. über seine *Berufung* schreibt.

Der autobiographischen Formulierung Gal 1,15 ὁ ἀφορίσας με ἐκ κοιλίας μητρός μου καὶ καλέσας διὰ τῆς χάριτος αὐτοῦ entspricht Jes 49,1 ἐκ κοιλίας μητρός μου ἐκάλεσε τὸ ὄνομά μου. In ἵνα εὐαγγελίζωμαι αὐτὸν ἐν τοῖς ἔθνεσιν Gal 1,16 dürfen wir sicher eine Parallele zu Jes 49,2 sehen: καὶ ἔθηκε τὸ στόμα μου ὡσεὶ μάχαιραν ὀξεῖαν. Vor allem ist der Kontext von 49,1 in V.6 zu beachten, von dem wir mit noch größerer Sicherheit als für V.2 annehmen können, daß Paulus ihn vor Augen hatte: ἰδοὺ τέθεικά σε εἰς φῶς ἐθνῶν τοῦ εἶναί σε εἰς σωτηρίαν ἕως ἐσχάτου τῆς γῆς.[71]

Paulus artikuliert also sein neues, nun apostolisches Selbstverständnis mit Worten der Schrift. Es sind Worte des großen Propheten *Jesaja*, auf die er anspielt (oder sogar zitiert?) und die er auf sich appliziert. War dieser schon aufgrund seiner Berufung das Licht der Heiden, so erst recht Paulus (*a minori ad maius*)! Das Amt des Propheten ist durch das Amt des Apostels abgelöst. Paulus ist mehr als Jesaja (s. Mt 12,6.41)! Und er ist mehr als dieser, weil seine Botschaft, das Evangelium, das

---

[67] Ob bereits in ntl. Zeit Jes 53 messianisch interpretiert wurde, ist umstritten; zur Diskussion s. *Haag*, op. cit. 34ff. Sollte es der Fall gewesen sein, so bedeutet *dieses* messianische Verständnis noch keineswegs, daß das christliche Verständnis des Messianischen damit deckungsgleich ist.

[68] S. dazu vor allem die Ausführungen zu Röm 3,25.

[69] *Haag*, op. cit. 185f.

[70] Das *exordium* des Gal bietet für die Frage nach der Rezeption des Alten Testaments durch Paulus nur geringe Information und kann daher hier außer Betracht bleiben.

[71] Es stimmt schon, daß im corpus Paulinum nirgendwo Jes 49,6 *zitiert* ist (anders Act 13,47, wo dieser Vers Paulus und Barnabas in den Mund gelegt ist). Aber daß Paulus, dem gerade das Jes-Buch so vertraut war, bei der Niederschrift von Worten aus Jes 49,1 nicht 49,6 vor Augen gehabt haben sollte, ist m.E. aufs höchste unwahrscheinlich. Wer es bestreitet, muß die Voraussetzung machen, daß das Kap. 49 als ganzes dem Paulus nicht vertraut war. Wie will man aber eine solche Hypothese wahrscheinlich machen? εἰς φῶς ἐθνῶν in Jes 49,6 artikuliert klar das apostolische Bewußtsein des Paulus, εἰς σωτηρίαν ist gut paulinisch, ἕως ἐσχάτου τῆς γῆς entspricht dem paulinischen Missionsverständnis!

Gekommensein Christi als das Heil der Welt aussagt. Was Jesaja als *zukünftiges* Heil ansagte (Jes 53!), verkündet Paulus in apostolischer Zusage als *geschehenes* Heil, als Heilswirklichkeit.[72] [73]

In der narratio berichtet Paulus vor allem von der *Missionssynode* (2,1-10), auf der es zum Einverständnis darüber kam, daß für die heidenchristliche Mission auf die Beschneidung verzichtet werden sollte. Auffällig ist jedoch, daß noch nicht einmal in der Jerusalemer Vereinbarung "Wir zu den Heiden, sie zu den Juden" (Gal 2,9) von dieser Konzession die Rede ist, erst recht nicht von der für Paulus theologisch so gewichtigen prinzipiellen Freiheit vom Gesetz! Allem Anschein nach hat er als der *prinzipielle theologische Denker*, der *alle Detailfragen der missionarischen Praxis theologisch vom Evangelium her beurteilte*, die von den Jerusalemern als Befreiung von der Beschneidung verstandene Konzession in offensichtlicher Verkennung der Situation als Zustimmung zu seiner theologischen Überzeugung von der grundsätzlichen Freiheit vom mosaischen Gesetz interpretiert und so seinen Teil zum

---

[72] Paulus muß nicht schon im Augenblick seiner Berufung seinen Apostolat als Überbietung des prophetischen Amtes gesehen haben. Wir wissen ja noch nicht einmal, ob er überhaupt seine Berufung schon zu diesem Zeitpunkt als Berufung zum Apostel der *Heiden* verstanden hat. Vielleicht war dies erst die Konsequenz aufgrund späterer theologischer Reflexion des Damaskuswiderfahrnisses (*Hübner*, Die Theol. des Paulus im Lichte seiner Berufung, 28ff.). Doch einerlei, wie man hier urteilt - theologisch zählt, daß Paulus seine Berufung in Kontinuität zur Berufung des Propheten Jesaja gesehen hat und somit Jesaja als Zeugen des gesetzesfreien Evangeliums. Das aber impliziert das theologische Urteil des Paulus, daß die *eigentliche* Aussage der Schrift nicht die der Torah ist. Wird hier in gewisser Weise antizipiert, daß nach Gal 3,10ff. das Gesetz als verurteilendes, tötendes Wort, das Prophetenwort (Hab 2,4) hingegen als das lebendigmachende Wort vorgestellt wird?

[73] Nicht ausdiskutiert ist, ob Paulus in Gal 1,15 auch (oder vielleicht nur) auf Jer 1,5 anspielt: πρὸ τοῦ με πλάσαι σε ἐν κοιλίᾳ ἐπίσταμαί σε καὶ πρὸ τοῦ σε ἐξελθεῖν ἐκ μήτρας ἡγίακά σε, προφήτην εἰς ἔθνη τέθεικά σε. Bestritten wird sogar, daß Paulus das Jer-Buch überhaupt gekannt hat (*Wolff*, Jer im Frühjudentum und Urchristentum; *Holtz*, ThLZ 91, 326: *Koch*, Die Schrift als Zeuge, 45ff.). Obwohl diese These auf recht brüchigem Fundament beruht (s. zu 1Kor 1,18ff.!), wird man *Traugott Holtz* jedoch darin beipflichten, daß für das Selbstverständnis des Paulus der Dt-Jes-Teil des Jes-Buches von entscheidender Bedeutung ist (op. cit. 321ff.). Erwählung und Berufung sind bei Paulus und Dt-Jes aufs engste einander zugeordnet (ib. 325). Paulus weiß sich als Heilsbringer zu den Völkern gesandt; solcher Heilsuniversalismus ist im Alten Testament erst in der Verkündigung des Dt-Jes enthalten (ib. 328). Bei Dt-Jes ist das Vorbild für das paulinische Leidensverständnis zu suchen (ib. 329). Freilich (ib. 330): "So erscheint die Vermutung begründet, daß er zwar sich mit dem deuterojesajanischen Gottesknecht im allgemeinen identifiziert hat, Jes 53 jedoch alleine auf den Christus bezog und dieses Kapitel so gleichsam aus seinem Zusammenhang mit den übrigen Ebed-Jahve-Liedern herauslöst." Auch nach *Franz Mußner*, HThK, 82, versteht Paulus sein apostolisches Berufungsbewußtsein im Lichte des Sendungsbewußtseins der alttestamentlichen Propheten, vor allem des Jeremia und des Deuterojesaja. Bei seiner Auslegung von Gal 1,15 verweist er auch betont wegen ἀφορίζειν auf die LXX: Num 8,11 (Aaron sondert die Leviten für ihren Dienst aus), 15,20 (Opferbrot für Jahwäh), Jes 29,2 (Haus Jakob), Ez 45,1.4.9 (Land für Jahwäh und die Priester) (ib. 82f.).

tragischen Mißverständnis und Aneinandervorbeireden beigetragen.[74] Daß Paulus in der Tat glaubte, den theologischen Sieg[75] über seine Gegner, vor allem die "Lügenbrüder, die sich eingeschlichen hatten" (Gal 2,4), davongetragen zu haben, zeigt die *Argumentationsstrategie des Gal*. Der Skopus des Briefes ist nämlich der theologische Nachweis der für den Christen unverzichtbaren prinzipiellen Freiheit vom Gesetz, da dieses den Bereich der Knechtschaft konstituiert. Der Einwand, Paulus wolle die Freiheit vom Gesetz ja nur für die Heidenchristen behaupten, fügt sich nicht in die konkrete theologische Beweisführung des Briefes. Denn Paulus sagt ja gerade nicht, daß das Gesetz nur für Heidenchristen seine versklavende Funktion ausübe![76] So, wie Paulus die argumentatio ab Gal 3,1 vorträgt, sind die Judenchristen zumindest implizit, zuweilen sogar explizit eingeschlossen. Die *narratio* bringt also mittels der *argumentativen Erzählung* die thematische Hinordnung auf die theologische Darlegung in der *argumentatio*.

Die *objektive Schwierigkeit* der Auslegung des Gal besteht dann allerdings darin, zu erklären, wie Paulus bei der Jerusalemer Abmachung theologisch damit zu Rande kam, daß einerseits auch künftig mit der Praxis der Beschneidung durch die Judenchristen zu rechnen war, andererseits er aber seinen theologischen Sieg in der Jerusalemer Zustimmung zu seiner Theologie der prinzipiellen Freiheit vom Gesetz gesehen hatte. Die Annahme, Paulus habe erst später seinen Jerusalemer Erfolg als totale und fundamentale Gesetzesfreiheit uminterpretiert, um ihn dann gegen seine galatischen Gegner in genau diesem Sinne polemisch einzusetzen, unterstellt ihm im entscheidenden Punkt entweder Opportunismus oder Vergeßlichkeit.

Festzuhalten bleibt also, daß Paulus mit Gal 2,1-10 nichts Geringeres als die *theologische Übereinstimmung der Jerusalemer mit ihm* beweisen will: Was ich in meiner argumentatio sagen werde, genau das ist auch die theologische Überzeugung der Jerusalemer! Wenn sich die judaistischen Gegenmissionare auf die Jerusalemer Autoritäten berufen, so täuschen sie euch! Und tatsächlich standen diese Gegenmissionare im Gegensatz zu Jerusalem. Doch auch Paulus stand, freilich ohne es damals zu ahnen, ohne seine tragische Situation zu durchschauen, im Gegensatz zu Je-

---

[74] S. auch *Dunn*, The Incident at Antioch, 132: "The question discussed at the meeting in Jerusalem was not primarily whether Paul (and Barnabas) were apostles, but whether as apostles of Antioch their practice of not circumcising their converts should continue ..." Der Punkt, wo *Dunns* und meine Sicht differieren, ist die Sicht der Jerusalemer Apostel durch Paulus. Nach *Dunn* akzeptierte sie Paulus z.Z. *der Missionssynode* als auch ihm geltende Autoritäten, während er später im Gal gerade diesen Sachverhalt zu verschleiern suchte. M.E. hat sich aber Paulus bereits damals als im Prinzip unabhängig von den Jerusalemern gesehen. *Dunn* ist jedoch möglicherweise zuzugeben, daß sich die Jerusalemer als die Autorität sahen, die Entscheidungen auch für die Gemeinde von Antiochien treffen können. Dann allerdings hätte Paulus auch in dieser Hinsicht die Situation verkannt.

[75] *Dunn*, op. cit. 133: "The victory or rather concession won by the Antioch delegation ..." *Dunn* fährt freilich fort: "... did not call in question the authority of the Jerusalem apostels to make this concession."

[76] Zu *Hahn*, ZNW 67, 51ff. s. *Hübner*, Das Gesetz bei Paulus (ab 2. Aufl.!), 134ff.

rusalem, weil er da *theologisch* weitergedacht hatte, wo seine damaligen Verhandlungspartner nur *pragmatisch* agierten (vielleicht auch nur taktierten?).[77]

Das ebenfalls in der narratio referierte *factum Antiochenum* gibt dazu weitere Indizien, Gal 2,11ff.[78] Die genaueren Umstände lassen sich nur hypothetisch erschließen. Aber der Zusammenstoß mit den Anhängern des Jakobus, die sogar Petrus und Barnabas auf ihre Seite zu bringen vermochten, zeigt deutlich, daß die Frage der *Tischgemeinschaft*, also auch der ganze Komplex mosaischer Speisegesetzgebung und Reinheit auf der Synode theologisch ungeklärt geblieben war. Beide Seiten dürften wohl bei dem Eklat in Antiochien eine jeweils andere Interpretation der Jerusalemer Abmachung ins Spiel gebracht haben. Die Brüchigkeit der unpräzisen Jerusalemer Formel war eigentlich schon zu diesem Zeitpunkt nicht mehr zu übersehen. Anscheinend sind aber dem Paulus trotz dieses Zusammenstoßes noch keine Zweifel an seinem Verständnis des in Jerusalem Erreichten gekommen. Sonst hätte er Gal 2,11ff. so nicht schreiben können.

Den heftigen Tadel, mit dem er Petrus vor allen rügt, verbindet er in 2,16 mit einer wiederum *prinzipiellen* theologischen Aussage, die aufgrund der rhetorischen Analyse des Gal die *propositio* ausmacht: Rechtfertigung - auch für den Juden! - geschieht nicht durch Werke des Gesetzes, sondern allein aufgrund des Glaubens an Christus. Das ἐκ πίστεως präludiert das erst 3,7 begegnende οἱ ἐκ πίστεως. Es sind die, deren Existenzgrundlage der Glaube ist, die also ganz und gar aus dem Glauben heraus existieren.

In Gal 2,16 findet sich eine teilweise wörtliche Übereinstimmung mit ψ *142,2*: οὐ δικαιωθήσεται ἐνώπιόν σου πᾶς ζῶν. Doch fehlt bei Paulus ἐνώπιόν σου, das freilich später in Röm 3,20 als ἐνώπιον αὐτοῦ begegnet. Statt πᾶς ζῶν schreibt er πᾶσα σάρξ. Vor allem aber fügt er ἐξ ἔργων νόμου

---

[77] *Hübner*, Das Gesetz bei Paulus, 21ff.53ff. Im selben Jahr (1978) erschien auch *Bengt Holmberg*, Paul and Power, der zum ähnlichen Ergebnis kommt, ib. 22 (Hervorhebungen durch mich): "To the Jerusalem leaders this was a *concession* made to Antioch and an acknowledgement that this church had a 'Sendungs- und Interessensphäre' of its own. It was a large concession, but made no difference to their own situation. Paul, who was a more thorough and logical thinker, sees that this agreement will and must have far-reaching, fundamental consequences *even for the Jewish Christians themselves*, at least in their dealings with the Gentile Christians. As it was this concession was of immense consequence for the future (*Mussner* calls the result a 'theological victory for Paul'). *But even Paul cannot summarize the result of the proceedings as anything like 'freedom from the Law was fundamentally and generally conceded'.*"

[78] Ib. 21 (Hervorhebungen durch mich): "But the subsequent conflict in Antioch concerning Jews and Gentiles eating together had unmistakably shown that this *concession* had been *grossly over-interpreted by Paul* as entailing *abrogation of the Law*." Nicht teilen kann ich die Auffassung von *Gerd Lüdemann*, Paulus I, 101ff., daß das factum Antiochenum vor dem Jerusalemer Konvent stattfand; s. meine Rezension ThLZ 107 (1982), 741-744.

ein. Ob der Apostel ψ 142,2 *zitieren* will, ist umstritten.[79] Die Diskussion, ob ein bewußt vorgenommenes Zitat vorliegt, führt jedoch vom eigentlichen Problem ab; denn die Autoren sind sich, von der extremen Auffassung *Siefferts* abgesehen, darin einig, daß Paulus bei der Formulierung von Gal 2,16 auf jeden Fall ψ 142,2 vor Augen gehabt haben dürfte, einerlei, ob diese Worte beim factum Antiochenum gefallen sind oder nicht. Die für uns entscheidende Frage ist, ob Paulus so, wie er mit der Aussage des Psalms theologisch umgeht, dieser gerecht wird.

Die Ersetzung von πᾶς ζῶν durch πᾶσα σάρξ mag vielleicht im Blick auf *Gen 6,17* καταφθεῖραι πᾶσαν σάρκα gesehen werden: Schon bei der Sintflut war alles Fleisch verderbt, so daß es nur in dieser Konsequenz liegt, wenn hernach "kein Fleisch" aufgrund seiner Gesetzeswerke gerechtgesprochen werden kann.[80] Daß Paulus ἐνώπιόν σου anders als später in Röm 3,20 übergeht, ist angesichts dessen, daß in Gal 2,16 nicht wie in ψ 142,2 Gott im Gespräch angesprochen ist, unerheblich. Wichtig ist jedoch die Hinzufügung von ἐξ ἔργων νόμου. Ist dadurch eine *wesentliche* Sinnänderung des Psalmverses geschehen? *Franz Mußner* sieht eine solche Veränderung gegeben, und zwar eine totale. Die vorliegende "Performanz" stamme aus einer anderen theologischen "Kompetenz" als jener des Psalmisten, nämlich aus der christlichen Kompetenz des Apostels. Daher wolle sie auch nicht die unmittelbar zuvorstehende Aussage von der Schrift her begründen, sondern sei in der Tat "nur" eine unterstreichende Wiederholung dessen, was im Basissatz von Gal 1,16a schon gesagt worden sei.[81] Mußner ist insofern zuzustimmen, als in der Tat die Anspielung auf ψ 142,2 der theologischen "Kompetenz" des christlichen Kerygmas entstammt. Doch dürfte damit keinesfalls eine völlige Veränderung des Sinnes gegeben sein. Alles hängt nun am Verständnis von Ps 143 bzw. ψ 142.

Beteuern in anderen individuellen Klageliedern des Psalters Angeklagte und Verfolgte ihre Unschuld und hoffen sie auf ihre Gerechtig-

---

[79] *F. Sieffert*, KEK ([7]1886), 141, bestreitet dies mit dem Doppelargument der Verschiedenheit der Stellen und des Mangels einer Anführungsformel; es liege "nur ein unwillkürlicher Anklang" vor. *A. Oepke*, ThHK 9 ([4]1979), 91, spricht vom Schriftbeweis, der Ps 143,2 entnommen sei; allerdings setze Paulus die für ihn wesentlichen Worte ἐξ ἔργων νόμου von sich aus hinzu; jedoch: "Und Paulus trifft gerade den tiefsten religiösen Sinn des Psalmwortes." Sein Nachfolger *J. Rohde*, ThHK 9 (1989), 112, hingegen übernimmt fast wörtlich die Auffassung von *F. Mußner*, HThK, 174f., wonach auf keinen Fall ein Reflexionszitat, sondern nur ein sog. Kontextzitat vorliege, und dies nur im Blick auf den Wortbestand. *Mußner*, ib. 174f. (Hervorhebung durch mich): "*Gerade die eigenmächtige Einfügung von* ἐξ ἔργων νόμου *verändert den Sinn des 'Zitats' total.*" Nach *H.D. Betz*, Herm., 221f., (Hervorhebungen durch mich) zitiert Gal 2,16d das "theologische Basisargument" für die Verwerfung der Lehre von den verdienstlichen Gesetzeswerken: "Diese Aussage besteht aus einer paulinischen Schriftauslegung, Ps 143,2 (= 142,2LXX). Sie wird durch eine Art Zitierungsformel (ὅτι ..) eingeleitet. Die Aussage selber enthält sowohl ein *Schriftzitat* als auch *Paulus' Interpretation*, die als Teil des Zitats erscheint, so daß das Ganze zu einer theologischen Lehraussage wird." *B. Corsani*, Commentario storico, 170, sieht in Gal 2,16d "una specie di prova biblica", aber eben nur, wie er betont sagt, "una specie": "Sono piuttosto un' allusione o una citazione libera."

[80] Auf Gal 6,13 (!) verweist z.B. *Corsani*, Commentario storico, 170.

[81] *Mußner*, HThK, 174f.; s. auch Anm. 134.

keit, ṣədāqāh, so erkennt in Ps 143 der Beter, daß er vor Jahwähs Gericht nicht bestehen kann.[82] Kein einziger der Lebenden ist vor Gott gerecht! Also erfleht der Beter die Gerechtigkeit *Gottes*. Wer in Gottes Gericht, *mišpāt*, κρίσις, bestehen will, V.2, bedarf der Gabe der Gerechtigkeit *Gottes*. *Hans-Joachim Kraus* sieht wegen der hier ausgesprochenen Schuldverfallenheit aller Menschen die *iustificatio impii* sich ankündigen; erst im Kontext von Ps 51,6f. könne deutlich werden, was der Beter von Ps 143,2 meint.[83]

Die in Gal 2,16 ausgesprochene Antithese "durch Glauben - nicht durch Werke des Gesetzes" findet sich also in diesem Psalm nicht, wohl aber entsprechen sich die jeweils *antithetischen Aussagestruktur*en, ein Sachverhalt von erheblicher theologischer Relevanz. Der paulinischen Antithese korrespondiert die Antithese von fehlender menschlicher Gerechtigkeit und vertrauensvoll erbetener Gerechtigkeit Gottes. Paulus und der Beter des Psalms stimmen also darin überein, daß der sündige Mensch der Gerechtigkeit Gottes bedarf, will er in dessen Gericht bestehen. Zwar impliziert der Psalm die messianische Anschauung des Paulus nicht, so daß die von ihm genannte πίστις Ἰησοῦ Χριστοῦ, also der Glaube an Jesus als den Messias, vom Psalm inhaltlich nicht gedeckt wird. Wohl aber ist in ihm die Gerechtigkeit Gottes als dessen machtvolle Tat und zugleich als dessen Gabe an den von ihm gerechtgemachten Sünder ausgesagt. Die beiden von *Ernst Käsemann* herausgearbeiteten Komponenten der paulinischen δικαιοσύνη θεοῦ, Gabe und Macht, sind somit in ψ 142 ansatzweise schon gegeben.[84]

Indem aber der Psalmist den Mangel an Gerechtigkeit bei allen Menschen konstatiert, geht er davon aus, daß jeder an dem scheitert, was Gott vom Menschen fordert. Setzt man wie die Mehrheit der Exegeten Ps 143 in die Spätzeit des Alten Testaments[85], so *impliziert* dies den generellen Verstoß aller gegen die Torah. Dann ist zumindest implizit ausgesagt, daß kein Mensch durch das Einhalten der vom Gesetz geforderten Werke gerecht *geworden ist*. Bestreitet man hingegen wie *Henning Graf Reventlow* die späte Herkunft dieser Gedanken[86], so besagt das, daß das Fehlen des Hinweises auf die Gesetzeswerke in Ps 143,2 schon aus chronologischen Gründen selbstverständlich ist. So oder so ist es die Überzeugung des Beters dieses Psalms: Kein Mensch ist aufgrund des Tuns des von Gott Gebotenen gerecht geworden. *Zumindest im Prinzip ist also bereits in Ps 143 die paulinische Antithese von Gal 2,16 ausgesprochen.*[87] Unbestreitbar läßt dieser Psalm sowohl in seiner hebräischen als

---

[82] *Kraus*, BK.AT XV/2, 937.

[83] Ib. XV/2, 937; XV/3, 196f.

[84] *Käsemann*, Gottesgerechtigkeit bei Paulus.

[85] Für "verhältnismäßig späte Zeit" *Kraus*, BK.AT XV/2, 936.

[86] *Graf Reventlow*, Rechtfertigung, 100.

[87] Diese Überlegungen dürften die Argumentation von *Liebers*, Das Gesetz als Evangelium, 47-49, der in Gal 2,16 den Akzent auf νόμος und nicht auf ἔργα gesetzt sieht

auch in seiner griechischen Version ein Gerecht-Werden und folglich auch ein Gerecht-Sein durch Werke des Gesetzes nicht zu. Was Paulus somit getan hat, ist, daß er diese Auffassung in einen messianisch-soteriologischen Horizont hineingestellt und so die *Aussage des Psalms christologisch präzisiert* hat.

Damit ist aber genau das geschehen, was *Franz Mußner* als die *christliche Kompetenz des Apostels* bezeichnet, aus der die Performanz der paulinischen Aussage Gal 2,16 stammt. Indem er die theologische Kompetenz des Apostels von der des Psalmisten absetzt, hat er mit seiner Terminologie von Performanz und Kompetenz die Verschiebung des theologischen Koordinatensystems zum Ausdruck gebracht. Doch ist damit gerade nicht die *völlige* Veränderung des Sinnes von ψ 142,2 ausgesagt. Gerade hier zeigt sich wieder recht eindrücklich die für die Rezeption des Alten Testaments im Neuen so eigentümliche Dialektik von Diskontinuität und Kontinuität im Blick auf die theologische Differenz von Vetus Testamentum in Novo receptum und Vetus Testamentum per se.

Dies wird vor allem am griechischen Text des Psalms deutlich. Es ist schon merkwürdig, daß der *Kontext von ψ 142,2* in der Literatur kaum Beachtung findet.[88] Aber der unübersehbare Tatbestand - unübersehbar, hat man erst einmal hingeschaut! - ist gegeben, daß das *Wortfeld* des *Gal* und das des *ψ 142* eigentümliche Koinzidenzen aufweisen. Während des factum Antiochenum tadelt Paulus den Petrus, er gehe nicht auf dem geraden Wege der Wahrheit, ἀλήϑεια, des Evangeliums, Gal 2,14. In ψ 142,1 bittet der Beter Gott, sein Gebet zu erhören ἐν τῇ ἀληϑείᾳ σου. In Gal 2,21 bestreitet Paulus, daß durch das Gesetz die δικαιοσύνη zustande komme; in ψ 142,1 steht parallel zur eben zitierten Bitte die Bitte um Erhörung ἐν τῇ δικαιοσύνῃ σου. Und in ψ 142,11 lesen wir: ἐν τῇ δικαιοσύνῃ σου ἐξάξεις ἐκ ϑλίψεως τὴν ψυχήν μου. Paulus lebt für Gott, ἵνα ϑεῷ ζήσω, Gal 2,19; indem Christus in ihm lebt, lebt er im Glauben an den Sohn Gottes, 2,20. In ψ 142,11 bekennt der Psalmist, daß der Herr ihn lebendig machen wird, ζήσεις με. Paulus versteht sich als Χριστοῦ δοῦλος, Gal 1,10, dies freilich im erst weiteren Kontext von Gal 2,16. ψ 142 endet mit den Worten δοῦλός σού εἰμι ἐγώ, V.12.

---

und deshalb die Interpretation im Sinne der Polemik gegen "Selbst"- oder "Werkgerechtigkeit" ablehnt, als nicht schlüssig erweisen.

[88] Einer der ganz wenigen, der hierauf hinwies, war *Anthony T. Hanson*, der bekanntlich zu den energischen Verfechtern der Methode zählte, dem Kontext der alttestamentlichen Zitate erhöhte Aufmerksamkeit zu schenken; zu Gal 2,16 s. *ders.*, Studies in Paul's Technique and Theology, 28: "Then in Gal. 2.16 Paul explains how he understands Ps. 143.2; it is not a general statement that man is unworthy before God, but makes the specific point that the Law cannot justify man before God. Possibly Paul found this truth hinted at in the psalm itself. It begins thus in the LXX: Lord, hear my prayer, give ear to my request in thy truth (ἀλήϑεια), hear me in thy righteousness (δικαιοσύνη); and do not enter into judgement with thy servant. In Gal. 2.14 Paul prefers to 'the truth of the gospel', and of course his whole argument is about nature of God's righteousness."

Die Parallelen von Gal 2 und ψ 142 sind also bezeichnend und theologisch von hoher Bedeutsamkeit. Zwar kann niemand beweisen, daß Paulus bei der Niederschrift des Gal oder gar schon beim factum Antiochenum den ganzen Kontext von ψ 142,2 vor Augen hatte. Aber das gemeinsame Wortfeld ist so auffällig, daß niemand es von vornherein als theologisch irrelevant behaupten dürfte. Dies gilt um so mehr, als es sich hier um ein Zitat, zumindest aber um eine bewußte Anspielung auf einen Psalmvers und indirekt wohl auch auf den ganzen Psalm handelt, also auf ein Gebet. Es ist eben ein erheblicher Unterschied, ob im Neuen Testament auf ein *alttestamentliches Gebet* oder auf einen anderen alttestamentlichen Text verwiesen wird. Ist doch ein Psalmtext den meisten neutestamentlichen Autoren als Gebetstext vertraut. Der Psalm wird ja während des Gebets nicht atomisiert, nicht punktuell in einzelnen Versen gebetet. Er wird als ganzer gesprochen. Und gerade Paulus, einst frommer und eifriger Pharisäer, kannte als regelmäßiger Besucher des synagogalen Gottesdienstes sicherlich die Texte des Psalters "by heart". So ist damit zu rechnen, daß bei ihm ein Vers sofort die Assoziation des ganzen Psalms hervorrief. Der vertraute Gebetstext ist schließlich die *geistliche Heimat* des religiös lebendigen Menschen. So dürfte auch Paulus, als er in Gal 2,16 auf ψ 142,2 verwies, ein Stück von sich selbst eingebracht haben.[89] Und in den folgenden Versen von Gal 2 geschieht genau dies, wie es vor allem der geistliche Höhepunkt des Abschnittes in *Gal 2,20* zum Ausdruck bringt.[90] Gal 2 zeigt also augenfällig, wie Paulus ψ 142 aus christlicher Perspektive liest. Auch als Christ dürfte er diesen Psalm regelmäßig gebetet haben. Mit welchem Verständnis Paulus Wendungen wie ἐν τῇ ἀληθείᾳ σου oder ἐν τῇ δικαιοσύνῃ σου gebetet hat, versteht sich von selbst. Sagt nun die Präposition ἐν sowohl kausale als auch lokale Bedeutung aus, so daß wir übersetzen können "Höre mich, der ich mich im Machtbereich deiner Wahrheit und Gerechtigkeit weiß", so folgt daraus, daß das "Christus in mir" dem "Sein im Glauben, im Bereich des Glaubens an den Sohn Gottes" entspricht. In der argumentatio schließlich wird dann das "Sein in Gottes Wahrheit und Gerechtigkeit" zum "Sein in Christus Jesus", Gal 3,26.28.

---

[89] *Koch*, Die Schrift als Zeuge, 18, verneint zwar den Zitatcharakter von ψ 142,2 in Gal 2,16, spricht aber zutreffend von "selbständige(n) Aneignungen ..., durch die aus der jeweiligen Schriftstelle nicht nur eine genuin pln Aussage geworden ist, sondern die auch nahtlos in den neuen Kontext integriert ist".

[90] Das gilt auch angesichts dessen, daß wir heute nicht mehr von der Mystik des Paulus sprechen können.

Indem aber nun bei Paulus dieses *lokale Existenzial* zur Sprache gekommen ist, hier sogar noch komplizierter durch die reziproke Beziehung "Paulus in Christus" - "Christus in Paulus", stellt sich die Aufgabe, es auf seine Denkstrukturen hin zu explizieren. Die Analyse der argumentatio des Gal wird in dieser Hinsicht bereits wesentliche Aspekte deutlich werden lassen. Doch wird sich erst von einigen Texten des 1Kor und von Röm 8 her die volle Bedeutung dieses Existenzials erschließen.

Umstritten ist, was Paulus mit ἔργα νόμου meint. *James Dunn* wendet sich gegen die gängige Auffassung, es handele sich generell um alle Bestimmungen der mosaischen Torah. Der Apostel streite vielmehr, daß die Rechtfertigung auf der Beschneidung oder der Beachtung der jüdischen Reinheits- und Speisegesetzgebung beruhe. In diesem Sinne versteht er unter der Praxis der Gesetzeswerke "particular observances of the law like circumcision and the food laws".[91] Als solche sollen sie gerade nicht Gottes Gunst verdienen, vielmehr sei ihre Funktion, als Kennzeichen, badges, zu dienen: "they are simply what membership of the covenant people involves, what mark out the use as God's people".[92] Dies vorausgesetzt, wird nun das übliche Verständnis von Gal 2,16a ἐξ ἔργων νόμου ἐὰν μὴ διὰ πίστεως Ἰησοῦ Χριστοῦ *als Antithese* bestritten. Der Glaube an den Messias Jesus sei in der Sicht des Judenchristentums Qualifikation der Rechtfertigung durch Werke des Gesetzes: "Seen from the perspective of Jewish Christianity at that time, the most obvious meaning is, that the *only restriction on justification by works of law is faith in Jesus as Messiah*."[93] Dabei interpretiert er mit *Ed P. Sanders* das Judentum als "covenantal nomism"[94], eine Auffassung, die auch vom judenchristlichen Standpunkt aus geteilt worden sei. In Gal 2,16 ist aber dann nach Dunn ein Umschlag vom zunächst ausgesprochenen *Nebeneinander* von "aus Werken des Gesetzes" und "durch Glauben" zur *schroffen Antithese*, von ihm als "Logik der Rechtfertigung durch Glauben" bezeichnet: "... in v. 16 Paul pushes what began as a qualification of covenantal nomism into an outright antithesis."[95] Somit besitzen wir, wie Dunn hervorhebt, das einzigartige Privileg, bei Gal 2,16 der Zeuge einer ganz entscheidenden Entwicklung in der frühen Geschichte des Christentums zu sein, einer Entwicklung, die sich geradezu vor unseren Augen abspiele. Es sei "the transition from a basically Jewish self-understanding of Christ's significance to a distinctively different understanding".[96] Die weitere Darstellung der Theologie des Gal muß zeigen, ob Dunns Hypothese dazu stimmig ist oder nicht.

Die eigentliche theologische Auseinandersetzung bringt erst die *argumentatio*. Sie besteht aus mehreren Argumentationsschritten, die aber nicht als voneinander unabhängige Einheiten gesehen dürfen. Vielmehr

---

[91] *Dunn*, The New Perspective on Paul, 191; von *Dunn* durch Kursivdruck hervorgehoben.

[92] Ib. 194.

[93] Ib. 195.

[94] *Sanders*, Paul and Palestinian Judaism.

[95] *Dunn*, op. cit. 196.

[96] Ib. 198. Ausführliche kritische Stellungnahme zu *Dunn*: *Hübner*, Was heißt bei Paulus "Werke des Gesetzes"? Dort *Dunn* noch zitiert nach BJRL 65, 95-122 (Erstdruck).

bilden sie eine gegliederte Sequenz von aufeinander bezogenen Einzelargumenten.[97]

Als erstes nennt Betz *Gal 3,1-5*; es ist "ein Argument von unbestreitbarer Evidenz", nämlich aus der Erfahrung der Adressaten.[98] Dieses Argument ist aber noch kein eigentlich theologisches. Doch ist es theologisch interpretierbar, auch im Hinblick auf das Alte Testament. Denn wenn hier von Geistempfang aus dem Hören des Glaubens, ἐξ ἀκοῆς πίστεως, die Rede ist, 3,2, so meldet sich ein so zentraler alttestamentlicher Gedanke, daß er wegen seiner Selbstverständlichkeit nur allzu oft in seinem theologischen Gewicht unbeachtet blieb. Es ist der in den Prolegomena aufgewiesene *transzendentaltheologische* Sachverhalt: Das *Hören*, konstitutiv für das Dasein des Menschen, ist die existenziale Voraussetzung dafür, daß das *Wort* - hier πίστις als Glaubenswort - zur zentralen Heilsgabe gehört; Heil ereignet sich im Bogen von gesprochenem und gehörtem Wort Gottes. Es ist genau dieser transzendentaltheologische Horizont, innerhalb dessen auch, ja gerade Paulus theologisch denkt.

Die eigentliche theologische Argumentation setzt aber erst mit dem Zitat *Gen 15,6* in *Gal 3,6* ein.[99] Das καθώς hat die argumentative Kraft eines καθὼς γέγραπται.[100] Das erste Beweiselement der eigentlichen argumentatio ist also ein *autoritativ vorgebrachtes Schriftzitat*.[101] Die

---

[97] Dieser Sachverhalt ist von *Betz* in seinem Kommentar zu wenig berücksichtigt worden.

[98] *Betz*, Herm., 61f.

[99] Im Gegensatz zu *Nestle-Aland*, wo die Zäsur zwischen Gal 3,5 und Gal 3,6 gesehen wird (in der 26. Aufl. durch neuen Absatz noch deutlicher hervorgehoben als in früheren Auflagen) ist in *The Greek New Testament* V. 6 als Abschluß der Einheit 3,1-6 gesehen. *F.F. Bruce*, NIC, 153, sieht in V. 6 sowohl den Abschluß von 3,1-6 als auch den Beginn eines neuen Abschnitts, exegesiert aber unter der Überschrift "The primacy of faith over law" den Abschnitt 3,1-6 als Einheit, ib. 147-153. Aber 3,6-9 dürfte sich aufgrund der dort vorfindlichen Argumentationsstruktur so deutlich als Einheit herauskristallisieren, daß V. 6 zu 3,6-9 gezogen werden muß. Daß aufgrund des ἐπίστευσεν in V. 6 der *inhaltliche* Anschluß an das Alternativelement ἐκ πίστεως von 3,1-5 vorliegt, ist evident. Aber durch die in V. 6 einsetzende *theologische* Argumentation soll doch der Hinweis auf die *Erfahrung* der Galater seine theologische Fundierung erhalten!

[100] So z.B. *Betz*, Herm., 256.

[101] Nach *Rohde*, ThHK, 136, ist "das von Paulus gebrauchte Schlußzitat aus Gen 15,6LXX ... nicht als solches gekennzeichnet", also gründe er seinen Beweis "nicht auf den Wortlaut eines Schriftwortes, sondern auf den Inhalt der Geschichte Abrahams". Eine solche Differenzierung kann dazu helfen, die Struktur des paulinischen Denkens besser zu erfassen. Das ist z.B. für Röm 9,6ff. der Fall; s.u. und *Hübner*, Gottes Ich, 23f. Für Gal 3,6 greift aber diese Unterscheidung nicht. Natürlich beruft sich Paulus auf das *Geschehen* von Gen 15. Aber Gal 3,8 zeigt doch, wie sehr es Paulus hier *auch* um das Geschrieben-Sein als solches geht. Es ist anzunehmen, daß Paulus im Rahmen seiner

judaistischen Gegenmissionare haben anscheinend mit Gen 17 argumentiert: Es steht geschrieben, daß Gott dem Abraham als dem Vater vieler Völker - also auch der Galater! - die διαθήκη-Verpflichtung[102] der Beschneidung auferlegt hat.[103] Es ist schwer vorstellbar, daß die in Galatien wirkenden Judaisten diese Aussagen der Gen nicht für ihre Agitation genutzt hätten.[104] Also beruft sich auch Paulus auf das, was die Schrift über Abraham sagt, nämlich auf die sich in seine Konzeption fügende Aussage Gen 15,6.[105] Der Beschneidungsforderung und somit der Forderung zum Halten des ganzen Gesetzes (Gal 5,3) setzt er diejenige Schriftaussage entgegen, die die *Verheißung* zum Ausdruck bringt. *Gen 15 gegen Gen 17* - das entspricht der Gal 3,15ff. thematisierten Opposition von Verheißung/Diatheke und Gesetz, ἐπαγγελία/διαθήκη und νόμος. Dem *Abraham der Beschneidungsdiatheke* wird der *Abraham der Glaubens- und Verheißungsdiatheke* entgegengehalten. Der transzendentaltheologische Sachverhalt vom redenden Gott und hörenden Menschen wird also als die Relation vom verheißenden Gott und glaubenden Menschen expliziert. Es ist von hoher Bedeutsamkeit, daß der Apostel mit diesem zentralen theologischen Topos seine theologische Argumentation beginnt. Am Anfang seiner Argumentation steht also die alles entscheidende Aussage "über"[106] den sich dem Abraham offenbarenden Gott.[107] Am Anfang der theologischen Argumentation des Paulus steht die Offenbarung. Die Theologie des Gal ist folglich ihrem Wesen nach Offenbarungstheologie. V.7 ist die aus Gen 15,6 gezogene theologische Konsequenz: Nur die sind Söhne Abrahams, die "aus"

---

theologischen Argumentation im Gal die für Röm 9 sinnvolle Unterscheidung nicht vor Augen hatte.

[102] S. Bd. 1, Abschn. 1.2.

[103] Gen 17,4 ist nicht nur die Rede von der Diatheke Gottes; es heißt auch: καὶ ἔσῃ πατὴρ πλήθους ἐθνῶν. Gen 17,10ff. wird dann aber mit den einführenden Worten "Dies ist meine Diatheke" die Beschneidung jedes männlichen Säuglings im Alter von acht Tagen angeordnet.

[104] S. *Hübner*, Das Gesetz bei Paulus, 17, und die ib. 17, Anm. 2, genannte Lit.

[105] Der LXX-Text von Gen 15,6 ist von Paulus mit nur geringfügiger Modifikation übernommen. Statt καὶ ἐπίστευσεν Ἀβράμ schreibt Paulus Ἀβραάμ ἐπίστευσεν. Ungerechtfertigt ist es, Ἀβραάμ nicht als Teil des Zitates zu betrachten, wie dies in *Nestle-Aland* - so auch noch in der 26. Aufl. - und bei einer Reihe von Kommentatoren geschieht. Richtig z.B. *E. de Witt Burton*, ICC, 153f.

[106] "Über" in Anführungsstrichen, da auch nur der Anschein einer Verobjektivierung Gottes vermieden werden muß.

[107] Nimmt man den *Kontext von Gen 15,6* ernst, so sollte man auch auf die Offenbarungsterminologie achten, Gen 15,1: ἐγενήθη ῥῆμα κυρίου πρὸς Ἀβράμ ἐν ὁράματι λέγων.

Glauben existieren, deren Existenz somit ganz und gar im Glauben gegründet ist. Das ἐκ in οἱ ἐκ πίστεως trägt also das entscheidende theologische Gewicht. Es sagt das Woher und das Woraus der Existenz des Christen aus. ἐκ πίστεως verweist aber, wenn man den Glauben als die ver-
trauensvolle Bereitschaft faßt, Gott an sich wirken zu lassen - und das ist
er ja schon von der alttestamentlichen Tradition her - , auf Gottes
Heilswirken am Menschen. So gewinnt das ἐκ πίστεως seinen ureigenen
Bedeutungsgehalt aus einem fast synonymen, es aber im Grunde weit
übersteigernden ἐκ τοῦ θεοῦ. Das Woher der christlichen Existenz ist,
weil es die πίστις ist, letztendlich Gott selbst. Wie der Imperativ
γινώσκετε zeigt, bezieht Paulus die Galater in sein theologisches Argumentieren mit ein.[108] Hat er zuvor in Gal 3,1-5 an ihre Erfahrung ap-
pelliert, so wendet er sich nun an ihr - theologisches - Urteilsvermögen.

Joachim Rohde hat auf den Kontext von Gen 15,6 aufmerksam gemacht.[109] Gen 15,5 wird dem Abraham eine unzählbar große Nachkommenschaft durch Gott verheißen. Um eben diese Nachkommenschaft geht es aber in der paulinischen Argumentation. Denn in Gen 15,5
ist die Abrahamssohnschaft *auch* den Galatern verheißen. Da also, wo
von der Glaubensgerechtigkeit des Abraham die Rede ist, da ist auch
von der Abrahamssohnschaft der Galater die Rede. Dann aber ist die
Beschneidungsforderung der Judaisten, in deren Konsequenz ja nicht
nur die totale Torahobödienz liegt (Gal 5,3), sondern auch die Ein-
gliederung der ehemals heidnischen Galater in den jüdischen Volksver-
band, also die Überführung in den Zustand der Proselyten, ein theologischer Irrweg, weil er in die Sklaverei der Torah führt - das wird Paulus
gleich noch darlegen - , und eine Sackgasse, weil er eine Minimierung
des Willens Gottes bedeutet. Will doch Gott sein Heil über die Grenzen
des jüdischen Volkes hinaus verwirklichen! Letzteres sagt Paulus zwar
nicht so, aber dieser Gedanke ist erkennbar impliziert. Wer also den
Bereich der in Christus geschaffenen Heilswirklichkeit auf das nationale
Israel (einschließlich seiner Proselyten) beschränken will, der stellt sich
dem universalen Willen Gottes entgegen und mißt der Kategorie des
Nationalen eine theologische Dignität zu, die ihr seit Christus nicht mehr
zukommt. In moderner Terminologie: Das Christentum ist *Weltreligion*
oder es ist nicht Christentum! Im Rahmen der paulinischen Argumentation - bis zum Ende des Briefes, wo das "Israel Gottes" (Gal 6,16) gerade
nicht im nationalen Sinne gemeint ist - ist für eine Heilspriorität des
Volkes Israel seit dem "Kommen des Glaubens" (Gal 3,23) kein Platz
mehr.

Die aus Gen 15,6 gezogene theologische Konsequenz von Gal 3,7
wird in V.8 durch ein weiteres Gen-Zitat fundiert und präzisiert. Es ist

---

[108] γινώσκετε dürfte mit der Mehrheit der Exegeten nicht als Indikativ, sondern als Imperativ zu verstehen sein.
[109] *Rohde*, ThHK, 136.

die in Quasihypostasierung eingeführte Schrift selbst, die vorhersah, daß Gott die Heiden "aus Glauben" gerechtmacht, und die dem Abraham das Evangelium im voraus zusagte, προευηγγελίσατο, nämlich Gottes Heilshandeln: Gott wird "in dir" alle heidnischen Völker segnen (passivum divinum ἐνευλογηθήσονται).[110] Und wie Paulus in V.7 die Folgerung aus Gen 15,6 ausspricht, so in V.9 die Folgerung aus dem Zitat von V.8: *Also* werden die, die aus Glauben existieren, mit dem glaubenden Abraham gesegnet. Das ἐν σοί von V.8 wird als σὺν τῷ πιστῷ 'Αβραάμ interpretiert.[111] Ist somit Abraham der Prototyp des Glaubens, ist darüber hinaus das universale Heil, also auch das Heil der Galater, an diese Glaubensgestalt gebunden, dann ist evident, daß am Glauben und nur am Glauben das Heil hängt, wenn - und darin stimmt Paulus mit seinen judaistischen Gegnern überein - das Heil die Abrahamssohnschaft zur Voraussetzung hat. Soviel ist deutlich: Was im Alten Testament über Abraham gesagt ist und was Paulus zum Thema der Rechtfertigung zu sagen hat, wird in ganz entscheidendem Ausmaß in *derselben theologischen Terminologie* gesagt: πίστις, πιστεύειν, δικαιοῦν, (ἐν)ευλογεῖσθαι, (προ)ευαγγελίζεσθαι.

Freilich befindet sich in dem, was hier zu Gal 3,6-9 ausgeführt wurde, eine kleine Inkonsistenz. Wie vereinbart sich der rechtfertigende Glaube des Abraham mit dem in der argumentatio des Gal ausgesagten Kommen des Glaubens erst in der messianischen Zeit, Gal 3,23? Wie denkt sich Paulus das Problem der *Zeit*, wenn er den Glauben in die Lebensgeschichte Abrahams geradezu vordatiert? Hat er hier seinen eigenen Zeitbegriff, mittels dessen er Vergangenheit und Gegenwart sinnvoll koinzidieren lassen kann? Oder liegt hier lediglich eine gedankliche Nachlässigkeit vor? Oder will Paulus sagen, daß aus der Heilsgegenwart eine gewisse Ausstrahlung auf die Vergangenheit geschieht, so daß die Vergangenheit des Abraham ihre Heilsrealität von der Christusgegenwart erfährt? Ist aber nicht andererseits gerade die Heilsgestalt Abrahams konstitutiv für die Gegenwart, ist nicht die Abrahamssohnschaft

---

[110] Dieses Zitat ist ein compositum aus einigen fast inhaltsgleichen Gen-Stellen: Gen 12,3: καὶ ἐνευλογηθήσονται ἐν σοὶ πᾶσαι αἱ φυλαὶ τῆς γῆς. Gen 18,18: καὶ ἐνευλογηθήσονται ἐν αὐτῷ πάντα τὰ ἔθνη τῆς γῆς. Gen 22,18: καὶ ἐνευλογηθήσονται ἐν τῷ σπέρματί σου πάντα τὰ ἔθνη τῆς γῆς.

[111] Falsch ist die Auffassung *Rohdes*, ThHK, 139, der in Gal 3,8f. ausgesprochene Segen sei nicht die Rechtfertigung; dieser werde nur denen zuteil, die vor Gott gerecht sind. Denn in 3,8 ist keine Differenzierung zwischen δικαιοῖ ὁ θεός und dem passivum divinum ἐνευλογηθήσονται ausgesprochen. Er wäre mit *Betz*, Gal, 261, zu überlegen, ob nicht Paulus deshalb in V. 9 εὐλογοῦνται statt δικαιοῦνται sagt, weil er diesen Ausdruck noch für den nächsten Schriftbeweis braucht (V. 10). Aber vielleicht erklärt sich εὐλογοῦνται in V. 9 am ungezwungendsten dadurch, daß Paulus einfach das im Zitat stehende Verb aufgreift, das nach seinem Verständnis mit δικαιοῦσθαι synonym ist.

sogar *conditio sine qua non* für das Heil in Christus; mehr noch, ist nicht die Abrahamssohnschaft sogar *identisch* mit dem Heil? Denn Paulus führt ja den in 3,6 begonnenen Beweis über eine Reihe von Einzelbeweiselementen und den Gesetzesexkurs 3,19ff. zur *Zielaussage Gal 3,28f.*: Wenn ihr alle einer *in* Christus seid, also zu Christus als dem Abrahamnachkommen des Abraham schlechthin gehört, dann *seid* ihr doch Nachkommen des Abrahams, dann *seid* ihr doch Erben gemäß der Verheißung! Die Abrahamssohnschaft scheint also in der Tat für die paulinische Theologie *unverzichtbar* zu sein.

Ist die im Alten Testament ausgesagte Abrahamssohnschaft für die an Christus Glaubenden essentiell, so korrespondiert dem die unumstößliche Autorität der Schrift des Alten Testaments, wie sie Paulus auf so eigenartige Weise hervorhebt. Denn er läßt sie dem Abraham das sagen, was diesem nach Gen Jahwäh selbst sagt. *Die Autorität der Schrift koinzidiert* also *mit der Autorität Gottes.* Die Schrift ist sozusagen Gottes Mund. Was aber die Schrift dem Abraham sagt, ist das Evangelium, das kurz danach als Verheißung, ἐπαγγελία, charakterisiert wird. Nach Gal 3,6-9 *ist*, auf eine Kurzformel gebracht, die Schrift das Evangelium. Das zur Zeit des Paulus mündlich verkündigte Evangelium Gottes ist demnach für ihn identisch mit der Schrift des Alten Testaments, die damals für die junge Kirche die Schrift schlechthin war. Da wo im Gal Paulus die Schrift expressis verbis in die theologische Argumentation einführt, da ist sie zumeist gerade nicht Gesetz, sondern Evangelium. In dieser ihrer Funktion als Verheißung und Evangelium steht sie im Gegensatz zum mosaischen Gesetz, da ja Paulus, wie Gal 3,15-18 noch zeigen wird, Verheißung und Gesetz als antithetische Größen ausweist. Wir stehen vor der Paradoxie, daß *die Schrift nicht Gesetz ist, obwohl sie das Gesetz enthält.* Indem sie ihrem inneren Wesen nach Evangelium ist, hat die verbreitete Topik vom Alten Testament als Gesetz und Neuen Testament als Evangelium zumindest im Gal keinerlei Anhalt; sie ist mit dem theologischen Ansatz dieses Briefes unvereinbar.

In Gal 3,6-9 ist allerdings von der in 3,1-5 genannten Antithese ἐξ ἔργων νόμου - ἐξ ἀκοῆς πίστεως nur das zweite, also nur das positive Element expliziert worden. Vom *Gesetz* als dem negativen Element ist erst im nächsten Beweiselement *Gal 3,10-14* thematisch die Rede. Es gehört somit zur Argumentationsstrategie des Paulus, daß er, um den Irrweg des Gesetzes aufzuzeigen, zunächst das Wesen der christlichen Existenz als Glaubensexistenz darstellt. Die Sequenz "Glaube - Gesetz" in 3,6-14 zeigt aber auch, daß es sich hierbei um einen zusammengehörigen, freilich zweigliedrigen Beweisgang handelt, in dem das zweite Glied im ersten fundiert ist.[112]

Die Zusammengehörigkeit der beiden Argumentationsschritte zeigt sich zunächst deutlich am Gegensatz von οἱ ἐκ πίστεως in 3,9 und ὅσοι ἐξ ἔργων νόμου in 3,10. Paulus stellt in kontradiktorischer Antithese zwei *Existenzweisen* gegenüber. Dieser geht ein zweiter kontradiktorischer Gegensatz parallel: *Segen* und *Fluch*. Dasein aus Glauben, Verwurzelt-Sein im Glauben heißt Segen. Aber Dasein aus Gesetzeswerken heißt Fluch, Existenz unter dem Fluch, ὑπὸ κατάραν εἶναι. Dieser Gegensatz - wiederum das Prinzip des tertium non datur - zeigt erneut, wie sehr Paulus in seinem theologischen Denken von alttestamentlichen Grundkategorien her bestimmt ist. Denn Segen und Fluch sind die fundamentalen Existenzweisen des Alten Testaments. Wie Paulus freilich mit ihnen umgeht, zeigt zugleich die absolute Umwertung der alttestamentlichen Grundüberzeugung.[113]

Paulus zitiert in Gal 3,10 Dtn 27,26LXX, jedoch mit Worten aus Dtn 28,58 und 30,10 vermischt. Die Modifikation dieses Verses gegenüber dem hebräischen Urtext ergibt erst den für die theologische Argumentation von Gal 3 erforderlichen Sinn, nämlich durch die Einfügungen πᾶς und πᾶσιν: Verflucht ist *jeder*, der nicht bei *allem* bleibt, was im Buch des Gesetzes geschrieben ist, um es zu tun. Zu ergänzen ist: Jeder ist verflucht, weil de facto keiner alles tut, was das Gesetz zu tun gebietet.[114]

---

[112] *Betz*, Herm., 62.250ff., stellt Gal 3,6-14 als das zweite Argument der argumentatio, und zwar als "ein Argument aus der Schrift" heraus.

[113] In Gal 3,10 hat Paulus seine Argumentationsweise geändert. Hat er in 3,6-9 zweimal die theologische Konsequenz aus den zuvor gebrachten alttestamentlichen Zitaten gezogen, so bringt er nun zuerst die These und dann den Schriftbeweis, eingebettet mit der formula quotationis γέγραπται γάρ. Doch hat sich dadurch insofern nichts gegenüber 3,6-9 geändert, als auch jetzt eine alttestamentliche Aussage der Grund für das theologische Urteil ist.

[114] Überinterpretiert ist: weil keiner tun *kann*, was das Gesetz gebietet; so die Mehrheit der Exegeten. Paulus hält sich aber an das Faktum der Nichterfüllung. Eine Erklärung dieses Faktums bietet er zumindest hier nicht. Es wäre höchstens zu überlegen, ob nicht aus dem Gesamtduktus des Gal eine solche Interpretationsmöglichkeit zu deduzieren wäre. Gegen die hier vertretene Deutung vor allem *H. Schlier*, KEK VII, 132f.: Das Schwergewicht des Zitats ruht auf dem ποιῆσαι; so soll die Schriftstelle im Sinn des Paulus nicht die Ursache angeben, um derentwillen über denen, die aus den Gesetzeswerken leben, der Fluch liegt, vielmehr soll die Schriftstelle nur bekräftigen, *daß* die Gesetzesleute unter dem Fluch stehen. Das Zitat ist aber so unüberhörbar vom doppelten πᾶς bestimmt, daß ein erneutes tertium non datur der nächstliegende Sinn ist: *Entweder* keine totale Torahobödienz und dann Fluch, *oder* - was leider nicht der Fall ist - totale Torahobödienz und dann Segen. Völlig verkennt *Ed P. Sanders*, Paul, the Law, and the Jewish People, 26, den Argumentationssinn dieses Zitats, wenn er meint, daß Paulus es nur deshalb gebracht habe, weil Dtn 27,26 die einzige Stelle in der LXX sei, in der νόμος mit "Fluch" verbunden sei. "Thus I propose that the thaust of Gal. 3:10 is born by the

Gal 3,11 begründet erneut das Faktum, daß alle verflucht sind, deren Existenz auf dem Tun von Gesetzeswerken beruht, diesmal mit einem Prophetenzitat (Hab 2,4): Es ist evident (δῆλον), daß durch das Gesetz (ἐν νόμῳ[115]) keiner vor Gott gerechtfertigt wird; denn: "Der aus Glauben Gerechte wird leben."[116] ὅτι ist dabei gleichbedeutend mit καϑὼς γέγραπται.[117]

Die Berufung auf die Schrift erfolgt allerdings in einer Weise, die dem Literalsinn von Hab 2,4MT nicht gerecht wird: wəṣaddîq bæᵓœmûnātô jihjæh, der Gerechte wird durch seine Treue leben. Gemeint ist, daß das Überhandnehmen des Unrechts, weswegen der Prophet mit Gott rechtet (Hab 1,2ff.), nicht ewig währt. Der Gerechte, d.h. der Redliche, der Rechtschaffende, wird überleben, und zwar kraft seiner Treue.[118] Die von *Wilhelm Rudolph* daraus gezogene Folgerung, deshalb sei die Verwendung von Hab 2,4b bei Paulus in Röm 1,17 und Gal 3,11 "keine Verkehrung, sondern nur (!) eine Vertiefung"[119], ist falsch. Wenn er nämlich den Gerechten von Hab 2,4 als durch iustitia civilis gekennzeichnet versteht, so geht es bei Paulus gerade darum nicht. Sicherlich steht, mit Rudolph, der *Text* des MT dem paulinischen Zitat näher als der der LXX, wonach der Gerechte aus der Treue *Gottes* lebt: ὁ δὲ δίκαιος ἐκ πίστεως μου ζήσεται. Aber die im MT genannte ᵓœmûnāh des Gerechten hat recht wenig mit der πίστις des paulinischen Habakuk-Zitats gemein.

Der Literalsinn von Hab 2,4 in Gal 3,11 unterscheidet sich also wesentlich von dem in MT und LXX. Das ist um so gravierender, als Paulus mit diesem Prophetenwort eine Sentenz für seine Argumentation anführt, die von noch höherer Relevanz ist als die Aussage von V.10. *Grundsätzlich* gilt nämlich, daß der Glaube die einzig mögliche Existenzweise des vor Gott Gerechten ist. Dann ist aber die mit dem Zitat Dtn 27,26 zwar nicht faktische, aber immerhin prinzipiell noch mögliche

---

words *nomos* and 'cursed,' not by the word 'all' which happens to appear." Dagegen auch *Räisänen*, Paul and the Law, 95, Anm. 13.

[115] Vielleicht auch zu übersetzen mit "im Bereich des Gesetzes". Doch kommt dies sachlich auf die zuerst genannte Übersetzung heraus, da der Bereich des Gesetzes dessen Wirkungsbereich ist und somit auch die Interpretation "durch das Gesetz" gerechtfertigt ist.

[116] Die zuweilen praktizierte Übersetzung "Der Gerechte wird aus Glauben leben" widerspricht der Argumentationssequenz von Gal 3. So z.B. *Rohde*, Gal, 127; richtig *Betz*, Gal, 250.

[117] Anders *Rohde*, ThHK, 142: Paulus bezeichnet das Habakuk-Zitat nicht als Schriftwort." Er beruft sich also nicht darauf, daß die Galater die Verbindlichkeit dieses Wortes anerkennen müssen, weil es in der Schrift steht, sondern setzt voraus, daß sie dessen Wahrheit ohne weiteres zugeben.

[118] *W.Rudolph*, KAT XIII/2, 216; *A. Deissler*, Zwölf Propheten II/III, Leipzig 1990, 94: Der Gerechte wird das Leben erben aufgrund seiner ᵓœmûnāh, d.h. seines treuen Festhaltens and Jahwäh und seiner Weisung.

[119] *Rudolph*, KAT, 216.

76

Alternative aufgrund der paulinischen Fassung von Hab 2,4 nicht mehr gegeben. Die beiden Zitate in Gal 3,10f. bringen also Aussagen *auf unterschiedlichen Ebenen*. Dtn 27,26 gilt nur "theoretisch": *Wenn*, was jedoch nicht der Fall ist, Menschen totale Torahobödienz praktiziert hätten, *dann* wäre für sie der Fluch nicht Realität geworden. Da jedoch alle unter diesem Fluche stehen, gilt nur noch der einzig mögliche Weg von Hab 2,4. Dabei ist πίστις im Sinne von Gen 15,6 verstanden, nämlich als jener Glaube, aufgrund dessen Gott dem Sünder seine göttliche Gerechtigkeit Menschen anrechnet. Hab 2,4 kann also als grundsätzlich geltende Maxime nur dann sinnvoll ausgesagt werden, wenn tatsächlich alle Menschen Sünder sind. Da aber das in Dtn 27,26 implizierte Entweder - Oder nicht mehr besteht, gilt *jetzt* nur noch Hab 2,4.

Wenn aber das ζήσεται von Hab 2,4 grundsätzlich nur für den aus Glauben Gerechtgewordenen zutrifft, wie kann dann Paulus in V.12 mit dem Zitat Lev 18,5 noch einmal ζήσεται sagen, und zwar ausgerechnet im Blick auf das Tun des vom Gesetz Gebotenen: ὁ ποιήσας αὐτὰ ζήσεται ἐν αὐτοῖς? Da jedoch dieses Zitat unter dem Vorzeichen dessen steht, wie es in V.12a thematisch eingeführt wird, ergibt sich aus der Argumentation von Gal 3,10-12 her die Lösung: Das Gesetz ist nicht ἐκ πίστεως. Da ἐκ πίστεως, wie sich zeigte, Existenzialaussage ist, steht in abgekürzter Weise ὁ νόμος für τὸ ἐκ τοῦ νόμου εἶναι: Wer aus dem Gesetz existiert, der existiert nicht aus dem Glauben; für den, der das Gesetz vollkommen erfüllt, nicht jedoch für den Glaubenden gilt, daß, wer tut, was es befiehlt, leben wird.[120] Paraphrasieren wir V.12 aber auf diese Weise, so ist der angebliche Widerspruch zwischen den beiden ζήσεται beseitigt.[121]

Exkurs: Zur Hermeneutik der paulinischen Theologie

Ist auch Gal 3,13 unmittelbare Fortsetzung der Argumentation von 3,6-12, so empfiehlt sich doch ein Rückblick auf diesen Abschnitt. Er zeigt eine zusammenhängende Thematik, die mit V. 13 zwar nicht verlassen, wohl aber ausgeweitet wird. Es wurde mehrfach deutlich, wie sehr Paulus theologisch von der *Existenz* des Sünders und des Gerechtfertigten her denkt. Er hat zwar auch Gottes Handeln thematisiert. Aber das Thema, um das es ihm bisher *eigentlich* ging, war die *theologische Reflexion* des *menschlichen Daseins*. Woher der Mensch ganz und gar dem Fluch unterworfen ist, woher er als Gerechter existiert - das ist es, womit Paulus seine theologische Argumentation in V.6 beginnt. Das als erstes genannte Subjekt ist ein *Mensch*, Abraham! Und dieser wird um anderer Menschen willen genannt, nämlich um derer willen, die "aus" dem Glauben existieren. *Von Gott spricht Paulus, weil er darlegen will, was der Mensch vor Gott ist.* Von Gott spricht Paulus, weil es ihm um

---

[120] Ähnlich *Ebeling*, Die Wahrheit des Evangeliums,
[121] S. auch *Hübner*, Das Gesetz bei Paulus, 19f.

die Relation "Gott - Mensch" und "Mensch - Gott" geht. Und vom Gesetz spricht Paulus, weil er das Scheitern des Menschen vor Gott erklären will.

Was Paulus hier also tut, kann daher zutreffend mit dem so umstrittenen Begriff *"existentiale Interpretation"* umschrieben werden. Der von *Rudolf Bultmann* in die theologische Diskussion eingebrachte Begriff ist bei vielen in Mißkredit geraten, weil er als Preisgabe des theologischen Propriums an die Existenzialphilosophie *Martin Heideggers* gesehen wird. Existentiale Interpretation als die Methode, einen Text auf das ihm zugrunde liegende Existenzverständnis zu befragen, setzt jedoch nicht notwendig die Philosophie Heideggers voraus. Dieser verstand nämlich unter existenzialer Interpretation die fundamentalontologische Analyse der Seinsstrukturen des menschlichen Daseins. Ging es also dem Freiburger Philosophen um den Aufweis *ontologischer* Gehalte, so dem Marburger Theologen gerade nicht darum, sondern um die Frage nach der jeweiligen konkreten, also *ontischen* Gegebenheit des betreffenden biblischen Autors. Während der Philosoph als Phänomenologe die formale ontologische Struktur des menschlichen Daseins schlechthin aufweisen wollte, fragte der Theologe, wie sich im Einzelfall der biblische Autor in seinem Dasein vor Gott, dem Schöpfer und Erlöser, versteht. So legte Heidegger menschliche Existenz als grundsätzlich geschichtliche Existenz aus, als durch das Existenzial der Geschichtlichkeit bestimmt. Bultmann hingegen fragte nach der jeweils konkreten und somit unterschiedlichen Geschichtlichkeit des von ihm untersuchten biblischen Autors. Nutzte er also einen Begriff der Existenzialphilosophie Heideggers für seine historische und theologische Forschung, so ist die philosophisch-phänomenologische Fragestellung als solche für seine Auslegung des Neuen Testaments höchstens von indirekter Relevanz. Vielleicht ist zur Beurteilung der Theologie Bultmanns von noch größerer Relevanz, daß der Begriff der *Geschichtlichkeit*, wie er ihn verwendete, im Grunde schon vor Heidegger im Sinne Bultmanns verwendet wurde (s. *Wilhelm Diltheys* Briefwechsel mit dem *Grafen Paul Yorck von Wartenburg*).[122] Weithin ist unbekannt , daß Bultmann selbst, ehe er von der Philosophie Heideggers Kenntnis nahm, den Begriff der Geschichtlichkeit bereits im Sinne Diltheys aufgegriffen hatte.[123]

Entscheidend für unsere Untersuchung ist die Evidenz aus Gal 3,6-12, daß *bereits Paulus als Theologe existential interpretiert*. Seine Praxis der existentialen Interpretation ist aber von der Bultmanns insofern unterschieden, als er nicht primär als Exeget vorgegebene Schrifttexte auf das Existenzverständnis der biblischen Autoren, sondern die jeweilige Existenz des Menschen auf ihr theologisch relevantes *Woher* befragt. Und das meint konkret: entweder auf ihr Sein ἐξ ἔργων νόμου oder ihr Sein ἐκ

---

[122] Dazu *Heidegger*, Sein und Zeit, § 77; s. auch *von Renthe-Fink*, Art. Geschichtlichkeit, HWP 3, 406.

[123] *Hübner*, Was ist existentiale Interpretation?, vor allem 19ff.; s. neuestens *Sinn*, Christologie und Existenz, 142, der einen Brief *Bultmanns* an *F.W. Sticht* vom 1.3.1964 zitiert: "Die Philosophie W. Diltheys beschäftigte mich schon vor meiner Begegnung mit Heidegger."

πίστεως. Da er im Rahmen dieses Vorgehens aber *auch* Aussagen der Schrift interpretiert, gibt es enge Affinitäten zur existentialen Interpretation im Verständnis Bultmanns. Nur muß beim Vergleich Paulus - Bultmann bedacht bleiben, daß Paulus vom Damaskuswiderfahrnis und somit von seinem Glauben an das Kerygma her zunächst in der Schrift sucht, wo diese denn seine Glaubensüberzeugung aussagt, und er *erst dann* die gefundenen Schriftstellen "existential interpretiert". Dem Neutestamentler Bultmann hingegen ist das Neue Testament als Ganzes vorgegeben, das er dann im Sinne seiner hermeneutischen Methode exegesiert. Die grundsätzliche Verwandtschaft zwischen dem theologischen Umgang mit der Schrift durch Paulus und Bultmann und die Differenz zwischen ihnen sind somit offenkundig.

Für Bultmann war Theologie "in jedem Falle ein wissenschaftliches Unternehmen", doch fielen für ihn "im Grunde Theologie und Exegese oder systematische und historische Theologie zusammen".[124] Sooft er auch davon sprach, daß er methodisch die Texte des Neuen Testaments auf das ihnen zugrunde liegende Existenzverständnis befragen wolle, so tat er dies doch letztlich nur deshalb, weil er *als Theologe* davon überzeugt war, daß es im Neuen Testament zutiefst um die Existenz *coram deo* geht, daß also die existentiale Interpretation neutestamentlicher Texte theologisch relevant ist, weil sie theologische Resultate bringt.

Welche *Existenzaussage* ist aber mit Gal 3,10/Dtn 27,26, welche mit Gal 3,11/Hab 2,4 gegeben? Nach Gal 3,10 sind οἱ ἐξ ἔργων νόμου diejenigen, die ihre erfüllte Existenz als Verwirklichung der geforderten Summe von zu addierenden Gesetzeswerken verstehen. Die Existenz des aus Werken Gerechtfertigten ist demnach eine Existenz, die sich aus einer bestimmten Quantität zu leistender Gesetzeswerke konstituiert. *Existenz ist aus Quantität.* Paulus distanziert sich also von einem Dasein, das sich aus einem berechenbaren Quantum zu leistender Taten mosaikartig zusammensetzen will. Er weist eine theologische Anthropologie ab, nach der der Mensch aus einer auf keinen Fall zu unterschreitenden Summe von einzelnen Werken *sich synthetisch herstellt* und dieses synthetische compositum als das Ich vor Gott hinstellt, das Anspruch auf Bestehen im eschatologischen Gericht Gottes erhebt. Danach versteht Paulus den, der glaubt, er könne aus seinen Gesetzeswerken gerecht werden, als den, der Gottes Gnade in prometheischem Stolz beiseite tut.

---

[124] *Bultmann*, Das Problem einer theol. Exegese des NT, 68f.

Freilich gilt dieses Urteil über die Existenz aus Gesetzeswerken - in dogmatisch-theologischer, nicht paulinischer Diktion - für den *status post lapsum*, also für den Menschen, der, bereits Sünder, nicht merkt, wie er sich, zum quantitativ erklärbaren Erfüllungsmechanismus depraviert, selbst entwürdigt. Paulus sieht demnach im Verhalten der Galater den nomistischen Versuch, einen in Werken quantitativ konstruierten Homunculus zu erschaffen. Hinter Goethes Homunculus steht der teuflische Mephisto, hinter dem der Rechtfertigung aus Gesetzeswerken die dämonische Macht der Sünde, die Paulus als hypostasierte, nahezu personifizierte Macht begreift (s. Gal 3,22).[125] Demgegenüber ist der ἐκ πίστεως und somit aus Gott Gerechte gerade kein synthetisch selbstgeschaffenes Wesen. Was es mit ihm als dem ganzen, dem heilen Menschen auf sich hat, erschließt sich in seinem vollen Ausmaß jedoch erst aus Gal 5,14 und 5,22ff. Dort zeigt Paulus, daß der Christ keine durch sich selbst synthetisch erstellte Quantität ist, sondern die durch einen kreativen Akt Gottes geschaffene *nova creatura*, nämlich der Mensch, der die liebende Existenz als Frucht des Geistes Gottes ist.

Fortsetzung: Argumentation und Theologie im Galaterbrief

Mit Gal 3,13 gewinnt die in 3,6-12 praktizierte "existentiale Interpretation" des Paulus einen neuen Horizont hinzu, einen sozusagen *"dogmatischen" Horizont*. Jetzt nämlich nennt Paulus im Verlauf der argumentatio zum ersten Male *Christus* als *"Subjekt" des Heilshandelns*. Er hat uns aus unserer Fluchsituation von 3,10 losgekauft und ist stellvertretend für uns, ὑπὲρ ἡμῶν, zum Fluch geworden. Mag auch in Gal 3,10 zunächst der Jude gemeint sein, der sich synthetisch aus Werken des Gesetzes aufbauen will, so geht doch die Intention der Aussage auf *alle Menschen*. Das erhellt schon allein daraus, daß Paulus in Gal 3 keinesfalls deshalb zuweilen in der 1. Pers. Plur. spricht, um sich in Absetzung von den Heidenchristen nur mit den Judenchristen zusammenzuschließen.[126]

Spricht also Paulus von Christus als dem "für uns" Verfluchten , so will er damit sagen, daß er uns aus unserer Existenzweise des Stehens unter dem Fluch herausgenommen hat. Wir befinden uns daher nicht mehr in demjenigen Herrschaftsbereich, wo wir "unter dem Fluch" stan-

---

[125] *Hübner*, KuD 24, 181ff.
[126] *Hübner*, Das Gesetz bei Paulus (ab 2. Aufl.), 134f.

den. Christus hat sich stellvertretend "für uns" an diesen Ort begeben; er steht jetzt seinerseits "unter dem Fluch", ist also - welch harte Rede! - "für uns" zum Verfluchten geworden. Es hat somit ein Ortswechsel, ein Tausch des Ortes stattgefunden. Dieser *Ortswechsel* ist aber, da es in Gal 3 zunächst um Existenzaussagen geht, ein *Existenzwechsel*. Der Ortswechsel besagt demnach, daß der Messias unsere verfluchte, weil sündige Existenz übernommen hat.[127]

Der Doppelaussage von des Menschen und des Messias Fluchexistenz entspricht der doppelte Bezug auf jeweils ein Schriftzitat über den ἐπικατάρατος. Für jeden Menschen gilt Dtn 27,26 (Gal 3,10), für den Christus Dtn 21,23 (Gal 3,13): ἐπικατάρατος πᾶς ὁ κρεμάμενος ἐπὶ ξύλου.[128] Die beiden Stellen fügen sich gut in die paulinische Konzeption, auch wenn Dtn 21,23 seinem Literalsinn nach keine messianische Bedeutung hat.[129]

Daß es in der Argumentation in Gal 3,10 auch um die Heidenchristen geht, daß also theologisch für Judenchristen und Heidenchristen die gleiche hamartiologische und soteriologische Situation besteht, zeigt noch einmal in aller Deutlichkeit Gal 3,14: Christus ist für uns zum Fluch geworden, damit der Segen Abrahams in Christus Jesus für die *Heiden* Realität wird, damit *wir* die Verheißung des Geistes durch den Glauben empfangen. In V.14 sind also der Name Abraham und argumentationstragende Begriffe von 3,1 her wieder aufgegriffen: Ἀβραάμ (3,6-9), τὸ πνεῦμα (3,2-5), ἡ πίστις/πιστεύειν (3,2.5.6-9.11.12), τὰ ἔθνη (3,8), ἡ ἐπαγγελία (der Sache nach 3,8). Die Abrahamsthematik findet durch die doppelte Finalsentenz 3,14 ihren ersten vorläufigen Abschluß.

Was Paulus nun in Gal 3,14 zu einer vorläufigen theologischen Konklusion geführt hat, wird in *Gal 3,15-18* mit einem Argument κατὰ ἄνθρωπον aus neuer Perspektive beleuchtet. Die theologische Grundüberzeugung von der Verheißung des Abrahamsegens als eines soteriologischen Grunddatums und vom Gesetz als einer geradezu antisoteriologischen Größe wird jetzt mit dem Begriff des Erbes, κληρονομία, vertieft.

Die Verheißung gewinnt nach Paulus ihr unumstößliches Gewicht daher, daß sie als διαθήκη *Gottes* interpretiert wird, dieser Begriff hier als Testament[130] verstanden. Also kann, da an einem Testament nachträglich nichts mehr geändert werden darf, nichts an der dem Abraham

---

[127] Später wird Paulus in 2Kor 5,21 in analoger Weise davon sprechen, daß Gott den Christus ὑπὲρ ἡμῶν, für uns, die wir unter der Macht der Sünde stehen, zur Sünde gemacht hat. Die Denkfigur ist die gleiche.

[128] In Dtn 21,23LXX heißt es κεκατηραμένος. Paulus ersetzt dieses Wort um der Parallele mit Dtn 27,26 willen durch ἐπικατάρατος. In Dtn 21,23 MT fehlt eine Entsprechung zu ἐπὶ ξύλου, wohl aber befindet sich eine solche Entsprechung in Dtn 21,22 MT.

[129] In dieser Gesetzesbestimmung geht es um die Vermeidung der Unreinheit des Landes. Deshalb soll kein Gehenkter (!), der ja von Gott verflucht ist, über Nacht am Pfahle hängenbleiben.

[130] Anders in Gal 4,21-31, s.u.

zugesprochenen Verheißung außer Kraft gesetzt werden.[131] Unter diesem Vorzeichen ist der entscheidende Satz 3,16 ausgesprochen: Die Verheißungen sind dem Abraham *und* seinem Nachkommen gesagt. Dieses καὶ τῷ σπέρματι αὐτοῦ[132], von Paulus in eigenwilliger Exegese unter Hinweis auf den Singular auf Christus bezogen, verbindet das Argumentationselement des Abrahamssegen der Heiden von 3,8f. mit dem christologischen Argumentationselement von 3,13f. Das Argumentieren mit der Vorstellung von der Verheißung als dem Testament Gottes geschieht im Blick auf den chronologischen Sachverhalt: Die zeitliche Priorität von 430 Jahren bedeutet sachliche, theologische Priorität.

Das also ist die Intention des Paulus: Das Gesetz, im Exkurs von 3,19ff. ausdrücklich als Anordnung von Engeln, nicht (nicht direkt?) aber von Gott bezeichnet, kann die von Gott selbst ausgesprochene Verheißung nicht umstoßen. Die *Inferiorität des Gesetzes*, die in 3,10ff. *anthropologisch begründet* wurde, wird in 3,19ff. von der Superiorität Gottes über die Engel her *theologisch begründet*. Also: Aus dem Gesetz kommt kein Erbe! νόμος und κληρονομία sind absolut unvereinbare Wirklichkeiten. Es ist für die paulinische Argumentation von zentraler Bedeutsamkeit, daß das Gesetz im Gal keine soteriologische Größe ist; es ist dort ihr argumentativ dargelegter Gegensatz. Der antinomistische Akzent der paulinischen Argumentation in Gal 3 ist unübersehbar.

Mit Gal 3,19 beginnt also der *Exkurs* über das *mosaische Gesetz*.[133] Im Grunde hat Paulus schon mit 3,14 sein Argumentationsziel erreicht: Euer Heil, ihr Galater, liegt einzig in der von euch im Glauben bereits ergriffenen Abrahamsverheißung, auf keinen Fall im Tun des mosaischen Gesetzes. Da aber von letzterem bisher nur gesagt wurde, es habe keine soteriologische Bedeutung und es wirke sich sogar antisoteriologisch aus, blieb bisher unausgesprochen, was es denn überhaupt soll. Deshalb nun die Frage nach seiner *Funktion*: Wozu dient das Gesetz?[134] Die Antwort ist für uns nur teilweise eindeutig. Deutlich ist, daß es (zur Verheißung) hinzugegeben wurde, προσετέθη, - eine Aussage mit abfälliger und abwertender Bedeutung.[135] Nicht ganz klar ist zunächst, was die Wendung "um der Sündentaten willen" meint. Von der finalen Grundbedeutung der Präposition χάριν und auch vom Verständnis des Wortes παράβασις als Übertretung eines gegebenen Gesetzes aus

---

[131] Die Frage, welche Rechtsvorstellung Paulus vor Augen hatte, ist für unsere Thematik nicht von Belang. Da das tertium comparationis vom Testament eines Menschen und dem Gottes in der Unumstößlichkeit der testamentarischen Bestimmungen besteht, ist die Frage, wieso Gottes Testament nicht mehr geändert werden kann, da er doch nicht gestorben ist, ein Scheinproblem.

[132] S. Gen 22,18 zu Gal 3,8.

[133] So richtig *Betz*, Herm., 289ff.; ib. 291: digressio.

[134] Zur näheren Begründung der im folgenden vorgetragenen Aussagen über Gal 3,19ff. s. *Hübner*, Das Gesetz bei Paulus, 27ff.

[135] *Rohde*, ThHK, 154.

legt sich die Interpretation nahe: Das Gesetz wurde zur Verheißung hinzugefügt, *um Sündentaten zu provozieren*.[136] Damit ist der ist übliche Zweck eines Gesetzes, ein Handeln gemäß seinen Bestimmungen zu bewirken, ausdrücklich ausgeschlossen. Die Gal 3,19 genannte Funktion ist natürlich nicht alttestamentlich, sieht man von vereinzelten Analogien wie gewissen Prophetenworten (z.B. Jes 6,9f.) ab. Ebenso widerspricht dem alttestamentlichen Sinaibericht die Auffassung des Paulus, daß das Gesetz durch Engel angeordnet sei, einerlei ob man diese als Mittler Gottes als des eigentlichen Gesetzgebers oder als die Urheber des Gesetzes versteht.[137] Auf jeden Fall geht es Paulus darum, Gott zumindest aus dem *unmittelbaren* Akt der Gesetzgebung zu absentieren und dadurch die *Inferiorität des Gesetzes* zu beweisen.[138] Damit wird auch Mose in den Prozeß der Inferiorisierung hineingezogen: Wäre das Gesetz direkt von Gott gegeben worden, hätte es keines Mittlers bedurft; denn wo nur ein einziger ist (εἷς θεός!, 3,20), ist kein Mittler erforderlich. Machen aber die Engel in ihrer Vielheit einen solchen nötig, dann ist gerade an der durch sie deutlich gewordenen Gesetzesinferiorität ersichtlich, daß Mose als Mittler des inferioren Gesetzes an eben dieser Inferiorität partizipiert. Zu all dem kommt noch die zeitliche Begrenzung des Gesetzes. Es wurde erst 430 Jahre nach der Abrahamsverheißung gegeben und hat zudem ein vorzeitiges Ende. Die Erfüllung der Verheißung bedeutet dann das Ende seiner unseligen Funktion. Mit der in Christus gekommenen Heilszeit ist das Gesetz funktionslos geworden.

Die Funktion, Sündentaten zu provozieren, wird in 3,21ff. als Funktion des *Versklavens* expliziert. Die Schrift hat alle[139] unter die Macht der Sünde eingeschlossen, ὑπὸ ἁμαρτίαν, damit die Verheißung den Glaubenden aufgrund ihres Glaubens an Jesus Christus gegeben werde. Das aber besagt, daß die Intention der Engel, als wen auch immer Paulus diese Wesen gedacht haben mag, in die Intention Gottes eingebettet ist.[140] Der Gefängnischarakter des Gesetzes ist in V.23 ausgesprochen:

---

[136] So auch ib. 154: "Es sollte nämlich die Übertretungen hervorrufen. Die παράβασις ist ... die Sünde als Übertretung eines bestimmten göttlichen Gebotes." *Also nicht wie später Röm 7,7*: um die bereits existente Sünde zu erfahren: τὴν ἁμαρτίαν ... ἔγνων ... διὰ νόμου.

[137] S. die Kommentare. In Das Gesetz bei Paulus, 27f., habe ich mich für die zweite Alternative ausgesprochen. Ich bin auch heute noch dieser Auffassung, da m.E. der Argumentationsduktus in Gal 3,19f. dies erfordert. Da aber die hier vorgetragene Argumentation von einer Entscheidung in dieser Frage unabhängig ist, verzichte ich an dieser Stelle darauf, meine Auffassung in die Ausführungen einzubringen, um diese von unnötigen Diskussionen freizuhalten.

[138] Sollte προσετέθη *passivum divinum* sein, so könnte dies ein Indiz dafür sein, daß Gott selbst der eigentliche Geber des Gesetzes ist. Man kann jedoch nicht ein passivum divinum *postulieren* und dann aus diesem Postulat Gott als eigentlichen Geber erschließen. Das wäre eine *petitio principii!*

[139] τὰ πάντα im Sinne von πάντες ἄνθρωποι.

[140] Zu den drei Intentionen im Blick auf das Gesetz - die immanente Intention des Gesetzes, wie sie sich Gal 3,12/Lev 18,5 ausspricht; die Intention der Engel, die Intention Gottes - s. *Hübner*, Das Gesetz bei Paulus, 27ff. Auch im Blick auf diese Auffassung

ὑπὸ νόμον ἐφρουρούμεθα. Die unter dem Gesetz Versklavten sind die Unmündigen, wie ὑπὸ παιδαγωγόν in V.25 indiziert (s. auch außerhalb des Exkurses 4,2: ὑπὸ ἐπιτρόπους καὶ οἰκονόμους). Das *"Unter-Sein"* ist die beklagenswerte Existenz des Nichtgerechtfertigten.

Mit Gal 3,25 endet der Exkurs. 3,26-29 schließt an das vor dem Exkurs Gesagte an. In diesen Versen wird in erneuter Variation die sachlich bereits in 3,9.14.18 ausgesprochene Konklusion vorgetragen, diesmal allerdings bezeichnenderweise als Anrede in der 2. Pers. Plur.

Jetzt wird der theologische Ort der aus der Knechtschaft Befreiten genannt: *in Christus Jesus*.[141] Die Galater sind Söhne Gottes im Heilsbereich des Sohnes Gottes. Irdische Unterschiede sind darin nichtssagend. Daher gilt: πάντες γὰρ ὑμεῖς εἷς ἐστε ἐν Χριστῷ Ἰησοῦ. Also: Wenn ihr doch schon ganz und gar zu Christus gehört, dann *seid* ihr doch der *eine* Nachkomme Abrahams, Erben somit der an ihn ergangenen Verheißung![142] Die theologische Konklusion von Segen und Freiheit ist in aller Eindrücklichkeit den Galatern vorgetragen worden: Wenn euch wirklich am Heil liegt, wenn euch wirklich an der Freiheit liegt, dann laßt euch nicht erneut versklaven!

Resümieren wir: Die Schrift ist ihrem inneren Wesen nach Verheißung. Enthält sie dennoch das Gesetz, dann gerade nicht so, daß sie von ihm wesensmäßig bestimmt wäre. Denn das Gesetz ist innerhalb der als Verheißung verstandenen Schrift nur Intermezzo, und zwar negativ qualifiziertes Intermezzo. Das Gesetz ist niemals Ziel der Schrift! Ziel des in der Schrift seine Verheißung aussprechenden Gottes, des in der Verheißung sich selbst aussprechenden Gottes ist die endgültige Abrogation des versklavenden Gesetzes um des in der Freiheit der Kinder Gottes bestehenden Heils willen. Wo Gottes Verheißung zum Ziel kommt,

---

bleibe ich bei dem, was ich damals gesagt habe, verzichte aber wiederum darauf, es zum tragenden Element in den folgenden Überlegungen zu machen.

[141] Die *lokale* Dimension des "In-Christus-Seins" wird in ihrer theologischen Bedeutsamkeit in den weiteren Darlegungen genauer expliziert. Die ältere Diskussion um die Bedeutung von ἐν Χριστῷ wird in unserer Darstellung nicht mehr thematisiert. An Lit. sei hier nur genannt: *Deissmann*, Die ntl. Formel "in Christo Jesu" (1892); *Schweitzer*, Die Mystik des Apostels Paulus (1930); *Büchsel*, ZNW 42 (1949), 141ff.; *Cerfaux*, Le Christ dans la théologie de saint Paul (1951), 361ff.; *Neugebauer*, Das paulinische "in Christo" (1957), 124ff.; *Bouttier*, En Christ (1962); *Schnelle*, Gerechtigkeit und Christusgegenwart (1983), 59ff.; *Umbach*, In Christus getauft (1992), 180ff.; außerdem die entsprechenden Passagen in den Theologien des NT und hier in Bd. 2, was zu *Sanders* ausgeführt wird.

[142] Sollte zutreffen, daß Gal 3,26-28 vorpaulinische Tauftradition ist - so u.a. *Schnelle*, Gerechtigkeit und Christusgegenwart, 58f. - , so hätte Paulus seine Argumentation von 3,6 an zielstrebig auf ein Traditionsstück ausgerichtet.

wo also Gott selbst zum Ziel kommt, da wird das Gesetz zum Nichts. *Christus* ist somit *wesenhaft die Negation, die "Nichtung" des Gesetzes.* Selbst wenn man für Gal 3,19 in Gott den indirekten Geber des Gesetzes sähe, wäre dieses nicht sein eigentliches Wort. Das Sein des Gesetzes ist demnach ein *"Sein zum Nichts"*, das die, die in ihm ihr Heil suchen, mit ins Nichts hineinreißt. Das Gesetz ist also für den, der sich auf es verläßt, eine nihilistische Macht. Indem seine Funktion darin besteht, Sündentaten zu provozieren, soll es den Sünder ins Nichts stoßen.

Was soeben über die Torah gesagt wurde, ist im Verlauf der theologischen Entwicklung des Paulus nicht sein letztes Wort. Deshalb waren unsere Ausführungen nur die Paraphrase des Gedankenganges innerhalb der argumentatio des *Galaterbriefes*. Wenige Jahre später wird er aufgrund neuer theologischer Reflexion die ärgsten Provokationen zurücknehmen. Die Worte vom Engelgesetz wird der Apostel nie mehr aussprechen. Die antithetische Konnotation von Beschneidung und Fleisch, σάρξ, wird in Röm 4 in einem Junktim von Beschneidung und Glaube "aufgehoben". Im Röm wird Paulus das Gesetz in aller Deutlichkeit als Gesetz *Gottes* in die Argumentation hineinbringen, u.a. in Röm 2.[143] Dem Gesetz wird er sogar dann das Prädikat "heilig", ἅγιος, zuerkennen, Röm 7,12. Wo hätte diese Prädikation in der Argumentation des Gal seinen theologischen Ort?

Hans Dieter Betz faßt *Gal 3,26-4,11* als Einheit, nämlich als Argument aus der christlichen Tradition. Innerhalb dieses Abschnitts charakterisiert er 4,1-7 als "Beweise".[144] Da jedoch mit 3,26-29 die in 3,6 einsetzende und dann in mehrere Argumentationsschritte gegliederte Abrahamsargumentation zu ihrem Ziel gekommen ist - mag man auch wegen 4,21-31 von einem zunächst nur vorläufigen Ziel sprechen - , wird man doch wohl in 4,1 einen Neueinsatz innerhalb der argumentatio erkennen müssen. Doch zieht sich insofern eine Argumentationslinie vom Gesetzesexkurs 3,19ff. in die Ausführungen von 4,1ff. hinein, als beide Abschnitte durch ὑπό-Aussagen thematisch verbunden sind. Die Sequenz ὑπὸ ἁμαρτίαν, ὑπὸ νόμον, ὑπὸ παιδαγωγόν findet ihre Fortsetzung und zugleich Interpretation in der Sequenz ὑπὸ ἐπιτρόπους καὶ οἰκονόμους, ὑπὸ τὰ στοιχεῖα τοῦ κόσμου, ὑπὸ νόμον. Ebenso findet der in Gal 3 ausgesprochene Gedanke, daß wir alle ein einziger in Christus als dem Sohne Abrahams (und Gottes!) sind, seine Korrespondenz in 4,4f., wonach wir durch die Sendung dessen, der der Sohn schlechthin ist, die Sohnschaft empfangen; Ziel dieser Sendung und somit der Erlösung ist, ἵνα τὴν υἱοθεσίαν ἀπολάβωμεν. In genau diesem Zusammenhang ist auch der Begriff κληρονομία thematisches Band zwischen den beiden Abschnitten; denn Sohn zu sein heißt ja, Erbe zu sein. Und Sohn und zugleich Erbe zu sein heißt frei zu sein. Zugleich verbindet auch die Geistthematik Kap. 3 mit Kap. 4: Die Sendung des Sohnes impliziert die Sendung des Geistes

---

[143] Auch wenn in Röm 2 der Begriff νόμος θεοῦ nicht begegnet.
[144] *Betz*, Herm., 63f.320ff.

in unsere Herzen. So endet Gal 4,1-7 wieder mit einer soteriologischen Konklusion, wieder in der Form der Anrede an den Geistbegabten: Du bist nicht mehr Sklave, du bist jetzt Sohn, bist jetzt Erbe - freilich deshalb Erbe Abrahams, weil du in *dem* Sohn Gottes der freie Sohn Abrahams und Gottes bist.

Was aber ist in Gal 4,1-7 das Neue gegenüber Kap. 3? Ausgesprochen ist ja bereits in 3,26-29 das Sein der Galater als Söhne Gottes in dem einen Sohne Gottes und das damit gegebene Sein als Erbe der Geistverheißung an Abraham. Allerdings ist von dem Christus als *dem* Sohne Gottes, in dem die Sohnschaft aller Glaubenden ihren Seinsgrund besitzt, in Kap. 3 noch nicht gesagt, daß er *präexistent* ist. Alle Aussagen über ihn bis einschließlich 3,29 sind verständlich und geben ihren guten Sinn, ohne daß er präexistent sein müßte. Die in Gal 3 ausgesprochenen christologischen und soteriologischen Gedanken bedürfen für ihre Stimmigkeit und Argumentationskraft des Elements der Präexistenz des erlösenden Sohnes Gottes nicht. Daß aber Paulus die in Gal 1-3 gebrachten Aussagen über den Christus schon im Horizont seiner Präexistenz gedacht hat, bedarf keiner Diskussion.

Das Verb ἐξαποστέλλω, das Paulus sowohl für den Sohn (4,4) als auch für den Geist des Sohnes (4,6) verwendet, sagt von sich aus nicht die Präexistenz aus. Es findet sich in der LXX oft mit Gott als Subjekt, ohne daß es um diese Vorstellung geht. So sendet der Herr z.B. den Jeremia als Propheten (Jer 1,7), dessen "Präexistenz" vor seiner Sendung nur bis in die Zeit seines pränatalen Zustandes reicht (Jer 1,5).[145] Der Herr sendet den Mose, Ex 3,12. Zweck dieses ἐξαποστέλλειν ist die Befreiung Israels aus Ägypten. *Sendungsthema* und *Befreiungsthema* koinzidieren hier wie in Gal 4.[146] Ex 3,8 ist vom ἐξελέσθαι als befreiender Tätigkeit Gottes die Rede, also von dem, was dann Mose in dessen Auftrag tun soll.[147] Gal 1,4 findet sich aber dieses Verb als Ausdruck für das befreiende Tun des Sohnes Gottes.[148] Daß jedoch Gal 4,4 im Sinne einer Präexistenzchristologie verstanden werden muß, zeigt - abgesehen davon, daß Paulus auch sonst die Präexistenz Christi erwähnt (z.B. Phil 2,6ff.) - die Parallele 4,6 von der Sendung des Geistes des Sohnes Gottes. Im Lichte alttestamentlicher Parallelen, z.B. Sap 7,27f.; 9,4.10, wo die Präexistenz der pneumahaften

---

[145] S. auch Jer 7,25: ἐξαπέστειλα πρὸς ὑμᾶς πάντας τοὺς δούλους μου τοὺς προφήτας.

[146] Allerdings steht in Ex dieses Verb weit häufiger für die Freilassung des durch den Pharao geknechten Volkes, z.B. Ex 6,10: ἵνα ἐξαποστείλῃ τοὺς υἱοὺς Ἰσραὴλ ἐκ τῆς γῆς αὐτοῦ. Z.T. soll das ἐξαποστέλλειν jedoch lediglich unter dem Vorwand einer kultischen Feier geschehen, z.B. Ex 4,23: ἐξαπόστειλον τὸν λαόν μου, ἵνα μοι λατρεύσῃ.

[147] S. auch Ex 18,4ff.

[148] S. auch Abschn. 2.2.4 (zur Problematik der lateinamerikanischen Befreiungstheologie).

Weisheit und die Bitte um ihre Sendung und ihr Wohnen in heiligen Seelen ausgesagt werden[149], läßt sich die Präexistenz des nach Gal 4,6 gesandten Pneuma nicht bestreiten. Auf der Linie zu dieser Aussage liegen vor allem recht bezeichnende Vorstellungen in den Psalmen, z.B. ψ 42,3: ἐξαπόστειλον τὸ φῶς σου καὶ τὴν ἀλήθειάν σου oder ψ 56,4f.: ἐξαπέστειλεν ἐξ οὐρανοῦ καὶ ἔσωσέν με, ... ἐξαπέστειλεν ὁ θεὸς τὸ ἔλεος αὐτοῦ καὶ τὴν ἀλήθειαν αὐτοῦ καὶ ἐρρύσατο τὴν ψυχήν μου ἐκ μέσου σκύμνων.

Bittet also der Beter darum, daß Gott sein Licht, seine Wahrheit, also seine Treue und sein Erbarmen senden wolle, so heißt es, er möge sozusagen "aus sich herausgehen". Schickt Gott sein Erbarmen zum Menschen, so wird dem Menschen die Welt Gottes zuteil, er wird geradezu in diese göttliche Welt hineingenommen. Das Zentrum des Menschen ist dann aber nicht mehr er selbst, sondern Gott. Menschliche Existenz wird so zur von Gott umfangenen, von Gott getragenen Existenz. Dieses Daseinsverständnis der genannten Psalmverse erfährt dann in den objektivierten Vorstellungen, wie sie in Sap 7,27f. und 9,4.10 begegnen, seine existentielle Vertiefung. Indem nämlich Gott seine Weisheit, seinen Geist in den Menschen sendet, in ihn hineingibt, ist letztendlich Gott selbst im Menschen präsent; die *praesentia dei in homine* ist die Würde des Menschen.

Diese "existentiale Interpretation" bedarf noch eines weiteren Schrittes; denn die Verankerung des glaubenden Daseins in der Gegenwart Gottes ist ja durch die theologische Vorstellung der Präexistenz der Weisheit bzw. des Geistes in eben diese vorzeitliche Vergangenheit hineingelegt. Der Mensch, in dem die Weisheit ihre Wohnung genommen hat, hat seinen absoluten, unumstößlichen Halt in Gottes Treue, Weisheit und Geist seit Ewigkeit. Des gegenwärtigen Gottes *geschichtliches* Heilshandeln am Menschen hat also seinen Grund im *vorgeschichtlichen* Liebeswillen Gottes. Somit ist des Menschen geschichtliches Dasein gehalten und geborgen in der Ewigkeit Gottes, also in ihr gegründet.

Dieser Gedanke wird in Gal 4 *christologisch* vertieft; das hinter ψ 42 und 56, Sap 7 und 9 stehende und soeben explizierte Selbstverständnis wird nun im Horizont des christlichen Glaubens ausgesagt. Da Paulus jedoch seine Christologie, vor allem im Gal, als forensisch fundierte Soteriologie konzipiert hat, *gewinnt jetzt seine Präexistenzchristologie von seiner Rechtfertigungstheologie her ihren tieferen, ihren eigentlichen Sinn.* Paulus spricht das zwar in Gal noch nicht so explizit aus, wird es aber später in Röm 8,29f. als eine der Zentralaussagen seiner im Röm vorge-

---

[149] S. auch Sir 24,1ff. und Prov 8,22ff.

tragenen Gesamtargumentation bringen. Und in der paulinischen Schule heißt es dann in Eph 1,4: καθὼς ἐξελέξατο ἡμᾶς ἐν αὐτῷ πρὸ καταβολῆς κόσμου.

Ist Paulus also bis einschließlich Gal 3,29 in seiner Argumentation ohne Rekurs auf die Vorstellung von der Präexistenz ausgekommen, so zeigte das, wie er das Wesentliche der für den Gal tragenden Vorstellung von der Rechtfertigung allein aus dem Glauben durchaus ohne diese verobjektivierende Vorstellung aussagen konnte. Nach *F.F. Bruce* ist sogar für Gal 4 die Präexistenz für das dort vorgetragene Argument irrelevant.[150] Dies ist aber nur solange der Fall, wie man *im Bereich der theologischen Vorstellung* verbleibt. Geht man jedoch einen Schritt weiter und *interpretiert* die Präexistenzvorstellung auf das sich in ihr aussprechende Selbstverständnis, so ist doch die hohe Relevanz der Vorstellung für eben dieses Selbstverständnis unverkennbar. Paulus hätte zwar auf die Präexistenzvorstellung verzichten können; aber er hat seiner theologischen Argumentation, gerade indem er den Gedanken der Präexistenz in sie einfügte, größeren Nachdruck verliehen.[151]

Der Verankerung des glaubenden Daseins in seiner Vor-"Zeit" und somit in der Ewigkeit Gottes entspricht der Ausblick auf das *Eschaton*. Zwar findet sich im Gal nicht jene eschatologische Hochstimmung wie z.B. im 1Thess.[152] Aber indem die Rechtfertigung allein aus Glauben zentral für die theologische Intention des Gal ist, ist zugleich Gottes eschatologisches Gericht im Blickpunkt. Denn die sich jetzt vollziehende Gerechtsprechung des Glaubenden durch Gott ist ja letzten Endes die *Antizipation* der eschatologischen Gerechtsprechung. Gott tut am Glaubenden jetzt, was vom Jüngsten Tag her seinen endgültigen, unwiderrufbaren Sinn erhält. Die Gegenwart des Christen ist somit von der Vor-"Zeit" Gottes, von der geschichtlichen Vergangenheit der Fluchübernahme durch Christus und von der Zukunft durch den dann relevanten Freispruch Gottes her bestimmt. In dieser Hinsicht *koinzidieren in der Gegenwart des Gerechtfertigten Vergangenheit und Zukunft* und zugleich *Zeit und Ewigkeit*. Zeitlichkeit und Geschichtlichkeit des Daseins haben ihren Ursprung in der protologischen Vor-"Zeit" und eschatologischen Nach-"Zeit" Gottes, *Zeitlichkeit und Geschichtlichkeit als existentiale Grunddaten menschlicher Existenz haben ihr seinsgebendes Woher in Gottes Ewigkeit*. Die phänomenologische Aufweisbarkeit des Daseins wird

---

[150] *Bruce*, NCI, 195.

[151] Zutreffend sagt *Franz Mußner*, HThK, 273, "daß der Apostel die Sohneschristologie" - in ihr sieht er mit Recht die Präexistenzchristologie impliziert - "nicht um ihrer selbst willen oder aus spekulativen Gründen einführt, sondern aus soteriologischen Absichten".

[152] S. aber Gal 5,5: ἐλπίδα δικαιοσύνης!

durch phänomenologisch nicht mehr aufweisbare Glaubensaussagen theologisch qualifiziert. Denn "Begriffe" wie Vor-"Zeit", Nach-"Zeit" oder Ewigkeit sind nicht positiv definierbar, sie sind aber durch ihre negative Abgrenzung zu definierbaren Begriffen in einen Bereich jenseits menschlicher Aussagekompetenz gestellt. Sie sind im Grunde unzureichender Ausdruck dafür, daß Gottes Wirken am Menschen nur im Sprachbereich eben dieses Menschen ausgesagt werden kann. Sie sind das Eingeständnis dafür, daß wir über das Eigentliche des göttlichen Wirkens *nichts* sagen können, zugleich aber durch den Gebrauch solcher "Begriffe" bekennen, daß für das, was sich phänomenologisch-existential aufweisen läßt, der Existenzgrund unerklärt bleiben muß. Dennoch wird das Recht der *via negationis* relativiert, da durch die in Gal 4 ausgesagte Inkarnationschristologie der *ewige Gott* in seinem Sohn in der Geschichte der Menschen selbst *geschichtliches Dasein geworden* ist. Die christologische Aussage "wahrer Gott und wahrer Mensch" läßt sich im Aussagegefälle von Gal 4 so umsprechen: *Ewigkeit und Geschichtlichkeit zugleich.* Daß in Christus Gottes Ewigkeit und des Menschen Geschichtlichkeit zusammenkommen, ja daß Gott, der auch die Geschichte geschaffen hat, sich selbst als ihr Schöpfer in die verrinnende Zeitlichkeit dieser Geschichte begibt, in die Geschichte, die nicht nur Werden, sondern auch Vergehen als konstitutives Moment hat - das ist es, was in äußerster Paradoxie die Mitte christlichen Glaubens ausmacht. Die durch Werden und Vergehen gekennzeichnete Geschichte ist aber gerade in ihrem Moment des Vergehens und der Vergänglichkeit die Welt der Sünde und des Todes, die Welt somit der Widergöttlichkeit, der "Elemente der Welt", τὰ στοιχεῖα τοῦ κόσμου, Gal 4,3.

Mit dem Hinweis auf diese Weltelemente ist aber die ärgste Brüskierung jüdischen Denkens und jüdischer Religion genannt. So umstritten in der gegenwärtigen Forschung immer noch das Wesen der στοιχεῖα τοῦ κόσμου ist[153], so läßt sich doch aus der Argumentationsstruktur des Gal deutlich erkennen, daß sie für Paulus heidnische Mächte mit nur angemaßtem Gott-Sein waren, Mächte mit zwar nur begrenzter Macht - wegen dieser Begrenztheit spricht Paulus Gal 4,9 von ihnen als τὰ ἀσθενῆ καὶ πτωχὰ στοιχεῖα - , aber immerhin mit einer so schrecklichen Macht, daß sie für die, die sich in ihrem Machtbereich aufhalten, grauenvoll und furchtbar genug ist. Sich wieder in ihre Knechtschaft zu begeben heißt, das kostbare Gut der Freiheit verspielt und somit sich selbst

---

[153] S. die Kommentare; außerdem vor allem *Delling*, ThWNT VII, 670ff.; *Cramer*, STOICHEIA TOU KOSMOU; *Bandstra*, The Law and the Elements of the World; *Vielhauer*, Gesetzesdienst und Stoicheiadienst im Gal.

verspielt und verloren zu haben. Wahrscheinlich wird man sie unter die für Paulus ontisch existenten λεγόμενοι θεοί, unter die θεοὶ πολλοὶ καὶ κύριοι πολλοί von 1Kor 8,5 einzureihen haben, also unter Mächte, die *an sich* existieren, aber *nicht für* den, der glaubt.[154] Sind doch in Christus diese Götzen für den Glaubenden entmachtet und daher mit Gal 4,9 "schwach und arm"; es sind eben οἱ φύσει μὴ ὄντες θεοί, Gal 4,8.

Für jeden Juden und für die meisten Judenchristen - sicher auch für Jakobus und die Männer der Jerusalemer Kirchenleitung - muß es blasphemisch im höchsten Maße sein, wenn Paulus die Knechtschaft unter diesen heidnischen, götzenhaften Weltelementen mit der Knechtschaft unter dem mosaischen Gesetz gleichsetzt, wenn er ausgerechnet deren Sklavenherrschaft zum Maßstab macht, mit dem das Sein unter dem Gesetz gemessen wird. Hat *Günter Klein* von Mose als dem "Funktionär widergöttlicher Mächte" im Blick auf Gal 3,19 gesprochen[155], so ließe sich das wohl auch für Gal 4,3 mit ähnlichem Recht sagen. War Gal 3,22 noch so vorsichtig formuliert, daß auch ein Jude das "Verschließen" aller Menschen unter die Macht der Sünde durch die Schrift noch jüdisch interpretieren konnte - die Parallele von ὑπὸ ἁμαρτίαν und ὑπὸ νόμον mochte vielleicht sogar von einer deuteronomistischen Position aussagbar sein - , so war doch für ihn die nun vorgenommene Funktionsidentifikation von ὑπὸ νόμον und ὑπὸ τὰ στοιχεῖα τοῦ κόσμου unerträglich bis zum letzten.[156]

---

[154] S. *H. Conzelmann*, 1Kor, KEK V, 177f.

[155] *Klein*, Individualgeschichte und Weltgeschichte, 210.

[156] Worauf die Argumentation des Paulus mit den Weltelementen auf jeden Fall hinausläuft, ist die Alternative ihrer Macht oder Ohnmacht. Macht und Ohnmacht sind ihnen aber wie einer *hypostasierten* Größe zugeschrieben. Sie sind daher wohl als personale Mächte gedacht, vor allem, wenn man 1Kor 8,1-6 als Parallele gelten läßt. Das πάλιν von V.9 indiziert recht deutlich, daß diese zum Versklaven fähigen, personal gedachten Mächte *heidnischer* Natur sind. Nur auf diesen Sachzusammenhang kommt es uns hier an. Für unsere Fragestellung ist es daher irrelevant, ob man sie als Astralmächte sehen kann - dagegen sind von den meisten Autoren ernstzunehmende Einwände hervorgebracht worden - oder sie in anderer Weise als personale Unheilsmächte versteht. Sieht man die Frage nach dem Wesen der Weltelemente im Zusammenhang mit Gal 4,10 und sieht man diesen Vers als Begründung für die in V.9 ausgesprochene Aussage, dann ist mit *Franz Mußner*, HThK, 297ff., die im Judentum nachweisbare Nähe von *Torahfrömmigkeit* und *Kalenderfrömmigkeit* in Rechnung zu stellen. Von den von *Mußner* gebrachten Belegstellen im zeitgenössischen Judentum seien hier genannt 1QS IX,26-X,8; 1QM XIV,12-14; Jub 3,27; 6,14; PsSal 18,10; aethHen 80,7. Dazu *Mußner*, ib. 302: "Der Weg also von den den Kalender regelnden Gestirnen zu den 'Göttern, die in Wirklichkeit keine sind', war für die Galater nicht weit. Diese Gefahr war für Juden und Judenchristen aufgrund ihres strengen Monotheimus nicht oder kaum gegeben, wohl aber für Heidenchristen, zumal für solche, die noch vor nicht allzu langer Zeit Heiden waren, für die 'Elemente' und 'Götter' vielfach identisch sind, d.h. aber auch: Elementendienst und Götzendienst." Ib. 303: "Weil der Apostel in der gesetzlichen

In unserer Argumentationsanalyse können wir Gal 4,12-19 übergehen, zumal so manche Unklarheit in diesem Abschnitt den Bezug zur
Thematik der Biblischen Theologie des Neuen Testaments eher verdunkelt als verdeutlicht.[157] Von erheblicher Relevanz ist aber die "Allegorie"
Gal 4,21-31(5,1).

Albrecht Oepkes bekannte These für *Gal 4,21-31,* der "mühsam wieder von vorn anfangende Schriftbeweis hätte seinen gegebenen Platz in
Kap. 3 gehabt", also sei er "dem Apostel wohl erst nachträglich eingefal-
len", vielleicht aufgrund neuer LXX-Lektüre[158], kann nicht überzeugen.[159] In 4,12-20 wendet sich Paulus in direkter Anrede recht persönlich
an die Galater. So fügt sich in 4,21-31 das erneute Abrahamargument -
genauer: das der Frauen und Söhne Abrahams - bestens in den Verlauf
der argumentatio ein. Denn die so eindrückliche Anrede in V.21, die be-
schwörende Versicherung von V.28, ihr *seid* wie Isaak Kinder der Verheißung, dementsprechend auch Kinder der Freien, V.31, zeigt doch, wie
Paulus, von 4,12 herkommend, die bereits dort schon geschehene Anrede intensiviert. Der Apostel variiert also in 4,21-31 das schon in Kap. 3
dominante Abrahamthema, um nun erneut den Galatern ihren bereits
erreichten Heilszustand zu verdeutlichen. Man kann also das Moment
der "Nachträglichkeit" von daher nur als gekonnten rhetorischen Schachzug sehen: Indem Paulus die galatischen Christen auf ihre einst so persönliche Beziehung zu ihm angesprochen hat, hat er zugleich psychologisch den Boden dafür bereitet, sie noch einmal mit der Aussage der
Schrift zu konfrontieren, und zwar mit der bezeichnenden Frage οὐκ
ἀκούετε; Und sollte man gar 5,1 als Abschluß, als Fazit von 4,21ff. ansehen (s.u.), so schlösse das erneute Argument damit, daß die Kinder der
Freien aufgefordert werden, sich des kostbaren Besitzes ihrer Freiheit
bewußt zu bleiben und sie zu wahren.

Das Schriftverständnis des Paulus zeigt sich in dieser Perikope recht
auffällig am *mehrdeutigen Verständnis* von νόμος in der Eingangsfrage.
Die Galater "wollen" unter dem Nomos sein. Hier meint dieser Begriff
zunächst das normative Gesetz mit seinen einzelnen Bestimmungen: Die
Galater wollen sich unter es stellen, um diese Anordnungen zu tun.

'Kalenderfrömmigkeit' eine Äußerung von 'Elementenverehrung' sieht, kann er den
Galatern schreiben, daß sie dabei sind, 'wieder zurückzukehren zu den schwachen und
armseligen Elementen', obwohl sie nicht in ihr altes Heidentum zurückkehren, sondern
sich dem 'Judaismus' zuwenden wollen. Damit aber begeben sie sich für den Apostel
erneut in religiöse 'Sklaverei'." Die Argumentation des Paulus läßt wenig Raum für die
Auffassung *Gerhard Dellings*, ThWNT VII, 685,15ff., daß die Wendung στοιχεῖα τοῦ
κόσμου das bezeichne, "*worauf die Existenz* dieser Welt *beruht* und was auch das Sein des
Menschen ausmacht". Man wird also zusammenfassend mit *Hans Dieter Betz*, Herm., 358,
sagen können, "daß diese 'Naturmächte der Welt' dämonische Mächte darstellen, die
'diese böse Welt' (1,4) konstituieren und beherrschen".

[157] S. die Kommentare.

[158] *A. Oepke*, ThHK 9, Berlin [4]1976, 147.

[159] Dagegen z.B. *Mußner*, HThK, 316, der jedoch *Oepke* konzediert, daß Gal 4,21-31 diesen Eindruck erwecke. Im Sinne von *Oepke* bereits E. *Stange*, ZNW 18, 115, und *U. Luz*,
EvTh 27, 319.

Werden sie dann aber im zweiten Teil des Satzes gefragt, ob sie denn den Nomos nicht hören, so geht es um ihn als Schrift, konkret um den Pentateuch in seinem ersten Buch. Dementsprechend verlangt auch das ἀκούειν besondere Aufmerksamkeit. Ausdrücklich ist vom Hören die Rede, nicht vom Lesen. Und Hören meint mehr, als daß nur der Literalsinn begriffen wird. Hören ist, wie die eigens hervorgehobene Aussage von der Allegorie in V.24 betont, ein Hinein-Hören in die tieferen Sinnschichten des Nomos. Was hat dieser *eigentlich* zu sagen?

Lassen wir dabei die Streitfrage, ob Paulus hier allegorisch oder typologisch oder vielleicht in einer eigentümlichen Mischung von Allegorie und Typologie spricht, zunächst beiseite. Wichtiger ist, inwieweit er dem alttestamentlichen Text inhaltlich und theologisch gerecht wird oder nicht, wie also gerade hier das Verhältnis von Vetus Testamentum in Novo receptum und Vetus Testamentum per se zu sehen ist. Ob es dann anschließend gelingt, das Ergebnis mit den üblichen Begriffen Allegorie oder Typologie zu formulieren, sei im Augenblick noch dahingestellt.

Paulus setzt in 4,22 sofort mit der formula quotationis γέγραπται γὰρ ὅτι ein, ohne daß er jedoch im strengen Sinne des Wortes zitiert. Er "liefert eine Art Zusammenfassung von Gen 16,15; 21,2-3.9(LXX) und nennt dies 'Gesetz' (νόμος) (vgl. Gal 4,21)".[160] In etwa stimmt diese Zusammenfassung mit dem überein, was in der Gen erzählt wird.[161] Mit dem Rekurs in 4,22 auf das Geschrieben-Sein intendiert Paulus *hier* nicht unbedingt den Text als solchen, sondern den im Text zum Ausdruck kommenden *Inhalt*. Und der ist, daß Abraham einen Sohn von einer Unfreien und einen von einer Freien hat. Und genau dieser Sachverhalt ist eindeutig in der Gen referiert. Für V.22 gilt daher unbestreitbar, daß die beiden Größen Vetus Testamentum in Novo receptum und Vetus Testamentum identisch sind. Paulus geht hier von *Ereignissen* aus, die in der Schrift erzählt werden, von den *Personen*, die gelebt haben. Ihm liegt, wie nach Gal 3,6-9 nicht anders zu erwarten, an den Gestalten Abraham und Sara. Es ist ja der dem geschichtlichen Abraham von Gott zuteil gewordene Segen, an dem die heidenchristlichen Galater partizipieren. Irgendwie - muß auch noch der Modus genauer erfaßt werden -

---

[160] *Betz*, Herm., 416.

[161] Daß Paulus nicht auf Abrahams zweite Ehe, die mit Ketura, und die aus dieser Ehe stammenden Kinder (Gen 25,1f.) eingeht, wird man kaum als Verletzung des Literalsinns der Gen werten dürfen. Denn für die Argumentation des Paulus kommt es ja nur auf die Söhne Hagars und Saras an. Man darf daher δύο υἱούς nicht als "nur zwei Söhne" interpretieren.

ist für das Denken des Paulus die Geschichte Israels theologisch maßgebend. Was sich damals ereignet hat, das ist *theologisch relevante Geschichte*, und zwar in einem solchen Ausmaß relevant, daß der heutige Heilszustand essentiell auch am damaligen Geschehen hängt. Die Kategorie der Geschichte läßt sich somit aus dem Denken des Paulus nicht ausblenden. Die Gegenwart des Christen wird durch die Vergangenheit also in mehrfacher Weise theologisch qualifiziert. Sie empfängt ihre Qualifikation von Abraham her, sie empfängt sie dann vor allem von Tod und Auferstehung Christi her. Die Gegenwart des Christen ist darum seine *Heilsgegenwart, weil* sie in der *Heilsvergangenheit* verwurzelt ist. Paulus ist ganz elementar an der Geschichte als dem Medium des Heils interessiert. Diese Geschichte ist jedoch *kein Heilskontinuum*. Sie ist gerade nicht als Geschichte des *Volkes* Israel ein derartiges Heilskontinuum! Geschichtliche Realität, *insofern* sie rein irdische Kategorien wie etwa Volk, völkische Kontinuität oder Land impliziert, ist eben theologisch unerheblich. Aber daß sich schon damals im Verlauf der Geschichte Israels heilsrelevante Geschehnisse ereigneten, bleibt für das paulinische Denken im Gal konstitutiv.

Was sich ansatzweise in V.22 zeigte, wird noch klarer aufgrund dessen, was Paulus in V.23 in zentraler theologischer Begrifflichkeit sagt. Die in V.22 in "soziologischen" Termini ausgesagten Sachverhalte werden nun mit dem theologischen Gegensatz κατὰ σάρκα und δι' ἐπαγγελίας umschrieben. κατὰ σάρκα ist hier nicht in disqualifizierender Weise gemeint, sondern einfach als rein immanenten Gegebenheit: Der Sohn der Hagar ist wie jeder Mensch auf dieser Erde irdischerweise geboren. Das pejorative Moment, wie es z.B. in Röm 8,4 mit κατὰ σάρκα als Gegensatz zu κατὰ πνεῦμα zum Ausdruck kommt, ist in Gal 4,23 nicht intendiert. Das theologisch disqualifizierende Moment wird ja erst mit der "allegorisierenden" Deutung ab V.24 ausgesprochen. Der wichtigste zentrale theologische Begriff ist δι' ἐπαγγελίας: Alles kommt darauf an, daß Isaak - sein Name fällt allerdings erst in V.28 - Sohn der Verheißung ist. Dieser Gedanke ist aber genau der, der auch für die theologische Absicht der Abrahamerzählungen der Gen in fundamentaler Weise bedeutsam ist.[162] Verwendet also Paulus die Aussagen der Gen über die

---

[162] Mit *Betz*, Herm., 417: "Die Wendungen 'nach dem Fleisch' (κατὰ σάρκα) und 'kraft der Verheißung' (διὰ τῆς ἐπαγγελίας) sind zweifellos paulinisch. Sie passen in den Kontext des Galaterbriefs, ebenso jedoch auch zu den Genesiserzählungen. Interessanterweise kontrastiert Paulus hier 'nach dem Fleisch' nicht mit 'nach dem Geiste' (κατὰ πνεῦμα), sondern bleibt bei 'kraft der Verheißung', weil dies zu seiner Beweisführung in den Kapiteln 3 und 4 paßt." Unverständlich bleibt dann allerdings, daß *Betz* ib. 418 von der "Allegorie über die beiden Söhne Abrahams in VV 22-23" spricht und in V.24a "eine weitere (!) allegorische Interpretation" eingeführt sieht. Nein, die "Allegorie" begegnet erst in V.24!

Geburten Ismaels und Isaaks im Literalsinn dieses alttestamentlichen Buches, ist somit für Gal 4,22f. die Koinzidenz von Vetus Testamentum in Novo receptum und Vetus Testamentum per se zu registrieren, so ist der Ausgangspunkt der Sara-Hagar-"Allegorie" derart gewählt, daß kein Jude und kein Judenchrist daran Anstoß nehmen könnte. Auch die judaistischen Gegner des Paulus könnten dann diesen Versen eigentlich nicht widersprechen. Denn Paulus sieht seine christlichen Wurzeln genau in demjenigen Teil der Geschichte Israels, nämlich der Geschichte des Vaters Abraham, auf den schließlich auch sie ihre Existenz zurückführen. Doch in V.24 wird dann die Scheidung zwischen ihm und seinen Gegnern und damit auch die Scheidung zwischen Christentum und Judentum in aller Schärfe vollzogen. Was der Nomos über die beiden Mütter mit ihren Söhnen sagt, ist gemäß der eigentlichen, also der "allegorischen" Aussageintention des Nomos ein Urteil über die δύο διαϑῆκαι, wobei διαϑήκη hier nahezu den Sinn von Religion annimmt.[163] Paulus bringt hier jüdische und christliche Religion in einen kontradiktorischen - nicht nur konträren! - Gegensatz: Die beiden Frauen bedeuten die beiden Diatheken. Die durch Hagar repräsentierte Religionssetzung ist die vom Berge Sinai; sie "gebiert" in die Sklavenexistenz hinein. Wie immer man auch hinsichtlich des äußerst schwierigen textkritischen Problems in V.25 entscheidet[164], so bleibt doch für alle Lösungen, daß Hagar den Berg Sinai und in einem damit die sinaitische Gesetzgebung einschließlich des durch diese Gesetzgebung bestimmten gegenwärtigen Jerusalems (συστοιχεῖ δὲ τῇ νῦν Ἰερουσαλήμ), also des Volkes Israel bedeutet.

Damit ist aber für jüdische und selbstverständlich auch für judenchristliche Ohren Ungeheuerliches, im höchsten Grade Blasphemisches ausgesagt! Jüdische Existenz von Hagar herzuleiten und somit das Judentum als Religion der Knechtschaft, also im Grunde als Antireligion hinzustellen, kann von Juden und Judenchristen nicht anders verstanden werden, als daß Gott, der sich am Sinai als Gott der Torah geoffenbart hat, zum Teufel gemacht wird. Die antinomistische Theologie des Paulus entpuppt sich in ihren Augen hier - wenn auch von Gal 3,19 her nicht verwunderlich - als antigöttliche Theologie und folglich als Antitheologie. Was Judaisten sagen, ist für Paulus teuflisch; was Paulus sagt, ist für Judaisten satanisch. Hier verharmlosen zu wollen, hier zwischen Paulus und Judaisten vermitteln zu wollen, würde heißen, der einen und zugleich der anderen Seite die Substanz ihrer Grundüberzeugung zu nehmen.

Für die *Strategie der Gesamtargumentation innerhalb der argumentatio* will beachtet sein, daß die ausdrückliche Rede von der *Freiheit* bzw. vom

---

[163] *Hübner*, [3]EKL 1, 569. Die Bedeutungen "Testament" (so Gal 3,15-18) oder "Bund" treffen nicht oder zumindest kaum zu. Die Diatheke ist einmal die religiöse Ordnung des Judentums, wie sie durch Engel bestimmt ist (Gal 3,19!), sie ist ein andermal die durch Gottes Verheißung und spätere Verwirklichung gesetzte Heilsordnung in Christus.
[164] S. die Kommentare!

Frei-Sein erst in 4,21ff. begegnet. Von sklavischer Existenz, vom δουλεύειν, vom δοῦλος-Sein hat Paulus schon zuvor gesprochen (Gal 4,1.7-9),
ebenso vom ὑπό-Sein (3,22: ὑπὸ ἁμαρτίαν; 3,23: ὑπὸ νόμον; 3,25: ὑπὸ
παιδαγωγόν; 4,2: ὑπὸ ἐπιτρόπους καὶ οἰκονόμους; 4,3: ὑπὸ τὰ στοιχεῖα τοῦ
κόσμου; 4,4f.: ὑπὸ νόμον), aber vor 4,21 in der argumentatio weder von
ἐλεύθερος noch von ἐλευθερία oder ἐλευθεροῦν.[165] Jetzt aber sagt Paulus
die Erlösung von der Knechtschaft durch Gesetz und Sünde als Freiheit
aus: Sara ist als die Gattin Abrahams die Freie, Isaak ist Sohn dieser
Freien, die Christen sind mit Isaak die Freien. Dann aber ist Gal 4,21ff.
ein Höhepunkt der theologischen Argumentation des Paulus.[166] Erlösung
als Freiheit - das bringt der Apostel erst nach dem ganz persönlichen Intermezzo der argumentatio 4,12-20. *Erst jetzt nennt er den theologischen
Schlüsselbegriff*, nicht nur einen Begriff von hohem theologischen Stellenwert, sondern zugleich auch, zumindest für Paulus selbst, von erheblicher emotionaler Wirkung! Paulus kann es sich gar nicht anders vorstel-
len, als daß jeder, der das Wort "Freiheit" hört, sofort von ihm unwider-
stehlich in den Bann gezogen wird. Und weil die Galater nicht begreifen
oder begreifen wollen, daß die judaistischen Gegenmissionare sie in
menschenunwürdige Knechtschaft hineinzerren, wird er irre an ihnen:
ἀποροῦμαι ἐν ὑμῖν, Gal 4,20. Und so beschwört er sie; wir können es in
Modifikation eines Wortes Anselms von Canterbury sagen: *Nondum
considerastis, quanti ponderis sit libertas.*[167] Wie könnt ihr nur Erlösung als
Knechtschaft statt als Freiheit verstehen! Sieht man dieses Argumentationsgefälle auf die Freiheitsaussagen von Gal 4,21ff. hin, so
möchte man doch urteilen, daß 5,1 mit seinem Indikativ und dem daraus
folgenden Imperativ die Zielaussage von 4,21ff. ist.[168] *Nur wer frei ist, ist
Christ!* Der Galaterbrief als die magna charta libertatis hat also seinen
rhetorischen und theologischen Höhepunkt in 4,21-5,1.

---

[165] Lediglich in der *narratio* ist Gal 2,4 die ἐλευθερία genannt. So präludiert die narratio das Freiheitsmotiv der argumentatio.
[166] Etwas anders *Ebeling*, Die Wahrheit des Evangeliums, 315. Auch er macht darauf
aufmerksam, daß ἐλευθερία vor Gal 4,21ff. nur in 2,4 vorgekommen ist. Doch sei in
4,21ff. das Grundthema immer noch nicht auf den Begriff gebracht. Da er mit *Betz* die
Paränese bereits in 5,1 beginnen läßt, urteilt er: "Das abstractum ἐλευθερία ... geht wie
ein strahlender Stern erst am Beginn des Schlußteils 5,1 auf."
[167] Cf. *Anselm von Canterbury*, Cur deus homo, I, 21.
[168] Im Gegensatz zu Nestle-Aland 26. Aufl. bringt The Greek New Testament Gal 5,1 als
Abschluß von Gal 4,21ff.

Die Sara-Hagar-"Allegorie" wird noch durch eine weitere Vorstellung bestimmt, nämlich den Gegensatz vom *jetzigen Jerusalem* als dem Ort der Knechtschaft und dem *oberen Jerusalem*, ἡ ἄνω Ἰερουσαλήμ, als Inbegriff der Freiheit, 4,25ff. Dieses ist unsere Mutter, genau wie die freie Sara - beide Vorstellungen fließen in der Argumentation des Paulus ineinander.[169] Eigentlich müßte Paulus dem jetzigen Jerusalem das zukünftige Jerusalem entgegensetzen. *Joachim Rohde* sagt zutreffend: "In den Worten νῦν und ἄνω wird der *Zeitbegriff* 'jetzt' dem *Ortsbegriff* 'oben' gegenübergestellt."[170] Die außerbiblisch-jüdischen wie auch die neutestamentlichen Parallelen zeigen das neue Jerusalem in beiden Anschauungen.[171] Diese offensichtliche Unschärfe der theologischen Argumentation des Paulus bedarf der Interpretation. Daß er in räumlichen Vorstellungen denkt, kam bereits zur Sprache: Wir leben "in Christus", in Umkehrung dieser Vorstellung lebt Christus im Apostel (Gal 2,20). Schon allein die Inkonsistenz dieser beiden "räumlichen" Vorstellungen ist ein Indiz dafür, daß es nicht auf die Vorstellung als solche, also nicht auf die vor-stellbare Objektivierung ankommt. Vielmehr muß die Vorstellung auf ihren eigentlichen Aussagegehalt hin befragt werden. Dies geschieht im Folgenden in gewisser Vorläufigkeit. Die volle Problematik wird sich erst bei der Interpretation einiger Passagen des 1Kor erschließen.

Die Aussagen über die *Räumlichkeit* "in Christus" und des Christus "in uns" sind keine Aussagen über einen Raum, der seine Bedeutung unabhängig von der Existenz des Glaubenden hätte. *Martin Heidegger* expliziert das Dasein als ein auch wesenhaft räumliches. Das Existenzial der Räumlichkeit ist etwas, was zum menschlichen Dasein wesenhaft gehört.[172] Wenn also vom Christen gesagt wird, daß er "in Christus" sei, so geht es damit um die innere Bestimmtheit seines Daseins. Was der Christ *ist*, das ist er "in" Christus. Versteht man in dieser Weise das "Sein in Christus" als das Spezifische des Christen, so ist gemäß seiner eigentlichen, nämlich existenzialen Aussageintention das reziproke "Christus in uns" dazu kein wirklicher Widerspruch.

So will auch das obere Jerusalem nach der zentralen theologischen Absicht des Paulus, zumal es außerdem noch die Vor-Stellung des *Woher* christlicher Existenz aussagt, den Christen *in* seinem Geborgen-Sein in Gott zur Sprache bringen. Steht dieses obere Jerusalem zudem im Gegensatz zum gegenwärtigen Jerusalem, so wird dadurch auch zum Ausdruck gebracht, daß dieses oben "gelegene" Jerusalem nicht an der gegenwärtigen Vorfindlichkeit des jetzigen Jerusalem partizipiert. *Nichts irdisch Vorfindliches bestimmt und prägt uns in unserem eigentlichen Sein.*

---

[169] Allgemein wird beobachtet (s. die Kommentare), daß in der Beweisführung des Paulus ein Element fehlt, nämlich: Wie Hagar dem jetzigen Jerusalem entspricht, so Sara dem oberen Jerusalem. Der Gedanke ist jedoch deutlich genug in implizierter Weise zum Ausdruck gebracht.

[170] *Rohde*, ThHK, 200; Hervorhebungen durch mich.

[171] Belege in fast allen Kommentaren.

[172] *Heidegger*, Sein und Zeit, §§ 22-24.

Das eigenartige Neben- und Ineinander von zeitlichen und räumlichen Aussagen findet also seine theologisch inhaltliche Einheit im jeweiligen existenzialen Gehalt.

Keinesfalls darf aber diese Art der paulinischen Aussage im *individualistischen* Sinn mißverstanden werden. Ist vom existenzialen Gehalt der theologischen Vorstellungen und Begriffe des Paulus die Rede, so geht es nicht um Aussagen über isolierte Existenz. Vor einem solchen Mißverständnis sollte schon der *ekklesiologische* Sinn des "in Christus" bewahren.[173] Diese ekklesiologische Dimension christlicher Existenz ist aber zugleich im eschatologischen Horizont zu sehen: "Da die Gemeinde, in die die Taufe eingliedert, die *eschatologische* Gemeinde ist, hat die Formel wie ekklesiologischen, so zugleich eschatologischen Sinn: εἴ τις ἐν Χριστῷ, καινὴ κτίσις (2Kor 5,17)."[174]

Theologisch Bedeutsames kommt auch in den beiden Zitaten der "Allegorie" (V. 27.30) zum Ausdruck. Zunächst zum Zitat *Jes 54,1LXX* in *Gal 4,27*! Die Frage, ob Paulus hier der rabbinischen Methode folgt, einem Torahzitat ein Prophetenzitat folgen zu lassen, führt hier schon deshalb nicht weiter, weil in V.22 kein formelles Torahzitat vorliegt. Daß möglicherweise trotz dieser an rabbinischen Maßstäben gemessenen Defizienz rabbinische Methodik durchschimmert, soll nicht bestritten werden. Doch sollte dies der Fall sein, wäre wenig gewonnen; denn weder mit einer positiven noch mit einer negativen Antwort wäre für unsere Betrachtung viel gewonnen. Es ist allein die *inhaltliche* Besinnung, die an dieser Stelle weiterführt.

In *Jes 54,1* ist Zion, also Jerusalem angesprochen.[175] Deuterojesaja ruft es zur Freude auf, und zwar mittels eines Motivs, das gerade für die Sara-Topik bezeichnend ist, nämlich des Motivs der von Gott wunderhaft beseitigten Unfruchtbarkeit (Gen 18,10ff.).[176] Nach *Joachim Rohde* hat Paulus diese Heilsankündigung des Propheten als Aussage über Sara verstanden und auf die christliche Gemeinde bezogen.[177] Sollte man aber nicht eher vermuten, daß Paulus die Anrede an Zion bzw. Jerusalem in Jes 54 erkannt hat und in der *Zusammenschau* von Sara und Jerusalem sein eigenes Verständnis entwickelte? Hat nicht vielleicht sogar die uns so eigenwillig erscheinende These von Gal 4,25 eine ihrer Wurzeln in Jes 54,1? Darf man vielleicht sogar Paulus mit seinem Schriftbeweis Jes 54,1 gar nicht so weit von Deuterojesajas eigener typologischer Zusammenschau von Sara (und Rebekka u.a.) und Zion entfernt sehen? Trotz des massiven Abweichens vom Literalsinn der

---

[173] *Bultmann*, Theol. des NT, 312: "Das ἐν Χριστῷ, weit entfernt eine Formel für mystische Verbundenheit zu sein, ist primär eine *ekklesiologische* Formel und bezeichnet das Eingefügtsein in das σῶμα Χριστοῦ durch die Taufe..."

[174] Ib. 312.

[175] *B. Duhm*, Das Buch Jesaja. Mit einem biographischen Geleitwort von W. Baumgartner, Göttingen ⁵1968, 407: "Zion wird angeredet, aber nicht genannt... Zion ist unfruchtbar, hat nicht geboren..."

[176] Das Wort ᶜaqārāh findet sich sowohl in Gen 11,30 für Sara (Sarai) als auch in unserer Stelle Jes 54,1.

[177] *Rohde*, ThHk, 201.

Gen in Gal 4,25 steht er dem Literalsinn von Jes 54,1 nicht fern. Freilich stellt er alles unter ein christologisches Vorzeichen: Was von Sara, die er implizit mit dem oberen Jerusalem gleichsetzt, in der Gen berichtet wurde, wird von ihm auf dieses obere Jerusalem übertragen. Wie die Christen die freien Kinder der freien Sara sind, so sind sie in voller Konsequenz der in Gal 4,21ff. vorliegenden Argumentation auch Kinder des oberen Jerusalem.

Und noch eines ist vielleicht nicht unzulässig in den Gedankengang des Paulus hineingelesen: Der Apostel fordert die Unfruchtbare zur *Freude* auf, weil sie Mutter vieler Kinder - also vieler an Christus Glaubender! - wird. Wird aber die Mutter zur Freude aufgerufen, dann doch wohl auch ihre Kinder! Da, wo Paulus den Galatern bewußt machen will, welch hohes Gut die Freiheit ist, da ruft er zur Freude auf. Freiheit und Freude - beides gehört untrennbar zusammen! Nur der Freie kann froh sein. Nur der Freie ist froh. Paulus spricht in V.28 die Galater wieder an, im Gegensatz zu dem warnenden Ton in V.21 nun wieder wie in 4,12 mit "Brüder". Wie einst Sara aufgrund der Verheißung Gottes von ihrer Unfruchtbarkeit befreit und Mutter vieler Kinder wurde, so sind auch die Galater Kinder dieser Verheißung. Die Kirche ist der Ort, wo Gottes Verheißung Fruchtbarkeitserfolg hat, nämlich die Vielzahl der Glaubenden aus allen Völkern.

Doch Paulus eilt vom Aufruf zur Freude wieder zurück zur ernsten Situation der Gegenwart. Wie schon damals der κατὰ σάρκα den κατὰ πνεῦμα Gezeugten verfolgt hat, so auch jetzt (4,29). Fleisch gegen Geist - das wird Paulus gleich noch in anderem Sinne in der Paränese darlegen (5,17); jetzt wird dies erst einmal auf der *Ebene der Kirche* gesagt. Der Apostel dürfte hier wohl die judaistische Agitation im Zusammenhang mit der - einst auch von ihm selbst praktizierten - Verfolgung der Kirche sehen (διώκω in 1,13 und 4,29!). Damit hat er die Judaisten geradezu exkommuniziert. Angesichts dieser gefährlichen Situation gilt es erneut auf die Schrift zu hören. Und die sagt, was nach Gen 21,10 zunächst nur Sara, dann aber nach V.12 Gott selbst sagt.[178] Sie befiehlt, die Magd und ihren Sohn zu verstoßen. Von einer Verfolgung Isaaks durch Esau ist jedoch in der Gen nicht die Rede.[179] Es liegt also hier eine Differenz zwischen dem Altem Testament und seinem Verständnis durch Paulus vor. Noch wichtiger ist aber die Frage, was dieser mit dem Zitat Gen 21,10 bezweckt. Anscheinend fordert Paulus die Galater damit implizit auf, die die Gegenmission betreibenden Judaisten aus den Gemeinden zu verweisen! *Hans Dieter Betz* dürfte recht haben, wenn er das Wort "austreiben" (ἐκβάλλειν) ernstgenommen wissen will: "Paulus verfährt mit den Juden ebenso, wie seine judenchristlichen Gegner mit ihm verfahren möchten."[180] "Juden" ist hierbei im Sinne von Betz die Kennzeichnung der Judaisten.[181] Mit dem resümierenden διό von Gal 5,31 kehrt Paulus zu seinem eigentlichen Anliegen zurück, den Galatern noch einmal in aller Deutlichkeit vor Augen zu führen, daß sie Kinder der Freien sind,

---

[178] S.o. zu Gal 3,8/Gen 12,3!

[179] S. die Kommentare.

[180] *Betz*, Herm., 430.

[181] Ib. 430, Anm. 120. Insgesamt zu Gal 4,29f. vor allem *Mußner*, HThK, 329ff., der mit *Zahn* an die eingedrungenen Judaisten denkt.

also selber Freie sind. Daher sein Fazit in 5,1: "Zur Freiheit hat uns Christus befreit. Stehet nun (in ihr) und begebt euch nicht wieder unter das Joch der Knechtschaft!"

Die theologisch relevanten Konturen von Gal 4,21-5,1 sind hier herausgearbeitet worden, ohne daß die alte Vexierfrage, ob *Typologie, Allegorie* oder ein *mixtum compositum* aus beidem vorliegt, beantwortet wurde. Nimmt man diese Begriffe in der herkömmlichen Weise so, daß man unter Typologie eine Korrespondenz von zwei Geschehnissen oder Personen entweder als Überhöhung des Typos durch den Antitypos oder als Antithese beider versteht und unter Allegorie die Herausarbeitung eines tieferen Sinnes, der den Literalsinn in der Regel ignoriert, so hilft diese Unterscheidung für das Verständnis von 4,21ff. recht wenig. Das hängt u.a. damit zusammen, daß hier ein mehrfacher und dabei unterschiedlicher Bezug auf das Alte Testament geschieht. Sicherlich findet sich im Blick auf Jes 54,1 ein allegorisches Moment insofern, als bereits Deuterojesaja, die Aussagen der Gen über die unfruchtbaren Frauen vor Augen, in diesen Berichten einen tieferen Sinn sieht. Aber auch hier läßt sich ein typologisches Moment nicht ganz übersehen. Freilich liegt weder formal explizite Allegorie noch explizite Typologie vor. Zweifellos typologische Züge sind in Gal 4,29 gegeben. Aber eine überbietende Typologie liegt, streng genommen, wiederum nicht vor. Denn bereits damals hat sich ja schon ein Geschehen κατὰ πνεῦμα ereignet! Und das Pneuma kann eigentlich nicht überboten werden![182] Auch Sara wird nicht "überboten". Denn sie ist als die Freie die Mutter der Freien. Sie ist unsere freie Mutter, wie das obere Jerusalem als Hort der Freiheit unsere Mutter ist. Analoges läßt sich für die Verwendung von Gen 21,10 in Gal 4,30 durch Paulus sagen.

Wiederum zeigt sich also, daß Paulus am damaligen *geschichtlichen* Geschehen interessiert ist. Die historische Sara und die anderen in diesem Zusammenhang von Paulus genannten Gestalten werden gerade nicht zu enthistorisierten allegorischen Schemen, werden gerade nicht um ihre geschichtliche Realität gebracht. Sie werden aber auch nicht in typologischem Denken zu bloßen Typoi abgewertet, so daß die eigentliche geschichtliche Realität nur dem überbietenden Antitypos beigemessen würde. Es geht um eine hier spezifische theologische *Zusammenschau*. Sara und das obere Jerusalem werden zusammengedacht und zusammengesehen. Sie sind irgendwie eine geistliche Einheit. Bereits die Vergangenheit ist, wie sich zeigte, Heilsvergangenheit. In theologischer Sicht sind erneut Vergangenheit und Gegenwart in eigentümlicher Weise miteinander verflochten. Wie nämlich der bereits damalige Rechtfertigungsglaube des Abraham (3,6-9) im Denken des Paulus mit der Aussage, daß erst mit Christus der Glaube kam (3,23), in eigenartiger Weise kollidierte, so zeigt sich nun auch in 4,21ff. eine ähnlich struk-

---

[182] Ähnliches wird sich in 1Kor 10,1ff. zeigen.

turierte Denkweise. Wir stehen vor einer eigentümlich gebrochenen Sicht der Vergangenheit: Diese ist bereits Zeit des Heils und ist es doch zugleich noch nicht.[183] Die Patriarchengeschichte ist in ihrer Historizität und zugleich geschichtlichen Bedeutsamkeit für uns ernstgenommen. Doch wäre alle Argumentation mit dem üblichen Begriff von Heilsgeschichte unangemessen. Denn eine Heilsgeschichte im Sinne eines geschichtlichen Kontinuums gibt es hier - und auch sonstwo in den authentischen Paulinen - nicht. Wo Geschichte in ihrer Historizität theologisch belangvoll ist, da ist sie es nur, weil schon damals in *bestimmten Ereignissen* Gott seine Hand im Spiel hatte. Nur da, wo der transzendente Gott in die immanente Geschichte *je und je* eingegriffen hat, ist sie Geschichte des Heils und gegenwartsrelevante Repräsentation - *repraesentatio* im strengen Sinne des Begriffs. Es zeigt sich also, daß die üblichen hermeneutischen Begriffe wie Typologie oder Allegorie im Blick auf Gal 4,21ff. nur recht partiell Verstehenshilfe leisten können.

Mit *Gal 5,2ff.* greift Paulus erneut das Thema der *Beschneidung* auf. Hat er in der argumentatio von 3,1ff. an in einer Sequenz von aufeinander abgestimmten Argumentationsschritten den kontradiktorischen Gegensatz der beiden Existenzweisen aus den Werken und aus dem Glauben dargelegt, hat er also in dieser in sich gegliederten Argumentation das Beschneidungsthema expressis verbis gerade nicht gebracht - die propositio 2,16 ist ja auch nicht mit Begriffen dieses Themas formuliert - , so kommt er nun doch wieder am Ende des eigentlichen Argumentationsteils seines Briefes auf sie zurück. Gerade diese Argumentationsbewegung vom Gesetz auf die Beschneidung, also vom übergeordneten theologischen Fundamentalproblem zur Frage, an der sich der Streit entzündet hat, zeigt, daß zumindest 5,2-6 noch Bestandteil der argumentatio ist.[184]

Nachdem Paulus in 5,2 den Verlust des "Nutzens" Christi durch die Beschneidung erklärt hat, bringt er in 5,3 die *theologische Sequenz "Be-*

---

[183] Es ist vor allem *Ebeling*, Die Wahrheit des Evangeliums, der für den Gal das Zeitproblem ausführlich reflektiert, wenn auch nicht im Blick auf Gal 4,21ff. In der Auslegung von Gal 3,15-25 sagt er ib. 272: "Gelebte Zeit ist nicht bloß - wenn überhaupt - kontinuierliche Gegenwart im Zeitfluß, sondern Vergegenwärtigung von Vergangenheit und Zukunft..." Es ist der hohe hermeneutische Vorzug dieses Gal-Kommentars, die theol. Bedeutsamkeit der Zeitproblematik herausgearbeitet haben. *Ebeling* sieht ib. 273f. die Tiefendimension der Zeit als das Akutwerden des Unbedingten im Bedingten, des Endgültigen im Vorläufigen. Ist in diesem Sinne die Tiefendimension der Zeit die Ewigkeit, so die Tiefendimension des Bösen die Sünde.

[184] *Betz*, Herm., 66.433, läßt die argumentatio mit Gal 4,31 enden und die exhortatio mit 5,1 beginnen; so bereits schon NTS 21, 375. Dagegen vor allem *Merk*, ZNW 60, 83ff., der mit Recht das Ende der argumentatio in Gal 5,12 und folglich den Beginn der Paränese in 5,13 sieht.

schneidung - Torah": Wer auch immer sich beschneiden läßt (πάντι [!] ἀνθρώπῳ), ist verpflichtet, das *ganze* Gesetz zu tun, ὅλον τὸν νόμον ποιῆσαι. Das aber heißt im Lichte der bisherigen argumentatio: Wer sich beschneiden läßt, läßt sich auf einen Pseudoheilsweg ein. *Jeder* ist bisher am Gesetz gescheitert, weil er nicht das *ganze* Gesetz getan hat (Gal 3,10). Wer auch immer sich beschneiden läßt, hat damit eo ipso als Prinzip der Rechtfertigung das Gesetz statt den Glauben gewählt. Beschneidung ist also diffamierendes Ignorieren des Glaubens und somit schuldhafte Mißachtung Christi. Paulus denkt hier ganz in seinen alten jüdischen Kategorien; er kann daher die Beschneidung nicht anders als in ihrer Relation zum Gesetz sehen. Diese theologische Sicht einmal unterstellt, bleibt nur die in V.4 ausgesprochene Konsequenz: Wer immer sich beschneiden läßt, hat sich ostentativ von Christus getrennt, da die Beschneidung wesenhaft die Absicht impliziert, aufgrund des Gesetzes, d.h. des Tuns des im Gesetz Gebotenen gerechtfertigt zu werden. Wer sich dazu entschließt, ist notwendig aus der Gnade gefallen, ist also dem Verderben ausgeliefert. Kurz: *Die Beschneidung ist prinzipiell der Weg in die Gottlosigkeit.* Gal 5,3f. ist somit das Fazit der argumentatio.[185]

Dieses Fazit ist also in der Argumentation des Paulus so grundsätzlich, so apodiktisch ausgesprochen, daß sich - es wurde bereits angedeutet - die Frage nicht vermeiden läßt, wie Paulus auf der Missionssynode überhaupt noch kirchliche Gemeinschaft mit den Judenchristen aufrecht erhalten konnte, die doch weiterhin die Beschneidung praktizieren. Wieso gilt nicht auch für diese das so *grundsätzliche* Nein zur Beschneidung, die doch *per definitionem* die Verpflichtung auf den theologisch disqualifizierten Gesetzesweg zum Heil ist? Gal 5,3f. ist doch nicht so formuliert, als ob das so apodiktische theologische Urteil nur für die Heidenchristen gälte. Die sich hier stellende Frage ist m.E. die eigentliche crux interpretum für die Exegese des Gal.
V.5 begründet noch einmal das zuvor ausgesprochene theologische Urteil. Der Akzent liegt eindeutig auf ἐκ πίστεως. Der Satz ist in höchster theologischer Dichte formuliert. Zusammen sind Geist, Glaube, Hoffnung und Gerechtigkeit genannt; und in V.6 begegnen In-Christus-Jesus-Sein, Glaube und Liebe. Diese beiden Verse sind geradezu eine ganze

---

[185] Es ist genau dieser Sachverhalt, der den Einspruch von *Sanders, Räisänen* u.a. gegen die "lutherische" bzw. "lutherisch-existenziale" Auslegung der paulinischen Theologie grundlos macht. Diese Exegeten haben recht, wenn sie auf die Unterscheidung des Christlichen vom Jüdischen bei Paulus aufmerksam machen. Aber es sind eben nicht nur soziologische Gegebenheiten wie Beschneidung u.a., die markierend das Judentum definieren und die in *diesem* Sinne von Paulus theol. bedacht werden. So ist es das Verdienst von *Watson*, die soziologische Dimension wieder ins Bewußtsein gerufen zu haben, aber es ist ein *elementarer wissenschaftstheoretischer Fehler*, soziologische Aspekte *gegen* theologische auszuspielen. Es ist das πρῶτον ψεῦδος des monokausalen Denkens.

Dogmatik in nuce. Die Zusammengehörigkeit von Geist und Glauben hat Paulus bereits in 3,1-5 ausgesprochen. Somit bringt der Apostel am Anfang und am Ende der argumentatio die Thematik des *Geistes*; d.h. am Anfang und am Ende spricht er die Galater auf ihre Glaubensexistenz im Geiste an. Und auch mitten in der argumentatio findet sich diese Thematik: Wer den Geist des Sohnes Gottes hat, der ist selbst Sohn Gottes und folglich der Freie, 4,5-7. Neu ist jedoch in 5,5 der *eschatologische* Akzent: Wir als die aus Glauben im Geiste Existierenden erwarten die Hoffnung der Gerechtigkeit. Damit ist keinesfalls die Gegenwärtigkeit der im Glauben empfangenen Gerechtigkeit relativiert oder gar geleugnet, sondern die Gegenwart als essentiell auf die eschatologische Zukunft bezogen ausgesagt. Nach 5,6 sieht es zunächst so aus, als seien - entgegen der bisherigen Argumentation - die beiden status des Beschnitten-Seins und des Nicht-beschnitten-Seins Nebensächlichkeiten, ἀδιάφορα, auf die es gar nicht ankommt.[186] Vielleicht ergibt sich aber von hieraus doch noch eine theologische Brücke zu den bereits beschnittenen Judenchristen: Wenn sie beschnitten sind, dann ist das eben ein heilsunerhebliches Faktum. (Damit ist aber nicht das Problem gelöst, wie es denn mit der immer noch geübten Praxis der Beschneidung bei den Judenchristen steht!) Worauf es Paulus aber ankommt, ist, daß "in Christus" allein der Glaube von geistlicher und theologischer Bedeutung ist. Dieser aber wirkt sich in der Liebe aus. Das heißt jedoch, daß Glaube kein Glaube ist, wenn er nicht aus sich heraus Liebe wirkt. πίστις δι' ἀγάπης ἐνεργουμένη ist in der Tat eine Wendung, die die christliche Existenz auf den theologischen Punkt bringt.

In Gal 5,13 hören wir einen ähnlichen Ton wie in 5,1: Ihr *seid* in die Freiheit berufen, also *bewahrt* eure Freiheit! Im Gegensatz zu 5,1 ist allerdings 5,13 durch das begründende γάρ auch formal eng mit dem zuvor Gesagten verbunden. Zugleich ist jedoch der Vers durch den Hinweis auf die Agape auf die unmittelbar darauffolgende *Paränese* hingerichtet. Auch 5,14 wird mit γάρ eingeleitet. Die Aufforderung zur Liebe wird aber nun überraschend ausgerechnet mit einem Gebot des Gesetzes begründet! Dies ist mehr als eigentümlich, ist geradezu verblüffend.

Bisher hat Paulus nämlich vom Gesetz nur in negativer Weise gesprochen. Bisher ging es ihm *immer*, wenn er von ihm sprach, darum, dessen Inferiorität herauszustellen. "Werke des Gesetzes" sind ja in seinen Augen Ausdruck einer verwerflichen Selbstrechtfertigung. Schon allein durch das *Wortfeld*, in dem sich νόμος jeweils befand, war die negative Konnotation unübersehbar angezeigt. In *Gal 5,14* zitiert Paulus jedoch mit *Lev 19,18* die Aufforderung, sich nach dem Liebesgebot des mosaischen *Gesetzes* zu richten, um die Freiheit - die Freiheit *vom Gesetz*! - nicht zu verspielen. Also das vom Gesetz Gebotene tun, um dessen Sklavenherrschaft zu entgehen?

Nach Gal 5,14 wird das ganze Gesetz durch das Liebesgebot erfüllt. Diese Formulierung, die zudem dadurch, daß sie als formula quotationis

---

[186] Ähnlich im Blick auf die Fragestellung z.B. *Rohde*, ThHK, 218f.

begegnet, ihren programmatischen Charakter dokumentiert, lenkt aber sofort den Blick auf die Parallele *Gal 5,3f.*: Jeder, der sich beschneiden läßt und daher gehalten ist, das ganze Gesetz zu tun, ist von Christus, also vom Heil Gottes, getrennt und folglich aus der Gnade gefallen. Die Konsequenz kann doch dann eigentlich nur sein: Auf keinen Fall das *ganze* Gesetz tun! Und nun auf einmal 5,14: Um nicht die Freiheit (vom versklavenden Gesetz!) zu verspielen, soll das *ganze* Gesetz am Ende doch noch getan werden, das in der Liebesforderung besteht?

Hier bleibt es zwischen 5,3f. und 5,14 solange beim eklatanten Widerspruch, wie die *Differenz* zwischen "dem ganzen Gesetz" von 5,3 und "dem ganzen Gesetz" von 5,14 nicht erkannt ist. Es ist vor allem diese Übersetzung ins Deutsche (und in so manche andere Sprache), die die Erkenntnis der Differenz erheblich hindert. Der Widerspruch ist jedoch sofort behoben, wenn der griechische Urtext auf die Nuancen hinsichtlich der inhaltlichen Differenz abgehorcht wird. Denn ὅλος ὁ νόμος 5,3 und ὁ πᾶς νόμος 5,14 sind keine identischen Aussagen. Mit der Abwehr des ὅλον τὸν νόμον ποιῆσαι ist keinesfalls das Tun dessen, was ὁ πᾶς νόμος meint, untersagt.[187]

Eindeutig ist, was mit ὅλον τὸν νόμον ποιῆσαι *Gal 5,3* gemeint ist: *Alles*, was das Gesetz befiehlt, hat der Mensch zu tun. Entscheidend ist danach das *quantitative* Moment. Es wurde bereits zu Gal 3,10 deutlich: Nur wer das Gesetz in allen seinen Einzelbestimmungen ausnahmslos befolgt, ist nicht verflucht. Gal 5,3f. steht also in engster inhaltlicher Nähe zum Prinzip tertium non datur von Gal 3,10.[188] Anders aber ὁ πᾶς νόμος in *Gal 5,14*! Auf keinen Fall ist hier gemeint, daß der Christ in quantitativer Weise alle Einzelbestimmungen des Gesetzes tun soll. Er darf sich doch nicht beschneiden lassen! Er darf doch nicht die Speisegesetze befolgen (factum Antiochenum)! Wollte man also πᾶς im quantitativen Sinn interpretieren, so würde das in der Tat der theologischen Gesamtargumentation des Gal widersprechen. Nun meint πᾶς in attributiver Stellung nach griechischem Sprachgebrauch eine *Totalität* im Gegenüber zu der aus einer *Pluralität* bestehenden Menge, die eben diese Totalität ausmacht. In Gal 5,14 steht aber das attributive πᾶς im Gegenüber zu einer *Einheit*, das *ganze* Gesetz nämlich im Gegenüber zu dem *einen* Wort, dem *einen* Gebot der Nächstenliebe.[189] Verlangt jedoch das attributive πᾶς als Gegenüber eine Mehrheit, um sinnhaft ausgesagt werden zu können, so wollte Paulus mit dem tatsächlichen Gegenüber ἐν

---

[187] S. aber Betz, Herm., 470.

[188] Anders *Liebers*, Das Gesetz des Evangeliums, 78ff. Dies ist schon durch seine Exegese von Gal 3,10 bedingt: Dem πᾶς und dem πᾶσιν dürfte "nicht allzu große Bedeutung beizumessen sein", ib. 78. Mit dieser Auffasung steht *Liebers Sanders*, Paul, the Law, and the Jewish People, z.B. 20f., nahe.

[189] *Hübner*, Das Gesetz bei Paulus, 37ff.; *ders.*, KuD 21, 239ff., und die ib. 241, Anm. 11 genannte Lit., vor allem *Kühner/Gerth*, Grammatik II/1, 632.

ἑνὶ λόγῳ wohl einen gewissen sprachlichen Verfremdungseffekt hervor-rufen: In dem nur *einen* Logos besteht die von euch Galatern erstrebte Totalität der angeblich *vielen* Logoi! Die Wendung ὁ πᾶς νόμος mit ihrer *qualitativen* Aussage vom Liebesgebot soll also das quantitativ ver-standene Postulat ὅλος ὁ νόμος ad absurdum führen.[190] Paulus als Meister der griechischen Sprache will somit sagen: Das ganze Gesetz des Mose ist nicht dasjenige "ganze" Gesetz, das für den Christen gilt.[191] Dann aber beinhaltet das "ganze" Gesetz von Gal 5,14 gerade nicht die vielen Be-stimmungen der mosaischen Torah[192]! Dieses "ganze" Gesetz ist *inhalt-lich* eine unerhörte Reduktion der Torah; zugleich ist das Liebesgebot aus dem Kontext[193] der Gesetzeswerke und somit der Rechtfertigung, ge-nauer: der Selbstrechtfertigung herausgenommen. Keinesfalls kann aber aus diesem Sachverhalt gefolgert werden, daß die von Paulus abgelehn-ten Werke des Gesetzes nur bestimmte Forderungen der Torah wie etwa Beschneidung oder Speisegesetze meinen.[194]

Paulus spielt also mit dem Begriff νόμος, wie er dies auch zugleich mit dem Wort πᾶς tut. Der Sinn von νόμος wird somit durch ein neues, *bisher im Gal nicht begegnendes Wortfeld* konnotativ anders festgelegt. Gleichzeitig wird auch δουλεύειν in 5,13, obwohl im selben Vers mit dem emphatisch ausgesprochenen Begriff ἐλευθερία stehend, positiv verwen-det. Noch kurz zuvor (4,24; 5,1) wurde δουλεία als Inbegriff des Unheils vor Augen gestellt. Die Möglichkeit, νόμος im positiven Sinne aus-zusprechen, ist auch durch die Genitiv-Bestimmung τοῦ Χριστοῦ zu νόμος in *Gal 6,2* gegeben. Ob ὁ πᾶς νόμος von 5,14 genau mit ὁ νόμος τοῦ Χριστοῦ identisch ist, mag man diskutieren.[195] Auf jeden Fall stehen beide Wen-dungen zumindest in inhaltlicher Affinität zueinander. Wenn Paulus vom Gesetz *des Christus* spricht, dann ist es jedenfalls nicht das Gesetz des Mose!

---

[190] Die sachliche Differenz liegt nicht in der phonetischen Differenz von ὅλος und πᾶς, sondern, wie gleich noch zu zeigen ist, darin, daß πᾶς im Gegensatz zu ὅλος attributiv verwendet ist.

[191] In Das Gesetz bei Paulus, 38 (s. auch KuD 21, 246), habe ich angesichts dieses lingui-stischen Sachverhalts von einer *kritisch-ironischen Wendung* gesprochen. Diese Formulie-rung wurde von manchen als nicht zutreffend abgelehnt, doch wird die theologisch-in-haltliche Differenz zwischen ὅλος ὁ νόμος und ὁ πᾶς νόμος weithin bejaht und aufge-griffen. Diese *Zustimmung in der Sache* ist mir jedoch wichtiger als die zu einer Formu-lierung, die anscheinend zuweilen mißverstanden wurde. Ich verzichte daher hier darauf, in der exegetischen Argumentation diese Wendung erneut zu bringen, bin aber immer noch der Meinung, daß mit ihr genau das zum Ausdruck gebracht ist, was ich auch hier wieder der Sache nach gesagt habe.

[192] Falsch ist daher die Auffassung *Andrea van Dülmens*, Die Theol. des Gesetzes bei Paulus, 60, daß ὁ πᾶς νόμος das ganze Gesetz meine, "ohne Ausschluß irgend einer be-stimmten Gruppe von Vorschriften". Wenn sie dann ib. 61 sagt, daß das ganze Gesetz erfüllt sei, wenn nur das einzige Gebot der Nächstenliebe gehalten wird, so bleibt ihre ganze Konzeption unterständlich. Wie wird z.B. das auf keinen Fall zu praktizierende Gebot der Beschneidung durch das Tun des Liebesgebots erfüllt?

[193] Kontext hier natürlich nicht als literarischer Begriff verstanden!

[194] So *Dunn*; zu seiner Hypothese s.o.

[195] S. die Kommentare!

Paulus kann also - freilich nur im paränetischen Zusammenhang - positiv vom Gesetz sprechen. Es meint aber dann den aus der Freiheit vom mosaischen Gesetz erwachsenen Imperativ, das zu tun, was für den Christen *eigentlich* selbstverständlich ist. Das "Gesetz" des Christus, das messianische "Gesetz" also, ist somit sicherlich eine *Norm*, aber eine solche, die sich aus dem *Sein* der Christen als Pneumatiker (Gal 6,1) wie von selbst ergeben sollte. Weil aber der Christ in seinem irdischen Dasein sündigen kann (6,1: ἔν τινι παραπτώματι), ist der Imperativ zur Bewahrung und Bewährung des Pneumatiker-Seins unverzichtbar. Das sog. Gesetz für den Christen fordert diesen also nur zu dem auf, was er als der bereits Gerechtfertigte eigentlich aus seinem Sein heraus wie von selbst tun sollte, nicht aber zu dem, was er zu seiner Rechtfertigung leisten könnte.[196]

Die Frage ist, warum Paulus mit dem Begriff νόμος spielt. Möglich ist, daß er mit der linguistischen Verfremdung von πᾶς den Galatern sagen will: Wenn ihr schon das ganze Gesetz erfüllen wollt, nun, dann habt ihr mit dem Liebesgebot euer "ganzes" Gesetz! Es könnte jedoch auch sein, daß er νόμος als Inbegriff dessen versteht, was allgemein eine verpflichtende Lebensweise meint, und er deshalb, um das *mosaische* Gesetz als außer Kraft befindlich zu erklären, über Gal 5,14 zum Gesetz *des Christus* in Gal 6,2 hinführt. Nicht das Gesetz als Gesetz ist abgetan, sondern das Gesetz als das Gesetz *des Mose*. Paulus bleibt ja auch sonst terminologisch bei zentralen alttestamentlichen Begriffen, etwa bei διαθήκη (s.o.). Dann wären Worte wie Gesetz oder Diatheke

---

[196] Zustimmend zur hier vorgetragenen Interpretation z.B. *Rohde*, ThHK, 230, Anm. 28; *Bruce*; NCI, 241. Klar erkannt hat *Betz*, Herm., 468ff., die Differenz zwischen Gal 5,3 und Gal 5,14; er kommt auch in seiner Auslegung von 5,14 *inhaltlich* dem nahe, was ich sage, sieht aber den Unterschied vor allem durch die Verben ποιεῖν und πληροῦν indiziert. Sicherlich hat Paulus beide Verben mit Bedacht gewählt. Doch ist auch in πληροῦν das Moment des Tuns mitausgesagt. *Betz* (ib. 470) hat dies richtig gesehen, wenn er das christliche Leben als die "Frucht des Geistes" (Gal 5,22) und diese Frucht als Erfüllung der Torah versteht. Die von *Betz* betonte Unterscheidung von ποιεῖν und πληροῦν greift ausdrücklich *John Barclay*, Obeying the Truth 139, auf, um meine "linguistische Distinktion" zwischen Gal 5,3 und 5,14 als "dead-end" zu beurteilen (ib. 136f.). Seine Lösung unterstellt dem Paulus bei der Wahl von πληροῦν bewußte "*ambiguity*". Da dieses Verb in der LXX niemals im Zusammenhang mit dem Gesetz gebraucht worden und auch nicht das hebr. *ml'* gleichbedeutend sei, habe es Paulus in diesem Sinne verwenden können (ib. 140, Hervorhebung durch mich): "To say that 'the whole law is fulfilled in one command' *leaves unclear the status of the rest of the commandments*. To describe the law as 'summed up' in the love-command would give the impression that all of it is to be obeyed (as an expression of love), while to say, that it has been 'reduced' to the love-command would involve an explicit renunciation of the rest of the law, perhaps more than Paul is willing to concede at this point in his argument." Damit unterstellt *Barclay* aber dem Paulus, zumindest tendenziell, eine Verschleierungstaktik.

Allgemeinbegriffe, unter die das mosaische Gesetz oder die Abraham-Diatheke subsumiert wurden.

Haben wir bisher die mit Gal 5,13 einsetzende Paränese unter dem Gesichtspunkt der Gesetzesproblematik betrachtet, so ist im folgenden das in Gal 5 zum Ausdruck kommende Verhältnis von *Fleisch* und *Geist*, σάρξ und πνεῦμα, zu thematisieren. Daß der Christ, so sehr er auch im Bereich des Christus kraft des Geistes Gottes als der Freie existiert, dennoch in ständiger Bedrohung seines Heilszustandes existiert, zeigt bereits die Grundintention des Gal. Stehen doch die Galater in der Gefahr, aus dem Bereich der Freiheit und folglich dem Bereich des Heils herauszufallen. Aber Paulus geht nicht nur gegen diese so grundsätzliche Gefahr, das Heil durch Abfall vom Evangelium zu verspielen, an. Daß er als "das ganze Gesetz" das Pentateuchgebot der Nächstenliebe zitiert, dürfte doch wohl durch konkrete innergemeindliche Situationen bedingt sein. Denn das Zitat in Gal 5,14 begründet ja die Ermahnung von 5,13, nicht die Freiheit als Operationsbasis für das Fleisch zu pervertieren. Was das konkret meint, zeigt eindrücklich V.15: Einander zu beißen und aufzufressen, sich gegenseitig zu verschlingen! Anscheinend gab es in den galatischen Gemeinden recht unschöne Situationen. Daß σάρξ hier wieder wie in 3,3 die sündige Existenz meint, ist deutlich.[197] Doch ist mit dieser Wendung das Spezifische der σάρξ-Aussagen in der Paränese des Gal noch nicht ausgesagt. Der Begriff "Fleisch" bekommt in 5,13 seine eigentliche Aussagerichtung erst durch die im Kontext vorfindliche Konnotation, vor allem durch seinen Gegenbegriff "Geist". Durch betontes λέγω δέ in 5,16 fordert Paulus die Gal zum *Wandel im Geiste* auf, wobei in der Wendung πνεύματι περιπατεῖτε mit πνεῦμα der *Geist Gottes* gemeint sein dürfte.[198] Daß Paulus hier nicht an den Geist des Menschen denkt, zeigen Gal 3,2-5 (τὸ πνεῦμα ἐλάβετε, ὁ ἐπιχορηγῶν ὑμῖν τὸ πνεῦμα) und 4,6 (ἐξαπέστειλεν ὁ θεὸς τὸ πνεῦμα τοῦ υἱοῦ αὐτοῦ). Der Geist ist Gabe Gottes an die Glaubenden. In seinem Wirkbereich zu wandeln ist die Aufforderung schlechthin an den Christen.[199] περιπατεῖν ist Ausdruck alttestamentlichen und jüdischen Denkens.[200] Nach *Hans Dieter Betz* ist mit ihm einer der wichtigsten Begriffe antiker Anthropologie und Ethik der Juden gegeben, aber auch, der Griechen; der Mensch muß zwischen verschiedenen Lebenswegen wählen.[201]

---

[197] Daß σάρξ auch neutral die irdische Existenz des Menschen umschreiben kann, ist ebenfalls Sprachgebrauch des Paulus im Gal, z.B. Gal 2,16; 2,20; 4,23. Zur Problematik des Fleisches bei Paulus, aber auch im AT und im Judentum s. vor allem *Sand*, Der Begriff "Fleisch" in den paulinischen Hauptbriefen; ib. 208ff. zu Gal 5,13ff., s. auch *ders.*, EWNT III, 549-557, vor allem 550-552.

[198] So z.B. *Sand*, Der Begriff "Fleisch", 211; *Rohde*, ThHK, 233.; *Corsani*, Commentario storico, 351f.

[199] *Betz*, Herm., 473: "Der Imperativ 'wandelt im Geist' (πνεύ ατι περιπατεῖτε) faßt die Paränese des Apostels zusammen und definiert damit die paulinische Vorstellung von einem christlichen Leben."

[200] Für jüdisches Denken sei hier auf TestIss V, 8f. und vor allem auf *hlk* in 1QS und 1QM (s. Qumran-Konkordanz) verwiesen. Zum Gegensatz von Fleisch und Geist in Qumran *Hübner*, NTS 18, 268ff.

[201] *Betz*, Herm., 473.

Allerdings findet sich in der LXX das Verb περιπατεῖν nur selten in diesem Sinne. In Prov 8,20 ἐν ὁδοῖς δικαιοσύνης περιπατῶ spricht gerade nicht der Gerechte, sondern die präexistente Weisheit; allerdings sagt sie kurz danach in 8,34: μακάριος ἀνήρ, ὃς εἰσακούσεταί μου, καὶ ἄνθρωπος, ὃς τὰς ἐμὰς ὁδοὺς φυλάξει. Von den Bösen heißt es in ψ 11,9: κύκλῳ οἱ ἀσεβεῖς περιπατοῦσιν. Für die Halachah des Gerechten findet sich in ψ 1,1 das Verb πορεύεσθαι: μακάριος ἀνήρ, ὃς οὐκ ἐπορεύθη ἐν βουλῇ ἀσεβῶν. Dieses Verb steht sehr häufig im ethischen Sinn, z.B. Dtn 8,6: καὶ φυλάξῃ τὰς ἐντολὰς κυρίου τοῦ θεοῦ σου, πορεύεσθαι ἐν ταῖς ὁδοῖς αὐτοῦ καὶ φοβεῖσθαι αὐτόν und ψ 25,1: κρῖνόν με, κύριε, ὅτι ἐγὼ ἐν ἀκακίᾳ μου ἐπορεύθην.

Schon die ersten Worte von Gal 5,16 zeigen also, wie Paulus seine *Paränese* ganz in den *Denkbahnen* des *Alten Testaments* formuliert. Er sieht den Geisteswandel als die Sicherung vor einem Rückfall in das Fleisch. Wer im Wirkbereich des Geistes existiert, wer sich in dieses Wirken hineinnehmen läßt und folglich selber Wirkender in der Wirkrichtung des Geistes ist, kann eigentlich[202] gar nicht mehr die Richtung des Fleisches einschlagen. Der Geist Gottes und das Fleisch des Menschen gehen in die je entgegengesetzte Richtung. Dieses Bild wird durch die Wegmetaphorik geradezu provoziert. Der Begriff "Fleisch", wie er in diesem Sinne von Paulus gebraucht wird, dürfte dann aber auch in der Aussagetendenz der LXX über die σάρξ liegen. Und dort meint dieses Wort u.a. die Hinfälligkeit menschlicher Existenz (z.B. Jes 40,6f.: πᾶσα σὰρξ χόρτος, … ἐξηράνθη ὁ χόρτος, … τὸ δὲ ῥῆμα τοῦ θεοῦ ἡμῶν μένει εἰς τὸν αἰῶνα), mehr noch die in der Hinfälligkeit begründete Boshaftigkeit des Menschen (z.B. Gen 6,3, wo auch σάρξ im Kontext des göttlichen Geistes steht: οὐ μὴ καταμείνῃ τὸ πνεῦμα μου ἐν τοῖς ἀνθρώποις τούτοις εἰς τὸν αἰῶνα διὰ τὸ εἶναι αὐτοὺς σάρκας).[203]

Die in Gal 5,16 begegnende Vorstellung findet ihre weitere Konkretisierung in 5,17. Geist und Fleisch gehen nicht nur in diametral entgegengesetzte Richtungen, sie stehen sogar im Kampf miteinander. Ist in V.16 nur von der ἐπιθυμία des Fleisches die Rede und sieht es daher zunächst so aus, als verstehe Paulus dieses Wort nur *sensu malo*, so ist in V.17 ἐπιθυμεῖ sowohl Subjekt von σάρξ als auch von πνεῦμα. *Franz Mußner* umschreibt das Verb zutreffend mit "eine Herrschaft abschütteln".[204] Zwei Mächte sind es, die hier die jeweils andere bezwingen

---

[202] Aber eben nur "eigentlich"!

[203] S. aber auch E. *Schweizer*, ThWNT VII, 131,22ff.: "Das πνεῦμα … wird im instrumentalen Dativ oder mit instrumentalem διά eingeführt, während Paulus dies beim Gegenbegriff σάρξ meidet. Die σάρξ ist also nicht eine in gleicher Weise wie das πνεῦμα wirkende Macht."

[204] *Mußner*, HThK, 376.

wollen. Der Mensch ist der Ort, wo sozusagen Himmel und Hölle mit-
einander ringen. Zwar scheint es im Grunde ein ungleicher Kampf zu
sein: Gottes Geist gegen des Menschen Fleisch! Was vermag der
Mensch wider Gott! Doch diese rhetorische Frage verschleiert die
Situation.[205] Denn Gottes Geist kämpft auf fremdem Terrain. Das
Fleisch scheint den "Heimvorteil" zu haben. Vor allem aber: Der Geist
Gottes kämpft nicht mit seiner göttlichen Allmacht. Indem er in den
Menschen eingeht, ist es *eigentlich schon* der unter seiner Leitung
existierende "Geist" des Menschen, der wider sein eigenes Fleisch
kämpft. So spricht Paulus bezeichnenderweise mehrfach vom Pneuma
des Menschen.[206]

Mit *Bultmann* meint dieser Begriff "einfach das Ich" des Menschen,
freilich "in besonderer Hinsicht - ..., nämlich als das in der Gesinnung, in
der Richtung des Wollens, lebendige Ich"[207]. Er verweist in diesem Zusammenhang auch auf Gal 5,17. "Das göttliche πνεῦμα ist von Paulus
nicht als eine gleichsam explosiv wirkende Macht vorgestellt, sondern
sein Wirken ist von einer bestimmten Tendenz, einem Wollen geleitet,
so daß ... sogar ein ἐπιθυμεῖν von ihm ausgesagt werden kann (Gal
5,17)."[208] Dann könnte man Gal 5,18 geradezu paraphrasieren: εἰ δὲ πνεύματι πνεύματα ὑμῶν ἄγεται, οὐκ ἐστὶν ὑπὸ νόμον.[209]

σάρξ und πνεῦμα[210] bringen keine dualistische Anthropologie zum
Ausdruck. Beide Begriffe meinen jeweils den ganzen Menschen, einmal,
insofern er der je individuelle Ort der Hamartia ist, dann, insofern die
Person als das lebendige, wollende Wesen gemeint ist. Man wird dabei
berücksichtigen müssen, daß Paulus hier nicht in ausgefeilter anthropologischer Terminologie systematisiert. Wo Paulus vom Menschen spricht,
tut er es in *theologischer Intention*. Und somit ist seine anthropologische,

---

[205] Ib. 377: "Der Mensch aber ist der Kampfplatz, auf dem sich die Auseinandersetzungen zwischen Pneuma und Sarx abspielen. Oder besser gesagt: Beide kämpfen im Menschen um den Menschen."

[206] *Dietz Lange*, Ethik in evang. Perspektive, 435-438, beleuchtet dieses Problem von einem Satz des amerikanischen Theologen *Daniel D. Williams* (The Spirit and the Forms
of Love, 120) aus: "Being loved creates a new person."; op. cit. 436: "Williams
interpretiert dieses Verhältnis zu Recht so, daß Gott dem Menschen teilgibt an der
schöpferischen Kraft seiner Liebe. Weil Gottes Liebe den Menschen als diesen will und
weil Liebe die Freiheit des anderen will, lernt der Mensch im Glauben sich selbst als von
Gott Angenommenen anzunehmen und wird so ein freies Subjekt." Dies ist von *Lange*
nicht direkt zur Paränese des Gal gesagt, trifft aber ausgezeichnet deren Intention.

[207] *Bultmann*, Theol. des NT, 207. Er verweist u.a. auf Phil 1,27; 1Kor 1,10. Für Gal ist
6,18 zu nennen.

[208] Ib. 208.

[209] Anders liegt der Sachverhalt bei 1Kor 5,3-5; s. ib. 209.

[210] πνεῦμα hier natürlich im anthropologischen Sinne.

nicht ganz ausgeglichene Terminologie zutiefst theologisch gemeint. Sie läßt sich nicht in ein theologisches Begriffs-*System* einfügen. Worum es Paulus in diesem Sinne in Gal 5 geht, ist also, die Dynamik der Auseinandersetzung zwischen gottgemäßem und gottwidrigem Wollen zum Ausdruck zu bringen. In gut alttestamentlicher Tradition sind hier Gott und Mensch zutiefst wollende Wesen; der alttestamentliche Voluntarismus - nimmt man diesen Begriff nicht im präzis philosophischen Sinne, so dürfte er hier zutreffen - wird mit dem Wirklichkeitsverständnis des Paulus in Gal 5 überaus deutlich.

John Barclay fragt nach der *Funktion* des *paränetischen Materials* im Gal und will von daher zu einem neuen Urteil über die Theologie des Briefes zu kommen. Er sieht die Situation der galatischen Gemeinden, die Paulus zur Abfassung des Briefes veranlaßte, anders als üblich. Beschneidung und Gesetzesobservanz seien in Galatien nicht einfach als "theologische Symbole", sondern als "Aktivitäten mit wichtigen sozialen Implikationen" verstanden worden. Es ging den Galatern um ihre Identität und das angemessene Verhaltensmuster als Christen ("their appropriate patterns of behaviour".[211] Die Nähe zur Position *Watsons* ist unverkennbar, obwohl Barclay sehr differenziert über ihn urteilt und einige seiner offensichtlichen Schwächen klar sieht und kritisiert. Aber wie bei Watson findet sich auch bei ihm eine, wenn auch nicht so radikale *Abwertung der theologischen Realität gegenüber der soziologischen*. Eine bestimmte wissenschaftstheoretische Affinität zwischen beiden Exegeten ist unverkennbar.

Nach Barclay bringt gerade die theologische Argumentation des Gal zum Ausdruck, daß es den Galatern um die Frage ging, wie die zum Volk Gottes Gehörenden leben sollten.[212] Also mit dem Titel des Buches:"... Paul is concerned to conclude his argument with an indication of how to obey the truth."[213] Der Wahrheit gehorchen kann der Christ aber nur, wenn er vom Geiste Gottes geleitet wird. Deshalb ist Gal 5,3-6,10 "an assurance that the Spirit can provide adequate moral constraints and directions".[214] Im Zusammenhang dieser Geisttheologie sieht Barclay die Abhängigkeit des ewigen Lebens vom "Werk"[215] des Glaubenden (Gal 5,4.21; 6,6-10).[216] Die Ethik des Paulus gründet somit im entscheidenden Maße in seiner Geisttheologie. Barclay bestreitet nicht, daß die Rechtfertigungstheologie des Briefes wichtige moralische Implikationen besitzt.[217] Aber diese ist für ihn sekundär.

Was trotz vieler guter Beobachtungen, Reflexionen und Einzelergebnisse die Grundthese Barclays als falsch erweist, ist seine früher

---

[211] *Barclay*, Obeying the Truth, 73f.
[212] Ib. 216: "... the question of how members of God's people should live."
[213] Ib. 216f.
[214] Ib. 219.
[215] Bei *Barclay* in Anführungszeichen.
[216] Ib. 227.
[217] Ib. 223.

schon erwähnte Fehlinterpretation von Gal 3,10ff.[218] und die daraus resultierende Verkennung der Rechtfertigungstheologie des Apostels. Deshalb war er nicht in der Lage - einmal mit den heuristisch hilfreichen Kategorien von *Ed P. Sanders* gesprochen - das Verhältnis von forensischen und partizipatorischen Kategorien zueinander *theologisch* zu erfassen und von daher den Ort der Paränese im Gal zu bestimmen. Richtig gesehen hat er aber auf jeden Fall, daß diese Paränese nicht allgemein gehalten ist, sondern sich auf die konkrete Situation in den galatischen Gemeinden bezieht.[219]

2.2.3.2.2 Die Theologie des Galaterbriefs: Sein vor Gott und Sein in Christus

Wurde mit der Darstellung der theologischen Argumentation des Paulus im Gal das Wesentliche seiner Theologie im Grunde schon gesagt - Paulus bei seiner Argumentation nach- und mitdenkend zu begleiten zeigt ja, daß der Brief trotz aller polemischen und dialogischen Momente etwas von einem systematischen Entwurf an sich hat - , so laden gerade die bisherigen Ausführungen dazu ein, unsere eigene theologische Reflexion der theologischen Reflexion des Paulus weiter zu vertiefen. Dafür eignet sich zunächst in besonderer Weise das von *Martin Heidegger* in seiner Daseinsanalyse aufgewiesene fundamentale Existenzial der *Befindlichkeit*.[220] Dieser Ausdruck ist vielleicht etwas eigenwillig; aber das damit Gemeinte ist unverzichtbar für jede Beurteilung dessen, was ein Mensch denkt und sagt. Gemeint ist mit ihm, daß menschliches Dasein immer schon in einer bestimmten Stimmung, in einem bestimmten Gestimmtsein existiert. Gerade für Aussagen, in denen es um elementare Fragen des menschlichen Daseins geht - zu ihnen gehören in besonderer Weise Fragen des Daseins in bezug auf Gott - , ist das Aufmerken auf das Phänomen der "Befindlichkeit" unerläßlich.

Dieser Sachverhalt trifft in besonderer Weise für unser Verstehen der Theologie des Paulus zu. Es ist sein Sich-geborgen-Wissen "in Christus", sein Selbstverständnis als "Sein in Christus"; es ist zugleich sein Wissen um das Sein Christi und des Geistes in ihm, das ihm den von Gott kommenden festen Halt gibt und ihn in Krisensituationen wie in den galatischen Gemeinden oder in Korinth bestehen läßt. Es gibt ihm die Kraft, unerschrocken und deutlich zu sagen, was zu sagen ist. Es läßt ihn aber auch trotz aller Polemik liebevoll auf die Galater zugehen, es befähigt ihn also zu Polemik und Liebe zugleich. Die Theologie des Paulus unsererseits zu bedenken und dabei bloß ihren theoretischen Ge-

---

[218] S. Anm. 191

[219] Zur Ethik des Gal s. noch *Merk*, Handeln aus Glauben, 66ff.; *Schrage*, Die konkreten Einzelgebote, passim.

[220] *Heidegger*, Sein und Zeit, § 29. Das Da-sein als Befindlichkeit.

halt darzustellen würde bedeuten, sie in einer fundamentalen Dimension nicht in den Blick zu bekommen.

Das "*Sein in Christus*" gründet aber im "*Sein vor Gott*", genauer: im Sein vor dem richtenden und rechtfertigenden Gott. Das "Sein in Christus" ist also ohne den forensischen Kontext theologisch fundamentlos. Auch dieses forensische coram Deo, das schon die Grundtendenz des 1Thess bestimmte, ist nicht ohne das eben genannte Existenzial der Geschichtlichkeit zu verstehen. Wer sich gerechtfertigt weiß, ist ein anderer als der, der in seinem Nichtgerechtfertigtsein irgendwie in der Identitätskrise steckt. Denn er ist vor der für ihn geltenden Instanz - wer immer sie sei - nicht der, der er selbst sein will. Der vor Gott durch Christus Gerechtfertigte aber besitzt seine Identität *in* Gott, *in* Christus. Das ist zumeist kein bewußter Prozeß, keine eigens angestellte Reflexion über eigene Identität. Befindlichkeit im aufgewiesenen Sinne ist ja zumeist kein "Objekt" kritischer Selbstreflexion. Kommen aber das "Sein *vor* Gott" und das "Sein *in* Christus" existenziell zusammen, so ist das von hohem Stellenwert für das Selbstverständnis des Christen.

Das "Sein *in* Christus" wird Paulus im 1Kor noch tiefer durchdenken. So wird erst die Darstellung der Theologie dieses Briefes zeigen, wie die theologische Entwicklung vom 1Thess mit seinem dominanten Motiv des "Seins vor Gott (und Christus)" über den Gal mit dem Incinander von "Sein vor Gott" (Rechtfertigung) und "Sein in Christus" (christliche Existenz) zum christologisch reflektierten "Sein in Christus" (Taufe, Abendmahl) führt. Im tiefen Sinne des Wortes "*verstehen*" kann dieses in der Tat faszinierende theologische Weiterdenken des Paulus freilich nur, wer selbst sein eigenes Dasein als "Sein vor Gott" und "Sein in Christus" verstanden hat. Ein neutrales, "objektives" Verstehen der paulinischen Theologie ist hermeneutisch unmöglich. Dann aber gilt alles, was soeben zu Paulus gesagt wurde, auch für den, der ihm verstehend nach-denkt. Billiger geht es nicht! Es sei denn, Theologie wäre nicht mehr - Theologie!

2.2.3.3 Der Erste Korintherbrief

Der 1Kor wird hier als einheitliches Schreiben angesehen, Teilungs-hypothesen werden als äußerst unwahrscheinlich betrachtet.[221] Dieses exegetische Urteil hat Konsequenzen für die Interpretation einiger Abschnitte des Briefes, vor allem 1Kor 8 und 10,14ff. In seinem Argumentationscharakter unterscheidet sich der 1Kor erheblich vom Gal, da er keine in sich gegliederte theologische Argumentationseinheit ist. In ihm geht Paulus auf eine Reihe von Einzelanfragen ein und beantwortet sie je für sich. Wegen dieser Briefkonzeption ist es nicht erforderlich, die rhetorische Analyse des Gesamtbriefes im Detail vorzunehmen. Sinnvoller ist, den Argumentationsverlauf der jeweiligen Argumentationseinheit genauer zu analysieren und von daher die theologische Gesamtkonzeption des Briefes zu verstehen. Folgende Abschnitte sind vor allem zu thematisieren, freilich in sehr unterschiedlicher Ausführlichkeit und Intensität: 1Kor 1,18-31; 2,6-16; 3,18-23; 5; 6,12-20; 7; 8; 9,8-12.19-23; 10,1-13; 10,14-22; 11,2-16; 11,23-26; 15. Außerdem ist, wie sich aus den Abschnitten von 1Thess und Gal über den Geist zwingend ergibt, der Abschnitt über die Geistesgaben in Kap. 12-14 zu behandeln.[222]

2.2.3.3.1 1Kor 1-4: theologia crucis - theologia verbi crucis

Mit *1Kor 1,18-31* beginnt die für unsere Fragestellung wichtige theologische Argumentation. In ihr geht es um das zentrale theologische Motiv des *Wortes vom Kreuz,* ὁ λόγος τοῦ σταυροῦ, zugleich aber auch darum, daß Ereignis und Bedeutsamkeit dieses Heilswortes als im Alten Testament verankert gesehen werden. Diese Stelle zeigt wie wenige andere die *Grundstruktur des theologischen Denkens des Paulus* als *Ineinander von Soteriologie und Hermeneutik.*[223]

Den Aufbau von 1,18-31 bestimmen die von einem Schriftzitat begründete These zu Beginn und das resümierende Schriftzitat am Ende. Jes 29,14 zu Beginn läßt *Gott* mit seinem Ich zu Worte kommen, Jer 9,24 am Ende ist die Forderung an den *Menschen,* die sich aus dem im Jes-Zi-

---

[221] Für 1Kor als compositum aus mehreren Einzelbriefen bzw. Einzelbrieffragmenten s. vor allem *Schenk,* ZNW 60, 219ff.; *Schmithals,* ZNW 64, 263ff.; *Schenke/Fischer,* Einleitung, 92ff.; m.E. überzeugende Gründe für die Einheitlichkeit des 1Kor in *Merklein,* ZNW 75, 153ff.

[222] Rhetorische Dispositionen für 1Kor 1,10-4,21 und 1Kor 15 legt *M. Bünker,* Briefformular und rhetorische Disposition im 1Kor, vor. Jedoch können diese Versuche nicht überzeugen. So ist es z.B. äußerst unwahrscheinlich, in den theologischen Argumentationen (!) von 1,18-2,16 die narratio von 1,10-4,21 zu sehen! Lediglich 3,1-17 soll probatio sein.

[223] Eine der interessantesten Studien über die Kreuzestheologie des Paulus ist *Hans Weder,* Das Kreuz Jesu bei Paulus. Eine Diskussion dieses auch systematisch-theologischen Entwurfs ist im Rahmen unserer Konzeption nicht möglich.

tat ausgesagten Handeln Gottes ergibt. Der zunächst ausgesprochene *Gegensatz* "Gott - Mensch", explíziert als "göttliche Torheit ist in Wahrheit göttliche Weisheit - menschliche Weisheit ist in Wahrheit menschliche Torheit", schlägt um in ein *positives Entsprechungsverhältnis* von Gott und Mensch. Unmittelbar nach dem Jes-Zitat stellt Paulus drei rhetorische Fragen im Anschluß an Formulierungen aus Jes 19,11f.und 33,18f.LXX. Der ganze Abschnitt ist aber auch im Hinblick auf Bar 3,9-4,4 geschrieben, wobei diese Stelle auf das in 1Kor 1,31 zitierte Jer-Zitat hinzielt, dessen Kürzung auf Paulus selbst zurückgehen dürfte.

Die hermeneutische Grundstruktur des theologischen Denkens des Paulus wird bereits in der Grundthese 1Kor 1,18 deutlich. Die *existentiale Denkweise* ist dominant. Ist doch das Wort vom Kreuz je nach der Weise, wie es rezipiert wird, anderer Natur. *Für* die, die verlorengehen, ist es Torheit, *für* die, die gerettet werden, ist es Kraft Gottes.[224] Was der λόγος τοῦ σταυροῦ jeweils *ist*, entscheidet sich also am Verhalten der Menschen; durch dieses wird der göttliche Logos *entweder* zur Torheit, die die "Weisen" zu Toren macht (1,20: ἐμώρανεν ὁ θεὸς τὴν σοφίαν τοῦ κόσμου[225]),[226] und zugleich zum verurteilenden Wort, das sie zu Verlorenen macht, *oder* zur Kraft Gottes, δύναμις θεοῦ, die die Glaubenden rettet. Zwar fehlt in V.18 noch πιστεύειν; doch schon nach V.21 gefiel es Gott διὰ τῆς μωρίας τοῦ κηρύγματος σῶσαι τοὺς πιστεύοντας.[227] Ist nun das Wort vom Kreuz das eine Mal richtendes, verurteilendes Wort, das andere Mal rettendes, freisprechendes Wort, so ist doch allein sein *opus proprium* mit dem Prädikat δύναμις θεοῦ bedacht. Die ureigene, die eigentliche Kraft Gottes ist demnach die eschatologische Neuschöpfung, was Paulus schon zu einem früheren Zeitpunkt mit καινὴ κτίσις zum Ausdruck gebracht hat (Gal 6,15). Somit ist Gott als der sein Kreuzeswort Sprechende der machtvolle eschatologische Neuschöpfer. Doch nur im glaubend-verstehenden Annehmen dieses Wortes wirkt Gott kraft eben dieses Wortes eschatologisch

---

[224] Wie "dialektisch" μωρία und δύναμις verwendet werden, zeigt auch die weitere Argumentation. Nach V.23 ist es für die Juden ein Skandal und nur für die Griechen eine Torheit. Aber diese Unterscheidung sollte man nicht in V. 18 eintragen. Dort ist gemeint, daß alle, die das Wort vom Kreuz ablehnen, also auch die Juden, es als Ausdruck höchster Dummheit betrachten und somit durch ihre eigene schuldhafte Ignoranz zugrunde gehen.

[225] Später wird Paulus in analoger Weise die, die den Schöpfer verkennen, mit dem pass. div. ἐμωράνθησαν, parallel ἐματαιώθησαν (= sie werden zu nichts gemacht, "genichtet") charakterisieren, Röm 1,21f.

[226] Eine Parallele zum positiven δικαιοῦν: Gott *macht* die Ungerechten gerecht.

[227] μωρία ist hier leicht ironisierend gebraucht, also wohl mit "sog. Torheit" zu übersetzen, weil sie hier mit Bezug auf die Glaubenden ausgesagt wird, also diejenigen, die das Wort vom Kreuz gerade nicht in Torheit als Torheit betrachten.

schöpferisch. Zugespitzt: Nur in der glaubenden Annahme der Predigt vom Kreuz ist Gott in seiner Dynamis heilsmächtig. *Nur* wo die nach außen hin als Torheit scheinende Predigt als die Weisheit Gottes verstanden wird, *wo* also *Gottes Wort verstanden wird, da ist Gott mächtig.* Notwendig sieht aber der Ungläubige das Kreuz als *absurdes Geschehen*; mit *Albert Camus* könnte man sagen, er hört das Wort vom Kreuz als bloß behauptete, auf einen angeblichen Gesamtsinn nur thetisch bezogene Aussage.[228] Luther hat mit seinem sub contrario zumindest für 1Kor 1,18ff. recht gehabt.[229]

Das Zitat Jes 29,14 bringt mit Ausnahme von ἀθετήσω den LXX-Text (dort κρύψω). Da Paulus allem Anschein nach in seinem LXX-Text κρύψω gelesen hat[230], hat er es aus inhaltlichen Gründen bewußt durch ἀθετήσω ersetzt. Ob er dieses ἀθετήσω absichtlich aus ψ 32,10 ἀθετεῖ δὲ λογισμοὺς λαῶν καὶ ἀθετεῖ βουλὰς ἀρχόντων entnommen hat, ist schwer zu sagen; doch fügt sich diese Stelle derart gut in die Aussageintention des Paulus ein, daß mit einem solchen Vorgehen durchaus zu rechnen ist.[231]

Das mit der formula quotationis γέγραπται γάρ eingeführte Zitat begründet freilich nur Gottes opus alienum, sein Gericht: Gott macht σοφία und σύνεσις[232] der "Weisen" und "Verständigen" zunichte. Zum ersten Mal begegnet an dieser Stelle in 1Kor 1,18ff. der Begriff der *Weisheit*, jedoch hier als die inkriminierte Weisheit der Menschen, während doch die Argumentation darauf hinausläuft, Gottes Weisheit und Gottes Kraft zu einem Gesamtbild seines Wirkens zu koordinieren, V.24. Gottes Weisheit ist die nach menschlichem Weisheitsmaßstab dumme Auffassung, nach der das Wort Gottes ausgerechnet ein Wort vom Kreuz ist.[233] Richtig sieht *Dietrich-Alex Koch*, daß das Jes-Zitat nicht nur die Aussage von V.18 bestätigt, sondern auch die Wirkung des λόγος τοῦ σταυροῦ als aktives Handeln Gottes beschreibt.[234] Es ist auch zu registrieren, daß bereits in diesem ersten Zitat in 1Kor, das ja theolo-

---

[228] *Camus*, Der Mythos von Sisyphos, passim.

[229] S. dazu *von Loewenich*, Luthers theologia crucis, passim.

[230] Nur die Hss 301 (9. Jh.) und 564 (10. Jh.) lesen ἀθετήσω. *Johannes Weiß*, [9]KEK [1910], 27, Anm. 1, hält es allerdings für möglich, daß dem Paulus ein anderer LXX-Text vorgelegen habe; doch könnten wir es nicht sagen. Richtig *Koch*, Schrift als Zeuge, 153, Anm. 20: "Der Rekurs auf eine vorpln Übersetzungsvariante ist nicht möglich... Es ist daher unzutreffend, wenn NTGr[25] und NTGr[26] ἀθετήσω ... als Teil des vorgegebenen Wortlauts auffassen."

[231] So z.B. *H. Lietzmann*, [4]HNT 9 (1949), 9.

[232] Beide Begriffe sind als synonym anzusehen.

[233] S. auch Mk 8,33!

[234] *Koch*, Schrift als Zeuge, 274.

gisch begründende Funktion besitzt, *Gott sein Ich prononciert ausspricht.*[235] Paulus versteht dieses Ich in ἀπολῶ, dem er das zweite göttliche Ich in ἀθετήσω hinzufügt, als *das in die Zeit seines Evangeliumswirkens hineinsprechende Ich Gottes.* Zwar ist durch die formula quotationis auf das Geschriebensein des Jes-Zitats verwiesen. Aber *Hans Conzelmann* hat richtig erkannt, daß es nicht nur ein "Schriftbeweis" ist: "Der Gott des Alten Testaments spricht durch dieses Buch heute unmittelbar."[236] Die *historische Situation*, die in Jes 29 vorausgesetzt ist, *sieht Paulus in eins mit der Situation seiner Gegenwart.*[237] Mit seinem im Jes-Buch ausgesprochenen Ich spricht Gott zu den verbohrten und in ihrer Verbohrung ignoranten Weisen in Korinth. Auch hier zeigt sich wieder, daß die Schrift in ihrer Aussage letztlich eschatologisch, d.h. auf die Endzeit bezogen ist, in der Paulus und seine Adressaten leben. Damit artikuliert aber hier Paulus selbst als der Apostel Gottes das Ich Gottes und schleudert es gegen diejenigen in Korinth, die die theologia crucis ablehnen. Er sieht "Juden" und "Griechen" als Gegner dieser Theologie, aber natürlich auf dieser Linie auch den korinthischen Parteienstreit. Dieser birgt zumindest die Gefahr einer Aushöhlung der theologia crucis in sich. So ist es programmatisch gemeint, wenn Paulus V.23 sagt: "Wir aber predigen Christus als den Gekreuzigten." Und nach dem Satz vom Skandal und der Ignoranz heißt es V.24 - wiederum in existentialer Redeweise - : "*Für* die Berufenen aber, Juden wie Christen, (predigen wir) Christus als Gottes Kraft und Gottes Weisheit." *Für* die allerdings, deren Sehvermögen nur bis zur puren Vorfindlichkeit reicht, ist die θεοῦ σοφία lediglich τὸ μωρὸν τοῦ θεοῦ und die θεοῦ δύναμις nur τὸ ἀσθενὲς τοῦ θεοῦ, V.25.

Wenn aber die Glaubenden die Berufenen sind, sind dann nicht notwendig die Nichtglaubenden die Nichtberufenen und ist dann nicht der heillose Zustand der ἀπολλυμένοι das Resultat einer *praedestinatio gemina*?[238] Rein philologisch läßt sich diese Frage nicht beantworten. Nimmt man aber den existential-hermeneutischen Akzent der Passage ernst, so ist es gerade die geschichtliche Begegnung mit dem Wort vom

---

[235] Paulus tut hier bereits, was später für seine theologische Argumentation in Röm 9-11 konstitutiv sein wird; *Hübner*, Gottes Ich und Israel, passim.

[236] *H. Conzelmann*, KEK V, 61.

[237] Faktisch ist damit freilich die historische Situation von Jes 29 negiert.

[238] Für Röm 9 wird sich diese Frage erneut stellen; s.u. den Röm-Abschnitt!

Kreuz, mit dem Evangelium, die den einzelnen vor die Entscheidung stellt, die Missionspredigt anzunehmen oder abzulehnen.[239]

In V.20 wird mit den bereits genannten biblischen Anklängen das in V.19 mit dem Jes-Zitat Gesagte expliziert. Zitate im eigentlichen Sinne liegen nicht vor. Deutlich ist jedoch, wie Paulus hier aus einer Vertrautheit mit der Sprache des Jes-Buches heraus redet. Dieser Sachverhalt läßt u.a. fragen, ob der Apostel beim formellen Zitat Jes 29,14 nicht auch Jes 23,11 vor Augen hatte. Da Weisheit und Macht zum gemeinsamen Wortfeld von 1Kor 1,18ff. und Jes gehören, Paulus aber mit Jes 29,14 nur das Zunichte-Machen der Weisheit der "Weisen" ausspricht, liegt Jes 23,11 mit ἀπολέσαι αὐτῆς (sc. Χαναάν) τὴν ἰσχύν immerhin zentral im Aussagegefälle der paulinischen Argumentation. Auf jeden Fall gehört dieses Prophetenwort zur Koinzidenz der beiden Wortfelder von Jes und 1Kor 1,18ff.

Den dialektischen Gedanken von 1Kor 1,18-25 bezieht Paulus in 1,26-31 auf die korinthische Gemeinde. Sie ist lebendiges Beispiel für den genannten theologischen Sachverhalt: Die Korinther sollen auf ihre Berufung schauen[240]; denn unter ihnen sind nicht πολλοὶ σοφοὶ κατὰ σάρκα, nicht πολλοὶ δυνατοί und πολλοὶ εὐγενεῖς. Das dreifache ἐξελέξατο ὁ θεός ist aus Bar 3,27 übernommen.[241] Dafür spricht nicht nur das erstaunlich auffällige *gemeinsame Wortfeld* von *1Kor 1,18-31* und *Bar 3,9-4,4*, sondern darüber hinaus vor allem der für beide Abschnitte *gemeinsame theologische Grundgedanke*, daß Gott die Wertmaßstäbe und Größenordnungen dieser Welt auf den Kopf gestellt hat. Wohl bietet erst Paulus eine theologisch vom Kreuz her reflektierte Dialektik; aber es ist doch die *Struktur des theologischen Denkens* in Bar 3,9-4,4, die im theologischen Denken des Paulus ihre kreuzestheologische Zuspitzung erfährt. Das sub contrario Luthers ist also nicht nur durch die theologia crucis des Paulus fundiert, es findet auch seine sprachliche und sachliche Voraussetzung in dem Bar-Abschnitt.[242] Entscheidend ist aber nun die Hinordnung der Bar-Anspielung auf das Zitat *Jer 9,24* in 1Kor 1,31.

---

[239] Vielleicht spricht für eine nichtprädestinatianische Interpretation auch, daß die beiden Partizipien in V. 18 im Präsens stehen.

[240] Auch τὴν κλῆσιν ὑμῶν in V. 26 bringt den terminologischen Anschluß an das zuvor Gesagte, nämlich an αὐτοῖς τοῖς κλητοῖς in V. 24.

[241] Ausführlicher Nachweis dafür und für die folgenden Ausführungen *Hübner*, StNTU 9, 161ff.

[242] Nur am Rande sei gefragt, ob nicht in dem dreifachen που ... 1Kor 1, 20 *auch* das mehrfache ποῦ ... Bar 3,14-16 nachklingt (*neben* dem - unbestrittenen! - Anklang an Jes 19,12 und 33,18f.). Zu den in *Hübner*, StNTU 9, 161ff., genannten Argumenten sollte auch noch Bar 3,23 angeführt werden: οὔτε υἱοὶ Ἀγὰρ οἱ ἐκζητοῦντες τὴν σύνεσιν ἐπὶ τῆς γῆς, οἱ ἔμποροι τῆς Μέρραν καὶ Θαιμαν καὶ οἱ μυθολόγοι καὶ οἱ ἐκζητηταὶ τῆς συνέσεως, ὁδὸν δὲ σοφίας οὐκ ἔγνωσαν οὐδὲ ἐμνήσθησαν τὰς

Dieses Zitat ist in 1Kor 1,31 nur sehr verkürzt wiedergegeben: ὁ καυχώμενος ἐν κυρίῳ καυχάσθω. Sollte *H.St.J. Thackery* recht haben, daß Bar 3,9-4,4 Predigt über Jer 8,13-9,23 für den 9. Ab, den Tag der Zerstörung des Tempels, ist, so würden "Baruch" und Paulus über denselben Text predigen![243] Dann aber erscheint der gekürzte Jer-Text des Paulus auf dem Hintergrund der Bar-Rezeption in 1Kor 1,18ff. angesichts des nun gemeinsamen Wortfeldes von Jer, Bar und 1Kor in einem ganz neuen Licht. Der gekürzte Text wäre nämlich dann ein Summarium aller drei Texte. Der im folgenden wiedergegebene Text von Jer 9,23f.LXX zeigt deutlich die sprachliche und sachliche Koinzidenz aller drei Texte:

Μὴ καυχάσθω ὁ σοφὸς ἐν τῇ σοφίᾳ αὐτοῦ,
καὶ μὴ καυχάσθω ὁ ἰσχυρὸς ἐν τῇ ἰσχύι αὐτοῦ,
καὶ μὴ καυχάσθω ὁ πλούσιος ἐν τῷ πλούτῳ αὐτοῦ,
ἀλλ᾿ ἢ ἐν τούτῳ καυχάσθω ὁ καυχώμενος
συνίειν καὶ γινώσκειν ὅτι
ἐγώ εἰμι κύριος ποιῶν ἔλεος
καὶ κρίμα καὶ δικαιοσύνην ἐπὶ τῆς γῆς ...

In diesem Text findet die dreifache Erwählungsaussage von 1Kor 1,27f. ihre jeweilige Entsprechung: Der paulinischen Aussage von der Erwählung dessen, was töricht in der Welt ist, korrespondiert, daß sich der Weise seiner Weisheit nicht rühmen soll; der Aussage von der Erwählung dessen, was schwach in der Welt ist, daß sich der Starke seiner Stärke nicht rühmen soll; der Aussage von der Erwählung dessen, was nichtig in der Welt ist, daß sich der Reiche seines Reichtums nicht rühmen soll. Gerade an dieser Stelle wird wieder deutlich, daß man jeweils den Kontext eines Schriftzitats daraufhin zu befragen hat, ob er nicht möglicherweise für die theologische Argumentation des neutestamentlichen Autors von ausschlaggebender Bedeutung ist. Wir dürfen also annehmen, daß Paulus den Propheten Jeremia zwar nur stenographisch zitiert, jedoch *den vollen Kontext des Zitats schon vorher auswertet*. Dabei macht er zugleich gedankliche und verbale Anleihen beim "Sekretär" des Propheten.[244]

Man mag darauf hinweisen, daß die Theologie des Paulus doch insofern ganz erheblich von derjenigen Baruchs differiert, als dieser die eben referierten, in Affinität zu 1Kor 1,18ff. stehenden Vorstellungen ausgerechnet im Rahmen einer Gesetzesparänese bringt (Bar 4,1: ὁ νόμος ὁ ὑπάρχων εἰς τὸν αἰῶνα)! Aber so sehr es geboten ist, bei alttestamentlichen Zitaten und Anspielungen im Neuen Testament den

---

τρίβους αὐτῆς. Dieser Satz wiegt vielleicht als Indiz für eine Berücksichtigung von Bar durch Paulus um so schwerer, als dieser bereits in Gal 4,21ff. Hagar als Mutter der Unfreien - und somit der Unverständigen! - argumentativ verwertet hat.

[243] *Thackery*, The Septuagint and Jewish Workship 95ff.; *ders.*, Baruch, in: A New Commentary on Holy Scriptures including the Apocrypha (ed. Ch. Gore a.o.), London 1928, 102-111.

[244] Nach *Koch*, Schrift als Zeuge, 35f.42, liegt hier ein aus der mündlichen Überlieferung, am ehesten aus der Predigt der hellenistischen Synagoge oder des vorpaulinischen hellenistischen Urchristentums übernommenes Zitat vor. *Koch* hat aber Bar 3,9-4,4 nicht berücksichtigt.

alttestamentlichen Kontext zu berücksichtigen, so sehr muß auch in Rechnung gestellt werden, daß Paulus diesen Kontext dann sehr souverän ignorieren konnte, wenn er sich nicht in seine theologischen Intentionen einfügte.[245]

Neu gegenüber dem Gal ist die ausdrücklich ausgesprochene Auffassung, daß wir keinerlei Recht auf Ruhm vor Gott besitzen, da wir unser Sein in Christus aus Gott haben; hat er doch τὰ μὴ ὄντα - zugespitzter kann es eigentlich nicht mehr gesagt werden! - berufen. Im Gal begegnet das Ruhmmotiv nur in Kap. 6. Zudem ist die Aussage in Gal 6,4 recht schwebend; eine so apodiktische Forderung des absoluten Ruhmverzichts vor Gott wie in 1Kor 1,29 ist im Gal noch nicht ausgesprochen. Gal 6,4 impliziert immerhin noch die Möglichkeit, daß einer im Blick auf sein Werk - ἔργον im Singular! - zwar nicht gegenüber einem anderen, wohl aber gegenüber sich selbst ein καύχημα besitzen kann. In Gal 6,14, wo Paulus freilich nur für sich selbst spricht, ist jedoch schon gesagt, daß er sich nur im Kreuze seines Herrn Jesus Christus rühmen will. Diese Stelle ist also schon etwas weiter auf dem Wege zu 1Kor 1,29 als Gal 6,4. Von 1Kor 1,29 geht aber der Weg weiter zu Röm 3,27ff. In 1Kor 1,29 ist die Thematik des Ruhms bereits mit der Rechtfertigungsthematik verbunden. Denn wir, die wir "in Christus" sind, sind ja in dem, der für uns außer σοφία auch δικαιοσύνη (und ἁγιασμός und ἀπολύτρωσις) geworden ist, 1,30. Wir sind also durch unsere Annahme des Wortes vom Kreuz, wenn wir "in Christus" sind, "*in* dem, der unsere Gerechtigkeit *ist*". Doch hat Paulus den Begriff "Gerechtigkeit *Gottes*" noch nicht in sein theologisches Vokabular eingeführt; aber er sagt bereits, daß Christus von Gott her, ἀπὸ θεοῦ, die Gerechtigkeit für uns geworden sei. Das Wie dieses Gerechtigkeit-Seins für uns bleibt jedoch noch theologisch unreflektiert.

Am Ende des Abschnitts 1,18-31 begegnet also wieder der für das theologische Denken des Paulus so charakteristische *existentiale Dativ* ἡμῖν, zugleich aber auch mit dem ἀπὸ θεοῦ die Angabe des Wohers unserer Existenz. Diese Aussage "über" Gott wird jedoch gerade nicht ohne gleichzeitigen Bezug auf den, dem sie gilt, gemacht. Sie ist also keine Mitteilung einer sog. allgemeinen Wahrheit über Gott. Begriffe wie Kraft Gottes, Weisheit Gottes, Torheit Gottes, Gerechtigkeit von Gott oder dgl. sind Aussagen "über" Gottes Heils- bzw. Unheilswirken, sind Aussagen über Gottes Wirken im Blick auf die *Geschichtlichkeit* des Menschen. Gott selbst ist, freilich nur in theologischer Grenzaussage, als

---

[245] Wie sehr er etwa den Gesetzescharakter eines Pentateuchtextes in sein Gegenteil verkehren konnte, zeigt die Interpretation von Dtn 9,4; 30,12f. in Röm 10,6!

geschichtliches Sein zur Sprache gebracht. Von Gott kann nur im Modus der Geschichtlichkeit durch den geschichtlich existierenden Menschen gesprochen werden.[246] Dieses Reden von Gott impliziert aber notwendig ein ganz bestimmtes Selbstverständnis; und dieses spricht sich im Jer-Zitat in 1Kor 1,31 aus. Der Abschnitt 1Kor 1,18-31 beginnt also mit einer zentralen soteriologisch-hermeneutischen These, deren Explikation mit einem Sich-Aussprechen Gottes beginnt und mit einem Schriftzitat über das christliche Selbstverständnis endet. Das *Sich-Aussagen des Ichs Gottes* führt somit in theologischer Argumentation zur *Aussage über den Menschen*, beide Male durch γέγραπται eingeleitet. Dieser Bogen von der Gottesaussage zur Menschenaussage enthält in nuce ein Kompendium der Theologie (Theo-Logie stricto sensu verstanden!), Christologie, Soteriologie, Ekklesiologie und Hermeneutik - und dies alles in einer äußerst gewagten, geradezu gefährlichen theologischen Sprache!

Fragen wir nun nach dem Verhältnis von Vetus Testamentum und Vetus Testamentum in Novo receptum in dieser "Dogmatik in nuce", so stellt sich zunächst heraus, daß Paulus in V.19 mit dem LXX-Text, der im Gegensatz zum hebräischen Text das Ich Gottes in der 1. Pers. Sing. bringt, seine theologische Aussageintention besser wiedergeben konnte als mit dem Urtext. Dieser, wohl ein authentisches Jesajawort[247], bringt den Kampf des Propheten gegen eine veräußerlichte kultische Frömmigkeit zum Ausdruck.[248] Doch will Jesaja in Jes 29,13f. nicht allgemein von Israels Heuchelei reden; er hat vielmehr ein konkretes Ereignis im Auge, das jedoch höchstens vermutungsweise genannt werden kann.[249] Die in Jes 29,14 Gemeinten sind also nicht allgemein die damaligen Weisen in Jerusalem, sondern diejenigen, die in einer bestimmten politischen Situation in der Auseinandersetzung mit Assur eine bestimmte politische Einstellung vertreten haben.[250] In 1Kor 1,18f. ist mit dem LXX-Text die *direkte* Aktivität Gottes ausgesagt; die Differenz zwischen MT und LXX ist also in gewisser Hinsicht größer als die zwischen LXX und Paulus. Der Übersetzer ins Griechische hatte wohl kaum noch die damalige historische Situation, in die hinein der Prophet gesprochen hatte, vor Augen. Die Verallgemeinerung des prophetischen Wortes dürfte somit bereits für Jes 29,13f.LXX schon geschehen sein. Dann aber liegt dieser LXX-Text bereits auf der Linie, die zur so grundsätzlichen Aussage des Paulus hinführt. Wieder einmal haben wir den Fall, daß *die LXX mit ihrer theologischen Aussage näher beim Neuen Testament steht*

---

[246] Dieser Grundgedanke des Paulus wird noch mehrfach begegnen.

[247] *H. Wildberger*, BK.AT X/3, 1119.

[248] Ib. 1123.

[249] Ib. 1119f.

[250] Ib. 1122f.

als die Biblia Hebraica.[251] Auf jeden Fall können wir feststellen, daß Paulus, mag er auch Jes 29,14LXX in seine Kreuzesthematik integriert haben, im Prinzip in dieselbe Aussagerichtung ging wie der alttestamentliche griechische Text.

Auch in Jer 9,22f. dürfte ein authentisches Prophetenwort vorliegen.[252] Paulus hat, indem er dieses Wort, zugleich im Blick auf Bar, verkürzt zitierte, hier wieder einmal, sogar mehr noch als im Falle Jes 29,14LXX, den Tenor der alttestamentlichen Aussage beibehalten, wenn auch unter kreuzestheologischer Zuspitzung. Die theologische Sicht der prophetischen *Anthropologie* entspricht jedenfalls der des Paulus, mag auch dieser die alttestamentliche Auffassung radikalisieren. Somit bringt der Apostel in 1Kor 1,18-31 zu Beginn ein Prophetenwort, das die alttestamentliche Aussageintention zumindest in essentieller Weise beibehält, und zum Abschluß ein Prophetenwort, von dem dies in noch stärkerem Ausmaß gilt. Für 1Kor 1,18-31 ist also festzustellen, daß sich mit den Zitaten Jes 29,14LXX und Jer 9,23f. und der Anspielung auf Bar 3,9-4,4 die Schere zwischen Altem und Neuem Testament nicht allzuweit geöffnet hat; Vetus Testamentum und Vetus Testamentum in Novo receptum sind hier in einigen wesentlichen Aspekten identisch, mag auch das kontingente kreuzestheologische Spezifikum den alttestamentlichen Aussagen noch fehlen.

In 1Kor 2,1-5 spricht Paulus in der Weise von sich, daß er die zuvor entwickelte theologische Denkfigur auf seine Person und sein missionarisches Wirken bezieht. Insofern geht er jedoch theologisch über das in 1,18-31 Gesagte hinaus, als nun auch der Geist genannt wird. Doch thematisch wird die Geistfrage erst in 2,6ff.

Nach *1Kor 2,6-16*[253] ist christliche Existenz wesenhaft *pneumatische Existenz*. Allerdings konnte Paulus seine "Dogmatik in nuce" in 1Kor 1,18-31 noch ohne die Geistthematik skizzieren. Nun aber wird der Exkurs über die christliche Hermeneutik schlechthin zugleich zum Exkurs über den Geist Gottes. Einerlei, wie man die Vollkommenen, τέλειοι, in 2,6 versteht[254], auf jeden Fall spricht Paulus im folgenden zumindest idealiter über die, die als die Vollkommenen verstehen, was es mit Gott und somit auch mit ihnen selbst auf sich hat. *Wer vom Verstehen spricht, muß vom Geist sprechen.* Wiederum formuliert Paulus in antithetischer Weise: σοφία τοῦ αἰῶνος τούτου bzw. σοφία τῶν ἀρχόντων τοῦ αἰῶνος τούτου

---

[251] Dies hat für die theologische Wertung der LXX jene Konsequenzen, auf die bereits in den Prolegomena des 1. Bandes hingewiesen wurde. S. auch *Wildbergers* Bemerkungen zu Mk 7,6par., Mt 11,25 und 1Kor 1,19, op. cit. 1123f.

[252] *W. Rudolph*, HAT I/12, 69.

[253] Nicht überzeugend ist *M. Widmann*, ZNW 70, 44ff., der 1Kor 2,6-16 als längere Glosse nachweisen will, die von der enthusiastischen Gruppe in der korinthischen Gemeinde als Entgegnung auf das von Paulus in 1Kor Gesagte stammen soll.

[254] Ironisch? Ernsthaft? Sind es alle im Glauben Fortgeschrittenen? Ist es nur ein esoterischer Kreis? S. die Kommentare und *Winter*, Pneumatiker und Psychiker in Korinth. M.E. hat Paulus alle Adressaten im Blick, nicht nur einen esoterischen Kreis.

τῶν καταργουμένων[255] - θεοῦ σοφία, 2,6. Spricht Paulus hier apokalyptisch? Zumindest tut er es in apokalyptischer Sprache: Wir reden θεοῦ σοφίαν ἐν μυστηρίῳ τὴν ἀποκεκρυμμένην, ἣν προώρισεν ὁ θεὸς πρὸ τῶν αἰώνων εἰς δόξαν ἡμῶν, V. 7. Es gehört zum Wesen dieser Weisheit, die im *Geheimnis* seit Urzeiten verborgen war, daß sie irdischer Erkenntnis wesenhaft entzogen ist.

Wie Paulus hier spricht, erinnert vor allem an *Dan 2*. Von Gott wird dem Daniel das Mysterium, das Nebukadnezar im Traum gesehen hat, offenbart.[256] Die Terminologie von Dan 2 berührt sich aufs engste mit der von 1Kor 2,6ff., darüber hinaus überhaupt von 1Kor 1,18 an. In 1Kor 2 geht es thematisch um die σοφία, synonym dazu die σύνεσις (1,19). Nach Dan gibt der Herr den (wahrhaft) Weisen σοφία und σύνεσις; und so dankt Daniel ihm, daß dieser sie auch ihm gegeben hat, um dem König das Mysterium offenbaren zu können, Dan 2,21.23. Gott wird bezeichnet als ἀνακαλύπτων τὰ βαθέα καὶ σκοτεινά, Dan 2,22LXX (θ': αὐτὸς ἀποκαλύπτει βαθέα καὶ ἀπόκρυφα). Paulus sagt, Gott habe durch seinen Geist "uns (sc. das Mysterium) geoffenbart", ἀπεκάλυψεν; der Geist erforsche alles, auch die Tiefen Gottes, τὰ βάθη τοῦ θεοῦ, 1Kor 2,10. Ebenso begegnet in beiden Texten γινώσκειν, Dan 2,22 u.ö.; 1Kor 2,11. In beiden Wortfeldern finden sich δόξα und ἰσχύς. Nachdem Daniel dem König das Mysterium verstehbar gemacht hat, preist dieser den Gott Daniels und seiner Freunde als den Gott der Götter und Herr der Könige mit dem Prädikat ὁ ἐκφαίνων μυστήρια κρυπτὰ μόνος, Dan 2,47LXX (θ': ἀποκαλύψαι τὸ μυστήριον τοῦτο).

Die apokalyptische Terminologie von Dan 2 durchzieht also den hermeneutischen Exkurs 1Kor 2,6ff. Damit ist nicht gesagt, daß eine unmittelbare literarische Abhängigkeit zwischen beiden Texten besteht. Wohl aber sind beide Texte in derselben apokalyptischen Sprache beheimatet. Und da Paulus in der Naherwartung lebt - mag diese auch z.Zt. der Niederschrift des 1Kor weniger akut gewesen sein als z.Zt. der Niederschrift von 1Thess 4 - , wird man nicht nur Sprache und Vorstellungen von 1Kor 2,6ff. als apokalyptisch beurteilen, sondern auch die Intention selbst, auch wenn in unserer Stelle nichts von einer Naherwartung zu spüren ist. Auf jeden Fall ist nach 1Kor 2 der Geist, der die Tiefen der Gottheit offenbar macht, insofern im Eschaton wirksam, als nun endlich die Zeit der Enthüllung des göttlichen Heilsplans gekommen ist. Und das ist die Endzeit. Dieser eschatologische Akzent ent-

---

[255] Haben wir hier wieder eine Anspielung auf Bar vor uns? S. Bar 3,16: ποῦ εἰσιν οἱ ἄρχοντες τῶν ἐθνῶν …;
[256] Zwar ist Dan 2,19LXX (θ': τὸ μυστήριον) vom μυστήριον τοῦ βασιλέως die Rede; aber natürlich ist es das Mysterium, das als Mysterium *Gottes* dem König im Traum zu sehen gegeben wurde. Und als solches ist es natürlich μυστήριον τοῦ θεοῦ.

spricht aber auch ganz dem eschatologischen Ausblick von Dan 2,44ff. Im Sinne des Exkurses 1Kor 2,6ff. ist Hermeneutik essentiell *eschatologische Hermeneutik*. In diesem theologischen Zusammenhang fällt das Verstehen des Mysteriums mit dem Zustand des Heils zusammen. Verstandenes Heil ist identisch mit von Gott geschenktem Heil.

Daß Paulus hier in apokalyptischen Vorstellungen denkt, ist also unbezweifelbar. Entscheidend ist aber die noch durch Interpretation zu erhebende *Bedeutsamkeit* dieser christologischen Apokalyptik. Wie versteht sich der Apostel im Rahmen dieses Vorstellungskomplexes? Zunächst einmal in einer eigentümlichen *Zwischensituation*. Indem sich das seit Ewigkeiten beschlossene Heil jetzt ereignet hat und im geschichtlichen Prozeß des Glaubens Gemeindewirklichkeit geworden ist, ist es ein "bereits jetzt". Indem aber die Wiederkunft des Herrn noch aussteht, ist es die Situation des "noch nicht". In einer von Paulus nicht benutzten apokalyptischen Terminologie gesagt: Alter und neuer Äon überlagern sich in der christlichen Gemeindesituation.[257] Diese Situation des "Zwischen" ist aber nichts spezifisch Christliches, wie allein schon das analoge Selbstverständnis der Qumranfrommen zeigt. Ist aber das jetzt offenbare Mysterium unser in Christus verwirklichtes, weil im Glauben ergriffenes Heil, m.a.W., sind wir als die im Glauben an das Wort vom Kreuz Geretteten sozusagen die Wirklichkeit dieses Mysteriums und ist zugleich diese Wirklichkeit vor allen Äonen von Gott vorherbestimmt zu unserer Doxa[258], so ist uns der denkbar stärkste Halt gegeben. Wir selbst sind gewissermaßen von Ewigkeiten her im Heil Exi-

---

[257] Bei Paulus findet sich die Wendung ὁ αἰὼν οὗτος; doch ist "dieser Äon" von ihm nicht als Gegenbegriff zum kommenden Äon (ὁ αἰὼν μέλλων) formuliert. Paulus artikuliert seine theologischen Aussagen also nicht in der Terminologie des klassischen apokalyptischen Zwei-Äonen-Schemas. "Dieser Äon" ist somit für ihn weniger ein Zeitbegriff als vielmehr primär der Gegenbegriff zur christlichen Existenz. Er ist Inbegriff der Bosheit der unerlösten, auf ihr Ende zustürzenden Welt; s. Gal 1,4: ὅπως ἐξέληται ἡμᾶς ἐκ τοῦ αἰῶνος τοῦ ἐνεστῶτος πονηροῦ. Daß im Begriff "dieser Äon" auch ein zeitliches Moment steckt, ist mit der Naherwartung notwendig gesetzt und am Prädikat ἐνεστώς ablesbar. Insofern kann *Traugott Holtz* mit Recht im Blick auf Gal 1,4 von der als "böse" charakterisierten *gegenwärtigen Geschichte* sprechen; bei Paulus sei die gegenwärtige Welt nicht mehr die eigentliche Welt des Glaubenden (EWNT I, 109f.).

[258] Die durch die Sünde verlorene Doxa (Röm 3,23) ist uns als Geschenk der in Christus geschehenen Erlösung wiedergegeben worden. Die Doxa ist, wie auch 2Kor 3,18 - kurz nach 1Kor geschrieben! - ausweist, Gegenwart. Sie ist Teilhabe an Gottes Doxa (*Hegermann*, EWNT I, 838). Auch der Aorist ἐδόξασεν Röm 8,30 ist in diesem Sinne zu interpretieren (mit *E. Käsemann*, [4]HNT 12a, 236f.; *H. Schlier*, HThK VI, 273-275).

stierende, sind seit Ewigkeiten in Gottes Ratschluß geborgen.[259] Kein Wunder, daß uns alle geballte Unheilsmacht dieses Äons nichts anhaben kann! Der Gott der Doxa wollte uns von Ewigkeit her als die, die mit eben dieser *seiner* Doxa verherrlicht sein werden, die an ihr teilhaben.[260] Indem wir so in der Vergangenheit, mehr noch, vor aller Zeit in Gott unseren Existenzgrund haben, ist das Höchste gesagt, was überhaupt über Menschen gesagt werden kann. *Unsere gegenwärtige Heilsexistenz gründet in der "Vergangenheit" Gottes!* Aber noch nicht ist vor aller Welt offenbar geworden, was Herrliches an uns geschehen ist. Das eigentliche Eschaton, der Jüngste Tag nämlich, steht noch aus.

Dieses Selbstverständnis wird durch das Zitat in V.9 veranschaulicht.[261] Die crux interpretum ist, welche Stelle Paulus als Schriftzitat - immerhin mit καθὼς γέγραπται eingeleitet - zitiert. Nach *Conzelmann* kann das Zitat weder im Alten Testament noch im außerkanonischen jüdischen Schrifttum nachgewiesen werden.[262] Aber der Bezug auf Jes 64,4LXX und 65,16 f.LXX ist offensichtlich. Möglicherweise hat *Anthony T. Hanson* recht, daß die Konflation beider Texte bereits vorpaulinisch ist.[263] Auch nach *Dietrich-Alex Koch* handelt es sich um eine vorpaulinische Bildung, deren Entstehung jedoch nicht unabhängig von Jes 64,3 erfolgt sei; er versteht sie als selbständig tradiertes, mündlich entstandenes Logion.[264]

Paulus dürfte vor der Niederschrift des Röm (erneut?) sehr intensiv JesLXX studiert und aufgrund dieses Studiums seine Israelsicht entscheidend modifiziert haben.[265] Da er den 1Kor höchstwahrscheinlich nicht lange vor dem Röm geschrieben hat, ist ernsthaft mit der Möglichkeit zu rechnen, daß ihm Jes 64,4 und 65,1f. schon zur Zeit der Nieder-

---

[259] Dieser Gedanke wird später in der Paulusschule aufgegriffen: Eph 1,4.

[260] Über den Begriff der Teilhabe s.u.

[261] Man mag einwenden, daß das Zitat als unmittelbare Fortsetzung von V. 8 begründen soll, warum die Archonten dieser Welt - seien sie übernatürliche kosmische Wesen (so im Anschluß an *Conzelmann* u.a. *Otto Merk*, EWNT I, 403f.), seien sie irdische Herrscher, was m.E. schon allein wegen des ἐσταύρωσαν die größere Wahrscheinlichkeit hat - den Herrn der göttlichen Doxa nicht erkannt hatten. Aber sollte Paulus in der Tat mit diesem Zitat *zunächst* diese Begründung intendiert haben, so hat er doch letzten Endes damit die Erkenntnis der τέλειοι von V. 6 ausgesagt.

[262] *Conzelmann*, KEK, 88. Mit Recht wendet sich *Hofius*, ZNW 66, 140ff. gegen von *Nordheim*, ZNW 65, 112ff., daß wir im jüdischen Grundstock des Jakobus-Testaments die Quelle des paulinischen Zitats vermuten dürften; seine Beweisführung ist evident. S. auch *Sparks*, ZNW 67, 269ff.

[263] *Hanson*, Interpretation, 60.

[264] *Koch*, Die Schrift als Zeuge, 41: "Es ist also auch unter Berücksichtigung der Beziehung zu Jes 64,3 naheliegend, daß Paulus das Logion aus mündlicher Verwendung kennt. Daß er es als Schriftzitat ansieht und zitiert, ist aufgrund der Nähe zu Jes 64,3 verständlich, zumal die von Jes 64,3 abweichenden Bestandteile bewußt in biblischer Sprache formuliert sind."[264]

[265] S.u. zu Röm 9-11.

schrift des 1Kor vertraut waren. Daß er dann beide Texte ineinanderfließen läßt, ist nicht verwunderlich, wenn man an ähnliches Vorgehen -
wenn auch nicht in diesem Ausmaß - an anderen Stellen denkt. τοῖς
ἀγαπῶσιν αὐτόν (3. Zeile des Zitats) ist vielleicht Anspielung auf Sir 1,10;
diese Möglichkeit gewinnt dadurch an Wahrscheinlichkeit, daß es von
Sir 1,1 an um die σοφία geht. Sir 1,1 πᾶσα σοφία παρὰ κυρίου ist bestens
christologisch deutbar. Die Frage Sir 1,3 σοφίαν τίς ἐξιχνιάσαι; fügt sich
bestens in den Zusammenhang von 1Kor 2,6ff. Diese Frage müßte nach
Paulus für den alttestamentlichen Autor von Sir noch negativ beantwortet werden, für den christlichen Pneumatiker aber unbedingt positiv.
Ähnliches läßt sich für Sir 1,7 sagen. In Sir 1,10 ist im Zusammenhang
mit der Wendung τοῖς ἀγαπῶσιν αὐτόν von der δόσις Gottes die Rede. Das
Wortfeld von Sir 1 deckt sich in mancher Hinsicht mit dem des Paulus.

Die genannten Sachverhalte sind, einzeln genommen, lediglich
Konvenienzgründe. Aber ihre Fülle läßt sehr ernsthaft fragen, ob nicht
Paulus die zwei Jes-Aussagen mit Sir zusammengelesen und so zu *einem*
Zitat zusammengefügt hat. Das καθὼς γέγραπται läßt vermuten, daß
Paulus in seinem Zitat 1Kor 2,9 Gedanken der Schrift in weithin wörtli-
cher Anlehnung an sie zu einer Gesamtaussage zusammenfügt. Die
theologische Berechtigung besteht für ihn darin, daß er in der Schrift die
eine Stimme des *einen* Gottes sieht.

Wichtiger ist die Frage, was Paulus mit diesem Zitat inhaltlich und
formal beabsichtigte. Er wollte, so zunächst die Antwort, mit Hilfe des
Zitats sagen, daß nur wir als die Vollkommenen verstehen, was Gottes
verborgene Weisheit ist, und dies folglich für die törichten Herren dieses
Äons nicht zutrifft.[266] Jedoch, will Paulus mit dem Zitat *begründen*, daß
uns das, was jenseits des Bereichs der Vorfindlichkeit und der natürlichen Verfügbarkeit existiert, von Gott zugänglich gemacht worden ist?

Nun hängt die logische Sequenz der paulinischen Argumentation
nicht zuletzt davon ab, wie die textkritische Frage für V.10 beantwortet
wird: Ist ἡμῖν δέ oder ἡμῖν γάρ zu lesen? Ist δέ zu lesen, so würde mit
V.10 auf die Christen, die den Geist Gottes besitzen, verwiesen; sie wären es, die *im Gegensatz* zu den törichten Archonten das Mysterium sehen und hören; "uns *aber*", nicht ihnen, hat Gott die Offenbarung durch
den Geist zukommen lassen. Das Schriftzitat würde dann aufgrund seines Platzes zunächst nur besagen, daß die in ihm genannten Gnadenga-
ben den Archonten nicht zuteil geworden sind. Erst V.10 würde zum
Ausdruck bringen, daß "wir" es sind, für die das Zitat zutrifft. Ist aber γάρ
zu lesen, so sind V.9 und V.10 enger aneinander gerückt als bei der anderen Lesart. Es entsteht nahezu der Eindruck, daß schon im Zitat "wir"
mitgedacht sind und nicht erst durch V.10 erneut ins Blickfeld geraten.
Dieser dann begründende Vers würde somit ein Faktum aussagen, das
seinerseits nicht mehr begründet werden brauchte. Denn auch die bei-

---

[266] Daß der Wortlaut des Zitats nicht so gepreßt werden darf, daß uns, *weil* wir Gott lieben, dieser seine Weisheit erkennen ließe, versteht sich von selbst.

den Partikel γάρ in V.10b und V.11 wollen ja nicht V.10a begründen, sondern das in ihm Gesagte weiterführen.

Doch wie man sich auch immer textkritisch für V.10a entscheidet, in keinem der beiden Fälle wird das Zitat in V. 9 als Begründung für das Faktum der pneumatischen Existenz der Christen angeführt. Anscheinend will Paulus mit diesen Worten den Gnadenzustand mehr veranschaulichen als begründen. In der Argumentation des Paulus fungiert das Zitat daher auch nicht im eigentlichen Sinne als Schriftbeweis.

Die Prämisse der in 1Kor 2,6-16 vorfindlichen Argumentation ist der Heilszustand der Christen - diese als Pneumatiker verstanden - , somit aber auch im konkreten Fall der Heilszustand der Korinther.[267] Ganz allgemein und grundsätzlich gilt ein Doppeltes:

1. Gott hat das Geheimnis seines tiefsten Wesens, τὰ βάθη τοῦ θεοῦ, geoffenbart, und zwar durch den Geist, διὰ τοῦ πνεύματος, V.10.

2. Wir haben den Geist Gottes. Da aber der Geist Gottes das, was Gottes ist, τὰ τοῦ θεοῦ, versteht, verstehen wir, was uns Gott geschenkt hat, τὰ ὑπὸ τοῦ θεοῦ χαρισθέντα.

Schwächt aber Paulus nicht ab, wenn er gerade nicht sagt, wir verständen τὰ τοῦ θεοῦ, sondern nur τὰ ὑπὸ τοῦ θεοῦ χαρισθέντα? Diese Frage ist zu verneinen, da Paulus die Aussage, wir hätten den Geist Gottes "empfangen", ἐλάβομεν, nicht abschwächt. Wir *haben* ja den Geist Christi; emphatisch schließt 2,6-16 mit diesen Worten: ἡμεῖς δὲ νοῦν Χριστοῦ ἔχομεν! Sagt also Paulus, daß wir verständen, was uns Gott gnadenweise geschenkt hat, so ist das insofern mit dem Verstehen der "Tiefen Gottes" identisch, als es ja das Wort vom Kreuz ist, das den Inhalt der Weisheit Gottes ausmacht.[268] Der Apostel sieht also Gottes Tiefen und Gottes Handeln im Kreuz Christi in eins. Anders gesagt, Gottes

---

[267] Daß in Kap. 3 die Korinther als σαρχιχοί und gerade nicht als πνευματιχοί angeredet werden, ist sicherlich ein Problem. Daß *Widmann*, ZNW 70, 44ff., in ihm ein Beweiselement für seine These von 1Kor 2,16 als Glosse sieht, ist verständlich. Aber man darf den tadelnden Charakter von 3,1ff. nicht übersehen: Eigentlich *seid* ihr, was ich in 2,6ff. gesagt habe, nämlich Pneumatiker. Aber in eurem Parteienstreit zeigt ihr euch gar nicht als derartige Pneumatiker, sondern als Sarkiker. Der Ton ist ironisch. Deshalb ist auch die Hypothese, Paulus unterscheide in der korinthischen Gemeinde zwei Gruppen, die Vollkommenen als die Pneumatiker, und die noch Unvollkommenen, die Sarkiker, (so z.B. *Conzelmann*, KEK V, 83ff.) zur Lösung der Differenz zwischen 1Kor 2,6ff. und 3,1ff. nicht erforderlich. Richtig *Jacob Kremer*, EWNT III, 292: "*Geistliche* sind nach Paulus alle Christen, wenn sie sich auch mitunter wie "Irdische" (σάρχινος) und "Unmündige" (1Kor 3,1) und nicht wie "Vollkommene" (τέλειος) verhalten (vgl. auch Gal 6,1)."

[268] Richtig *F. Lang*, NTD 7, 41: Der Inhalt der Weisheit von 1Kor 2,6 ist "keine höhere Weisheit, die über den Gekreuzigten hinausführt". Hingegen *Conzelmann*, KEK, 79: Zusätzliche Inhalte des Wissens, die Paulus den Korinthern bisher vorenthielt.

Wesen erschließt sich in seinem *Handeln*. Paulus unterscheidet eben nicht zwischen Sein und Tun. Vollkommen, τέλειος, ist aber dann der, für den im Wort vom Kreuz das Wesen Gottes erschlossen ist.[269]

Angesichts dieses Sachverhalts stellt sich auch nicht mehr die Frage, ob wir, wenn wir den Geist Gottes empfangen haben und dadurch die Tiefen eben dieses Gottes verstehen, selbst göttlicher Natur geworden sind, m.a.W., ob im gnostischen Sinne eine *naturhafte Einheit* zwischen Gott und dem pneumatischen Menschen besteht. Es mag sein, daß Paulus (proto-)gnostische Begriffe unterschwellig aufgenommen oder gar bewußt aufgegriffen hat, um seine gnostischen Gegner mit deren eigenen Waffen zu bekämpfen.[270] Die Sprache des Paulus ist zugegebenermaßen gewagt, weil sie zuweilen in ihrer Terminologie den erlösten Menschen ungeheuer nahe an Gott heranrückt; aber der Gesamttenor der paulinischen Theologie, nach dem Gott der Herr über sein Geschöpf bleibt, verbietet von vornherein eine solche Annahme. Daß wir den Geist Gottes "haben" und nach dem Prinzip "Gleiches durch Gleiches erkennen"[271] kraft dieses göttlichen Geistes Gottes Tiefen als das Wort vom Kreuz verstehen, ist also das theologisch-pneumatische Fundament der paulinischen Hermeneutik. Haben wir im Blick auf 1Kor 1,18ff. von der Grundstruktur des theologischen Denkens des Paulus als dem Ineinander von Soteriologie und Hermeneutik gesprochen, so können wir nun ergänzen: Zu dieser Grundstruktur gehört auch das *Ineinander von Pneumatologie und Hermeneutik*. Bei Paulus findet sich also das *theologische Dreieck "Soteriologie - Pneumatologie - Hermeneutik"*.

1Kor 2,6-16 schließt mit dem Zitat Jes 40,13, das aufgrund des eingeschobenen γάρ begründende Funktion zu haben scheint. Steht aber dieses γάρ wirklich anstelle einer formula quotationis, etwa γέγραπται γάρ? Will also Paulus ein formelles Schriftzitat als Schriftbeweis bringen? Zunächst fällt auf, daß er den Text gekürzt wiedergibt. Will Paulus in einem "Akt interpretierender Aneignung" den Text bewußt straffen?[272] Tatsächlich gibt das ausgelassene καὶ τίς σύμβουλος αὐτοῦ ἐγένετο für die Argumentation in 1Kor 2,6-16 keinen Sinn. Aber warum hat er dann aus Jes 40,13 die Worte ὃς συμβιβάσει αὐτόν zitiert? Dieser Relativsatz ist für

---

[269] Wer also die Pneumatiker von 1Kor 2,6ff. als eigene Gruppe von den Sarkikern unterscheiden will, muß auch zwei Stufen der geistlichen Erkenntnis annehmen.

[270] Z.B. *Winter*, Pneumatiker und Psychiker, passim.

[271] Zum philosophischen Hintergrund s. die Kommentare.

[272] *Koch*, Schrift als Zeuge, 115f.

die paulinische Argumentation doch genauso funktionslos wie die ausgelassenen Worte.[273]

Fragt also Paulus, wer den Geist des Herrn, d.h. den Geist Christi, habe und antwortet er "*Wir* haben den Geist Christi", so zielt seine Argumentation auf diese Antwort, also auf die von ihm emphatisch ausgesprochene Behauptung 2,16c. Die kurze Frage, wer den Geist des Herrn habe, impliziert, wie die zuvor ausgeführte Argumentation 2,10-15 zeigt, eine ausführlichere Frage, nämlich: "Wer hat den Geist des Herrn, so daß er die Tiefen Gottes, also sein Wort vom Kreuz, versteht?" Und wenn Paulus dann sagt "wir haben den Geist Christi", so will er damit betont zum Ausdruck bringen, daß "wir" genau diese Erkenntnis hätten. Wer wirklich glaubt und somit unbestritten Pneumatiker ist, *hat* Christi Geist und *weiß*, was dieser Geist über die Tiefen Gottes weiß. *Wer den Geist hat, weiß, was Gott weiß!* Liegt also der Ton im abschließenden V.16 nicht auf der Frage, sondern auf der so triumphierend klingenden Antwort, so dürfte Paulus trotz des begründenden γάρ keinen Schriftbeweis im strengen Sinne des Wortes vortragen. Die entscheidenden Aussagen in 2,6-16 bringt er in thetischer Sprache, so vor allem 2,10a.12, also inhaltliche Entsprechungen zu V. 16c. Paulus argumentiert vom Glauben aus; die beiden Schriftzitate haben mehr ausschmückende denn begründende Funktion.

Auffällig ist die Diskrepanz zwischen dem Sinn, den Jes 40,13 im alttestamentlichen Kontext und den der Vers im paulinischen Zitat hat. Außerdem weicht die LXX vom hebräischen Original ab. Der MT lautet in deutscher Übertragung: "Wer hat den Geist Jahwähs bestimmt und 'wer' ist sein Ratsmann, den er unterweise? Mit wem hat sich beraten, daß er ihm Einsicht gegeben? ..."[274] Nach der LXX heißt es aber: "Wer hat den Sinn des Herrn erkannt ...?"; der Übersetzer hat statt *tikken* wahrscheinlich *hebîn* gelesen und dieses Wort mit ἔγνω wiedergegeben.[275] Wichtiger als dieser Sachverhalt ist aber, daß Paulus den Kontext von Jes 40 völlig ignoriert. Er antwortet auf die Frage "Wer hat den Geist des Herrn erkannt?" mit emphatischem "Wir!". In Jes 40,13 handelt es sich aber sowohl im MT als auch im davon differenten Text der LXX um eine rhetorische Frage, die mit "niemand" beantwortet sein will. Es geht um die absolute Weltüberlegenheit Jahwähs. Wenn hier vom Geiste Jahwähs die Rede ist, so nicht im eigentlichen pneumatologischen Sinne; gemeint ist vielmehr "das, was die Person

---

[273] Jes 40,13LXX bringt das Präsens συμβιβᾳ̃, Paulus zitiert aber das Verb im Futur συμβιβάσει. Paulus liegt nur an der Frage τίς ἔγνω νοῦν κυρίου; Dabei versteht er νοῦν als synonym mit πνεῦμα. Warum Paulus Jes 40,13bLXX weggelassen, 40,13c aber zitiert hat, kann nur ratende Spekulation beantworten.

[274] Übersetzung in Anlehnung an *K. Elliger*, BK.AT XI/1, 40.

[275] *B. Duhm*, Das Buch Jesaja, Göttingen ⁵1968 (= ⁴1922), 294.

Jahwes zur Person macht, das, was Duhm, wenn auch etwas zu eng, als das 'Organ des göttlichens Erkennens, Ratfindens, Beschließens' definiert und Volz in seiner Weise als 'das allumfassende und geistige Wesen Jahwes', in dem 'vor allem die Züge des Willens und der Weisheit herausgearbeitet' sind, und wiederum etwas einseitig, aber durchaus den zentralen Punkt treffend, Westermann als 'Gottes wunderbar wirkende Kraft'".[276]

Erwägt man, wie sehr in diesem Fall der alttestamentliche Sinn des Zitats und die Bedeutung, die ihm Paulus gibt, auseinanderfallen, sollte man ernsthaft fragen, ob Paulus hier wirklich Jes 40,13 zitieren oder nicht eher mit den Worten des Jes-Buches und der von ihm gegebenen Antwort das Fazit seiner Darlegungen in 1Kor 2,6-16 bringen will. Einerlei, wie man hier urteilt, von theologischer Relevanz ist auf jeden Fall, daß das von Deuterojesaja nicht eigentlich pneumatologisch gemeinte Wort Jes 40,13 von Paulus pneumatologisch verstanden ist. Sollte tatsächlich ein förmliches Zitat intendiert sein, so wäre der pneumatologische Akzent wohl noch stärker, als wenn lediglich eine Anspielung vorläge.

Mag es auch auf den ersten Blick so scheinen, als sei *1Kor 3* für die Aufgabe einer Biblischen Theologie des Neuen Testaments von geringem Gewicht, so zeigt ein genaueres Hinsehen die hohe theologische Relevanz dieses Kapitels, vor allem in ekklesiologischer Sicht und dann aus ekklesiologischer Perspektive im Blick auf den Komplex Verkündigung, Rechtfertigung und Gericht. In diesem Zusammenhang sind es gar nicht so sehr die beiden, sogar eigens mit der formula quotationis καθὼς γέγραπται (und καὶ πάλιν) eingeführten alttestamentlichen Zitate, die das Verhältnis der paulinischen Ausführungen zum Alten Testament bestimmen, sondern der theologische Inhalt, der zwar auch bei alttestamentlichen Vorstellungen einsetzt, aber in wesentlichen Aspekten über sie hinausgeht.

Vordergründig geht es Paulus um seine Ebenbürtigkeit als Verkünder des Evangeliums gegenüber Apollos, den seine Gemeindefraktion als die eigentliche geistliche Autorität in Korinth favorisiert. Paulus spielt demgegenüber sowohl seine eigene als auch die Stellung des Apollos herunter, stellt sich mit ihm auf *eine* Ebene: beide sind Diener, διάχονοι. Und weil das die korinthischen Fraktionisten nicht verstanden haben, ist es mit ihrem Pneumatikersein nicht weit her; sie sind, obwohl in ihrer eigentlichen Existenz pneumatisch, doch in ihrem faktischen Sein fleischlich. Die Argumentationslinie vom Anfang des 1Kor her ist deutlich.

Hinter dieser Diskussion um die apostolische Autorität des Gemeindegründers und die geistliche Autorität dessen, der auf der Gemeindegründungsarbeit aufbaut, stehen elementare *ekklesiologische* Fragen. Wo sich Paulus gezwungen sieht, seinen Apostolat zu verteidigen -

---

[276] *Elliger*, BK.AT, 50.

die Fraktionsauseinandersetzungen sind ja im erheblichen Ausmaß Diskussionen um seine anscheinend schwindende Autorität - , da sieht er das Fundament der Kirche gefährdet.

Indem er nun Apollos und sich mit der Frage "Was ist denn Apollos, was ist denn Paulus?" abwertet und Gott als den eigentlich Handelnden herausstellt, dessen bloße Mitwirkende, συνεργοί, sie doch nur beim Pflanzen und Begießen seien, hat er unter der Hand seine eigene Autorität gegenüber der des Apollos aufgewertet. Zwischen den Zeilen ist es deutlich zu lesen: Pflanzen ist doch mehr als Begießen! Und mit dem Pflanzen ist ja schließlich die Verkündigung des Evangeliums als gemeindegründende Tat umschrieben. Und noch einmal ist unter der Hand seine apostolische Stellung gegenüber Apollos gewichtet. Wenn Paulus durch diese Verkündigung die Gemeinde in Korinth gegründet hat, dann war sein Tun immerhin die äußere, wir würden heute sagen: die geschichtliche Dimension des Handelns Gottes. Das Handeln des berufenen Apostels, 1Kor 1,1, *ist* ja das Handeln Gottes! Natürlich ist auch das "Begießen" durch Apollos in analoger Weise Handeln Gottes. Aber Paulus hat gemäß der ihm gegebenen χάρις, der Amtsgnade, (s. Gal 1,15; 2,9 und das darin ausgesprochene apostolische Selbstbewußtsein!) das Fundament, das doch Jesus Christus selbst ist, gelegt! Der andere, ἄλλος, baut - wir müssen ergänzen: nur - darauf auf, ἐπ-οικοδομεῖ.

Mit den Bildern vom Pflanzen, Begießen, Legen eines Fundaments und Bauen auf dem Fundament bewegt sich die Sprache des Paulus ganz in alttestamentlichen Vorstellungen. Nach dem Weinberglied Jes 5 hat sich Jahwäh selbst einen Weinberg gepflanzt; dieser symbolisiert das ungehorsame Israel (Jes 5,7). In Jes 5,2 ἐφύτευσα ἄμπελον findet sich sowohl die sprachliche als auch die vorstellungsmäßige Parallele zu 1Kor 3,6 ἐγὼ ἐφύτευσα. Der negativen Aussagetendenz von Jes 5 entspricht die Negation von 1Kor 3,5 "Apollos hat begossen" in Jes 5,6 "Ich verbiete den Wolken, auf den Weinberg zu regnen". Auffällig ist bei Paulus die Vermischung der Bilder vom Pflanzen bzw. Begießen und vom Bauen. Doch einmal davon abgesehen, daß die Verbindung dieser beiden Bilder öfters begegnet[277], ist bemerkenswert, daß in Jes 5,3 neben dem ἐφύτευσα ἄμπελον steht καὶ ᾠκοδόμησα πύργον ἐν μέσῳ αὐτοῦ. Freilich sind hier nicht wie bei Paulus die Bilder ineinandergeschoben, sondern in einer Allegorie zwei einander zugeordnete Tätigkeiten genannt. Trotzdem, sollte Paulus Jes 5,2 vor Augen gehabt haben - m.E. ist ernsthaft damit zu rechnen - , wäre es schon recht auffällig, daß er für seine Metaphernsprache beide Motive ineinander verschachtelt und somit, was von Jesaja in vorstellbarer Weise gleichnishaft ausgesagt wurde, in ein Miteinander von sich vorstellungsmäßig widersprechenden Metaphern brachte.[278]

---

[277] *Fridrichsen*, ThStKr 1922, 185f.

[278] Daß Paulus, wie bekannt, im Gebrauch seiner Bilder zuweilen recht unglücklich verfuhr, zeigt sich allerdings auch hier wieder. Nach *Johannes Weiß*, KEK V (1970 = [9]1910), 82, ist Paulus an einer etwas künstlichen Häufung von Metaphern gescheitert. *Philipp Vielhauer*, Oikodome, 79, hält dem jedoch entgegen, daß der Orientale in der Bildrede gerade das Ungemäße, Störende, Auffallende und Groteske liebe, den schillernden Übergang vom Bild zum Rätsel, von der Parabel zur Allegorie.

Auf Jes 5 wurde zunächst verwiesen, da das Jes-Buch für Paulus neben der Gen und, mehr noch, dem Psalter von eminenter Bedeutung für sein theologisches Denken und überhaupt für seine ganze theologisch-missionarische Existenz war. Man wird aber hier auch Jeremia nennen müssen, vor allem die Berufungsperikope *Jer 1,4-10* mit den besonders wichtigen Versen 1,9f.: Der Herr hat seine Worte in des Propheten Mund gegeben; und dessen Aufgabe ist u.a. - die Völker, ἔϑνη, werden eigens genannt - ἀνοικοδομεῖν καὶ καταφυτεύειν.[279] Daß Paulus seine Berufung in der Kontinuität zur alttestamentlichen Prophetenberufung sah, zeigte sich bereits Gal 1,15.[280]

Damals Israel als Pflanzung Gottes, vermittelt durch prophetische Verkündigung, jetzt die Kirche als die neue und endgültige Pflanzung Gottes, vermittelt durch apostolische Verkündigung des Evangeliums - das zielt auf das *Selbstverständnis* dieser *Gemeinschaft* von Gott her. Es geht dabei im Falle Israels um Gerichtsdrohung, im Falle der Kirche aber vornehmlich um die Verkündigung des Evangeliums; daher die Wirkung des Evangeliums als Kraft Gottes, die ja gerade Rettung aus dem Gericht ist. Wenn Paulus gepflanzt, Apollos begossen hat, wenn also beide als Diener Gottes das Werk *Gottes* tun, wobei dieser durch sein machtvolles Wort der eigentlich Handelnde ist, so bedeutet die durch dieses Wort geschaffene Kirche die Geborgenheit des einzelnen in eben dieser Pflanzung Gottes. Es bedeutet für den einzelnen, sich als Teil des Ackerfeldes Gottes, ϑεοῦ γεώργιον, zu verstehen, 1Kor 3,9. 1Kor 3 ist also ein hoch soteriologischer Text, dessen Soteriologie kerygmatischer Natur ist - wo das Wort vom Kreuz geglaubt wird, da wirkt Gottes im Kreuz Jesu vollbrachte Tat die Rettung - ; es ist freilich ein Text, dessen Soteriologie in keiner Weise individualistisch interpretiert werden darf. Worauf nämlich in diesem Kapitel alles ankommt, ist die *ekklesiologische Dimension der kerygmatischen Aufgabe* derer, die als *Diener und Mitarbeiter Gottes*, ϑεοῦ συνεργοί[281], das Evangelium als Wort des Kreuzes verkünden und so den Glauben "bewirken". Die in 1Kor 3 von Paulus zur Sprache gebrachte Ekklesiologie - bereits im 1. Kap. klingt die ekklesiologische Dimension der Soteriologie an - bringt also das *kollektive Selbstverständnis der Gemeinde* zum Ausdruck.

---

[279] S. auch Jer 12,14-16; 24,6.

[280] Mochte auch dort eher auf Jes 49,1 als auf Jer 1,5 angespielt sein, so ist doch für Paulus nicht so sehr die Berufung eines bestimmten Propheten die atl. Vorabbildung seiner eigenen Berufung, sondern eher die Prophetenberufung als solche theologisch relevant.

[281] Natürlich nicht im "synergistischen" Sinne des synergistischen Streites im 16. Jh.!

In der Argumentation von 1Kor 3 ist die Metapher vom *Bau*, οἰκοδομή, von größerem Gewicht als die von der Pflanzung. Denn sie ist es, die auf die entscheidende Aussage V.16f. hinzielt. Mit dieser zweiten Metapher sagt Paulus erneut seine Vorrangstellung vor Apollos (und somit vor allen übrigen "Konkurrenten") aus, diesmal sogar ohne den Versuch, zumindest theoretisch eine gewisse Einebnung der eigenen Position mit der des Apollos wie in VV.6-9 vorzunehmen. Jetzt sagt er mit unüberhörbarer Deutlichkeit, daß er es ist, der - mit σοφὸς ἀρχιτέκτων Bezug auf Jes 3,3[282] - das Fundament der korinthischen Gemeinde gelegt habe: θεμέλιον ἔθηκα! Und das sagt er ja unter unüberhörbarer Anspielung auf seine Berufung. Ein anderer - selbst, wenn dieser andere kein Geringerer als der ist, der mit ihm in gleicher διάκονος- und θεοῦ-συνεργός-Funktion steht - kann eben nur darauf aufbauen, ἐποικοδομεῖ. Verändern darf er an dem von Paulus gelegten Fundament nichts! Und das Fundament, das Paulus gelegt hat, ist Jesus Christus selbst.[283] *Philipp Vielhauer* hat diesen Sachverhalt klar formuliert: "Paulus bringt also mit dem Bild vom Fundamentieren für seine apostolische Tätigkeit 1. das zeitlich Primäre, 2. die sachlich entscheidende Bedeutung seiner Arbeit für jede weitere Arbeit und damit 3. seine absolute Überlegenheit, Autorität und Sonderstellung zum Ausdruck."[284] Dann aber ist es ein fundamentales theologisches Postulat, daß die apostolische Predigt das absolute Maß, der Maßstab für alle kommende Verkündigung in der Kirche sein muß. Die theologia crucis, wie Paulus sie in 1Kor 1 ausgesprochen hat, bleibt unumstößlich das Kriterium kirchlicher Predigt für alle Zeiten. Kirchliche Wirklichkeit ist, wenn es wirklich die ἐκκλησία τοῦ θεοῦ

---

[282] Nach Jes 3,1ff. straft Gott Jerusalem und Juda, indem er ihnen alle die Männer nimmt, die sie zu ihrer Existenz brauchen, auch den "weisen Architekten". Sollte, was wahrscheinlich ist, Paulus bei der Formulierung von 1Kor 3,10 diese Jes-Stelle vor Augen gehabt haben, so ist zu fragen, ob er mit der verbalen Anleihe an sie zum Ausdruck bringen wollte, daß Gott durch seine Berufung diesen Architekten dem nun neuen Israel in der Gestalt des Apostels zurückgegeben hat. So wenig dies beweisbar ist, so sehr fügt sich jedoch eine derartige Annahme in das apostolische Selbstbewußtsein des Paulus, auch und gerade, wie es sich in 1Kor 3 artikuliert.

[283] Die Diskussion, ob das Fundament Christus oder dessen Lehre ist (s. *Vielhauer*, Oikodome, 80f.), ist verfehlt, da der Gegensatz falsch konstruiert ist. Was Paulus in Korinth getan hat, ist die Gründung der Gemeinde durch die Predigt des Evangeliums als des Wortes vom Kreuz. Dieses Wort ist aber als das Wort Gottes die δύναμις θεοῦ. Wenn also Paulus durch diese Predigt die korinthische Gemeinde ge-*gründ*-et hat, so ist ja dieses Gründen das Handeln *Gottes*, das in der Predigt des Apostels präsent war! Zu 1Kor 3,5-17 s. auch *Kitzberger*, Bau der Gemeinde, 64ff.

[284] *Vielhauer*, Oikodome, 80.

ist, in ihrem Wesen durch diese Predigt bestimmt. Auch die *Ekklesiologie* des Paulus ist essentiell *Theologie des Wortes* und als solche *Theologie des Kreuzes*. Von diesem Urgrund kirchlicher Existenz geht Paulus nie ab. Seine Theologie hat sich wohl in manchen Punkten vom 1Thess bis zum Röm geändert. Aber an der theologia crucis hat Paulus nie etwas geändert.[285]

Der Ausblick auf das Gericht *1Kor 3,12-15* ist innerhalb des Kapitels eine kleine *Digression*. Deren Funktion ist in der Argumentation von 1Kor 3 nur, daß der Hinweis auf das Feuer des Endgerichts, in dem zwar nicht der Verkünder des Evangeliums, wohl aber sein Werk verbrennen kann, als die ernste Mahnung verstanden sein will, dem Verkündigungsauftrag gerecht zu werden. Die atl. Bezüge, etwa auf Jer 66,15f., Mal 3,19; Am 4,11, sind für den Argumentationsduktus von 1Kor 3 nur von indirektem Interesse und brauchen daher an dieser Stelle nicht weiter ausgeführt zu werden.

In V.16 geht der zuvor auf die Verkündiger des Evangeliums gerichtete Blick wieder zurück auf die Gemeinde. Sie wird, wie zuletzt schon in V.9, direkt angesprochen. Das dort begegnende Bild von der Gemeinde als Bau Gottes wird nun theologisch, genauer, pneumatologisch präzisiert: Die Gemeinde als Oikodome Gottes ist der *Tempel Gottes*, ναὸς ϑεοῦ. Der Tempel aber ist nach alttestamentlicher Vorstellung der Ort, wo Gott wohnt.

Diese Vorstellung kommt in recht massiver Art in *1Kön 8* zum Ausdruck.[286] Für unsere Frage ist es von geringem Gewicht, welche religionsgeschichtlichen Traditionen zur Formulierung des sog. Tempelweihspruchs 1Kön 8,12f. führten und wie die mit ihm gegebenen literarkritischen Probleme zu lösen sind. Es mag hier genügen, darauf hinzuweisen, daß aller Wahrscheinlichkeit nach die Vorstellung zugrunde liegt, nach der Jahwäh, der im Wolkendunkel, *bāᶜarāpœl*, wohnen will, als "Wettergott" den astralen Gottheiten gegenübergestellt wird, diese aber dadurch entmythisiert werden.[287]

---

[285] Mit dem Gedanken vom Bau und Bauen bewegt sich Paulus, wie sich zeigte, im atl. Vorstellungsbereich. Mit dem spezifischen Bild vom Fundament und dem Weiterbau hat er sich aber an die Diatribe angelehnt (Details s. die Kommentare, z.B. *Conzelmann*, KEK, 100, Anm. 58). Entscheidend ist jedoch auch hier wieder, daß mit der Metapher vom Bau und ihren Implikationen erneut das bereits genannte "kollektive" Selbstverständnis der Gemeinde angesprochen ist.

[286] S. vor allem *M. Noth*, BK.AT IX/1, 168ff.; *E. Würthwein*, ATD 11/1, 84ff.

[287] *Noth*, BK.AT, 181f.; vor allem 182: "Damit wird Jahwe in den Kreis der in den altorientalischen Kulturländern geläufigen Vorstellungen vom Wohnen der Gottheit in (städtischen) Häusern einbezogen. Dieser Begriff des 'Wohnens' ist in der königszeitlichen Jerusalemer 'Tempel-Theologie' festgehalten worden und erscheint gelegentlich in Prophetenworten (Jes 8,18bβ; vgl. auch Am 1,2a) und in der kultischen Dichtung (z.B. Ps 76,3b; 132,13f. ...).", *Würthwein*, ATD, 88f.

Von theologisch erheblich größerer Relevanz für das theologische Verhältnis der beiden Testamente zueinander ist - ganz abgesehen davon, daß V.12 in seiner Wirkungsgeschichte fast durchgängig als Wohnen Gottes im Adyton des Tempels verstanden wurde - , daß nach V.13 Salomon ein herrschaftliches Haus für Jahwäh gebaut hat, in dem dieser für immer wohnen sollte, *ᶜôlāmîm*. Danach ist der Jerusalemer Tempel als *Wohntempel*, nicht als Erscheinungstempel gedacht.[288] Nun ist aber nach 1Kön 8,20 das Haus für den *Namen* Jahwähs, *ləšem JHWH*, gebaut, also gemäß deuteronomischer Grundaussage, daß Jahwäh den Ort auserwählt hat, wo er seinen Namen wohnen lassen will, Dtn 12,5 u.ö. Nach *Gerhard von Rad* ist das ein theologisches Korrektiv der massiven Vorstellung von Jahwähs Gegenwart vom Wohnen am Kultort durch die theologisch sublimierte Vorstellung vom Wohnen "nur" des Namens Jahwähs.[289] Mit *Roland de Vaux* wendet *Ernst Würthwein* zu Recht dagegen ein, daß es die "Theologie des Namens" war, "angesichts der selbstverständlich anerkannten Transzendenz Gottes, dem Tempel seine Bedeutung als Ort der wirksamen Gegenwart Jahwes zu wahren".[290] Die prophetische Literatur, vor allem die Polemik des Jeremia, zeigt, wie massiv man sich in Jerusalem die Gegenwart Jahwähs im Tempel vorgestellt und deshalb unbeirrbar darauf vertraut hat, daß dort kein Unheil geschehen konnte, wo Gott selbst seine Wohnung genommen hatte, so z.B. Jer 7. Die Zionstheologie des Jesaja liegt im selben Vorstellungsbereich. Dieser Prophet konnte also seine scharfe prophetische Kritik noch im Rahmen des Zionstheologumenons äußern, während Jeremia in diesem Punkte schon erheblich radikaler dachte. Auch in den Zionspsalmen kommt die Uneinnehmbarkeit der Stadt Gottes zum Ausdruck.

Nun finden sich allerdings zahlreiche Belege für die Vorstellung, daß *Jahwäh im Himmel throne*, vor allem in einer Reihe von Psalmen, so z.B. Ps 2,4; 102,20; 103,19; 123,1; 144,5. *Yves Congar* meint in seiner Studie zur Geschichte der Gegenwart Gottes mit dem bezeichnenden Titel "Das Mysterium des Tempels", daß spätestens seit der Epoche des Amos und des Hosea diese Vorstellung festgestanden habe: "der wahre Tempel ist der Himmel". Daher sei es "der bestürzende Sinn der großen Vision des Isaias und schon der der Erkenntnisse des Oseas (11,9)", daß der über alles erhabene Gott, also der Gott der absoluten Transzendenz, der Heilige Israels sei. Congar spricht daher von einer "Spannung, die die frömmsten Seelen schmerzhaft empfanden, zwischen der himmlischen Transzendenz Gottes und seiner beinahe vertraulichen Gegenwart inmitten Israels, zwischen seiner Heiligkeit und den Mitteilungen, die er seinem Volke machte, zwischen seiner Abgesondertheit und seiner Nähe"[291]; deshalb will auch er in der Namen-Theologie des Dtn den Ausdruck für die Betonung gerade dieser Spannung sehen.[292] Doch stellt er wohl den religionsgeschichtlichen Sachverhalt auf den Kopf. Beide Vorstellungen von Jahwähs Gegenwart dürften eher aufgrund unserer systematisierenden Logik in Spannung stehen. Es gibt genügend Stellen,

---

[288] *Würthwein*, ATD, 89.

[289] *von Rad*, Deuteronomium-Studien, 42f.

[290] *Würthwein*, ATD, 103.

[291] *Congar*, Das Mysterium des Tempels, 93f.

[292] Ib. 94.

in denen beide Vorstellungen unverbunden nebeneinander stehen, ohne daß man den Eindruck hat, hier solle eine zuvor bestehende Spannung behoben werden. So finden sich z.B. in Ps 11,4 unmittelbar nebeneinander die Aussagen, daß Jahwäh in seinem heiligen Tempel ist und daß sein Thron im Himmel ist.[293] In Ps 18 ist das Nebeneinander beider Vorstellungen in eine Sequenz gebracht, vorausgesetzt, man versteht *hēkal* als den Tempel[294]: Jahwäh hörte den Beter von seinem Heiligtum her, also im Tempel, V.7[295]; Jahwäh neigte den Himmel und fuhr herab, V.10.

Wie immer man auch das Verhältnis der beiden Daseinsweisen Jahwähs versteht, deutlich ist, daß der Tempel als seine Wohnstätte und somit seine "Lokalisierung" konstitutiv zum alttestamentlichen Glauben gehört, daß aber daneben mit der Vorstellung von seinem Thron im Himmel seine Herrschaft und Weltüberlegenheit ausgesagt sind. Daß beide Vorstellungen dann auch ihr Eigenleben führten und gerade darin mehr das rein Vorstellungsmäßige als das durch diese Vorstellungen Intendierte betonten, entspricht einem allgemeinen Gesetz vom Weiterleben dessen, was einmal gedacht und gesagt wurde, was einmal Gegenstand menschlicher Vorstellung geworden ist. So trägt natürlich die Vorstellung von dem im Himmel thronenden Jahwäh die Tendenz auf den Begriff der Transzendenz Gottes in sich. Zu fragen ist freilich, ob der nichtbiblische Begriff der Transzendenz den biblischen und vor allem alttestamentlichen Gottesaussagen angemessen ist. Wenn man schon in der *philosophischen* Begrifflichkeit von transzendentem und immanentem Sein denkt, dann wird man vor allem die zentrale biblische Aussage beider Testamente zur inhaltlichen Bestimmung von Transzendenz und Immanenz heranziehen müssen: Der als Schöpfer, Erlöser und Richter der der Welt überlegene Gott der Transzendenz ist, ist zugleich der in der Immanenz dieser Welt wirkende Gott.[296] Für die Frage nach einer Biblischen Theologie ist mit von hoher Bedeutsamkeit, daß mit der Gegenwart Gottes in einem geographischen und somit zugleich in einem geschichtlichen Raum, nämlich dem Jerusalemer Tempel und dem Zion, das *geschichtliche Wirken Gottes*, wie es im Neuen Testament ausgesagt ist, theologisch präludiert wurde.

---

[293] Dazu *H.-J. Kraus*, BK.AT XV/1, 90f.

[294] So anscheinend *Kraus*, BK.AT, 136ff.; anders *Gesenius*, Wörterbuch, 179.

[295] ψ 17,7 versteht *hēkal* eindeutig als Tempel: ἐκ ναοῦ ἁγίου αὐτοῦ.

[296] Vgl. Bd. 1, Abschn. 1.3.3. Was dort fundamentaltheologisch über den Begriff der Offenbarung ausgeführt wurde, gilt mutatis mutandis für die Frage nach dem Verhältnis der beiden Daseinsweisen Jahwähs in Tempel und Himmel.

Man mag auf die bereits in vorneutestamentlicher Zeit erfolgte *Spiritualisierung* der Tempelvorstellung hinweisen, so vor allem in Qumran (z.B. CD III,19), entscheidend ist, daß die in geschichtlichen Kategorien ausgesagte Tempelgegenwart Gottes von Paulus so modifiziert wird, daß die christliche Gemeinde als der Tempel Gottes der Ort der Gegenwart des erlösenden Gottes ist, daß also das aus dem Gal bereits bekannte "In-Christus-Sein", welches doch die Gegenwart Gottes verbürgt, hier nun ekklesiologisch zum Ausdruck gebracht ist. Im Vorblick auf Kap. 12, wo in chronologischer Sicht erstmals im Corpus Paulinum die Vorstellung vom *Leib Christi*, σῶμα Χριστοῦ, begegnet, kann gesagt werden, daß die Kirche Gottes als der *neue* Tempel Gottes und als der Leib Christi, als das In-Christus-Sein der Ort der *neuen* geschichtlichen Gegenwart Gottes ist.[297]

Die kerygmatisch-christologische Soteriologie mündet mit theologischer Notwendigkeit in die Ekklesiologie. Soteriologie ohne Ekklesiologie ist realitätsfern, Ekklesiologie ohne Soteriologie ohne Fundament. Und ebenso gilt: Ekklesiologie ohne kerygmatische Dimension ist leer, die kerygmatische Dimension ohne Ekklesiologie ohne Ziel. Die Differenzierung in diese Teilbereiche der paulinischen Gesamttheologie ist eine begriffliche Notwendigkeit, aber eben nur eine begriffliche. Was *in ratione* unumgänglich ist, ist *in re* nicht möglich.

Führt, wie gezeigt, die atl. Vorstellung vom Thronen Gottes im Himmel zu einer vom Alten Testament nicht mehr gedeckten Überbetonung der Transzendenz Gottes, so auch die Vorstellung von der Gegenwart Gottes im Tempel. Yves Congar spricht in diesem Zusammenhang zutreffend von der "Ideologie des Tempels" und sieht sie vor allem in der nachbiblischen jüdischen Vorstellung von der Schekhinah und dann auch in der kosmischen Vorstellung vom Tempel gegeben.[298] Wir werden diesen Gedanken noch erweitern müssen: Wo die Vorstellung von der Bindung Gottes an den Jerusalemer Tempel in nationaler Sicht auf jüdischer Seite festgehalten wird, wird man dem Juden unbedingt zugestehen, daß er nach *seiner* Sicht daran festhält. Aus neutestamentlicher Sicht hingegen läßt sich diese Vorstellung nur als nationale Ideologie beurteilen. Es ist wohl vor allem dieser Punkt, an dem jüdische und christliche Theologie nicht miteinander vereinbar sind. Dem christlich-jüdischen Gespräch ist nicht geholfen, wenn hier die Standpunkte verschleiert werden.

---

[297] Dabei ist der Begriff der *Geschichtlichkeit*, im Blick auf Gott ausgesprochen, unter dem Vorbehalt dessen gesagt, was in den Prolegomena im oben schon genannten Absch. 1.3.3 ausgeführt wurde.

[298] *Congar*, Das Mysterium des Tempels, 93ff.

Es stellte sich mit 1Kor 2,6ff. die Frage, ob der Christ aufgrund seines "Besitzes" des Geistes Gottes zur naturhaften Einheit mit Gott gelangt sei. Wie diese Frage im Blick auf den einzelnen zu verneinen war, so auch dann, wenn sie auf ekklesiologischer Ebene für die Gemeinde als Tempel Gottes gestellt wird. Auch die Gemeinde und über die Einzelgemeinde hinaus die Kirche als Ganze partizipiert nicht am göttlichen Sein. Eine negative Antwort wird auch schon durch die alttestamentliche Vorstellung der Gegenwart Jahwähs im Jerusalemer Tempel nahegelegt. Denn auch dieser partizipierte nicht am Sein Gottes, obwohl er als die Stätte seiner Gegenwart gesehen wurde. Und was Paulus selbst angeht, so ist schon allein die vorstellungsmäßige Unausgeglichenheit vom Sein in Christus und von Christi bzw. des Geistes Sein in uns Indiz dafür, daß das reziproke In-Sein nicht die naturhafte Einheit zwischen Gott und Mensch aussagen kann. Paulus behauptet nicht für Gott und Mensch das "Vermischtsein beider Naturen", das in christologischer Hinsicht das Chalcedense 451 mit seinem ἐν δύο φύσεσιν ἀσυγχύτως gegen die Monophysiten definierte. Das In-Sein von Gott und Mensch fundiert nach Paulus in der theologia crucis und kann und darf von diesem Fundament aus nicht zu einem soteriologischen Monophysitismus führen. Eine Vergöttlichungslehre ist nach der inneren Logik der paulinischen Soteriologie und Rechtfertigungslehre unmöglich; deren Terminologie steht freilich zuweilen in gefährlicher Nähe zu einer solchen Lehre.[299]

1Kor 3,18-23 führt wieder zum Gedanken von 1,18ff. zurück, nämlich zur Dialektik der Begriffe Weisheit und Torheit. Ein doppelter Schriftbeweis soll die Weisheit dieser Welt als Torheit bei Gott noch einmal begründen (γέγραπται γάρ). Eigenartig ist jedoch das erste Zitat Hiob 5,13. Das geringste Problem ist noch, daß der Text gegenüber der LXX differiert.[300] Mehr ins Gewicht fällt der Tatbestand, daß das Zitat der ersten Rede des Eliphas entnommen ist, in der dem Hiob die Dogmatik des Tun-Ergehens-Zusammenhanges entgegengehalten wird, also ausgerechnet diejenige Dogmatik, die ihrer Grundanschauung nach mit der theologia crucis unvereinbar ist (z.B. Hiob 4,7), mag man auch andere Aussagen der Eliphasrede in die Nähe paulinischer Theologie stellen können.[301] Vielleicht sollte man wegen dieser Aussagen im Blick auf das Hiob-Zitat nicht vorschnell von atomistischer Exegese sprechen. Für das zweite Zitat liegt allem Anschein nach eine bewußte Änderung von ψ

---

[299] S. zu 2Kor 3,18.

[300] *Berndt Schaller* hat wahrscheinlich gemacht, daß das Hiob-Zitat in 1Kor 3,19 einer revidierten LXX-Fassung des Hiob-Buches entnommen ist (wie auch in Röm 11,35), ZNW 71, 21ff.

[301] Z.B. Hiob 4,17: Τί γάρ; μὴ καθαρὸς ἔσται βροτὸς ἐναντίον κυρίου
ἢ ἀπὸ τῶν ἔργων αὐτοῦ ἄμεμπτος ἀνήρ;

93,11 vor, da Paulus in der LXX τοὺς διαλογισμοὺς τῶν ἀνθρώπων gelesen haben dürfte, aber τοὺς διαλογισμοὺς τῶν σοφῶν schreibt.[302] In seinen Augen ist das aber keine sachliche Modifikation, da für ihn die Weisen dieser Welt nichts anderes sind als - Menschen![303] Der Schriftbeweis führt inhaltlich nicht über bereits Gesagtes hinaus. Für die theologische Argumentation ist er also von redundantem Charakter und somit bedeutungsmäßig sekundär. Dafür spricht auch, daß Paulus gar nicht bei der Diffamierung der weltlichen Weisheit stehenbleibt, sondern in V.20 sofort erneut auf das in 1,31 begegnende Thema des Sich-Rühmens zurückkommt, freilich mit einer ganz spezifischen Nuancierung: Keiner solle sich eines Menschen rühmen[304], also weder des Paulus, noch des (hier diesmal nicht genannten) Apollos, noch des Petrus.[305]

πάντα γὰρ ὑμῶν ἐστιν ist wahrscheinlich der Rekurs auf eine stoische Maxime[306]; fraglich ist jedoch, ob Paulus sie *als* stoisches Argument gebracht hat, weil sie in Korinth plausibel war. Mit *Friedrich Lang*: "Die stoische Maxime wird im Umfang nicht eingeschränkt, aber ganz anders verankert."[307]

Theologisch höchst bedeutsam ist, wie Paulus die Relativierung von sich, Petrus und dem nicht genannten, aber doch gemeinten Apollos in einen geradezu hymnischen Ausspruch münden läßt: Alles ist euer ... Leben, Tod, Gegenwärtiges, Zukünftiges, alles! Röm 8,38f. ist präludiert, jedoch mit anderem Skopus. Während es dort um den Trost geht, durch nichts von der Liebe Gottes geschieden werden zu können, da diese in Christus verbürgt ist, also Theologie in Christologie ihre Erfüllung findet, geht es hier um die Linie "ihr - Christus - Gott". Für *Wilhelm Thüsing* ist 1Kor 3,21-23 einer der Höhepunkte von 1Kor 1-4, wenn nicht sogar *der* abschließende Höhepunkt des bisherigen Gedankenganges.[308] In seiner Interpretation dieser Stelle spiegelt sich sein Grundanliegen, nämlich die Hinordnung der Christologie des Paulus auf seine Theologie, also die *Theozentrik* seines christologischen Denkens deutlich zu

---

[302] So nahezu alle Exegeten.

[303] S. 1Kor 3,3f.!

[304] Wegen des Zusammenhangs mit V.22 ist mit *Lietzmann*, HNT, 18, ἐν ἀνθρώποις zu übersetzen: Darum soll sich keiner eines Menschen rühmen! Der deutsche Sing. gibt inhaltlich genau das wieder, was mit dem griechischen Plur. gemeint ist. *Conzelmann*, KEK, 105, übersetzt zwar "So soll sich keiner unter den Menschen rühmen", dürfte aber nach ib. 107, Anm. 15, der Sache nach mit *Lietzmann* übereinstimmen.

[305] Petrus wird im 3. Kap. erst im Zusammenhang mit V.21 in V.22 genannt, nachdem zuvor Paulus nur von sich und Apollos sprach. Aber die Erwähnung des Petrus geschieht im abschließenden und somit betonten letzten Satz der Argumentationseinheit 3,1-23. Ob, wie in der Lit. zuweilen erwogen oder gar behauptet, hier eine Polemik gegen Petrus vorliegt, vielleicht sogar gegen eine Petrussicht, wie sie in Mt 16,16 ihren literarischen Niederschlag gefunden hat (V.11!), ist fraglich, m.E. sogar wenig wahrscheinlich.

[306] Belege bei *Conzelmann*, KEK, 107, Anm. 17.

[307] *Lang*, NTD, 58.

[308] *Thüsing*, Gott und Christus I, 11.

machen. Und in der Tat spricht 1Kor 3,21-23 für diese Deutung der paulinischen Theologie.[309] Das aber hat Konsequenzen für die bisherige Darstellung der Theologie des 1Kor: Das Sein der Christen und der Gemeinde "*in* Christus" wird hier als "Christus zugehören", Χριστοῦ εἶναι, interpretiert. Es geht um die Zugehörigkeit der Glaubenden zu Christus, um das enge Verbundensein mit ihm, also gerade nicht um Identität mit ihm! Und indem Christus "Gottes ist", sind wir, die wir "in Christus" sind, auf das engste mit Gott selbst verbunden. Also erneut: kein ἐνθουσιασθῆναι, keine Vergottung! Gerade 1Kor 3,21-23 zeigt klar, daß die paulinische Theologie nicht mit dem Prädikat "mystisch" charakterisiert werden kann.

Mit *1Kor 4* ist der Abschluß des Abschnitts über die Parteienspaltung erreicht. Argumentativ und theologisch führt dieses Kapitel nicht wesentlich über das hinaus, was Paulus in Kap. 1-3 ausgeführt hat. Daher nur kurz einige Hinweise. Das kirchliche Amt wurde bisher als Amt der Verkündigung des Evangeliums als des Wortes vom Kreuz vorgestellt. In diesem Sinne ist auch zu verstehen, wenn Paulus in 4,1 von Dienern Christi und Verwaltern der Geheimnisse Christi, ὑπηρέτας Χριστοῦ καὶ οἰκονόμους μυστηρίων θεοῦ, spricht. Entgegen 2,7 ist hier im Plural von den Geheimnissen die Rede, aber genau wie dort das Wort vom Kreuz gemeint. Die Theologie des Wortes Gottes kommt in 4,14f. wieder zum Ausdruck, wenn sich Paulus den Korinthern gegenüber als ihr Vater bezeichnet, der sie durch das Evangelium, διὰ τοῦ εὐαγγελίου, gezeugt habe. Zugleich hat er mit dieser Wendung erneut seinen apostolischen Vorrang vor den anderen Verkündern betont; sie sind nur "Pädagogen". Man muß den abwertenden Ton in diesem Begriff mithören; ist doch der παιδαγωγός zumeist im Unterschied zum διδάσκαλος ein Sklave![310]

Daß V.20 οὐ γὰρ ἐν λόγῳ ἡ βασιλεία τοῦ θεοῦ ἀλλ᾽ ἐν δυνάμει nicht gegen die 1Kor 1-4 aufgezeigte Theologie des Wortes spricht, ist evident; denn der Logos ist hier ja nicht der Logos Gottes. Man könnte V.20 demnach paraphrasieren: οὐ γὰρ ἐν λόγῳ τῶν ἀνθρώπων ἡ βασιλεία τοῦ θεοῦ ἀλλ᾽ ἐν δυνάμει, τοῦτ᾽ ἔστιν ἐν λόγῳ τοῦ θεοῦ.

Einer besonderen Behandlung bedürfte die Charakterisierung der Apostel als solcher, die Gott zu den letzten machte, zu den zum Tode Verurteilten, die zum Schauspiel der Welt, den Engeln und den Menschen geworden sind, 4,9 - eine Aussage, die wieder im Kontext der Dialektik von Weisheit und Torheit steht. Die Darstellung des apostolischen Selbstverständnisses, vor allem im Zusammenhang des elenden Daseins des Apostels, soll aber erst bei der Interpretation der Apologie des Apostelamtes des 2Kor erfolgen.

---

[309] S. im selben Brief auch 1Kor 15,28 ἵνα ᾖ ὁ θεὸς [τὰ] πάντα ἐν πᾶσιν.
[310] S. die Kommentare und einschlägigen Lexikonartikel!

2.2.3.3.1.1 Rückblick auf 1Kor 1-4

1Kor 1-4 ist seiner Intention nach keine theologische Abhandlung, sondern Paränese. Trotzdem gehört dieser Abschnitt zu dem theologisch Bedeutsamsten, was Paulus geschrieben hat, zum theologisch Tiefsten.[311] Er ist Paränese auf soteriologischer Grundlage; er ist die Demonstration dessen, daß Paränese da christlich ist, wo sie theologisch fundiert ist. Und Theologie ist in diesem Zusammenhang eine *hermeneutisch* verantwortliche *Theologie des Wortes*, die als *theologia crucis* notwendig sowohl ihre christologisch-soteriologische als auch pneumatologische Dimension besitzt. Die Konkretheit dieser theologia crucis ist aber ebenso notwendig ekklesiologisch. Kurz: In der die Paränese von 1Kor 1-4 tragenden Theologie sammeln sich nahezu alle Facetten der theologischen "Bereiche".

Freilich findet sich in der theologischen Konzeption dieser Kapitel die Rechtfertigungslehre insofern nicht, als der Topos "Rechtfertigung nicht durch Gesetzeswerke, sondern [allein] durch den Glauben" nicht begegnet. Das muß aber nicht unbedingt ein Kriterium für die chronologische Vorordnung der korinthischen Korrespondenz vor dem Gal sein. Der Grund für den angeführten Sachverhalt dürfte darin zu suchen sein, daß die Rede von der Rechtfertigung nicht durch Gesetzeswerke, sondern [allein] durch den Glauben eine polemische Formel ist, die im selben Augenblick ihren Sinn verliert, in dem die Voraussetzung für eine derartige Polemik nicht gegeben ist. Und daß die genannte polemische Formel nicht aus sich heraus eindeutig ist, zeigt der unterschiedliche, z.T. widersprüchliche Kontext jeweils im Gal und im Röm; denn in den beiden Briefen ist ja der Begriff des Gesetzes nicht identisch. Daher läßt sich mit einer jeweils konnotativ unterschiedlich bestimmten Wendung nicht zwingend auf chronologische Nähe schließen. Was in den Augen des Paulus in Korinth polemisch erörtert werden mußte, war die Frage der Weisheit. Sie und nicht die Frage nach den Bedingungen der Rechtfertigung war hier der neuralgische Punkt!

Die *positiven* Elemente des für Gal und Röm gemeinsamen Theologumenons von der Rechtfertigung aus dem Glauben sind aber in 1Kor 1-4 deutlich ausgesprochen. Es ist das Kreuz und somit das Wort vom Kreuz, in dem das Heil gegründet ist. Kreuz und Evangelium sind von Gott her die entscheidenden Heilskonstituenten, und des Menschen Antwort ist der Glaube - wir können sogar im Sinne von 1Kor 1,18ff. sagen: einzig der Glaube. Wie im Gal und Röm ist die Trias κήρυγμα -

---

[311] Zum tieferen exegetischen und theol. Verständnis von 1Kor 1-4 s. noch *Best*, The Power and the Wisdom of God; *Hanson*, The Paradox of the Cross; *Kertelge*, Das Verständnis des Todes Jesu bei Paulus; *Merklein*, Die Weisheit Gottes und die Weisheit der Welt (zum Problem einer "natürlichen Theol.").

σῴζειν - πιστεύειν ausgesprochen, wobei das Kerygma die Dynamis Gottes und das Kreuz Christi impliziert, 1Kor 1,23. Die totale Vorgängigkeit des göttlichen Heilshandelns ist unübersehbar dargelegt. Und indem in V.30 Christus als die von Gott kommende δικαιοσύνη genannt ist, ist auch der entscheidende forensische Aspekt gegeben. Was gegenüber diesen im 1Kor zu lesenden Aussagen das in Gal und Röm vorfindliche superadditum im Blick auf die Rechtfertigungstheologie ist, läßt sich als die in den beiden Briefen unterschiedlich ausgeführte Systematik beschreiben, mittels derer die theologische Argumentation jeweils unterschiedlich auf die in Galatien und die in Rom gegebene Situation zielt. In 1Kor 1,30 ist sogar ein theologischer Gedanke zum ersten Mal angedeutet, der im Gal noch nicht begegnet und erst im Röm eine theologisch zentrale Rolle spielt, die Gerechtigkeit Gottes: Christus ist die von Gott stammende Gerechtigkeit für uns.[312]

Was also sowohl in der korinthischen Korrespondenz als auch im Gal und Röm beeindruckt, ist der soteriologische Ernst, mit dem Paulus theologisch argumentiert. Trotz der Differenzen im Blick auf die Situation, in die hinein Paulus jeweils spricht, und trotz augenscheinlicher Differenzen im Blick auf unterschiedliche theologische Argumentationsweisen und sogar bestimmte theologische Sachverhalte, vertritt Paulus in all diesen Briefen seine ureigene Grundintention: Unsere Gerechtigkeit und unser Heil sind allein Gottes Werk. Gott allein ist es, der uns aus dem Bereich der Sünde herausreißt und in den Bereich des Heils hineinversetzt.

Auffällig ist die *Auswahl der Zitate* in 1Kor 1-4. An erster Stelle sind Zitate aus *Jes* zu nennen. Die theologische Argumentation beginnt mit der These von 1,18, die in 1,19 mit Jes 29,14 begründet wird. Dabei entspricht es dem polemischen Charakter der Ausführungen, daß Paulus nicht etwa mit einem Zitat beginnt, in dem die Weisheit Gottes Gegenstand der Aussage ist, sondern die von Gott verworfene Weisheit der Menschen. Das gleiche gilt von den Anspielungen auf Jes 19,11f., 33,18 und 44,25 in V. 20. In 2,9 liegt wahrscheinlich ein Mischzitat vor, in dem Elemente aus Jes 64,4 und 65,16f. verwendet sind. Doch geht es in dem, was Paulus mit diesem Zitat sagen will, nur indirekt um die Weisheit. In 2,16 wird Jes 40,13 zitiert, wo vom Geiste Gottes - νοῦς ist hier synonym mit πνεῦμα - die Rede ist; er gibt dem Menschen die Fähigkeit, Gottes Weisheit als das Wort vom Kreuz zu verstehen. Und aller Wahrscheinlichkeit nach hat Paulus in 3,6 Jes 5,2 vor Augen gehabt.

---

[312] Auch wenn ἀπὸ θεοῦ syntaktisch zunächst auf σοφία zu beziehen ist, ist es doch der Intention nach auf die Trias δικαιοσύνη, ἁγιασμός und ἀπολύτρωσις bezogen. Diese drei Begriffe haben sozusagen epexegetischen Charakter für die σοφία ἡμῖν ἀπὸ θεοῦ.

Was später besonders für den Röm zu sagen ist, läßt sich auch schon für den 1Kor feststellen: Die Ausführungen des Paulus zeigen, wie sehr ihm Inhalte und Sprachwelt des Jes-Buches vertraut sind. Demgegenüber sind Zitate und Anspielungen aus anderen alttestamentlichen Büchern, von einer Aussage abgesehen (s.u.), mehr sporadisch. ψ 93,11 in 3,20 wiederholt im Grunde nur einen Gedanken, der in der theologischen Argumentation schon zuvor deutlich genug geworden ist. Hiob 5,12f. in 3,19 könnte hingegen vermuten lassen, daß das Denken des Paulus auch vom Kontext dieser Stelle in gewisser Weise geprägt war. Aber beide Zitate erfüllen eben keine eigentlich tragende Funktion im Rahmen der Argumentation von 1Kor 1-4. Jedoch dürfte *Jer 9,23* in 1,30, weil dieses Zitat durch Anspielungen auf Passagen aus Bar vorbereitet wird, von besonderer theologischer Relevanz sein. Wenn es auch in diesem Jer-Zitat um eine Aufforderung an den Christen geht, also das Zitat paränetischen Charakter hat, so läßt gerade Bar 3f., mit den Augen des Paulus gelesen, jenen Zug an Gott erkennen, der die menschliche Weisheit auf den Kopf stellt.

Fassen wir das Ganze von 1Kor 1-4 in einer theologischen Formel zusammen: **Theologia crucis est theologia verbi crucis.**

2.2.3.3.2 1Kor 5-7: Die leibliche Existenz des Christen

Die Kap. 5-7 lassen sich insofern unter einer gemeinsamen Thematik zusammenfassen, als in ihnen Paulus zu Fragen der *leiblich-geschlechtlichen Existenz* Stellung nimmt. In 1Kor 5 geht es um sexuelle Beziehungen zur Frau des Vaters, vermutlich zur Stiefmutter. In 6,12-20 wendet sich Paulus gegen die schrankenlose, angeblich christliche Freiheit, die im Umgang mit einer Hure ihren selbstverständlichen Ausdruck finde. Und in 1Kor 7 schließlich geht es um grundsätzliche Fragen von Ehe und Eheverzicht. Aus diesem Rahmen fällt lediglich 6,1-11, wo Paulus zur Frage Stellung nimmt, ob Christen gegeneinander prozessieren dürfen.
Es ist umstritten, wie das in *1Kor 5,1-12* inkriminierte Verhältnis eines Korinthers zur "Frau seines Vaters" genau zu bestimmen ist.[313] Doch wie immer man hier urteilt, es bleibt ein Verstoß gegen *Lev 18,8*, wo ausdrücklich der sexuelle Verkehr mit der "Frau deines Vaters" in apodiktischer Formulierung untersagt ist.[314] Nach Lev 20,11 muß, wer

---

[313] Ist es die leibliche Mutter oder die Stiefmutter? Letzteres dürfte mit großer Wahrscheinlichkeit anzunehmen sein (s. auch PsPhok 179). Handelt es sich um ein außereheliches Verhältnis mit der rechtmäßigen Ehefrau seines Vaters oder um die Ehe mit der verwitweten oder geschiedenen Frau seines Vaters? S. die Kommentare.

[314] *K. Elliger*, HAT I/4, 239f., sagt mit Recht, daß angesichts des hohen Alters des in Lev 18 erhaltenen Dekalogs (vorstaatliche, wenn nicht sogar Wüsten- oder vorjahwistische Zeit) polygame Verhältnisse vorausgesetzt sind und eine Deutung auf die Stiefmutter erst in Zeiten der Monogamie erfolgen konnte. In neutestamentlicher Zeit dürfte die "Frau deines Vaters" als Stiefmutter verstanden worden sein; dies gilt natürlich auch für γυνὴ πατρός in Lev 18,8LXX. Falsch ist die Auffassung, das in Lev 18,8 ausgesprochene Verbot meine die Untersagung einer *ehelichen* Beziehung zwischen Sohn und ehemaliger

sexuellen Verkehr mit der Frau seines Vaters hat, mit dem Tode bestraft werden. Dtn 17,5-7 schreibt vor, wie bei Apostasie - die Vergehen von Lev 18 werden hier nicht genannt - die Todesstrafe vollzogen werden muß, nämlich durch Steinigung. Aus dieser Vorschrift zitiert Paulus den letzten Satz: "Tilgt den Bösen aus eurer Mitte, ἐξάρατε τὸν πονηρὸν ἐξ ὑμῶν αὐτῶν!"[315]

Paulus dokumentiert also mit seiner Stellungnahme, daß er ganz auf dem Boden von Lev 18 steht. Diese Vorschriften des mosaischen Gesetzes sind für ihn verbindlich. Also doch Geltung des Gesetzes? Hat Paulus sogar Lev 20,11 vor Augen? Ordnet er womöglich, indem er mit Dtn 17,7 einen Text zitiert, dessen Literalsinn die Aufforderung zur Tötung ist, den Tod des Mannes an, der gegen das mosaische Gesetz verstieß?[316]

Die Antwort gibt 1Kor 5,3ff. Danach soll in einem gottesdienstlichen Verfahren so etwas wie *Exkommunikation* erfolgen: Der im Geist anwesende Paulus will zusammen mit der Gemeinde - sie ist es, die in V.2 beschuldigt wird, die schwere Sünde in ihrer Mitte zu tolerieren - in der Dynamis (!) des Herrn den Übeltäter dem Satan zum Verderben seiner irdischen Existenz übergeben, εἰς ὄλεθρον τῆς σαρκός, damit dessen eigentliches Ich am Tage des Jüngsten Gerichts gerettet werde, ἵνα τὸ πνεῦμα σωθῇ. Mit *Hans Conzelmann* dürfte es sich um einen "sakral-pneumatischen Rechtsakt" handeln.[317] Fraglich ist aber, ob die Gemeinde nur das Forum ausmacht, während Paulus es ist, der den Rechtsakt ausführt.[318] Doch einerlei, wie man hier urteilt, deutlich ist, daß Paulus keine Steinigung, keine Tötung im physischen Sinne anordnet. Das theologisch Entscheidende ist aber, daß er hier erneut noch ganz im Banne alttestamentlichen Denkens steht. Alles hängt an *Segen* und *Fluch*, an jenen zentralen alttestamentlichen Kategorien, die entweder die Bewahrung oder die Vernichtung der Existenz meinen (vor allem Dtn 27-29). *Homo aut benedictus aut maledictus!* Wer verflucht ist, hat

---

Frau des Vaters; es geht lediglich um das Verbot des sexuellen Verkehrs (so auch *M. Noth*, ATD 6, 116). Hingegen ist Dtn 23,1 (Dtn 22,30LXX) das Eheverbot für diesen Personenkreis ausgesprochen. Von Dtn 23,1 her ist immer wieder Lev 18,8 verstanden worden, so noch heute z.B. in der Zürcher Bibel.

[315] LXX wie MT: Sing. ἐξαρεῖς statt Plur. Die maskuline Form τὸν πονηρόν ist Übersetzung von *hārāᶜ*, als "das Böse" verstanden (so auch *Gesenius*, Wörterbuch, 764); da aber hier abstractum pro concreto vorliegt, dürfte die Übersetzung der LXX dem Sinne nach richtig sein.

[316] *Käsemann*, Sätze hl. Rechtes, 73: "Diese Strafe zieht ... ganz selbstverständlich den Tod des Schuldigen nach sich." Ähnlich *Ellis*, Interp. 44, 136; s. auch die *Schrage*, EKK, 376, Anm. 51, genannten Autoren.

[317] *Conzelmann*, KEK, 124.

[318] So ib. 124.

142

sein Leben verwirkt, ist vernichtet, dem Nichts anheimgegeben. Somit wirkt sich der Fluch Gottes schließlich auch im physischen Tode aus.

Demnach dürfte Paulus den von ihm angeordneten gottesdienstlichen Akt der Exkommunikation so verstanden haben, daß die feierliche liturgische Übergabe des Sünders an den Satan unweigerlich Konsequenzen bis in den physischen Bereich zeitigen werde - wie in der Liturgie von Dtn 27 die Verfluchung dessen, der ein Verbot des Sichemitischen Dodekalogs übertrat. Und genau unter diesen Verboten heißt es Dtn 27,20: "Verflucht sei, wer sich zur Frau seines Vaters legt, denn er hat den Gewandzipfel seines Vaters aufgedeckt. Und alles Volk soll antworten und sprechen: Amen."[319] Der Text beginnt in der LXX: Ἐπικατάρατος ὁ κοιμώμενος μετὰ γυναικὸς τοῦ πατρὸς αὐτοῦ. Und zudem Dtn 27,23: "Verflucht sei, wer sich zu seiner Schwiegermutter legt. Und alles Volk soll antworten und sprechen: Amen."[320] Wie also damals der Fluch von Dtn 27,20, indem er *ausgesprochen* wurde, sich notwendig auswirkte, so nun die Übergabe an den Satan, indem sie *ausgesprochen* wird.

Im Unterschied zum alttestamentlichen Fluch, der die verbal bewirkte endgültige Vernichtung, mehr noch, Nichtung des Verfluchten bedeutete, geschieht die von Paulus angeordnete Übergabe des Sünders an den Satan eigens zu dem Zweck, daß mittels des Verderbens der Sarx das Pneuma, also das eigentliche Ich des Sünders gerettet würde. Wenn nun der Vorgang τῇ δυνάμει τοῦ κυρίου ἡμῶν Ἰησοῦ erfolgt, dann ist die Dynamis des Herrn beschworen, das *eschatologische Heil des Sünders* zu bewirken. Auch hier ist, wenn auch in uns befremdender Weise, das im Gottesdienst ausgesprochene *Wort* ein Wort der Dynamis Gottes, das Heil wirkt. In 1Kor 1,18 heißt es τοῖς δὲ σῳζομένοις ἡμῖν δύναμις θεοῦ ἐστιν, in 5,5 ἵνα τὸ πνεῦμα σωθῇ ἐν τῇ ἡμέρᾳ τοῦ κυρίου.

Von noch größerer theologischer Relevanz ist folgende Vorstellung, die ebenfalls im Rahmen der Übernahme alttestamentlicher Grundkategorien ausgesprochen wird: Hatte in Israel ein einzelner große Schuld auf sich geladen, so war damit Israel selbst belastet. Die Schuld des Individuums hat überindividuelle Konsequenzen. Das Individuum ist eben nicht nur "Individuum"! Die Sünde des einzelnen Gliedes hat kontaminierenden Effekt auf die ganze Kultgemeinde. So ist auch die Gerechtigkeit, ṣǝdāqāh, der Gemeinde dort gestört, wo in ihrer Mitte ein Ungerechter, ein Frevler, rāšā, existiert.[321]

---

[319] Übersetzung *G. von Rad*, ATD 8, 117.
[320] Übersetzung wieder *G. von Rad*, ib. 117.
[321] S. z.B. *Koch*, THAT II, 513.

Ein besonders eindrückliches Beispiel ist Achans Diebstahl *Jos 7.* Jahwäh beschuldigt das nichts ahnende Israel der Sünde, die Achan getan hat. Für dessen Sünde müssen sechsunddreißig "subjektiv" Unschuldige, "objektiv" nun doch Schuldige sterben, V.5. So tut dann Israel auf Jahwähs Geheiß seine Sünde dadurch von sich, daß man Achan steinigt und ihn aus seiner Mitte entfernt. V.25 "Und ganz Israel steinigte ihn" ist das, was Dtn 17,5-7 fordert. Der Sünder von 1Kor 5 ist also der neutestamentliche Achan. Mit dieser Sünde war die korinithische Gemeinde befleckt.

Friedrich Lang hat daher 1Kor 5,6f. zutreffend ausgelegt: Die von den Korinthern "geduldete schwere Sünde eines einzelnen [hat] die Heiligkeit der ganzen Gemeinde verletzt".[322] Er hat zugleich den Unterschied zum Alten Testament richtig herausgestellt: Die *kultische* Unreinheit des Sauerteigs - und sie repräsentiert ja nach Ex 12,15.19; 13,7 die alttestamentliche kultische Reinheitsvorstellung, die Jos 7 letztlich zugrunde liegt - wurde von Paulus auf das *sittliche* Verhalten übertragen.[323] Es ist die im 1Kor noch begegnende Vorstellung von der Gemeinde bzw. der Kirche als dem Leib Christi, die hier bereits im Hintergrund steht und deren Tempelterminologie schon bedacht wurde, 1Kor 3,16f. Die Gemeinde als Tempel Gottes ist heilig, sie darf keinerlei entheiligenden Frevel dulden. Toleranz gegenüber dem Sünder und somit gegenüber der Sünde ist selber wiederum Sünde.[324]

In *1Kor 6,1-11* liegen alttestamentliche Vorstellungen vor allem V.2 zugrunde. Daß die Heiligen die Welt richten werden, mag im Horizont von Dan 7,22 gesagt sein, also im Horizont einer Aussage, die sich im zentralen 7. Kap. des apokalyptischen Daniel findet. Vielleicht hatte Paulus auch Sap 3,8 vor Augen, wiederum ein eschatologischer Text, der das Endgericht, allerdings in der spezifischen Vorstellungsweise des hellenistischen Alexandriens ausgesagt, schildert. Zu registrieren ist, daß Paulus, typisch für ihn, so alltägliche, vielleicht sogar banale Vorgänge wie Rechtsstreitigkeiten sofort im Zusammenhang des Weltgerichts sieht. Die gravitas des Jüngsten Gerichts wird eigens für Banalitäten bemüht! Aber hinter dieser seltsamen Disproportionalität verbirgt sich die Aufmerksamkeit des Apostels für den Bereich des *Forensischen.* Und wenn er den Menschen als in seiner Natur forensisches Wesen bedenkt, hat er ja eben diesen Menschen als verantwortliches Wesen vor Augen. Die heute so oft praktizierte Abwertung des Forensischen ist im tiefsten eine Abwertung der Verantwortlichkeit. Wer Verantwortung sagt, muß

---

[322] *Lang*, NTD, 73.

[323] Ib. 73.

[324] Das Bild vom Sauerteig assoziiert das Bild von Christus als Passalamm. Wenn Paulus 1Kor 5,7 sagt: "denn auch unser Passalamm wurde geopfert, Christus", so ist jedoch an dieser Stelle das Kreuzesgeschehen nur *athematisch* erwähnt. Zu 1Kor 5,1-11 s. auch *Goldhahn-Müller*, Die Grenze der Gemeinde, 121ff.; *Umbach*, In Christus getauft - von der Sünde befreit, 86ff.

auch mit der Möglichkeit rechnen, daß diese nicht wahrgenommen wird. Der Begriff der Verantwortung impliziert auch ihr Scheitern. Wo es um die Verantwortlichkeit des Menschen geht, da ist zugleich die forensische Situation gegeben. *Wer vom Forensischen gering denkt, denkt vom Menschen gering.*[325]

Ob sich der in 5,1ff. inkriminierte Sünder auf die immerhin von Paulus selbst verkündete Freiheit vom Gesetz berufen hat, als er sich mit der "Frau seines Vaters" eingelassen hatte, womöglich dabei noch durch gewisse Gemeindekreise unterstützt[326], läßt sich nicht mehr beantworten. Wurde der die Freiheit vom Gesetz fordernde Gal, wie vermutet, vor dem 1Kor geschrieben, ist dann Paulus dadurch, daß seine judaistischen Gegner für die Verbreitung seines Rufes als Verfechter der Freiheit vom Gesetz sorgten[327], in den Ruf geraten, den christlichen Glauben als schrankenlose Freiheit zu vertreten?[328] Sollte außerdem zutreffen, daß die korinthische Gemeinde sogar protognostische Tendenzen verfolgte[329], so könnten seine Parole von der Freiheit vom Gesetz einerseits und protognostische Grundstimmung andererseits eine gefährliche Verbindung eingegangen sein, die sich in solchen Verhaltensweisen wie dem des Sünders von 1Kor 5 Ausdruck verschafften. Daß die Parole "*Alles* ist mir erlaubt!" in Korinth dem Selbstverständnis zumindest einer bestimmten Gruppe von korinthischen Heidenchristen entsprach, zeigt sich eindeutig an 1Kor 6,12, wo mit diesem Schlagwort der Bordellbesuch begründet wird.[330] Entscheidend ist, wie Paulus im theologischen Bemühen, den korinthischen Libertinismus als Irrweg einer völlig mißverstandenen Freiheit zu entlarven, den Begriff "*Leib*", σῶμα, in den Mittelpunkt seiner theologischen Argumentation stellt.

Im Wortfeld des thematisierten Begriffs "*Unzucht*", πορνεία, stehen die tragenden Begriffe κοιλία *(Bauch)*, σῶμα *(Leib)* und πνεῦμα *(Geist)*, wobei σῶμα antithetisch sowohl zu κοιλία als auch zu πνεῦμα steht. Dieser

---

[325] V.11 enthält wieder in nuce eine ganze Dogmatik. Dieser Vers bedarf aber jetzt keiner Auslegung, da sein Inhalt in der bisherigen Darlegung der Theologie des 1Kor schon zur Genüge zur Sprache gekommen ist. Was in V.11 zur Taufe gesagt ist, wird später noch genauer thematisiert.

[326] *Lietzmann*, HNT, 27: "Das wiederholte πάντα μοι ἔξεστιν (s. 10,23) ... war vielleicht ein antijudaistisches Schlagwort des Paulus wie πάντα ὑμῶν ἐστι 3,21f., ... das ihm die Korinther jetzt zur Rechtfertigung des außerehelichen Geschlechtsverkehrs vorgehalten haben."

[327] Könnte die Petruspartei in Korinth als Stützpunkt judaistischer Propaganda ausgenutzt werden sein?

[328] Dies wäre freilich in heidenchristlichen Kreisen Korinths nicht als Diffamierung betrachtet, sondern positiv gewertet worden!

[329] Man muß die Gnosis nicht unbedingt so massiv in Korinth voraussetzen, wie *Schmithals*, Die Gnosis in Korinth, dies tut. So wenig mir seine These für die galatischen Gegenmissionare einleuchtet, so sehr möchte ich jedoch für Korinth mit gnostischen, sagen wir vorsichtiger: protognostischen Auffassungen rechnen.

[330] Wieweit die Sprache der Korinther auf stoische Vorgeschichte weist und dies selbst für συμφέρει in der Relativierung des Schlagwortes durch das paulinische οὐ πάντα συμφέρει zutrifft (so *Conzelmann*, KEK, 138), sei dahingestellt.

Trias von Daseinskonstituenten entspricht die Trias der Beteiligten: der Kyrios, die Hure und der Christ, der entweder kraft seiner "Freiheit" unfrei oder kraft der in Christus geschenkten Freiheit wirklich frei ist.

Der *Bauch* ist, wenn er lediglich für die Speise da ist und die Speise für ihn, als jener Teil des Menschen gesehen, der gerade nicht spezifisch menschlich ist. Hinsichtlich des Bauches gibt es keinen Unterschied zwischen Tier und Mensch.[331] Zur Maxime "der Bauch gehört der Speise"[332], wohl Schlagwort in Kreisen der korinthischen Gemeinde und von Paulus um seiner Argumentation willen positiv aufgegriffen, steht in Antithese seine Maxime "der Leib gehört nicht der Unzucht". Während also der Bauch geradezu aus dem Bereich theologisch-anthropologischer Relevanz herausfällt, trifft dies für den Leib nicht zu. Begrifflich streng genommen, ist dann aber der Bauch kein Teil des Leibes.[333] Der Leib ist schon von V.13 her mehr als die Summe dessen, was seine materiell vorfindliche biologische Substanz ausmacht. Hier bereits ist Wesentliches der paulinischen Anthropologie erkennbar.

Für Paulus ist *Leib* der Mensch selbst in seiner leiblich-geschichtlichen Konstitution als verantwortliches Wesen, also der ganze Mensch. *Rudolf Bultmann* hat zu Recht das paulinische σῶμα als "die Person als ganze" definiert.[334] Ihm ist auch darin zuzustimmen, daß der Mensch σῶμα heißt, "sofern er sich selbst zum Objekt seines Tuns machen kann oder sich selbst als Subjekt eines Geschehens, eines Erleidens erfährt. Er kann also σῶμα genannt werden, sofern er ein Verhältnis zu sich selbst hat, sich in gewisser Weise von sich selbst distanzieren kann ..."[335] Doch sollte man diese letztlich mehr auf *Kierkegaard* als auf *Heidegger* zurückgehende Definition gerade im Blick

---

[331] Fragen der Eßkultur liegen nicht im Horizont des Paulus; daß sie nicht nur Naturphänomen sind, sondern als Kulturphänomen auch zur Geschichtlichkeit des Menschen gehören, kam ihm daher nicht in den Sinn.

[332] Diese Maxime erinnert fatal an die heutige "mein Bauch gehört mir", mit der auch unterschiedliche Realitätsebenen vermischt werden. Man versteht sie als Aussage auf *rein biologischer* Ebene und übersieht dabei, weil der "Bauch" auch dem ungeborenen Kinde gehört, die *ethische* Ebene, die zudem noch von der *juristischen* zu unterscheiden ist. Der konkrete Fall stellt jeweils vor eine ethische Entscheidung.

[333] Zutreffend *Niederwimmer*, Askese und Mysterium, 77: "Die Beweisführung des Apostels läuft darauf hinaus, einen prinzipiellen Unterschied zwischen κοιλία und σῶμα zu dekretieren, der zur Folge hat, daß die Speisegebote (die sich auf die κοιλία beziehen) für den Christen zu *adiaphora* geworden sind, die Forderung der sexuellen Reinheit (die mit dem σῶμα zu tun hat) dagegen nicht."

[334] S. z.B. auch *Ellis*, Interp. 44, 138: "... Paul regards the individual as a *unitary being* who may be viewed from different perspectives but who exists wholly within the present natural creation. In this context Paul represents the body as *the essential person considered from a particular viewpoint.*" Hervorhebungen durch mich. Anders *Gundry*, σῶμα in Biblical Theology, 51ff., der Bauch und Leib nahezu identifiziert.

[335] *Bultmann*, Theol. des NT, 196.

auf die Fundamentalontologie des letzteren ergänzen: σῶμα ist, wenn es als "die Person als ganze" gefaßt wird, auch der Mensch als In-der-Welt-sein und somit als "Mitdasein mit Anderen".[336.337] Zum somatischen Sein gehört also konstitutiv der Bezug zu anderen. Von daher bekommt auch der Satz ὁ κύριος τῷ σώματι erst seinen vollen Sinn: Da der Leib nicht etwas Äußerliches, nur dem eigentlichen Ich Anhaftendes ist, sondern dieses Ich in seiner geschichtlichen Existenzweise darstellt, kann er auch nicht als vom Ich abtrennbare Substanz der Hure preisgegeben werden. Wenn es in der Tat zutrifft, daß ὁ κολλώμενος τῇ πόρνῃ ἓν σῶμά ἐστιν[338], V.16, dann ist der, der seine Freiheit durch den Bordellbesuch dokumentieren will, in Wirklichkeit ein durch und durch Unfreier, weil er in seiner ganzen inneren, seiner eigentlichen Existenz vom Einssein mit der Hure beherrscht wird; mit V.12 gesprochen: ἐξουσιασθήσεται. Die exzessiv ausgelebte Freiheit schlägt in katastrophale Unfreiheit um. Es ist die furchtbare Illusion dessen, der sich selbst zerstört, weil er sich in tödlichem Irrtum auf der Seite des Heils wähnt, aber auf der Seite des Unheils befindet.[339] Genau dieser Sach-Verhalt - die *Verdinglichung* der somatischen Existenz und somit die Entpersonalisierung des Menschen - wird durch den Schriftbeweis mit Gen 2,24 begründet.

Dieser Schriftbeweis hat allerdings den kleinen Schönheitsfehler, daß ausgerechnet der Begriff σῶμα durch die von Paulus so negativ gewertete σάρξ (s. 1Kor 3,1-3![340]) ersetzt ist: εἰς σάρκα μίαν. Daß hier σάρξ synonym mit σῶμα steht, sollte man nicht bestreiten. Dem ὁ κολλώμενος τῇ πόρνῃ wird in V.17 ὁ δὲ κολλώμενος τῷ κυρίῳ gegenübergestellt. Wieder

---

[336] *Heidegger*, Sein und Zeit, § 26; ib. 125: "Das Mitsein ist ein existenziales Konstituens des In-der-Welt-seins... Sofern Dasein überhaupt *ist*, hat es die Seinsart des Miteinanderseins."

[337] In diesem Zusammenhang ist auf den Streit zwischen *Rudolf Bultmann* und *Ernst Käsemann* über den paulinischen σῶμα-Begriff zu verweisen. Im Grunde ist es aber genausowenig ein echter Streit mit klar umrissenen gegensätzlichen Standpunkten wie bei der Frage nach der Bedeutung von δικαιοσύνη θεοῦ. *Käsemann* hat recht, wenn er für den Apostel nicht den modernen Person- oder gar Persönlichkeitsbegriff gelten läßt, hat recht, wenn er im σῶμα-Sein die *Möglichkeit der Kommunikation* konkretisiert sieht (Anliegen und Eigenart der pln. Abendmahlslehre, 32). Aber angesichts dessen, daß *Bultmann* σῶμα als ontologische Struktur des menschlichen Daseins bestimmt hatte, war der Einspruch *Käsemanns* nicht als prinzipieller berechtigt, sondern nur als ein solcher der Nuance. In etwa dieselbe Richtung geht auch das Urteil *Erhardt Güttgemanns'*, Der leidende Apostel, 206ff., über die Differenz zwischen *Bultmann* und *Käsemann*.

[338] Wörtlich recht drastisch: Wer mit der Hure "zusammengeleimt" ist, ist mit ihr *ein* Mensch.

[339] Die gleiche Denkstruktur wird sich wieder in Röm 7 zeigen.

[340] 1Kor 5,5 wird, wie bereits erörtert, dem Verderben der σάρξ die Rettung des πνεῦμα entgegengesetzt.

ist mit dem χολλᾶσθαι die engstmögliche Verbindung zwischen dem Glaubenden und dem Kyrios ausgesagt. Aber ausgerechnet dafür bringt Paulus dann keinen Schriftbeweis. Noch mehr fällt auf, daß trotz des anthropologisch hohen Stellenwertes von σῶμα im Denken des Paulus dieser hier nicht, wie eigentlich der Argumentationsduktus erwarten ließe, sagt "Er ist [mit ihr] *ein* σῶμα", sondern ἓν πνεῦμά ἐστιν. Und das trotz des im 1Kor später noch begegnenden Begriffs σῶμα Χριστοῦ, Kap. 12![341] Gerade die Aussage 6,15 von den μέλη τοῦ Χριστοῦ, die nicht πόρνης μέλη werden dürfen[342], hätte erwarten lassen, daß in V.17 irgendwie der Begriff σῶμα begegnet.

Damit stellt sich aber die Frage nach dem Sinn der Aussage, daß, wer engste Verbindung mit dem Herrn hat, mit ihm "*ein* Geist" sei. Auch hier könnte wieder gefragt werden, ob nicht diese Formulierung im Sinne einer seinshaften Identität vom Christen und seinem Herrn verstanden werden müßte. Ist *Konsubstantialität* aufgrund der gemeinsamen Geistnatur von Christ und Christus gegeben? Geht hier nicht sogar - man nenne es Mystik oder nicht - die Individualität des einzelnen Christen verloren? Schon zu dem ἓν σῶμα des Bordellbesuchers und der Hure erklärt *Erhardt Güttgemanns*: "Sie sind keine Individuen mehr, sondern zusammen der eine Mensch."[343] Als das eine Soma dienen Hurer und Hure der geradezu hypostatisch vorgestellten Hurerei, der πορνεία.[344] Geht also der Christ, der dem Herrn gehört (Dat. der Zugehörigkeit: τὸ σῶμα τῷ κυρίῳ), mit diesem eine durch das Pneuma begründete hypostatische Union ein? Die Formulierung des Paulus in V.17 legt zwar eine solche Interpretation nahe. Doch eine solche Deutung ist schon allein aufgrund der bisherigen Ausführungen zum 1Kor nicht mit der theologischen Grundkonzeption des Paulus vereinbar. Gegen eine konsubstantiale Auslegung dieser und anderer Paulusaussagen steht, daß Jesus als der Sohn Gottes für Paulus der *Kyrios* ist, wobei er Kyrios stricto sensu begreift und somit als Gegenüber dessen, der unter seiner Herrschaft steht. Auch in 1Kor 6,13.17 ist betont vom Kyrios die Rede. Eine naturhafte Einheit von δοῦλος und κύριος wäre in der Tat eine maxima contradictio in semetipso. Das paulinische Denken läßt sich wohl auf seine ontologi-

---

[341] S. auch auch *Conzelmann*, KEK, 141f. und 142 Anm. 28.

[342] *Johannes Weiß* spricht im Blick auf diese Formulierung von einem fast blasphemischen Oxymoron, KEK, 163.

[343] *Güttgemanns*, Der leidende Apostel 234.

[344] Ähnlich auch ib. 234.

schen Strukturen hin befragen, aber - und damit hat Güttgemanns recht - mit naturhaften Kategorien ist ihm nicht beizukommen.[345]

Zutreffend hat *Karl-Adolf Bauer* das ἓν πνεῦμα von der *Teilgabe* und der *Teilhabe* des Geistes her interpretiert.[346] Im Geist als dem Zeit-Raum seiner Präsenz wende sich uns der Kyrios leiblich zu und beanspruche uns zugleich leiblich.[347] Doch ist es zu wenig, wenn er unter Berufung auf *Kurt Stalder*[348] erklärt, das ἓν πνεῦμα-Sein mit dem Herrn bedeute "gleichsam rechtliche Zugehörigkeit zum Kyrios".[349] Daß Paulus keine Konsubstantialität aussagen will, wird auch an 6,19 deutlich: Was er 3,16f. über die Gemeinde als Tempel Gottes sagte, überträgt er nun in den Bereich des Individuellen: Euer Soma ist Tempel des in euch wohnenden Heiligen Geistes, den ihr von Gott habt.

Die soteriologische Bemerkung "Denn ihr seid teuer erkauft, ἠγοράσθητε γὰρ τιμῆς!" 6,20 ist, fast en passant gesagt, Begründung für die Aussage 6,19 "Ihr gehört euch nicht selbst (sondern dem Herrn)!" Diese soteriologische Anmerkung zeigt aber noch einmal deutlich, wie sehr paulinische Paränese ihren Sinn allein aus dem soteriologischen Indikativ gewinnt. Auch das als Imperativ gebrachte Jer 9,24 in 1Kor 1,31 setzt ja den in 1,30 genannten "Indikativ" ἀπολύτρωσις voraus. Paulus hat für 6,20 möglicherweise ψ 48,8f. vor Augen: λυτρώσεται ἄνθρωπος; οὐ δώσει τῷ θεῷ ἐξίλασμα αὐτοῦ καὶ τὴν τιμὴν τῆς λυτρώσεως τῆς ψυχῆς αὐτοῦ. Hat er aber 6,20a so nebenher als Begründung geschrieben, dann heißt das doch, daß er den ganzen Komplex der Soteriologie bei den Korinthern voraussetzen dürfte und es folglich nicht mehr als erforderlich ansah, eine Bemerkung wie diese eigens zu erläutern. Wenn er dann in 6,20b abschließend sagt "Gebt Gott in eurem Leib die Ehre!", so wird man paraphrasieren dürfen: "Lebt so in allen Bereichen eurer Existenz, daß es Gott zur Ehre gereicht!"

Die Ausführungen des Paulus in *1Kor 7* über Ehe und Eheverzicht, Ausführungen, die trotz des situativen Charakters aufgrund der Anfrage der Korinther doch teilweise recht grundsätzlichen Charakters sind, enthalten *kein einziges alttestamentliches Zitat*. Trotzdem ist es gerade dieses Kapitel, in dem Pauli Stellung zum Alten Testament in bezeichnender Weise zum Ausdruck kommt.[350]

---

[345] Ib. 235.

[346] *Bauer*, Leiblichkeit, 76f.

[347] Ib. 77.

[348] *Stalder*, Das Werk des Geistes, 433, Anm. 32.

[349] *Bauer*, Leiblichkeit, 77.

[350] Es kann nicht Aufgabe einer ntl. Theologie sein, auch wenn sie wie die unsere die Theologie des Paulus in ihrer theol. Argumentation nachzeichnen und so besser erfassen will, dem Gedankengang von 7,1 bis 7,40 lückenlos zu folgen. Deshalb werden nur

Die Weichenstellung zum Verständnis dieses Kapitels geschieht sicherlich schon partiell dadurch, daß in V.1 das berühmt-berüchtigte καλὸν ἀνθρώπῳ γυναικὸς μὴ ἅπτεσθαι entweder als paulinische Gnome oder als Zitat einer Anschauung asketischer Kreise innerhalb der korinthischen Gemeinde beurteilt wird.[351] Die zweite Deutung ist die wahrscheinlichere. Spräche nämlich Paulus mit dieser Maxime seine eigene Überzeugung aus, so würden seine Ausführungen sofort einen negativen Zungenschlag betreffs der Ehe vernehmen lassen. Die Ehe würde dann als etwas gegenüber der Ehelosigkeit Minderwertiges hingestellt. Und die Aufforderung in V.2, daß ein jeder um der Unzucht, also der in Kap. 6 schon bekämpften πορνεία willen seinen Ehepartner haben solle, würde die Ehe zum *bloßen* remedium concupiscentiae herabwürdigen. Sollte Paulus aber in V.1 eine korinthische Parole zitieren, so würde er ihr in V.2 mit dem klaren Imperativ ἐχέτω! widersprechen. Zwar bliebe immer noch die Begründung mit dem remedium concupiscentiae, aber das δέ zu Beginn von V.2 würde doch recht deutlich den Gegensatz zur Maxime in Korinth herausstellen. Doch einerlei wie man hier urteilt, es bleibt bei einer gewissen Abwertung der Ehe. Beide Hypothesen sehen diese Abwertung nur graduell unterschiedlich.

Wie immer man V.1 beurteilt, offenkundig ist nicht nur, daß die Motivation des remedium concupiscentiae die Argumentation des Paulus bestimmt, sondern vor allem, von vielen Kommentatoren des 1Kor betont ausgesprochen, daß der Apostel in 1Kor 7 *weder Gen 1,27f. noch Gen 2,18 zitiert.* Die Notwendigkeit der Ehe für die meisten Menschen wird also zu Beginn von Kap. 7 *nur in negativer Hinsicht begründet.* Die positiven Inhalte der Ehe wie eheliche Gemeinschaft von Mann und Frau oder Nachkommenschaft, im Alten Testament betont ausgesprochen, erwähnt er mit keinem Wort.

Doch zugleich - und ohne dieses *simul* bleibt das soeben Gesagte einseitig und falsch - muß auch gesagt werden, daß Paulus in einer anderen Hinsicht die Ehe nicht so belastet, wie es das mosaische Gesetz mit seiner Vorstellung von der *kultischen Unreinheit* tut. Er ist nicht mehr der Gefangene eines Wirklichkeitsverständnisses, wie es sich z.B. in *Lev 15* manifestiert. Die Welt ist für ihn nicht mehr in zwei Bereiche gespalten, den des kultisch Reinen und den des kultisch Unreinen. Das

---

nigen Aussagen genauer untersucht, die für unsere Aufgabenstellung besonders wichtig sind, vor allem 7,1-9 und 7,25-40.

[351] Als paulinische Überzeugung z.B. *Weiß*, KEK, 169f.; *Conzelmann*, KEK, 147; *Niederwimmer*, Askese und Mysterium, 80, Anm. 3; als in Korinth vertretene, von Paulus zitierte Auffassung z.B. *Lang*, NTD, 89; *Schrage*, Ethik des NT, 217; vorsichtiger zuvor ZNW 67, 215; *Merklein*, "Es ist gut für den Menschen, eine Frau nicht anzufassen", 389-391.

stereotype ἀκάθαρτος/-οι ἔσται/ἔσονται von Lev 15 ist für ihn bedeutungslos geworden. Er wird es später im Römerbrief, möglicherweise in Anlehnung an die in Mk 7,15 ausgesprochene Jesustradition[352], programmatisch formulieren, Röm 14,14; er sei im Herrn Jesus überzeugt, daß *nichts* durch sich selbst unrein sei, οὐδὲν κοινὸν δι' ἑαυτοῦ. Die positive Entsprechung dazu ist Röm 14,20: "*Alles* ist rein, πάντα μὲν καθαρά!" Was *Ernst Käsemann* zu Mk 7,15 sagt - Jesus "hebt die für die gesamte Antike grundlegende Unterscheidung zwischen dem Temenos, dem heiligen Bezirk, und der Profanität auf und kann sich deshalb den Sündern zugesellen. Des Menschen Herz entläßt für Jesus die Unreinheit in die Welt."[353] - gilt analog für Röm 14,14.20 und zugleich für das 7. Kap. des 1Kor, das im Horizont der programmatischen Aussagen von Röm 14 steht.

Für Paulus hat also die Ehe nichts mit ἀκαθαρσία zu tun! Dieser Begriff ist für ihn (fast) identisch mit πορνεία; beides begegnet im Lasterkatalog Gal 5,19, wo πορνεία und ἀκαθαρσία als die beiden ersten ἔργα τῆς σαρκός genannt werden. Wie Jesus mit Mk 7,15[354] den Begriff der Unreinheit vom Gebiet des Kultischen auf das des Ethischen verlagerte, so auch Paulus. Für einen Satz wie Lev 15,18 hätte er kein Verständnis gehabt![355] Aufgrund dieser Sachlage fällt ein bezeichnendes Licht auf das auch in 1Kor 7 zum Ausdruck kommende Eheverständnis des Paulus: Die Ehe wird nicht aus dem üblichen Bereich menschlicher Verantwortung herausgenommen. Auch in ihr hat sich christliche Existenz zu bewähren! Dies hat *Ernst Käsemann* wieder sehr klar (in seiner etwas verunglückten Polemik gegen Bultmann) gesehen: Die Relation der Leiblichkeit "bezieht sich nicht auf die isolierbare Existenz[356], sondern auf jene Welt, in welcher die Mächte und Personen und Dinge hart aufeinanderprallen, Liebe und Haß, Segen und Fluch, Dienst und Zerstörung sich ereignen, Sexualität und Tod den Menschen

---

[352] *E. Käsemann*, HNT 8a, 361f.

[353] *Käsemann*, Das Problem des historischen Jesus, 207.

[354] Dieses Logion betrachte ich als authentisches Jesuswort, trotz gegenwärtiger Tendenzen, es als Ausdruck nachösterlicher theologischer Reflexion zu beurteilen; s. Bd. 3, Abschn. Jesus und das Alte Testament. Das traditionsgeschichtliche Urteil *Karl Elligers* (HAT I/4, 196), daß V.18 in Lev 15 Zusatz sei, dürfte zutreffen; er paßt einfach nicht in die Systematik von Lev 15, in der es um Fälle von krankhaftem geschlechtlichem Ausfluß geht.

[355] Lev 15,18: Καὶ γυνή, ἐὰν κοιμηθῇ ἀνὴρ μετ' αὐτῆς κοίτην σπέρματος, καὶ λούσονται ὕδατι καὶ ἀκάθαρτοι ἔσονται ἕως ἑσπέρας.

[356] Das wollte auch *Bultmann* nicht!

wesentlich bestimmen und niemand je zutiefst allein sich gehört"[357]; er definiert Leiblichkeit als "das Wesen des Menschen in seiner Notwendigkeit, am Kreatürlichen zu partizipieren, und in seiner Fähigkeit zur Kommunikation im weitesten Sinne, nämlich seiner Bezogenheit auf eine ihm jeweils vorgegebene Welt"[358]. Und in genau diesem Sinne stellt Paulus auch die gegenseitige eheliche Verpflichtung der Ehepartner zueinander heraus (V.3f.). Das geschlechtliche Sein der Eheleute gehört für ihn zum somatischen Sein, da ja der Mensch als σῶμα die in ihrer geschichtlichen Welt verantwortliche Person ist. *Somatisches Sein impliziert* also auch *sexuelles Sein*. Die Frage ist freilich, welchen Stellenwert *innerhalb* des somatischen Seins das sexuelle Sein hat. Und an diesem Punkte wird man ihm im Verständnis des Paulus eben nicht den obersten Platz anweisen können. Entscheidend bleibt aber: *Paulus denkt nicht in der Ontologie der beiden ontischen Bereiche* von *kultischer Reinheit* und *kultischer Unreinheit*, wie er auch eine *Ontologie der Zweiteilung* von einem *kultischen* und einem *profanen Bereich nicht akzeptiert.*[359] Bezeichnend für die Grundhaltung des Paulus ist sowohl sein V. 7 ausgesprochener Wunsch, alle Menschen möchten wie er sein, also unverheiratet, doch habe eben ein jeder sein eigenes Charisma, "der eine so, der andere so", als auch seine Feststellung V. 8 zur Situation der Ledigen und der Witwen, es wäre gut - καλόν wie in V. 1! - , wenn sie wie er blieben. Und wiederum, sozusagen als Parallele zu V. 2: Wenn sie das nicht fertigbrächten, sollten sie halt heiraten; sei es doch besser zu heiraten als zu "brennen", V. 9.

Als Gebot des Herrn (s. Mt 5,32[360]) schärft er dann das absolute Scheidungsgebot ein und setzt sich somit wie zuvor Jesus über die Dtn 24,1-4 genannte Institution des Scheidungsbriefes hinweg. Paulus abrogiert also in diesem Punkte wie Jesus die Torah. Doch weicht er

---

[357] *Käsemann*, Zur paulinischen Anthropologie, 42f.
[358] Ib. 43.
[359] Deshalb kann ich nicht *Niederwimmers* Urteil zustimmen, daß 1Kor 1,7, von ihm als Ausdruck der paulinischen Überzeugung verstanden, nicht nur allgemein eine Abneigung gegen den Sexualverkehr formuliere - und zwar aus Angst vor der rituellen Verunreinigung, die jeder sexuelle Kontakt mit sich bringe, also aus Angst vor der dämonischen Infektion durch den Sexualakt - , sondern damit zugleich auch eine ängstliche Abneigung gegenüber der Frau *in genere* zum Ausdruck bringe (Askese und Mysterium, 85).
[360] Abgesehen vom mt Zusatz πάρεκτος λόγου πορνείας, wohl die älteste Form des mehrfach und dabei unterschiedlich tradierten authentischen Jesuslogions; *Hübner*, Das Gesetz in der synoptischen Tradition, 42ff.

durch das sog. privilegium Paulinum V.15 die Absolutheit des jesuanischen Scheidungsgebots etwas auf.

Die Entscheidung über das Verständnis von 1Kor 7 dürfte mit der Interpretation von *1Kor 7,25-40* fallen, wo Paulus zunächst die Anfrage hinsichtlich der Jungfrauen beantwortet.[361] Die *Sequenz der Argumentation* ist folgende: Paulus gibt zunächst zu, daß er kein Gebot des Herrn, ἐπιταγὴν κυρίου, habe und deshalb (nur) seinen Rat gebe, γνώμην δὲ δίδωμι. Dieser Rat stamme aber immerhin von einem, dem vom Herrn Barmherzigkeit widerfahren und der als solcher vertrauenswürdig[362] sei. In diesem Sinne betont er zum Abschluß des Kapitels, er sei fest davon überzeugt (δοχῶ), daß auch er den Geist Gottes habe (s. 1Kor 2,16). Der Rat, den Paulus gibt, ist also der Rat dessen, der ihn im Geiste Gottes spricht (in 7,26-28 mit νομίζω ausgesprochen)! V.26 nennt die *situative Voraussetzung*: Die eschatologischen Nöte stehen unmittelbar bevor (ἐνεστῶσαν = μέλλουσαν[363]) oder sind bereits gegenwärtige Bedrängnis (ἐνεστῶσαν = gegenwärtig)[364]. Die Gefahr, von der Paulus 1Kor 15,32 redet[365], könnte angesichts der sich auch im 1Kor aussprechenden Naherwartung[366] für ἐνεστῶσαν als "gegenwärtig" sprechen.[367] Genau diese in apokalyptischer Sprache formulierte Notsituation ist es, die Paulus als *Begründung* des καλόν von V.26 nennt. Ihretwegen sei es gut, "so zu sein", also ledig zu sein. Dennoch, wer schon mit einer Frau verheiratet ist, bleibe es. Wer jedoch nicht verheiratet ist, bleibe ledig. Wer trotzdem heiratet, sündige aber nicht. Und auch die Jungfrau, die heiratet, sündige nicht. Erneut erfolgt dann ein Hinweis auf die *Situation*: Paulus will die noch nicht Verheirateten schonen! Sie sollen keine θλῖψις - synonym mit ἀνάγκη von V.26 - erleiden. In 7,29-31 sieht Niederwimmer eine durch apokalyptische Motive veranlaßte Digression. Als Apokalyptiker, dem bestimmte Weltgeheimnisse offenbart worden seien, enthülle er als Offenbarung: ὁ καιρὸς συνεσταλμένος ἐστίν. Diese Offenbarung fordert eine ganz bestimmte *Daseinshaltung*, die "in fünf ähnlich gebauten, vom Pathos eschatologischer Distanz bestimmten Sätzen (V.29b-31a) ... charakterisiert" werde.[368] Mit V.32 kehre Paulus aber wieder zum Gedankengang vor der Digression zurück; an die Stelle der Warnung vor der θλῖψις trete die Warnung vor der μέριμνα.[369] In 7,36-38 wiederholt Paulus in gewisser Modifikation seinen bereits 7,26-

---

[361] περὶ δὲ τῶν παρθένων: Gegen die Auffassung, unter παρθέναι seien sog. virgines subintroductae verstanden (*Weiß*, KEK, 193ff.; *Lietzmann*, HNT, 36f., *Delling*, Paulus' Stellung zu Frau und Ehe, 86ff.), mit Recht u.a. *Conzelmann*, KEK, 164; *Niederwimmer*, Askese und Mysterium, 106: die unverheirateten Mädchen; *Lang*, NTD, 98: junge, noch vor der Ehe stehende Mädchen, nicht notwendig Verlobte.

[362] So übersetzt *Lang*, NTD, 98; πιστός; *Conzelmann*, KEK, 162: Vertrauensmann.

[363] So z.B. *Lietzmann*, HNT, 32f.; *Niederwimmer*, Askese und Mysterium, 108, Anm. 142.

[364] *Kümmel*, HNT, 178, als Korrektur zu *Lietzmann*, ib. 33; *Fascher*, ThHK, 194; *Strobel*, EWNT I, 188.

[365] S. auch 1Kor 4,9-13; 2Kor 1, vor allem 1,8ff.; 11,23-33ff.

[366] Mag sie vielleicht auch nicht ganz so akut empfunden sein wie in 1Thess 4,13ff.

[367] S. auch Gal 1,4!

[368] *Niederwimmer*, Askese und Mysterium, 109.

[369] Ib. 111.

28 ausgesprochenen *Rat*. Der Rat an die Witwen entspricht dem zuvor Gesagten, V.39f.

Dieser Analyse des Abschnitts von 7,25-40 durch Niederwimmer kann weithin zugestimmt werden. Man mag zögern, in V.29-31 eine Digression zu sehen, da die von ihm als Offenbarung gekennzeichnete Aussage in V.29a in engem sachlichem Zusammenhang mit V. 26a steht und die in V. 29b-31a geforderte Daseinshaltung im unmittelbar zuvor Ausgeführten impliziert, zumindest angelegt ist.

Was *Niederwimmer* hinsichtlich des ganzen Kapitels sagt, trifft auch speziell für den Abschnitt 7,25-40 zu: Die verschiedenen im Text ausgesprochenen Möglichkeiten sind "Resultat der widersprüchlichen Motivation"[370]. Der Vorzug der Virginität werde einmal durch den Hinweis auf die apokalyptische Katastrophe motiviert[371], dann aber trete an die Stelle der Warnung vor dieser Katastrophe die vor der Sorge: Die Sorge um das, was der Welt ist, nimmt dem Menschen die Möglichkeit, dem Herrn *ganz* zu gehören. Der Verheiratete kann die eschatologische Existenz nicht in angemessener Weise verwirklichen.[372] Dann aber sind Sorge um das, was des Herrn ist, und Sorge um das, was der Welt ist, widersprüchliche Grundeinstellungen. Man wird in der Tat bei Paulus eine nicht ganz konsistente Argumentation konstatieren müssen. Ist nämlich die Unverheiratete nach V.34, weil sie sich eben um das, was des Herrn ist kümmert, darauf aus, heilig an Leib und Seele zu sein, dann ist doch eigentlich dieses Heilig-Sein e contrario gerade nicht für den verheirateten Menschen in angemessener Weise möglich! Gehört ein solcher Mensch dann noch im Vollsinn zur Gruppe der in 1Kor 1,2 angesprochenen κλητοὶ ἅγιοι? Aber angesichts dessen, daß die Aussagen des Paulus, *wenn* sie stricto sensu genommen werden, in eine gewisse Widersprüchlichkeit führen, zeigt es sich, daß man sie eben nicht als in diesem strikten Sinne gemeint fassen darf. Spricht Niederwimmer von *sexueller Askese*, von ihrer *christologischen Begründung*[373], so ist zu fragen, was der Begriff "Askese" denn aussagen soll. Er bekommt seine Bedeutung erst durch die jeweils genannte Motivation. Wenn Paulus von dieser sog. sexuellen Askese im Blick auf sich selbst spricht, dann doch wohl, weil er durch seine apostolische Aufgabe voll in Beschlag genommen ist. Und wenn er unabhängig von der eigenen Existenz auf die Sorge, was des Herrn ist, verweist, dann wohl auch, weil ein solcher

---

[370] Ib. 123.

[371] Ib. 108.

[372] Ib. 111f.

[373] Ib. 113.

154

Mensch sich voll für die Aufgaben der Kirche einsetzen wird; nach Kap. 12 muß das nicht unbedingt die Mission sein. Und die kirchlichen Aufgaben haben schließlich auch mit der eschatologischen Situation zu tun. Also sind die eben genannten Motive, nämlich apokalyptische Bedrängnis und das Moment der Sorge, auch wenn sie nicht völlig konsistent zueinander sind, doch im Blick auf die eschatologische Situation nicht ganz voneinander zu trennen.

Vor allem aber: Will man schon beim Begriff "sexuelle Askese" bleiben, dann muß man ihn begrifflich ganz vom Motiv der Verunreinigung durch das Sexuelle lösen. Die Tatsache, daß erst in 7,26 das apokalyptische Motiv begegnet[374], sagt nichts über die Wertigkeit dieses Motivs.[375]

2.2.3.3.3 1Kor 8-10: Die Freiheit und ihre Grenzen

Zwar ging es bereits in Kap. 6 um die Freiheit; Paulus griff ja dort das wohl mit Trotz gesprochene πάντα μοι ἔξεστιν auf, mit dem die Korinther ihren Freiheitsbesitz verteidigten. Daß jedoch in unserer Systematik 1Kor 6,12ff. nicht unter die Überschrift "Freiheit" subsumiert wurde, liegt daran, daß es dort um die *Perversion der Freiheit* aufgrund eines pervertierten Leibverständnisses ging und Paulus daher nicht die Freiheit als solche thematisierte, sondern die Frage des Leibes. In *1Kor 8-10*[376] hingegen geht es um das *Wesen der Freiheit*. Und aus diesem Wesen ergeben sich auch *Grenzen der Freiheit*, zugleich aber damit auch der Ort, wo *Selbstverzicht auf Freiheit* möglich, ja geboten ist.

Zu *1Kor 8*, der Anfrage wegen des Götzenopferfleisches, περὶ τῶν εἰδωλοθύτων: Da geschieht im Rahmen des 1Kor etwas recht Eigenartiges. In Kap. 6 zeigte sich, wie die Korinther die Hurenfrage unter dem Gesichtspunkt der Freiheit sehen wollten; Paulus aber hat die Freiheitsfrage auf die Frage nach dem Leib umgebogen. Jetzt geschieht das genau Entgegengesetzte. Die Korinther stellen die Frage nach dem Götzenopferfleisch; doch Paulus biegt die Frage um auf die Frage nach der Freiheit.

Die von Paulus verfolgte Strategie ist bemerkenswert. Er setzt ein, indem er erneut eine Maxime der Korinther anscheinend positiv

---

[374] Ib. 108.

[375] Von Frühkatholizismus - so *Niederwimmer*, Askese und Mysterium, 124 - sollte man deshalb nicht sprechen, weil der Begriff angesichts der apokalyptischen Naherwartung kaum passend ist. Im Neuen Testament erscheint der Frühkatholizismus dort, wo sich der Weg einer langen Kirchengeschichte eröffnet.

[376] Zu 1Kor 8-10 s. *Probst*, Paulus und der Brief. Seinen Ergebnissen kann ich nur partiell zustimmen, er erkennt aber klar das Problem des Verhältnisses von Rhetorik und Epistolographie.

aufgreift: Wir wissen - also: darin stimmen wir mit euch überein - , daß alle Erkenntnis, γνῶσις, haben. Die anscheinend erfolgte Zustimmung wird aber rasch zur nur scheinbaren Zustimmung. V.1b werden Gnosis und Agape antithetisch genannt und dabei der letzteren das οἰκοδομεῖν zugewiesen, vielleicht auch im Blick auf die οἰκοδομή von Kap. 3. Und im typisch paulinischen Umgang mit Begriffen ist dann auf einmal entscheidend, daß man von Gott erkannt wird. Die wahre Gnosis ist die Gnosis Gottes (gen. subj.!), in der unser Heil besteht! Ist so erst einmal die menschliche Gnosis relativiert, fast zur Belanglosigkeit abgewertet - hat sie doch einen bösen Makel: φυσιοῖ (V.1)! - , so kann er nun erneut, indem er die Anfrage spezifiziert (περὶ τῆς βρώσεως οὖν τῶν εἰδωλοθύτων, V.4), an das Wissen der Korinther anschließen: Erneutes, nun jedoch schon recht relativiertes οἴδαμεν. "Wir wissen, daß es keinen Götzen, kein εἴδωλον, im Kosmos gibt. Wir wissen, daß es keinen Gott außer dem einen Gott gibt, οὐδεὶς ϑεὸς εἰ μὴ εἷς!" Eine götzenfreie Welt! Und das, weil es eben nur den einen Gott gibt. Im polytheistischen Korinth also der lobenswerte christliche Monotheismus der dort wohnenden Christen.

Davon, daß die argumentative Strategie des Paulus auf die Grenzen der Freiheit hinausläuft, ist bis jetzt noch nichts zu spüren. Doch damit, daß freilich auch die Zustimmung des Paulus von V.4 wieder eingeschränkt werden könnte, muß man am Ende dieses Verses rechnen. Und in der Tat erfahren die zunächst so eindeutigen Worte des Wissens von einem religiösen Tatbestand ihre Relativierung dadurch, daß Paulus das so feste monotheistische Wissen - wohlgemerkt: vom Glauben war bis jetzt in Kap. 8 nicht die Rede! - aus der Perspektive des Tatsächlichen herausholt und auf die *existenzielle Ebene* hebt: Doch, *es gibt* sogenannte Götter, und zwar sowohl im Himmel als auch auf Erden, wie es ja viele Götter und viele Herren, also viele Wesen mit übermenschlicher Macht gibt: εἰσίν, sie existieren! Nur, *für uns, ἡμῖν,*[377] existiert lediglich der eine Gott, der Vater! Das Dogma von εἷς ϑεός ist also kein verfügbarer intellektueller Besitz. Der eine Gott ist vielmehr die für die christliche Gemeinde existenzbestimmende Wirklichkeit. Von seiner Existenz läßt sich daher nur reden, indem man sich selbst als den von diesem einen Gott ganz und gar Bestimmten versteht. *Von Gott zu sprechen* ist bereits ein *existenzieller Akt*! Entweder man redet so von ihm, oder der εἷς ϑεός - nicht nur fundamentaler alttestamentlicher Glaube, wie er im *Schəma Jisrael* Dtn 6,4 seinen hehren Ausdruck findet, sondern auch eine stolze griechische Formel seit Xenophanes![378] - ist Wortformel ohne göttliche Wirklichkeit. Wer nur *theoretisch* von ihm spricht, spricht, wenn auch

---

[377] Dat. commodi als Ausdruck existenzialen Denkens!
[378] S. Bd. 1, 248f.

156

ungewollt, von ihm als bloßem εἴδωλον, als bloßem Idol, spricht somit von ihm glaubenslos.

Das genannte existenzielle Moment kommt auch in dem zum Ausdruck, was Paulus in der von ihm übernommenen Bekenntnisformel[379] als Apposition zum εἷς θεὸς setzt: er ist der *Vater*. Aber selbst sie kann noch als sterile theoretische Aussage vorgebracht werden. ὁ πατήρ ist zunächst alttestamentliche Tradition[380]; aber die Tatsache, daß auch das Griechentum das Theologumenon von Gott als Vater kannte[381], zeigt, daß die Berufung auf das Alte Testament als solche nicht ausreicht. Paulus bringt als weitere Appositionen[382] ἐξ οὗ τὰ πάντα und ἡμεῖς εἰς αὐτόν. Das "aus ihm ist alles" mag wenig existenziell klingen, ist es aber im selben Augenblick, in dem sich der Glaubende mit in τὰ πάντα gemeint "weiß". Das "wir auf ihn hin" zeigt noch deutlicher, daß mit dem εἷς θεός der *Deus pro nobis* ausgesagt ist. Er ist Ziel des glaubenden Menschen. Zwar ist hier vom Glauben nicht die Rede; indem Paulus aber von Gott als der fundamentalen existenzbestimmenden Wirklichkeit spricht, ist der Glaube impliziert. Denn nur glaubendes Reden von dem einen Gott "macht" das Wort "Gott" zur Aussage vom wahren Gott. Sicherlich betreibt Paulus hier monotheistische Theologie; aber **indem er als Glaubender theologisiert, predigt er zugleich.** Wiederum zeigt sich der elementare theologische Sachverhalt, daß **Theologie von Verkündigung nicht ablösbar** ist. So geht es in 1Kor 8,4-6 wegen des hier ausgesprochenen existenziellen Monotheismus um einen weiteren theologischen Höhepunkt des Briefes.

---

[379] S. z.B. *Conzelmann*, KEK, 178 u. 178, Anm. 38: In V.6 erscheint eine nicht von Paulus ad hoc geschaffene Formulierung, deren Inhalt nicht "paulinisch" ist; greift Paulus doch hier weit über den Kontext hinaus. S. auch *Ch. Wolff*, ThHK VII/2, 7ff.: Exkurs: Das Bekenntnis 1Kor 8,6; nach *Wolff*, ib. 8, dürfte wegen des Motivs der Schöpfungsmittlerschaft dieses Bekenntnis in hellenistisch-*juden*christlichen Kreisen formuliert worden sein. Auch *Wilhelm Thüsing*, Gott und Christus I, 225, sieht wie *Conzelmann*, daß 1Kor 8,6 mehr über Gott und Christus sagt, als im Zusammenhang notwendig wäre. Dennoch hält er es für wahrscheinlicher, "daß die Formulierung zwar schon vor der Abfassung des 1Kor existierte, aber nur als von Paulus selbst geprägter und in seiner Predigt und Unterweisung öfter gebrauchter Kernsatz". Kritisch zur Annahme von *Klaus Wengst*, Formeln, 141, die Formel in 1Kor 8,6 sei heidenchristlichen Ursprungs, *Wolff*, ThHK, 8, Anm. 41; s. auch *Hengel*, Christologie und ntl. Chronologie. Zu 1Kor 8,6 s. auch *Niederwimmer*, KuD 11, 75ff.; *Langkammer*, NTS 17, 193ff.; *Kerst*, ZNW 66, 130ff.

[380] Z.B. Dtn 32,6; Ps 2,7; Jes 63,16; Hos 11,1 (s. aber Hos 11,1LXX!).

[381] S. die Zusammenstellung bei *Schrenk*, ThWNT V, 951ff.

[382] Im logischen, nicht im grammatischen Sinne.

Neben dem εἷς θεός steht der εἷς κύριος Ἰησοῦς Χριστός. Die grammatische Koordination der beiden εἷς-Formeln zeigt, wie von diesem Kyrios nicht höher, nicht göttlicher gesprochen werden kann. Dem ἐξ οὗ τὰ πάντα des einen Gottes entspricht für den einen Kyrios δι᾽ οὗ τὰ πάντα - nur die Präpositionen unterscheiden sich - , dem ἡμεῖς εἰς αὐτόν entspricht ἡμεῖς δι᾽ αὐτοῦ. Mit δι᾽ οὗ ist die am Ende der Geschichte der alttestamentlichen Überlieferung aufgekommene Vorstellung vom *Schöpfungsmittler* ausgesagt. Stammt auch alles von Gott, so ist doch alles durch den Kyrios geworden. Die alttestamentlichen *Sophia*-Spekulationen werden in 1Kor 8,6 bzw. in der dort aufgegriffenen Tradition des Paulus christologisiert.[383]

Alttestamentlich ist die *Präexistenz der Weisheit*, *ḥāḵmāh*/σοφία, dem jüdischen Denken in neutestamentlicher Zeit und somit auch dem religiösen und theologischen Denken des Urchristentums vorgegeben. Dabei ist diese Präexistenz auch im *Kontext der Schöpfung* ausgesagt. Zu nennen ist zunächst *Prov 8,22ff.*: Jahwäh hat die Weisheit als Erstling seiner Wege hervorgebracht, nämlich - so die Übersetzung von *Otto Plöger* - "vor seinen Werken von damals". Vor der Zeit ist sie eingesetzt worden, vor den Anfängen der Erde. Deshalb sollen die Menschen auf sie als die Zeugin der Schöpfung durch Gott hören. Eindeutig ist die Weisheit hier *personifiziert*. Mit Plöger: Sie ist schöpfungsimmanent, kann aber in ihrer Herleitung von Jahwäh ein "kreatürliches" Element nicht völlig abstreifen. So ist sie "von der Schöpfung her gesehen näher an Jahwe zu rücken, von Jahwe her gesehen verbleibt ihr eine stärkere Affinität zur Schöpfung".[384] Von ihr ist aber nicht nur Präexistenz als Existenz vor der Schöpfung ausgesagt, genauer: Jahwäh hatte sie geschaffen, ehe er die Welt schuf. Ihr wird in Prov 3,19 auch noch "eine demiurgische Beanteiligung ... am Schöpfungshandeln" zugeschrieben[385]: "Jahwäh hat durch Weisheit die Erde gegründet und die Himmel festgemacht durch Einsicht."[386] Nach der Aussage dieser Stelle ist also die Weisheit, die genannte Interpretation vorausgesetzt, *am Schöpfungsakt beteiligt*. Daß die Vorstellung von der Präexistenz der Weisheit und ihrer Beteiligung an der Erschaffung der Welt durch

---

[383] S. vor allem *Habermann*, Präexistenzaussagen im NT, 159ff.

[384] *O. Plöger*, BK.AT XVII, 93.

[385] Ib. 92; s. auch ib. 37: "Denn hier wird Jahwe ... mit der Weisheit und der Einsicht in Verbindung gebracht, indem er sich ihrer bei seinem Schöpfungshandeln bedient, freilich durch sein Wissen, im umfassenden Sinn verstanden: durch sein Können, so daß eine Überordnung Jahwes gewährleistet bleibt, aber Weisheit und Einsicht auch nicht nur als Eigenschaften Jahwes zu verstehen sind. Insgesamt wirken die beiden Verse [sc. 3,19f.] wie eine knappe Zusammenfassung dessen, was die personifizierte Weisheit in ihrer Rede in Kap. 8 zum Thema Schöpfung ausführlich vorträgt..."

[386] Übersetzung in Anlehnung an *Plöger*.

158

Jahwäh in der Geschichte der Entstehung des Alten Testaments spät einzuordnen ist, ist anzunehmen.[387]

Die Präexistenz der Weisheit ist auch *Sir 24* ausgesagt. Ihr Ursprung ist der Mund Gottes, 24,3. Gott hat sie vor der Zeit für alle Ewigkeit geschaffen, 24,9.[388] Von einer Schöpfungsmittlerschaft der Weisheit ist jedoch keine Rede.[389] Ist nun in Sir 24 nicht die Rede von einer Beteiligung an der Schöpfung, so ist doch gerade diese der Wirkungsbereich der Weisheit. Obwohl ihr von Gott Jakob/Jerusalem als Wohnort angewiesen wurde, V.8[390], ist ihr Wirkungsbereich von kosmischem Ausmaß, so daß *Johann Marböck* im Blick auf Sir 24,5-7 von der Funktion der Weisheit in der Schöpfung sprechen kann; ihr Wirken offenbare hier einen Aspekt, der keine nationalen Schranken hat, auch die Heiden seien einbezogen. Das Wirken der Weisheit lasse damit bereits ahnen, "daß dieses Herrschen der Weisheit nur Ausdruck ihrer göttlichen *Funktion* sein kann, d.h. im Wirken und Walten der Gestalt der Weisheit waltet Gott selber".[391] Allerdings offenbare die Weisheit auch ihren Doppelcharakter, nämlich einerseits als *kosmologische Größe*, andererseits aber in 24,8-12 als *heilsgeschichtlicher Besitz* des auserwählten Volkes.[392] Jerusalem könne sogar als der eigentliche Machtbereich der Weisheit innerhalb der Welt gesehen werden.[393] Eckhard J. Schnabel spricht vom Universalismus der Weisheit[394], er verweist dafür u.a. auf Sir 1,9.[395] Daß die Weisheit nicht nur in Jerusalem, sondern in der ganzen Schöpfung wirkt, interpretiert er mit Recht als ihre *Manifestation in der Schöpfungsordnung*, evident vor allem in Sir 16,24-17,14; 39,14-35; 42,15-43,33.[396]

---

[387] S. aber *Kayatz*, Studien zu Prov 1-9, passim. Es soll jedoch hier der Einfluß der ägyptischen Vorstellungen von der *maat* auf Vorstellungen von der Weisheit in den Prov nicht bestritten werden.

[388] Sir 24,9: πρὸ τοῦ αἰῶνος ἀπ᾽ ἀρχῆς ἔκτισέν με,
    καὶ ἕως αἰῶνος οὐ μὴ ἐκλίπω.

[389] *Eduard Schweizer*, Zur Herkunft der Präexistenzvorstellungen bei Paulus, 106, nennt Sir 24,3 mit Fragezeichen. Gemeint sein kann nur V.3b: καὶ ὡς ὁμίχλη κατεκάλυψα γῆν. Aber in dieser Aussage wird man schwerlich eine direkte Schöpfungsmittlerschaft erkennen können. Eine Anspielung auf Gen 1,2 oder Gen 2,6 ist fraglich, am ehesten noch für Gen 1,2 als möglich zu erachten; s. die kritischen Bemerkungen von *Marböck*, Weisheit im Wandel, 59. Leider besitzen wir den hebräischen Urtext von Sir 24,3 nicht.

[390] Sir 24,8: καὶ εἶπεν Ἐν Ἰακὼβ κατασκήνωσον
    καὶ ἐν Ἰσραὴλ κατακληρονομήθητι.

[391] *Marböck*, Weisheit im Wandel, 61-63.

[392] Ib. 63.

[393] Ib. 66.

[394] *Schnabel*, Law and Wisdom, 16: "The universality of wisdom."

[395] Sir 1,9: κύριος αὐτὸς ἔκτισεν αὐτὴν
    καὶ εἶδεν καὶ ἐξηρίθμησεν αὐτὴν
    καὶ ἐξέχεεν αὐτὴν ἐπὶ πάντα τὰ ἔργα αὐτοῦ.
Sir 1,10 als unmittelbarer Kontext von Sir 1,9 enthält die bezeichnende Formulierung τοῖς ἀγαπῶσιν αὐτόν (sc. τὸν θεόν), die Paulus später in Röm 8,28 aufgreift; s. auch Sir 2,15f.

[396] *Schnabel*, Law and Wisdom, 17.

Faßt man nun theologisch den Vorgang der creatio als ein Geschehen, das in der gubernatio der geschaffenen Welt ihre sinnhafte Fortsetzung besitzt, also als *creatio continua*[397], so wird man im Sinne von Jesus Sirach das Wirken der Weisheit Gottes als Wirken im Rahmen eben dieser creatio continua sehen. Die Erschaffung der Welt erfährt ja auch paulinisch ihre soteriologische Hinordnung auf die gegenwärtige Heilsordnung.

In der *Sapientia Salomonis* wird wieder die Beteiligung der Weisheit am Schöpfungs*akt* gelehrt. Im Gebet Salomons wird Gott schon zu Beginn in bezeichnender Weise angerufen, 9,1f.:

θεὲ πατέρων καὶ κύριε τοῦ ἐλέους
ὁ ποιήσας τὰ πάντα ἐν λόγῳ σου
καὶ τῇ σοφίᾳ σου κατασκευάσας ἄνθρωπον,
ἵνα δεσπόζῃ τῶν ὑπὸ σοῦ γενομένων κτισμάτων.

Der synthetische Parallelismus von 1b und 2a läßt die Identität von Logos und Sophia annehmen. Und von dieser Sophia heißt es dann V.9:

καὶ μετὰ σοῦ ἡ σοφία ἡ εἰδυῖα τὰ ἔργα σου
καὶ παροῦσα, ὅτε ἐποίεις τὸν κόσμον.[398]

Um diese Sophia bittet "Salomon" Gott, damit er seinen Regierungsgeschäften verantwortlich nachgehen könne. Zum Teil redet der Beter dabei in stoischer Begrifflichkeit.[399]

Nun ist Sap aus sehr disparaten Teilen zusammengesetzt.[400] Und so verwundert es nicht, daß wie in Sir neben eindeutig nationalen Tendenzen auch universalistische Vorstellungen zum Ausdruck kommen, so außer 7,22ff. z.B. 1,7.[401] Auch die beiden Komponenten *creatio in principio* und *creatio continua* sind klar herausgestellt; doch muß eindeutig dem Moment der creatio continua die Priorität beigemessen werden. Daß *jetzt* Heil geschieht - natürlich in erster Linie für das im ganzen Buch nicht genannte Israel - , ist entscheidend: Die seit der Erschaffung der Welt aktive Weisheit, die das Wirken Gottes personifiziert und repräsentiert und wiederum doch nicht mit Gott identisch ist, sie ist es, in der der Mensch Gott begegnet. Alles kommt also darauf an, daß die an der Schöpfung beteiligte Weisheit die Mittlerin des in der Gegenwart zugeeigneten Heils ist.

---

[397] S. z.B. auf kath. Seite *Herman Schell*, Kath. Dogmatik II, 147: "Das zweite Teilmoment im Schöpfungsbegriff ist die *Erhaltung*. Dieselbe fügt nicht eine neue Wirkung zu dem Werke der Erschaffung hinzu, sondern hebt hervor, daß die Schöpfung im Unterschied von der geschöpflichen Verursachung nicht bloß Verursachung des Werdens, sondern des Seins in seiner ganzen zeitlichen Fortdauer besage." Auf ev. Seite *Wolfhart Pannenberg*, Syst. Theol. II, 50ff.; vor allem ib. 50: "Sofern nun Gottes Schöpfungsakt das Dasein der Geschöpfe begründet, so sind sie auch für ihre Erhaltung im Dasein in erster Linie auf Gott angewiesen."

[398] S. auch Sap 9,4: δός μοι τὴν τῶν σῶν θρόνων πάρεδρον σοφίαν.

[399] Zur eigentümlichen Verschmelzung stoischer und platonischer Gedanken, vor allem Sap 7,22ff. *H. Hübner*, Die Sapientia Salomonis und die antike Philosophie.

[400] Doch dürfte die uns vorliegende Form des Buches nicht einfach eine reine Addition inkonsistenter Teile sein, sondern als vom Endverfasser konzipierte Einheit vorliegen. Die inhaltlichen Brüche sind freilich deutlich zu erkennen.

[401] Sap 1,7: ὅτι πνεῦμα κυρίου πεπλήρωκεν τὴν οἰκουμένην,
καὶ τὸ συνέχον τὰ πάντα γνῶσιν ἔχει φωνῆς.

Die von Paulus in 1Kor 8,6 an die bekenntnishaften Formulierungen von dem einen Gott und dem einen Herrn angehängten und mit ἐξ οὗ bzw. δι᾽ οὗ eingeleiteten Relativsätze sind in einer Terminologie verfaßt, die die Plausibilität eines in weiten Kreisen akzeptierten Denkens in *stoischen* Gedanken verrät, ohne daß damit diese formelhaften Formulierungen *als* stoische ausgesagt würden. Die bekannte Formel des *Mark Aurel*, IV,23, ὦ φύσις, ἐκ σοῦ πάντα, ἐν σοὶ πάντα, εἰς σὲ πάντα ist zwar wesentlich jünger als Paulus, basiert aber auf älteren stoischen Traditionen.[402] Wie sehr der philosophische "Synkretismus" die geistige Situation des 1. Jh. bestimmte, zeigt besonders aufschlußreich *Philon von Alexandrien*. Sollte, wie vor allem jüngst wieder *Gerhard Sellin* betonte, Apollos maßgeblich daran beteiligt gewesen sein, die korinthische Gemeinde unter den theologischen Einfluß alexandrinisch-jüdischen Pneumatikertums zu bringen[403], und sollten dabei philonische Gedanken eine erhebliche Rolle gespielt haben, so darf man sich erst recht nicht mit der Auskunft begnügen, hier lägen stoische Formeln vor.

Entscheidend ist die Integration der diskutierten Formulierungen in das theologische Denken des Paulus. Daß dieses seinerseits entscheidend von Präexistenzvorstellungen des Alten Testaments bestimmt war, hat sich gezeigt.[404] Wie immer die traditionsgeschichtlichen

---

[402] Immer noch aufschlußreich *Norden*, Agnostos Theos, 240ff. *Norden* sieht sowohl auf der einen Seite Röm 11,36; 1Kor 8,6; Kol 1,16f. und Hebr 2,10 als auch auf der anderen Seite die Formel des Mark Aurel in der stoischen Tradition gelegen, die z.B. in der verbreiteten stoischen Etymologie des Zeus zum Ausdruck komme, SVF II, Nr. 1062: Δία δὲ αὐτὸν λέγουσιν, ὅτι πάντων ἐστὶν αἴτιος καὶ δι᾽ αὐτὸν πάντα. S. auch die Belege zu Röm 11,36 bei *H. Lietzmann*, HNT 8, 107.

[403] *Sellin*, Der Streit um die Auferstehung der Toten, 290 u. passim; für den alexandrinisch-jüdischen Hintergrund der Formel 1Kor 8,6 beruft er sich ib. 89, Anm. 42, auf *Horsley*, ZNW 69, 130ff.

[404] *Horsley*, ZNW 69, 130ff., führt 1Kor 8,6 auf *platonische* Spekulationen, wie sie sich bei Philon fänden, zurück. Deshalb sei diese Stelle nicht die Christianisierung einer stoischen Formel, sondern die Adoption einer platonisch-philosophischen Formel, in der das ursächliche Prinzip des δι᾽ οὗ (ὀργανικόν) von dem des πρὸς ὅ (παράδειγμα, die ἰδέα oder der νοῦς Gottes) unterschieden würde. Das bedeutet für 1Kor 8,6, daß die ursprüngliche Integrität der Doppelformel erhalten bleiben müsse. Mit dem Verweis auf die Unterscheidung der beiden αἰτίαι bei Platon und dann in der theologisch-philosophischen Modifikation bei Philon hat *Horsley* Richtiges gesehen. Doch ist der von ihm behauptete Gegensatz "platonisch-philonisch - stoisch" überbetont. Sicherlich hat Philon wichtiges Gedankengut des uns zu wenig bekannten Mittelplatonismus *substantiell* rezipiert, jedoch ohne dadurch wirklich Platoniker, überhaupt Philosoph geworden zu sein. *Peder Borgens* Einspruch gegen *Inge Christiansens* Urteil über die Allegorese bei Philon besteht zu Recht: Sie hat zu wenig berücksichtigt, daß dessen eigentliches Anliegen war "to express and serve the cause of Judaism" (ANRW II/21.1, 131). Auch

Voraussetzungen für die Doppelformel von 1Kor 8,6 zu beurteilen sind, man wird sie auf jeden Fall im Zusammenhang mit den seinerzeitigen jüdischen Vorstellungen von der *Präexistenz der Weisheit* und deren Beteiligung an der creatio zu sehen haben. Conzelmann wird man im Prinzip zugestehen, daß die Formulierung nicht von Paulus ad hoc geschaffen ist und ihr Inhalt als "nicht 'paulinisch'" weit über den Kontext hinausgreift.[405] Aber man muß zugleich dieses "weit" etwas einschränken. Denn wenn das ἐξ οὗ und das δι᾽ οὗ nicht bloß auf den einmaligen Akt der göttlichen Schöpfung fixiert sind, wenn die genannten Stellen der Sapientialliteratur den Gegenwartsbezug des Wirkens der Weisheit so stark hervorheben und überdies genau das auch genuin paulinische Intention ist[406], dann handelt es sich gerade nicht um den Verweis auf eine sonst für das paulinische Denken nicht relevante Schöpfungstheologie, sondern um die *Bedeutsamkeit der Schöpfung* für das Grundanliegen der Theologie des Paulus. Im Begriff der Bedeutsamkeit ist das existenzielle Moment inbegriffen. Und eben dieses wird durch das im Blick auf Gott gesagte καὶ ἡμεῖς εἰς αὐτόν ausgesagt: Des Menschen Sein ist ganz und gar auf Gott ausgerichtet. Das ἐξ αὐτοῦ ist die *theologische* Voraussetzung für das εἰς αὐτόν. Und das dann im Blick auf den Kyrios ausgesagte καὶ ἡμεῖς δι᾽ αὐτοῦ ist dementsprechend aller Wahrscheinlichkeit nach sowohl im protologischen als auch im soteriologischen Sinn verstanden; "durch" Christus sind wir *creatio simul et nova creatio*.

Dieser Auslegung kommt nahe, wie *Wilhelm Thüsing* 1Kor 8,6 versteht. Für das ἐξ οὗ verweist er auf 1Kor 1,30: ἐξ αὐτοῦ δὲ ὑμεῖς ἐστε ἐν Χριστῷ Ἰησοῦ. Hier zeige sich, daß das ἐκ τοῦ θεοῦ nicht nur "die Herkunft aller (nur statisch-ontologisch verstandenen) Dinge von Gott" aussagt.[407] Außerdem zeige 2Kor 5,17f., daß die Aussage τὰ πάντα ἐκ τοῦ θεοῦ mit dem Gedanken der neuen Schöpfung verbunden sei.[408] In gleicher Weise interpretiert er das auf Christus bezogene δι᾽ οὗ τὰ πάντα. Darin sei die

---

Philon war philosophisch ein Eklektiker. Auch bei ihm gibt es stoisches Gedankengut. Und warum sollte nicht eine ursprünglich stoische Formel, jedoch nicht mehr als stoische rezipiert, dazu gedient haben, "platonische" Gedanken im griechischsprachigen hellenistischen Judentum auszudrücken? Zum Verhältnis Philons zum Mittelplatonismus s. vor allem *Ursula Früchtel*, Die kosmologischen Vorstellungen bei Philo von Alexandrien.

[405] *Conzelmann*, KEK, 178, Anm. 38.

[406] Parallel dazu steht, wie sich bisher schon mehrfach zeigte, daß nicht das objektive Faktum des Kreuzes, sondern das geglaubte Kreuz rechtfertigt.

[407] *Thüsing*, Gott und Christus, 228.

[408] Ib. 228.

Schöpfungsmittlerschaft Christi impliziert. Aber es geht etwas zu weit, wenn er dann erklärt, der Gedanke der Schöpfungsmittlerschaft werde wohl nicht "von Paulus gleichsam zuerst angesteuert"; doch wird man ihm wieder voll darin zustimmen, daß Paulus "die Mittlerschaft Christi im Heilsgeschehen ... so universal" denkt, "weil Schöpfung und Heilsgeschehen für ihn ein untrennbares Ganzes bilden."[409]

Paulus hat in 1Kor 8,6 also die Frage, ob es erlaubt sei, Götzenopferfleisch zu essen, auf die Frage nach dem Sein der Christen zugespitzt: Gott als *creator* und der Kyrios als *creationis mediator* bestimmen beide protologisch und soteriologisch die christliche Existenz der Kirche. Als *nova creatura* steht aber dann die korinthische Gemeinde erhaben über der dämonischen Welt der sog. Götter und Kyrioi und kann dementsprechend nicht durch ihnen geweihtes Opferfleisch befleckt werden. Wenn etwas einem Nichts geweiht ist, kann dieses Nichts doch dem, der das ihm geweihte Opferfleisch ißt, nichts mehr tun. Ein Nichts vermag nichts!

Man sollte sich eigentlich wundern: Um eine uns marginal anmutende Angelegenheit zu klären, treibt Paulus einen gewaltigen theologischen Aufwand! Vergegenwärtigt man sich, daß damals Fleisch als Festspeise galt, also nicht tägliches Nahrungsmittel war, dann handelte es sich um die Klärung einer Situation, die nur von Zeit zu Zeit akut war.[410] Da aber Paulus hier so massiv theologisch argumentiert, dürfte er selbst der Frage größeres Gewicht beigemessen haben, nicht nur, weil einige Korinther hier ihre Schwierigkeiten hatten, sondern weil er selbst ein tatsächlich bestehendes theologisches Problem sah.

Seine Antwort ist eigentlich aufgrund des von ihm vorgetragenen theologischen Kriteriums klar: *für uns* gibt es nur einen Gott und nur einen Kyrios. Die Dämonen, die für uns Nichtse sind, können uns in ihrer Nichtigkeit nichts anhaben, auch nicht durch ihr Opferfleisch. Und so wäre eigentlich die Konsequenz, daß man im Glauben daran, daß einem die Dämonen nichts anhaben können, ihnen zum Spott ihr Götzenopferfleisch ißt, wo immer sich die Gelegenheit bietet.[411] Aber Paulus gesteht den Korinthern dies nur im Prinzip zu. Für ihn steht hier

---

[409] Ib. 229.

[410] Für die unteren Schichten gab es zu bestimmten Gelegenheiten öffentliche Verteilungen von kostenlosem Opferfleisch. Sofern Christen unter ihnen durch den Genuß dieses Fleisches schuldhafte Verunreinigung durch Dämonen fürchteten, sie aber andererseits, weil sie Christen geworden waren, nicht bei solchen Gelegenheiten benachteiligt sein wollten, ist in der Tat die Gewissensfrage gegeben.

[411] *Weiß*, KEK, 212: "bis zur bewußten Bravour"; es ist für einige "geradezu ein Beweis ihrer Freiheit, eine Probe auf die Macht ihres jetzigen Herrn (10,22), daß sie es wagen, sich der Sphäre der Dämonen zu nahen - ohne Furcht, daß sie wieder in ihre Gewalt geraten könnten".

nicht die Frage einer Dogmatik zur Debatte, sondern die Gesamtsituation der Gemeinde. Wo nämlich ein Christ, der *eigentlich* frei von Bedenken sein sollte, jedoch als "Schwacher" Anstoß an der Freiheit eines "Starken" nimmt, da sollte dieser um des Schwachen willen auf seine Freiheit verzichten. Erst in V.9 bringt Paulus innerhalb dieser Argumentation das entscheidende Stichwort ἐξουσία.[412] Die Argumentation geht also von der Gnosis aus und führt erst von ihr aus zum Freiheitsthema.[413] Aber gerade dieses Thema ist für Paulus das entscheidende. Der Skopus seiner ganzen Argumentation ist, daß die Freiheit des Starken ihre Grenzen am Gewissen[414] des Schwachen hat. Die Rücksicht auf diesen, d.h. die Liebe zu ihm, ist Kriterium des Verhaltens, ist Kriterium für das jeweilige Ausmaß, in dem der Starke in der konkreten Situation seine Freiheit praktizieren darf.

Die *theologische* Argumentation von 8,1-6 führt somit zur *seelsorgerlichen* Argumentation von 8,7-13. Aber gerade diese seelsorgerlichen Anweisungen verwundern den, der vom Gal her zu 1Kor 8 kommt. Rücksicht auf das schwache Gewissen der Galater hat Paulus da nicht im mindesten genommen! Das Argument, im Gal sei es um eine grundsätzlichere Frage als in 1Kor 8 gegangen, ist falsch. Gerade das theologische Fundament in 8,1-6 zeigt, von welch elementarer theologischer Natur die umstrittene Angelegenheit für Paulus war. Die Schwachen von Korinth - erst in Röm 14 und 15 wird er von "Schwachen im Glauben" sprechen; doch ist dies der Sache nach auch hier schon

---

[412] S. 1Kor 6,12 ἔξεστιν und οὐχ ἐγὼ ἐξουσιασθήσομαι, dann ἐξουσία außer 7,37 und 8,9 später in Kap. 9 noch 6mal neben 9,1.19 2mal ἐλεύθερος. ἐλευθερία begegnet im 1Kor nur 1mal, 10,29, d.h. innerhalb des Abschnitts Kap. 8-10. Dieses Substantiv war aber zuvor mit 4 Belegen im Gal der entscheidende Begriff (vor allem 5,1), daneben 6mal ἐλεύθερος und 1mal ἐλευθερόω. Eigentümlicherweise begegnet ἐξουσία im Röm innerhalb des "dogmatischen" Abschnitts Kap. 1-11 nur in 9,21, sonst nur noch im politischen Sinne 13,1-3, ἐλευθερία nur Röm 8,21, ἐλεύθερος nur 6,20; 7,3 und ἐλευθερόω 6,18.22; 8,2.21. ἔξεστιν findet sich außer 1Kor 6,12 noch 1Kor 10,23 und als Partizip (ἔξον) 2Kor 12,4. Diese spezifischen Konzentrationen vom Stamm ἐλευθ- im Gal und von ἐξουσία in 1Kor 8 und 9 sind bezeichnend für die argumentative Situation des jeweiligen Briefes.
[413] Haben die Korinther hinsichtlich des Essens von Götzenopferfleisch gar nicht so sehr mit ihrer Freiheit argumentiert, sondern primär mit ihrer Erkenntnis (wobei natürlich in ihrem Bewußtsein beides nicht voneinander zu trennen ist)? Ist es vielleicht bezeichnend, daß Paulus in Kap. 8 die Maxime πάντα (μοι) ἔξεστιν (6,12; 10,23) gerade nicht zitiert? Über Spekulationen kommen wir hier nicht hinaus.
[414] Zum Gewissensbegriff bei Paulus, *Eckstein*, Der Begriff Syneidesis bei Paulus; zu 1Kor 8,7ff. ib. 232ff.

gemeint - waren immerhin solche Christen, "für die" die Realität der dämonischen Mächte noch in bedrohlicher Weise bestand, "für die" also das "für uns" von V.6 noch nicht ihren Glauben bestimmte. Die Macht Gottes und des Kyrios war, so läßt sich interpretieren, "für sie" noch so schwach, daß sie als die Schwachen noch mit der Stärke der doch entthronten Mächte rechneten. Und diese Mächte sind eben so mächtig, wie der Mensch sie als Mächte sieht. Ausgerechnet das ἡμῖν von V.6, an dem doch für Paulus alles hing, war für sie keine lebendige Wirklichkeit!

Konkret zeigt sich diese Schwäche ihres Glaubens darin, daß sie das Essen des Götzenopferfleisches, des εἰδωλόθυτον,[416] als blasphemische *communicatio in sacris* beurteilten, die nach dem mosaischen Gesetz unbedingt verboten ist (so z.B. in Dtn 12 impliziert).[417] Die Schwachen in Korinth waren also deshalb schwach, weil sie immer noch essentielle Bestimmungen der Torah als existenzbestimmend beurteilten. *Sie hatten nicht die Freiheit der Starken, weil die Torah noch Macht über sie besaß.* Sie hatten nicht die Freiheit der Starken, weil sie nicht die Freiheit vom Gesetz hatten. Und wegen der fehlenden Freiheit vom Gesetz sollen nun auch die Starken in dieser Hinsicht auf ihre Freiheit vom Gesetz verzichten! Man muß sich die Ungeheuerlichkeit dieser Zumutung des Paulus an die korinthischen Starken vergegenwärtigen, um zu ermessen, welche Welten zwischen der theologischen Grundhaltung des Paulus des Gal und der theologischen Grundhaltung des Paulus des 1Kor liegen. Ein breiter theologischer Graben, der sich zwischen den beiden Briefen auftut.

Die brisante Freiheitsproblematik mit ihrer existenziellen Bedeutsamkeit exemplifiziert Paulus in *Kap. 9* an seiner *apostolischen*

---

[416] Dazu *Büchsel*, ThWNT II, 375ff.; *Hübner*, EWNT I, 936ff.
[417] Freilich kommt der griechische Begriff εἰδωλόθυτον in der LXX nur 4Makk 5,2 vor, wo Antiochus IV. Epiphanes Juden zum Essen von Götzenopferfleisch zwingen will. Zweifellos ist aber gerade mit diesem Befehl der Abfall vom mosaischen Gesetz intendiert. Bezeichnend ist schließlich auch, daß Antiochus mit diesem Befehl auch die Rücknahme der Beschneidung erzwingen will (ἐπισπᾶσθαι). Beschneidung und Speisegebote waren es ja vor allem, die das Spezifikum der vita Judaica ausmachten. Und gerade die Beschneidung war es, die Paulus den Galatern untersagte. Seine Gegner mußten somit diese seine Auffassung wie das 4Makk 5,2 geschilderte Verhalten des verhaßten Antiochus gesehen haben! Waren die Schwachen in Korinth Heidenchristen, wie zumeist angenommen wird, so bekommt die Differenz zwischen Gal und 1Kor noch größeres Gewicht: Im Gal verbietet Paulus Heidenchristen die Beschneidung, im 1Kor erlaubt er Heidenchristen die Befolgung von Speisegesetzen und will überdies die Starken sogar dazu bringen, sich wie die Schwachen zu verhalten. Zum Ganzen s. *Drane*, Paul - Libertine or Legalist?, passim.

Freiheit, konkretisiert an seinem Recht auf Unterhalt durch die Gemeinde und zugleich an seinem Verzicht auf eben dieses Recht. Mag sich auch der Apostel zur Apologie für seinen Unterhaltsverzicht gezwungen sehen, V.3ff.[418], mag sich also das apologetische Motiv in Kap. 9 recht deutlich melden, so dürfte doch die eigentliche Intention des Paulus das Insistieren auf seiner apostolischen Freiheit sein.[419] Übergehen wir aber die Details dieser Darlegungen, auch, was zur ἀνάγκη von V.16 zu sagen wäre.[420] Für die Thematik der Biblischen Theologie ist erst wieder 1Kor 9,19-23 von erheblichem inhaltlichen Gewicht. Schon *Johannes Weiß* hat gerade diesem Abschnitt besondere Aufmerksamkeit geschenkt und ihn dabei auch unter rhetorischen Gesichtspunkten analysiert[421]; er sei "ein Kabinetsstück überlegtesten Aufbaues"[422]. *Vollenweider* sieht in ihm das "Herzstück der gesamten Kapitel 8-10"[423]. In zumindest theologischer Hinsicht trifft dies zu.

In *1Kor 9,19-23* formuliert Paulus das *theologische Fazit* der *Freiheit*, und zwar so, daß er hier das theologisch Entscheidende über die Freiheit sagt, indem er seine eigene Existenz als apostolische Existenz essentiell in die Aussagen einbezieht. Indem gerade seine Freiheit "eng mit seinem Amt verknüpft" ist[424], vermag er überhaupt erst "über" Freiheit, besser: aus Freiheit heraus von der Freiheit zu sprechen. Nur der Freie kann angemessen von der Freiheit reden. Die Erfahrung der Freiheit, also die existenzielle Betroffenheit durch sie - das ist die unumgängliche Voraussetzung, um überhaupt verstehen zu können, *quid sit pondus libertatis*. Wer unfrei ist, weiß höchstens, daß Freiheit die Unfreiheit nimmt, aber noch nicht, was denn nun die Dimension der noch nicht erlangten Freiheit ausmacht. Er kann Freiheit, wenn es denn existenzielle Erfahrung der Freiheit gibt, höchstens als Negation der ihn jetzt betroffen machenden Un-Freiheit erfahren, also die Negation einer Negation.

Paulus hat die *Erfahrung* des Gesetzes gemacht, eine Erfahrung, die nun aus der Retrospektive als Erfahrung der Unfreiheit verstanden ist;

---

[418] Man sollte jedoch fragen, ob nicht in dem betonten ἡ ἐμὴ ἀπολογία von V.3 ein gewisser ironischer Zungenschlag hörbar ist; dient doch seine Apologie letztlich nur zur Darlegung dessen, was Freiheit bedeutet. Außerdem darf man nicht aus dem Auge verlieren, daß es Paulus nach 1Kor 4 kategorisch ablehnt, sich beurteilen zu lassen.

[419] *Vollenweider*, Freiheit als neue Schöpfung, 200; zum Verhältnis der theologischen Argumentation des Paulus zur hellenistischen Popularphilosophie, das hier nicht thematisiert wird, s. ib. 199ff.

[420] Zu ἀνάγκη s. vor allem *Strobel*, EWNT I, 185ff.; *Niederwimmer*, Der Begriff der Freiheit im NT, 31ff.; *Schreckenberg*, Ananke.

[421] *Weiß*, Beiträge zur Pln. Rhetorik, 32.

[422] *Weiß*, KEK, 242.

[423] *Vollenweider*, Freiheit als neue Schöpfung, 209.

[424] Ib. 201.

er lebt nun als berufener Apostel des Evangeliums der Freiheit im Bereich der täglich neu erfahrenen und neu zu bewältigenden Freiheit inmitten der Zwänge des missionarischen Alltags. Er weiß, was ὑπὸ νόμον heißt, er weiß um die Tiefendimension dieser Knechtschaft, die erst aus der Erfahrung der Freiheit ermessen werden kann. Er weiß, welch herrliche Freiheit das ἔννομος Χριστοῦ εἶναι ist, V.21. Und so und nur so kann er allen alles werden. Im Gegensatz zu dem, was er früher im Gal in nur antithetischer Weise theologisch aussagen konnte, sieht er sich jetzt in der Lage, die Situation solcher Heidenchristen, die noch nicht den Fängen der Knechtschaft des Gesetzes entkommen sind, mitzuempfinden und, vor allem, mitzutragen. Was er freilich schon in Gal 6,15 schemenhaft gesehen hat, ohne daß er es jedoch wirklich in seine theologische Konzeption integrieren konnte, nämlich die totale Nichtrelevanz des Status des Beschnittenseins: οὔτε γὰρ περιτομή τί ἐστιν οὔτε ἀκροβυστία, das wird jetzt theologische Spitzenaussage.[425] Weil das Sein unter dem Gesetz, das ja identisch mit dem Beschnittensein ist, *völlig* irrelevant ist, deshalb kann er dieses Sein nun dulden, aber eben nur insofern die Gemeinde als ganze dies verstanden hat und von daher in der Lage ist, die Schwachen zu ertragen und ihr Schwachsein mitzutragen. Jetzt nimmt Paulus dieses Schwachsein der Schwachen in seine Theologie der Mission mit hinein.

Dann aber ist 1Kor 9,19-23 nicht nur eine *theologisch*, sondern auch *biographisch* besonders relevante Aussage. An dieser Stelle ist sozusagen mit Händen zu greifen, wie der Apostel in seinem apostolischen Selbstverständnis eine bedeutsame Veränderung erfahren hat. Natürlich nicht in dem Sinne, daß er sein Evangelium von der Rechtfertigung aus dem Glauben änderte! Denn das Evangelium ist und bleibt die unverrückbare Konstante in seinem Leben seit Damaskus und in seiner Verkündigung. Modifikation natürlich auch nicht in dem Sinne, daß er nun das "Sein in Christus" anders verstände. Geändert hat sich vielmehr nur seine Einstellung zu bestimmten Phänomenen innerhalb seiner Missionsgemeinden, und zwar im Blick auf das Gesetz. Auf einmal ist er in der Lage, vom Evangelium der Freiheit aus nicht nur das Sein unter dem Gesetz als furchtbare Knechtschaft zu durchschauen; er ist jetzt auch in der Lage, diese *Knechtschaft*, eben weil er als Apostel der Freie ist, *mitzutragen*. Diese Freiheit - und nicht umsonst beginnt 9,19-23 mit den Worten ἐλεύθερος γὰρ ὢν ἐκ πάντων, *weil* ich frei von allen bin![426] - macht ihn nun frei zu diesem solidarischen Mittragen der Gesetzesknechtschaft. Insofern kann er - gar nicht so paradox! - sein Frei-*Sein* als

---

[425] Zur Zeit der Niederschrift des Röm ist Paulus in der theologischen Reflexion dessen, was Beschneidung meint, wiederum ein Stück weiter; s. zu Röm 4!

[426] So mit *Vollenweider*, Freiheit als neue Schöpfung, 209, Anm. 53.

Zum-Knecht-*Sich-Machen* gestalten, V.19: πᾶσιν ἐμαυτὸν ἐδούλωσα.[427] Es ist genau diese Freiheit, die ihm deshalb zukommt, weil seine Identität nicht mehr vom Gesetz konstituiert wird[428], sondern im freimachenden Gott gegründet ist. *Deus est Deus libertatis; Deus libertate sua liberans est.* Also: *Sine libertate Deus non est nobis Deus!*

Der Erörterung bedarf noch *1Kor 9,8-10*, weil sich Paulus hier expressis verbis über sein Schriftverständnis äußert. Daß er in V.9 Dtn 25,4 zitiert und diese Torahbestimmung entgegen ihrem ursprünglichen Sinn als Tierschutzbestimmung[429] auf den Verkündiger des Evangeliums bezieht, kann man sicher mit den meisten Auslegern als *allegorische* Auslegung auffassen.[430] Aber gerade dieser Schriftbeweis zeigt, daß für Paulus die allegorische Exegese lediglich ein Sonderfall der Schriftauslegung ist. Denn er weist ja ausdrücklich darauf hin, daß hier - ausnahmsweise! - vom Ochsen, von einem Tier also, und gerade nicht wie sonst in der Schrift vom Menschen die Rede ist. Sicherlich wird man für die Auslegung von Dtn 25,4 durch Paulus auf die Methodik der allegorischen Schriftexegese Philons[431] und auf Pseudo-Aristeas[432] verweisen können. Vor allem die Bemerkung im Aristeasbrief, daß Mose nicht wegen der Mäuse und des Wiesels und anderer Tiere die Gesetze mit Sorgfalt aufgestellt habe, ist eine auffällige Parallele zur allegorischen Deutung der Dtn-Aussage durch Paulus. Nur ist mit dem Hinweis auf jüdisch-hellenistische Parallelen das paulinische Spezifikum noch nicht getroffen. Mit Recht spricht *Christian Wolff* vom *eschatologischen* Schriftverständnis des Paulus. Seine Allegorie besteht ja nicht darin, daß der tiefere, also allegorische Sinn des Ochsen der Mensch schlechthin sei, sondern spezifischer der Verkündiger des eschatologischen Heils.[433] Dann ist aber die Allegorie von 1Kor 9,9 nur

---

[427] Auch dieser Gedanke ist in gewissen Ansätzen schon im Gal ausgesprochen, nämlich Gal 5,13: ὑμεῖς γὰρ ἐπ᾽ ἐλευθερίᾳ ἐκλήθητε... διὰ τῆς ἀγάπης δουλεύετε ἀλλήλοις. Allerdings ist dieser Gedanke hier nicht spezifisch auf die apostolische Existenz bezogen.

[428] So die ausgezeichnete Formulierung von *Vollenweider*, op. cit. 214.

[429] *Conzelmann*, KEK, 191.

[430] So z.B. *Lietzmann*, HNT, 41; *Conzelmann*, KEK, 191; *Koch*, Die Schrift als Zeuge des Evangeliums, 203f.

[431] *Lietzmann*, HNT, 41, nennt *Philon*, de spec. leg. I,260, p. 251, und de somn. I,93, p. 634.

[432] *Aristeas*, epist. 144.

[433] *Wolff*, ThHK, 25, vor allem (gegen *Lietzmann* und *Conzelmann*): "Insofern ist δι᾽ ἡμᾶς nicht auf die tätigen Menschen überhaupt, sondern auf die den Anbruch des Heils Proklamierenden bezogen." S. auch ib. 46ff. den Exkurs: Das eschatologische Verständnis des Alten Testaments.

eines der Hilfsmittel, und zwar ein recht seltenes, mit denen Paulus die eschatologische Interpretation der Schrift praktiziert. *An der Allegorie als solcher ist er nicht interessiert.* Die damalige Auslegungsmethodik stellte ihm eben *auch* die Allegorie zur Verfügung. Sie ließ sich für seine Zwecke nutzen, und also nahm er sie dankbar in Anspruch. Im gesamten theologischen Umgang des Apostels mit dem Alten Testament hat sich in keinem der bisher behandelten Briefe die Allegorie als typisch für die paulinische Schriftauslegung gezeigt. Im Gegenteil - so sehr er aufgrund seiner eschatologischen Exegese im Text der Schrift einen tieferen Sinn erkannte, so ging es ihm doch in der Regel darum, das damals Gesagte einschließlich des Bezugs auf das damals Geschehene auf die eschatologische Gegenwart zu beziehen. Die Ereignisse und die Personen, von denen die Schrift redet, sind eben *als* Ereignisse und *als* Personen theologisch keinesfalls irrelevant.[434]

Dies zeigt sich dann recht deutlich an 1Kor 10,1-13. Diesen Abschnitt bringt Paulus freilich nicht um seiner selbst willen, sondern zur Vorbereitung auf 10,14-22, wo er, wie es scheint, in eigentümlicher Spannung zu Kap. 8 vor dem Götzendienst, der εἰδωλολατρία, warnt.[435]
Paulus bezieht sich zunächst auf Geschehnisse, die in Ex 13,21-22 und 14,21-31 berichtet werden. Er selbst referiert sie jedoch nicht eigentlich, sondern bringt sie sofort in der Form der Deutung. Daß sich dabei Inkonsistenzen ergeben, kümmert ihn nicht. Die Väter seien in der Wolke und im Meer getauft worden. Und das trotz der alttestamentlichen Aussage, daß die Israeliten trockenen Fußes durch das Meer gegangen seien! Dann bezieht sich Paulus in V.3 auf die Speisung durch das Manna Ex 16,13ff. (s. auch Dtn 8,3; ψ 77,23ff.) und in V.4 auf das Wasserwunder des Mose Ex 17,1-7 (s. auch Num 20,1-11; ψ 77,15f.)[436] Das Manna wird ohne Begründung eine geistliche Speise, πνευματικὸν βρῶμα, genannt, das Wasser aus dem Felsen geistlicher

---

[434] Ob Paulus in V.10, durch ἐγράφη ὅτι eingeleitet, ein apokryphes Zitat bringt, wie es im Anschluß an *J. Weiß*, KEK, 237, eine Reihe von Autoren tut, oder ob er den Sinn des Dtn-Zitats entfaltet, ist kontrovers. Für *Wolff*, ThHK, 25, spricht gegen die Hypothese eines zweiten Zitates, das von apokrypher Herkunft ist, daß Paulus neue Zitate nicht mit ἐγράφη einleitet, sondern diese Form ausschließlich für Bezugnahmen auf vorangegangene Zitate verwendet.

[435] Diese Spannung ist von einigen Exegeten (z.B. *J. Weiß, W. Schmithals*) zum Anlaß für Teilungshypothesen für 1Kor genommen worden. In 1Kor 8 urteilt Paulus aber über eine andere Situation als in 1Kor 10. Dort ging es um die Frage nach dem Erlaubtsein des Essens oder Kaufens von Götzenopferfleisch, hier um die Frage nach dem Verhalten anläßlich einer Einladung zu einem heidnischen Kultmahl; gegen *Weiß* bereits überzeugend *von Soden*, Sakrament und Ethik bei Paulus, 358ff.

[436] Num 20 ist freilich nur eine von uns zu registrierende Parallele zu Ex 17. Die Sequenz Ex 13, Ex 14, Ex 16, Ex 17 zeigt, wie Paulus die Reihenfolge der Geschehnisse in 1Kor 10 vor Augen hatte.

Trank, πευματικὸν πόμα. Gegen den Schrifttext folgt der Felsen sogar den Israeliten. Und dann bringt Paulus in V.4 die theologische Spitzenaussage: ἡ πέτρα δὲ ἦν ὁ Χριστός.

Daß Paulus hier nicht den Gedanken der *Präexistenz* Christi betont herausstellen will, ist deutlich. Ohne jegliche Begründung führt er ihn wie selbstverständlich in seine theologische Argumentation ein. *Christian Wolff* verdünnt die theologische Aussage des Paulus, wenn er die Identität von Fels und präexistentem Christus bestreitet und das, was Paulus sagen will, auf die knappe Formulierung reduziert: "Christus gab aus dem Felsen das Wasser zu trinken."[437] Hingegen betont *Anthony T. Hanson* sehr stark, auch im Blick auf 1Kor 10,4, die Aktivität des präexistenten Christus in der alttestamentlichen Geschichte Israels.[438]

Es ist üblich, diesen Bezug des Paulus auf das Alte Testament als *Typologie* zu bezeichnen. Hier liege typologische Deutung auf Taufe und Abendmahl vor.[439] Für *Friedrich Lang* ist das Neue, das Paulus der korinthischen Gemeinde mitteilt, die typologische Anwendung der Ex-Erzählung auf die christliche Gemeinde. "Die Gemeinde des Neuen Bundes hängt für den Apostel eng mit der *Geschichte des Alten Bundes* zusammen; deshalb bildet die Grundlegung des alten Gottesvolkes durch Gottes Wirken (Exodus und Wüstenzug) einen Typos, eine 'Voraus-Darstellung' für die Grundlegung des neuen, eschatologischen Gottes-volkes durch das Christusgeschehen ... In Christus ist die alttestamentliche Verheißungsgeschichte zur Erfüllung gekommen (2Kor 1,20). Die alttestamentlichen Verheißungen sind 'Vor-Bilder' des Christusgeschehens".[440] Diese Deutung der Exodus-Deutung durch Paulus ist aber nur partiell richtig. Sicherlich war die Taufe auf, εἰς, Mose für Paulus in gewisser Hinsicht Vorausabbildung der christlichen Taufe. Und sicherlich war der geistliche Trank wiederum in gewisser Hinsicht Vorausabbildung des christlichen Abendmahls. Daß Paulus dem Christusgeschehen in der christlichen Taufe und im Abendmahl einen höheren soteriologischen Stellenwert zumißt als dem Get-auftwerden und Trinken in der Wüste, wird man schwerlich bestreiten können. Jedoch ist es schwierig, hier stricto sensu von Typologie zu sprechen, da ja immerhin Christus selbst der geistliche Fels, πνευματικὴ πέτρα, war, der den geistlichen Trank gewährte! Das Christusereignis der Wüste ist also schwerlich *bloße* Vorausabbildung des neutestamentlichen

---

[437] *Wolff*, ThHK, 43.

[438] Z.B. *Hanson*, Studies in Paul's Technique and Theology, 149f.

[439] *Conzelmann*, KEK, 203f.

[440] *Lang*, NTD, 123; Hervorhebung durch mich.

Christusereignisses.[441] Kann man Christus als seine eigene Vorausabbildung bezeichnen, ihn als Typos seines eigenen Antitypos verstehen? Kann Christus sich selbst "überbieten", wenn denn schon der Begriff der Typologie (von antithetischer Typologie kann ja hier nicht die Rede sein) das Element der Überbietung notwendig impliziert?[442] Um aber einen Begriff zur Hand zu haben, sprechen wir zunächst einfach von *Quasitypologie*, ohne mit ihm exakt aussagen zu wollen, welche Auslegungsmethode Paulus wirklich verwendet.

Daß die quasitypologische Entsprechung der alttestamentlichen und neutestamentlichen Sakramente nicht die eigentliche Intention des Paulus ist, zeigt bereits V.5: Obwohl "alle" Väter unter der alttestamentlichen Wolke waren, wurden "die meisten" von ihnen niedergestreckt (passivum divinum!). Nach V.6 haben sich diese Vorgänge als τύποι ἡμῶν, also als im Blick auf uns typische Vorgänge ereignet. In V.11 wiederholt Paulus diesen Gedanken: Diese Vorgänge sind den Vätern τυπικῶς widerfahren. Was geschrieben ist, ist nämlich zu unserer Warnung geschrieben. ἐγράφη δὲ πρὸς νουθεσίαν ἡμῶν entspricht δι᾿ ἡμᾶς γὰρ ἐγράφη in 9,10.

Freilich ist mit πρὸς νουθεσίαν ἡμῶν von 10,11 nicht die ganze Weite des paulinischen Schriftverständnisses ausgesagt. Denn der Apostel sieht ja in der γραφή vor allem den Heilsindikativ ausgesagt. Daß hier in der Entsprechung von alttestamentlicher und neutestamentlicher Situation der Imperativ zum Tragen kommt, hängt mit dem Zustand der korinthischen Gemeinde zusammen. In der Quasitypologie von 1Kor 10 geht es ja primär um die "typologische" Entsprechung des Verhaltens der alttestamentlichen Väter und des Verhaltens der Korinther. Deshalb die in negativer Formulierung gebrachten Imperative, an deren Spitze Paulus in V.7 μηδὲ εἰδωλολάτραι γίνεσθε setzt. Und gerade dieser Imperativ wird mit einem Schriftzitat, mit der formula quotationis ὥσπερ γέγραπται eingeleitet, begründet, bezeichnenderweise mit Ex 32,6, einem Zitat aus der Perikope vom Goldenen Kalb.

---

[441] Ähnlich *Koch*, Die Schrift als Zeuge, 213: "Andererseits soll der Gedanke einer möglicherweise geringeren Qualität der damaligen 'Sakramente' ausgeschaltet werden, indem auch für das damalige Speise- und Trankwunder die gleiche Anwesenheit Christi ausgesagt wird wie für das Herrenmahl der Gemeinde."

[442] *Koch*, ib. 211ff., behandelt 1Kor 10,1-13 unter der Überschrift "Allegorische Schriftauslegung bei Paulus", ib. 202. Freilich sieht er die Perikope wie viele Exegeten im Traditionsstrom der zeitgenössischen jüdischen Pentateuchauslegung und von daher als eigentümliche Mischung von Allegorie und Typologie: Die paulinische Deutung des Felsens auf den präexistenten Christus ist durch die in der jüdischen Exegese von Ex 17,1-7 belegte allegorische Interpretation der πέτρα als σοφία bzw. λόγος (*Philon*, De leg. all. II, 86) vorgegeben. Bei Paulus bleibt diese Allegorese auf diesen einen Punkt beschränkt. Andererseits ist für das vorpaulinische Substrat der Gesamteinheit 1Kor 10,1b-5 eine grundsätzlich typologische Grundstruktur anzunehmen. Doch wertet Paulus die Sakramentstypologie nicht typologisch aus.

Mit diesem Hinweis auf eine Schlüsselperikope des Buches Exodus - übrigens wieder in der chronologischen Sequenz von Ex 13 her - wirft Paulus ein bezeichnendes Licht auf die korinthische Situation: Was sich damals gemäß Ex 32,1-6 am Fuße des Sinai abspielte, könnte sich in der korinthischen Gemeinde erneut ereignen, nämlich das Essen des Götzenopferfleisches und die kultische Unzucht, παίζειν.[443] In diesem Sinn folgt auf μηδὲ εἰδωλολάτραι γίνεσθε sofort als zweiter negativer Imperativ μηδὲ πορνεύωμεν. Auch darin folgt Paulus alttestamentlicher Tradition; den Zusammenhang zwischen Idololatrie und Unzucht hat vor allem Hosea dem jüdischen Bewußtsein tief eingeprägt, Hos 1-3. Dort ist nicht nur Unzucht als Folge des Abfalls von Jahwäh behauptet, sondern dieser Abfall *als* Unzucht bewertet. In 1Kor 10,8 ist die Warnung vor der Unzucht mit dem Hinweis auf den Tod von 23.000 Israeliten als Folge dieser Sünde verstanden, wobei Paulus auf Num 25,9 anspielt.[444] Zuvor war von Unzucht und Teilnahme an den Opferfesten der Moabiter die Rede, Num 25,1f.[445] In V.9 - die Korinther sollen den Herrn[446] nicht versuchen - hat Paulus die Strafe der widerspenstigen Israeliten mit Schlangen vor Augen, Num 21,4-6,[447] und in V.10 - sie sollen nicht murren - Num 17,6ff.(16,41ff.LXX), wo von 14.700 Toten die Rede ist. Wie ernst es Paulus mit dem Hinweis auf die Bestraften ist, geht aus 1Kor 11,30 hervor. Das Thema Versuchung wird in V.13 noch einmal aufgegriffen. Der πειρασμός war wohl in den Augen des Paulus eine sehr akute Bedrohung der Korinther.

Der warnende, fast drohende Ton in 1Kor 10,1-13 mit der Akzentsetzung auf Idololatrie und Unzucht mag auch mit im Blick haben, was über die πορνεία in Kap. 5 und 6 gesagt wurde. Heißt es in Hos 1-3, Abfall von Jahwäh *ist* Unzucht, so ist nun von Kap. 10 aus im Rückblick auf Kap. 5 und 6 zu fragen, ob nicht auch in umgekehrter Richtung Unzucht Idololatrie ist. Ist nämlich, wer in Gemeinschaft mit dem Kyrios existiert, *ein* Pneuma mit ihm und ist die dieser Existenzweise *entgegengesetzte* Existenzweise das Ein-Fleisch-Sein mit der Hure, denkt des weiteren Paulus in der totalen Antithese "Sein im Machtbereich des Herrn - Sein im Machtbereich gottfeindlicher Mächte", so ist in der Tat

---

[443] Zu παίζειν - MT: ṣḥq; beide Worte auch Gen 26,8! - im Sinne von kultischem Tanz und kultischer Unzucht s. *Bertram*, ThWNT V, 628,36ff.; s. aber *Conzelmann*, KEK, 205, Anm. 33; s. auch *Billerbeck*, III, 410.

[444] Nach Num 25,9 starben allerdings 24.000; liegt Verwechselung mit Num 26,62 vor? So *Wolff*, ThHK, 44.

[445] Num 25,1f.: καὶ ἐβεβηλώθη ὁ λαὸς ἐκπορνεῦσαι εἰς τὰς θυγατέρας Μωάβ. καὶ ἐκάλεσαν αὐτοὺς ἐπὶ τὰς θυσίας τῶν εἰδώλων αὐτῶν, καὶ ἔφαγεν ὁ λαὸς τῶν θυσιῶν αὐτῶν, καὶ προσεκύνησαν τοῖς εἰδώλοις αὐτῶν.

[446] Wohl Christus, mit *Wolff*, ThHK, 44; [26]Nestle-Aland liest mit p[46]DG u.a. τὸν Χριστόν, [25]Nestle-Aland mit אBC u.a. τὸν κύριον. Eine textkritische Entscheidung ist schwierig, jedoch für unsere Thematik nicht erforderlich, da beide Lesarten inhaltlich übereinstimmen.

[447] S. aber auch ψ 77,18.56: ἐξεπείρασαν τὸν θεόν - ἐπείρασαν καὶ παρεπίκραναν τὸν θεὸν τὸν ὕψιστον.

zu vermuten, daß er das Sein unter der Macht der Porneia als wesensgleich mit dem Sein unter der Macht widergöttlicher Kyrioi sieht. Schon
im Gal hat Paulus das Sein unter der Hamartia als wesensgleich mit dem
Sein unter den Weltelementen herausgestellt (Gal 3,22; 4,3!). Vielleicht
darf man soweit gehen, daß man sagt: Wie im Antlitz Christi, mit dem
der Glaubende engste Gemeinschaft hat, das gnädige Angesicht Gottes
begegnet, so begegnet im Antlitz der Hure, mit der der Sünder engste
Gemeinschaft hat, die grausame Fratze der Hamartia in der Gestalt der
Porneia.

Es ist nur konsequent, wenn Paulus in *1Kor 10,14-22* den Kelch des
Segens als κοινωνία τοῦ αἵματος τοῦ Χριστοῦ und das Brot als κοινωνία τοῦ
σώματος τοῦ Χριστοῦ bezeichnet und dann den soteriologischen Begriff
des Brotes *ekklesiologisch* als das eine Brot und als den einen Leib, identisch mit den vielen, deutet: Denn wir, die vielen, haben an dem einen
Brot Anteil, μετέχομεν. So ist der Begriff der Gemeinschaft, κοινωνία,
durch den Begriff der *Teilhabe*, μετοχή, interpretiert.[448] Wiederum also
das Denken des Paulus in Gegensätzen: Entweder Gemeinschaft mit
bzw. Teilhabe am Kyrios oder mit bzw. an den Dämonen. Entweder engste Beziehung mit Gott oder mit der diabolischen Welt. Wegen der
ekklesiologischen Relevanz dieses "entweder - oder" ist die Gefahr für
die Gemeinde eminent groß, wenn Teile von ihr an der dämonischen
Welt teilhaben. Also: Keine Idololatrie! Keine Porneia!

Der Begriff μετοχή bzw. μέθεξις läßt natürlich sofort an *Platon* denken. Und da platonisches dualistisches Denken - freilich nicht die Anthropologie des Phaidon! - Paulus nicht völlig fremd ist (s. 2Kor 4,18!),
läßt sich vielleicht mit einem gewissen Recht von der theologischen
Überhöhung des philosophischen Teilhabebegriffs dieses Philosophen
sprechen. Insofern ist der Hinweis auf Platon gerechtfertigt, als es ja um
das von Gott bzw. den Dämonen bestimmte *Sein* des Menschen geht, das
hier zur Diskussion steht. Bei Platon ist es das Sein des Phänomens der
sinnlich erfaßbaren Welt, das seinen Seinsgrund in der betreffenden Idee
hat. Bei Paulus ist es das Sein des Menschen, der seine Existenz in Gott
gegründet weiß. Daß aber gerade wegen der genannten erheblichen Differenz zwischen platonischer und paulinischer Anthropologie die
Denkvoraussetzungen bei beiden äußerst verschieden sind, darf nicht
übersehen werden.

Wichtig ist aber wiederum Hosea. Wurde eben schon auf Hos 1-3
verwiesen, so ist nun *Hos 4* zu nennen. Das Wortfeld dieses Kapitels ist
mit dem paulinischen Wortfeld in interessanten Aspekten identisch, z.T.
bestehen ohne direkte sprachliche Parallelen in inhaltlicher Hinsicht

---

[448] Zu Koinonia bei Paulus s. *Hainz*, Koinonia. Für ihn ist ib. 175 dieses Wort ein Schlüsselbegriff für die paulinische Christologie wie für die paulinische Ekklesiologie.

Entsprechungen. In Hos 4 ist laufend von πορνεία und πορνεύειν die Rede, womit sich die Israeliten schuldig machen. Unter ihnen gibt es deshalb keine ἀλήθεια, keine ἐπίγνωσις θεοῦ (vgl. 1Kor 8,1!), 4,1.6. Sollte Paulus dieses Kapitel vor Augen gehabt haben, so wäre zu fragen, ob er in καὶ αἵματα ἐφ᾽ αἵμασι μίσγουσι, 4,2, womöglich eine Anspielung auf das αἷμα τοῦ Χριστοῦ gesehen hat. In 4,8 heißt es ἁμαρτίας λαοῦ μου φάγονται und 4,10 stehen φάγονται und ἐπόρνευσαν parallel - die Folge: τὸν κύριον ἐγκατέλιπον. Und weil Israel daher so störrisch war (4,16: ὡς δάμαλις παροιστρῶσα), heißt es schließlich 4,17f.: μέτοχος εἰδώλων Ἐφραὶμ ἔθηκεν ἑαυτῷ σκάνδαλα, ἡρέτισε Χαναναίους· πορνεύοντες ἐξεπόρνευσαν.

Daß Paulus in 1Kor 10 auf Hos 4 angespielt hat, ist also recht wahrscheinlich.[449] Auch Hosea denkt in der exklusiven Alternative: Entweder Gemeinschaft mit Jahwäh oder mit den Götzen. Anders formuliert: *Es gibt nur zwei Existenzweisen*, entweder das Sein im Heilsbereich Gottes oder das Sein im Unheilsbereich der Götzen. Es ist erneut bei Paulus die alte fundamentale Alternative des Alten Testaments, wie sie exemplarisch vor allem in *Dtn 27 und 28* ausgesprochen wird: Entweder existiert der Mensch im Bereich des *Segens* oder im Bereich des *Fluchs*. Entweder Gottes Ja zum Dasein des Menschen oder Gottes Nein als Nichtung menschlichen Daseins, ehe das physische Nichts den Nichtswürdigen und daher Genichteten endgültig verschlingt.

In 1Kor 10,23-11,1 bringt Paulus im Grunde nur eine Zusammenfassung des bisher Gesagten. Aber gerade dieser Abschnitt bringt programmatisch die Herrschaft des Herrn in einem Psalmzitat zum Ausdruck (ψ 23,1): τοῦ κυρίου ἡ γῆ καὶ τὸ πλήρωμα αὐτῆς. Hat sich auch Gott im törichten Wort vom Kreuz geoffenbart, so steht doch hinter dieser soteriologischen Aussage des Kreuzes das Bekenntnis zum Schöpfer und mächtigen Herrn der Welt.

2.2.3.3.4 1Kor 11-14: Der Gottesdienst

Unbestreitbar "besteht eine gewisse Spannung zwischen äußerer und innerer Disposition der Kap. 1-14", da erst 12,1 ein mit περί genanntes neues Thema angegeben wird, aber schon Kap. 11 vom Verhalten im Gottesdienst handelt.[450] Doch sollte man diesen Sachverhalt nicht überbewerten, indem man ihn zum Grund literarkritischer Eingriffe macht.

An der Frage nach der Verhüllung des Hauptes der Frau im Gottesdienst *1Kor 11,2-16* zeigt sich, wie die von Paulus so grundsätzlich vertretene Freiheit vom Gesetz theoretisch der reflektierten kirchlichen

---

[449] Immerhin bringt Paulus 2 formelle Zitate aus Hos: 1Kor 15,55; Röm 9,25f. und ein Mischzitat Röm 9,27f. (mit Jes 10,22f.).
[450] *Conzelmann*, KEK, 221.

Praxis vorausging, wie damals Theorie und Praxis, wie Theologie und Plausibilität auseinanderklafften; Paulus selbst hatte seine theologische Grundkonzeption zur Zeit der Niederschrift des 1Kor noch nicht auf alle Konsequenzen hin durchdacht.

Daß Frauen mit bedecktem Haupt beten, war damals jüdische Sitte, jedoch nicht Torahgebot. Wie das Gesetz war jedoch auch das generell praktizierte Verhalten der Juden im Alltag Teil der unbedingt verpflichtenden jüdischen Tradition. νόμος, ἦθος und ἔθος bildeten eine *Plausibilitätseinheit*, die als fordernde göttliche Norm verstanden wurde, die aber zugleich identitätsbestimmend war. Verletzung von Gesetz, Ethos und jüdischer Sitte wurde als Verletzung persönlicher Identität empfunden. Und das beruhigende Bewußtsein der eigenen Identität gibt ja das Gefühl von Sicherheit und Geborgenheit. Hinzu kommt, daß die Grenze zwischen diesen drei Komponenten Gesetz, Ethos und Sitte fließend war, so daß dieses Plausibilitätsganze im Leben des Individuums und der Gemeinschaft nicht im Einzelfall darauf befragt wurde, wo die betreffende Verpflichtung jeweils zu orten war.

Paulus predigt die Freiheit vom Gesetz. Als Formel verstanden, ist solche "Freiheit vom Gesetz" unbestreitbar gefährlich. Wie jede Formel ist auch sie unsittlichen und inhumanen Interpretationen ausgesetzt. Die korinthische Parole "Alles ist mir erlaubt!" zeigt das eindrücklich. Nimmt man an, daß Gal 3,28 mit der Maxime "Hier ist weder Mann noch Frau" auch in Korinth bekannt war und hier von bestimmten Gruppen im Bewußtsein pneumatischer Existenz extensiv ausgelegt wurde, dann war für diejenigen Frauen, die - mit Gal! - christliche Existenz als Existenz in Freiheit emphatisch vertraten, eine solche jüdische Sitte wie das Bedecken des Kopfes im Gottesdienst lächerlich, war Zeichen vergangener elender Unfreiheit jüdischer Frauen.

Und genau hier ist es, wo auf einmal die *Inkonsequenz* des Paulus unübersehbar wird. Jetzt bricht nämlich gerade er die Einheit von Gesetz, Sittlichkeit und Sitte auf, indem er das *Gesetz abrogiert*, aber die *Sitte aufrechterhält*. Jüdische Verhaltensmuster hatten sich ihm so eingeprägt, daß er in diesem anderen Verhalten nur noch heidnische Perversion zu erblicken vermochte.

Man sollte eigentlich erwarten, daß Paulus gegenüber den freiheitsbewußten Damen von Korinth analog zu Kap.8 Stellung genommen hätte, denn deren Verhalten war doch im Grunde nur die Konsequenz aus der Freiheitsverkündigung des Apostels. Er aber, gefangen in jüdisch-gesellschaftlichen Plausibilitätsstrukturen, argumentiert nun *theo-*

logisch gegen die "Unsitte" und stützt sich dabei auf das Alte Testament. Er argumentiert in einer Art Schöpfungstheologie.

Nun hat *Jacob Jervell* gezeigt, daß die Vorstellung, Adam sei nach Gottes Bild geschaffen, Eva aber als Bildung aus Adam, *bānît,* einer bestimmten rabbinischen Überzeugung entspricht.[451] Das Problem ist nur, daß die Datierung wie bei sehr vielen rabbinischen Zeugnissen äußerst schwierig ist. So ist der durch Jervell gebrachte Nachweis, daß Parallelen existieren, noch kein Nachweis für die Abhängigkeit der paulinischen Anschauung von zeitgenössischen *rabbinischen* Vorstellungen. Denn die Rabbinen können durchaus in späteren Zeiten Traditionen übernommen haben, die zuvor innerhalb jüdischer Kreise vertreten wurden, aber nicht unbedingt durch rabbinische Schriftgelehrte. Wie wenig die *material* aufweisbare Koinzidenz von paulinischen und rabbinischen Aussagen beweisen kann, zeigt die *formale* Differenz: Die rabbinischen Belege bringen die Aussage von Adam als alleinigem Bild Gottes nicht im Rahmen einer Stufenreihe. Diese allerdings begegnet bei Philon in zwei Varianten: 1. Gott - Logos - Mensch, 2. Gott - Logos = Eikon Gottes - ἄνθρωπος κατ᾽ εἰκόνα - empirischer Mensch.[452] Die zweite Reihe hat zur Voraussetzung, daß Gott nach Gen 1,27 die (fast platonisch gedacht!) Idee des Menschen als εἰκών des Logos geschaffen hat, der seinerseits εἰκών Gottes ist, und nach Gen 2,7 den irdisch-somatischen als Abbild des als Idee Geschaffenen von Gen 1,27. Nach 1Kor 11,3 entspricht auf jeden Fall die Reihe Gott - Christus - Mann den Grundelementen der beiden Reihen bei Philon. Könnte es sein, daß Paulus zumindest durch Apollos mit dem formalen Element der philonischen Stufenreihe vertraut war und dieses Denken in Stufen auf die von ihm intendierte Differenz zwischen Mann und Frau adaptierte? Womöglich noch im Blick auf philonisches, zumindest alexandrinisch-jüdisches Denken, das der korinthischen Gemeinde durch Apollos vermittelt war?

Man wird also für 1Kor 11,2ff. einen wie auch immer gearteten jüdisch-theologischen Einfluß anzunehmen haben. Zu vermuten, aber nicht zu beweisen ist, daß Paulus unter formalem Einfluß alexandrinischer Theologie stand, daß aber der materiale Gehalt, nämlich die theologische Priorität des Mannes vor der Frau, nicht notwendig auf solch alexandrinischen Einfluß zurückgeht, sondern aus einem anderen Bereich des Judentums rezipiert wurde. Es ist aber auch mit der Möglichkeit zu rechnen, daß Paulus selbst diesen Gedanken aus einer Zusammenschau von Gen 1,27 und Gen 2,18.22 entwickelte, wobei er dann wohl den Singular in 1,27 τὸν ἄνθρωπον, verstanden als τὸν ἄνδρα, und vor allem κατ᾽ εἰκόνα θεοῦ ἐποίησεν αὐτόν allein auf Adam bezog und ἄρσεν καὶ θῆλυ ἐποίησεν αὐτούς auf Adam und Eva.[453] Als Hilfe, βοηθός, für die εἰκὼν θεοῦ geschaffen - so läßt sich durchaus Gen 2,18.22 im Lichte von Gen 1,27ab einerseits und Gen 1,27c andererseits lesen. Zudem läßt sich Gen 5,1-3LXX gut im Sinne der Absentierung Evas aus der unmittelba-

---

[451] *Jervell*, Imago Dei, 109ff.; dort ausführliche Belege.

[452] *Eltester*, Eikon im NT, 49ff.

[453] *Jervell*, Imago Dei, 300, sieht Paulus, wenn er Gen 1,27 und 2,18ff. kombiniert, in der Tradition rabbinischer Vorstellungen, ebenso, wenn er im Plural Gen 1,27c keine Gottesebenbildlichkeit ausgesagt sieht.

ren Gottesebenbildschaft lesen: Es ist Adam, der Vater, der seinen Sohn Seth κατὰ τὴν ἰδέαν (Gestalt) αὐτοῦ καὶ κατὰ τὴν εἰκόνα αὐτοῦ zeugte.

Sehen wir aber den Einfluß eines philonischen, zumindest alexandrinischen Denkens in Stufenreihen für 1Kor 11 gegeben, so fällt auf, daß die Sequenz Gott - Christus - Mann - Frau, deren erste drei Glieder bei Philon als jeweilige εἰκών des Höheren begegnen (jedoch Logos statt Christus), in 1Kor 11,3 durch den Begriff κεφαλή zusammengehalten sind, während in 11,7-9 Christus fehlt, jedoch mit Philon der Begriff εἰκών erscheint. εἰκών ihrerseits steht für das Verhältnis des Mannes zu Gott, er ist εἰκὼν καὶ δόξα θεοῦ. Für die Frau entfällt auffälligerweise der Begriff εἰκών. Sie ist nur δόξα ἀνδρός.[454] Die Begründung: γυνὴ ἐξ ἀνδρός, ist doch die Frau wegen des Mannes geschaffen. Hier klingt, ohne daß der Begriff βοηθός genannt wird, Gen 2,18 nach.[455]

Nach Jervell ist 1Kor 11,7f. nicht direktes Zitat aus Gen 1,27 und 2,22, sondern Reflexion der Schriftstellen auf der Grundlage eines jüdischen Midrasch.[456] Dem ist zuzustimmen, sieht man einmal von der angeblich midraschischen Grundlage ab. Theologisch relevant ist angesichts dieses Sachverhalts, daß in 1Kor 11 Aussagen aus Gen als Schriftbeweis für eine bloße Sitte dienen. Damit wird ein *bestimmtes gesellschaftliches Verhalten* auf die *Ebene von theologisch Unverzichtbarem* gehoben, und zwar gegen die ursprüngliche Auffassung des Paulus in einer fundamentalen Frage. Die durch kulturgeschichtliche Umstände bedingte Sitte läßt Paulus sicherlich nicht sein Prinzip von Gal 3,28 opfern. Aber er bringt nun eine Ausführungsbestimmung, die zumindest in den Augen der Adressatinnen eine unerträgliche Relativierung des theologischen Grundsatzes "weder Mann noch Frau" darstellt. Es wäre jedoch ungeschichtlich geurteilt, würden wir dies Paulus zu stark zur Last legen. Aber zugleich ist festzuhalten, daß es eben *nur* von Paulus nicht durchschaute Umstände kulturhistorischer Art sind, die ihn am falschen Ort schrifttheologisch "richtig" zu argumentieren verleitet haben. In der Sache hatten die Frauen aus Korinth recht, vielleicht aber im historischen Kontext noch nicht.

Wir werden Paulus sogar noch ein Weiteres zugestehen: Nimmt man die Genesis als theologische Einheit, wie dies Paulus in seiner Zeit gar

---

[454] *Conzelmann*, KEK, 227 u. 227, Anm. 49: εἰκών und δόξα sind synonym; der formale Sinn von δόξα ist "Abbild".
[455] *Eltester*, Eikon, 156, faßt wie folgt für 1Kor 11 zusammen: "Als Ergebnis buchen wir, daß Eikon durch Gen 1,27 bedingt, von der hellenistischen Spekulation her zu verstehen ist. Das Judentum, auf das die Argumentation in 1Cor 11,2-16 zurückgeht, weist in vielen Punkten Bekanntschaft mit der hellenistischen Kosmologie auf. Die Vorstellung von der direkten Gottesebenbildlichkeit des Menschen dagegen ist auf genuin jüdischen Einfluß zurückzuführen."
[456] *Jervell*, Imago Dei, 296.

nicht anders konnte, so läßt sich natürlich der priesterschriftliche Text Gen 1,27 vom jahwistischen Text Gen 2,18.22 durchaus so interpretieren, wie Paulus es tat, ohne daß man einer solchen Exegese den Vorwurf des Gekünstelten machen dürfte. Paulus hat also die ihm vor Augen stehenden, jedoch nicht zitierten Gen-Stellen von seinen *exegetischen* Voraussetzungen aus sachgemäß ausgelegt. Aber gerade diese sachgemäße Exegese hätte eigentlich von seinem *theologischen* Fundament her seine *Sachkritik* verdient.[457]

Ziemlich unvermittelt ist der Übergang zu *1Kor 11,17ff.*, wo Paulus eine weitere, diesmal jedoch auch in unseren Augen gravierende Unsitte der Korinther rügt, nämlich die Spaltung während des Abendmahlsgottesdienstes in prassende Reiche und darbende Arme. Nehmen doch die Reichen während des χυριαχὸν δεῖπνον üppige Mahlzeiten zu sich und beschämen so die Armen. Nur um dieser lieblosen Praxis willen verweist Paulus in *11,23ff.* auf die Einsetzung des Abendmahls und zitiert den Einsetzungsbericht, nicht aber um seinerseits die Theologie des Abendmahls zu thematisieren. Das unthematische Einbringen dieser Thematik geschieht also aus rein paränetischer Intention.

Unsere Aufgabe kann es daher auch nicht sein, an dieser Stelle das schwierige traditionsgeschichtliche Problem der Abendmahlsworte zu behandeln.[458] Hier kann es nur darum gehen, die dem Paulus vertraute und von ihm übernommene Abendmahlsparadosis darauf zu befragen, wie sie im Argumentationsduktus des Briefes in sein theologisches Denken integriert ist. Dazu ist auch der Rückblick auf 1Kor 10,14ff. erforderlich.

Unverkennbar ist der *soteriologische* Horizont, in dem diese Aussagen stehen. Die Kreuzestheologie von 1Kor 1,18ff. wird nun im sakramentalen Kontext vernehmbar. Die Deuteworte für das Brot mit τὸ σῶμα τὸ ὑπὲρ ὑμῶν und für den Kelch mit ἡ καινὴ διαθήκη ἐν τῷ ἐμῷ αἵματι, V.24f., sind auf den soteriologischen Sinn des Kreuzestodes Jesu bezogen. Das Abendmahlsgeschehen *repräsentiert* das Heilsgeschehen am

---

[457] Zur *relativen Chronologie* der *Paulusbriefe*: Unsere Überlegungen sprechen für die von uns angenommene zeitliche Reihenfolge Gal - 1Kor. Denn 1Kor 11 läßt sich gut als situationsbedingte Präzisierung des früher in Gal 3,28 ausgesprochenen theologischen Grundsatzes, den Paulus sicherlich auch unabhängig von der Niederschrift des Gal in Korinth ausgesprochen hat, verstehen, wobei Präzisierung eben als Einschränkung zu begreifen ist. Hingegen ist es schwer vorstellbar, daß Paulus seine Stellungnahme von 1Kor 11 später zur Maxime von Gal 3,28 umgeformt haben sollte. Wegen inhaltlicher Differenz (nach *Lietzmann*, HNT, 63: Inkonzinität) zwischen Gal 3,26-28 und 1Kor 12,12f. sieht *Merklein*, Der paulinische Leib-Christi-Gedanke, 324-27, in Gal 3,26-28 keinen Beleg für eine Leib-Christi-Konzeption. Unterscheidet sich in dieser Hinsicht seine Auffassung ein wenig von der hier vorgetragenen, so steht doch seine Grundthese, der gemäß Paulus den Leib-Christi-Gedanken erst in der konkreten Auseinandersetzung mit der Gemeinde in Korinth entwickelt (ib. 322), unserer Auffassung nahe. Nach *Merklein*, ib. 336, spielt Paulus in 1Kor 12,13 auf das aus Gal 3,26-28 bekannte Überlieferungsstück an, wahrscheinlich, weil es in der Argumentation der Korinther eine Rolle gespielt habe.

[458] S. dazu die Ausführungen in Bd. 3, und zwar im Zusammenhang mit dem Exkurs über Jesus und das Alte Testament.

Kreuz.[459] Wie nach 1Kor 1,18ff. das Wort vom Kreuz das Kreuzesgeschehen in seiner heilsapplizierenden Wirkung in die Gegenwart hineinnimmt, so tut dies hier das sakramentale Geschehen. Das kerygmatische Moment wird in τὸν θάνατον τοῦ κυρίου καταγγέλλετε ausgesprochen; dabei sind sakramentales Essen und Trinken der Akt dieses Verkündigens.

Die Deuteworte enthalten Hinweise auf *alttestamentliche* Aussagen. Zu fragen ist, ob Paulus, indem er diese Worte zitiert, auch diese Hinweise mitintendiert. Wird nun im Brotwort τὸ ὑπὲρ ὑμῶν aller Wahrscheinlichkeit nach auf *Jes 53* angespielt, so dürfte auch Paulus dieses Kapitel vor Augen haben. Denn für Gal 1,4 zeigte sich ja, daß mit Jes 53 als einem für den Apostel wichtigen soteriologischen Text des Alten Testaments zu rechnen ist. Wenn von der neuen Diatheke die Rede ist, kommt als alttestamentlicher Bezugstext sowohl *Ex 24,8* als auch *Jer 31,31 (38,31 LXX)* in Frage. Sollte Paulus hier auch an Jer 31,31 denken - und damit ist ernsthaft zu rechnen - , so hätte er diesen Text als *Verheißung* verstanden. Ex 24,8 hatte er sicher vor Augen. Für diesen Text kann man dann im eigentlichen Sinne von *typologischem* Verständnis reden.

Das zentrale theologische Problem ist mit dem Begriff σῶμα gestellt. Es ist ja das σῶμα Χριστοῦ, das hier *soteriologisch* zur Sprache kommt, jedoch wie schon in 1Kor 10,14ff. *ekklesiologisch* ausgewertet wird. Nach Kap. 11 ist der Leib Christi der am Kreuz in den Tod gegebene Leib Jesu Christi, nach Kap. 11 sind die, die am Leib Christi teilhaben (κοινωνία), selbst ein Leib, nämlich der eine Leib - ein Gedanke, der in 1Kor 12,12ff. so interpretiert wird, daß die Gemeinde von Korinth, wenn nicht sogar die Gesamtkirche, den Leib Christi ausmacht, diesmal im Kontext der Tauftheologie ausgesagt (V.13). *Wie sind aber soteriologischer und ekklesiologischer Aspekt theologisch-begrifflich vermittelbar?*

Exkurs: Theologische Zwischenbilanz

Rudolf Bultmann hat in seiner existentialen Interpretation der paulinischen Theologie vor allem auf die Zeitlichkeit und Geschichtlichkeit der glaubenden Existenz abgehoben.[460] Den Begriff der Geschichtlichkeit hat er zwar nicht, wie oft behauptet, von *Martin Heidegger* übernommen, sondern bereits vor seinem geistigen Austausch mit ihm theologisch in Anspruch genommen, allem Anschein nach durch *Wilhelm*

---

[459] Zum Begriff der Repräsentation s. Bd. 1, 91, Anm. 262.
[460] *Bultmann*, Die Geschichtlichkeit des Daseins und der Glaube (1930); *ders.*, Neues Testament und Mythologie (1941).

Dilthey vermittelt.[461] Aber als er nach Heideggers Berufung nach Marburg eng mit ihm zusammen arbeitete, war es gerade die von Heidegger als Existenzial aufgewiesene Geschichtlichkeit, in deren Horizont er die Theologie des Paulus für die Gegenwart zum Verstehen bringen wollte. Und in der Tat läuft in "Sein und Zeit" die Argumentation entschieden auf die *Zeitlichkeit* und *Geschichtlichkeit* des Daseins hinaus. Aber gerade im Blick auf die paulinische Theologie sollte man den so engen Zusammenhang der Räumlichkeit mit dem von Heidegger als Grundverfassung des Daseins herausgearbeiteten In-der-Welt-sein nicht übersehen. Es wäre ungerecht, wollte man Bultmann unterstellen, er habe die Räumlichkeit des In-der-Welt-seins ignoriert; doch spielt dieses Existenzial in seinem theologischen Denken eine entschieden geringere Rolle als das Existenzial der Geschichtlichkeit.

Um das Problem der Räumlichkeit im theologischen Denken des Paulus zu thematisieren, könnten wir mit Gewinn auf dieses in "Sein und Zeit" herausgearbeitete Existenzial zurückgreifen.[462] Es gibt aber einen m.E. noch fruchtbringenderen Ansatz in der Philosophiegeschichte des frühen 20. Jh., nämlich die Philosophie der symbolischen Formen von *Ernst Cassirer*. Mit dem, was er über den Raum im *mythischen Bewußtsein* sagt, läßt sich besonders gut im vortheologisch-philosophischen Bereich begrifflich fundieren, was Paulus - wiederum unausgesprochen! - an Raumvorstellungen in seiner Theologie impliziert. Es liegt nahe, daß einem solchen Vorgehen entgegengehalten wird, hier werde *in philosophicis* eklektisch vorgegangen. Kann man sich das eine Mal auf Heidegger berufen und dann unvermittelt auf Cassirer? Kann man mit der Philosophie des Neukantianers Cassirer die Phänomenologie Heideggers[463] "ergänzen"? Das ist in der Tat nicht möglich. Aber es gibt eine philosophische Nachbarschaft zwischen den beiden Vertretern so unterschiedlicher Konzeptionen.[464]

Ernst Cassirer steht nämlich der Phänomenologie sowohl Husserls als auch Heideggers aufgeschlossen gegenüber.[465] Man wird seine Darstellung zumindest in der Nähe eines phänomenologischen Aufweises sehen dürfen, auch wenn er sich in seiner Aufgabenstellung von der Heideggers vor allem darin unterscheidet, "daß sie nicht bei dieser Stufe des 'Zuhandenen' und seiner Art der 'Räumlichkeit' verweilt, sondern daß sie, ohne sie irgend zu bestreiten, über sie hinausfragt".[466] Wenn er demnach "den Weg verfolgen" will, "der von der

---

[461] *Hübner*, Was ist existentiale Interpretation?, 14ff.

[462] *Heidegger*, Sein und Zeit, §§ 22-24.

[463] Zu ihr s. von *Herrmann*, Der Begriff der Phänomenologie bei Heidegger und Husserl.

[464] Zur philosophischen Differenz s. Die Davoser Disputation zwischen *Cassirer* und *Heidegger*: *Heidegger*, Kant und das Problem der Metaphysik, 246ff.

[465] Für *Husserl*: *Cassirer*, Philosophie der symbolischen Formen II, 16, Anm. 1; für *Heidegger*: ib. III, 173, Anm. 1; 190, Anm. 1; 194, Anm. 2; 219, Anm. 1.

[466] Ib. III, 173, Anm. 1.

Räumlichkeit als einem Moment des Zuhandenen zum Raum, als der Form des Vorhandenen, hinführt"[467], so sind für uns doch gerade jene Aussagen Cassirers von Interesse, in denen er die *Bedeutsamkeit*[468] des "mythischen Raumes", den er entschieden vom "Raum der reinen Mathematik" absetzt[469], herausarbeitet. Immerhin beurteilt er § 22[470] von "Sein und Zeit" als "scharfe Analyse" jener Bestimmungen, die sich "auf das primäre Erlebnis des Räumlichen ... beziehen".[471] Er konstatiert nicht nur das Gegebensein des mythischen Raumes, sondern konkretisiert die räumliche "Orientierung" des Mythos, der in dieser Hinsicht an primäre und primitive Weisen des *mythischen Weltgefühls* gebunden bleibe. Zu räumlichen Bestimmungen und Unterscheidungen komme es bei diesem Weltgefühl nur dadurch, "daß jeder 'Gegend' im Raume, dem 'Da' und 'Dort', dem Aufgang und Niedergang der Sonne, dem 'Oben' und 'Unten', ein eigentümlicher mythischer *Akzent* verliehen wird".[472] Für unsere weiteren Überlegungen ist vor allem wichtig, daß Cassirer den *Grundgegensatz* des *'Heiligen'* und *'Unheiligen'* aufweist; dieser zeige sich nicht nur in alle diese räumlichen Gegensätze verwoben, er sei es vielmehr, der sie geradezu erst konstituiere, sie gewissermaßen hervortreibe. Was also einen Bezirk zu einem räumlich-Besonderen und -Besonderten macht, sei die eigene mythische Atmosphäre. Am Gegensatz und der Unterscheidung hängt alles: "Der Augur, der sich ein *templum*, einen heiligen Bezirk, absteckt, und in ihm verschiedene Zonen unterscheidet, schafft damit die Grund- und Vorbedingung, schafft einen ersten Anfang und Ansatz aller 'Kontemplation' überhaupt. Er teilt das Universum gemäß einem bestimmten Blickpunkt ab - er stellt ein geistiges Bezugssystem auf, an dem alles Sein und Geschehen orientiert wird."[473] Er unterscheidet zwischen segenspendender und unheildrohender Macht, die den einzelnen Raumgegenden innewohne.[474] In diese Überlegungen zieht er dann auch die symbolische Form der *Sprache* ein.[475]

Gesteht man nun zu, daß Paulus so vom Heilsgeschehen spricht, daß Cassirers Mythosbegriff zumindest im Ansatz herangezogen werden kann, so dürfte die von ihm genannte Bedeutsamkeit[476] des mythischen Raums auf dem von Bultmann eingeschlagenen Weg der Entmythologisierung im Sinne von existentialer Interpretation des Mythos weiterführen und den Zugang zu dem von Paulus *eigentlich* Gemeinten noch breiter öffnen. Vielleicht sollte man den etwas unglücklichen Begriff

---

[467] Ib. III, 174, Anm. 1 von S. 173.

[468] Diesen für *Heidegger* und *Bultmann* zentralen Begriff verwendet auch *Cassirer* z.B. ib. III, 175, und zwar gerade für die Raumthematik.

[469] Z.B. ib. II, 104ff.

[470] Die Räumlichkeit des innerweltlich Zuhandenen.

[471] *Cassirer*, Die Philosophie der symbolischen Formen III, 173, Anm. 1; mag auch der Terminus "Erleben" von *Heidegger* sicherlich nicht bejaht worden sein.

[472] Ib. 175.

[473] Ib. 176.

[474] Ib. 176.

[475] Ib. 177ff.

[476] Ib. 175: "Die Nähe und Ferne, die Höhe und Tiefe, das Rechts und Links - sie alle haben ihre unverwechselbare Eigenart, ihre besondere Weise magischer Bedeutsamkeit."

"Entmythologisierung" sogar vermeiden, weil ja der Mythos nicht als Mythos entfernt werden soll[477]; es geht ja - mit Cassirer *und* Bultmann -
darum, die eigentliche Aussage des Mythos und, konkret hier, die mythologische Raumauffassung in ihrer Bedeutsamkeit zu verstehen. Vielleicht kommt sogar bei Cassirer noch besser als bei Bultmann zum Tragen, daß mythologische Sprache letztlich durch eine andere Sprache,
etwa die existenziale, nicht ganz ersetzt werden kann, sondern daß man,
gerade indem man den existenzialen Akzent betont, auf Elemente der
mythischen Anschauung und der mythischen Sprache nicht verzichten
kann.[478]

Kritisch gegenüber Cassirer ist jedoch zu fragen, ob er nicht unter
den Begriff der "mythischen Raumanschauung" zuviel faßt. Meint
"Mythos" nicht wesentlich weniger als das, was er ihm aufbürdet? Zu fragen ist nämlich - und das wird gerade an der Theologie des Paulus deut-
lich - , ob im religiösen Bewußtsein und dann auch im theologischen
Reflektieren dieses Bewußtseins über das Verhältnis des Menschen zu
Gott nicht mehr an Räumlichkeit zutage kommt, als es in jenem Bereich,
der unbestritten als Mythos charakterisiert werden kann, geschieht.
Doch sei dem, wie es ist - auf jeden Fall ist das theologische Denken des
Paulus von der räumlichen Anschauung her im erheblichen Maße ge-
prägt. Und dieses Denken geht seinerseits in der Anschauung der
Räumlichkeit auf alttestamentliches Erbe zurück.

Vergegenwärtigen wir uns dieses *alttestamentliche Erbe*! Da wir dabei
auf theologische Sachverhalte zu sprechen kommen, die bereits genannt
sind, genügen einige, hier jedoch noch kurz zu kommentierende Hinweise. Der Mensch steht *vor* Gott, vor Jahwäh, *li pnē JHWH*; des Menschen Sein ist somit ein *Vor-Gott-Sein*. Diese spezifische Existenz des alttestamentlichen Menschen bekommt als räumlich gefaßtes Sein ihren eigentlichen Charakter vom Bewußtsein, daß Gott gerade darin Gott ist,
daß er Richter ist. Somit impliziert das *"räumliche"* Vor-Gott-Sein den
schon mehrfach bedachten *forensischen* Aspekt als existenzielle Dimension dieses Moments menschlichen Daseins.

In begrifflicher Nähe zum Vor-Gott-Sein, aber doch in seiner konkreten Anschauung different dazu ist z.B. das Sein des Menschen in Ps
139 ausgesagt. Wenn es dort heißt "Von allen Seiten umgibst du mich
und hältst deine Hand über mir" (V.5), so wird symptomatisch deutlich,
daß die lokalen Aussagen des Psalms für dessen Sinn konstitutiv sind. In
diesem Gebet geht es aber nicht so sehr um die theoretisch reflektierte
Ubiquität Gottes, sondern darum, daß menschliches Dasein immer und

---

[477] Auch *Bultmann* will ihn bekanntlich nicht eliminieren, s. *Bultmann*, Neues Testament
und Mythologie, 22.25.
[478] Vielleicht liegt hier das Wahrheitsmoment des Widerspruchs von *Karl Jaspers* gegen
Bultmann (KuM III); doch dürfte dieser Widerspruch auch zu einem sehr großen Teil
von einem Mißverständnis des Anliegens *Bultmanns* (und wohl auch des philosophischen
Ansatzes *Heideggers*!) geprägt sein.

grundsätzlich ein *Von-Gott-umgeben-Sein* ist. Es ist sozusagen die theologische Zuspitzung des Existenzials der Räumlichkeit von "Sein und Zeit". Und es ist zugleich spezieller Ausdruck einer ganz bestimmten existenziellen Betroffenheit, die gerade nicht von jedem Menschen ausgesagt werden kann. *Theologisch* kann der Glaubende sagen, daß für jeden Menschen dieses Sein, dieses "Existenzial" zutrifft. Im je konkreten *Glauben* ist es aber "nur" die fromme Aussage dessen, der sich in der Lage sieht, diesen Psalm zu beten. Wiederum zeigt sich hier das Problem von Glaube und Theologie. Und es zeigt sich dann für den, der im Koordinatensystem der Reflexion menschlicher Existenz denkt, das von Bultmann hinterlassene, von ihm aber nicht hinreichend gelöste Problem des Zueinanders von "existentialer Interpretation" und existenzieller Betroffenheit.[479]

Religiöses und theologisches Denken in räumlicher Anschauung zeigt sich auch im Selbstverständnis des alten Gottesvolkes als *Israel*. Nur im Miteinander der Israeliten (und natürlich auch im Gegenüber zu Jahwäh) ist Gerechtigkeit - ṣᵊdāqāh ist bekanntlich Relationsbegriff - möglich; sie ist eben nicht vom Individuum her definierbar. So ist das *In-Israel-Sein* des Israeliten das zum *Vor-Jahwäh-Sein* bzw. zum *Von-Gott-umgeben-Sein* komplementäre Sein.

Trifft nach dieser Skizze alttestamentlicher Vorstellungen hinsichtlich des theologisch relevanten Räumlichkeitsverständnisses zu, was Cassirer über die mythische Raumvorstellung ausführt? Noch nicht genannt ist für das Alte Testament der von ihm so betont hervorgehobene Grundgegensatz des *Heiligen* und *Unheiligen*[480], also jene Unterscheidung, die zunächst gar nicht so sehr den grundsätzlich existenzialen Aspekt zu meinen scheint, der soeben mit dem Vor-Gott-Sein und Von-Gott-umgeben-Sein ausgesagt wurde. Und auch die für das Alte Testament zentrale Vorstellung vom In-Israel-Sein als Im-Bereich-der-Gerechtigkeit-Sein ist nicht so recht mit dem von Cassirer genannten Grundgegensatz vereinbar. Denn wenn Israel der Bereich, genauer: der Herrschafts- und Gnadenbereich Jahwähs ist, was soll dann noch ein eigener Bereich der Heiligkeit Jahwähs? Ist doch Israel gerade nicht profan, nicht unheilig! Israel darf sich nicht verunreinigen, darf nicht unheilig sein - denn Jahwäh ist heilig.

Nun geschieht es auffälligerweise ausgerechnet im Heiligkeitsgesetz, daß Israel aufgefordert wird, heilig zu sein, weil Jahwäh heilig ist, *Lev 19,2*. Die Priesterschrift, in der das Heiligkeitsgesetz aufgegangen ist, ist es aber, die den Unterschied zwischen heilig und profan, zwischen unrein und rein programmatisch herausstellt, Lev 10,10 (*bēn haqqodæš ûḇēn hahol ûḇēn haṭṭāmeᵓ ûḇēn haṭṭāhôr*), Lev 10,10. Dieser *fundamentale Seinsunterschied* wird auch *lokal* fixiert, vor allem im *māqôm qādôš* bzw. *mᵊqôm haqqodæš*, z.B. Lev 10,17; 14,13; man übersetze "heiliger Ort" oder - spezifischer und in Hinsicht auf die hier diskutierte Thematik - "heiliger Raum". Das Eigenartige ist aber die *Spannung* zwischen der Differenz von heiligem und profanem Raum einerseits und der Differenz von heiligem und schuldhaft unheiligem Menschen/Volk andererseits. Einmal also heilig im Gegensatz zur übrigen Schöpfung Gottes,

---

[479] *Hübner*, Was ist existentiale Interpretation?, 31ff.
[480] *Cassirer*, Philosophie der symbolischen Formen III, 175.

ein andermal im Gegensatz zur Sünde, die von Gott trennt. *Ringgren* macht zu Recht darauf aufmerksam, daß merkwürdigerweise auf Lev 19,2 nicht kultische Reinheitsgebote, sondern ethische Gebote folgen, was im Alten Testament ziemlich eigenartig sei.[481]

Also schon innerhalb der Priesterschrift sind Inkonsistenzen im Blick auf die Vorstellung von Heilig und Profan gegeben. Soviel ist aber deutlich, daß einerseits das Alte Testament mit seiner sog. heidnischen Umwelt den Begriff der *kultischen* Reinheit bzw. Unreinheit teilt, diese Vorstellung also nichts spezifisch Alttestamentliches ist, daß aber andererseits im Alten Testament schon deutlich Ansätze zu einer *ethischen* Überwindung des kultischen Denkens gegeben sind, wenn auch - paradoxerweise! - ausgerechnet im Horizont des Kultischen.

Mit *Cassirer* darf man also in zentralen Aussagen des Alten Testaments den Grundgegensatz des Heiligen und des Unheiligen als mit räumlichen Gegensätzen verflochten und sie konstituierend sehen, darf hier "magische Bedeutsamkeit" erkennen.[482]

Eines der offenkundigsten alttestamentlichen Beispiele für eine das moderne ethische Bewußtsein verletzende magische Raumanschauung ist der Zorn Jahwähs gegen Ussa, der mit seiner Hand nach der Lade greift, um sie vor dem Fall zu schützen, 2Sam 6,6f. Nicht nur unser theologisches Denken wehrt sich gegen ein solches magisches Denken; schon Jesus hat diese Auffassung abgelehnt, wie vor allem beim Streit um das Reinheitsgesetz zu beobachten ist.[483] Das Thema wird uns bei Röm 14,14.20 erneut beschäftigen, wo Paulus in dieser Tradition Jesu denkt und wahrscheinlich auch sich dieser Tradition bewußt ist.

Ist aber des Paulus theologisches Denken mit jenem Denken in "magischer Bedeutsamkeit" der Räumlichkeit nicht zu vereinbaren, so muß doch zugleich ebenso klar herausgestellt werden, daß seine Theologie, die Magie einmal beiseite getan, *fundamental auf dem alttestamentlichen Denken in Räumlichkeiten beruht.* Dem In-Israel-Sein entspricht das In-Christus-Sein. Dem Vor-Jahwäh-Sein entspricht das Vor-Gott-Sein bzw. Vor-dem-Herrn-Sein im forensischen und eschatologischen Sinn. Ob man hierbei mit Cassirer von *mythischer* Raumanschauung sprechen kann, hängt an der Definition des Begriffs Mythos. Vielleicht könnte man vom religiösen Raumbewußtsein sprechen, in welchem der den Glaubenden betroffen machende "Raum" als der von Gott bedeutsam gemachte Raum erfahren wird. Nur weil der Mensch ein Wesen ist, für das Räumlichkeit konstitutiv ist, zu dessen "In-der-Welt-sein" das In-einem-Raum-Sein gehört, kann Paulus das für den Glaubenden

---

[481] *Ringgren*, ThWAT VI, 1192; s. auch *Otto*, Das Heilige; *Zimmerli*, VT 30, 493-512.

[482] *Cassirer*, Philosophie der symbolischen Formen III, 175.

[483] *Hübner*, Das Gesetz in der synoptischen Tradition, passim, vor allem ib. 142ff.; s. auch *Käsemann*, Das Problem des historischen Jesus, 207.

existenziell bedeutsame In-Christus-Sein sinnhaft aussprechen. Und weil es in diesem theologischen Denken in Räumlichkeit primär um das existenzielle Moment geht, ist es auch unerheblich, wenn sich dabei vorstellungsmäßige Inkonsistenzen manifestieren. Es kommt auf das Sich-in-Gott-geborgen-Wissen, auf das Sich-im-"Raum"-der-Gnade-Wissen an. Was soeben ausgeführt wurde, gilt aber auch für das dunkle Gegenbild, nämlich für die *Hamartia*, die furchtbare *Macht der Sünde*. Wir Menschen des 20. Jh. wissen nur zu genau, was es bedeutet, sich "unter" der Herrschaft grauenhafter Despotien zu wissen. Die potentiell bedrohende und bedrückende Gegenwart eines NS-Spitzels oder eines Stasi-Denunzianten war nur Symptom dafür, daß man sich stets "im" Raume der menschenverachtenden Diktatur befand, auch wenn die Schergen gerade einmal nicht zugegen waren. In positiver Analogie dazu ist der befreiende Gott zugegen, leben Menschen "unter" seiner Gnade. Geborgenheit *bei* Gott wird so als Geborgenheit *im* Raum des gegenwärtigen freimachenden Gottes erfahren. Es gibt eben den "Raum" der Geborgenheit, es gibt den "Raum" der Freiheit, den Frei-Raum, in dem der Mensch frei atmen kann, wie es auch den engen, beklemmenden "Raum" gibt, in dem man dies eben nicht mehr kann. Bei diesem Reden von Raum geht es gerade nicht um räumliche Vorfindlichkeit, nicht um einen stereometrisch meßbaren Bereich; hier ist weit mehr als dieser Raum, als dieser Bereich gemeint. So kann der Glaube von dem durch den transzendenten Gott bestimmten Raum sprechen, ohne daß theologisch unbedingt zugleich vom Mythos zu sprechen wäre. In-Christus-Sein ist daher nicht immanent räumliche Verifizierbarkeit, es ist aber auch kein mythisches Sein, kein nur mythologisch aussagbares Sein. Das Ineinander von Transzendenz und Immanenz ist als solches noch kein Mythos.

Veranschaulichen und konkretisieren wir dies nun an den Abendmahlsaussagen von 1Kor 10 und 11! An ihnen, nämlich an der in ihnen ablesbaren Verbindung von soteriologischer und ekklesiologischer Dimension, läßt sich besonders gut erkennen, wie Paulus in sein theologisches Denken das Existenzial der Räumlichkeit einbringt. Denn das sich in der theologischen Raumanschauung meldende Wirklichkeitsverständnis macht den Horizont aus, in dem Paulus hier vom σῶμα Χριστοῦ spricht. Er hat in seinem personalen Denken zunächst sein Sein vor Gott und Christus vor Augen. Indem dieser Christus *unsere* Gerechtigkeit und Erlösung *ist*, 1Kor 1,30, ist die paulinische Rede vom In-Christus-Sein zunächst soteriologisch intendiert. Paulus weiß sich "in Christus" als in dem, der sich für ihn (!) hingegeben hat, Gal 2,20.[484] Wie in Gal 2,20 Jes 53 mitgedacht ist[485], so auch im Deutewort[486] für das Brot τὸ σῶμα τὸ ὑπὲρ ὑμῶν, 1Kor 11,24. σῶμα ist hier als der am Kreuz "für euch" hingegebene Leib als die Person Jesu, die sich hingegeben hat. Auch hier meint σῶμα also den ganzen Menschen, nicht den vom eigentlichen Ich ablösbaren Leib. Mit dem Plural "euch" ist freilich der soteriologische Singular von Gal 2,20 zum Plural ausgeweitet und damit die ekklesiologische Dimension der soteriologische Aussage deutlich. So wird mit dem Begriff des am Kreuz dahingegebenen und im sakramentalen Akt präsenten Leibes Christi als der in eben diesem Akt präsenten Person Jesu Christi der Raum der Erlösung als ekklesiologische Realität ausgesagt. Deshalb kann Paulus 1Kor 10,16 von der Gemeinschaft des Leibes Christi, κοινωνία τοῦ σώματος τοῦ Χριστοῦ, sprechen. Im Begriff τὸ σῶμα τοῦ Χριστοῦ versammeln sich also die soteriologische und die ekklesiologische Dimension des Heilsgeschehens. Erlösung ist demnach dort, wo die Kirche - die Ortsgemeinde repräsentativ als pars pro toto ecclesiae - existent ist und dies symbolkräftig[487] zum Ausdruck bringt. Der heilige Raum der Erlösung ist jetzt die Heilsräumlichkeit der "in Christus" Erlösten. In ihrer Teilhabe am Leib Christi, der für sie in den Tod gegeben wird, *sind* sie der eine Leib Christi. Das eine Brot ist ihre Koinonie des Leibes Christi; und der eine Leib, er wird konstituiert durch die Hingabe des

---

[484] s. den *Singular* ὑπὲρ ἐμοῦ!

[485] Auch für Gal 1,4 ist, wie in Abschn. 2.2.3.2.1 ausgeführt, Jes 53 als atl. Hintergrund anzunehmen (diesmal jedoch Plural).

[486] *Otfried Hofius*, Herrenmahl und Herrenmahlsparadosis, 205, spricht im Anschluß an *O. Bayer* von *Gabeworten*; die geläufige Bezeichnung von Brot- und Kelchwort als "Deuteworte" sei höchst fragwürdig, ib. 205, Anm. 10. Der Terminus "Gabeworte" ist sicherlich treffend; doch "höchst fragwürdig" wird der Terminus "Deuteworte" erst, wenn "deuten" im nur vordergründigen Sinn verstanden wird. Ist dieses Verb aber im Kontext der "eucharistischen Gebete über Brot und Kelch" gesagt, die "konsekratorischen Charakter" haben (so immerhin mit Recht *Hofius* selbst, ib. 229), so dürften die "Deuteworte" im Sinne des Paulus gerade aufgrund ihres Deutens an diesem "konsekratorischen Charakter" teilhaben. Geht es in ihnen auch nicht um "substanzhafte Identität" (so mit *Hofius*, ib. 227) - eben weil Paulus nicht "substanzhaft" dachte - , so doch mit *Klauck*, Herrenmahl, 374, um "somatische Realpräsenz" (hiergegen ausdrücklich *Hofius*, op. cit. 227, Anm. 136), *insofern* freilich σῶμα als Person verstanden ist.

[487] Symbol im tieferen, nämlich Wirklichkeit vergegenwärtigenden, gegenwärtig setzenden Sinn!

Leibes Christi und ist konkret geworden in den vielen, die an dem einen Brote teilhaben: οἱ γὰρ πάντες ἐκ (!) τοῦ ἑνὸς ἄρτου μετέχομεν, 1Kor 10,17.

Es ist zuzugeben, daß diese Logik der paulinischen Argumentation, vor allem das gegenseitige begriffliche Verhältnis von 1Kor 11 zu 1Kor 10, nicht die Logik einer "abendländischen" Denkweise ist. Nur durch die Verschiebung im breiten Bedeutungsspektrum des Begriffs σῶμα ist das Denken in soteriologischer Räumlichkeit möglich. Aber Paulus hat dadurch erreicht, in theologisch dichter Weise die Erlösungswirklichkeit adäquat aussagen zu können und so die eine soteriologische und zugleich ekklesiologische Wirklichkeit bewußt zu machen. Es ist eben die Logik jener Wirklichkeit, die Cassirer mit dem Begriff der mythischen Raumanschauung bezeichnet hat und die wir mit geringfügiger terminologischer Modifikation als im Prinzip dem theologischen Denken des Paulus angemessen beurteilt haben. An der theologischen Tiefe dieses Denkens wird man nicht zweifeln können.

Ein wenig anders als mit der κοινωνία τοῦ σώματος τοῦ Χριστοῦ steht es mit der parallelen Formulierung κοινωνία τοῦ αἵματος τοῦ Χριστοῦ, 1Kor 10,16, da αἷμα nicht wie σῶμα Ausdruck für die ganze Person ist. Aber bereits alttestamentlich ist das Blut, *dām*, Sitz des Lebens, Lev 17,11a: *kî næpæš habbāsār baddām hî'*; deshalb hat Jahwäh nach dem Heiligkeitsgesetz bzw. der Priesterschrift das Blut als Inbegriff des Lebens zur Sühne gegeben, *ləkapper*, Lev 17,11b.[488] Ob nun Paulus bei der Abendmahlsparadosis Lev 17,11 konkret vor Augen hatte, ist zwar nicht erweisbar; sicher dürfte aber sein, daß zumindest das hier ausgesprochene Prinzip, das ja für den z.Zt. der Niederschrift des Paulus noch praktizierten Sühnekult theologische Selbstverständlichkeit war, auch den Verstehenshorizont von 1Kor 10,16 und 11,25 ausmachte, auch wenn Ex 24,8 für 1Kor 11,25 dem Paulus mit vor Augen gestanden haben sollte.[489]

Das theologische Fazit: In der *theologischen Logik* des Paulus treffen sich soteriologische und ekklesiologische Gedanken, weil beiden das Existenzial der Räumlichkeit zugrunde liegt. Bereits im Gal wurde die Korrelation beider Gedanken ansatzweise mit dem Theologumenon - oder sollten wir besser sagen: Christologumenon? - des *einen* Nachkom-

---

[488] S. *von Rad*, Theol. des AT I, 275ff.; *Janowski*, Sühne als Heilsgeschehen, passim; *Hübner*, KuD 29, vor allem 289ff.; *Hofius*, Herrenmahl und Herrenmahlsparadosis, 224ff.; s. auch die noch folgenden Ausführungen zu Röm 3,25.

[489] In der Regel wird in Mk 14,24/Mt 26,28 ein Bezug auf Ex 24,8 gesehen, so z.B. *Merklein*, Überlieferungsgeschichte der Abendmahltraditionen, 164; *Gräßer*, Der Alte Bund im Neuen, 123; *Kutsch*, NT - Neuer Bund?, 110ff., in 1Kor 11,25 (und Lk 22,20) jedoch in Bezug auf Jer 31,31. Für einen Bezug auch von Mk 14,24 auf 1Kor 11,25 plädieren *Gese*, Die Herkunft des Abendmahls, 123; *Hofius*, Herrenmahl und Herrenmahlsparadosis, 226, Anm. 132.

mens Abrahams (3,16), in dem alle *einer* sind (3,28), ausgesagt. Die Ausführungen über das der theologischen Reflexion vorgegebene Existenzial der Räumlichkeit erfolgten aber erst jetzt, weil angesichts der Abendmahlsthematik und ihrer soteriologischen und ekklesiologischen Elemente Paulus nun theologisch tiefergehend argumentiert: Unser existenzieller Ort ist *in* dem in den Tod gegebenen Christus. Indem wir uns aber als die Glaubenden dort befinden, uns also in der Heilssphäre des ἐν Χριστῷ befinden, sozusagen dort Christi Existenz die unsere geworden ist, sind wir in ihm zur Einheit des σῶμα Χριστοῦ, d.h. zur Einheit der ἐκκλη-σία geworden.[490] Die Sakramente der Taufe und des Abendmahls repräsentieren somit - repraesentare verstanden als in der Gegenwart Wirklichkeit werden lassen - unsere Inexistenz in der Existenz des Christus, der sich für uns hingegeben hat und als der auferweckte Kyrios präsent ist. Aber gerade diese "*räumliche*" Versetzung der Glaubenden in Christus hinein und die "*zeitliche*" Repräsentation der Dahingabe Christi in seinen sakramentalen Leib und sein sakramentales Blut des Abendmahls gründet in der *Existenzstellvertretung*[491] Christi am Kreuz für uns, gedacht in den soteriologischen Vorstellungen vor allem von Jes 53. Damit gründen die Vorstellungen der "räumlichen" Versetzung und der "zeitlichen" Repräsentation im forensischen Gedanken, also dem wiederum räumlichen gedachten Gedanken des "vor" Gott verantwortlichen Menschen. Dieses Ineinander von "Transfer-Terminologie" (Sanders) und der damit ausgesagten Wirklichkeit einerseits und der forensischen Wirklichkeit andererseits läßt sich nur mit Mühe unter den Begriff des Mythos fassen. Unbestreitbar enthält dieser ganze theologische Komplex eine Fülle von mythischen Vorstellungen. Aber das Eigentliche dieses Vorstellungs- und Begriffsganzen ist gerade nicht mythologisch ausgesagt. Es ist das Zueinander von theologischen Aussagen über die Transzendenz Gottes und die Immanenz des Menschen. Sanders hat davon einen wichtigen Aspekt erfaßt und damit ein weiteres Nachdenken an dieser Stelle provoziert. Unbestreitbar ist es sein Verdienst, den *seinsmäßigen Aspekt der Soteriologie* herausgestellt zu haben - leider wegen seiner Polemik gegen Bultmann und die von ihm nicht verstandene existentiale Interpretation ein wenig verzerrt. Sein Fehler war es nämlich, die forensische Dimension dieses Aspektes nur unzureichend erfaßt und deshalb abgewertet zu haben.

---

[490] Natürlich nicht in dem Sinn, daß wir erst diesen Leib Christi konstituierten!
[491] *Gese*, Die Sühne, 87.

Das Ganze ist aber von *ökumenischer Relevanz*. Denn einerseits wird mit dem forensisch-personalen Aspekt der lutherische, der evangelische Ansatz der Rechtfertigungslehre gewahrt; andererseits wird mit der Transfer-Terminologie das für die katholische Dogmatik so essentielle Sein des Gerechtfertigten ausgesagt.

2.2.3.3.4 1Kor 11-14: Der Gottesdienst (Fortsetzung)

Stand schon in Kap. 11 die eigentlich theologische Aussage ganz im Dienste der Paränese, wurden also streng soteriologische Aspekte nicht als solche thematisiert, so trifft ihre unthematische Erwähnung noch mehr im Blick auf die paränetische Thematik im Kap. 12 zu. Dessen pneumatisch-ekklesiologische Aussagen bringt Paulus wegen der Anfrage betreffs bestimmter gottesdienstlicher Praktiken. Mit περὶ τῶν πνευματικῶν nimmt er Bezug auf die Anfrage der Korinther.

Umstritten ist *1Kor 12,1-3*.[492] Mit den stummen Götzen in V.2 dürften heidnische Gottheiten gemeint sein. Paulus steht hier in der Tradition der alttestamentlichen Götzenpolemik. Dem τὰ εἴδωλα τὰ ἄφωνα entspricht z.B. Hab 2,18 πέποιθεν ὁ πλάσας ἐπὶ τὶ πλάσμα αὐτοῦ τοῦ ποιῆσαι εἴδωλα κωφά und ψ 113,12f. τὰ εἴδωλα ... ἔργα χειρῶν φὰνθρώπων· στόμα ἔχουσιν καὶ οὐ λαλήσονσιν. Besteht ein Zusammenhang mit 1Kor 10,14? Der Übergang zur Hauptthematik von Kap. 12 ist mit ἐν πνεύματι ἁγίῳ angezeigt, V.3.

Geschieht die Anfrage der Korinther wegen der πνευματικοί oder πνευματικά im Gottesdienst, so geht die Antwort des Paulus doch über das gottesdienstliche Geschehen hinaus, wenn er in V.11 sozusagen einen *pneumatologischen Grundsatz* aufstellt: Alles, was durch euch geschieht, wirkt letztlich ein und derselbe Geist, τὸ ἓν καὶ τὸ αὐτὸ πνεῦμα. Indem aber in diesem Grundsatz alle Charismen impliziert sind - Weisheitsrede, Erkenntnisrede, Glaube, Heilungsgabe, Prophetie, Unterscheidung der Geister, Zungenrede, Übersetzung der Zungenrede - , manifestiert sich in ihrer Ausübung die *Realität der Kirche*.[493] Denn was

---

[492] Die Hypothese, nach der "Verflucht ist Jesus" als antithetische Bildung zum bereits geprägten Bekenntnis "Herr ist Jesus" zu interpretieren sei, ist künstliche Konstruktion; so z.B. *Wolff*, ThHK, 101. Ist aber die Verfluchung Jesu aller Wahrscheinlichkeit nach tatsächlich (in der Ekstase?) im Gottesdienst erfolgt, so ist zu fragen, ob nicht doch in pneumatischer oder zumindest protognostischer Auffassung der irdische, vorösterliche, also "sarkische" Christus verflucht wurde und darin das Wahrheitsmoment der These von *Schmithals*, Die Gnosis in Korinth, 117ff., besteht.

[493] Das ἐστε von 1Kor 12,27 richtet sich an die Gemeinde von Korinth. Aber die Aussage ὑμεῖς δέ ἐστε σῶμα Χριστοῦ übersteigt ihrer inneren theologischen Aussagetendenz nach den Adressatenkreis. Dann aber ist der Leib Christi letzten Endes mit der Gesamtrealität der Kirche gleichgesetzt.

im Gottesdienst geschieht, hat seine Auswirkung über ihn hinaus. Der Geheilte ist auch nach dem Gottesdienst noch geheilt. Die Unterscheidung der Geister hat auch im sog. Alltag ihre Bedeutung. Und so ist der genannte pneumatologische Grundsatz zugleich ein *ekklesiologischer Grundsatz*. Die Existenz der Kirche und ihrer Gemeinden ist wesenhaft Existenz im Heiligen Geist. Die Kirche ist der Bereich, genauer noch, der Wirkungsbereich des göttlichen Geistes, freilich die Kirche als der Leib *Christi*.

Der *Geist Gottes* als *Wirkungsprinzip* in *Israel* - das läßt sich zunächst vom *König* her sagen, der ja in gewisser Weise Israel vor Jahwäh repräsentiert. Und gerade der erwartete Heilskönig ist es nach Jes 11,1ff., auf dem der Geist Gottes ruht, ἀναπαύσεται ἐπ’ αὐτὸν πνεῦμα τοῦ θεοῦ. Es ist das πνεῦμα σοφίας καὶ συνέσεως (1Kor 12,8: διὰ τοῦ πνεύματος δίδοται λόγος σοφίας), das πνεῦμα γνώσεως καὶ εὐσεβείας (1Kor 12,8: λόγος γνώσεως [δίδοται] κατὰ τὸ αὐτὸ πνεῦμα). Und gerade dieser Geist wird den Demütigen Recht verschaffen, Jes 11,4: κρινεῖ ταπεινῷ κρίσιν καὶ ἐλέγξει τοὺς ταπεινοὺς τῆς γῆς. Man vergleiche in diesem Zusammenhang 1Kor 1,26ff.!

Mit der Königsthematik ist zugleich die Thematik des *Charismatischen* gegeben. Saul war der charismatische Heerführer, auf den zur Beauftragung zu dieser seiner Königsfunktion der Geist herabgekommen war, 1Sam 11,6. Nach 1Sam 10,6.10-12 brachte der Geist den Saul sogar in Ekstase (LXX aber προφητεύσεις, V.6).

Der Geist wird aber nicht nur dem König allein gegeben. In der exilischen und nachexilischen Zeit wird er dem ganzen Gottesvolk verliehen. Ez 36,27 begegnete bereits 1Thess 4,8. Zitiert Paulus diese Stelle in 1Kor 12 auch nicht, so gehört doch ihr Inhalt zu seinem theologischen Eigentum. Mag es Spekulation sein, ob im δίδοται von 1Kor 12,8 die Wendung καὶ τὸ πνεῦμά μου δώσω ἐν ὑμῖν des Ezechiel anklingt, auf jeden Fall kennt Paulus Ez 36 und 37 und appliziert die dort ausgesagte pneumatologische Vorstellung auf die christliche Gemeinde. Für diese Interpretation spricht auch, daß nur kurze Zeit danach Paulus in 2Kor 3,3 auf Ez 36,26 anspielt.

Nun wäre es methodisch verfehlt, wollte man die einzelnen pneumatologischen Elemente von 1Sam 10 und 11, Jes 11 und Ez 36 und 37 additiv zusammensetzen und auf diese Weise mosaikartig das theologische Bild von 1Kor 12 zusammenstellen. Vielmehr hat Paulus die alttestamentlichen Vorstellungen ineinanderfließen lassen. Er dachte konkret: Die messianische Gemeinde ist "im" Messias, "im" Christus, dessen Geist nicht nur der Geist Gottes, sondern eben auch *sein* Geist ist. Deshalb ist, von wem das In-Christus-Sein ausgesagt werden kann, auch "im" Geiste. Und da der Geist nach alttestamentlicher Vorstellung der Schöpfergeist ist (z.B. Hiob 33,4), wird er durch ihn zur *nova creatura* (Gal 6,15; 2Kor 5,17). Wo Kirche ist, wo sie repräsentativ in der einzel-

190

nen Gemeinde da ist, da *ist* der Geist, weil er dort *wirkt*. Und wo das Evangelium verkündet wird, da wirkt auch der Geist (Jes 61,1). Die paulinische Pneumatologie ist also die christologisch überhöhte Pneumatologie des Alten Testaments. Und sie ist zugleich seine Ekklesiologie. Denn Pneumatologie und Ekklesiologie lassen sich wohl begrifflich unterscheiden, ihr "Gegenstand" ist aber ein und dieselbe Wirklichkeit.

Das zeigt sich auch an der bis heute umstrittenen Stelle *1Kor 12,12f.* In ihr koinzidieren aber nicht nur Pneumatologie und Ekklesiologie; der Grund beider, nämlich die Christologie, wird hier recht deutlich. Das in der Antike bekannte Bild vom Leib und den Gliedern und die damit gegebene Vorstellung vom Organismus[494] dienen in der Argumentation des Paulus lediglich dazu, auf den Gedanken der *Identität* von Christi Leib als der Gemeinde und Christus selbst herangezogen zu werden. Sprengt 1Kor 12,12c οὕτως καὶ ὁ Χριστός den auch soziologisch festzuhaltenden Sachverhalt, indem mit genau diesen Worten der Leib mit seinen vielen Gliedern direkt mit Christus gleichgesetzt wird, so wird damit, wie *Udo Schnelle* aus diesem Sachverhalt folgert, "die Grundstruktur von 1Kor 12,12-31 deutlich, die in dem Ineinander von *bildhafter* und *eigentlicher* Redeweise zu sehen ist".[495] Auch hier zeigt sich wieder die Vielschichtigkeit des Begriffs "Leib Christi". Daß wir ekklesiologisch als Gemeinde bzw. Kirche der Leib Christi *sind*, hat seinen Grund im soteriologischen "Sach"-Verhalt der Hingabe des Leibes Christi am Kreuz. Das zeigt V.13, wo die Taufe, von Paulus im Zusammenhang mit der Rechtfertigung gesehen[496], als der Akt bezeichnet wird, durch den wir in den einen Leib Christi hinein, also in Christus hinein getauft werden. Das bereits begegnende Raumdenken[497] bei den paulinischen

---

[494] Livius, Ab urbe condita II, 32f.: Die Fabel des Menenius Agrippa.

[495] *Schnelle*, Gerechtigkeit und Christusgegenwart, 139; Hervorhebungen durch mich. S. zu 1Kor 12,13 vor allem ib. 139ff. Nicht überzeugen kann *Wolff*, ThHK, 107ff., der vom Handeln des Pneuma in V.11 her V.12 interpretiert: Es sei zu paraphrasieren "so steht es auch dort, wo Christus durch den Geist heilschaffend wirksam ist", ib. 108. Auch die so eindeutige Aussage V.27 "Ihr aber *seid* der Leib Christi" wird abgeschwächt, ib. 110: "Ihr seid als Gemeinde ein Organismus, der sich dem Heilswirken des Christus durch das Pneuma verdankt ..." Schon *Ernst Käsemann*, Leib und Leib Christi, 159, hat klar gesehen, daß der eigentliche Gedanke in 1Kor 12,12ff. der von der Kirche als dem Christusleib ist und der Organismusgedanke nur ein Hilfsgedanke. S. auch *Conzelmann*, 1Kor, 257f.

[496] *Schnelle*, Gerechtigkeit und Christusgegenwart, passim.

[497] In diesem Zusammenhang spricht *Schnelle*, ib. 144, zutreffend von dem "in der Taufe konstituierte(n) neue(n) *Sein im Raum* des pneumatischen Christus"; Hervorhebung durch mich. So auch schon *Conzelmann*, 1Kor, 258, Anm. 13.

Ausführungen über das Abendmahl - auch hier fand sich ja die Koinzidenz von soteriologischer und ekklesiologischer Dimension - zeigt sich erneut in sakramentalem Zusammenhang: Wir haben durch die Taufe unseren Ort in dem, der sich, d.h. sein Soma, am Kreuz für uns dahingegeben hat. Daß wir nun Leib Christi sind und uns somit in Christus als in seinem Leib befinden, setzt das soteriologische Geschehen voraus: Wir sind "in" dem, was als das Heilsereignis in Christus uns fundamental bestimmt. Nur dieser theologische Zusammenhang macht die logisch inkonsistente Doppelaussage, daß wir Leib Christi *sind* und daß wir uns in ihm befinden, zu einer sinnvollen Aussage. Es geht gerade in diesem Zusammenhang auch um *personales* Denken: Das personale Christusgeschehen und unser Hineingenommen-Sein in dieses Geschehen läßt 1Kor 12,12f. nicht zu einer unsinnigen Aussage werden. Daß Paulus dieses Geschehen als geistgewirkt erklärt - in ἐν ἑνὶ πνεύματι ist ἐν "instrumental"[498] - , geschieht im Zusammenhang der Darlegungen von 12,1-11 her (vor allem V.11: ἐνεργεῖ): Alle Charismen wirkt der eine Geist. Kraft dieses einen Geistes sind wir der eine Leib Christi. Der Geist ist aber der Geist *Christi*. Paulus wird es kurze Zeit danach noch deutlicher als hier sagen, wenn er 2Kor 3,17 sogar erklärt, daß der Herr der Geist *ist*.

Daß der Heils-"*Raum*" der Raum des göttlichen Heils-*Wirkens* ist, daß also lokale und energetische Dimension als Realitätseinheit zu sehen sind, zeigt wieder der den V.12 begründende V.13. Es geschieht durch das Wirken des Geistes Gottes, daß wir in den einen Geist, also in Christus *hinein*-getauft werden. Aufgrund der aufgewiesenen Denkstrukturen der paulinischen Theologie kann εἰς nur lokal verstanden werden.

Will man hingegen mit *Franz Mußner* εἰς ἓν σῶμα als Aussage für das Zustandekommen des Gemeinde-"Leibes" aufgrund des Pneumaempfangs in der Taufe verstehen, wäre also der Leib Christi "das Produkt der im Taufsakrament erfolgten Christuseinigung der Gläubigen"[499], so wäre ὁ Χριστός nicht wirklich ernstgenommen. Und außerdem würde das sonst offenkundige theologische Denken des Paulus in Raum-

---

[498] Instrumental in Anführungsstrichen, weil der Geist Gottes, wollte man ihn als Instrument im eigentlichen Sinne verstehen, eine unzulängliche Verdinglichung Gottes wäre.

[499] *Mußner*, Christus, das All und die Kirche, 133f.; s. auch ib. 127: "Es zwingt also nichts, die Präposition εἰς im lokalen Sinne zu nehmen. Das Nächstliegende ist vielmehr, sie final bzw. konsekutiv zu verstehen: die Taufe bewirkt eine *Gemeinschaft*, die in Analogie zum antiken Organismusgedanken als 'Leib' bezeichnet werden kann..." *Mußner* wendet sich insonderheit gegen *Bultmanns* ekklesiologische Deutung der Stelle.

und Räumlichkeitsanschauungen außer Betracht gelassen. Hinzu kommt, daß Mußner die paulinische Theologie unter den Begriff der Christusmystik stellt und so einen Zusammenhang von Somaekklesiologie und Christusmystik sieht.[500] Das Wahrheitsmoment der von ihm verfolgten Intention ist, daß nach paulinischer Anschauung - er führt es vor allem anhand der Interpretation von 1Kor 10,16-22 aus - die Teilhabe, κοινωνία, nicht Identifikation der Kultteilnehmer mit Christus ist.[501]

In der Tat darf auf keinen Fall das glaubende Individuum als mit Christus identisch behauptet werden, womöglich noch im physischen Sinne. Von solcher Identität zu unterscheiden ist jedoch die Vorstellung, deren gedankliche Voraussetzung schon im Gal ausgesprochen ist und der eine essentiell ekklesiologische Dimension eignet: Wir alle sind *in* Christus *einer*; deshalb haben wir alle an seinem Erbe teil, Gal 3. 1Kor 12,13 mit seinem lokal verstandenen εἰς besitzt in Gal 3,28 sein Pendant: πάντες γὰρ ὑμεῖς εἷς ἐστε ἐν Χριστῷ Ἰησοῦ. 1Kor 12,13 sagt, *wohin* der Getaufte kraft des Geistes Gottes in der Taufe gelangt, Gal 3,28 sagt, *wo* sich der Getaufte befindet.[502]

Mit dem soeben angesprochenen Verhältnis von 1Kor 12,13 zu Gal 3,28 ist zugleich das Verhältnis der beiden theologischen, genauer: christologischen und zugleich ekklesiologischen Vorstellungen "Leib Christi" und "Sein in Christus" angesprochen. *Schnelle* führt die enge Zusammengehörigkeit beider Anschauungen auf die ihnen zugrunde liegende räumliche Vorstellung zurück, spricht sich aber gegen eine weitreichende Parallelisierung aus.[503] U.a. führt er als Argument an, daß dem Paulus z.Zt. der Niederschrift des 1Thess die σῶμα-Χριστοῦ-Vorstellung sehr wahrscheinlich noch nicht zur Verfügung gestanden habe, wohl aber das ἐν Χριστῷ ursprünglicher und kontinuierlicher Bestandteil paulinischer Theologie sei.[504] Damit ist ein wichtiger biographischer Sachverhalt angesprochen. Allerdings ist dieses Argument noch zu erweitern. Nicht nur der Paulus des 1Thess kannte die Vorstellung vom Leib Christi noch nicht, sondern auch nicht der des Gal. Gal 3,26-29 sagt er der Sache nach, was er später im 1Kor und Röm mit dieser Vorstellung zum Aus-

---

[500] Ib. 131.

[501] Ib. 122: Aus der "Teilhabe" am eucharistischen Leib und Blut Christi, die nach 1Kor 10,16b die reale Gemeinschaft mit dem lebendig-pneumatischen Christus bringe, könne nicht der Schluß gezogen werden, "daß die 'Teilhabe' am eucharistischen Christusleib eine 'mystische Gleichsetzung' der Teilhaber mit dem 'realen und individuellen' Leib Christi im Gefolge habe. Auch die Teilhaber an den dämonischen Kultmahlzeiten *identifizieren* sich nicht mit den Dämonen".

[502] Auch nach *Mußner*, Christus, das All und die Kriche, 127, meint 1Kor 12,12f. nichts anderes als Gal 3,28 - freilich unter seiner Voraussetzung, daß der Leib Christi "Produkt der Taufe" sei.

[503] *Schnelle*, Gerechtigkeit und Christusgegenwart, 143.

[504] Ib. 143.

druck bringt.[505] Daß aber Paulus seine Theologie terminologisch entwikkelt, zeigt sich parallel zu dieser Auffälligkeit auch daran, daß er im Röm seine Rechtfertigungstheologie mit dem Begriff δικαιοσύνη θεοῦ expliziert, der ihm aber im Gal noch nicht zur Verfügung stand. Woher Paulus die Vorstellung vom Leib Christi bei der Niederschrift des 1Kor hat, ist kaum noch zu eruieren. Daß er sie jedoch, nachdem er sie in seine theologische Begrifflichkeit aufgenommen hatte, in seine für ihn zentrale Anschauung vom Sein-in-Christus theologisch integrierte, erweist sich daran, daß für ihn das Sein des glaubenden Individuums im Leibe Christi und dessen Sein in Christus als *ein und dieselbe geistliche Realität* bedeutsam sind. Wieder zeigt sich, daß für ihn theologische Vorstellungen und Begriffe - beides geht oft nahtlos ineinander über - eben nicht bloß intellektuelle, vorstellbare und denkbare Entitäten sind, über die man in Vorstellung und Denken geistig verfügt, sondern vorstellungsmäßiger und begrifflicher Ausdruck der transzendenten Wirklichkeit, die sein glaubendes Dasein durch und durch bestimmen. Beide Vorstellungen bzw. Begriffe sind Ausdruck der Reflexion seiner glaubenden Existenz. Indem er kraft dieser Reflexion begrifflich argumentiert, spricht er zugleich *aus* seiner glaubenden Existenz.

Die Gottesdienstthematik wird in Kap. 14 fortgesetzt. Zuvor steht in *1Kor 13* als Einschub das *Hohe Lied der Liebe* - keine theologische Argumentation, sondern ein poetischer Text, freilich mit paränetischer Intention.[506] Ein direkter Bezug auf das Alte Testament liegt in ihm nicht vor. Doch steht es in alttestamentlicher Tradition.

Der Skopus des Hohen Liedes der Liebe ist, daß sie, will sie echte und eigentliche Liebe sein, *maßlos* ist im Blick auf des Wohl des anderen. Daß sie nicht das Eigene sucht, V.5, ist gewissermaßen Zusammenfassung des Ganzen. Nicht die einzelne, gar opfervolle Tat (V.3!) macht das Wesen der Liebe aus, sondern die innere Intention auf den anderen hin - weg vom Ich, hin zum Du. Damit ist mehr gemeint als das Liebesgebot des Alten Testaments. Das im Neuen Testament öfter zitierte alttestamentliche Liebesgebot Lev 19,18 - auch Paulus hat es schon vor der Niederschrift von 1Kor in Gal 5,14 zitiert und wird es hernach in Röm 13,9 zitieren - fordert jedoch gerade keine maßlose Liebe. Das Maß ist das eigene Ich: "Du sollst deinen Nächsten lieben wie dich selbst (*kāmôḵā*, LXX: ὡς σεαυτόν)."[507] Im Sinne dieses Gebotes der Nächsten-

---

[505] Auch ein Argument, das für die chronologische Priorität des Gal vor der korinthischen Korrespondenz spricht; s. Anm. 457.

[506] Die Diskussion, ob 1Kor 13 an seinem ursprünglichen Ort innerhalb des Briefes steht, ist für unsere Thematik unerheblich. Zu dieser Frage s. Kommentare und die dort angegebene Lit. M.E. steht das Lied an seinem ursprünglichen Platz; so auch *Wolff*, ThHK, 118. Mit *Conzelmann*, KEK, 266, ist es jedenfalls zunächst für sich auszulegen.

[507] Die neuerdings oft ins Gespräch gekommene Deutung jüdischer Interpreten (z.B. *Leo Baeck*, Das Wesen des Judentums, 211) "Liebe deinen Nächsten, er ist wie du" ist m.E. recht fraglich. Dagegen bereits *Johannes Fichtner*, Der Begriff des "Nächsten" im

liebe ist nach Lev 19,33f. und Dtn 10,18f. auch der Fremde, *ger*[508], einzubeziehen, wobei diese Forderung auf Gottes eigene Liebe zu den Frem-
den, zu denen ja auch die Israeliten in Ägypten zählten, zurückgeführt
wird: Gott liebt - also sollt auch ihr lieben. Bezeichnenderweise folgt auf
Lev 19,18 das für das Heiligkeitsgesetz charakteristische "(denn) ich bin
Jahwäh, *'anî JHWH*." In das Liebesgebot nicht einbezogen ist also der
nicht in Israel lebende Ausländer.

Ist nun die geforderte Nächsten- und Fremdenliebe eine "maßvolle"
Liebe, so handelt es sich aber nicht um ein rein äußerliches Verhalten.
Kann man auch mit *Viktor Warnach* sagen, daß die Liebe zu den Ange-
hörigen des eigenen Volkes nicht eigentlich idealer Opferbereitschaft für
die Mitmenschen entspringe, sondern einem mehr naturhaften Solidari-
tätsbewußtsein, das dem Grundsatz "Do ut des" huldigt[509], und wird mit
Gerhard Wallis keine Selbstentäußerung, kein Altruismus gefordert, so
doch, wiederum mit Wallis, ein Verhalten, nach dem das Wohlbefinden
des Nächsten dem Selbstbehauptungswillen entspricht.[510] Paulus aber
geht mit dem, wie er in 1Kor 13 die ἀγάπη zur Sprache bringt, weit über
das im Alten Testament Gesagte hinaus.[511] Die alttestamentlichen Forderungen bewegen sich sicherlich in manchen Punkten *in Richtung auf*
das, was nach Paulus das größere geistgewirkte Charisma ist, 1Kor 12,31.
Aber sie bleiben weit hinter dem zurück, was in 1Kor 13 als das dem
Charisma der Liebe Mögliche vorgetragen wird. Für die Argumentati-
onsrichtung des Paulus in 1Kor 12-14 stellt *Wolfgang Schrage* für Kap. 13
zutreffend heraus, daß sich auch die Betonung der "Engelsprache" (V.1)
im Gottesdienst nicht einfach aus einem σῶμα-πνεῦμα-Dualismus erkläre,
sondern die Höherwertigkeit der Glossolalie als exklusives Merkmal der
πνευματικά einerseits den die Agape vergessenden Heilsindividualismus

---

AT, 104: Diese Übersetzung ist im biblischen Hebräisch nicht sehr wahrscheinlich, eher
in der verkürzenden Sprache der Mischna. "Wir halten die Übersetzung 'wie dich selbst'
für richtig und sehen in ihr eine bedeutsame Umschreibung für das Maß der Liebe, die
ein Glied des Bundes dem anderen schuldet". Auch *Fichtner* spricht also hier vom Maß.
S. auch *Mathys*, Liebe deinen Nächsten, 19.
[508] Der Fremde (zuweilen Übersetzung Fremdling), *ger*, ist derjenige, der sich für eine
gewisse Zeit im Lande Israel etabliert hat; er besitzt zwar nicht alle Rechte eines Israeliten, für ihn gelten aber in bestimmtem Umfang die gleichen religiösen Vorschriften wie
für den Israeliten. Im Laufe der Zeit wird nach den Rechtstexten des AT seine Stellung
immer mehr der des Israeliten angeglichen. S. *Martin-Achard*, THAT I, 410ff.; *Mathys*,
"Liebe deinen Nächsten ...", 11-55
[509] *Warnach*, Agape 61.
[510] *Wallis*, ThWAT I, 120.
[511] Das gilt auch für Prov 17,17.

dokumentiere, andererseits aber auch das Ignorieren des "Stückwerkcharakters" aller Charismen (13,9-13).[512]

In einer Hinsicht greift allerdings Paulus auffälligerweise nicht auf eine alttestamentliche Anschauung über das Verhältnis von Liebe und Gott zurück. In Dtn 10,18f. zeigte sich bereits die menschliche Liebe als Antwort auf Gottes Liebe. Besonders in Hos 11 wird die Liebe Gottes zu seinem Volk in geradezu dramatischer Weise geschildert, wo, wie *Jörg Jeremias* schön herausstellt, verzweifelte göttliche Klage laut wird, wo sogar Jahwäh seine Unfähigkeit (!) zur Verwerfung Israels ausspricht. Diese Worte stellen den theologischen Höhepunkt der Verkündigung Hoseas dar.[513] Möglicherweise ist ja Dtn mit seiner Forderung, Gott mit allen Kräften zu lieben, Dtn 6,5, die Konsequenz aus Hos 11. Im Röm wird Paulus dann allerdings unter christologischem Vorzeichen die Sequenz "göttliche Liebestat - menschliches Verhalten" aussprechen, Röm 15,1-3.7-9.

1Kor 14 ist als unmittelbarer Anschluß an Kap. 12 zu verstehen. Das dort unter dem Gesichtspunkt der vom Geist gewirkten Charismen Gesagte wird jetzt am Beispiel der Glossolalie ausführlich exemplifiziert. Für den Argumentationsgang des Paulus genügt es, einige Erkenntnisse von *Dietrich-Alex Koch* zu bedenken. Zutreffend stellt Koch heraus, daß Paulus in 1Kor 14 für das Zitat Jes 28,11f. in V.20 den zweiten Teil des Kapitels, nämlich die "Außenwirkung" einleitet, nachdem er zuvor die "Binnenwirkung" diskutiert habe.[514] Die von Paulus vorgetragene Textform des Zitats stimmt weder mit dem MT noch mit der LXX überein.[515] So wie Paulus das Zitat bringt, dürfte es um seiner Intention willen von ihm umgearbeitet sein: Im Gottesdienst hat der *Verstand*, νοῦς, seine unverzichtbare Funktion. Den ersten, die Binnenwirkung betreffenden Teil dieses Kapitels schließt der Apostel mit den bezeichnenden Bemerkung, er, obwohl der Glossolalie mächtig, wolle lieber fünf Worte mit seinem Verstand, τῷ νοΐ, sprechen als zehntausend Worte in Zungenrede - der Grund: um andere zu unterweisen. Man wird freilich dieses κατηχεῖν nicht zu sehr als katechetische Weisung vom Verkündigen absetzen dürfen.[516] Zur Zeit der paulinischen Mission wird beides eng ineinander verflochten gewesen sein. Das missionarische Moment wird im zweiten Teil des Kap. deutlich. Zwar geht es ab V.20 auch um "Binnenwirkung", nämlich um Erbauung der Gemeinde, οἰκοδομή, V.26 (wie V.12!). Aber es ist in V.23ff. vom ἰδιώτης, vom Laien (Conzelmann, Wolff) und vom ἄπιστος, vom Ungläubigen, die Rede, der durch verständliche Prophetie

---

[512] *W. Schrage*, EKK VII/1, 57.

[513] *J. Jeremias*, ATD 24,1, 143. S. auch Bd. 1, 135ff.

[514] *Koch*, Die Schrift als Zeuge, 268.

[515] S. ib. 63ff. die genaue Analyse von MT, LXX und Paulus.

[516] κατηχεῖν gebraucht Paulus nur vom "dogmatischen" Unterricht (Röm 2,18; Gal 6,6), *Conzelmann*, KEK, 292.

überführt, dessen sündiges Wesen also aufgedeckt wird, ἐλέγχεται. Und wenn so τὰ κρυπτὰ τῆς καρδίας αὐτοῦ offenkundig sind, bekehrt er sich. Formuliert dies dann Paulus mit den Worten καὶ οὕτως πεσὼν ἐπὶ πρόσωπον προσκυνήσει τῷ θεῷ, ἀπαγγέλλων ὅτι ὄντως ὁ θεὸς ἐν ὑμῖν ἐστιν, so spielt er möglicherweise auf Dan 2,47, Jes 45,14 oder Sach 8,23 an.[517] 1Kor 14 steht also ganz im Dienste der kerygmatischen Absicht des Apostels. Die δύναμις θεοῦ, die dem Worte der Verkündigung bereits nach Kap. 1 eignet, kommt also auch hier wieder zur Sprache. In der geistgewirkten und gerade daher verständlichen prophetischen Rede wird die Macht Gottes offenbar: Menschen bekehren sich zu Gott. Dann jedoch braucht man vielleicht nicht so skeptisch zu sein, die Gründe ausfindig zu machen, die Paulus veranlaßt haben, in 1Kor 14,21 die Schrift in seine Argumentation einzubeziehen.

2.2.3.3.5 1Kor 15: Das eschatologische Finale - Eschatologische Existenz als leibliche Existenz

Läßt man einmal das 16. Kap. außer acht, so ist *1Kor 15* der eschatologische Ausklang des Briefes, sein eschatologisches Finale.[518] Das inhaltliche Gefälle dieses Kapitels geht vom Karfreitags- und Ostercredo zum Geschehen des Jüngsten Tages - dies allerdings so, daß die Endereignisse in ihrem theologischen Bezug auf Tod und Auferweckung Christi hin transparent gemacht werden. Was soteriologisch, anthropologisch und - vor allem! - theologisch zu dem zu sagen ist, was der christlichen Gemeinde am Ende der Tage bevorsteht, gründet im Christusgeschehen. Gerade für den 1Kor läßt sich für die christliche Gemeinde der bekannte Zeitschriftentitel "Zwischen den Zeiten" aussagen. Auch für 1Kor 15 ist das Problem der *Zeit als* der *Zeitlichkeit* des Menschen, hier der Zeitlichkeit der christlichen Existenz, gegeben.

Sicherlich war es eine Übertreibung, wenn *Karl Barth* 1Kor 15 zum Schlüssel des ganzen Briefes gemacht hat.[519] Aber er hat insofern ein gutes Gespür für das theologisch Wesentliche bewiesen, als er hier einen Schwerpunkt der theologischen Reflexion des Apostels sah. Die inhaltlichen Aussagen von 1Kor 15 konvergieren in der Tat mit zuvor Gesagtem. Die Ausrichtung der christlichen Existenz auf das Eschaton war ja

---

[517] *Wolff*, 1Kor, 137: "Damit erfüllt sich die von den alttestamentlichen Propheten erwartete eschatologische Bekehrung der Heiden (Jes 45,14; Sach 8,23)."

[518] Zum religionsgeschichtlichen Hintergrund von 1Kor s. vor allem *Brandenburger*, Adam und Christus; zu 1Kor 15,12-28 unter dem Gesichtspunkt des sog. Zwischenzustandes *Hoffmann*, Die Toten in Christus, 239ff.

[519] *Barth*, Die Auferstehung der Toten; s. dazu die positive Rezension durch *Rudolf Bultmann*, Karl Barth, "Die Auferstehung der Toten", z.B. S. 39: "Hat Paulus es wirklich vermocht, jenen Glauben und jene Hoffnung festzuhalten, so muß alles, was er über den Menschen sagt, unter dem Titel stehen: die Auferstehung der Toten."

wiederholt essentielles Element der theologischen Argumentation. Der Rat zur Ehelosigkeit erfolgte wegen der bevorstehenden eschatologischen Bedrängnisse; die Zeit ist kurz, ist zusammengedrängt, 7,29; die Gestalt dieser Welt vergeht, 7,31. Gegen die korinthische Bordell-"Theologie" führt er die Auferweckung Christi und die der Korinther ins Feld, 6,14. Es ist eine somatische Auferweckung, und genau um die geht es ausführlich in Kap. 15. Die Affinität zwischen der theologischen Argumentation in 6,12ff. und in Kap. 15 drängt sich auf, wenn man den Brief auf die Grundstrukturen der paulinischen Argumentation befragt.

Eine weitere Beobachtung ergibt sich aus der Analyse von 1Kor 15 unter dem Gesichtspunkt des Vetus Testamentum in Novo: Ist das in V.3f. zitierte Credo das theologische Fundament für die theologischen Reflexionen des Kapitels, so entspricht dieser Korrelation, daß Paulus im Credo sowohl für den Tod als auch für die Auferweckung Christi das summarische κατὰ τὰς γραφάς bringt und dann beim Referat der eschatologischen Geschehnisse und ihrer theologischen Reflexion mehrfach die Schrift zitiert. Diese Korrelation sollte auch nicht angesichts dessen, daß das zweifache κατὰ τὰς γραφάς zweifellos (auch?) andere Schriftstellen vor Augen hat als die im folgenden gebrachten Zitate, als unerheblich heruntergespielt werden.

Zur Struktur der paulinischen Argumentation ist noch ein weiterer Aspekt festzuhalten. Im Gal hat Paulus, indem er dort narratio (einschließlich propositio) und argumentatio in *einer* Intentionsrichtung vortrug, für seine Theologie auch die Übereinstimmung mit Jerusalem betont herausgestellt. Gleiches geschieht jetzt 1Kor 15. Paulus zeigt zunächst, daß er und die Jerusalemer dasselbe Credo haben, um auf dem Hintergrund dieser Übereinstimmung seine Theologie der Auferstehung argumentativ vorzutragen.

Zum *Inhaltlichen*: Ist mit dem zweimaligen κατὰ τὰς γραφάς der Hinweis allgemein auf die Schrift gemeint oder auf bestimmte Schriftstellen? Beide Möglichkeiten müssen sich nicht gegenseitig ausschließen. Wird man aufgrund dessen, was zu Gal 1,4 ausgeführt wurde, für ἀπέθανεν ὑπὲρ τῶν ἁμαρτιῶν ἡμῶν in V.3 auf jeden Fall an *Jes 53* zu denken haben, so kann dieses Kapitel in der Formel "gemäß den Schriften" (Plural!) durchaus als eine, wenn auch vorrangig zu bedenkende Stelle innerhalb des Ganzen der Schrift gemeint sein. Denn es ist ja die ganze Schrift, die nach der Meinung der frühen Kirche auf Christus hinweist. Will man für ἐγήγερται τῇ ἡμέρᾳ τῇ τρίτῃ in V.4 eine bestimmte Stelle identifizieren, so ist dies schwieriger als für V.3. Daß *Hos 6,2* - LXX: ἐν τῇ ἡμέρᾳ τῇ τρίτῃ ἀναστησόμεθα καὶ ζησόμεθα ἐνώπιον αὐτοῦ - in die engere Wahl kommt, versteht sich von selbst und wird auch zumeist in dieser Weise erwogen. Freilich dürfte die innere Beziehung von Jes 53 auf V.3 enger sein als die von Hos 6,2 auf V.4. Jes 53 bringt immerhin den Gedanken der stellvertretenden Sühne des Gerechten, des auserwählten Gottesknechtes für die Sünder, während Hos 6,2 - ein Vers, der aus dem Zusammenhang gerissen werden muß, um überhaupt als Schriftbeleg für die Auferweckung Christi dienen zu können - seinem Literalsinn nach die fragliche Überzeugung des Volkes beinhaltet, Gott werde es schon wieder aus seiner Notsituation herausreißen.[520] Mag Paulus bzw. die Urgemeinde auch Hos 6,2 vor Augen gehabt haben, so ist sachlich doch eher noch an jene *Psalmen* zu denken, in denen der Beter die Todesbedrohung als bereits geschehenen Tod erlebt hat und somit für seine Errettung aus dieser Gefahr als für eine Errettung aus dem Tode Jahwäh dankt.[521]

In *1Kor 15,12-19*, einem Abschnitt mit prämissenhaftem Charakter, bringt Paulus keinerlei Begründung mit dem Alten Testament. Auffällig ist die konditionale Argumentation mit wiederholtem "wenn - dann". Sechsmal steht in diesem kleinen Stück εἰ (δέ/γάρ). Freilich ist mit der Grundvoraussetzung der Auferweckung Christi (V.12) das κατὰ τὰς γραφάς impliziert. *Wenn* Christus nach den Schriften auferweckt ist, dann ist die Grundthese der Korinther ἀνάστασις νεκρῶν οὐκ ἔστιν falsch. Die Diskussion über diese Stelle hat zwar immer noch zu keiner allgemein akzeptierten Deutung geführt. Liest man aber die These von V.35 aus, so liegt die Annahme nahe, daß die dort geäußerten Fragen, die die Unvorstellbarkeit einer *leiblichen* Auferstehung aussagen, die Auffassung begründen wollen, es gebe keine leibliche Auferstehung der Toten. Von V.35 her ist also zu paraphrasieren: ἀνάστασις σωματική νεκρῶν οὐκ ἔστιν. Dann aber will Paulus sagen: Wenn Christus als der verkündet wird, der leiblich auferweckt ist, wie können dann einige behaupten, es gebe keine leibliche Auferstehung der Toten? Paulus setzt also voraus, daß die Korinther an die Auferweckung Christi als an eine leibliche Auferweckung glauben und deshalb die Bestreiter der leiblichen Auferstehung der Toten in törichter Weise inkonsequent sind. Doch wird man annehmen müssen, daß die kleine (?) Gruppe (ἐν ὑμῖν τινες), die die Irrlehre von V.12 vertrat, gerade die Auferstehung *Christi* nicht als leibliche Auferstehung verstand. Es ist aufgrund der im 1Kor immer wieder deutlich gewordenen anthropologischen Vorstellungen einer bestimmten Gruppe innerhalb der korinthischen Gemeinde anzunehmen, daß sie in der Überbetonung ihrer pneumatischen Existenz und der damit zusammenhängenden Verachtung ihres somatischen Seins auch die Auferweckung Jesu als Entrückung in eine bloß pneumatische Existenzweise verstanden. Die τινες sind also aller Wahrscheinlichkeit keineswegs inkonsequent.[522]

---

[520] *Jörg Jeremias*, ATD, 84, wendet sich, wahrscheinlich mit Recht, gegen die "irrtümlich in der neueren Forschung" vorgenommene Charakterisierung von Hos 6,1-3 als "Bußlied". Formal handele es sich um eine Selbstaufforderung mit Begründung und Zielgabe.

[521] *Ch. Barth*, Die Errettung vom Tode.

[522] *Wolff*, ThHK, 195: "Die Fragen [sc. von V.35] zeigen, daß die Auferstehungsleugner Anstoß an der Vorstellung einer *leiblichen* Auferstehung nehmen. Von dieser Position wird noch einmal (V.2) deutlich, daß sie auch die leibliche Auferweckung *Jesu* bestritten." Zu diskutieren wäre, wozu hier nicht der Ort ist, ob diese Pneumatiker ihr gegenwärtiges pneumatisches Dasein als Zustand der bereits erfolgten Auferstehung im Sinne von 2Tim 2,18 verstanden oder mit einer postmortalen pneumatischen Existenz rechneten, also mit einem Weiterleben der Seele nach dem leiblichen Tod, freilich in pneumatischer Herrlichkeit.

Eigentlich könnte Paulus unmittelbar an V.12, ohne daß ein Gedankensprung vorläge, V.29 anschließen.[523] Auch ein unmittelbarer Anschluß der Doppelfrage von V.35 an V.19 wäre sinnvoll. Die weltweite apokalyptische Szene, die Paulus in 15,20-28 so breit ausmalt und auf die er anscheinend aus theologisch argumentativen Gründen so großes Gewicht legt, muß also irgendwie mit der korinthischen Situation der überspannten Pneumatiker zu tun haben. Die Zuordnung der Argumentation von 15,12-19.29ff. zu 15,20-28 erweist sich somit als entscheidendes Interpretationsproblem mit historischen Implikationen.

Wenn Paulus die eschatologischen Ereignisse mit apokalyptischen Bildern ausmalt und diese Apokalyptik für ihn kosmische Dimensionen zum Ausdruck bringt, so geht es ihm allem Anschein nach nicht um die Darstellung eines theologischen Sachverhalts, in dem das einzelne Individuum im Mittelpunkt des Interesses steht. Das *Selbstverständnis*, das aus dem hier dokumentierten apokalyptischen Vorstellungsmaterial erhoben werden kann, ist nicht das des einzelnen, der sich seines pneumatischen Seins bewußt ist. Hier meldet sich wieder der *ekklesiologische* Aspekt. Und dieser ist - in eigentümlicher Variation bisheriger Ausführungen - erneut *christologisch* fundiert: Christus ist als "Erstling"[524] der Entschlafenen von den Toten auferweckt, 15,20. Der Gedanke der *corporate personality*, dessen spezifisch gedanklicher Hintergrund bei Paulus bereits im Zusammenhang mit seinem "Raum"-Denken aufgezeigt wurde, wird in antithetischer Typologie auf Adam und Christus bezogen: Wie durch einen Menschen der Tod kommt, so durch einen Menschen die Auferstehung der Toten, V.21. Diesem *kausalen* διά entspricht in V.22 ein *lokales* ἐν, sicherlich mit gewisser kausaler Implikation: Wie *in* Adam alle sterben (Präsens!), so wird Gott *in* Christus alle lebendig machen (passivum divinum ζῳοποιηθήσονται). Wer also die Auferweckung bzw. Auferstehung der Toten bestreitet, bestreitet Christi eschatologisches Heilswerk. Er hat sich von Christus als der Inkarnation des Heils abgeschnitten, hat statt des Lebens den Tod gewählt. Er gehört am Tage der Parusie Jesu nicht mehr zu Christus, zu den οἱ τοῦ Χριστοῦ, V.23.

Auf seiten Christi zu stehen heißt aber, auf der Seite dessen zu stehen, der der eschatologische Sieger über alle kosmischen Unheilsmächte ist. Daß Christus, ehe er seine Macht und Herrschaft am Ende der Tage Gott übergibt, selbst herrscht (βασιλεύειν, V.25), ist hier zentraler Gedanke der Christologie. Der Christus ist also keine bloße Präsenz des

---

[523] Immerhin enthält der Abschnitt 1Kor 15,29-34 wieder dreimal das von 15,12-19 her bekannte εἰ!

[524] So die weithin übliche, jedoch sprachlich unschöne Übersetzung von ἀπαρχή.

Geistes im Pneumatiker. Zu dem zu gehören, der die Weltherrschaft Gottes repräsentiert, das ist es, was Paulus mit οἱ τοῦ Χριστοῦ zum Ausdruck bringen will. Hier wird deutlich, was das zuvor im 1Kor begegnende ἐν Χριστῷ εἶναι ausmacht: Der Christ steht auf der Seite des Siegers, der der Christus ist. Der Christ ist - mehr noch! - "in" ihm und partizipiert so am Sieger-Sein. Der Sieg Christi führt so zum Sieg der Kirche - freilich darf die *ecclesia triumphans* nur *eschatologisch* gedacht werden! In dieser ecclesia triumphans ist sogar der Tod vernichtet.

Die crux interpretum ist ausgerechnet das Zitat (bzw. die Anspielung, s.u.) in V.25, wo ψ 109,1 leicht modifiziert begegnet.[525] Nach dem *Originalsinn* von Ps 110 geht es um die Erhöhung des Jerusalemer Königs durch Jahwäh, dem dieser den Platz zu seiner Rechten einräumt und alle seine Feinde zum Schemel seiner Füße macht.[526] Der Psalm enthält uralte Jerusalemer Tradition aus vorjüdischer, also jebusitischer Tradition (Melchisedek).[527] Es handelt sich um die feierliche Inthronisation des Jerusalemer Königs. *Hans-Joachim Kraus* sieht in den Aussagen dieses Psalms das "Ereignis des Wortes Gottes", das "zur Erfüllung im Neuen Testament hinführt". "Dieses Wort Gottes erhebt die religionsgeschichtlich und traditionsgeschichtlich bedingten Einzelaussagen zu einer Kunde, die den in Jerusalem jeweils inthronisierten König, sein Amt und sein Wirken, weit transzendiert."[528] Die Frage ist freilich, ob dieses Transzendieren dem Psalm als eine ihm schon immanente Tendenz auf das neutestamentliche Christusgeschehen hin innewohnt oder ob nicht vielmehr die ungeheure Aussage der offensichtlichen *Partizipation* des Königs *an der göttlichen Herrschermacht* - kräftiger und massiver kann man es kaum sagen! - gerade das archaische Moment des Psalms ausmacht. Natürlich ist dieser inthronisationsliturgische Text in seiner gewaltigen Formelsprache offen für ein verbales Inanspruchgenommenwerden durch die neutestamentliche Christologie. Und nicht ohne Grund finden wir ja Ps 110 nicht nur bei Paulus, der ihn freilich nur hier zitiert, sondern auch als Zitat bei den Synoptikern (Mk 12,36; Mt 22,44; Lk 20,42f.; auch Act 2,34f.) und in Hebr 1,3.13. Man muß aber sehr behutsam sein, um nicht vorschnell eine ungebrochene Kontinuität von diesem Königspsalm zu den christologischen Aussagen des Neuen Testaments zu konstruieren. Daß allerdings schon der König der davidischen Dynastie im Alten Testament als potentieller Inhaber einer universalen Macht gesehen werden konnte, zeigt eindeutig Ps 2. Aber der dieser Vorstellung zugrunde liegende Glaube an den Zion als Machtmittelpunkt der Welt ist ja gerade in der damit gegebenen *theologia potestatis universalis politicae* alles an-

---

[525] *Gourgues*, A la droite de Dieu, geht leider nur ganz am Rande auf 1Kor 15,25 ein (s. Register sub v.).

[526] *H.-J. Kraus*, BK.AT XV/2, 762.

[527] Ib. 755.

[528] Ib. 763.

dere als die im Neuen Testament dem Christus zugesprochene Macht, die doch über den Weg des Kreuzes führt.

Gegenüber Ps 110 bringt ψ 109 so gut wie keine inhaltliche Modifikation. So kommt alles darauf an, in welchem Verständnis Paulus ψ 109,1 in seine theologische Argumentation einbringt. Die entscheidende Frage ist, welches Subjekt für ἄχρι οὗ ϑῆ πάντας τοὺς ἐχϑροὺς ὑπὸ τοὺς πόδας αὐτοῦ in 1Kor 15,25a anzunehmen ist, Gott oder Christus. Für die meisten Exegeten ist es Christus[529], für wenige aber Gott.[530] Für Christus spricht, daß nach dem αὐτὸν βασιλεύειν nicht ὁ ϑεός als Subjekt genannt wird und es daher die sprachlich ungezwungenste Auslegung sein dürfte, Christus als den herrschenden König anzusehen, der sich nun alle Feinde unterwirft, und zwar nach göttlichem Heilsplan (δεῖ). In diesem Falle würde man in den von Paulus aufgegriffenen Psalmworten eher eine *Anspielung* auf ψ 109,1 sehen als ein eigentliches Zitat.[531] Will aber Paulus wirklich *zitieren*, und zwar ψ 109 *als messianischen Psalm*, so spricht viel für Gott als Subjekt. Sollte der Psalm in der frühen Christenheit als messianischer Psalm bekannt gewesen sein - und damit kann man durchaus rechnen, auch in den paulinischen heidenchristlichen Gemeinden -, so wäre eine explizite Nennung dieses Subjekts auch gar nicht erforderlich. Der Sinn von V.25 wäre dann: Nach Gottes Plan soll Christus König sein, und deshalb hat auch Gott ihm seine Feinde unterworfen. Dies korrespondiert bestens mit V.28: Wenn Gott ihm alles unterworfen hat - ὑποταγῇ als passivum divinum -, dann wird sich auch der Sohn dem, der ihm alles unterworfen hat, "unterwerfen".[532] Die *theologische* Spitze der christologischen Aussage ist mit dem Finalsatz von V.28 deutlich ausgesprochen: Damit Gott alles in allem sei.[533] Es bleibt jedoch festzuhalten, daß die Frage nach dem Subjekt von V.25b nicht mit letzter Sicherheit beantwortet werden kann.

Daß sogar der ärgste und im Grunde mächtigste Feind, der Tod, vernichtet wird, begründet Paulus in V.27 mit ψ 8,7. Das γάρ dürfte die Begründung durch die Schrift indizieren und so im Sinne einer hier nicht ausgesprochenen formula quotationis stehen.[534] Hier ist wohl noch deutlicher als in V.25 Gott das Subjekt.[535] Vielleicht kann man mit Con-

---

[529] Z.B. *Weiß*, KEK, 359; *Lietzmann*, HNT, 81; *Conzelmann*, KEK, 334; *Lang*, NTD, 226; *Wolff*, ThHK, 182; *Wilcke*, Das Problem eines messianischen Zwischenreiches bei Paulus, 101.

[530] Vor allem *Thüsing*, Gott und Christus I, 240.

[531] Nestle-Aland[26] druckt immerhin ϑῆ τοὺς ἐχϑροὺς ὑπὸ τοὺς πόδας kursiv, The Greek New Testament hebt jedoch diese Worte nicht durch Fettdruck hervor. Nach *Koch*, Die Schrift als Zeuge, 244, "liegt in 1Kor 15,25 überhaupt kein Zitat von ψ 109,1b ... vor".

[532] *Thüsing*, Gott und Christus I, 241: ὑποτάσσειν muß hier mit unterordnen, nicht mit unterwerfen übersetzt werden. Aus genau diesem Grunde habe ich auch unterwerfen in Anführungstriche gesetzt. Freilich wird man in V.28 ὑποταγῇ anders zu interpretieren haben als ὑποταγήσεται und ὑποτάξαντι.

[533] Ib. 243ff.

[534] Der Text ist gegenüber der LXX geringfügig geändert: statt ὑποκάτω τῶν ποδῶν αὐτοῦ steht ὑπὸ τοὺς πόδας αὐτοῦ.

[535] Auch *Weiß*, KEK, 360, und *Lang*, NTD, 227, votieren hier in diesem Sinne. Für Christus als Subjekt immer noch *Conzelmann*, KEK, 336; *Wolff*, ThHK, 183.

zelmann[536] u.a. wegen der Selbstverständlichkeit, mit der Ps 8 messianisch gedeutet wird, vermuten, daß diese Deutung dem Paulus bereits geläufig war. Zu fragen ist, ob nicht möglicherweise die messianische Deutung des Psalms durch V.5 υἱὸς ἀνθρώπου veranlaßt ist.[537]

Daß die Christusherrschaft in die Gottesherrschaft übergeht, daß überhaupt der *Herrschaftsgedanke* in diesem 15. Kap. so dominant ist, daß überdies in diesem Abschnitt des Kapitels die ersten ausdrücklichen Zitate begegnen, ist auffällig. Daß 15,20-28 ein Fremdkörper in diesem Kapitel sei, wird man nicht behaupten können. Schon allein V.20a spricht dagegen. Fragen wir aber nach dem theologischen Grund, warum für die Frage nach der leiblichen Auferstehung das so gewaltige apokalyptische und kosmische Gemälde bemüht wird, so wird man zunächst vermuten - mehr als ein Vermuten kann es nicht sein - , daß Paulus gerade dadurch einem pneumatischen Individualismus, für den all diese apokalyptischen Vorgänge letztlich uninteressant sind, argumentativ begegnen will. Heilsgeschehen - so will er vielleicht gerade der in mancher Hinsicht chaotischen Gemeinde in Korinth sagen - hat schon etwas mit Ordnung zu tun. Also geschieht es τῷ τάγματι, nicht aber im Chaos!

Aber auch vom theologischen Grundansatz des Paulus aus braucht uns das, was vielleicht zunächst in 15,20-28 als Intermezzo erscheinen mag, nicht zu verwundern. Der Apostel hat immer wieder das Heilsgeschehen am einzelnen (Gal 2,20!) und den Herrschaftsgedanken *zusammengedacht*. Er denkt von der weltweiten Unheilsmacht der Sünde aus, deren Konsequenz die weltweite Terrorherrschaft des Todes ist (Gal 3,22; später Röm 1,18-3,20). Er denkt von der kosmischen Einheit der Sünder in Adam und der kosmischen Einheit der Geretteten in Christus her. Paulinische Theologie ist Theologie, die in kosmischen Dimensionen und deshalb in kosmischen Herrschaftskategorien denkt. Und gerade die *jetzt* verborgene Herrschaft des Christus in den Gerechtfertigten, die Herrschaft des Christus also, dessen δοῦλος Paulus ist, wird in den apokalyptischen Ereignissen eine offene, weltoffene Herrschaft sein. Einen Gedanken hat der Apostel aber noch nicht ausgesprochen, nämlich daß die Herrschaft Christi als die Gegenherrschaft der Sündenmacht die Herrschaft der Gerechtigkeit Gottes, der δικαιοσύνη θεοῦ ist. Dieser Gedanke bzw. diese Vorstellung wird erst im Röm der tragende Schlüsselbegriff sein. Noch hat ihn Paulus

---

[536] *Conzelmann*, KEK, 335.
[537] So z.B. *Weiß*, KEK, 360; *Lang*, NTD, 227. Kritisch *Schade*, Apokalyptische Christologie, 35.

nicht klar konzipiert. Er deutet sich aber in 1Kor 1,30 in ersten Konturen an: Ihr seid in Christus Jesus, der für uns von Gott her Weisheit und Gerechtigkeit und Heiligkeit und Erlösung geworden ist. Wir befinden uns also in Christus als in unserer Gerechtigkeit; Christus als der Kyrios ist also unsere Gerechtigkeit. Daß somit sowohl in 1Kor 15 als auch im Röm die Heilswirklichkeit als "Raum" des Heils unsere Räumlichkeit ausmacht, führt wieder zu jenem Gedankenkreis zurück, der im Blick auf 1Kor 10 und 11 entwickelt wurde. Zugleich zeigt sich aber, daß dieser "Raum" eine geordnete (τάγμα) Raum-Zeit ist. Denn gerade für das eschatologische Geschehen ist ja die zeitliche Sicht konstitutiv. Worte wie ἐπειδή oder εἶτα in 15,20-28 machen dies unübersehbar. Aber es geht dabei eben nicht um einen bloß äußerlichen Ablauf in meßbarer Zeit. Der ganze Trend der paulinischen Theologie nimmt den Menschen in die Zeit hinein. Räumlichkeit und Zeitlichkeit menschlicher Existenz sind daher für das paulinische theologische Denken wesenhaft, auch in 1Kor 15.

War vom Sein in Adam und in Christus als den beiden Existenzweisen des Menschen die Rede, so stellt sich die Frage nach dem Verhältnis von *Gen 2 und 3* und *1Kor 15,21f.* Nach der jahwistischen "Schöpfungsgeschichte" - ähnliches gilt auch für die priesterliche Schöpfungsgeschichte Gen 1 - meint die Erschaffung Adams und Evas nicht so sehr die Erschaffung der ersten Menschen, sondern die der Menschheit. Mit *Claus Westermann*: "Es ist damit gesagt, daß die Menschheit, und d.h. jeder Mensch, seine Existenz von Gott hat, nicht mehr und nicht weniger. Der von Gott geschaffene Mensch wird Adam (Name) erst damit, daß die Reihe der Geschlechter beginnt (4,1.25; 5,1); der in den Schöpfungserzählungen erschaffene Mensch ist nicht einer in einer fixierbaren Reihe."[538] Das *Adam-Sein* des Menschen ist danach *theologisches Existenzial*, also grundsätzliche Aussage im Blick auf jeden Menschen; aber auch die Sünde ist nach Gen 3 theologisches Existenzial. Ebenso ist die Begrenztheit der menschlichen Existenz in einem Urgeschehen zwischen Gott und Mensch begründet; das Übertreten des Gebotes Gottes und die Bestrafung sind ein Urgeschehen: "Schuld und Strafe bestimmen den Menschen als solchen; es gibt keine menschliche Existenz, die daran nicht teilhätte."[539] *Indem Adam* (als "erster Mensch") *sündigte, sündigt Adam* (als jeder Mensch). Zwar wird Paulus erst im

---

[538] *Westermann*, THAT I, 46.
[539] Ib. 48.

Röm sagen, daß durch *einen* Menschen die Sünde in die Welt kam, weil (!) *alle* sündigten (5,12). Aber wenn er 1Kor 15,21f. erklärt, daß durch *einen* Menschen der Tod Wirklichkeit geworden sei und in Adam alle sterben, so ist in dieser Aussage Adams Sünde und somit aller Sünde impliziert. Sagt also Paulus "*in* Adam", so entspricht dies genau der Aussagetendenz von Gen 3. Die Urgeschichte sowohl in ihren jahwistischen Teilen als auch in ihrer redaktionellen Endgestaltung ist anschauliche Konkretion der furchtbaren Sünde des kollektiven Adam mit all den schrecklichen Konsequenzen. Der positive Kontrapunkt zu Gen 3 ist in J und überhaupt im Pentateuch *Gen 12,1-3*. In dieser programmatischen Stelle (LXX) findet sich das für unsere Frage interessante ἐν, V.3: καὶ ἐνευλογηθήσονται ἐν σοὶ πᾶσαι αἱ φυλαὶ τῆς γῆς. Somit entspricht aber dem - paulinisch formulierten - ἐν τῷ Ἀδάμ von Gen 3 als positives Pendant in Gen 12 nicht ein ἐν τῷ Χριστῷ, sondern ein ἐν τῷ Ἀβραάμ. Doch gerade dieses "in Abraham" ist für Paulus im Grunde identisch mit "in Christus". Schon vor der Niederschrift des 1Kor hat er in Gal 3,8 Gen 12,3 in diesem Sinne zitiert. Zur Argumentation im Gal gehört ja, daß οἱ ἐκ πίστεως Söhne Abrahams sind (3,7.29), *folglich* Söhne Gottes (4,5f.). So ist Abraham Heilsgestalt, und zwar in Hinsicht auf die zukünftige Heilsgestalt schlechthin, nämlich Christus. Der Sequenz "sündige Menschheit in Adam - gesegnete Menschheit in Abraham" entspricht somit bei Paulus die Sequenz "*sündige Menschheit in Adam - gesegnete Menschheit in Abraham und Christus*". In dieser für die Biblische Theologie so zentralen Frage entspricht demnach, wie es sich auch schon im Gal zeigte, die theologische Denkweise des Paulus der des Jahwisten. An dieser Stelle ist ein Koinzidieren von Vetus Testamentum per se und Vetus Testamentum in Novo receptum zu konstatieren.[540]

Paulus will in *1Kor 15,35ff.* die Fragen der Korinther (V.35) ad absurdum führen. Diese Fragen sind deshalb unsinnig, weil sie von einer törichten Voraussetzung aus gestellt sind, nämlich von einer Sicht des Leibes *im Horizont einer bloß immanenten Vorfindlichkeit*. Aber schon in diesem immanenten Bereich sind die σώματα unterschiedlich, 15,37-41. Was schon für ihn zutrifft, gilt erst recht für die Differenz von Immanenz

---

[540] In *1Kor 15,29-34* findet sich wörtlich *Jes 22,13*. Dort zitiert Jesaja die Jerusalemer, die sein Wort aus Unbußfertigkeit nicht befolgen: "Laßt uns essen und trinken, denn morgen sind wir tot!" Diesen Ausspruch sieht Paulus als Konsequenz der Auferstehungsleugnung. Wir können aber 15,29-34 einschließlich der Erwähnung der für die Auferstehungsleugner doch unsinnigen Vikariatstaufe hier auf sich beruhen lassen.

und Transzendenz. Denn das Auferwecken, ἐγείρειν, ist ja göttlicher Akt in der Transzendenz. So stellt Paulus ein vierfaches σπείρεται einem vierfachen ἐγείρεται gegenüber, 15,42-44a: ἐν φθορᾷ - ἐν ἀφθαρσίᾳ, ἐν ἀτιμίᾳ - ἐν δόξῃ, ἐν ἀσθενείᾳ - ἐν δυνάμει, σῶμα ψυχικόν - σῶμα πνευματικόν. Dabei begegnen für die somatische Existenz jenseits dieses irdischen Lebens bereits bekannte theologische Begriffe: δόξα[541], δύναμις[542], vor allem aber σῶμα (Kap. 6!) und πνεῦμα. Woran Paulus liegt, ist die Identität der Person als σῶμα im irdischen Dasein und nach der Auferweckung. *Menschliches Sein ist grundsätzlich somatisches Sein!* Also: Immanente Kriterien können niemals definieren, was Leib von Gott her ist.

Die entscheidende Frage ist nun, was mit σῶμα πνευματικόν gemeint ist. Daß der irdische Gegenbegriff, unser irdisches σῶμα ψυχικόν, nicht ein σῶμα ist, dessen Substanz die ψυχή - verstanden im Sinne etwa der platonischen Anthropologie als das Eigentliche des menschlichen Daseins im Gegensatz zum σῶμα - wäre, bedarf keiner Begründung. Daher wird man auch nicht σῶμα πνευματικόν als einen Leib deuten dürfen, dessen "Substanz" das Pneuma wäre.[543]

Das Adjektiv πνευματικός begegnet im 1Kor öfters. Die Schwierigkeit, seinen Sinn exakt zu bestimmen, ist vor allem dadurch gegeben, daß nicht klar ist, ob in der Anfrage der Korinther 12,1 περὶ τῶν πνευματικῶν eine grammatisch maskuline oder neutrische Form ist. Doch ist auf jeden Fall 2,15 ὁ πνευματικός derjenige, der den νοῦς Χριστοῦ, d.h. das πνεῦμα Χριστοῦ hat, also der irdische Mensch, der als ἐν Χριστῷ Existierender zugleich der ἐν πνεύματι Existierende ist. Demnach ist der ἄνθρωπος πνευματικός nicht das substanzhaft pneumatische Wesen.

Dann aber wird man mit *Jacob Kremer* σῶμα πνευματικόν als einen dem Bereich des Gottesgeistes angehörenden und durch diesen geschaffenen "Geist-Leib" verstehen.[544] Wie der ἄνθρωπος πνευματικός der schon im Macht- und Wirkungsbereich des Geistes Gottes existierende Mensch ist, ohne daß sein Leib dem irdischen Bedingungsgefüge entnommen wäre, so meint das σῶμα πνευματικόν die somatische Existenz, die sich eschatologisch in derartiger Intensität im Wirkungsbereich des Geistes Gottes befindet, daß auch das σῶμα den irdischen, also immanent verifizierbaren Bedingungen entnommen ist. Räumliches Denken, bes-

---

[541] 1Kor 2,7: εἰς δόξαν ἡμῶν, 2,8: τὸν κύριον τῆς δόξης ἐσταύρωσαν, 10,31: πάντα εἰς δόξαν θεοῦ ποιεῖτε, 11,7: ἀνὴρ ... εἰκὼν καὶ δόξα θεοῦ ὑπάρχων· ἡ γυνὴ δὲ δόξα ἀνδρός ἐστιν, 11,15: γυνὴ δὲ ἐὰν κομᾷ δόξα αὐτῇ ἐστιν.

[542] Z.B. 1Thess 1,5: τὸ εὐαγγέλιον ἡμῶν ... ἐγενήθη εἰς ὑμᾶς ... ἐν δυνάμει καὶ ἐν πνεύματι ἁγίῳ, 1Kor 1,18: ὁ λόγος γὰρ ὁ τοῦ σταυροῦ ... δύναμις θεοῦ, 1,24: Χριστὸν θεοῦ δύναμιν, 2,5: ἡ πίστις ὑμῶν ... ἐν δυνάμει θεοῦ, 6,14: ὁ δὲ θεὸς ... ἡμᾶς ἐξεγερεῖ διὰ τῆς δυνάμεως αὐτοῦ. S. aber auch 1Kor 15,24!

[543] So mit Recht *Wolff*, ThHK, 199, unter Berufung auf *K. Deißner*, Auferstehungshoffnung und Pneumagedanke, 34; so auch *Conzelmann*, KEK, 346f.

[544] *Kremer*, EWNT III, 292.

ser: Denken im Existenzial der Räumlichkeit ist auch hier wieder dominant; zugleich ist es jedoch ein Denken, das, weil das Moment der Zeit ein Konstitutivum des apokalyptischen Denkens ist, vom Existenzial der Zeitlichkeit her bestimmt ist, freilich nicht von dem der Geschichtlichkeit.

Eigentümlich ist zunächst die Begründung von V.44a in 44b, sie ist für unsere Denkweise alles andere als schlüssig: Wenn es ein σῶμα ψυχικόν gibt, dann auch ein σῶμα πνευματικόν. Will Paulus, da es ihm um die somatische Existenzweise der Auferweckten geht, sagen: Wenn die "psychische" Existenzweise somatisch ist und das somatische Sein die spezifische Existenzweise des Menschen schlechthin ist, dann ist auch seine jenseitige, nämlich pneumatische Existenzweise somatisch? Doch ist dieser Sinn nur sehr schwer dem Wortlaut zu entnehmen. Oder sollte man gemäß der paulinischen Formulierung eher deuten: Wenn für den Bereich der irdischen Existenz somatisches Sein konstitutiv ist, dann gilt das auch für den jenseitig-pneumatischen Bereich? Vielleicht sollten wir hier unsere Verlegenheit[545] offen eingestehen.

Vielleicht führt aber der Schriftbeweis mit *Gen 2,7* - wieder ist es der jahwistische Schöpfungsbericht, den Paulus in diesem Zusammenhang heranzieht, wieder wird Adam bemüht - in V.45 ein wenig weiter. Das Verständnis dieser Argumentation mit Gen 2 hängt aber ganz an der Modifikation, mit der Paulus zitiert. Den Text Gen 2,7 ἐγένετο ὁ ἄνθρωπος εἰς ψυχὴν ζῶσαν erweitert er gerade im Blick auf den Anthropos zu ὁ πρῶτος ἄνθρωπος Ἀδάμ. ψυχὴν ζῶσαν dürfte das biblische Substrat für σῶμα ψυχικόν sein. Da aber Christus als der letzte Adam gerade nicht ψυχὴ ζῶσα ist, sondern πνεῦμα ζῳοποιοῦν - 2Kor 3,17 klingt hier bereits an - , und da die Auferstandenen in Christus als im lebenschaffenden Pneuma sind, sind sie, wie wir wohl paraphrasieren dürfen, bis in ihr somatisches Sein hinein vom pneumatischen Christus bestimmt. Nun wird *aber nur die irdische Existenzweise als σῶμα ψυχικόν biblisch begründet*, unsere zukünftige Existenzweise als σῶμα πνευματικόν hingegen vom Kerygma der Auferweckung Christi her. Wenn nach 1Kor 6,14 Gott sowohl den Herrn als auch uns durch seine Kraft, was sachlich identisch ist mit "durch seinen Geist", auferweckt hat bzw. auferwecken wird[546], so ist dieses Ostergeschehen mit seiner pneumatischen Dimension genau der Punkt, der hier nicht biblisch begründet wird (s. aber 1Kor 15,4!).[547]

Die doppelte Existenzweise, irdisch-"psychisch" und jenseitig-pneumatisch, wird in den folgenden Versen expliziert, wobei auch auf das Moment der zeitlichen Abfolge betont abgehoben wird (V.46: πρῶτον ... ἔπειτα). τὸ ψυχικόν wird durch ἐκ γῆς χοϊκός erläutert, τὸ πνευματικόν durch ἐξ οὐρανοῦ, V.47. Die aber ἐξ οὐρανοῦ existieren, deren Existenz also im Himmel gegründet ist, werden wie Christus οἱ ἐπουράνιοι sein,

---

[545] Sie ist in der gängigen Lit. deutlich genug spürbar, z.B. *Conzelmann*, KEK, 347.
[546] S. später Röm 8,11!
[547] Zur *gnostischen* Interpretation von Gen 2,7 s. *Conzelmann*, KEK, 349ff.; *Sellin*, Der Streit um die Auferstehung, 79ff., Interpretation von Philon her; *Fischer*, Adam und Christus; *Brandenburger*, Adam und Christus.

V.48. Das Ganze zielt auf den *Bild*-Gedanken in V.49: Wie wir das Bild des irdischen (Adam) getragen haben (ἐφορέσαμεν, Aorist!), so werden wir auch das Bild des himmlischen (Adam) tragen (φορέσομεν καὶ τὴν εἰκόνα τοῦ ἐπουρανίου). Wegen des Verbs wird von vielen Exegeten hier die Gewand-Metaphorik angenommen.[548]

Eigentümlich ist, daß sich Paulus hier nicht auf den priester-schriftlichen Text Gen 1,26f. bezieht. Zumindest liegt kein formelles Zi-tat vor. Hat er, obwohl er im Schriftbeweis innerhalb des Abschnitts 1Kor 15,42-49 die jahwistische Stelle Gen 2,7 zitiert, die in dessen Nähe gelegene Stelle Gen 1,26f. bewußt beiseite gelassen, und das, obwohl er in 1Kor 11,7 wahrscheinlich darauf anspielt? Hätte nicht der Begriff εἰκών in 15,49 dazu genügend Anlaß geboten? Obwohl Paulus mit der Wendung τὴν εἰκόνα τοῦ ἐπουρανίου in die Nähe von εἰκόνα θεοῦ aus Gen 1,27 gerät, wird in den gängigen Kommentaren und Monographien zu-meist jeder Hinweis auf diese Stelle unterlassen.[549] *Wolff* verweist für V.49a τὴν εἰκόνα τοῦ χοϊκοῦ auf Gen 5,3: Adam zeugte den Seth κατὰ τὴν ἰδέαν αὐτοῦ καὶ κατὰ τὴν εἰκόνα αὐτοῦ.[550] Sollte dieser Hinweis zutreffen, dann müßte man freilich ein Zugrundeliegen von Gen 1,27 für V. 49b erst recht erwägen. Da dieser Vers textimmanent nur unzureichend in-terpretiert werden kann, sei auf spätere εἰκών-Aussagen des Paulus verwiesen.

In *1Kor 15,50-57* begegnen wieder Bilder, die aus 1Thess 4,13-18 be-kannt sind. Was Paulus theologisch über das dort Ausgeführte hinaus sagt, ist das Mysterium von V.51: Wir werden nicht alle entschlafen, aber wohl werden wir alle verwandelt, ἀλλαγησόμεθα (s. auch V.52). Diese Aussage ist aber im Prinzip identisch mit der, daß unser somatisches Sein pneumatisch sein wird, zumal V.53f. inhaltlich V.42b aufgreift. Der hier geäußerte Gedanke wird mit dem Begriff "*Unsterblichkeit*", ἀθανασία, auf den theologischen Begriff gebracht. Und diese Unsterblichkeit wird dann mit dem Mischzitat aus Jes 25,8 und Hos 13,14 triumphierend ausgesprochen[551]: Der Tod ist in den Sieg hinein verschlungen. Sachlich geht das aber nicht über 1Kor 15,26 hinaus. Paulus schließt also seine theologische Argumentation mit einem Schriftzitat, das weniger be-gründende als eher schon emotionale Funktion hat. Die Schrift dient am Ende dazu, dem Glauben begeistert Ausdruck zu geben.

---

[548] Z.B. *Käsemann*, Leib und Leib Christi, 70; nach *Wolff*, ThHK, 203f., verbindet Paulus zwei Vorstellungen miteinander, die des Gewandes und die des Bildes. *Conzelmann*, KEK, 355, sieht die Einheit des Vorstellungskreises vom Gewand und vom Bild bei Pau-lus zersprengt. Er sei nicht mehr selbst Gegenstand des heilbringenden Wissens, sondern werde zur Interpretation des geschichtlichen Heilswerkes verwendet.

[549] Ausnahme z.B. *W.F. Orr/J.A. Walther*, AncB, 344.

[550] *Wolff*, ThHK 204; s. auch ib. 204: "In der εἰκών verkörpert sich das Wesen."; er ver-weist u.a. auf *Brandenburger*, Adam und Christus, 139. S. auch *Eltester*, Eikon im NT, 22ff.

[551] Zur Textgestalt, *Koch*, Die Schrift als Zeuge, 175.

2.2.3.4 Der Zweite Korintherbrief

Die Integrität des 2Kor ist umstritten. Während z.B. *Werner Kümmel* sie mit detaillierten Gründen verteidigt[552], wird sie von den meisten Exegeten bestritten.[553] M.E. sprechen die stärkeren Gründe für eine Briefsammlung, deren Rekonstruktion freilich hypothetisch bleibt. Nach der- vielleicht am ehesten zutreffenden Hypothese liegt folgende chronologische Reihenfolge von Briefen bzw. Brieffragmenten vor:
1. Apologie des paulinischen Apostolats: 2,14-6,13; 7,2-4
2. Ein äußerst polemisches Schreiben ("Tränenbrief"?): 10-13 (geschrieben nach dem sog. Zwischenbesuch des Paulus in Korinth)
3. Versöhnungsbrief: 1,(1)3-2,13; 7,5-16 (geschrieben nach dem erfolgreichen Besuch des Titus in Korinth)
4. Erster Kollektenbrief.
5. Zweiter Kollektenbrief.[554]

Theologische Darlegung im strengen Sinne des Wortes ist nur die Apologie, mögen auch die übrigen Briefe Aussagen von theologischer Bedeutsamkeit enthalten. Hier soll nur die Apologie behandelt werden, und zwar vor allem diejenigen Abschnitte, die für das theologische Denken des Paulus besonders aufschlußreich sind.

2.2.3.4.1 2Kor 3,1-4,6: Der Apostel und seine Gemeinde - Freiheit und Geist

2Kor 3[555] war bereits in den Prolegomena Gegenstand ausführlicher Darlegungen.[556] Dort ging es darum, dieses Kapitel unter dem Gesichtspunkt der *alten* und *neuen Diatheke* zu untersuchen, um dadurch wichtige Aspekte des Koordinatensystems zu gewinnen, innerhalb dessen der Entwurf einer Biblischen Theologie sinnvoll erstellt werden kann. Es zeigte sich dabei eine eigenartige Verschlingung von Kontinuität und Diskontinuität, von *Überbietungstypologie* und *absolutem Gegensatz*. Der tragende Begriff für die Überbietungstypologie ist δόξα: Die Doxa des Apostels ist weit herrlicher als die des Mose. Der Grund aber für diese Überbietung ist der absolute Gegensatz: Mose ist Diener der Verurteilung und somit des Todes, Paulus jedoch Diener des Geistes und der Gerechtigkeit, also der Rechtfertigung. Wenn von der διαχονία τῆς δικαι- οσύνης die Rede ist, die in "Herrlichkeit"[557], δόξη, überreich ist (V.9), so

---

[552] *Kümmel*, Einleitung in das NT, 249ff.

[553] Z.B. *Vielhauer*, Geschichte der urchristl. Lit., 150ff.; *Marxsen*, Einleitung in das NT, 96ff.

[554] 2Kor 6,14-7,1 wird von den meisten Exegeten als unpaulinische Interpolation beurteilt. Schwerwiegende Gründe sprechen für Nichtauthentizität.

[555] Für 2Kor 2,14-4,6 s. außer den im Folgenden genannten Publikationen noch *Lambrecht*, Bib. 64 344ff.

[556] Bd. 1, 93ff.

[557] δόξα ist als Aussage von der Manifestation des transzendenten Gottes im Grunde unübersetzbar, wie in Bd. 1, 111, schon zu *kābôd* gesagt wurde. Herrlichkeit ist daher

ist diejenige Thematik in den Mittelpunkt der theologischen Ausführungen gerückt, die auch den Gal beherrscht. Es kann also keine Rede davon sein, daß im 2Kor die Rechtfertigungsproblematik des Gal noch nicht virulent gewesen sei.

Die Aussagen über die beiden Diatheken geschehen in 2Kor 3 in thematischer Hinsicht. Doch sind sie der Apostolatsthematik untergeordnet.[558] Paulus redet nur deshalb von alter und neuer Diatheke, weil es um sein Amt[559], seine διακονία, geht. Als er die Apostolatsapologie niederschrieb, glaubte er noch, durch die theologische Darlegung des Wesens seines apostolischen Amtes die verfahrene Situation in Korinth wieder ins rechte Gleis bringen zu können.

Man mag nun im Detail feststellen, wie Paulus in 3,1-3 die Bilder vom Brief, den Tafeln und den Herzen variiert und dabei geradezu spielerisch mit Texten aus Ex umgeht. Aber gerade das Bild mit den Dekalogtafeln hat doch in der paulinischen Argumentation mehr illustrativen als begründenden Charakter. Worauf es Paulus hier in erster Linie ankommt, ist, daß er kraft seines apostolischen Amtes die Korinther zu seinem "Brief" gemacht hat. Er hat kraft dieses Amtes das Evangelium von der Rechtfertigung durch Gott verkündet und so die Korinther in ihrem ganzen Wesen verändert. Das Bild wird innerhalb von V.2 modifiziert: Der Brief ist in die Herzen der Korinther geschrieben, so daß andere darin lesen können. Die *Veränderung des Herzens* ist aber ein zentraler alttestamentlicher Topos, vor allem in *Ez 36 und 37*, ebenso dort das in diesem Zusammenhang begegnende Thema von Gott, der den Menschen seinen *Geist* gibt. Eine Anspielung auf Ez 36,27; 37,14 fand sich ja in der paulinischen Korrespondenz schon in 1Thess 4,9. Wenn Paulus also in 2Kor 3,1-3 von seinem apostolischen Wirken spricht, und zwar, wie seine weiteren Ausführungen erhärten, von der Verkündigung des Evangeliums vom rechtfertigenden Gott, so ist damit wieder derjenige theologische Sachverhalt gegeben, der in den Prolegomena so häu-

---

nur eine recht schwache Wiedergabe für *kābôd* bzw. δόξα. Daher ist das Wort hier in Anführungszeichen gesetzt und im folgenden unübersetzt von Doxa die Rede.

[558] So z.B. zutreffend *V.P. Furnish*, AncB 32A, 237: "It is not freedom from the law *as such* that is the subject in 2Cor 3:7-4:6, but rather the ministry of the new covenant..."; Hervorhebung durch mich.

[559] Der Begriff "Amt" ist vom Begriff διακονία her zu interpretieren. Daher darf er nicht als Aussage angeblich klerikaler Anmaßung verstanden werden! S. Confessio Augustana V (deutscher Text): "Solchen Glauben zu erlangen, hat Gott das Predigtamt eingesetzt, Evangelium und Sakrament geben, dadurch er als durch Mittel den heiligen Geist gibt, welcher den Glauben, wo und wenn er will, in denen, so das Evangelium hören, wirket ..." Bezeichnenderweise steht da, wo der deutsche Text vom Amt spricht, im lateinischen Text ministerium (ministerio ecclesiastico bzw. ministerium docendi evangelii et porrigendi sacramenta).

fig begegnete: Die gepredigte Offenbarung ist erst dann wirkliche *Offenbarung* Gottes, wenn sie bei den Menschen ankommt, wenn sie diese ergreift und umgestaltet. Apostolisches Wirken ist also dann wahrhaft apostolisch, wahrhaft echt, wenn es sich im Glauben derer, die dieses Wirken erfahren haben, und folglich auch in deren Leben als wahr erweist. *Deshalb* ist der Tatbestand, daß die korinthische Gemeinde Brief des Apostels ist und daß ihre Herzen als ein solcher Brief lesbar sind, der eigentliche theologisch gewichtige Beweis dafür, daß Paulus wirklich Apostel ist. Ohne seine Gemeinde wäre er in seinem Amte ein Nichts! Paulus muß daher um seine Gemeinde werben. Und deshalb muß auch sein Scheitern anläßlich des sog. Zwischenbesuchs für ihn so katastrophal gewesen sein. Es ging ja dabei um nichts weniger als um seine *apostolische Existenz*!

Apostolische Existenz ist - es sei an 1Kor 1,18ff. erinnert - ohne ihre *hermeneutische Dimension* ein Unding. Ist es doch die vorzügliche Aufgabe des Apostels, das rechtfertigende Evangelium[560] zu verkündigen (s. 1Kor 1,17!). Das im Glauben angenommene Wort ist aber, wie sich mehrfach zeigte, das im Glauben *verstandene* Wort. Und um genau dieses Verstehen geht es dann in 3,7-11, und zwar im scharfen Kontrast zum Nichtverstehen der Israeliten. Zuvor aber betont Paulus noch, daß, wenn Gott ihn[561] zum Diener der neuen Diatheke befähigt hat, dies nicht "Sache" des Buchstabens, sondern des Geistes ist (3,4-6).[562]

In 3,12ff. geht es im eben genannten hermeneutischen Sinn primär um die Korinther, um die Offenheit, mit der Paulus ihnen begegnen kann (V. 12: πολλῇ παρρησίᾳ χρώμεθα), um die Freiheit der Korinther (V.17: ἐλευθερία). Wird nämlich negativ von den Israeliten gesprochen, so soll das in erster Linie den dunklen Hintergrund abgeben, auf dem sich um so heller hervorhebt, was den Christen in Christus geschenkt ist.[563] Trotzdem muß zunächst deutlich werden, was denn nun genau

---

[560] Die Wendung "rechtfertigendes Evangelium" ist theologisch genauso legitim, wie "Evangelium von der Rechtfertigung", da ja das Evangelium *stricto sensu* das gesprochene und so in seinem Gesprochensein wirkende Wort Gottes ist (s. das zu 1Kor 1,18ff. von der *theologia crucis* als *theologia verbi crucis* Gesagte!). Kurz nach der Niederschrift des 2Kor wird Paulus in Röm 1,16 deshalb das Evangelium als δύναμις θεοῦ bezeichnen, wie er zuvor in 1Kor 1,18 das Wort vom Kreuz mit demselben Prädikat versehen hat.

[561] ἡμᾶς in V.6 im Sinne von ἐμέ.

[562] Ob die beiden Genitive γράμματος und πνεύματος sich auf διαχόνους oder auf καινῆς διαθήκης beziehen, ist grammatisch nicht auszumachen, theologisch aber irrelevant, weil es letztlich theologisch auf dasselbe hinausläuft, s. die Kommentare.

[563] S. z.B. *Wolff*, ThHK, 71: "Die παρρησία-Aussage (V.12) wird an ihrem Gegenteil entfaltet ..."

Paulus in diesem Zusammenhang über die Israeliten sagt. Seine Beweisführung beruft sich auf *Ex 34*, geht dabei aber recht gewaltsam mit diesem Text um.

Paulus nimmt jedoch mit Ex 34 auf einen Abschnitt Bezug, in dem es nicht um den üblichen, auch von ihm selbst mehrfach herangezogenen Dekalog von Ex 20/Dtn 5 geht. Der sog. kultische Dekalog von Ex 34 spielt ja für Paulus keine Rolle! Bezieht er sich hier auf gerade diesen Dekalog, so mag man vermuten, daß er das wegen Ex 34,1.27 (V.1: δύο πλάκας λιθίνας und γράψω ἐπὶ τῶν πλακῶν, V.27 aber: γράψον σεαυτῷ!) tut. Denn von dort konnte er die für seine Intention so wichtige Formulierung ἐν γράμμασιν ἐντετυπωμένη λίθοις von V.7 gewinnen. Diese Annahme legt sich auch dann nahe, wenn Paulus für seine Exegese von Ex 34 auf irgendeine Art Vorlage zurückgegriffen haben sollte.[564] Beachtet werden sollte auch, daß Paulus nur darauf Bezug nimmt, daß auf dem Angesicht des Mose die Doxa Gottes strahlte (V.30: δεδοξασμένη ἡ ὄψις, V.35: τὸ πρόσωπον Μωυσῆ ὅτι δεδόξασται), nicht aber auf das, was für Ex 34 essentiell ist, nämlich daß Mose den Israeliten das Wort Gottes sagte (V.34). Das Sagen bzw. Vorlesen der alten Diatheke erwähnt Paulus nur als kontinuierlichen Prozeß "bis heute" (V.14f.). Von der Decke, dem κάλυμμα, ist sowohl in Ex 34 als auch in 2Kor 3 ausführlich die Rede. Doch spielt Paulus wieder in bekannter Weise mit dieser Vorstellung. Nach V.13 hat Mose sie über sein Angesicht gelegt, was mit Ex 34,33.35 fast wörtlich übereinstimmt.[565] Aber der Zweck dieses Verhaltens ist bei Paulus ein anderer als in Ex 34. Nach Ex 34,30 sahen Aaron und alle Ältesten Israels den Mose mit seinem von der Doxa strahlenden Angesicht und fürchteten sich - doch *weil* sie die Doxa erblickten! Nach 34,33 legte Mose die Decke erst auf, *nachdem* er zu den Israeliten gesprochen hatte. Paulus jedoch erklärt im Widerspruch dazu, daß Mose die Decke auf sein Angesicht gelegt hatte, damit bzw. so daß die Israeliten sein Angesicht nicht sehen konnten, das ja von einer nur vergänglichen Doxa strahlte (V.13 in Verbindung mit V.7).[566] Nach V.14 liegt aber die Decke nicht mehr über dem Angesicht des Mose, sondern über der Verlesung der alten Diatheke (im Synagogalgottesdienst); sind doch die Gedanken der Israeliten verstockt. Ihnen ist nicht enthüllt[567], daß die alte Diatheke "in Christus" beseitigt wird.[568] Nach V.15 liegt die Decke dann, wenn Mose vorgelesen wird, über den Herzen der Israeliten. Wenn sich aber jemand zum Herrn bekehrt, so wird die Decke von dort weggenommen. Dreimal also ein je anderer "Ort" der Decke!

Von theologischer Relevanz ist, ob in V.13 πρὸς τὸ μὴ ἀτενίσαι τοὺς υἱοὺς Ἰσραὴλ εἰς τὸ τέλος τοῦ καταργουμένου *final* oder *konsekutiv* zu

---

[564] Erwiesen ist das aber nicht. Bei einem möglichen Rückgriff auf vorgegebene Tradition s. die einschlägigen Kommentare und Monographien. *Wolff*, ThHK, 65, vermutet, daß die Gegner des Paulus mit Ex 34 argumentierten, um damit ihr Selbstverständnis von Mose her zu legitimieren. Das ist allerdings nur eine Hypothese unter vielen.

[565] Paulus ändert nur das Prädikat ἐπέθηκεν bzw. περιέθηκεν in ἐτίθει.

[566] S. dazu vor allem *Hofius*, JBTh 4, 132ff.; *A. Plummer*, ICC, 96f.; *Wolff*, ThHK, 71.

[567] Man beachte das Wortspiel κάλυμμα - μὴ ἀνακαλυπτόμενον!

[568] So richtig *E. Gräßer*, Der Alte Bund im Neuen, 89ff. Diese Interpretation kommt inhaltlich derjenigen *Bultmanns* (KEK, 81.89) nahe, wonach sich καταργεῖται auf die παλαία διαθήκη bezieht.

verstehen ist: Hat Mose sein Angesicht verdeckt, damit die Israeliten die vergängliche Doxa nicht sehen sollten? Oder hat er es getan, so daß sie es nicht konnten? Die finale Bedeutung wird zumeist vertreten.[569] Hingegen interpretiert *Hofius* πρός im konsekutiven Sinn.[570] Von V.14a, wo der Gedanke von Jes 6,9f. ausgesprochen sei, falle ein Licht auf V.13: Gott hat eine "Verstockung" über die überwiegende Mehrheit Israels verhängt, eine Auffassung, die sich dann Röm 11,7f. wiederfinde. In der Tat sollte man ἐπωρώθη in 2Kor 3,14 als *passivum divinum* fassen. Dann wäre - vorausgesetzt, daß Mose nicht weiß, warum er sein Antlitz verhüllen soll (s. Ex 34,29: Μωυσῆς οὐκ ᾔδει ὅτι δεδόξασται ἡ ὄψις τοῦ χρωτὸς τοῦ προσώπου αὐτοῦ!) - die konsekutive Deutung die naheliegendste und ungezwungenste.

Paulus verteidigt seinen Apostolat also im Horizont seiner von Grund auf hermeneutischen Theologie. Er verteidigt ihn, indem er ihn von der *Bekehrung* zum Herrn her expliziert. Paulus spricht hier ganz gegen seine Gewohnheit von "bekehren" (ἐπιστρέψῃ) statt von "glauben", V.16. Nun ist ihm die technische Verwendung von ἐπιστρέφειν als Terminus der jüdischen und wohl auch judenchristlichen Missionssprache nicht unbekannt (s. 1Thess 1,9). Wie auch immer zu erklären ist, daß dieses Verb hier auftaucht[571], deutlich ist, daß in der Bekehrung derer, denen das Evangelium verkündet wird, Pauli Apostolat zu seiner Erfüllung kommt. Wer sich bekehrt, also: wer glaubt, dem und nur dem wird die Binde des Nichtverstehens abgenommen; der und nur der wird als Glaubender zum Verstehenden. Und diese Glaubensverkündigung kann Paulus in aller Offenheit, παρρησία, den Korinthern gegenüber, die doch schon zum Glauben gekommen sind, praktizieren. Er braucht nicht, ja, er darf nicht wie Mose seine Doxa verbergen. Wo Paulus also als Apostel der Verkünder des Evangeliums ist, da wird, wer *der Offenheit dieses Apostels gegenüber offen ist*, vom Nichtverstehenden zum Verstehenden. Der Gedanke zeichnet sich ab: Die Korinther sind als Brief des Paulus offen, um von anderen gelesen werden zu können. In dieser ihrer Offenheit sind sie die, die sich der Offenheit des Paulus gegenüber offen gezeigt haben. Die Parrhesia von V.12 ist demnach in inhaltlicher Hinsicht mit "*ihr* seid unser Brief" von V.2 zusammenzusehen.

Von daher ergibt sich auch der innere Zusammenhang dessen, was Paulus bisher in 2Kor 3 ausgeführt hat, mit V.17f. Der Apostel der Ko-

---

[569] Z.B. *Bultmann*, KEK, 81.88; *Wolff*, ThHK, 71.

[570] *Hofius*, JBTh 4, 133ff.

[571] Auf Ex 34,34 - auf diesen Vers spielt Paulus hier an; vielleicht liegt sogar ein Zitat vor (s. *Koch*, Die Schrift als Zeuge, 114f.) - geht ἐπιστρέψῃ nicht zurück, da εἰσπορεύετο Μωυσῆς der LXX von Paulus durch ἐπιστρέψῃ ersetzt wurde, ebenso περιῃρεῖτο durch περιαιρεῖται (Präsens!).

rinther will eben diesen Korinthern sagen, daß sie durch Gottes Geist Menschen der *Freiheit* geworden sind. Alles aber hängt nun daran, das Wesen dieser Freiheit tiefer zu erfassen.

Wenn Paulus in 2Kor 3 von der Freiheit spricht, so tut er dies - vorausgesetzt, unsere relative Chronologie der Paulusbriefe trifft zu - zeitlich nach dem Gal. In ihm, der paulinischen magna charta libertatis, hat er Freiheit als *Freiheit vom Gesetz* expliziert. Zugleich hat er dort die Existenz des in Christus Freien als eine Existenz beschrieben, deren innere Dynamik der Geist Gottes ist. *Frei ist, wer den Geist hat.* Die pneumatologische Dimension gehört zum Wesen des Geistes. Das sagt auch die programmatische Aussage von V.17: Wo der Geist des Herrn ist, da ist Freiheit.[572]

Die Frage ist, ob Paulus auch in 2Kor 3 den theologischen Begriff der Freiheit so verwendet wie zuvor im Gal. Ist in 2Kor 3 die durch den Geist gewirkte Freiheit vor allem als Freiheit vom Gesetz zu verstehen? Unbestreitbar spielt der Gegensatz von Existenz unter dem tötenden Gesetz und Existenz im lebenschaffenden Geist (V.6 γράμμα - πνεῦμα) im Kontext von alter und neuer Diatheke eine theologisch zentrale Rolle für das Gesamtverständnis des Kapitels. Wahrscheinlich geht aber *Samuel Vollenweider* ein wenig zu weit, wenn er die am Leitmotiv der Doxa orientierte Gedankenführung in 2Kor 3 als das theologische Problem des Gesetzes bestimmt.[573] Aber insofern zielt seine Interpretation in die richtige Richtung, als die Gesetzesproblematik für die themenbestimmende Apostolatsfrage zentral ist. Vom Selbstverständnis des Paulus als Apostel kann man nicht sprechen, ohne zugleich von seiner Verkündigung des rechtfertigenden Evangeliums (2Kor 3,9: ἡ διακονία τῆς δικαιοσύνης) und somit von der Außerkraftsetzung des Gesetzes im Christusgeschehen zu sprechen. Der Apostel redet ja, wie sich zeigte, seine Gemeinde als Menschen an, die der Macht des tötenden Gramma ent-

---

[572] Die viel diskutierte Aussage 2Kor 3,17a ὁ δὲ κύριος τὸ πνεῦμά ἐστιν will keine Definition des Kyrios als Pneuma geben. Richtig *Wolff*, ThHK, 76: "ἐστιν ist nicht im Sinne einer logischen Identitätsaussage zu verstehen, sondern drückt ein Wirken aus ...: Der erhöhte Christus (Kyrios) wirkt stets durch Gottes Geist ..., von dem zuvor ... Rede war." Anders formuliert: Was der Herr *wirkt*, wirkt er kraft seines Geistes. Paulus denkt so sehr aus dem atl. Erbe (*hjh*), daß er die im AT zumindest in der Tendenz gegebene Gleichheit von *Sein* und *Wirken* bzw. das dort vorliegende Verständnis des Seins von seinem Wirken her seiner theologischen Argumentation zugrunde legt. Deshalb kann er auch in V.17a so sprechen, als seien Kyrios und Pneuma identisch, jedoch in V.17b beide theologischen Größen voneinander unterscheiden.
[573] *Vollenweider*, Freiheit als neue Schöpfung, 269.

nommen und in den Machtbereich des lebenschaffenden Pneuma versetzt sind.[574] Nach Vollenweider verweist er die Korinther auf ihre eigene, dem Evangelium zu verdankende *Geschichte*.[575] Wir können formulieren: Paulus verweist sie auf sich selbst als die, die durch die pneumatische Erfahrung der göttlichen Doxa die Macht eben dieser Doxa in ihrer eigenen Existenz erfahren haben. Zu dem, was sie jetzt *sind*, sind sie geworden, weil sie das machtvolle Wirken des von Paulus verkündeten freimachenden Evangeliums erfahren haben. Sie sind aus ihrer durch die Sünde bestimmten Vergangenheit befreit - und von der Vergangenheit wirklich befreien kann nur Gott; im geschichtlichen Prozeß der bloßen Immanenz gibt es keine Befreiung von ihr, denn sie holt den Menschen immer wieder ein! - und haben so von Gott ihre Zukunft eröffnet bekommen. Und es ist *Gott* als ihre Zukunft! Die Konsequenz ist unumgänglich: Die Korinther verlieren ihre ureigene Identität, wenn sie ihren Apostel fallenlassen! Paulus behaftet sie also bei ihrer eigenen Identität.

Vollenweider ist auch zuzustimmen, wenn er 2Kor 3 "primär unter dem Thema der *Einfügung in die Zeiten* und damit des Gegensatzes von Gesetz und Geist" interpretiert.[576] Hat sich schon in Gal 3 und 4 zeitlich-geschichtliches Denken als unverzichtbares Konstitutivum der dort vorgetragenen Theologie gezeigt, durch das die Existenz des Menschen und der Menschen in ihrer Zeitlichkeit und Geschichtlichkeit gedeutet werden konnte, so hat Paulus diesen Gedanken hier in neuer Variation vorgetragen. Was über den Gal hinausgeht, ist, daß nun der Gedanke der göttlichen *Doxa* aufs engste mit der Rechtfertigungsthematik verbunden wird.[577]

Die ganze Argumentation des Kapitels läuft auf *2Kor 3,18* hinaus, indem dreimal betont von der Doxa die Rede ist. Nochmals spielt Paulus mit der Vorstellung der Decke: Wir alle - gemeint sind hier also der Apostel *und* seine Gemeinde! - schauen mit aufgedecktem Angesicht die Doxa des Herrn wie in einem Spiegel und werden so in dasselbe Bild von Doxa zu Doxa verwandelt, wie vom Herrn des Geistes. Tontragend ist in diesem Satz ἀνακεκαλυμμένῳ. Der Apostel hat in großer Parrhesie

---

[574] So formuliert *Vollenweider*, ib. 271, zutreffend: "Mit der Antithese von *Gramma und Pneuma* (V.6) sind die elementaren Mächte, die hinter gesetzlicher und evangelischer Verkündigung wirksam sind, genannt: Tod und Leben, Verurteilung und Gerechtigkeit Gottes (V.7f.9)."

[575] Ib. 270, "Geschichte" von *Vollenweider* durch Kursive hervorgehoben.

[576] Ib. 277.

[577] S. aber schon 1Thess 2,12!

den für sein Evangelium "offenen" Korinthern das Evangelium verkündet, so daß sie sich bekehrten, ihnen die Decke des Nichtverstehens genommen wurde und sie so glaubten. Also *sehen* sie mit unverhülltem Angesicht die Doxa des Kyrios! Ein retardierendes Moment ist allerdings, daß sie die Doxa nur wie in einem Spiegel sehen; sie sehen sie also nicht direkt.[578] Meint diese Indirektheit, daß uns die Doxa im apostolischen Wort begegnet, indem sich im Hören dieses Wortes die Macht Gottes - Gottes Dynamis und Gottes Doxa sind ja zumindest partiell synonym - erschließt?

Hilfreich zum Verständnis von V.18 könnte *Phil 3,21* sein - vorausgesetzt, wir wären in der Lage, diesen Brief einigermaßen sicher zu datieren. Doch gerade für ihn besitzen wir kaum verläßliche Kriterien, um ihn in das chronologische Schema der authentischen Paulusbriefe einzuordnen. Ist zudem noch seine literarische Einheitlichkeit problematisch, so wächst das Maß an Unsicherheit. Aber vielleicht läßt sich doch einiges wenigstens mit einer gewissen Wahrscheinlichkeit sagen. Geht man davon aus, daß Phil 1,1-3,1 und 4,2-7.10-23 den Gefangenschaftsbrief aus Phil bilden und wohl Ephesus als Abfassungsort am ehesten in Frage kommt[579], so ist mit dieser Option über den Zeitpunkt der Niederschrift des polemischen Briefes 3,2-4,1.8f. - und auf ihn kommt es in unserem Zusammenhang an - noch nichts gesagt. Ich gehe aber davon aus, daß auch dieser Teilbrief des Phil noch vor dem 2Kor geschrieben ist, also Paulus Phil 3,21 vor 2Kor 3,18 formuliert hat.

Der Aussage von der Teilhabe an der Doxa Christi Phil 3,21 geht die Aussage 3,10 voraus, in der Paulus seine Gemeinschaft mit den Leiden Christi zum Ausdruck bringt: κοινωνίαν [τῶν] παθημάτων αὐτοῦ. Zugleich ist er Christi Tod gleichgestaltet: συμμορφιζόμενος τῷ θανάτῳ αὐτοῦ. Diese Aussage steht in inhaltlichem Zusammenhang mit der Thematik der Rechtfertigung aus der Gerechtigkeit durch den Glauben an Christus, der Gerechtigkeit aus Gott, τὴν ἐκ θεοῦ δικαιοσύνην, 3,9.[580] Obwohl Paulus am Ende von 3,10 auf seine eigene Auferstehung Ausschau hält,

---

[578] So übersetzt z.B. *Jan Lambrecht*, Bib. 64, 250, κατοπτριζόμενοι mit "beholding as in a mirror"; er versteht darunter mehr als eine visuelle oder intellektuelle Aktivität; ib. 250f.: "It must be related with that existential confrontation which is contained in the preaching of the gospel. We ar thus confronted with what God did in Christ. We see Christ, as in a mirror, in the gospel and in that specific christian way of life the gospel inspires." *Jacob Kremer*, EWNT II, 677f.; übersetzt mit "schauen"; er interpretiert diesen Vorgang wegen τὴν αὐτὴν εἰκόνα aber als "nicht in dem abgeschliffenen Sinn" (*gegen Bultmann*). *Wolff*, ThHK, 69, ähnlich: "wie in einem Spiegel schauen".

[579] Mit *Vielhauer*, Geschichte der urchristl. Lit., 168ff., halte ich diese Hypothese für die wahrscheinlichste.

[580] Schreibt Paulus hier τὴν ἐκ θεοῦ δικαιοσύνην, so könnte auch das dafür sprechen, daß der Phil noch vor dem 2Kor verfaßt wurde, wo zum ersten Mal (2Kor 5,21) die Wendung δικαιοσύνη θεοῦ expressis verbis begegnet, die dann im Röm zur fest geprägten theologischen Formel geworden ist. Nochmals sei daran erinnert, daß Paulus zuvor im Gal die Rechtfertigungstheologie ohne diese Formel dargelegt hatte.

sollte man 3,21 als das eigentliche positive Pendant zur Wendung κοινωνίαν κτλ. von 3,10 sehen. In 3,20a geht es noch um die *Gegenwart*: Unsere eigentliche Heimat[581] ist im Himmel. In 3,20b.21 ist aber dann der Blick in die *Zukunft* gerichtet: Von dort erwartet Paulus unseren Retter. Dieser wird unseren Leib der Niedrigkeit[582] dem Leib seiner Doxa gleichgestalten. μετασχηματίσει ist demnach eindeutig der eschatologische Akt Christi am Tage der Parusie.[583] Im Existenzverständnis des Paulus fallen also nach Phil 3 Heilsgegenwart und Heilszukunft ineinander. Schon im Vorblick auf *Röm 8,29*: Dort ist, anders als Phil 3,21, jedoch wie schon in 2Kor 3,18, der Gedanke des mit Christus Gleichgestaltetwerdens als *Heilsgegenwart* ausgesprochen: προώρισεν συμμόρφους τῆς εἰκόνος τοῦ υἱοῦ αὐτοῦ, εἰς τὸ εἶναι αὐτὸν πρωτότοκον ἐν πολλοῖς ἀδελφοῖς. Auch das letzte in V.30 genannte Glied der Kette, die mit προώρισεν beginnt, nämlich ἐδόξασεν, meint die irdische Existenz des Gerechtfertigten.[584] In Röm 8,29 finden sich also die wesentlichen Elemente von 2Kor 3,18: εἰκών, δόξα, συμμόρφους/ μεταμορφούμεθα. Festzuhalten sind daher für beide Stellen ein gemeinsames Wortfeld und die gemeinsame inhaltliche Intention der beiden Aussagen. Beide Kapitel bringen sowohl die Rechtfertigungs- thematik als auch betont die pneumatologische Dimension der christ- lichen Existenz zum Ausdruck.

Die Gleichgestaltung an Christus als an die Ikone Gottes ist also ge- genüber Phil 3,21 (dort allerdings ohne den Begriff εἰκών) in 2Kor 3,18 wie auch später in Röm 8,29 als gegenwärtiges Heilsgeschehen verstan- den. Dieser Prozeß des kontinuierlichen μεταμορφοῦσθαι ist aber, wie vor allem Röm 8,29 mit dem Hinweis auf den "Erstgeborenen unter vielen Brüdern" zeigt, nicht als ein Verwandeln in das Sein Gottes verstanden. Es ist kein neuplatonisches θεωθῆναι. Christus als Bild Gottes ist ja der *Mensch,* der Mensch schlechthin, wie Gott ihn will. *Gen 1,26f.* wird hier freilich genauso wenig wie in 1Kor 15,49 zitiert; jedoch steht diese Stelle mit Sicherheit dem Paulus vor Augen. Es dürfte auch jetzt wieder zutref- fen, was bereits mehrfach zu Jes 53 gesagt wurde: Eine so selbst- verständliche Anspielung auf einen Schrifttext bedarf des formellen Zi- tats nicht. Paulus wollte zeigen, daß Gen 1,26f. in erster Linie auf Chri- stus als *den* Sohn Gottes zutrifft; *er* ist das Bild Gottes schlechthin, er nimmt alle Glaubenden in sein Bild-Gottes-Sein hinein. Nur wer "in" Christus ist, ist dadurch im eigentlichen Sinne Bild Gottes und hat so die Doxa Gottes wieder, die Adam verloren hat (so später Röm 3,23). Bild- Gottes-Sein und Bestimmtsein durch Gottes Doxa - beides gehört nach

---

[581] *E.Gnilka*, HThK X/3, 202, übersetzt ἡμῶν τὸ πολίτευμα mit "unser Heimatland".

[582] τὸ σῶμα τῆς ταπεινώσεως ἡμῶν ist der Leib unter den gegenwärtigen, irdischen und somit belastenden Bedingungen.

[583] An 1Kor 15,27 erinnert dann in Phil 3,21 ὑποτάξαι αὐτῷ τὰ πάντα.

[584] So z.B. *E. Käsemann*, NTD 8a, 236; *Balz*, Heilsvertrauen und Welterfahrung, 114f.

der paulinischen Theologie für den Gerechtfertigten engstens zusammen. Beides kommt vom Kyrios, von seinem Geist, einerlei wie man ἀπὸ κυρίου πνεύματος in 2Kor 3,18 syntaktisch bestimmt. Da jedoch das *Umgestaltetwerden in die Ikone Gottes, in die Doxa Gottes* ein kontinuierlicher Prozeß ist, ist es die *Geschichtlichkeit christlicher Existenz*. Der Christ sieht "in Christus" mit unverbundenen Augen die Doxa Gottes und wird so immer mehr in sie hineingenommen. Der Geist Gottes, der Geist Christi ist es, der diesen Weg freimacht und so die christliche Existenz zur *Existenz der Freiheit* umgestaltet. Gen 1,26f. ist zur christologisch-soteriologischen Aussage, die protologische zur eschatologischen geworden.

2Kor 3 findet in *2Kor 4,1-6* seinen organischen Abschluß.[585] In 4,1 zieht der Apostel zunächst die Konsequenz aus den bisherigen Ausführungen. Es ist wieder Apologie seines Amtes, wenn er in V.2 davon spricht, daß er nicht in Verschlagenheit handele und nicht das Wort Gottes verfälsche. Er greift dann das Thema der Empfehlungsbriefe von 3,1-3 wieder auf, in 4,3f. begegnet erneut das Motiv der Decke. 4,3 erinnert darüber hinaus an 1Kor 1,18, in 4,4-6 findet sich die dominierende Doxa-Thematik, wieder verbunden mit der Bild-Gottes-Vorstellung und vertieft durch den Topos des Lichtes. Und wie Kap. 3 mit der Anspielung auf Gen 1,26f. endet, so 4,1-6 mit der Anspielung auf Gen 1,3.[586] Da Paulus hier ganz offensichtlich auf diese Gen-Stelle anspielt, dürfte auch unsere Vermutung, daß Gen 1,26f. im Hintergrund von 3,18 steht, gestützt werden.

Daß Paulus in 2Kor 4,6 auf seine Berufung Bezug nimmt[587], entspricht dem Charakter des Briefes als Apologie des apostolischen Amtes. Hat Paulus, wie sich schon mehrfach zeigte, seinen Apostolat als Erfüllung und Überbietung des alttestamentlichen prophetischen Amtes gesehen, so versteht er sich nun als berufener Apostel von der *Schöpfungsgeschichte* her, diese jedoch unter christologischen Vorzeichen. Was nach Gen 1,3 geschah - καὶ ἐγένετο φῶς - , geschieht nun von Gott her in soteriologischer Intention. Der 2Kor 5,17 genannte Begriff der *neuen Schöpfung*, καινὴ κτίσις, wird hier präludiert. Damit hat aber Paulus die Aussagen über seine Berufung auf einen neuen theologischen Höhepunkt gebracht. Hat mit der Gen 1 geschilderten Schöpfung der erste Abschnitt der Geschichte des göttlichen Heils begonnen, die freilich sehr

---

[585] Daß mit 2Kor 4,1 ein neues Kapitel beginnt, verzeichnet die Argumentationsstruktur des Paulus.

[586] So weithin akzeptiert; skeptisch, jedoch nicht völlig ablehnend z.B. *Martin*, WordBC, 80f.

[587] So z.B. *Bultmann*, KEK, 112; *Wolff*, ThHK, 86ff.; *Lang*, NTD, 278f.

schnell durch die menschliche Sünde zur Geschichte des menschlichen Unheils pervertiert wurde, so geschah nun mit der Berufung des Paulus wiederum eine Erschaffung, setzte wiederum eine Geschichte göttlichen Heils ein.[588]

Als weiteres Problem zeigt sich erneut das der *Prädestination.* In 1Kor 1,18 begegnete es mit dem Gegensatz von τοῖς ἀπολλυμένοις - τοῖς σῳζομένοις ἡμῖν. In 2Kor 4,3 ist nun der Gedanke von 1Kor 1,18 mit dem Motiv der Decke verbunden. Es gibt zwei Gruppen von Menschen, von denen in 2Kor 4,3f. jedoch nur die erwähnt sind, die verlorengehen, ἐν τοῖς ἀπολλυμένοις. Ihnen ist das von Paulus gepredigte Evangelium verdeckt, weil der Gott dieses Äons ihre Gedanken blind gemacht hat, so daß sie nicht das Licht des Evangeliums der Doxa Christi sehen können. Sind sie deshalb gar nicht selbst an ihrer Sünde des Unglaubens schuld? Ist auch Gott daran "unschuldig", weil es die Wirkung satanischer Bosheit ist? Der Gedanke der Prädestination war aber schon zuvor in 3,14 ausgesprochen.[589] Danach hat aber Gott und gerade nicht der Satan das Herz der ungläubigen Juden verstockt! Widersprechen sich also 3,14 und 4,4 (in beiden Versen τὰ νοήματα!)? Unleugbar vorhandene Inkonsistenzen in der paulinischen Argumentation sind aber dann auf ein Minimum reduziert, wenn man jeweils auf die eigentliche Intention des Paulus achtet. Dieser will ja den glaubenden Korinthern zu verstehen geben, daß *sie* zu den Geretteten gehören, daß *sie* die Prädestinierten sind, weil sie glauben, glauben können. Und ihre *Prädestination* ist doch *am Erfolg des apostolischen Verkündigungsamtes des Paulus ablesbar!* Wollten sie wirklich ihre Glaubensexistenz vom Apostolat des Paulus lösen, so würden sie sich vom Grunde ihres Gerettet-Seins lösen.[590] Sagt Paulus also den Korinthern, daß sie, weil sie Glaubende sind, prädestiniert sind, und beglückwünscht er sie somit als Menschen des Heils, so hat er sie - notwendig! - an seinen Apostolat gebunden. Wiederum zeigt sich, daß vom Unheil der Nichtglaubenden nicht um ihretwillen die Rede ist, sondern daß es nur, wie es sich schon für Kap. 3 zeigte, die ne-

---

[588] Daß damit natürlich nicht die doch bereits mit dem Christusgeschehen anhebende Heilsgeschichte des Neuen "Bundes" negiert werden soll, versteht sich von selbst. Das hat sich ja, wie aus den Ausführungen zu 1Kor 1-4 erhellte, am Verhältnis von theologia crucis und theologia verbi crucis gezeigt.

[589] ἐπωρώθη ist passivum divinum.

[590] Nur am Rande bemerkt: Paulus erwägt nicht den in sich unmöglichen Gedanken, daß sie als Prädestinierte eigentlich gar nicht ihre Prädestination in Frage stellen können und somit gar nicht den Willen haben können, sich von Paulus zu trennen.

gative Folie für die *praedestinatio ad salutem* seiner Gemeinde in Korinth ausmacht. Was als praedestinatio gemina interpretierbar ist - diese Interpretations-*Möglichkeit* kann man nicht ausschließen - , steht letztlich, rhetorisch gesehen, im Dienste der missionarischen captatio benevolentiae.

2.2.3.4.2 *2Kor 4,7-7,4: Apostolische Existenz*

Dieser etwas längere Abschnitt enthält einige theologische Schwerpunkte, die um ihrer Aussage willen in besonderer Weise zu thematisieren sind, während andere Abschnitte innerhalb dieser Einheit nur sehr kursorisch behandelt zu werden brauchen. 2Kor 6,14-7,1 scheidet als nichtpaulinische Interpolation aus unserer Interpretation aus. Der Abschnitt 4,7-15 verbindet Selbstaussagen des Paulus über seine apostolische Existenz mit christologischen Aussagen, verbindet also *Autobiographie* und *Christologie*; dabei ist aufschlußreich, daß er mit εἰς τὴν δόξαν τοῦ θεοῦ abschließt. In 4,16-5,10 zieht Paulus, mit διὸ οὐκ ἐγκακοῦμεν einsetzend, die Konsequenz aus der dargelegten Situation. 5,1-5 wirkt wie eine Art eschatologischer Exkurs, der aber engstens mit dem Grundthema verbunden ist und deshalb fast unmerklich in 5,6 mit θαρροῦντες οὖν wieder den Tonfall von 4,16ff. aufnimmt. 5,11-21 bringt in organischem Anschluß eine Darlegung über den Inhalt des apostolischen Amts. Die ersten Verse enthalten zwar noch einen gewissen persönlichen Ton, z.B. 5,14: ἡ γὰρ ἀγάπη τοῦ Χριστοῦ συνέχει ἡμᾶς. Doch mit 5,14b gerät das Ganze trotz gelegentlichen Vorkommens der 1. und 2. Pers. Plur. zu einer "dogmatischen" Abhandlung über das Verhältnis von *apostolischem Amt* und *Versöhnung* bzw. "objektiv" stattgefundener Versöhnung und gepredigter Versöhnung. Doch auch in diesen Versen wird am Ende wieder die Gemeinde angesprochen, V.20, "Wir bitten euch an Christi statt: Laßt euch mit Gott versöhnen!", um dann dieses "ihr" im theologischen Spitzensatz von 5,21 zu einem "wir" werden zu lassen.
Der Schriftbeweis in 6,2 hat jedoch kaum noch etwas mit der "objektiven" Seite des in Kap. 5 Ausgeführten zu tun, sondern blickt auf die apostolische Existenz des Paulus, um dann zu einem Peristasenkatalog überzuleiten. Die Apologie des apostolischen Amtes klingt 7,4 mit dem Ausruf des Trostes aus: "Ich bin mit Trost erfüllt. Im Übermaß widerfährt mir Freude - mitten in jeglicher Trübsal, die mir widerfahren ist."[591]

Ohne daß das Motiv des Selbstruhms genannt wird, ist es der Sache nach im Bild von den tönernen Gefäßen 2Kor 4,7 impliziert. Entscheidend ist das hier zum Ausdruck kommende *Gottesverständnis*. Deshalb

---

[591] *Wolff*, ThHK, 155, sieht im Anschluß an *Furnish*, AncB, 391f., 2Kor 7,4 als bereits zum folgenden Abschnitt gehörig, wohl kaum zu Recht.

"hat" nämlich der Apostel den Schatz des Evangeliums in tönernen Gefäßen, damit[592] das Übermaß der δύναμις - hier finden wir den
Nachklang vom Wort des Kreuzes als der Dynamis Gottes, 1Kor 1,18 -
zum Wesen Gottes und eben nicht des Menschen gehört. Anders gesagt:
Wenn das vom Apostel gepredigte Evangelium seine kirchenschaffende
Wirkung zeitigt, dann ist das in erster Linie Gottes Wirken. Dynamis ist
Prädikat Gottes. Nicht umsonst gehört die δόξα Gottes zum Wortfeld der
δύναμις Gottes. Und wenn der Apostel Gottes seiner äußeren Erscheinung nach nicht einen "dynamischen" Eindruck macht, dann deshalb,
weil er gerade dadurch den Hinweis auf die allein Gott zukommende
Dynamis gibt. Die Gegensätze von V.8f. illustrieren das. Und was Paulus
den Korinthern in 1Kor 1,18ff. bereits in christologisch-hermeneutischer
Hinsicht geschrieben hat, nämlich daß Christus selbst als vordergründige
Torheit, d.h. als der Gekreuzigte, Gottes Weisheit ist und daß das eben
nur, wer gerettet wird, verstehen kann, eben das wird nun *apostolats-
theologisch* expliziert: Es gehört zum Wesen der Existenz des Apostels,
der das Kreuzeskerygma verkündet, daß auch diese Existenz von der
Niedrigkeit der Trübsale (θλιβόμενοι) gekennzeichnet ist. Deshalb trägt
nach V.10 der Apostel immer (!) das Sterben Jesu (νέκρωσις Ἰησοῦ) an
seinem Leibe - nur, dieses Sterben ist nicht Selbstzweck, sondern es
gehört zur apostolischen Existenz, *damit* das Leben Jesu, genauer: damit
dessen österliches Leben in und kraft der Doxa Gottes auch am Leib des
Apostels erscheine. Das *offenbarungstheologische* φανερωθῇ verrät die
theologische Tendenz der Aussage: Im Geschick Christi und dann auch
in dem seines Apostels ist die νέκρωσις ein theologisch unverzichtbares
Stadium, aber eben als bloßes Stadium eine Wirklichkeit des Übergangs
zur ζωή, dem eigentlichen Heilsgut. Wie sehr das Sterben Jesu von fast
grauenhaftem Ernst für den Apostel ist, zeigt V.11, wo die νέκρωσις im
θάνατος zu ihrer furchtbaren Erfüllung kommt, wo aber auch zugleich
der soteriologische Kontext durch die sprachliche Anlehnung an das
christologisch-soteriologische Kerygma die Einbeziehung der
apostolischen Existenz in das soteriologische Kreuzesgeschehen aussagt:
εἰς θάνατον παραδιδόμεθα. Dieses παραδιδόμεθα dürfte das παραδιδόναι
Jesu anklingen lassen - natürlich keinesfalls in dem Sinne, daß der
νέκρωσις und dem θάνατος des Paulus Anteil am einzigartigen

---

[592] Damit = damit zum Ausdruck kommt, daß.

sühnenden Tod Christi gegeben wäre![593] Außerdem ist der θάνατος nicht als realer Tod des Paulus gemeint; dessen Existenz als θλιβόμενος repräsentiert ja "nur" das Umhertragen des Todes *Jesu*. Paulus partizipiert am soteriologischen Tun des Sohnes Gottes *nur insofern*, als er dieses Tun als Evangelium verkündet und als der Verkündigende durch sein Sein als θλιβόμενος die seinem Amte angemessene Daseinsweise *veranschaulicht*. Aber gerade diese apostolische Todesexistenz ist letztendlich nicht auf den Tod ausgerichtet! V.11 wiederholt die Aussage von V.10: ἵνα καὶ ἡ ζωὴ τοῦ Ἰησοῦ φανερωθῇ, diesmal jedoch mit der bezeichnenden Variante, daß Paulus statt ἐν τῷ σώματι ἡμῶν nun ἐν τῇ θνητῇ σαρκὶ ἡμῶν sagt. Mit σάρξ aber ist die Hinfälligkeit betont; doch gerade sie hat hier die Aufgabe, auf das alle Hinfälligkeit überwindende Leben hinzuweisen.

Sind wir nun so sehr mitten im Bereich neutestamentlicher Kerygmaaussagen, daß der Bezug zum Alten Testament in 2Kor 4,7ff., vor allem von 4,10f. entfällt? Genau das nicht! Daß nämlich ein Bote Gottes um seiner von Gott aufgetragenen Verkündigung willen in arge Bedrängnis gerät, er aber trotzdem bei aller Klage letztlich in Gott seinen festen Halt weiß, ist bei einigen alttestamentlichen Propheten der Fall. Vor allem *Jeremia* ist hier zu nennen. *Prophetisches Dasein* als paradoxe Existenz eines katastrophalen und zugleich doch nicht katastrophalen Lebens ist demnach quodammodo eine Art *Vorausabbildung* des bei Paulus aufweisbaren *apostolischen Daseins*.

Es ist freilich recht eigenartig, daß dieser Sachverhalt in den Kommentaren zu 2Kor und den entsprechenden Monographien so gut wie nicht zum Tragen kommt. Was dort ausführlich dargelegt wird, sind Hinweise auf *stoische* Parallelen für den Peristasenkatalog, vor allem auf das stoische Freiheitsverständnis[594], wonach der Weise in innerer Freiheit über die äußere Unfreiheit erhaben ist.[595] Zu den üblichen Urteilen über diese Parallelen wird dann zumeist zutreffend gesagt, daß die Wurzel der im Prinzip paradoxen Existenzweise bei Paulus und in der Stoa doch trotz vordergründiger Ähnlichkeiten sehr unterschiedlich ist.[596] Verwiesen wird in den Kommentaren und Monographien auch auf altte-

---

[593] Diesen Gedanken könnte man höchstens aus dem deuteropaulinischen Urteil über Pauli Apostolat in Kol 1,24 herauslesen (s. zu dieser Stelle).
[594] Dazu immer noch vorbildlich *Niederwimmer*, Der Begriff der Freiheit im NT, 28ff.
[595] Z.B. *Plutarch*, Moralia 1057: "Der σοφός verliert auch im Gefängnis seine Freiheit nicht." Andere Parallelen s. die Kommentare.
[596] Z.B. *Furnish*, AncB, 280ff.

stamentliche Parallelen zu 4,8f., z.B. auf die weithin synonymen Worte ϑλῖψις und στενοχωρία oder für ἐγκαταλείπειν.[597]

Nun ist sofort zuzugeben, daß es *sprachliche* Parallelen zwischen den Konfessionen des Jeremia und 2Kor 4,7ff. kaum gibt. Daß der Prophet in diesen Klageliedern, auch nach der LXX, von seiner eigenen, durch Trübsal gekennzeichneten Existenz spricht, wird jedoch zuweilen bestritten, vor allem durch *Henning Graf Reventlow*. Jeremia habe sie als amtlicher Mittler zwischen Gott und seinem Volk, vielleicht sogar im Kult, vorgetragen.[598] Doch neigt die Forschung inzwischen wieder dazu, die Konfessionen als authentische Klage des Menschen Jeremia zu verstehen, die er wegen des ihm von Jahwäh aufoktroyierten Prophetenamtes und der dadurch entstandenen Feindschaften und Mißhandlungen als Anklagen gegen diesen Jahwäh ausspricht - also nicht kollektive, sondern individuelle Klage.[599] Kann man nun Parallelen hinsichtlich des polaren Existenzverständnisses bei Prophet und Apostel konstatieren, so ist es zunächst einmal zweitrangig, ob der historische Jeremia die Konfessionen gedichtet hat, um dadurch seinem prophetischen Selbstverständnis Ausdruck zu geben. Denn uns kommt es ja in erster Linie darauf an, wie der neutestamentliche Autor den alttestamentlichen Text verstanden hat. Und findet er sich in der Tat im Existenzverständnis wieder, wie er den alttestamentlichen Text liest; und hätte er darüber hinaus sogar diesen Text nach seinem Literalsinn adäquat aufgegriffen, so wäre damit eine Identität von Vetus Testamentum und Vetus Testamentum in Novo receptum gegeben. Trotzdem wäre es für unsere Aufgabe nicht ohne Belang, wenn wir feststellen könnten, daß beide Männer ihre Aufgabe, Gottes Wort zu sagen, als eine menschlich fast nicht zu bewältigende Aufgabe ansahen, an ihr aber trotzdem nicht zerbrachen, sondern sie gehorsam übernahmen und durchführten. Paulus hat in diesem Zusammenhang seinen göttlichen Auftrag der Verkündigung des Evangeliums als ἀνάγκη bezeichnet, 1Kor 9,16. Der Unerbittlichkeit dieser Verpflichtung kann er nicht entgehen. Und gerade deshalb kann er sie auch trotz aller Trübsal, trotz aller Todesgefahren ausführen. Und Jeremia, der dem Spott und dem Hohn entgehen will, kann von seiner Aufgabe nicht abstehen; denn sobald er das tut, brennt in seinem Herzen ein Feuer. Also läßt er sich dann doch von Jahwäh betören, der ihm beisteht wie ein gewaltiger Held, Jer 20,7ff.[600]

Daß das apostolische Selbstverständnis des Paulus seine Wurzeln *auch* in seinem Verständnis des alttestamentlichen Prophetismus hat, zeigte sich bereits an Gal 1,15f. Paulus sah in der Berufung des Jesaja zum Propheten und gerade zum Propheten für die Völker (Jes 49,1.6)

---

[597] Z.B. ib. 254f.

[598] *Reventlow*, Liturgie und prophetisches Ich bei Jer, passim

[599] So früher z.B. *Wilhelm Rudolph*, HAT 12, ad loca; neuerdings vor allem *Norbert Ittmann*, Die Konfessionen Jeremias. *S. Herrmann*, TRE 16, 578f., dürfte auch dieser Meinung zuneigen.

[600] Es ist ein wenig verwunderlich, daß *Karl Olav Sandnes*, der das Selbstverständnis des Paulus gerade vom prophetischen Selbstverständnis im Alten Testament her abzuleiten versucht und der sogar dafür Jer 20 anführt (Paul - One of the Prophets?, 126f.), in diesem Zusammenhang nicht auf 2Kor 4,7ff. rekurriert.

ein Geschehen, das in seiner Berufung zum Apostel die messianische Erfüllung fand. Doch ging es in Gal 1 nicht um die prophetische Situation, die so sehr den ganzen Menschen erfaßt, wie sich dies in 2Kor 4 manifestiert. Ist aber diese Stelle Ausdruck für die ganze Breite des apostolischen Selbstverständnisses - hier ist es keine unerlaubte methodologische Grenzüberschreitung, wenn wir auch psychologische Sachverhalte mit bedenken! - , so wird man die im Glauben an die eigene Berufung, d.h. im Glauben an den berufenden Gott gelebte Existenz eines Jeremia und eines Paulus in engem Zusammenhang sehen müssen. 2Kor 4,7ff. ist somit eine bis in den Bereich des Psychischen hineingehende Explikation von Gal 1,15f. Es wäre aber falsch, unsere Betrachtung auf den offenkundigen psychologischen Sachverhalt zu konzentrieren. Dieser ist nämlich nur die Außenseite der christologischen Substanz des apostolischen Amtes. Die seelische Spannung zwischen Trübsal und Freude ist im tiefsten Ausdruck der Dialektik von Kreuz und Auferstehung. Wer theologisch vom apostolischen Amt spricht, muß zugleich von der soteriologisch bestimmten Christologie sprechen. Wenn dem aber so ist, dann wird man die prophetische Existenz des Jeremia, gerade in ihrer existentiellen Spannung von Last und befreiender Glaubenszuversicht, aus der paulinischen Perspektive als auf die apostolische Existenz hingeordnet zu sehen haben. Amt und Existenz des Propheten Jeremia waren also in den Augen des Paulus protoevangelisch. Oder soll man gar sagen, daß das apostolische Amt *einschließlich* seiner existentiellen Dimension die Erfüllung des prophetischen Amtes ist, also das Amt des Propheten schlechthin? Prophetie ist dann in der Sicht des Paulus gewissermaßen die Vorwegnahme des Evangeliums, das Evangelium daher Erfüllung der prophetischen Botschaft.[601]

Die Folgerung, die Paulus in V.12 aus dem unmittelbar zuvor Gesagten zieht, nämlich die Verteilung von Tod und Leben - Tod auf den Apostel, Leben nur (!) auf die Korinther - überrascht.[602] Diese offensichtliche Zuspitzung geschieht aber um der rhetorischen Intention willen. Den Korinthern soll - noch einmal und nun auf diese Weise - klargemacht werden, daß sie, wenn sie sich als die wissen, die das Leben

---

[601] Schwierigkeit macht diese Interpretation nur, wenn man mit *Christian Wolff*, Jeremia im Frühjudentum und Urchristentum, annimmt, daß Paulus das Jer-Buch nicht gekannt habe. Unsere Exegese von 1Kor 1,18ff. dürfte aber gezeigt haben, daß diese Annahme nicht haltbar ist.

[602] *Wolff*, ThHK, 93f. *Bultmann*, KEK, 122, interpretiert diesen *rhetorischen* Sachverhalt *theologisch*: Dadurch werde die Paradoxie verschärft, daß die Offenbarung des Lebens gerade des Todes bedürfe; außerdem werde so deutlich, daß die ζωή am Leibe des Paulus kein an ihm wahrnehmbarer Zustand sei; sie sei nur in der Verkündigung da.

aus Gott bereits haben, es gerade deshalb haben, weil Paulus das Sterben an seinem Leibe trägt. Diese Rhetorik ist es, derentwegen die zuvor theologisch deduzierte Existenzdialektik nun so eigentümlich in eine auf zwei Parteien verteilte "Dialektik" umgebogen wird.

Als *Schriftbeweis* für seine apostolische Existenz, deren Aufgabe primär die Verkündigung des Evangeliums ist, zitiert Paulus in V.13 *ψ 115,1*: ἐπίστευσα, διὸ ἐλάλησα.[603] Was also durch ein formelles Schriftzitat bewiesen wird, ist nicht, wie man es in diesem Zusammenhang vielleicht erwartet hätte, die durch das Kreuz bestimmte Existenz des Apostels, sondern die Relation von Glaube und Verkündigung. Das "wir" von V.13, das dort nur Paulus meint und auf das sich εἰδότες in V.14 als participium conjunctum bezieht, wird in diesem Vers so ausgeweitet, daß die Korinther mitgemeint werden: Sie wissen, daß das Osterkerygma auch für sie gilt.[604] V.15 bringt das Fazit: Was wir ertragen, das geschieht um euretwillen! Ziel von alledem ist die Zunahme der Gnade und des Dankes zur Ehre Gottes.

Ist aber mit ψ 115,1 nur, wie es eben schien, die apostolische Existenz als eine glaubende und deshalb verkündende gemeint? Es ist hier wieder einmal die Frage nach dem Kontext. ψ 114 und ψ 115 sind im hebräischen Original eine Einheit, nämlich Ps 116. Wußte Paulus als der aus der LXX Lebende um diese Einheit? Doch schauen wir zunächst nur auf den Kontext innerhalb von ψ 115! Röm 3,4 spielt Paulus offensichtlich auf V.2b an: πᾶς ἄνθρωπος ψεύστης. Impliziert ist in diesem Satz die Erlösungsbedürftigkeit eines jeden Menschen, also im Sinne des theologischen Denkens des Paulus die Notwendigkeit des Kreuzes und damit des Wortes vom Kreuz; ψ 115 kann also von Paulus als "prophetisches" Zeugnis für die theologia crucis gelesen worden sein - auch schon vor der Konzeption des Röm. Darüber hinaus kann V.1b, also der unmittelbare Kontext von V.1a, als Ausdruck der durch die Nöte bedrängten apostolischen Existenz gesehen werden: ἐγὼ δὲ ἐταπεινώθην σφόδρα. Selbst vom wertvollen Tod der Heiligen ist die Rede, V.6: τίμιος ἐναντίον κυρίου ὁ θάνατος τῶν ὁσίων αὐτοῦ. Der Beter bezeichnet sich zudem noch als Knecht Gottes, V.7: ἐγὼ δοῦλος σός. Und selbst vom Lobe Gottes ist die Rede, V.8-10: σοὶ θύσω θυσίαν αἰνέσεως· κτλ., (s. 2Kor 4,15!). So besteht eine recht hohe Wahrscheinlichkeit, daß Paulus, indem er V.1a zitierte, den gesamten ψ 115 mitgemeint hat. War der Psalm der korinthischen Gemeinde aus ihrem Gottesdienst bekannt?[605]

Sollte Paulus die ursprüngliche Einheit vom Ps 116 bekannt gewesen sein, so würde ψ 114 (= Ps 116,1-9) den eben herausgestellten Sachverhalt stark unterstreichen. Der Beter ruft zum Herrn in großer Not.

---

[603] Eigentümlich ist die im NT nur hier vorfindliche formula quotationis κατὰ τὸ γεγραμμένον.

[604] Was Paulus in 1Kor 15 den Korinthern argumentativ vorgetragen hat, setzt er also hier als von ihnen akzeptiert voraus.

[605] Als einem Juden war Paulus dieser Psalm, einer der sog. Hallelpsalmen, die zum Passahfest und zu anderen großen Festtagen gesungen wurden, in besonderer Weise vertraut. Folglich dürfte er wohl mit V.1a sofort den ganzen Psalm assoziiert haben. Für eine Reihe von Gemeindegliedern wie z.B. Aquila und Priscilla (Act 18,2) ist gleiches anzunehmen, sofern sie ehemalige Juden, Proselyten oder vielleicht auch nur Gottesfürchtige waren.

Das Wortfeld von V.3 ist weitgehend paulinisch: περιέσχον με ὠδῖνες θανάτου, κίνδυνοι ᾅδου εὕροσάν με· θλῖψιν καὶ ὀδύνην εὗρον. Keines Kommentars bedarf V.6b: ἐταπεινώθην, καὶ ἔσωσέν με, ebenso nicht V.8: ὅτι ἐξείλατο τὴν ψυχήν μου ἐκ θανάτου, κτλ. Da im Gottesdienst, der in griechischer Sprache stattfand, ψ 114 und ψ 115 an Festtagen wohl hintereinander gebetet wurden, dürfte Paulus für ψ 115,1 nicht nur ψ 115, sondern möglicherweise auch ψ 114 assoziiert haben. Doch einerlei, wie man hier urteilt, auf jeden Fall ist damit zu rechnen, daß entgegen dem ersten Eindruck bei der Lektüre von 2Kor 4,13 Paulus beim Zitat ψ 115,1 auch die Aussagen des Psalms vor Augen gehabt hat, die der elenden Situation seiner apostolischen Existenz Ausdruck geben konnten.

Für die Darlegung der theologischen Gedanken des Paulus ergibt 4,16-18 nicht viel Neues. Lediglich die Antithese von *2Kor 4,18* τὰ βλεπόμενα - τὰ μὴ βλεπόμενα verrät einiges über sein *Wirklichkeitsverständnis*. Diese Antithese ist nicht direkt alttestamentlich, ihre Formulierung steht sogar in gewisser Hinsicht dem Denken Platons nahe. Doch darf natürlich Paulus nicht aufgrund dieser Aussage zum Platoniker gemacht werden, auch wenn er wie vor allem Philon platonisches Denken in eklektizistischer Form rezipiert haben dürfte. Im Grunde ist aber die Antithese von V.18 alttestamentlich *interpretierbar*: Die Ausrichtung des Paulus (σκοπούντων ἡμῶν) geht auf die Wirklichkeit Gottes, die die der Ewigkeit ist.[606] Dafür könnte auch 3,11 sprechen: τὸ μένον ἐν δόξῃ. Denn Evangelium und evangeliumsgewirkte Rechtfertigung sind ja "das Bleibende". τὸ μένον korrespondiert aber dem αἰώνια von 4,18.

Umstritten ist die schwierige Stelle *2Kor 5,1-10.*[607] An ihrer Interpretation hängt die Beantwortung der Frage nach einer eventuellen Entwicklung im eschatologischen Denken des Paulus. Seine Briefe dokumentieren, daß er über das eschatologische Problem immer wieder neu reflektiert hat. Doch hat eine Entwicklung vom apokalyptischen (unmittelbar bevorstehende Parusie) zum griechisch-hellenistischen Denken (Weiterleben der Seele im sog. Zwischenzustand) nicht stattgefunden. Für den theologischen Überblick über 2Kor 4,7-7,4 unter dem Aspekt der apostolischen Existenz des Paulus genügt es zu sagen, daß es ihm in 5,1ff. darum geht, auch angesichts der eigenen Bedrängnisse und einer dadurch bedingten Möglichkeit des Todes schon vor der Parusie Christie "seine Glaubensgewißheit, einen neuen, unvergänglichen Leib zu empfangen", zu bekunden.[608] Von erheblich größerem Gewicht für die Apostolatsthematik ist hingegen, was er ab V.14 über das Verhältnis von Soteriologie und apostolischer Existenz sagt, genauer: über das Verhältnis von Versöhnung und Dienst der Verkündigung des Wortes der Versöhnung.

---

[606] ψ 89 gibt dieses Selbstverständnis gut wieder. Für Gott gilt V.2c: καὶ ἀπὸ τοῦ αἰῶνος ἕως τοῦ αἰῶνος σὺ εἶ, für den Menschen aber Gottes Wort an ihn V.3: ἐπιστρέψατε, υἱοὶ ἀνθρώπων. V.5 ist ernüchternd, vor allem 5a: τὰ ἐξουδενώματα αὐτῶν ἔτη ἔσονται - eine geradezu "nihilistische" Aussage! Mehr als 80 Jahre ist dem Menschen nicht beschieden, V.10, und das meiste dieser Jahre ist doch nur κόπος καὶ πόνος!

[607] Übersicht über die unterschiedlichen Interpretationen s. *Wolff*, ThHK, 101ff.; *Hübner*, Paulusforschung seit 1945, 2787ff.

[608] *Wolff*, ThHK, 105.

2Kor 5,14f. beginnt mit der lapidaren Aussage, daß einer für alle gestorben ist und folglich alle gestorben sind. Diese theologische Denkfigur des Stellvertretungsgedankens begegnete bereits, wenn auch in
anderer theologischer Konstellation, in Gal 3,13[609], außerdem in 1Kor
15,22. Die zugrunde liegende Denkvoraussetzung ist die *corporate
personality*, die ihrerseits im Existenzial der *Räumlichkeit* gründet. Der
ebenfalls zugrunde liegende Sühnegedanke - im Rahmen der Vorstellung von der corporate personality wird er zum Gedanken der
stellvertretenden Sühne - wird im Röm eine noch bedeutsamere Rolle
spielen und deshalb erst dort ausführlich thematisiert. Hier soll es deshalb primär um jene theologische Fundamentalproblematik gehen, die
vor allem mit 2Kor 5,18 gegeben ist. *Otfried Hofius* hat sie mit den
Begriffen "Versöhnungs*tat*" (V.18b: Gott hat die Versöhnungstat gewirkt) und "Versöhnungs*wort*" (V.18c: Gott hat uns die Diakonie der
Versöhnung gegeben) präzise formuliert.[610] Die Frage, wie beides zusammenzudenken sei, dürfte eines der schwierigsten, zugleich aber auch
der schwerwiegendsten theologischen Probleme sein: *Wann* wurden bzw.
werden wir mit Gott versöhnt? Geschah die Versöhnung, nämlich daß
Gott unser negatives Verhältnis zu ihm aufhob[611], am Kreuz, also in der
Vergangenheit des Karfreitags? Oder versöhnt uns Gott mit sich erst in
dem Augenblick, da wir der Versöhnungspredigt glauben und uns so mit
Gott versöhnen lassen? Die Diskussion um *Karl Barths* Versöhnungslehre - Gottes rechtfertigender Freispruch erfolgte "mitten in der
Zeit und als das zentrale Ereignis der ganzen menschlichen Geschichte"
am Kreuz[612] - zeigt in aller Deutlichkeit, wie schwer sich der Theologe
mit dieser Problematik tut.

Hofius nähert sich ihr, indem er aus der Gegenwart Gottes im
Gekreuzigten[613] und aus seinem Handeln in ihm folgert, daß der Tod

---

[609] Die Gal 3 polemisch verhandelte Gesetzesfrage spielt in 2Kor 5 keine Rolle.

[610] *Hofius*, Erwägungen, 2; s. auch seinen Aufsatz "Gott hat unter uns aufgerichtet das Wort von der Versöhnung" (2Kor 5,19).

[611] Ib. 4.

[612] *Barth*, KD IV/1, 634.

[613] Er faßt θεὸς ἦν ἐν Χριστῷ als Ausgangspunkt: Denn Gott war in Christus - die Welt mit sich selbst versöhnend ..., op. cit. 2. Ich lasse mich von *H. Windisch*, KEK, 193, und *Hofius* überzeugen, daß eine conjugatio periphrastica kaum vorliegen dürfte. *Windisch* hat recht, wenn er - ganz abgesehen davon, daß diese Konstruktion für Paulus untypisch ist - darauf verweist, daß sie regelmäßig eine unvollendete Handlung beschreibt. Wohl aber wäre mit *Blass/Debrunner/Rehkopf*, § 353, Anm. 7, wegen des eigenartigen ὡς ὅτι sehr ernsthaft die Übersetzung zu erwägen "wie es ja feststeht, daß *Gott* es war, der in

Christi *nicht* das *Mittel zu Versöhnung* war, sondern ihr *Vollzug*, "nicht bloß ihre Ermöglichung, sondern ihre *Verwirklichung*".[614] In der Tat ist der Tod als bloße Möglichkeit der Versöhnung eine arge Verzerrung der neutestamentlichen Botschaft. Die Lösung liegt, wie 1Kor 1,18ff. gezeigt haben dürfte, darin, daß die Verkündigung des Kreuzes zusammen mit dem Kreuz das *eine* eschatologische Ereignis ist. Karl Barths Lösung bedeutet m.E. einen Verlust an Geschichtlichkeit für den geschichtlich existierenden Glaubenden. Auf der anderen Seite bedeutet die einseitige Verlagerung auf die Verkündigung, wie eine starre Bultmann-"Orthodoxie" - Bultmann selbst mißverstehend! - das geschichtliche Faktum des Kreuzes ignoriert, einen Verlust an christologischer Substanz.

Hofius kritisiert diejenigen Ausleger, die das "Wort von der Versöhnung" mit dem "Dienst der Versöhnung" in eins setzen, da unter dem λόγος τῆς καταλλαγῆς streng das Evangelium verstanden werden müsse. Das *Evangelium* sei aber *Gottes eigenes Wort*.[615] Unbestreitbar ist das Evangelium genau dies! Aber die "Diakonie der Versöhnung" besteht doch darin, daß sie genau dieses Wort, das Gottes eigenes Wort ist, spricht. Die Koinzidenz von apostolischem Wort und Gottes ureigenem Wort ist es ja, die die Verkündigung eschatologisches Ereignis sein läßt. Mit *Rudolf Bultmann*: "Im Worte ist also das Heilsgeschehen präsent."[616] Aber im Grunde kommt auch Hofius dieser Auffassung recht nahe, wenn er Gott selber in der Verkündigung gegenwärtig sieht, wenn er erklärt, daß sich die Selbstbekundung des Auferstandenen jeweils neu bei der von Gott autorisierten Predigt ereigne.[617] Die von ihm so scharf gezogene begriffliche Grenze zwischen dem Wort der Versöhnung und dem Dienst der Versöhnung wird dem *damaligen* Ganzheitsdenken des Apostels nicht gerecht. Paulus faßt doch den Dienst der Verkündigung als concretum, als Verkündigung der Versöhnung im diensthaften Vollzug. Wo wir begrifflich differenzieren, vielleicht sogar dies tun müssen, entspricht das nicht immer der damaligen *bewußten* theologischen Intention.

Das Wort der Versöhnung 2Kor 5,19, identisch mit dem Wort vom Kreuz (1Kor 1,18) und dem Evangelium als der Kraft Gottes, in dem die Gerechtigkeit Gottes offenbar wird (Röm 1,16f.), *ist* Gottes eschatologisches, das Heilsgeschehen des Kreuzes gegenwärtig setzendes Ereignis, ist also das, was Kirche konstituiert. In seiner apostolischen Predigt

---

Christus die Menschheit mit sich selbst versöhnte". Sollte so zu übersetzen sein, καταλλάσων also als participium conjunctium zu betrachten sein, so würde das aber an *Hofius'* Auslegung, daß Gott im Gekreuzigten gegenwärtig war, nichts ändern! In seinem bereits genannten Aufsatz über 2Kor 5,19 urteilt er etwas vorsichtiger (S.19, Anm.19).

[614] *Hofius*, Erwägungen, 3.

[615] Ib. 6f.

[616] *Bultmann*, Theol. des NT, 308.

[617] *Hofius*, op. cit. 7.

repräsentiert - im strengen Sinne von *repraesentare*! - der Apostel Gott und Christus; mit *Josef Hainz*: Die Verkündigung des Paulus ist "Vergegenwärtigung des Versöhnungshandelns Gottes in Christus"; Paulus *repräsentiert* in seinem Dienst und Wort sowohl Gott als auch Christus, "ihr Handeln wird durch ihn und seine Verkündigung offenbar."[618] In diesem Sinne sagt Hofius mit Recht:

"Weil dem Menschen durch das gepredigte Wort zugeeignet wird, was ihm im Kreuzesgeschehen schon geschenkt *ist*, deshalb begreift Paulus die Heilszueignung als 'Offenbarung' des Heils und den Heilsempfang als 'Erkenntnis' des Heils. Mit beidem sind keineswegs bloß noëtische Sachverhalte gemeint - als wäre das verkündigte Wort lediglich eine formale Information über Gottes Versöhnungstat ... Die 'Offenbarung' der Versöhnungstat ist vielmehr als solche ein 'Erkenntnis' wirkendes Geschehen, und die 'Erkenntnis' selbst die das ganze Leben bestimmende Ausrichtung auf Gott, den Versöhner. In dem verkündigten Wort erschließt Gott selbst dem Menschen, was der 'in Christus' zu seinem Heil getan *hat* und wer er, der Mensch, aufgrund dieser Tat 'in Christus' *ist* ... In dieser Selbsterschließung Gottes im Wort vollzieht sich nicht erst die Versöhnung, sondern in ihr tritt sie zutage."[619]

Die *repraesentatio* des Kreuzesgeschehens durch das Wortgeschehen ist für die paulinische Theologie der fundamentale theologische Gedanke schlechthin; es geht sozusagen um die *Inkarnation der in Christus inkarnierten Gerechtigkeit Gottes im Apostel*: καταλλαγή, Versöhnung der Menschen, geschieht dort, wo der Logos der Versöhnung im Vollzug des Amtes der Versöhnung mit der Autorität Gottes gesprochen und glaubend empfangen wird. Alles andere ist nur Explikation. Paulus selbst faßt diesen für ihn zentralen soteriologisch-christologischen Gedanken in *2Kor 5,21* zusammen, ein Gedanke, der freilich nicht aus seinem *kerygmatisch-ekklesiologischen* Kontext gelöst werden darf: "Denn Gott hat den, der von keiner Sünde wußte, für uns zur Sünde gemacht, damit wir in ihm die Gerechtigkeit Gottes werden."

Hofius verweist für diesen theologischen Sachverhalt mit vollem theologischem Recht auf *Martin Luthers* Wort vom *Tausch*.[620] *Paul Althaus* hat Luther auf folgende Weise paraphrasiert und kommentiert: "Der Glaube spricht zu Christus: meine Sünde liegt auf dir, deine Unschuld und Gerechtigkeit ist mir zu eigen. So kommt erst durch den Glauben dieser selige Tausch zustande... Der Glaube ist also ein Teil der

---

[618] *Hainz*, Ekklesia, 277.

[619] *Hofius*, Erwägungen, 8.

[620] Er nennt ib. 5, Anm. 4, WA 31/II, 435,11 und 40/I, 443,23. Zitiert sei hier die erste der angegebenen Stellen: "Vide mirabilem mutationem. Alius peccat, alius satisfacit. Alteri debetur pax, et alius habet eam."

Versöhnung selbst."[621] Daß der letzte Satz nicht im synergistischen Sinne gemeint ist, versteht sich von selbst. Versöhnung ist ja immer im Glauben erfaßte Versöhnung. Versöhnung ist zum Ziel gelangte Offenbarung Gottes. Offenbarung Gottes in Christus ist, wie sich zeigte, im Glauben erfaßte, verstandene Offenbarung. Wo der versöhnende Gott offenbar geworden und geglaubt ist, da ist Versöhnung geschehen. Luther hat also Paulus sehr gut verstanden! Und daß der Reformator bei aller personalen Ausrichtung seiner Theologie nicht individualistisch dachte, zeigt sich auch daran, daß seiner Tausch-Theologie eine andere Tausch-Theologie korrespondiert; nicht nur Sünde und Gerechtigkeit tauschen ihren Ort, in ihrem Gefolge tun dies auch Tod und Leben:

> Es war ein wunderlicher Krieg, da Tod und Leben rungen;
> das Leben behielt den Sieg, es hat den Tod verschlungen.
> Die Schrift hat verkündet das, wie ein Tod den anderen fraß,
> ein Spott aus dem Tod ist worden. Halleluja.[622]

Den *alttestamentlichen* Hintergrund von 2Kor 5,18ff. hat wiederum *Otfried Hofius* herausgearbeitet. Auf seinen Nachweis greifen wir hier großenteils zurück.[623] Er verweist vor allem auf Jes 52,13-53,12, und zwar im Zusammenhang mit Jes 52,6-10. Er kommt damit auch unserer Auffassung nahe, wonach Paulus gerade in der Zeit unmittelbar vor der Abfassung des Röm - und das ist ja die Zeit, in der er den 2Kor schrieb - sich erneut mit dem Jes-Buch beschäftigte.[624] So verwundert es nicht, wenn er für 2Kor 5,18ff. Jes-Einfluß aufzeigen kann. Hofius hat mit Recht auf das Nacheinander von Versöhnungstat und Versöhnungswort aufmerksam gemacht, sowohl in V.18 als auch in V.19.[625]

Nun wird man, wenn man mit den Augen des Paulus Jes 52,6-10 und Jes 52,13-53,12 liest, nicht unterschiedliche, voneinander abgegrenzte Abschnitte identifizieren. Paulus dürfte diese beiden Kapitel als ein zusammenhängendes Ganze gelesen haben. Und so las er in 52,7 von den Füßen dessen, der die Botschaft des Friedens und das Gute als Evangelium verkündet (zweimal das Partizip von εὐαγγελίζεσθαι). Hier redet aber Gott von sich selbst; in Jes 52 ist also von Gottes ureigenem Wort die Rede, und dieses Wort ist das Evangelium! Gott sagt von sich selbst: "Ich bringe dein Heil, τὴν σωτηρίαν σου, zu Gehör!" Daß Paulus dies als das Wort der Versöhnung (2Kor 5,19) verstehen muß, bedarf keiner Begründung.[626] Und daß Paulus nach allem, was bereits über sein

---

[621] *Althaus*, Die Theol. Martin Luthers, 187.

[622] 4. Strophe des Luther-Liedes "Christ lag in Todesbanden" (EKG Nr. 76).

[623] *Hofius*, Erwägungen, 9ff.

[624] S. die Ausführungen zu Röm 9-11 und *Hübner*, Gottes Ich und Israel, vor allem 112ff.

[625] Daran scheitert m.E. auch der Einspruch von *Breytenbach*, Versöhnung, 110ff., gegen *Hofius*. Allerdings kann *Breytenbach* aufgrund des Wechsels von αὐτοῖς zu ἐν ἡμῖν in V.19 ein starkes Indiz für die Vermutung einer vorpaulinischen Tradition von V.19a.b anführen. Eine solche Tradition erschüttert aber nicht die Grundintention von *Hofius*.

[626] Kurz danach wird er in Röm 1,16 das εὐαγγέλιον als δύναμις θεοῦ εἰς σωτηρίαν definieren. Von der σωτηρία (auch τὸ σωτήριον) ist in Dt-Jes und Trito-Jes

Verständnis von Jes 53 gesagt wurde, im Vierten Gottesknechtslied die Versöhnung in Christus prophetisch angesagt sah, liegt auf der Hand.[627] Hofius verweist auch auf Jes 44,22, wo der Ruf zur Umkehr ganz von der Heilszusage getragen sei.[628] Eine enge sachliche Parallele zum Imperativ in 2Kor 5,20 findet sich in Jes 45,22, ein Vers unmittelbar vor jener Stelle, die den alttestamentlichen Hintergrund im Christuslied Phil 2 ausmacht.[629]

Recht bezeichnend ist es zudem, wenn Paulus unmittelbar im Anschluß an 2Kor 5,18-21 in 6,2 ein Jes-Zitat bringt, nämlich *Jes 49,8*: "Zur angenehmen Zeit habe ich dich erhört und am Tage des Heils, ἐν ἡμέρᾳ σωτηρίας, dir geholfen." Und dieser Tag des Heils ist jetzt![630] Trotz all der Nöte, die nach dem anschließenden Peristasenkatalog 6,4-10 zur apostolischen Existenz gehören, kann Paulus von der angenehmen Zeit, καιρῷ δεκτῷ, sprechen.

Fazit: Hinter den Aussagen zur Versöhnungstheologie 2Kor 5,18ff. stehen die Aussagen aus Jes 52 und 53 über die evangelische Predigt des Evangeliums und, in enger sachlicher Verknüpfung, über Gottes versöhnendes Handeln im Gottesknecht. Wieder sind *soteriologische* und *kerygmatische* Aspekte engstens miteinander verbunden. Das Heil ist aber, wie Paulus auch in diesem Abschnitt betont, die *neue Schöpfung*. Sie ist nach 2Kor 5,17, wer "in Christus" existiert. Nach 5,21 sind wir "in Christus" die Gerechtigkeit Gottes.[631] Gottes versöhnendes Heilshandeln ist somit sein eschatologisches Schöpfungshandeln. Kurze Zeit später wird er in Röm 4,17 im Rahmen des Abraham-Midraschs von der *creatio e nihilo* her die Auferweckung Christi und die Rechtfertigung des Gottlosen theologisch aussagen: Der aus Glauben Gerechtfertigte ist der aus dem Nichts neu Geschaffene; denn der alte Mensch ist durch seinen Tod im Tode Christi zum Nichts geworden! Paradox formuliert: Indem Gott den Nichtswürdigen der letzten Konsequenz des Nihilismus - nach *Friedrich Nietzsche* der unheimlichste aller Gäste[632] - preisgegeben hat, hat er ihn zugleich dem Nichts entrissen und ein wieder von vorn beginnendes neues Leben gegeben. *Nova creatio est vera creatio!*

---

[627] Die Parallelen zwischen Jes 52,13-52,12 und 2Kor 5 hat *Hofius*, Erwägungen, 11f., aufgezeigt. Auch *Breytenbach*, Versöhnung, 204ff., sieht klar diesen atl. Hintergrund, mag er auch andere Folgerungen ziehen.

[628] *Hofius*, Erwägungen, 13.

[629] Auf die Kontroverse zwischen *Hofius*, 2Kor 5,19, 23ff. und *Wolter*, Rechtfertigung und zukünftiges Heil, 82f., über ψ 104,23ff. und ψ 77,3ff. gehe ich hier nicht ein.

[630] σωτηρία kann also bei Paulus sowohl gegenwärtige als auch zukünftige (Röm 13,11!) Bedeutung haben.

[631] ἐν Χριστῷ in 2Kor 5,17 und ἐν αὐτῷ in 5,21 sind für den Abschnitt 5,17-21 *inclusio*.

[632] *Nietzsche*, Werke III, 881

2.2.3.5 Der Römerbrief

2.2.3.5.1 Zum Problem des Römerbriefes

Über den Röm[633] ist implizit schon Entscheidendes gesagt worden, da zentrale Gehalte seiner Theologie, wichtige alttestamentliche Hintergründe, entscheidende Denkvoraussetzungen dieses theologischen Reflektierens und auch die Hermeneutik dieses Theologisierens bei der Darstellung der theologischen Konzeption des Gal aufgezeigt wurden. Was aber noch des Aufweises bedarf, ist, wie Paulus nun *innerhalb eines neuen theologischen Koordinatensystems* die von ihm durchgehaltene Rechtfertigungsverkündigung reflektiert. Es geht dabei im wesentlichen um zweierlei:

1. Was sind die *geschichtlichen Hintergründe*, die Paulus genötigt haben, seine Rechtfertigungs*theologie* unter Beibehaltung seiner Rechtfertigungs*verkündigung* zu modifizieren? Hier befinden wir uns freilich in einem - nicht vermeidbaren! - Zirkel, da wir diese Hintergründe, soweit überhaupt möglich, nur durch die Erhebung der theologischen Aussagen des Röm und den Vergleich dieser Aussagen mit denen früherer Paulusbriefe, vor allem des Gal, erhellen können. Einige für unsere Fragestellung zentrale Ergebnisse sind daher hypothetischer Art; sie verdanken ihre Wahrscheinlichkeit und Glaubwürdigkeit letztlich der Widerspruchslosigkeit der von uns versuchten Rekonstruktion.Um Hypothesen und historische Rekonstruktionen kommen wir also nicht herum. Wer die hier vorgetragene Grundhypothese bestreitet, muß auf andere Weise rekonstruieren, aber eben - *rekonstruieren!* Und dann ist es die Frage, ob sich seine Rekonstruktion "natürlicher" und ungezwungener als die unsere gibt. Aus dem Zirkeldenken von literarischer und historischer Erkenntnis kann eben niemand aussteigen. Die Apostelgeschichte gibt für die hier zu verhandelnde Frage zu wenige Auskünfte, als daß wir durch sie - immerhin ein Menschenalter nach den authentischen Paulinen geschrieben - auf festem Grund ständen. Sie ist nicht Quelle für Paulus; vielmehr müssen wir sie erst auf mögliche Quellenstücke hin befragen und diese eben wiederum - rekonstruieren![634]

2. Was ist das *theologisch Neue* im Röm gegenüber dem, was Paulus zuvor in anderen Briefen, vor allem im Gal, geschrieben hat? Gibt es

---

[633] Verwiesen sei vor allem auf den von *Karl P. Donfried* herausgegebenen Sammelband The Romans Debate und Wedderburn, The Reasons for Romans; s. auch *Lampe*, Die stadtrömischen Christen.

[634] Einen interessanten Versuch dieser Art hat jüngst *Gerd Lüdemann*, Das frühe Christentum nach den Traditionen der Apg, unternommen. Seine Arbeitsschritte sind jeweils: 1. Gliederung, 2. Redaktion, 3. Traditionen, 4. Historisches. Man mag vielleicht einwenden, daß das Schema zuweilen zu starr gehandhabt werde. Das bedeutet aber die Diskussion mit dem Autor im jeweiligen Einzelfall. Im Prinzip jedoch ist die Fragestellung dieser Aufgabe angemessen. Wie gerade die Untersuchung des Act-Textes der Verifizierung bzw. Falsifizierung durch die Quellen, also die authentischen Paulusbriefe, bedarf, zeigt sich schön am Abschnitt "Historisches" zu Act 21,1-36, op. cit. 244f.

theologische Schlüsselbegriffe, mit deren Hilfe er zuvor Gesagtes tiefer reflektieren, inhaltlich modifizieren und in neue Zusammenhänge einordnen kann? Bedeutet Modifikation möglicherweise erheblichen Widerspruch zu früher Gesagtem? Ist das Neue, das im Röm so deutlich zum Ausdruck kommt, vielleicht durch die Rhetorik des Paulus mitbedingt?

Die Forschung hat immer wieder die Frage bewegt, wie die *Unterschiede* zwischen den zumeist negativen Aussagen über das mosaische Gesetz im Gal und den erheblich positiveren im Röm zu erklären sind. Bis vor wenigen Jahrzehnten war es weitesthin opinio communis, daß die je unterschiedliche Situation der Adressaten in den galatischen Gemeinden einerseits und in Rom andererseits Paulus veranlaßt hätte, den theologischen Gegenstand des Gesetzes aus jeweils unterschiedliche Perspektive zu behandeln. Demgegenüber haben *John W. Drane*[635] und ich[636] mit z.T. unterschiedlicher Begründung - Drane betont mehr die praktischen Aspekte - die schon im vergangenen Jahrhundert zeitweise von *Albrecht Ritschl*[637] vorgetragene Hypothese einer *theologischen Entwicklung* des paulinischen Gesetzesverständnisses vertreten. Diese Auffassung ist von einer Reihe von Forschern, jedenfalls in den essentiellen Momenten, akzeptiert worden[638], z.T. auch energisch abgelehnt worden, vor allem von *Heikki Räisänen*, weil es nicht nur Widersprüche zwischen den Paulusbriefen, sondern auch innerhalb einzelner Briefe gebe. Paulus sei wegen seiner vielen Inkonsistenzen, ja Widersprüche nicht der Theologe, zu dem man ihn in der Regel macht.[639]

Nun ist es aber sehr die Frage, ob die genannten Auffassungen notwendigerweise kontradiktorisch zueinander stehen. Denn sowohl die unterschiedlichen Adressatensituationen als auch unterschiedliche Situationen im Leben des Paulus dürften für unterschiedliche Auffassungen in den einzelnen Briefen und die theologische Entwicklung des Paulus verantwortlich sein. Monokausale Erklärungen simplifizieren zumeist. Das Wahrheitsmoment bei Räisänen besteht zweifellos darin, daß Paulus zunächst einmal Apostel, Missionar war. Sicherlich war er nicht derjenige, dem es in erster Linie um Theologie als solche ging, also um theo-

---

[635] *Drane*, Paul: Libertine or Legalist?

[636] *Hübner*, Das Gesetz bei Paulus.

[637] Dazu ib. 9f.

[638] Z.B. von *Wilckens, A.T. Hanson, Best*; im modifizierten Sinne *Schnelle*.

[639] *Räisänen*, Paul and the Law, 266f.: "It is a fundamental mistake of much Pauline exegesis in this century to have portrayed Paul as the 'prince of thinkers' and the Christian 'theologian par excellence'. Paul was indeed an original and imaginative thinker, and his letters are full of seminal insights and thought-provoking suggestions. He is, however, first and foremost a missionary, a man of practical religion who develops a line of thought to make a practical point, to influence the conduct of his readers; in the next moment he is quite capable of putting forward a statement which logically contradicts the previous one when trying to make a different point or, rather, struggling with a different problem."; ib. 268: "In his attempt to tell what the law is all about Paul gets involved in self-contradictions. What is worse, he conveys a distorted picture of the Jewish religion which has, contrary to Paul's intentions to be sure, had a share in the tragic history of the Jews at the mercy of Christians." Zu *Räisänens* Monographie s. meine Rezension in ThLZ 110 (1985), 894-896.

logisches Reflektieren um seiner selbst willen. Aber er hat seine apostolische und missionarische Aufgabe, wie sich in unserer Darstellung laufend zeigte, *theologisch* reflektiert, und zwar im Vollzug seiner ihn voll
und ganz erfüllenden apostolischen Tätigkeit. Und das ist doch das
Große an diesem Manne: Er ist *geistig beweglich*. Sein theologisches Reflektieren ist ein fortwährender Prozeß. Wer wie Paulus nicht die Muße
hat, wie ein Professor der Theologie ein theologisches Werk Punkt für
Punkt systematisch zu entwerfen, sondern seine theologische Existenz im
Andrang seiner vielen Aktivitäten bewähren muß (s. 2Kor 11,23ff.!),
dem wird man sicherlich einige Inkonsistenzen übersehen. Doch ist das,
was Paulus in seinen Briefen jeweils neu als theologischen Entwurf - vielleicht wirklich als Ent-Wurf - vorlegt, durch stets neue *Grundkonsi-
stenzen* gekennzeichnet. Und diese lassen sich, wie sich ja schon bei den
bisher behandelten Paulusbriefen zeigte, als durchaus stimmig aufweisen. Und man sei vorsichtig! Paulus kann nämlich auch mit rhetorischer
Raffinesse vorgehen. Er nimmt zuweilen seine Leser aufgrund seines
rhetorischen Geschicks auf eigentümliche, verwunderliche Wege mit, er
verwirrt sie so zunächst und zeigt ihnen dann auf einmal, wohin er sie
wirklich argumentativ führen wollte. Selbst Exegeten können sich von
ihm in die falsche Richtung weisen lassen, wenn sie seine rhetorische
Taktik nicht durchschauen.

Die Aufgabe, den Röm in *rhetorischer* Weise zu klassifizieren, ist
schwieriger als beim Gal. Die Pionierarbeit von *Hans Dieter Betz* war,
daß er die Notwendigkeit der rhetorischen Analyse des Gal aufzeigte.
Seine Kennzeichnung des Gal als eines apologetischen Briefes sei deshalb noch einmal in Erinnerung gerufen, weil der *Römerbrief* in einem
noch viel stärkeren Maße als ein solch *apologetischer Brief* verstanden
werden muß. Daß sich Paulus in einer verwundbaren Position z.Zt. der
Niederschrift dieses Briefes befindet, geht schon allein aus *Röm 15,25ff.*
hervor. Paulus sieht sich gezwungen, persönlich die *Kollekte* nach Jerusalem zu bringen. Er fürchtet nämlich, daß sie den Heiligen in Jerusalem
nicht "angenehm" sein könnte, εὐπρόσδεκτος, 15,31. Dieses Wort dürfte
Euphemismus sein: Paulus fürchtet, daß man seine Kollekte nicht annehmen könnte. Und er weiß auch warum! Er weiß, daß er zu weit gegangen ist, als er in der narratio des Gal die Jerusalemer Autoritäten mit
seiner in der argumentatio dargelegten gesetzeskritischen Theologie be-
haftete, sie also zu Zeugen dieser antinomistischen Auffassung machte.
Zwischen der Vereinbarung der Kollekte auf der Heidenmissionssynode,
Gal 2,10, und dem Zeitpunkt der geplanten Kollektenablieferung kam es
zu tiefgehenden Zerwürfnissen zwischen Paulus und der Jerusalemer
Gemeinde: Der Eklat des factum Antiochenum, der unglückliche Gal,
jenes Dokument der Selbsttäuschung des Paulus über das, was er auf der
Synode erreicht zu haben meinte, das wahrscheinliche Bekanntwerden
des Briefes in Jerusalem, die mögliche Distanz, die daraufhin Jakobus
und andere Maßgebliche in Jerusalem zu Paulus praktizieren, vielleicht
schon allein deshalb, um im unruhigen Jerusalem als judenchristliche
Minorität unter der Majorität der Juden leben zu können. In der Tat,
Paulus muß nach dieser Serie von gravierenden Differenzen fürchten,
daß man ihn und seine Kollekte abweist.

Alles hängt nun daran, wie Paulus das mögliche Zerbrechen der Kir-
cheneinheit beurteilte. Der Röm gibt darauf aber eine klare Antwort: Is-

rael gehört so sehr *konstitutiv* zur Kirche Jesu Christi, daß es am Ende der Tage sogar als Ganzes zu Christus findet, Röm 11,26. Paulus sieht daher in der Kollekte ein Zeichen des geistlichen Bandes zwischen den heidenchristlichen Gemeinden und der Jerusalemer judenchristlichen Gemeinde. Er sieht darüber hinaus in ihr den Ausdruck des verpflichtenden Dankes für die geistlichen Gaben, die die Heidenchristen von den Jerusalemern empfangen haben. Die Heidenvölker haben an Jerusalems geistlichen Gütern Anteil gewonnen, τοῖς πνευματικοῖς αὐτῶν ἐκοινώνησαν τὰ ἔθνη, also sind sie zur Kollekte, die aus "fleischlichen" Gütern besteht, verpflichtet, ὀφείλουσιν καὶ ἐν τοῖς σαρκικοῖς λειτουργῆσαι[640] αὐτοῖς, 15,27.

Diese Jerusalemsicht ist aber unvereinbar mit der Konzeption vom doppelten Jerusalem Gal 4,21ff. Diese Stelle und zuvor schon 1Thess 2,14ff. sehen Israel in völlig entgegengesetztem Lichte. Paulus *muß* zwischen der Niederschrift des Gal und der des Röm über Israel neu nachgedacht haben. Weder im 1Thess noch im Gal hätte die theologische Konzeption Jerusalems von Röm 15 einen theologischen Ort. Und weder im 1Thess noch im Gal hätte Paulus das Mysterium von Röm 11,25f. aussprechen können, ohne sich substantiell zu widersprechen. Anders gesagt: Paulus sieht sich im Röm in einem anderen Verständnis als Jude denn im 1Thess und Gal. Was sein Jude-Sein angeht, hat sich also das Selbstverständnis des Paulus erheblich gewandelt. Hier jedoch stehen wir jedenfalls vor keinem hypothetisch gewonnenen Ergebnis, sondern vor dem *Faktum* eines fast kontradiktorischen Gegensatzes zwischen 1Thess und Gal einerseits und Röm andererseits, eines Gegensatzes also, der literarisch greifbar ist.

Mit der soeben versuchten hypothetischen Rekonstruktion der Situation, in der Paulus den Römern schreibt, ist jedoch noch nicht erklärt, *warum er den Brief nach Rom so schreibt, als schriebe er ihn nach Jerusalem.*[641] Erneut sind wir gezwungen, hypothetisch zu argumentieren. Natürlich ist es mißlich, eine bereits hypothetisch rekonstruierte Situation mit einer weiteren Hypothese zu erklären. Doch ist ein solches Vorgehen beim Versuch, sich geschichtliche Situationen, vor allem angesichts der katastrophalen Quellenlage in der Antike, zu vergegenwärtigen, unverzichtbar. Auch ist jeweils neu zu bedenken, von welchem Ge-

---

[640] Kultischer Begriff!
[641] S. u.a. *Jervell*, The Letter to Jerusalem.

wicht die einzelnen Fakten und Hypothesen sind, die zu einem Gesamtbild zusammengefügt werden.[642]

Das geschichtliche Bild, das sich aufgrund der Überlegungen zu Röm 15 zeigte, gibt vielleicht einen ersten Hinweis auf die gestellte Frage: In Röm 15 werden dreimal Jerusalem und einmal Judäa genannt. Natürlich hängt das auch damit zusammen, daß Paulus von seinen Reiseplänen berichtet. Aber man kann vermuten, daß dahinter etwas mehr steckt. Zu fragen ist vor allem, ob Beziehungen zwischen den Christen in Rom und der Jerusalemer Urgemeinde bestanden. Daß wir damit zu rechnen haben, ergibt sich schon allein daraus, daß anläßlich des Edikts des Claudius (im Jahre 49?)[643], aufgrund dessen (die) Juden wegen ihrer "Chrestus"-Unruhen aus Rom ausgewiesen wurden[644], auch römische Judenchristen mitbetroffen waren. Von Aquila und Priscilla wird Act 18,2 berichtet, daß sie aufgrund dieses Ediktes nach Korinth kamen.[645] Also lebten bereits vor dem Edikt Judenchristen in Rom; ob innerhalb oder außerhalb des Synagogalverbandes, läßt sich nicht mit Sicherheit sagen. Wenn aber die von Sueton geschilderten Unruhen unter den Juden Auseinandersetzungen um Christus meinen sollten, wie zumeist angenommen wird, könnte dies ein Fingerzeig darauf sein, daß sich die Judenchristen in der Tat weiter als im Synagogalverband befindlich betrachteten. Und das bedeutet doch wohl, daß sie ihr Christentum als messianisch vollendetes Judentum ansahen. Somit sind schon Verbindungen zwischen der Jerusalemer Gemeinde und jüdischen Synagogen in Rom seit dem Augenblick anzunehmen, zu dem es erstmals Christen in Rom gab, da römische Judenchristen, wo immer sie auch bekehrt sein mochten, auf die von Jerusalem ausgehende judenchristliche Mission hinweisen dürften (Gal 2,9; 1Kor 9,4!). Wenn aber Judenchristen aufgrund des Edikts des Claudius in den Osten kamen und eine Reihe von ihnen nach dessen Aufhebung nach Rom zurückkehrte, womöglich wie Aquila und Priscilla *nun unter dem theologischen Einfluß des Paulus* stehend, ist unter den Christen in Rom eine Situation, wie sie Röm 14f. zum Ausdruck kommt, bestens vorstellbar.[646] Dann aber ist zugleich als wahrscheinlich anzunehmen, daß sich Paulus denjenigen in Rom besonders verbunden wußte, die seine heidenchristliche Kirchensicht propagierten und deshalb mit möglicherweise dort verbliebenen Judenchristen und solchen, die nach Vertreibung und Rück-

---

[642] Es ist deshalb zu wenig, wenn man einer Gesamtrekonstruktion vorwirft, sie sei aufgrund von zu vielen Hypothesen zustande gekommen. Es kommt immer darauf an, von welcher Art sie sind, anders formuliert: welchen hypothetischen Grad bzw. welches Wahrscheinlichkeitsmoment die einzelnen Hypothesen jeweils besitzen.

[643] Auf die umstrittene Frage nach der Datierung brauchen wir uns hier nicht einzulassen.

[644] *Sueton*, Caes. Claud. 25. Es kann an dieser Stelle auch die Frage unbeantwortet bleiben, ob wirklich alle Juden (m.E. eine unrealistische Annahme) aus Rom ausgewiesen wurden.

[645] Act 18,2 spricht von ihnen zwar als Juden; daß sie aber Judenchristen waren, steht über jedem Zweifel, s. z.B. *H. Conzelmann*, HNT 7, 114. Ob sie z.Zt. der Niederschrift des Röm bereits wieder in Rom waren (Röm 16,3), hängt von den schwierigen, hier nicht zu behandelnden literarkritischen Problemen von Röm 16 ab.

[646] In diesem Sinne z.B. *Marxsen*, Einleitung in das NT, 113ff.

kehr immer noch Judenchristen im ursprünglichen Sinne waren, in Konflikt gerieten. Paulus hätte dann in eine Situation hineingeschrieben, in der er zwar seinen Parteigängern theologisch recht gab, sie aber im Sinne der bereits in 1Kor 8 zum Ausdruck gekommenen Toleranz in ihrem theologischen Eifer zu zügeln versuchte. *Ihnen* mußte er jetzt klarmachen, daß er in der Israelfrage hinzugelernt, aber in grundsätzlicher Hinsicht an der Freiheit vom Gesetz keinerlei Abstriche gemacht hatte.[647] Es ist ernsthaft zu erwägen: Die paulinisch gesinnten Judenchristen kommen nach Rom zurück, haben aber zuvor von Paulus das gelernt, was dieser im 1Thess und Gal zur Israelfrage gesagt hatte, und vertreten nun in Rom gegenüber Judenchristen ursprünglicher Provenienz genau diese Gedanken. Daß das zu heftigsten Kontroversen führen muß, liegt auf der Hand. Und daß nun in Rom ähnliche Vorwürfe gegen Paulus erhoben werden, wahrscheinlich sogar in der Schärfe, wie sie auch aus Richtung Jerusalem kommt, versteht sich von selbst: Er verachtet als Nestbeschmutzer sein Judentum, verleugnet seine Zugehörigkeit zu Israel! Legt sich angesichts solcher Vorwürfe nicht nahe, daß die Rede von den πνευματικά, die die Armen der Heiligen den Heidenchristen hätten zukommen lassen, Röm 15,27, gezielt in diese Richtung geht: Paulus will den paulinisch Gesinnten die religiöse Bedeutsamkeit Jerusalems nahelegen, zugleich aber seine Gegner beschwichtigen? Was Paulus in Kap. 15 über die theologische Bedeutsamkeit der jüdischen Metropole sagt, kann also sehr gut als *Apologie* mit gleichzeitiger *Korrektur* bisheriger Aussagen begriffen werden. Registrieren sollte man aber auch den Tatbestand, daß Paulus diese Korrektur gerade nicht als Korrektur vorträgt. Von der hohen theologischen und religiösen Würde Jerusalems redet er jetzt so, als habe er nie etwas anderes gesagt! Röm 15 ist zwar in inhaltlicher Hinsicht eindeutig eine *retractatio*, nicht aber in formaler.

Man muß diese retractatio, wie schon angedeutet, im Zusammenhang mit Röm 9-11 verstehen: *Jerusalem* ist es, dem die Heidenchristen geistliche Gaben verdanken - und eben dieses Jerusalem ist es, dessen Volk von Gott am Ende der Tage gerettet wird. Und was am Schluß des Briefes in Kap. 15 gesagt und in Kap. 9-11 theologisch fundiert ist, das wird schon in seiner theologischen Überschrift programmatisch erklärt: Das Heil, die σωτηρία, gilt zuerst dem Juden und dann erst dem "Griechen", Röm 1,16. Der *"heilsgeschichtliche" Chiasmus* ist deutlich: Röm 1,16 bringt die Reihenfolge "Jude - Grieche", Röm 9-11 hingegen "Heiden - Israel". Das Israelthema rahmt somit den Brief.

Und doch wäre es eine Verkennung der theologischen Intention des Röm, wollte man diese Rahmung als sein eigentliches theologisches Thema behaupten. Denn Israel kann nach der theologischen Intention des Paulus nur thematisiert werden, wenn dies vom *übergeordneten*

---

[647] Sieht man die Situation aus dieser Perspektive, so steht die "ominöse Nichteinmischungsklausel" (*G. Klein*, Der Abfassungszweck des Röm, 139) gar nicht mehr so sehr im Widerspruch zu Röm 1,15.

Thema der Rechtfertigungstheologie her geschieht! Der zeitlichen Priorität des Juden in 1,16, die ohnehin in Röm 9-11 ihre Umkehrung erfährt, entspricht in sachlicher Hinsicht keinesfalls, daß dessen Rechtfertigung einen Qualitätsvorsprung vor dem des "Griechen" aufweisen könnte! Die Rechtfertigung beider ist vielmehr gleichwertig. Und somit kann über Israel nur gesprochen werden, wenn das eigentlich theologische Thema Gegenstand der theologischen Erörterung wird, die Gerechtigkeit Gottes, δικαιοσύνη θεοῦ. Und gerade sie ist es, die in 1,16f. in ungewöhnlich dichter Aussageweise zusammen mit dem Evangelium, dem Heil bzw. der Rettung, σωτηρία, und dem Glauben, πίστις, ausgesagt wird, und zwar auf dem Hintergrund des Schriftbeweises Hab 2,4. In Röm 1,16f. ist, mit *Hans Conzelmann*, "in nuce die gesamte Theologie des Paulus komprimiert"[648] und bedarf daher der ausführlichen Interpretation. Vom 1Kor herkommend, wundert es nicht, wenn das εὐαγγελίον als δύναμις θεοῦ εἰς σωτηρίαν charakterisiert wird. Ist doch nach 1Kor 1 die theologia crucis in entscheidender Hinsicht theologia verbi crucis. Wie dieser Gedanke zu Beginn des 1Kor betont ausgesprochen wird, so auch zu Beginn des Röm.

Die theologische Überschrift des Röm in 1,16f. enthält jedoch einen zentralen Begriff nicht, der für die theologische Argumentation des Briefes konstitutiv ist, nämlich den des *Gesetzes*, νόμος. Auch in *Röm 1,1-15* begegnet er nicht; wohl ist aber im Präskript so vom Evangelium die Rede, daß es vom "Pro-*ep*-angelium" (im Grunde eine Art "Pro-*ev*-angelium") her in seiner *christologischen Fundierung* beleuchtet wird, 1,2: ὃ προεπηγγείλατο διὰ τῶν προφητῶν αὐτοῦ ἐν γραφαῖς ἁγίαις.[649] Paulus beruft sich also, indem er eine christologische Formel seiner Tradition interpretierend aufgreift[650], auf die Schrift, die von den Propheten, nicht aber vom Gesetz her für das Evangelium in Anspruch genommen wird.[651] Dabei ist mit ἐκ σπέρματος Δαυίδ in V.3 wohl nicht ohne Blick auf die judenchristlichen Glieder der römischen Gemeinde die jüdische Existenz Jesu

---

[648] *Conzelmann*, Theol. des NT, 223.

[649] *van der Minde*, Schrift und Tradition bei Paulus, 45, sieht in der Vorherverheißung des Evangeliums Gottes durch die atl. Schriften konkret die Verheißung des Sohnes; es werde an unserer Stelle aber auch deutlich, "daß trotz des Oberbegriffs 'Evangelium' das AT dennoch nicht identisch mit dem Evangelium ist. Die Schrift hat das Evangelium eben nur in der Weise der 'Vorherverkündigung' und 'Verheißung' zum Inhalt."

[650] S. dazu die Kommentare und dort angegebene Lit., auch Abschn. 2.2.3.6.

[651] Hat Paulus im Präskript des Gal nur implizit auf die Schrift, konkret auf Jes 53, Bezug genommen, so nennt er sie explizit im Präskript des Röm.

hervorgehoben. Sie dürfte dem Ἰουδαίῳ πρῶτον von V.16 theologisches Gewicht geben. Dann ist es aber um so auffälliger, daß der für die theologische Diskussion der Rechtfertigung tragende Begriff νόμος in der theologischen Überschrift des Briefes nicht genannt ist.

2.2.3.5.2 Die rhetorische Analyse des Römerbriefs

Konnte *Hans Dieter Betz* für den Gal die diskussionswürdige These vortragen, er sei ein "apologetischer Brief", weil in der Tat apologetische Züge in ihm unverkennbar sind und zudem eine gewisse quantitative Proportionierung von narratio, propositio und argumentatio vorliegt, so ist letzteres für den Röm gerade nicht der Fall.[652] Vielleicht kann man Röm 1,8(?)-15 als *narratio* charakterisieren. 1,16f. läßt sich auch gut als *propositio* verstehen, wobei jedoch die Schwierigkeit auftaucht, daß 1,18 als antithetische Aussage zu 1,17 auf derselben Aussageebene zu liegen scheint (δικαιοσύνη γὰρ θεοῦ ... ἀποκαλύπτεται - ἀποκαλύπτεται γὰρ ὀργὴ θεοῦ, sogar chiastische Stellung!).[653] V.18 scheint in der mit V.16 einsetzenden Begründungssequenz (mehrfaches γάρ) zu liegen. Doch ist dies nur scheinbar so. Denn ἀποκαλύπτεται γὰρ ὀργὴ θεοῦ leitet einen längeren Abschnitt über Gründe und Umstände der Offenbarung des Zornes Gottes, also die Ausführungen über die Sünde ein, während V.17 (im Zusammenhang mit V.16) Überschriftscharakter besitzt. Damit ist aber das eigentliche Problem der rhetorischen Analyse des Röm schon angesprochen: Mit 1,18 beginnt die *argumentatio*; sie endet jedoch erst mit 11,36 und umfaßt so den größeren Teil des Corpus des Briefes. Als die eigentliche Arbeit stellt sich daher heraus, das *Verhältnis der Argumentationselemente zueinander* aufzuweisen. Gibt es strukturierende Elemente innerhalb dieser argumentatio, die die rhetorische Strategie des Röm genauer erkennen lassen? Das ist in der Tat der Fall. Denn der Röm ist im Corpus Paulinum immerhin derjenige Brief, für den *Fragen* in ganz besonderer Weise auffällig sind. Sie werden seit Bultmann[654] oft als Fragen eines fiktiven Fragenden angesehen. Versteht man aber den Röm im Zusammenhang der Vita des Paulus, wie sie sich uns bisher erschloß, so lassen sie sich am ungezwungensten als ihm gegenüber erhobene und von ihm in Frageform wiedergegebene Einwände verständlich machen. In diesen Fragen geht es nämlich vornehmlich um Konse-

---

[652] Für die rhetorische Analyse des Röm s. auch *Hübner*, Die Rhetorik und die Theol. Für die Frage der rhetorischen Analyse des Röm sind u.a. zu berücksichtigen: *Wüllner*, Paul's Rhetoric of Argumentation in Rom; *Aune*, Rom as a Logos Protrepticos; vor allem aber *Aletti*, Comment Dieu est-il juste? Immer noch bedenkenswert und anregend, zuweilen sogar zutreffender im Urteil als viele Exegeten der Gegenwart *Melanchthon*, Röm-Kommentar 1532, Disposition S. 373ff.

[653] Doch fällt diese Schwierigkeit, auch abgesehen von dem, was gleich noch an Sachfragen zu erörtern ist, nicht besonders ins Gewicht. Analog liegt nämlich der Fall, wenn in Gal 2,16 die propositio organisch aus der narratio erwächst, also sozusagen einen Teil der narratio ausmacht. So ist auch der Versuch von *Glenn N. Davies*, Faith and Obedience in Rom, vor allem 49ff., unzureichend, der Röm 1,16-2,11 als Einheit begründen will.

[654] *Bultmann*, Der Stil der paulinischen Predigt, 64ff.

quenzen aus demjenigen *Gesetzesverständnis*, wie es sich im Gal dokumentiert, und zuweilen um Fragen zum Israelverständnis. Auffällig ist auch, daß diese Fragen fast ausschließlich in der argumentatio vorkommen.[655]

Eine Übersicht über die in dieser Hinsicht relevanten Fragen im Röm ist aufschlußreich und vermittelt bereits Wesentliches über den Inhalt der argumentatio[656]:

Röm 3,1:   Was ist dann noch der Vorzug des Juden, was der Nutzen der Beschneidung?

Röm 3,3:   Was heißt es schon, wenn einige untreu geworden sind? Sollte ihre Untreue etwa die Treue Gottes zunichte machen?

Röm 3,5:   Wenn aber unsere Ungerechtigkeit die Gerechtigkeit Gottes hinstellt, was sollen wir dann dazu sagen? Ist Gott, der seinen Zorn verhängt, etwa ungerecht? (V.6 Gegenfrage des Paulus)

Röm 3,7:   Wenn aber die Wahrheit Gottes durch meine Lüge zur überschwenglichen Herrlichkeit Gottes führt, wie werde ich dann noch als Sünder verurteilt?

Röm 3,8   (Hier werden sogar eigens die Gegner des Paulus genannt!): Ist es etwa so, wie einige blasphemisch sagen und wie sie behaupten, daß wir es sagten: Laßt uns das Böse tun, damit das Gute kommt? (V.9 Gegenfrage des Paulus)

Röm 3,31:   Machen wir nun das Gesetz durch den Glauben zunichte?

Röm 6,1:   Sollen wir bei der Sünde bleiben, damit die Gnade überhandnimmt? (V.2f. Gegenfragen des Paulus) *Röm 6,15:* Was nun? Sollen wir sündigen, weil wir nicht mehr unter dem Gesetz, sondern unter der Gnade sind? (V.16 Gegenfrage des Paulus)

Röm 7,7:   Ist das Gesetz Sünde?

Röm 9,14:   Ist etwa Ungerechtigkeit bei Gott?

Röm 9,19:   Du sagst mir nun: Warum tadelt er dann noch? Wer konnte denn je seinem Willen widerstehen? (V.20-23[24?] Gegenfragen des Paulus)

Röm 11,1:   Hat Gott nun sein Volk verworfen?

Diese Fragen zeigen, wogegen sich Paulus verteidigen mußte: Wenn du das Gesetz beseitigst, öffnest du der Gesetzlosigkeit, also der Unmoral und Gottlosigkeit Tür und Tor. Damit verbunden ist der andere Vorwurf: Hast du Israel das Gesetz genommen, so hast du ihm die kostbarste Gabe Gottes genommen, wodurch Israel Würde und Vorzugstellung vor allen Völkern durch Gott erlangt hatte. Und damit hast du Israel die Möglichkeit genommen, vor Gott gerecht zu leben!

---

[655] Fragen im paränetischen und im abschließenden Teil nur Röm 14,10.

[656] Die Fragen in Röm 2 (3f.21ff.) gehören nicht in diesen Rahmen. In ihnen beschuldigt Paulus die Juden schlimmer Gesetzesübertretungen. Ebenso gehören folgende Fragen nicht zur hier behandelten Thematik: 3,27; 4,1.9f.; 7,1; 8,35; 9,24 (ich verstehe V.24 mit Nestle-Aland[25] als Frage); 10,14.

Der Röm ist das kunstvolle rhetorische Gebilde, in dem Paulus diese Vorwürfe aufgreift, und zwar so, daß eine glänzend konstruierte *Apologie* entsteht. Er fügt beide Angriffspunkte in ein theologisches Geflecht von Argumenten und Gegenargumenten ein, wobei gerade die genannten Fragen eine entscheidende Rolle spielen, und führt mittels dieses Verfahrens die zunächst so gravierend erscheinenden Einwände gegen seine Theologie ad absurdum. Nicht er, Paulus, hat die Menschen zu morallosen und gottvergessenen Wesen gemacht; alle Menschen stehen ja schon unter der Macht der Sünde, sie sind durch eigene Schuld in das Verhängnis der Hamartia hineingeraten. Das gilt auch und gerade für den Juden! *Deshalb* ist es mit der rechtfertigenden Fähigkeit des Gesetzes nichts. In 1,18-3,20 werden auf diese Weise bereits *Israelfrage* und *Gesetzesfrage* in ihrer *Korrelation* aufgewiesen. Das Problem ist, wie ein eigenverantwortliches Sündigen und das Verhängnis der Knechtschaft unter der Sündenmacht, wie also ἁμαρτάνειν und ἁμαρτία in ihrem Zueinander gedacht werden können. Mit diesem Problem stellt sich notwendig die Frage nach *Gottes* Gerechtigkeit.

Die ganze Fragestellung spitzt sich so zu, daß die Anklage gegen die ganze Menschheit zu Beginn von Kap. 3 in die Anklage gegen Gott umschlägt. Paulus "muß" Gott und dessen Gerechtigkeit verteidigen. Und diese Verteidigung gerät dann wieder zur totalen Verurteilung aller Menschen. Gottes Gerechtigkeit ist nämlich in *Röm 3,1ff.* die *richterliche*, die *verurteilende Gerechtigkeit*. Paulus verteidigt also seine Rechtfertigungstheologie paradoxerweise zunächst so, daß er die Gerechtigkeit Gottes im dunklen Kontext der universalen Schuldverfallenheit aussagt. Eine Lektüre des Röm nur bis 3,1-9 läßt also eine eigentümliche Differenz zwischen dem, was δικαιοσύνη θεοῦ in 1,17 einerseits und 3,5 andererseits meint, empfinden. In der Terminologie *Martin Luthers*: Wieso argumentiert Paulus in Röm 3,5 mit der *iustitia activa*, wenn es doch nach 1,17 um die *iustitia passiva* geht?[657]

Die programmatische Aussage 1,16f. vor Augen, kann also die Lektüre von 1,18-3,20 zunächst verwirren. Mit νυνί *Röm 3,21* geschieht aber der Umschlag: Die vom Gesetz und den Propheten bezeugte δικαιοσύνη θεοῦ ist mit dem Christusereignis als *Glaubensgerechtigkeit* offenbar geworden. Das Perfekt πεφανέρωται verweist auf die mit diesem Ereignis einsetzende Heilszeit, die seitdem andauert. Die Gerechtigkeit Gottes wird zugleich als die *Erscheinung* des durch den Glauben rechtfertigenden *Gottes* in Jesus Christus zur Sprache gebracht, während in 3,1ff. dieser Begriff als Realität der zuvorliegenden Unheilszeit ausgesagt ist - keine fahrlässige Unstimmigkeit des Paulus, sondern bewußt vorgenommene Ausnutzung des Bedeutungsspektrums des "Begriffs". Über das Ineinander von "subjektivem" Glaubensmoment und "objektiver" Heilstat Gottes[658] führt der Weg zum theologischen Spitzensatz *Röm 3,28*, um von da aus fast notwendig die Frage 3,31 erwachsen zu lassen. Es bleibt bei der Paradoxie: Nach der Theologie des Paulus rechtfertigen Werke des Gesetzes nicht - und *trotzdem* behauptet er, er wolle das Gesetz

---

[657] Zu den Begriffen iustitia activa und iustitia passiva in *Luthers* praefatio zur Gesamtausgabe seiner lateinischen Schriften vom 5. März 1545 s. *Luther*, WA 54, 185,17ff.

[658] Bezeichnend ist das paulinische Interpretament διὰ [τῆς] πίστεως in der "objektiven" Traditionsformel Röm 3,25!

"hinstellen", νόμον ἱστάνομεν. Für den, der das zum ersten Mal zur Kenntnis nimmt, ist das ein theologisches Verwirrspiel. Paulus begründet es in Kap. 4 mit dem Abrahambeispiel und führt das Ganze auf den auch den römischen Christen bekannten Glaubenssatz 4,24f. zurück: Was er an angeblich wunderlicher Theologie bringt, ist ja nur, was die Genesis - ein gerade den römischen *Juden*christen bestens vertrautes Buch - schon sagte! Was die Theologie der Rechtfertigung aus Glauben und nicht aus Werken des Gesetzes besagt, sagt demnach zunächst niemand anderes als das - Gesetz! *Das Gesetz selbst sagt seine eigene Unfähigkeit zur Rechtfertigung aus.*

Hat Paulus in Gal 3 auffälligerweise das Beschneidungsgebot von Gen 17, mit dem doch die Gegenmissionare in Galatien operiert haben dürften, bewußt übergangen und sich dafür auf Gen 15,6 berufen, so beruft er sich nun auf Gen 17 und kann folglich die *Beschneidung* in Röm 4 positiv werten, freilich im *Junktim mit dem Glauben.*[659] Dieses bemerkenswerte theologische Umdenken fügt sich bestens in die Jerusalem entgegenkommende Haltung. Aber wiederum sagt Paulus nicht, daß er im Gal die περιτομή auf die Seite der σάρξ gestellt hat, doch genau dies nun nicht mehr tut![660]

Röm 5,1-11 ist in rhetorischer Hinsicht insofern auffällig, als Paulus den ganzen Abschnitt hindurch betont die *1. Pers. Plur.* benutzt. Er schließt sich hier mit seinen römischen Adressaten zusammen, und zwar unter der trostreichen Folgerung (οὖν) aus dem seit 3,21 Gesagten: Sind wir also aus Glauben gerechtfertigt, so haben wir *Frieden* mit Gott. Rechtfertigung aus Glauben schenkt also den Trost durch Gott. Die Rechtfertigung aus Glauben vermittelt also das Heilsgut, das jeder gläubige Jude erstrebt und daß somit auch für die römischen *Juden*christen überaus kostbar sein müßte! Die rhetorische Strategie des Paulus ist also an dieser Stelle recht durchsichtig, ohne daß man ihn des Opportunismus bezichtigen dürfte.

Paulus greift hier auch das Motiv des Ruhms wieder auf, wendet es aber in recht eigentümlicher Weise. Ist nach *Röm 3,27* - mit lebendiger, durch kurzes Frage-Antwort-Spiel bestimmter Rhetorik! - die καύχησις für den Christen völlig ausgeschlossen, so gibt es sie überraschenderweise auf einmal doch, nun aber in einem ganz anderen Sprachspiel als das Sich-Rühmen der Hoffnung auf die Doxa Gottes, - und damit ist Paulus wieder beim Thema Trost - : "wir rühmen uns (sogar) der Bedrängnisse, ἐν ταῖς θλίψεσιν", 5,3. Was Paulus 2Kor 4 über sich als θλιβόμενος im Blick auf seine apostolische Existenz sagte, das sagt er nun im Blick auf sich *und* die römische Gemeinde.[661] Diese wird sowohl in die εἰρήνη als auch in die θλῖψις einbezogen. Die Dialektik der apostolischen Existenz wird hier zur Dialektik der eschatologischen Existenz schlechthin. Der Friede Gottes ist also gerade nicht die Beseitigung aller

---

[659] *Hübner*, Das Gesetz bei Paulus, 44ff.

[660] Im Gal zugegebenermaßen nur im Blick auf die galatischen Heidenchristen. Aber - ich wiederhole bewußt Gesagtes - er argumentiert im Gal doch im Blick auf die Heidenchristen theologisch so fundamental, daß man sich fragt, warum es dann nicht auch für die Judenchristen gilt.

[661] Auch in 2Kor 4 finden sich wie in Röm 5 θλῖψις (bzw. das Partizip) und δόξα im selben Wortfeld.

irdischen Nöte! Daß des Christen Existenz eine Existenz in Hoffnung ist, eschatologische Existenz also, das meint, daß er seine Heimat bei Gott weiß.[662] Die Trübsal ist daher nicht des Christen eigentliches Leben. Sie kann sein Herz nicht erreichen, denn in dieses ist Gottes Liebe ausgegossen (V.5).

Wie sehr für Paulus *Existenzaussagen* und *soteriologisch-"dogmatische" Aussagen* eine innere Einheit ausmachen, zeigt sich daran, daß mit V.6 geradezu nahtlos ein fast lehrhafter Abschnitt über die Versöhnung einsetzt. Gottes ἀγάπη ist hierbei die thematische Klammer, ebenso der futurische Aspekt mit ἐλπίς in 5,1-5 und das futurische σωθησόμεθα in 5,6-11. Zum Abschluß begegnet in V.11 dann noch einmal das Ruhmmotiv. Auffällig ist, in welcher Dichte sich in 5,6-11 soteriologische Aussagen[663] befinden, die Paulus alle schon einmal zuvor vorgetragen hat.[664]

V.11 klingt so, als wäre mit ihm die theologische Argumentation zum Ende gekommen. Würde der Brief im Anschluß an 5,1-11 nur noch ein Postskript besitzen, so wäre dies nicht verwunderlich. So hat *Melanchthon* bereits in diesen Versen den *epilogus confirmationis* zur *disputatio* 1,18-4,25 gesehen und unterscheidet sich darin von den meisten modernen Kommentatoren.[665]

Betrachten wir 5,1-11 unter argumentationstheoretischem Gesichtspunkt, so ergibt sich ein recht schillernder Charakter des Abschnitts. 5,1 ist eindeutig Folgerung aus der bisherigen theologischen Argumentation. Der Kettenschluß in 5,2-4 ist nicht Beweisführung im strengen Sinne des Wortes, sondern eher Explikation. Freilich hat der soteriologische Abschnitt 5,6-11 schon eine gewisse begründende Funktion, wie das mehrfache Vorkommen von γάρ (V.6.7.10) und das οὖν in V.9 deutlich machen. Doch liest sich auch diese Begründung mehr als theologische Explikation des Fazits von 5,1. Bemerkenswert ist zudem, daß *in 5,1-11 das Alte Testament nicht zitiert* wird, obwohl die theologische Begrifflich-

---

[662] Wahrscheinlich hatte Paulus den Satz vom πολίτευμα ἐν οὐρανοῖς Phil 3,20 schon geschrieben, als er Röm 5 verfaßte.

[663] Soteriologischen Charakter hat freilich auch χάρις in V.2. *Gottfried Nebe*, "Hoffnung" bei Paulus, 125, hat recht, wenn er (auch unter Verweis auf Röm 3,21) für χάρις und προσαγωγή Denkstrukturen feststellt, die solche Wirklichkeitsaspekte zeigen, die "einen engen forensischen Sinn schon übersteigen". Damit hat *Nebe* einen Sachverhalt ins Auge gefaßt, der in unseren Überlegungen laufend begegnet. Überhaupt s. zu Röm 5,1-5 ib. 123ff.

[664] So der Stellvertretungsgedanke, z.B. 2Kor 5,14; das καταλλαγή-Motiv, z.B. 2Kor 5,18ff.; der Gedanke vom sühnenden Blut Christi Röm 3,25.

[665] *Melanchthon*, Römer-Komm., ad loca u. 373f. *Schlier*, HThK, 137, sieht in 5,1 den Beginn des 2. Teils des Briefes, 5,1-8,39: Die Gnadengabe der Glaubensgerechtigkeit. Dieser Teil sei "in gewissem Sinn der wichtigste Teil des ganzen Briefes". M.E. ist aber hier die rhetorische Funktion von Röm 5,1-11 verkannt, die *Melanchthon* klar erkannt hat. Auch *Käsemann*, HNT, 123, sieht in 5,1-8,39 die nächste größere Einheit nach 3,21-4,25. 3,21-4,25 überschreibt er "Die Gottesgerechtigkeit als Glaubensgerechtigkeit", 5,1-8,36 "Die Glaubensgerechtigkeit als Wirklichkeit eschatologischer Freiheit"; ähnlich auch *Cranfield*, ICC. *U. Wilckens*, EKK VI/2, 3, läßt den 2. Teil erst in 6,1 beginnen (6,1-8,39): Die Wirklichkeit der Rechtfertigung im christlichen Leben. *Dunn*, WordBiblComm, VIII, setzt 6,1-11,36 unter die Überschrift: "The Outworking of This Gospel in Relation to the Individual and to the Election of Grace."

keit auch in ihm ihre Wurzeln hat[666] und die Ausführungen ohne Kenntnis dieser alttestamentlichen Voraussetzungen nicht voll verständlich werden.

Röm 5,12-21 läßt sich zunächst als *Exkurs* verstehen, mit διὰ τοῦτο locker an 5,6-11 angeschlossen. In diesen Versen war von den Gottlosen und Sündern, den Feinden Gottes die Rede, aber auch von Gottes Versöhnungstat in Christus. In 5,12-21 sind in der Adam-Christus-Typologie die Sünde und das Sündigen thematisch und dadurch ein gewisser Anschluß von V.12 an 5,1-11 gegeben. Aber exkursartigen Charakter hat 5,12-21 vor allem deshalb, weil hier der *Horizont*, innerhalb dessen Paulus theologisch argumentiert, ein ganz anderer ist als zuvor, nämlich die *Weltgeschichte*, diese wiederum aufgeteilt in die überaus dunkle Adam-Ära und die lichthelle Christus-Ära. Der einzelne wird kaum in Augenschein genommen. Durchweg geschieht die Rede in der *3. Pers. Plur.*[667] Damit ist aber in dieser antithetischen Typologie das Wirken der Unheilsmächte Sünde und Tod gegenüber dem Sündigen des einzelnen Menschen betont, beide Mächte zum grauenvollen Wirken "ermächtigt" durch Adam, der dann, obwohl in V.12 individuelle Gestalt, im folgenden doch etwas mehr als eine solche ist. Paulus vermeidet jedoch hier, anders als in 1Kor 15, die Redeweise "*in* Adam"; das in kosmischem Ausmaß geschehene Unheil wurde möglich "*durch* Adam". Ebenso ist hier nicht die Rede vom In-Christus-Sein. Die Vorstellung der corporate personality im eigentlichen Sinne liegt also nicht vor. Eigenartig ist, daß die Terrorherrschaft von Sünde und Tod nicht durch die Herrschaft der Gerechtigkeit Gottes abgelöst wird, wie es doch von der bisherigen theologischen Argumentation her zu erwarten gewesen wäre. Vielmehr werden die, die die Überfülle der Gnade und des Geschenks (!) der Gerechtigkeit empfangen, herrschen, βασιλεύσουσιν (Futur!), V.17. Und wenn es in V.20 heißt, daß das Gesetz sich so nebenher eingeschlichen habe, παρεισῆλθεν, so hat es auch Paulus so nebenher in seinen "geschichtstheologischen" Exkurs sich einschleichen lassen, freilich nur, damit über den Umweg der Zunahme der Sünde[668] die Gnade im Übermaße wirken kann, ὑπερεπερίσσευσεν. Die finale Schlußaussage greift die typologische Denkfigur auf, V.21: *damit*, wie die Sünde durch den Tod geherrscht hat (Aorist), die Gnade herrschen soll (diesmal nicht die Begnadeten!, also eine überraschende Modifikation der Vorstellung) durch (!) die Gerechtigkeit zum ewigen Leben durch (!) Jesus Christus. Und wenn zu διὰ Ἰησοῦ Χριστοῦ hinzugefügt wird τοῦ κυρίου ἡμῶν, so ist in diesem letzten Wort von 5,12-21 schließlich doch noch die *1. Pers. Plur.* genannt, die doch für 5,1-11 so dominant war. Aber dieses ἡμῶν begegnet hier im Grunde nur als Bestandteil einer geprägten Formel.

Indem jedoch Paulus in V.20 das Gesetz so nebenher sich einschleichen ließ, hat er die Voraussetzung geschaffen, um die ihm entgegengehaltene *Frage* von 6,1 einzubringen: Sollen wir bei der Sündenmacht bleiben, *damit*[669] die Gnade zunimmt? Hat also Paulus die ganze Weltgeschichte in 5,12-21 nur deshalb aufgeboten, um so der ihn anklagen-

---

[666] So vor allem εἰρήνη; zu ἀγάπη s. Hos; σῴζειν; πνεῦμα als Geist Gottes.

[667] Das Sündigen des einzelnen ist nur in ἐφ᾽ ᾧ πάντες ἥμαρτον impliziert, 5,12.

[668] παράπτωμα ist hier mit ἁμαρτία identisch; *Hübner*, Das Gesetz bei Paulus, 73.

[669] ἵνα in Röm 6,1 greift also das doppelte ἵνα von 5,20f. auf.

den Frage seiner theologischen Gegner begegnen zu können? Sicher steckt in dieser Annahme mehr als ein Körnchen Wahrheit. Aber man wird, um die Argumentationsdisputation des Röm richtig zu erfassen, auch den folgenden Sachverhalt beachten müssen: Vor die positive Darlegung seiner Rechtfertigungstheologie in 3,21-5,11 hat der Apostel in 1,18-3,20 einen Abschnitt vorgeschaltet, in dem er die unversale Herrschaft der Hamartia ausführlich schilderte. Mit dem in Röm 6,1 einsetzenden Argumentationsgang - auf jeden Fall sind Kap. 6-8 in inhaltlichem Zusammenhang zu sehen - steht es ähnlich. Auch ihm wird ein Abschnitt vorgeschaltet, in dem es um die kosmische Katastrophe aufgrund der Hamartia geht. Allerdings bringt dieser Abschnitt im Gegensatz zu 1,18-3,20 zugleich die im kosmischen Ausmaß geschilderte Erlösung.

Man wird die Einfügung des "weltgeschichtlichen" Exkurses wohl erst dann richtig verstehen, wenn man sieht, wie Paulus um der Entkräftung des Einwandes seiner Gegner willen in *Kap. 6* Vorstellungen verwendet, die in 5,12-21 tragende Funktion haben. Er bedient sich der Tauftheologie, um die provozierende Behauptung - immerhin aus judenchristlicher gesetzestreuer Einstellung evident - in ihrer Sinnlosigkeit zu entlarven. Wer in Christus Jesus, in seinen Tod hineingetauft[670] ist, wer dann "in Christus"[671] in einem neuen Leben wandelt, der ist der Sündenmacht gestorben, also frei von der Hamartia. Und in genau diesem Zusammenhang bringt Paulus das mit βασιλεύειν nahezu synonyme κυριεύειν, V.9: Christus, von den Toten auferweckt, stirbt nicht mehr, der Tod herrscht nicht mehr über ihn. Er lebt nur für Gott. Und wie in V.4 der eschatologische Vorbehalt ausgesprochen wurde, indem eben nicht gesagt wurde "wie Christus von den Toten auferstanden ist, so seid auch ihr mit ihm auferstanden", sondern der Gedanke auf das Verhalten der Christen umgebrochen wurde, so auch in der Parallele V.11: So betrachtet euch - in 6,1-9 spricht Paulus wieder in der *1. Pers. Plur.* (wie in 5,1-11!), ab V.11 in der *2. Pers. Plur.* - auch als solche, die tot für die Hamartia sind und, nun "in Christus Jesus" befindlich, für Gott leben. Also *soll* (!) die Hamartia nicht in eurem sterblichen Leib herrschen! Jetzt ist mit μὴ οὖν βασιλευέτω wieder das entscheidende Verb aus 5,12-21 aufgegriffen. Die "weltgeschichtliche" Sicht der Hamartia in 5,12-21 hatte also in der Tat die Funktion, die Hamartiathematik von Kap. 6 vorzubereiten. 16mal begegnet ἁμαρτία in diesem Kapitel, ohne daß die für sie stehenden Pronomina schon mitgezählt wären.

Die enge Verbindung zwischen 5,12-21 und Kap. 6 zeigt sich vor allem daran, daß nicht nur ἁμαρτία[672] und θάνατος in beiden Kapiteln vorkommen, sondern sogar als *gemeinsames Wortfeld* in je-

---

[670] Daß εἰς im lokalen Sinn zu verstehen ist, ist die Konsequenz der Überlegungen zu 1Kor 12,13, überhaupt zu dem, was in den Ausführungen zu 1Kor zur "Räumlichkeit" der christlichen Existenz dargelegt wurde. Der Einwand, daß nach 1Kor 10,2 εἰς τὸν Μωϋσῆν ἐβαπτίσθησαν nicht heißen könne "sie wurden in Mose hineingetauft", überzeugt nicht, da Paulus, wie sich immer wieder zeigte, seine Vorstellungen öfters in unterschiedlichen Modifikationen verwendet.

[671] Zwar steht in Röm 6,4 nicht ἐν Χριστῷ, es hat aber dort seinen theol. Ort.

[672] In Röm 5,12ff. auch παράπτωμα, teilweise identisch mit ἁμαρτία, in V.20 aber mit ihr synonym.

weils denselben Sätzen.[673] Röm 5,12 spricht die These aus: *durch die Hamartia der Thanatos*. Kap. 6 thematisiert die Überwindung dieser furchtbaren Kausalität, allerdings unter Absehen des in 5,12f. aufgewiesenen weltgeschichtlichen Horizonts: Der Christ ist tot für die todbringende Hamartia, *tot für den Tod durch den Tod Christi*. διὰ τῆς ἀμαρτίας ὁ θάνατος 5,12 und τὰ γὰρ ὀψώνια τῆς ἀμαρτίας θάνατος 6,23 wirkten, rhetorisch gesehen, als Inklusion.

Und noch eine inhaltliche und zugleich auch formale Parallele ist zu registrieren: In 5,12ff. ging es nicht thematisch um den νόμος; er ist, wie sich zeigte, so nebenher in die Argumentation hineingerutscht. Gleiches gilt nun für Kap. 6. Die gesamte Beweisführung, deren Hintergrund immerhin der aus judenchristlich-gesetzlicher Sicht formulierte Einwand von V.1 ist, bringt das Gesetzesthema bis einschließlich V.14a nicht. Über Sünde und Freiheit von der Sünde kann Paulus also theologisch ausführlich sprechen, ohne daß er auch nur ein einziges Wort über den Nomos verliert. Die Ausführungen über das Kerygma sind viel wichtiger! So ganz am Rande, geradezu nebenher sagt der Apostel schließlich in V.14b: "Denn ihr seid ja nicht mehr unter dem Gesetz, sondern unter der Gnade!" Daß die Christen nicht mehr unter dem Gesetz sind, wird hier wie eine Selbstverständlichkeit als Begründung ausgesprochen. Aber dann greift Paulus in V.15 das Stichwort Gesetz aus V.14 auf, um 6,15-23 als Antwort auf den Einwand vorzutragen: "Sollen wir sündigen, weil wir nicht mehr unter dem Gesetz, sondern unter der Gnade sind?" Das ganze Kap. 6 ist also die theologische Entgegnung auf den gesetzlich-judenchristlichen Vorwurf, geschrieben somit in Richtung auf *diese* Gruppe innerhalb der römischen Gemeinde.

Das wird auch wieder in dem unmittelbar folgenden Abschnitt *Röm 7,1-6* deutlich. Nach V.1 wendet sich Paulus an diejenigen, "die das Gesetz kennen". Man darf davon ausgehen, daß diese Gesetzeskundigen die Schwachen von Röm 14f. sind. Man muß allerdings sehr genau hinhören, wie Paulus fast unmerklich die von ihm seit 6,1 eingeleitete Fragestellung weitertreibt. Zunächst war das Thema Gesetz zweitrangig, fast nebensächlich. Tauchte es in 6,14 in seiner rhetorischen Randfunktion auf, um dann zur Frage von V.15 überzuleiten, so wird es nun auf einmal in Kap. 7 *thematisch*. Ging es bisher um den Zusammenhang von Sünde und Tod, so jetzt um den von *Sünde* und *Gesetz*. In der Erwähnung des Gesetzes, die in 6,14 wie eine Erwähnung *en passant* wirkt - freilich sagt Paulus in Wirklichkeit hier gar nichts en passant! - , heißt es ὑπὸ νόμον. Wer genau auf das hört, was er formuliert, hört heraus, daß von der Sünde beherrscht zu werden identisch ist mit dem Sein unter dem Gesetz. So diffamierend hat er im Röm zuvor noch nicht von ihm gesprochen. Unter dem Gesetz - das heißt doch nach 6,14a unter der Sklavenherrschaft des Gesetzes. Fast meint man schon, die antinomistische Argumentation von Gal 3,22f. wiederhole sich: Unter der Sünde sein *ist* unter dem Gesetz sein. Und tatsächlich hat in 7,1 der νόμος das gleiche Prädikat wie die ἀμαρτία in 6,14: κυριεύει. Doch die Parallele geht noch weiter. Nach Röm 6,11 sind die Christen tot für die Sünde, weil sie für Gott leben; nach 7,4 sind sie dem Gesetz getötet, καὶ ὑμεῖς ἐθαν-

---

[673] Unter Berücksichtigung auch von ἀποθνῃσκω, ἀμαρτάνω und παράπτωμα Röm 5,12.14-17.21; 6,1.7.10.16.20-23.

ατώθητε τῷ νόμῳ. Und wie das Totsein für die Sünde durch den Tod Christi geschah, so auch das Totsein für das Gesetz διὰ τοῦ σώματος τοῦ Χριστοῦ, wobei σῶμα hier wieder den in den Kreuzestod gegebenen Leib Christi meint. Das Ziel ist mit dem von Kap. 6 gleich: εἰς τὸ γενέσθαι ὑμᾶς ἑτέρῳ.

Und so hat Paulus alle Fäden in der Weise gezogen, daß sich fast wie von selbst die Frage - die freilich bereits durch Gal 3,22f. provoziert ist! - ergibt, nämlich der als Frage formulierte judenchristlich-gesetzliche Einwand gegen Paulus: *Ist das Gesetz Sünde?* Das aber wäre eine der denkbar schlimmsten Blasphemien in jüdischen Ohren! Doch an genau dieser Stelle biegt Paulus nun seine Argumentation um.

Hatte man auf dem Weg der paulinischen Argumentation von 6,14 an nach und nach immer mehr den Eindruck gewonnen, daß sich die Aussagen über das Gesetz den negativen Aussagen des Gal näherten - trotz Röm 3,31 - , so erfolgt nun mit 7,7ff. die *Apologie des Gesetzes*.[674] Die Apologie der paulinischen Rechtfertigungstheologie wandelt sich in eine Apologie des Gesetzes[675], freilich eine solche, die letztlich im Dienste der Apologie des Paulus und seiner Theologie steht. Die Argumentation läuft jetzt darauf hinaus, daß das Gesetz heilig ist, sein Gebot heilig, gerecht und gut, 7,12, ja, daß es sogar geistlich, πνευματικός, ist, 7,14. Wer Paulus nur aus dem Gal kennt, muß meinen, er käme hier in eine andere theologische Welt! Denn im Gal wurde die enge Verbindung von Beschneidung und Fleisch, d.h. von Gesetz und Fleisch betont herausgestellt (Gal 3,1-5); Fleisch steht aber im kontradiktorischen Gegensatz zum Geist. Der Gegensatz von σάρξ und πνεῦμα ist konstitutiv für die theologische Argumentation des Gal. Es gibt in diesem Briefe keinen Ort, wo ein vom Pneuma bestimmtes heiliges Gesetz genannt werden könnte. Daß man hier nicht mit Gal 5,14 argumentieren kann, zeigte sich an der deutlichen Differenz von ὅλος ὁ νόμος in Gal 5,3, wo es die quantitative Totalität der Torah aussagt, und Gal 5,14, wo ὁ πᾶς νόμος auf keinen Fall die Torah in dieser quantitativen Totalität meinen kann. Von allen νόμος-Aussagen des Gal steht nur 5,14 in der positiven Konnotation mit dem Pneuma.

Hat Paulus in Gal 3f. die Funktionseinheit von Gesetz und Sünde (ὑπό ...) ausgesagt, so daß der Leser leicht diese Funktionseinheit als Wesenseinheit verstehen konnte, so erklärt er in Röm 7,7ff. den unleugbar bestehenden Zusammenhang zwischen beiden Größen gerade nicht mehr als Funktionseinheit. Das Gesetz fungiert gar nicht im eigentlichen Sinne, es "wird fungiert", es wird auf elende und erniedrigende Weise von der personifiziert dargestellten Sünde benutzt und wider seine ureigene Intention (Tod statt Leben!) mißbraucht, geradezu entehrt. Besteht aber noch nicht einmal Funktionseinheit im eigentlichen Sinne - doch diese wurde ja durch 6,14 fast insinuiert! - , so erst recht keine Wesenseinheit. Deshalb kann Paulus auf die Frage von 7,7 nur antworten: "Gott bewahre! μὴ γένοιτο!"

Die Argumentation geschieht in 7,7f., indem der Nomos als Dekalogsgebot zitiert wird; jedoch wird dabei wiederum die Auffassung

---

[674] *Kümmel*, Römer 7 und die Bekehrung des Paulus, 9, zwar unter Berufung auf andere Exegeten, jedoch vor allem aufgrund seiner eigenen Exegese.
[675] Etwas anders *Käsemann*, HNT, 184.

des Gal um eine Nuance verschoben. War Gal 3,19 τῶν παραβάσεων χάριν im *ontischen* Sinne als "um Sündentaten zu provozieren" zu interpretieren, so soll nun in Röm 7,7 mit *Ex 20,17* (*Dtn 5,21*) das Gesetz im *noetischen* Sinn die Erkenntnis der durch die Sünde verursachten Sündentat bewirken.

Nicht zitiert wird *Gen 3*, wohl aber ist eindeutig in Röm 7,8ff. darauf angespielt.[676] Das Sein unter dem mosaischen Gesetz (V.7) und das Sein unter dem Paradiesesgebot (V.8ff.) schieben sich ineinander. Dennoch ist deutlich, daß sich Paulus hier primär an Juden, konkret: an die als Juden sich verstehenden Judenchristen Roms wendet. Ihnen soll in 7,7ff. die Tiefendimension des Seins unter der Sünde erschlossen werden.[677] Erkennen sie aber aus der Retrospektive, wie es um sie vor ihrem Christsein stand, so erkennen sie zugleich, daß das erlösende, befreiende Sein in Christus sie aus der Herrschaft der Sünde herausgerissen hat und gerade somit aus der dadurch bedingten Herrschaft des Gesetzes. Wer Röm 7 *verstanden* hat, d.h. Röm 7 als sich selbst betreffend erkannt und sich so selbst neu verstanden hat, der weiß sich auch frei vom Gesetz, das wohl *an sich* heiliges Gesetz ist, in seiner Wirkung aber durch die Sünde zum unheilwirkenden Gesetz pervertiert wurde.

Röm 8 ist als Kontrapunkt zu Röm 7 der positive Aspekt der Antwort auf die Frage, ob das Gesetz Sünde sei. Jetzt geht es um die pneumatische Existenz des Gerechtfertigten, um das Dasein nach dem Geiste, κατὰ πνεῦμα, im Gegensatz zum Dasein nach dem Fleische, κατὰ σάρκα. Aber dieses Dasein nach dem Geiste wird im Rahmen der Apologie des Gesetzes dargelegt. Röm 7,14 bringt *in nuce* den Gegensatz von Röm 7 und Röm 8: In diesem Vers ist das Gesetz in seinem pneumatischen Sein ausgesagt - οἴδαμεν hat natürlich wieder die rhetorische Funktion, vor allem die vom Gesetz her denkenden Judenchristen Roms anzusprechen, wobei sich Paulus durch die Verwendung der 1. Pers. Plur. mit ihnen zusammenschließt - , der Mensch vor und außerhalb von Christus ist aber fleischlich, σάρκινος, ist als solcher Mensch der σάρξ "unter die Sünde verkauft", also in *völlig* heilloser Situation. Dem entspricht der Gegensatz der beiden Kapitel: Die Schilderung des Daseins des sarkischen Menschen und die Hervorhebung des pneumatischen Nomos, letzteres in engem Zusammenhang mit der Darstellung des pneumatischen Menschen.

Sieht man mit Bultmann Röm 8,1 als Glosse[678], so signalisiert V.2 den doppelten Umbruch: Jetzt geht es nicht mehr um das durch Hamartia und Sarx pervertierte Gesetz, es geht auch nicht mehr um den sarkischen, unter die Hamartia verkauften Menschen. Es geht jetzt vielmehr um das Verhältnis von pneumatischem Gesetz und pneumatischem Mensch. Die Diskussion um Röm 8,2 beleuchtet diesen theologischen und zugleich rhetorischen Sachverhalt: Ist νόμος τοῦ πνεύματος τῆς ζωῆς

---

[676] *Käsemann*, HNT, 188: "Es gibt nichts in unseren Versen, was nicht auf Adam paßt, und alles paßt nur auf Adam ...

[677] Röm 7,14 πεπραμένος ὑπὸ τὴν ἁμαρτίαν kann in seiner Schrecklichkeit nicht überboten werden. Die Konsequenz steht in V.15: Das "Ich" weiß überhaupt nicht, in welch grauenhafter Situation es vegetiert.

[678] *Bultmann*, Glossen im Röm, 278f.; seine Auffassung hat sich bei den Exegeten weitesthin durchgesetzt, z.B. *Käsemann*, HNT, 206.

die neue Heilsordnung durch und in Christus[679] oder ist es die Torah, die zu ihrem eigentlichen pneumatischen Sein (Röm 7,10.14) zurückgeführt ist[680]?

Es ist später noch theologisch über dieses schwierige Problem zu reflektieren. Für die rhetorische Analyse mag die Skizze genügen: Paulus sieht im *"Gesetz des Geistes des Lebens"* das *seiner Pervertierung durch die Hamartia entnommene Gesetz des Mose.* Er wahrt sein theologisches Gesicht, indem er in 8,3 die Unfähigkeit des Gesetzes in soteriologischer Hinsicht betont; nur durch Gottes Tat, die Sendung des Sohnes, war die Verurteilung und damit die Entmachtung der Sünde möglich. Aber mit seiner nun in Röm 8 vorgetragenen Auffassung, daß das Gesetz wieder sein geistliches Wesen[681] erlangt hat, gesteht er den römischen Judenchristen zu, daß es *an sich* hohen geistlichen Wert hat, daß es seinem ureigenen Wesen nach von Gottes Geist her zu sehen ist. Es hat sogar seinen Rechtsanspruch (τὸ δικαίωμα τοῦ νόμου!, 8,4), der durch Christus eingelöst ist. Man muß diese Verse mit den Augen von Judenchristen lesen, um zu verstehen, wie Paulus hier theologisch um diese Menschen ringt. Und wenn er dann das Dasein der Römer gemäß dem Geiste darlegt, also die Größe und Erhabenheit ihrer christlichen Existenz aufweist, dann hat er diesen seinen Adressaten ein überaus großes geistliches Kompliment gemacht (8,9ff.): Ihr *seid* die Menschen des Heiligen Geistes! Ihr seid nicht mehr im Fleisch, sondern im Geist! In euch wohnt der Geist Gottes! Und doch führt er sie weiter zum Eigentlichen - hier spürt man noch etwas von der Leidenschaftlichkeit des Gal, der *magna charta libertatis* - (8,15): Denn (γάρ!) ihr habt nicht den Geist der Knechtschaft empfangen, daß ihr wieder Furcht haben müßtet! Nein, ihr *habt* den Geist der Kindschaft empfangen! Indem Paulus diesen Satz als Begründung vorbringt, spricht er die römischen Christen und gerade die dortigen Judenchristen als solche an, die von der *Erfahrung der Freiheit* herkommen. Unausgesprochen steht dahinter: Wenn ihr euch doch als die Freien erfahren habt, was wollt ihr euch dann noch unter das Gesetz begeben, um so dieses wieder genau dadurch zum Gesetz der Knechtschaft und des Todes zu machen, statt es euer Gesetz des Geistes des Lebens sein zu lassen! Röm 8,16f. erinnert dann ans Ende von Gal 3: ihr *seid* Kinder Gottes, ihr *seid* Erben Gottes! Unausgesprochen: Was wollt ihr mehr!

Es fällt jedoch auf, daß in Röm 8,1-17 kein formeller Bezug auf das Alte Testament vorgenommen ist. Paulus stellt das Sein der Gerechtfertigten im Geiste dar, ohne daß es es für erforderlich hält, an dieser Stelle einen Schriftbeweis zu führen. Da er jedoch gerade in Röm 8 ganz in der Tradition pneumatologischer Vorstellungen des Alten Testaments steht, stellt sich die Frage, warum er gerade hier, wo es um die *positive* Darlegung christlicher Existenz geht, der Auffassung ist, er könne auf eine Argumentation mit der Schrift verzichten. Äußerst unwahrscheinlich ist, daß er zwar in der Tradition alttestamentlicher

---

[679] So die meisten Autoren.

[680] So vor allem *Lohse*, ὁ νόμος τοῦ πνεύματος κτλ. Ähnlich *von der Osten-Sacken*, Röm 8, 226-234; *Hahn*, ZNW 67, 47ff.; *U. Wilckens*, EKK VI/2, 121ff.; *Hübner*, Das Gesetz bei Paulus, 124ff.; *Dunn*, WordBiblComm, 416ff.

[681] Wesen streng begrifflich als *essentia* verstanden!

Pneumatologie stände, aber nicht wüßte, wo diese in der Schrift ihren literarischen Ausdruck findet. Denn zum einen hat Paulus aller Wahrscheinlichkeit nach in 1Thess 4,8 auf Ez 36,27; 37,14 angespielt; zum anderen hätte Paulus für seine pneumatologischen Ausführungen von Röm 8 auch auf eine Reihe von Stellen aus Jes, die er sicher gekannt hat, zurückgreifen können.[682] Doch auch das hat er nicht getan. Daß er also keinen Grund sah, für das Wohnen des Geistes in den Christen die Schrift zu bemühen - und das ausgerechnet im Röm, wo er sie sonst laufend im begründenden Sinne heranzog! - , bedarf also einer anderen Erklärung als der seiner Unkenntnis pneumatologischer Aussagen des Alten Testaments, vorausgesetzt, wir sind dazu in der Lage.[683]

Obwohl nach V.4 in Kap. 8 der Begriff νόμος nur noch in V.7 vorkommt, steht auch die positive Darlegung der christlichen Existenz im thematischen Zusammenhang mit der Apologie des Gesetzes. Die Torah verhindert nach jüdischer Auffassung die Sünde, da sie den Juden auffordert, sich nur nach Gottes Willen zu richten, also das von ihm Verbotene zu lassen und das von ihm Gebotene zu tun. Anstelle des Hinweises auf die Gebote (und Verbote) des Gesetzes verweist Paulus auf den *Indikativ der geistbestimmten Existenz*.[684] Derjenige, in dem Gottes Geist wohnt, existiert κατὰ πνεῦμα. Also *ist* in ihm das φρόνημα τοῦ πνεύματος, das Aus-Sein-auf des Geistes Gottes. Somit geht es dem Christen um das, worum es Gott geht. Das ist zwar keine Automatik. Denn auch der Christ *kann* κατὰ σάρκα leben.[685] Aber damit würde er nur gegen sein inneres Wesen und seine innere gottgegebene Intention agieren. Es wäre ein selbstzerstörerischer, selbstmörderischer, sich selbst negierender Akt, weil das φρόνημα τοῦ πνεύματος Leben und Friede (šālôm!) bedeutet (V.6), das κατὰ σάρκα ζῆν aber den Tod zur Folge hat (μέλλετε ἀποθνῄσκειν, V.13). So ist der Tenor des Ganzen: Ihr braucht euch von der Torah nicht eigens sagen zu lassen, was ihr tun müßt; ihr habt doch den Geist und sein φρόνημα in euch! Also verstoßt ihr doch auch nicht, wenn ihr euch vom Geiste Gottes leiten laßt und somit Kinder Gottes seid (V.14), gegen das, was das Gesetz gemäß seiner *eigentlichen* Intention als Willen Gottes aussagt, nämlich - um antizipierend auf Röm 13,8-10 zu verweisen - die Liebe, ἀγάπη! Dann verstoßt ihr doch nicht gegen das πλήρωμα νόμου! Wer also jetzt noch behauptet, das Gesetz sei Sünde, vergeht sich gegen Gottes Geist. Nur der Ungeist kann behaupten, daß der Nomos Hamartia sei!

---

[682] Z.B. Jes 32,15; Kontext: δικαιοσύνη, εἰρήνη!

[683] War Paulus bekannt, daß sich die römischen Christen als geisterfüllte Menschen sahen, daß sie sich mit der eschatologischen Gabe des Geistes beschenkt wußten? Sah er daher keinerlei Anlaß, ihnen eigens noch zu sagen, *daß* sie den Geist haben? Es ist immerhin eine naheliegende Vermutung, die freilich nicht verifiziert werden kann. Vielleicht gibt aber 8,9 dafür einen Fingerzeig: Ihr existiert doch (schon) im Geiste, wenn wirklich (εἴπερ: wenn wirklich, wie ihr doch vorgebt!) Gottes Geist in euch wohnt!

[684] Da es in Röm 8 um die Darlegung des *Seins* des Gerechtfertigten geht, hat hier primär der *Indikativ* seinen theol. Ort. Den *Imperativ* bringt Paulus in der Paränese. Doch wird, wie sich gleich noch zeigen wird, in der Darlegung des christlichen Seins deutlich, wie gerade der Indikativ den Imperativ sinnvoll macht.

[685] Umgekehrt kann jedoch der ἐν σαρκί Existierende *nur* κατὰ σάρκα leben und nicht κατὰ πνεῦμα; s. Röm 8,7: οὐδὲ γὰρ δύναται.

250

Mit *Röm 8,18* ändert sich der Charakter der Sprache. Es geht jetzt nicht mehr um theologische Argumentation als solche. Paulus spricht nun Worte des *Trostes*. Die Situation der römischen Christen ist also nicht nur durch die in Röm 14f. angesprochenen Streitigkeiten bestimmt, sondern auch, vielleicht sogar in erster Linie durch *Bedrängnisse*, die in V.18 genannten παθήματα τοῦ νῦν καιροῦ. Die römischen Christen können nur sinnvoll leben, wenn sie auf Zukunft, Gottes Zukunft nämlich hin leben, V.24 τῇ γὰρ ἐλπίδι ἐσώθημεν. Christliche Existenz ist also *Existenz in Hoffnung*. Das Leidensmotiv begegnete ja schon 5,3ff., wo von der Situation ἐν ταῖς θλίψεσιν die Rede war. Vielleicht war dieser Abschnitt des Trostes für die Adressaten des Briefes von größerem existentiellen Gewicht als die Worte des Apostels zum Streit um die "römischen Gemüseesser".[686] In diesen Trost fügt Paulus, und zwar recht organisch, seine Berufungs- und Rechtfertigungstheologie ein (8,28-30). In diesem Trostteil spiegeln sich auch theologische Gedanken von Röm 8,1-17, in ihm werden Gedanken und Formulierungen aufgegriffen und seelsorgerlich fruchtbar gemacht, die in 8,1-17 schon für das eigentliche theologische Anliegen des Briefes konstitutiv waren.[687]

Und so führt nun Paulus dieses Kapitel mit rhetorischem Glanz zu den herrlichen Worten *Röm 8,31-39*, zu Worten, deren tröstende und ermunternde Kraft noch heute Menschen in ihrer Not vor der Verzweiflung bewahrt. Gerade in diesem Abschnitt findet sich das einzige formelle, mit der formula quotationis καθὼς γέγραπται eingeleitete Zitat ψ 43,23: Um deinetwillen werden wir getötet... Dieses letzte Zitat in der Einheit Röm 1,18-8,39 spricht vom *Tod* der Christen, mag damit auch nur überspitzt von schlimmer Not die Rede sein. Paulus spricht aber mit diesen Worten auch das im selben Psalm kundgetane Vertrauen aus, der mit der Aufforderung endet: "Steh auf, o Herr, und hilf uns! Und erlöse uns um deines Namens willen!" Der Herr aber hat, so will Paulus den Römern sagen, geholfen, hat erlöst; auch der Tod, der furchtbare θάνατος (V.38) kann uns von der Liebe Gottes in Christus Jesus nicht mehr trennen. In aller θλῖψις, στενοχωρία, διωγμός usw. (V.35) *hat* Gott seine Erlösung, seine ἀπολύτρωσις gewirkt (V.23), die auch der ganzen Schöpfung, πᾶσα ἡ κτίσις, zuteil werden wird (V.22). Haben wir aber in der Argumentation von 1,18 an bis 8,39 die Zäsur nach 5,11 registriert, so zeigt sich eine bemerkenswerte Symmetrie: Röm 1,18-5,11 endete mit der in Glauben und Hoffnung bewältigten Not, Röm 5,12-8,39 endet in gleicher Weise.[688]

---

[686] So ein wenig bissig und doch zugleich ein wenig achtungsvoll *Karl Barth*, Der Römerbrief, Zürich [15]1989 (= München 1922), 492.

[687] Z.B. der Besitz des πνεῦμα 8,23 gegenüber 8,4ff.; ἐλευθερωθήσεται/ἐλευθερία 8,21 gegenüber 8,15, wo πνεῦμα υἱοθεσίας fast synonym mit πνεῦμα ἐλευθερίας ist; υἱοθεσία 8,23 gegenüber der gerade genannten Stelle 8,15 (s. auch 8,14); das Gebet 8,26 gegenüber 8,15; τὸ φρόνημα τοῦ πνεύματος 8,27 gegenüber 8,5ff. Und wenn Paulus 8,21 von der Freiheit der δόξα der Kinder Gottes als erhofftem Gut spricht, so korrespondiert dies dem Abschluß von 8,1-17: εἴπερ συμπάσχομεν ἵνα καὶ συνδοξασθῶμεν.

[688] M.E. ein zusätzliches Indiz, daß unsere formale und rhetorische Analyse, die immerhin durch die rhetorische Analyse *Melanchthons* gestützt wird, zutrifft: Die Zäsur ist nach Röm 5,11 anzusetzen, mag es auch natürlich Verklammerungen zwischen beiden Teilen

Ob *Röm 9-11*[689] der eigentliche Zielpunkt des Röm ist oder lediglich eine Art Exkurs, ist umstritten. Versuchen wir hier, den Charakter dieses Abschnitts, in dem es um eine theologische Bewertung *Israels* geht, dadurch zu erfassen, daß wir seine rhetorische Struktur analysieren. Nach dem, was sich uns bisher über die rhetorische Argumentationsstrategie des Paulus erschlossen hat, ist zu erwarten, daß uns gerade hier die rhetorische Analyse den richtigen Weg weist.

Die literarische Einheit Röm 9-11 ist in der Tat ein Kabinettstück rhetorischer Finesse und Raffinesse - Raffinesse dabei keineswegs im pejorativen Sinn verstanden - des Paulus. Daß er die theologische Bedeutsamkeit Israels im Röm in besonders eindrücklicher Weise thematisiert, liegt in der Natur der Sache. Zwar begegnet bis Kap. 8 einschließlich der Name Israel nicht; es ist dort nur vom Juden, z.T. in der Zusammenstellung "Jude und Hellene" (1,16; 2,9f.) die Rede (Plur. 3,9.29). In 9,4 spricht hingegen Paulus nicht von den Juden, sondern von seinen Brüdern und Volksgenossen mit dem Ehrennamen Israeliten.

Röm 9,1-5 zeigt, wogegen sich Paulus zu verteidigen genötigt sieht. Wieder ist der apologetische Charakter seiner Aussagen offenkundig. Er betont ausdrücklich, daß er die Wahrheit sage, er beruft sich auf sein Gewissen "im Heiligen Geist". Er muß sich allem Anschein nach gegen die Beschuldigung zur Wehr setzen, ihm liege an seinem Volke nichts, liege nichts daran, daß es, weil es sich nicht zu Christus bekehrt hat, den Weg des Verderbens geht. Und so stellt er mit Nachdruck die geistliche Realität der Israeliten heraus: Die Sohnschaft (Gottes), die Doxa (trotz 3,23, wonach gerade diese Doxa schon der Menschheit mit Adam verlorengegangen war, ehe überhaupt das Volk Israel zur Existenz gelangte!), die Bundesschlüsse, sogar die Gesetzgebung, der Gottesdienst und die Verheißungen. Der vom Gal Herkommende nimmt mit Verwunderung zur Kenntnis, daß υἱοθεσία und νομοθεσία ohne Differenzierung nebeneinander genannt werden, ebenso νομοθεσία und ἐπαγγελίαι! Die Abstammung Christi von den Vätern, also vom Volke Israel, erscheint betont am Ende von 9,1-5 - ganz in Entsprechung zu Röm 1,3 mit ἐκ σπέρματος Δαυὶδ κατὰ σάρκα. Und genau dieses κατὰ σάρκα bringt Paulus wieder in 9,5. Seine Liebe zu seinem Volke gipfelt im Wunsch, an dessen Stelle verflucht zu sein. Deutlicher als in 9,1-5 kann der Apostel nicht sagen, wieviel ihm an seinem Volke Israel liegt. Aber es ist auch deutlich, daß, wer 1Thess 2,14ff. oder den Gal gelesen hat, gar nicht auf den Gedanken käme, Paulus bedaure das von Israel verspielte Heil. Wie also die Apologie des Gesetzes innerhalb des Röm die inhaltliche, wenn auch nicht formelle Korrektur von antinomistischen Aussagen des Gal ist, so läßt sich bereits die Einleitung zu Röm 9-11 als Korrektur früherer Aussagen über das jüdische Volk lesen.

Die mit *9,6* einsetzende theologische Argumentation schlägt allerdings eine andere Richtung ein. Jetzt geht es auf einmal gar nicht mehr

---

geben. Diese Verklammerungen sind insofern nicht verwunderlich, als ja der 2. Teil die *theologische* Argumentation des 1. Teils fortsetzt.

[689] Für die rhetorische Analyse von Röm 9-11 nenne ich so gut wie keine Lit. In meiner Monographie über diese Kapitel "Gottes Ich und Israel" habe ich dies extensiv getan (bis etwa 1982/83) und verweise daher auf sie. Zuweilen wird Lit. in Abschn. 2.2.3.5.3. genannt.

um das Verhältnis des Paulus zu Israel, sondern um die Frage nach der Zuverlässigkeit, der Glaubwürdigkeit des *Wortes Gottes*. Wenn er nämlich mit der These einsetzt, daß Gottes Wort - nämlich die Verheißung Gottes an das *Volk* Israel! - nicht hingefallen sei, dann sieht das eher als Apologie gegen die jüdische Bestreitung des messianischen Anspruchs Jesu Christi aus, etwa in folgender Weise: Wenn sich die große Mehrheit Israels nicht zu Christus bekehrt hat und daher nach christlicher Überzeugung des ewigen Heils verlustig gegangen ist, so ist Gottes Heilsverheißung an Israel nicht zur Erfüllung gelangt, Gottes Wort also "hingefallen". Da aber so etwas um der Heiligkeit und Treue Gottes willen nicht angenommen werden darf, ist der christliche Verkündigungsanspruch null und nichtig. So sieht sich Paulus gezwungen, die Unverbrüchlichkeit der göttlichen Verheißung an Israel aus christlicher Sicht zu verteidigen: Deshalb ist Gottes Wort nicht "hingefallen", weil zwischen dem Volke Israel, also der ethnischen Größe Israel, und demjenigen Teil aus Israel, dem die Heilsverheißung Gottes gilt, unterschieden werden muß. Thesenartig heißt es 9,6b: οὐ γὰρ πάντες οἱ ἐξ Ἰσραήλ, οὗτοι Ἰσραήλ. Dieses schismatische Handeln Gottes beweist Paulus aus der Geschichte Israels und aus prophetischen Aussagen. Welche einzelnen theologischen Implikationen diese Argumentation berichten, ist im theologischen Teil über den Röm noch genauer darzulegen. Hier genügt es zu sagen, daß Paulus zeigt, wie im Laufe der "Heilsgeschichte" Israels Gott beruft und wie einzig und allein die Berufenen aus Israel das eigentliche Israel ausmachen. *Berufen*, καλεῖν, ist das dominante theologische Wort aus *Röm 9,6-29*. Berufen, das ist ganz und gar Sache Gottes. Es geht also in diesem Abschnitt *allein* um Gottes Handeln; was der Mensch tut, ist für 9,6-29 völlig unerheblich. Wie wenig des Menschen Handeln nach der Heilsintention Gottes von theologischer Relevanz ist, zeigt besonders eindrücklich V.11: Gott hat seine Erwählung schon vollzogen, ehe die Zwillingsbrüder Jakob und Esau geboren waren; denn den einen hat er schon vor seiner Geburt geliebt, den anderen schon vor seiner Geburt gehaßt! So ist V.12 der theologische Spitzensatz: οὐκ ἐξ ἔργων ἀλλ᾽ ἐκ τοῦ καλοῦντος. Paulus verweist auf diese schismatische "Heils*geschichte*", um zu zeigen, warum auch in der "Heils*gegenwart*" nur wenige aus dem Volke Israel berufen sind. Es ist eben heute genauso wie damals: Gott hat nur eine Minderheit Israels berufen. Und das darf keiner als ungerecht beurteilen. Denn wer dürfte mit Gott rechten! V.20: "Wer bist du denn, o Mensch, daß du Gott widersprächest!"

Und so hat Gott nicht nur eine Minderheit aus dem Volke Israel berufen, sondern auch Menschen aus den *Heiden*, ἐξ ἐθνῶν. Das Fazit für Israel lautet freilich mit Jesaja: "(Nur) einen Rest wird Gott retten, τὸ ὑπόλειμμα σωθήσεται." Damit könnte Paulus eigentlich den Israel-Abschnitt beenden. Er hat ja mit den Worten der Schrift gezeigt, daß Gott seinem Wort gemäß gehandelt hat. Er hat gezeigt, daß alle Entscheidung auf der *Ebene des Handelns Gottes* gefallen ist, daß also der Mensch in Dingen des Heils nichts zu sagen hat und folglich auch nicht Gott reinreden darf. Auf derjenigen theologischen Ebene, auf der Paulus Röm 9,6-29 argumentiert hat, ist also alles theologisch widerspruchsfrei aufgegangen, ist alles theologisch stimmig. Was soll man sonst noch dazu sagen? Jedes weitere Wort wäre doch reine Blasphemie.

Und doch, Paulus argumentiert in der Israelfrage weiter, *Röm 9,30-10,21* - nur freilich jetzt auf einer anderen Ebene, nämlich auf der *Ebene des menschlichen Sich-Verhaltens*. Auf den ersten Blick wirkt *Röm 9,30-10,21* als eklatanter Widerspruch zu 9,6-29. Denn dort war die gesamte Israelproblematik so dargestellt, als sei einzig und allein Gottes Prädestinationsdekret bestimmend. Vom Glauben war kein einziges Mal die Rede. Das gilt auch für das Gesetz; die für die paulinische Rechtfertigungstheologie konstitutive Alternative ἐξ ἔργων νόμου - ἐκ πίστεως ist in 9,12 auffällig modifiziert: ἐξ ἔργων (ohne Genitiv νόμου!) - ἐκ τοῦ καλοῦντος. Geht es demnach bei dieser Antithese um den Gegensatz von Mensch und Gott, so bei der für die Rechtfertigungstheologie konstitutiven Alternative um den Gegensatz von falschem und richtigem menschlichen Verhalten. Die mit der göttlichen Monokausalität operierende theologische Argumentation in 9,6-26 kennt also nicht das Wortfeld der paulinischen Rechtfertigungstheologie. Dieser Abschnitt scheint also die *praedestinatio gemina* in der geradezu klassischen Ausprägung Calvins auszusagen.

Widersprüchlich zueinander bleiben jedoch 9,6-29 und 9,30-10,21 nur solange, wie man beide Argumentationseinheiten in den Kausalzusammenhang *einer* Seinsebene bringt, wie man also göttliches und menschliches Handeln als gegenseitig verrechenbares Geschehen ansieht. Doch genau das ist nicht der Fall. Göttliches und menschliches Verhalten lassen sich gerade nicht zu einem einheitlichen, begrifflich zusammensetzbaren Gesamtgefüge addieren. Denn was "über" Gott und sein Handeln zu sagen ist, kann nicht als *Mit*-Komponente in einem immanenten Geschehen verobjektiviert werden.

Beachtet man diesen fundamentalen theologischen "Sach"-Verhalt, so gibt es einen guten Sinn, wenn in 9,30-10,21 das Wortfeld der paulinischen Rechtfertigungstheologie begegnet: πίστις/πιστεύειν, δικαιοσύνη (θεοῦ), νόμος, κηρύσσειν. Jetzt ist es sinnvoll, von Israels Schuld zu reden, von seinem verfehlten, weil verständnislosen Eifer. Israel ist schuldig, weil es in Unkenntnis der Gerechtigkeit Gottes seine eigene Gerechtigkeit hinzustellen sich bemühte, sie geradezu "pro-stituierte" und sich deshalb der Macht der Gerechtigkeit Gottes nicht unterwarf. Jetzt gibt es guten Sinn, vom Ende des Gesetzes, τέλος νόμου[690], zu sprechen. Wie Gal 3,12 wird Lev 18,5 in Röm 10,5 als einst mögliche Lebensverwirklichung kraft des mosaischen Gesetzes gesehen, die aber aufgrund der inzwischen eingetretenen Situation nur noch Fiktion ist. Doch seit wann ist diese Möglichkeit Fiktion (seit Adams Fall?, seit Christus und dem Erscheinen der Gerechtigkeit Gottes?).

In 9,26-10,21 ist also die *Rechtfertigungstheologie* im *Kontext der quälenden Israelfrage* ausgesagt. Jetzt sitzt wie in Kap. 2 Israel auf der Anklagebank. Den Judenchristen unter den Christen Roms wird damit erneut in aller Deutlichkeit gesagt, daß das eigentliche Judesein, nämlich die *Existenz aus* dem Gesetz, eine überholte Existenzweise ist. Wer immer noch seine Gerechtigkeit aus dem Gesetz nehmen will, indem er es als eine *jetzt* lebensspendende Gabe Gottes ansieht, denkt im eigentlichen Sinne des Wortes reaktionär. Das Gesetz als Lebensspender - das

---

[690] Die Übersetzung "Ziel des Gesetzes" widerspricht dem Argumentationsverlauf und ist ideologisch aus einer nicht haltbaren theologischen Intention geboren.

war einmal! Auf der Seite des Geistes und somit des Lebens steht die Torah nur im Sinne von Röm 8,2. Den Judenchristen Roms wird gesagt: Ihr seid Christen, insofern ihr auch als Judenchristen nicht mehr "aus dem Gesetz" zu leben bemüht seid. Gottes Wort (der Rechtfertigung und des Lebens) ist euch nahe, aber allein in Christus! Nach Dtn 30,14 sagt doch die Torah selbst - verstanden freilich nicht mehr als forderndes und insofern lebenspendendes Gesetz, sondern als prophetisch-verheißendes Wort - , daß der Weg zum Heil, zur σωτηρία (10,1.10) nicht mehr über sie selbst führt. In dieser Hinsicht verleugnet sich sozusagen die Torah selbst. Wie in Röm 4, so wird nun auch in Röm 10 das Gesetz insofern in die theologische Argumentation hineingezogen, als es sich selbst in seiner Funktion als durch Forderungen zum Leben führendes Gesetz aufhebt. Aber bereits Jesaja wußte es und hat es gesagt: Obwohl das Evangelium der ganzen Welt verkündet worden ist und folglich auch Israel es gehört haben mußte, war es halsstarrig und ungehorsam. Deshalb sagte Gott durch Jesaja, daß er sich von denen finden lassen wolle, die ihn nicht gesucht hatten (Jes 65,1 = Röm 10,20). Also sollte es nicht verwundern, wenn die Kirche heute ein weithin heidenchristliches Gesicht hat. Paulus schließt somit den 2. Teil seiner theologischen Israelargumentation recht effektvoll ab. Es ist nicht Paulus, der Israel anklagt, es ist Gott selbst. Es ist die Anklage, die in Israels Heiliger Schrift nachzulesen ist. Nirgendwo hat Paulus in einem solchen Ausmaß mit Schriftbeweisen operiert wie in Röm 9-11. Nirgendwo ist in den paulinischen Schriften der Schriftbeweis so dicht geführt worden. Die elende Situation Israels im Blick auf das in Christus Wirklichkeit gewordene Heil - jeder kann genau dies in Israels Schrift nachlesen. Paulus hat also mit seinem Rekurs auf die Heilige Schrift, die ja in essentieller Weise die Heilige Schrift Israels ist, ein Doppeltes auszusagen vermocht: 1. Wenn jemand aus dem Kreis der Christen - gemeint sind natürlich in erster Linie Judenchristen - gegen Paulus einwendet, er stände theologisch auf der falschen Seite, so beweist die Schrift den göttlichen Ursprung seiner Theologie der Rechtfertigung. 2. Wenn jemand von jüdischer Seite aus gegen Paulus einwendet, das Evangelium verfälsche Gottes Wort, weil doch eine Heilsgemeinschaft ohne die Majorität Israels die Heilsverheißungen an Israel und somit Gott selbst als unglaubwürdig erweisen würde, so spricht wiederum dieselbe Heilige Schrift gegen eine solche Auffassung. Und gerade Paulus ist es, der unter diesem Verhalten der Majorität Israels überaus leidet (9,1-5).

Jetzt ist also *auf der Ebene des göttlichen Handelns* und *der des menschlichen Verhaltens* hinreichend dargelegt, warum Israel in seiner Majorität versagt, wenn es nicht an Christus glaubt. Mit Röm 10,21 könnte also endgültig die Israelargumentation abgeschlossen sein. Doch erstaunlicherweise setzt Paulus noch einmal von neuem ein. Hatte man schon mit der zweiten Argumentationseinheit erfahren, mit welchen theologischen Überraschungen man bei ihm rechnen mußte, so wird man angesichts dessen, daß er nun in *Röm 11,1-36* noch einen neuen Argumentationsgang bringt, wiederum auf eine überraschende Wendung gespannt sein dürfen. Paulus beginnt mit einer Frage, deren Antwort nach den bisherigen Ausführungen eigentlich selbstverständlich sein sollte: Hat Gott sein *Volk* verstoßen? Nach der Unterscheidung von 9,6 zwischen der ethnischen Größe Israel, der die Heilsverheißung gerade nicht gilt, und dem aus dieser ethnischen Größe auserwählten, berufenen eigentlichen Israel sollte es klar sein, daß es gerade nicht das Volk als solches sein kann, das berufen ist. Für die in 11,1 gestellte Frage kann nach 9,6-29 die Antwort nur lauten: Gott hat in der Tat sein Volk verstoßen! Doch Paulus sagt anscheinend gegen alle Logik: μὴ γένοιτο! Dem erstaunten Leser wird dann in V.2ff. auch noch eine Begründung geliefert, die ihn zunächst einmal an der logischen Fähigkeit des Apostels zweifeln läßt. Denn dieser verweist ihn erneut auf die bekannte Denkfigur aus Kap. 9, auf, um mit *Cranfield* zu sprechen, das "Israel within Israel"[691] , nämlich auf zwei Beispiele, auf sich selbst und - jetzt unter Berufung auf die Schrift - auf den Gottespruch, χρηματισμός, 3Bas 19,18: "Ich habe mir 7000 Männer übriggelassen, die ihre Knie nicht vor Baal beugten." Die Konsequenz ist dann (V.5): "So ist auch jetzt ein *Rest* gemäß der Gnadenauswahl geworden, λεῖμμα κατ᾽ ἐκλογὴν χάριτος." λεῖμμα entspricht dem ὑπόλειμμα von 9,27 (= Jes 10,22: κατάλειμμα). Mit κατ᾽ ἐκλογὴν χάριτος ist darüber hinaus eine Formulierung gewählt, die als theologische Überschrift zu 9,6-29 bestens gepaßt hätte. Und abermals fällt auf, daß dem οὐκέτι ἐξ ἔργων in V.6 nicht ἐκ πίστεως entgegengestellt wird, sondern - in inhaltlicher Entsprechung zu 9,12 - χάριτι, also das Handeln Gottes und das des Menschen antithetisch zur Sprache gebracht werden. So bleibt wirklich nur das "Was nun?" von V.7, wobei die Antwort resignativ klingt: Was Israel - hier als Volk verstanden - erstrebt, das haben nur die Auserwählten[692] erlangt. Gott hat die übrigen, also die Majorität Israels, verstockt.[693] Eindeutig befinden wir uns wieder auf der *Ebene des Handelns Gottes* - wie in Kap. 9! Paulus kann auch diesmal wieder dafür die Schrift anführen, freilich ein recht eigentümliches Wort alttestamentlicher Prophetie. Hat er in 10,20f., nachdem er in V.19 Mose zitiert hatte, Jesaja ausdrücklich genannt, so lautet die formula quotationis hier lediglich καθὼς γέγραπται. Zitiert wird Dtn 29,4, wobei der entscheidende Begriff πνεῦμα κατανύξεως gerade nicht in diesem Wort der Torah steht, sondern in Jes 29,10. Dort steht auch noch einmal ὀφθαλμούς wie in Dtn 29,4. Diesem Zitat wird ein Davidwort (= ψ 68,23f.) hinzugefügt, in dem ein erneutes passivum divinum begegnet: σκοτισθήτωσαν οἱ ὀφθαλμοὶ αὐτῶν τοῦ μὴ βλέπειν. Gott ist es, der ihnen in geistlichen Dingen die Fähigkeit zu sehen genommen hat. Israel soll Gottes Offenbarung nicht verstehen! Gott selbst will Israels Blindheit!

Nach dem bisher interpretierend dargestellten Argumentationsduktus des Paulus wären die Einheiten 9,6-29; 9,30-10,21; 11,1-10 nach dem Schema A-B-A aufgebaut - gäbe es da nicht die anscheinend ungereimte Antwort in 11,1. Die ganze Sache geht also argumentativ nicht auf. Doch genau darauf hat Paulus seine rhetorische Strategie ausgerichtet. Er will allem Anschein nach zunächst die Verwirrung seiner Leser provozieren. Und so liegt es in eben dieser Strategie, daß er erneut fragt, V.11: "Strauchelten sie (sc. die Israeliten), damit sie fallen?" Darauf dann wieder ein erneutes μὴ γένοιτο! Im Anschluß an dieses emphatische Nein bringt Paulus - endlich! - in einem ersten Ansatz die Lö-

---

[691] *C.E.B. Cranfield*, ICC 16/2, 471.

[692] Abstractum ἐκλογή für concretum ἐκλεκτοί.

[693] Passivum divinum ἐπωρώθησαν.

256

sung des quälenden Rätsels Israel: Durch dessen Fall soll den Heiden das Heil zuteil werden, um die Israeliten zur Eifersucht zu reizen. Mit 11,1 ist aber die "Heilsgeschichte" auf den Kopf gestellt, wenn man den Vers mit der programmatischen Aussage 1,16 vergleicht. Dort war die σωτηρία zuerst (πρῶτον!) für den Juden und dann erst für den Heiden angesagt. In 11,1 hingegen wird dieselbe σωτηρία zuerst den Völkern zuteil und dann erst den Israeliten. Doch was in zeitlicher Hinsicht Israels Nachteil ausmacht, ist um so mehr im quantitativen Sinne (πόσῳ μᾶλλον) ihr Vorteil (τὸ πλήρωμα αὐτῶν). In diesem πλήρωμα ist bereits das πᾶς Ἰσραήλ anvisiert.

Die Lösung ist also, daß durch das Heil der Heiden Israel zur Eifersucht gereizt werden sollte. Israels Verwerfung bedeutet die Versöhnung der Welt. Folglich ist Israels Annahme "Leben aus den Toten, ζωὴ ἐκ νεκρῶν", V.15. Ist Gottes Wirken schon dadurch in menschlichen Augen paradox, daß er die von ihm selbst gesetzte Heilschronologie von Röm 1,16 auf den Kopf stellt, so erst recht dadurch, daß er sein Heil durch Sünde und Unglaube hindurch wirkt. Darin wird wieder der Topos der *Neuschöpfung* erkennbar: Wie in Röm 8 als alttestamentlicher Hintergrund das grandiose Bild von der Auferweckung der Toten der Neugeburt Israels angemessen war, so verdichtet sich diese Vorstellung in der prägnanten Formel von der ζωὴ ἐκ νεκρῶν - eine nicht konsternierende Vorstellung nur für den, der zu sehr mit ihr vertraut ist. Paulus gebraucht die Wendung aber hier, um das Ungeheuerliche auszusprechen, nämlich Gottes Handeln, das in kein menschliches Schema hineinpaßt. Paulus will den römischen Christen sagen, daß nach menschlichen Maßstäben Gottes Art zu wirken nur mit Kopfschütteln zur Kenntnis genommen werden kann.

Von einer rein theologischen Sachargumentation her könnte Paulus jetzt schon das Mysterium von 11,25f. bringen. Aber es geht ihm gar nicht um eine rein "sachliche" theologische Darlegung. Theologische Aussage ist ja stets situations- und adressatenbezogen. Und so auch hier! Jetzt redet Paulus die *heidenchristlichen* Römer an. Er argumentiert jetzt nicht, als würde er sich zugleich an Jerusalem wenden. Jetzt ist nicht Jerusalem die heimliche Adressatin, jetzt sind die (wohl paulinisch gesinnten) Heidenchristen Roms die offen Angeredeten: ὑμῖν δὲ λέγω τοῖς ἔθνεσιν. Paulus spricht jetzt offiziell als der Apostel der Heiden, V.13. Und ab V.17 wird der römische Heidenchrist mit "du" angeredet. Der Vergleich mit dem wilden Ölbaum und den aufgepfropften Zweigen soll den Heidenchristen davor bewahren, die - leider! - noch gesetzlich denkenden Judenchristen zu verachten. Röm 11,17-24, oft zu Unrecht theologisch überfrachtet und emotional ausgespielt, ist eine Art Exkurs, geboren aus rhetorischer Strategie. Daß mit ihm auch die Thematik des in Kap. 14 und 15 angesprochenen Streits hier bereits im Blick ist, liegt auf der Hand.

Läßt aber dann Paulus in *Röm 11,25f.* die römischen Christen das *Geheimnis*, μυστήριον, wissen, wie Gott ganz Israel rettet, nämlich durch teilweise - ἀπὸ μέρους ist Euphemismus - Verstockung, bis die Fülle der Heiden eingetreten sei, so ist das πᾶς Ἰσραὴλ σωθήσεται in doppelte Richtung gesagt. Es ist erstens den Judenchristen gesagt: Euer Volk ist nicht verloren! Es ist den Heidenchristen gesagt: Ihr seid nicht die einzigen, die Gott erwählt hat! Und im Zuge dieser Aussage bringt Paulus erneut ein begründendes Zitat, nämlich Jes 59,20f. Die Schrift selbst sagt also, daß der Retter - der ῥυόμενος von Röm 11,26 ist natürlich der ῥυόμενος von 1Thess 1,10 - von Israel die Sünden wegnehmen wird. Daß hinter dem πᾶς Ἰσραὴλ σωθήσεται unausgesprochen Jes 45,25LXX steht, wird noch zu erörtern sein. Das Rätsel Israel ist also Mysterium. Es ist ein so großes Geheimnis Gottes, daß Paulus am Ende seines Israel-Abschnitts nur noch ausrufen kann, 11,33: "O Tiefe des Reichtums und der Weisheit und der Erkenntnis Gottes! Wie unerforschlich sind seine Gerichte und wie unaufspürbar sind seine Wege!" Er fragt dann mit den Worten von Jes 40,13, wer den Geist des Herrn erkenne. Und da er diesen Geist hat, kennt er das Geheimnis Gottes, das *Mysterium Israels*. Schon in 1Kor 2,16 zitierte er dieselbe Frage und erklärte, er habe diesen Geist und verstehe von daher die *theologia crucis*. Es ist also derselbe Geist, in dem sowohl das Mysterium Israels als auch die theologia crucis zur geistlichen Erkenntnis des Christen wird. Die rhetorische Kraft dieser Frage wird in Röm 11,34f. durch die beiden folgenden Fragen aus Hiob 15,8 und Jer 23,18 verstärkt. So kann der Israelabschnitt Röm 9-11 nur mit dem Lobpreis Gottes enden. Das die Eröffnungsverse abschließende Amen in 9,5 findet so seine Entsprechung im Amen von 11,36. Diese beiden Amen fungieren in rhetorischer Sicht geradezu als inclusio. Mit der Schlußdoxologie nimmt Paulus die römischen Christen in das von ihm gesprochene Amen mit hinein. Wer ihm in seiner theologischen Argumentation gefolgt ist, kann also gar nicht anders als sein eigenes Amen zu Gottes Mysterium zu sprechen.

2.2.3.5.3 Die Theologie des Römerbriefes

Die rhetorische Analyse hat bereits entscheidende theologische Intentionen und Inhalte des Röm erkennen lassen. Daher wird im folgenden Abschnitt nicht mehr der ganze Brief im Blick auf seine theologischen Aussagen hin interpretiert, sondern der theologische Gehalt zentraler Stellen in gebotener Ausführlichkeit und Vertiefung herausgearbeitet.

2.2.3.5.3.1 Sünde und Gerechtigkeit

Nach Röm 1,14 will Paulus den Römern das Evangelium verkünden, εὐαγγελίσασθαι. Was er aber dann tut, ist, daß er *über* das Evangelium spricht. Zugespitzt formuliert und so die recht komplexe rhetorisch-argumentative Struktur von Röm 1 ein wenig vereinfachend gesagt: *Theologie des Evangeliums* statt *Verkündigung des Evangeliums*. Paulus will das Evangelium verkündigen, *denn* er schämt sich des Evangeliums nicht, d.h. er bekennt es. *Denn* es ist Gottes Kraft zum Heil für jeden Glaubenden, zuerst für den Juden und dann für den "Griechen". Auf ψ 67,12 als alttestamentlichen Hintergrund wurde schon verwiesen.[694] Paulus las

---

[694] Bd. 1, 174.; zu Röm 1,16f. s. ergänzend *Hays*, Echoes of Scripture, 36ff.

diesen Text eschatologisch in dem Sinn, daß der Herr viel Macht denen geben wird, die das Evangelium von Jesus Christus verkündigen: κύριος δώσει ῥῆμα τοῖς εὐαγγελιζομένοις δυνάμει πολλῇ. Es ist zwar fraglich, ob er damit rechnete, daß die Römer den Psalmvers (einschließlich des Kontextes!) assoziierten; doch ist auch jetzt wieder angesichts dessen, daß die Psalmen zu seinem selbstverständlichen geistigen und geistlichen Eigentum gehörten, damit zu rechnen, daß zumindest er selbst ihn vor Augen hatte. Gott, dessen Größe und Macht, dessen Majestät und Hoheit zu verkünden das Alte Testament nicht müde wird, läßt an dieser seiner Dynamis die Boten des Evangeliums partizipieren, indem sie es an den Glaubenden durch die Verkündigung und den dadurch gewirkten Glauben zur Kraft Gottes werden lassen (vgl. 1Kor 1,18!). Und so partizipieren die Evangeliumsboten und zugleich die Glaubenden an Gottes Dynamis. Paulus spricht also über das Evangelium, indem er in diesem *Wort* sowohl Gott als auch sich selbst als Apostel und alle Glaubenden versammelt; das Evangeliumswort *ist* die Dynamis Gottes, der Apostel *spricht* die Dynamis Gottes, und am Glaubenden *wirkt* die Dynamis Gottes. Gott, Glaube und Heil (σωτηρία) kommen im Evangelium "zuhauf"; es ist sozusagen der theologische Ort dieses Geschehens, in welchem der rettende Gott und der gerettete Mensch beieinander sind. Und indem hier die Rede von *jedem* Glaubenden ist, ist dieser theologische Ort zugleich in seiner ekklesiologischen Dimension[695], in seinem ekklesiologischen Sein vorgestellt: Das *Sein der Kirche* ist ein *Sein aus dem Worte Gottes.* Das *Wirken des Wortes Gottes* ist aber das *Wirken Gottes selbst.* Wo also das Wort Gottes in der Verkündigung gesprochen wird, da ist Gott als der Sprechende und in seinem Sprechen als der das eschatologische Heil Wirkende präsent.

Gottes Heilswirken wird in V.17 - erneut begründendes γάρ - expliziert: Im Evangelium *wird* die Gerechtigkeit Gottes - δικαιοσύνη θεοῦ ist ja der Schlüsselbegriff des Röm - *offenbart* und, so ist zu ergänzen, *ist* so in ihm *offenbar*. Im Evangelium und somit in der Verkündigung der Kirche offenbart sich also Gott selbst als der rechtfertigende Gott. Indem Gott sich im verkündigten Evangelium offenbart, schafft er aus denen, denen er sich offenbart und die an ihn glauben, seine Kirche. Ist der Mensch aber wesenhaft *forensischer* Natur, also ein auf Rechtfertigung notwendig angelegtes Wesen[696], so ist die im Vollzug der

---

[695] Die Kirche aus Juden und Heiden!
[696] S. auch ib. 227ff.!

Offenbarung der Gerechtigkeit Gottes ausgesprochene Zusage der freimachenden Gerechtigkeit die Antizipation des eschatologischen Forums des Jüngsten Tages. Hic et nunc wird die eschatologische Heilszukunft in die Gegenwart hineingenommen und so der in der Gegenwart Glaubende im Grunde schon in die Zukunft versetzt. Wie stark das Wirksamwerden des wirkenden Gottes an den das Evangelium als Wort Gottes aufnehmenden Glauben "gebunden" ist, zeigt das betonte ἐκ πίστεως εἰς πίστιν - paraphrasiert: Ursprung und Ziel des gerechtfertigten Menschen ist der Glaube - , das allein eines Schriftbeweises gewürdigt wird: Hab 2,4.[697] Was in der argumentatio des Gal ein Schriftwort unter anderen war, ist nun das einzige Schriftwort in der propositio des Röm, also in dessen theologischer Überschrift. Damit gewinnt das Hab-Wort ein weit schwereres theologisches Gewicht als im Gal. Ist die δικαιοσύνη θεοῦ unbestreitbar der Schlüsselbegriff des Röm, so gewinnt sie doch ihre theologische Kontur erst durch die Konnotation mit πίστις: Was δικαιοσύνη θεοῦ wirklich ist, das zeigt sich in besonderer Weise in ihrem "Angewiesensein" auf die πίστις. Und indem Gott als rechtfertigender Gott auf den Glauben des Glaubenden "angewiesen" ist, ist seine übermächtige Dynamis der Schwäche des Menschen ausgeliefert. Dieses Angewiesen- und Ausgeliefertsein Gottes ist freilich im Horizont des *Geschichtlichen* ausgesagt und hat einzig hier ihren Sinn und Realitätsort. Eben weil Gott nach rein menschlichen Kriterien töricht handelt (1Kor 1,18ff.!), kann er als der Mächtige das Wirken seines mächtigen Evangeliumswortes von denen, die verlorengehen, nichtig machen lassen - dann jedoch mit der schrecklichen Folge, daß die das Evangelium Nichtenden sich selbst zu Opfern dieses Nichtungsprozesses machen, selbst sich in den Strom des Heil-losen Realismus hineinreißen lassen.[698] Allerdings thematisiert Paulus hier nicht die Nichtglaubenden! Ihm liegt an dieser programmatischen Stelle vielmehr daran zu sagen, daß der Glaubende und nur der Glaubende es ist, der als der auf das Evangelium Hörende der Gerechtigkeit Gottes teilhaftig wird. *Gott redet - der Mensch hört*; an diesem Zueinander von Gott und Mensch hängt alles: Gottes Reden verändert der Welt Wirklichkeit, und des Menschen Hören partizipiert an ihrem Wirksamwerden.

---

[697] Für Hab 2,4 s. zu Gal 3,11.

[698] S. 1Kor 1,18: τοῖς μὲν ἀπολλυμένοις. 1Kor 1,24f.: τὸ ἀσθενὲς τοῦ θεοῦ konnotiert θεοῦ δύναμιν. Diese Denkvoraussetzungen des 1Kor sind zwar in Röm 1,16f. nicht genannt, jedoch impliziert.

260

Warum Paulus in der propositio des Röm nur den Glauben mit einem Schriftbeweis versieht, nicht aber die Macht Gottes und nicht die Gerechtigkeit Gottes, liegt nahe: Daß Gott der Machtvolle ist, daß sein Wort an seiner Macht partizipiert, schließlich daß in seinem Wort seine Gerechtigkeit offenbart wird, all das ist, zumindest im Prinzip, so sehr Grundüberzeugung des Alten Testaments, daß Paulus es sich ersparen konnte, Selbstverständlichkeiten, die zwischen seiner Gemeinde und ihm unstrittig waren, eigens zu beweisen. Zumindest brauchte er damit nicht die programmatische propositio inhaltlich zu überladen.

Strittig ist allerdings heute die Bedeutung des Begriffs δικαιοσύνη θεοῦ. Daß das forensische Moment für ihn konstitutiv ist, bedarf keiner Begründung. Zu fragen ist jedoch, ob mit *Rudolf Bultmann* die Gerechtigkeit als bloße Gabe Gottes an den Menschen anzusehen oder mit *Ernst Käsemann* sie sowohl als Gabe Gottes als auch als Macht Gottes zu verstehen ist. Im Kontext von 1,16 darf ihr Machtcharakter nicht ignoriert werden.[699] Ist nämlich das Evangelium die worthafte Präsenz des machtvollen Gottes und ist Gott der im Evangelium machtvoll sich Offenbarende und gerade darin der den Menschen aufgrund seines Glaubens Rechtfertigende, so sind Dynamis Gottes und Gerechtigkeit Gottes theologisch so eng zueinander und miteinander ausgesagt, daß eine Definition der Gerechtigkeit Gottes allein vom Gabecharakter her unzureichend ist.[700] Was im Gal über δικαιωθῆναι und δικαιοσύνη theologisch dargelegt wurde[701], ist nun auf eine neue Ebene erhoben. Dort ist zwar Gott betontes Subjekt des δικαιοῦν (Gal 3,8; passivum divinum Gal 2,16), und δικαιοσύνη ist, was dem Gerechtfertigten eignet. Aber nun wird in Röm 1,16f. die Gerechtigkeit als *Gottes* Gerechtigkeit in der Weise vorgestellt, daß sie seine Präsenz, sein präsentes Wirken im Rechtfertigungsgeschehen ist. Handelt - etwas vereinfachend gesagt - nach dem Gal Gott rechtfertigend am glaubenden Menschen, so ist nach Röm 1,16f. in der Verkündigung des Evangeliums das *Offenbar-Werden* Gottes beim *Gerechtfertigt-Werdenden* ausgesagt. Paulus spricht theologisch über diesen Prozeß, verweist aber in diesem seinem theologischen Reden auf ein Reden Gottes, auf den θεοῦ λόγος, auf das Ereignis Gottes

---

[699] S. ausführlichen Nachweis *Hübner*, Das Gesetz bei Paulus, 104ff.

[700] Natürlich läßt sich allein aufgrund der logischen Beziehung von V.17 auf V.16 keineswegs die δικαιοσύνη θεοῦ von der δύναμις θεοῦ her definieren. Aber mit einem solchen definitorischen Versuch kommt man nicht an das heran, was Paulus sagen will! Er stellt vielmehr Wirklichkeiten in einer Weise zusammen, die nicht den Gesetzen einer streng aristotelischer Logik entsprechen.

[701] Für Gal mag man δικαιοσύνη als Gabe fassen. Aber gerade hier ist von δικαιοσύνη θεοῦ noch nicht die Rede.

gegenüber dem, der das Evangelium hört. *Wo der Mensch Gott hört, ereignet sich ihm Gott.* Gott ist also Subjekt und zugleich Ereignis der Rechtfertigung. Paulus hat somit seine Rede von der Gerechtigkeit, wie sie im Gal begegnet, im Röm auf die *theo*-logische Ebene erhöht.

Die Rede von der Rechtfertigung als Ereignis ist jedoch in einer Hinsicht mißverständlich; sie könnte zur Fehldeutung verführen, daß Rechtfertigung ein punktuelles Geschehen sei.[702] Aber der Mensch *bleibt* ja im Machtbereich der Gerechtigkeit Gottes.[703] Allein schon die Präsensform ἀποκαλύπτεται verweist auf ein prozeßhaftes, kontinuierliches Geschehen. Und die vieldiskutierte und eben schon zitierte Wendung ἐκ πίστεως εἰς πίστιν bringt zum Ausdruck, daß das Offenbarungsgeschehen der Gerechtigkeit Gottes auf seiten des Menschen mit dem Glauben einsetzt (ἐκ πίστεως), daß aber die Existenz des Gerechtfertigten auch immer eine Existenz auf Glauben hin bleibt (εἰς πίστιν).[704] In diesem Sinne kann auch das Hab-Zitat sinnvoll gedeutet werden: Der aus Glauben Gerechte - also der, der aus dem Glauben heraus existiert[705] - wird leben. Auch hier ist das (logische) Futur, ζήσεται, nicht Ausdruck eines punktuellen Geschehens.

Die propositio geht, wie schon gesagt, fast unbemerkt in die argumentatio über. Mit dem Hinweis auf die Offenbarung des vom Himmel herabkommenden Zornes Gottes über alles gottwidrige Geschehen leitet Paulus den großen Abschnitt über die Sündhaftigkeit der Menschheit ein. Das Fazit formuliert er *Röm 3,9*: Alle Juden und "Hellenen" stehen unter der *Sündenmacht*, ὑφ' ἁμαρτίαν.

Eigenartig ist freilich, daß der Begriff ἁμαρτία, *Macht* der Sünde, in der Argumentation von 1,18 her erst hier begegnet. Wo steht denn in der zuvor gebrachten Beweisführung, daß die Menschen unter eine so grauenvolle Macht geraten sind, vielleicht noch etwas vorsichtiger formuliert: daß sie sich unter diese Macht begeben haben? Es war die Rede davon,

---

[702] Eine solche Deutung würde die Auffassung von *Sanders* stärken, daß der Glaube lediglich als die Eingangsbedingung zu verstehen sei.

[703] Vorgreifend auf Röm 3,21f. sei gesagt, daß nach dieser Stelle die Gerechtigkeit Gottes jetzt ohne das Gesetz erschienen sei, πεφανέρωται. Dieses *Perfekt* sagt, daß sie in der Geschichte der Menschheit seit ihrem Erscheinen existenzbestimmend geblieben ist. Sie ist Gerechtigkeit Gottes *durch den Glauben*, διὰ πίστεως, an Jesus Christus für alle, die glauben. Die Präsensform πάντας τοὺς πιστεύοντας indiziert, daß Glaubender bleibt, wer zum Glauben gekommen ist.

[704] Ähnlich z.B. *Käsemann*, HNT, 28, der *Fridrichsen* (emphatisch "ungebrochene Kontinuität" im Sinne des sola fide) und *Stuhlmacher* ("Dimension der Neuen Welt") zitierend, formuliert: "Offenbarung der Gottesgerechtigkeit verwirklicht sich, weil an das Evangelium gebunden, immer nur im Bereich des Glaubens." *J. Dunn*, WordBiblComm, 43f., möchte jedoch unter Berufung auf *Karl Barth* u.a. erwägen, ob Paulus nicht mit ἐκ πίστεως die Treue Gottes, mit εἰς πίστιν den Glauben des Menschen intendiere. Dies scheint mir eine Überinterpretation zu sein. Der Sache nach bin ich aber mit *Dunn* einig, da er παντὶ τῷ πιστεύοντι in V.16 interpretiert (S. 40): "... he whishes to focus not soly on the initial act of faith but on faith as a continuing orientation and motivation for life."

[705] Freilich ist hier ἐκ πίστεως inhaltlich nicht ganz mit ἐκ πίστεως in V.17a identisch, deckt sich aber mit der Wendung οἱ ἐκ πίστεως Gal 3,7.

daß sie sündigten, wissentlich und willentlich sündigten. Man könnte höchstens auf das dreifache παρέδωκεν αὐτοὺς ὁ θεός (1,24.26.28) verweisen, wo gesagt wird, daß Gott Sünder *weiterer* Sünde preisgibt. Aber das gilt ja höchstens für die Ausführungen über die Heiden, nicht aber für die über die Juden (Beginn 2,1 oder, nach anderer Exegese, 2,17). Wir müssen also feststellen, daß in 3,9 ein *theologisches Urteil* gefällt wird, das aus der Lagebeschreibung 1,18-2,29 nicht zwingend gefolgert werden kann. Was es heißt, unter der geradezu satanischen Macht der Hamartia zu stehen, wird ja in seiner unheimlichen Tiefendimension, in seinem katastrophalen Elend erst dem Glaubenden klar (Kap. 7). Das Glaubensurteil von 3,9 antizipiert somit die Argumentation von Röm 7, wo aus der *Retrospektive des Glaubens* die verhängnisvolle Not des Menschen vor und außer Christus aufgewiesen wird. Und so sei auch an dieser Stelle schon vorwegnehmend gesagt, daß Paulus in 3,20 - dort findet sich als Fazit des ganzen Abschnitts 1,18-3,20, was als propositio in Gal 2,16 begegnet - erklärt, daß durch das Gesetz (nur) die Erkenntnis der Hamartia komme, διὰ γὰρ νόμου ἐπίγνωσις ἁμαρτίας. Auch hierzu ist festzustellen, daß für den, der sich noch ganz im Bereich des Gesetzes befindet (s. 3,19: τοῖς ἐν [!] τῷ νόμῳ), eine wirkliche Erkenntnis der Hamartia noch gar nicht möglich ist. Auch hier antizipiert Paulus, was er erst später in Röm 7 argumentierend vorführt.

Röm 1,18 setzt mit betontem ἀποκαλύπτεται ein. Für das theologische Denken des Paulus bezeichnend ist die erneute präsentische Form. Geblickt wird auf die *Gegenwart*; die Vergangenheit ist nur insofern relevant, als die Gegenwart durch sie bedingt ist. Anders als in 5,12ff. erfolgt kein Rekurs auf Adam; doch ist 1,18ff., was die theologische Anthropologie angeht, mit den Adamsaussagen des Paulus kompatibel. Denn dieser versteht Adam von denen her, die als Sünder "in ihm" sind (1Kor 15,22[706]). Ist somit Adam, ohne daß sein individuelles Sein bestritten würde, eine kosmische Gestalt, zu deren wesentlichem Aspekt die corporate personality gehört, so wird in Röm 1,18ff., freilich ohne expliziten Adambezug, genau diese adamitische Menschheit thematisiert.

Die Perversion der Menschheit ist zwar in entscheidendem Ausmaße ethischer Natur; zumindest indiziert dies das erste ἀδικία in 1,18, und in ἀσέβεια könnte es impliziert sein. Aber das unmoralische Sein des Menschen ist doch lediglich Symptom für die eigentliche Verderbnis: Die Menschen verkennen Gott und zerstören gerade darin sich selbst.[707] Das

---

[706] In Röm 5,12ff. aber nicht ἐν τῷ Ἀδάμ, s.u.

[707] Nach *Käsemann*, HNT, 34f., sind ἀσέβεια und ἀδικία ein Hendiadyoin; so auch *H. Schlier*, HThK VI, 50. Nach *C.E.B. Cranfield*, ICC, 112, sind die beiden Worte "used as two names for the same thing". Beide Begriffe können nicht rein denotativ bestimmt werden, der Sinn ergibt sich aus ihrer Konnotation in Röm 1. Und aus dem dort gegebenen Argumentationsverlauf ist ein *überwiegend* moralischer Sinn auszuschließen.

pervertierte Gottesverständnis hat das *pervertierte Menschenverständnis* zur Folge. Wenn die Menschen die "Wahrheit", ἀλήθεια, niederhalten - und Wahrheit ist hier, wie 1,19ff. verdeutlicht, das Offenkundigsein Gottes in seiner Schöpfung - , so vergehen sie sich an ihrer eigenen, durch Gott gesetzten Wirklichkeit. In der Tat also Perversion im eigentlichen Sinne des Wortes: Die Menschen verändern ihre Grundausrichtung, sie pervertieren ihr Ausgerichtetsein auf Gott und bringen sich somit selbst um ihr Menschsein. Handelt aber die Menschheit in diesem Sinne selbstzerstörerisch, so deutet Paulus schon jetzt damit an, was er erst 3,9 offen ausspricht, nämlich das Sündigen als dasjenige, in dem sich die Sünde als Macht auswirkt.

Wer die *Wahrheit* niederhält, ist im Übermaße töricht. Er vergeht sich nämlich gegen das, was offenkundig ist, nämlich, daß Wahrheit eigentlich unübersehbar ist. Gerade im Sprachgebrauch des Paulus kommt in ἀλήθεια etwas davon zum Ausdruck, was dieses griechische Wort etymologisch zum Ausdruck bringt, die Unverborgenheit.[708] V.19 begründet V.18 in genau diesem Sinne: Es gibt Aspekte Gottes[709], die den Menschen offenbar sind, φανερόν; Gott selbst hat sie ihnen geoffenbart, ἐφανέρωσεν. Damit steht ἀλήθεια im Kontext der Offenbarungsterminologie und ist folglich das in der Welt, was Gott in ihr als das auf ihn selbst Transparente geschaffen hat. Dies wird in dem erneut begründenden V.20 noch deutlicher. Der zunächst so paradox wirkende Satz (τὰ ἀόρατα - καθορᾶται)[710] verliert diese Paradoxie, wenn seine Grundvoraussetzung erkannt ist: *Der Mensch ist in der Lage, über den Bereich des Vorfindlichen hinauszudenken.* Denken, νοεῖν, ist eben die Fähigkeit des Menschen, die sich ihm zunächst bietende Realität nicht als das Eigentliche, das Letztgültige hinzunehmen, um sich bei ihr zu beruhigen, sondern dieser angeblichen Letztrealität auf ihren wahren Realitätsgrund hin nachzugehen. V.20 ist ganz von der Schöpfungstheologie her formuliert (ἀπὸ κτίσεως, τοῖς ποιήμασιν). Nach Paulus gibt es also ein Offenbaren Gottes durch die Schöpfung, genauer noch: ein Sich-Offenbaren als den Gott der ewigen Macht und Gottheit. Es läßt sich nicht bestreiten, daß er hier Gedanken einer *theologia naturalis* vorträgt.

---

[708] Das gilt auch dann, wenn *Heidegger* und in seinem Gefolge *Bultmann* diesen Aspekt etwas zu stark betont haben sollten; s. dazu *Hübner*, EWNT I, 138ff., zu Paulus ib. 142f.

[709] Da τοῦ θεοῦ gen. partitivus sein kann, sei hier nur von "Aspekten" die Rede.

[710] Nach *Schlier*, HThK, 52, liegt ein Oxymoron vor.

Und es ist unübersehbar, daß er dies im Banne hellenistischer Popularphilosophie tut.[711]

Dieser Sachverhalt mag heute in mehrfacher Weise anstößig sein. *Kants* transzendentalphilosophische Einwände gegen die Gottesbeweise sind weitgehend Bestandteil im modernen Plausibilitätengefüge geworden. Und erst recht scheint eine solche theologia naturalis nicht zum theologischen Dogma vom sola fide zu passen. Nun ist es jedoch sehr die Frage, ob Kants Kritik der Gottesbeweise wirklich *die* theologia naturalis trifft, die Paulus vertritt. Denn es könnte ja sein, daß sie zwar wichtigste Elemente der hellenistischen Popularphilosophie übernimmt, diese jedoch so sehr in ein *neues theologisches Koordinatensystem* einfügt, daß dadurch eine essentielle Intentionsverschiebung vor sich gegangen ist. Und das ist in der Tat der Fall.

Worum es nämlich in Röm 1,18ff. geht, ist gerade nicht der Nachweis, daß Gott existiert, sondern daß die hier der Gottlosigkeit Beschuldigten Gott seiner Göttlichkeit, θειότης, entnommen haben. An Gott bzw. an Götter glauben auch sie; aber indem sie Gott, dessen Gottheit sie hätten kennen können, nicht als Gott verehrten, ihn nicht in seiner Doxa anerkannten - genau das heißt nämlich letztlich ἐδόξασαν - , hat dieser "entehrte" Gott sie töricht gemacht und ihr unverständiges Herz verdunkelt.[712] V.22 erinnert an 1Kor 1,18ff. V.23 bringt das furchtbare Resultat der von Gott bewirkten heillosen Situation: Die Menschen, pervertiert in die schlimmste Form der Torheit, pervertieren nun die Doxa des unvergänglichen Gottes "mit der Abschattung des Bildes des vergänglichen Menschen und der Vögel und Vierfüßler und Kriechtiere".[713]

Ist auch der Begriff der Hamartia, wie schon gezeigt, in Röm 1,18ff. noch nicht genannt, so ist doch deutlich, daß Paulus einen grauenhaften Zusammenhang aufdecken will: *Sünde führt in Sünde.* Die vielleicht etwas zu griffige Formulierung müßte freilich ein wenig präzisiert werden: Die Sündentaten - auch der dafür spezifische Begriff παραβάσεις begegnet hier nicht - setzen die Macht der Hamartia frei und führen so unter deren Macht. Aber es sind auffälligerweise gerade die Vergehen gegen Gott selbst, die den Menschen in einer Art immanenter Sanktion

---

[711] *Käsemann*, HNT, 35: "Zweifellos weisen die Abstrakta τὰ ἀόρατα αὐτοῦ, ἀίδιος δύναμις, θειότης, und die Wendung νοούμενα καθορᾶται in den Zusammenhang hellenistischer Popularphilosophie."; s. auch die ib. 35f. gebrachten Zitate.

[712] ἐματαιώθησαν, ἐσκοτίσθη und ἐμωράνθησαν sind passiva divina.

[713] Übersetzung nach *Käsemann*, HNT, 33.

in die moralische Katastrophe treiben. Der Mensch entehrt Gott und wird dabei bis in den körperlichen Bereich hinein entehrt. Dem τὸν θεὸν οὐχ ὡς θεὸν ἐδόξασαν von 1,21 entspricht die furchtbare Konsequenz von 1,24: εἰς ἀκαθαρσίαν τοῦ ἀτιμάζεσθαι τὰ σώματα αὐτῶν ἐν αὐτοῖς.[714] Das Wesen des Menschen, seine φύσις, wird ins Gegenteil pervertiert, der Mensch ist pervers geworden, 1,26f.

War soeben von der immanenten Sanktion die Rede, so bedarf dies einer gewissen Präzision. Gewiß liegt es in der Konsequenz der Entehrung Gottes durch den Menschen, daß dieser sich selbst entehrt. Er hat ja den entscheidenden Maßstab für sein Leben verloren, wenn er Gott nicht Gott sein läßt. Ist aber, theologisch gesehen, der Mensch erst dadurch im eigentlichen, im wesenhaften Sinne Mensch, daß er in der rechten Relation zu Gott steht - das ist ja bekanntlich schon alttestamentliches Erbe - , so verfehlt er sich selbst, wenn er diese Relation verbiegt oder gar zerstört. Dennoch kann nur mit Vorbehalt von immanenter Sanktion gesprochen werden, da mitten in dieser Immanenz Gott der letztlich Handelnde ist. Mag das "er gab preis, παρέδωκεν" ein wenig danach klingen, daß Gott die Selbstentehrung des Menschen nur zuließ, so greift doch eine solche Interpretation zu kurz. Richtig stellt *Ernst Käsemann* unter Berufung auf Taylor fest: "Der Zusammenhang von Schuld und Schicksal als Wirklichkeit des Gotteszorns wird ... aber falsch aus immanenter Kausalität heraus erklärt (Dodd und seine Schüler). Paulus liegt jedoch alles daran, daß in diesem scheinbar immanenten Geschehen Gott selbst verborgen rächend wirkt (Taylor)."[715] Hier muß, wie Käsemann richtig herausstellt, der alttestamentliche Hintergrund berücksichtigt werden: *Gott selbst führt in die Verblendung*. Das bereits genannte ἐματαιώθησαν von V.21 ist wahrscheinlich eine Anspielung auf Jer 2,5: ἀπέστησαν μακρὰν ἀπ᾽ ἐμοῦ καὶ ἐπορεύθησαν ὀπίσω τῶν ματαίων καὶ ἐματαιώθησαν. Käsemann sieht hier auch eine Reminiszenz an ψ 93,11.[716]

Wichtig ist vor allem, daß hier auch Gedanken aus der *Sapientia Salomonis* einwirken. Zu nennen ist zunächst Sap 13,1: μάταιοι μὲν γὰρ πάντες ἄνθρωποι φύσει, οἷς παρῆν θεοῦ ἀγνωσία. Aber wenn der Autor hier vom Fehlen der Gotteserkenntnis spricht, so geht es ihm gerade nicht darum, eine prinzipielle Gottesleugnung anzuprangern. Die der θεοῦ

---

[714] S. auch Röm 1,26: εἰς πάθη ἀτιμίας.
[715] *Käsemann*, HNT 39.
[716] ψ 93,11: κύριος γινώσκει τοὺς διαλογισμοὺς τῶν ἀνθρώπων ὅτι εἰσὶν μάταιοι.

266

ἀγνωσία Beschuldigten haben ja keineswegs die Existenz eines Gottes bestritten, sondern in ihrer Torheit und Verblendung nicht erkannt, *wer* der
wahre und einzige Gott ist. Wenn Paulus in Röm 1,18ff. die Perversion
der Gottesverehrung anklagt, gemäß der Menschen und Tiere als Götter
verehrt werden, so geschieht das in gleicher Weise in Sap 13-15.[717] Und
wie der Autor der Sap in der falschen Gottesverehrung die Wurzel der
moralischen Verkommenheit sieht (Sap 14,12ff.), so auch Paulus. Diese
Korrespondenz ist in elementarer Weise bedeutsam für das beiden
Aspekten zugrunde liegende *Wirklichkeitsverständnis.* Wie einer Gott
oder seine Götter sieht, wie er sich zu ihm oder zu ihnen verhält, ist für
die biblischen Autoren eben nicht der religiöse Privatbereich. Daß
Schöpfer und Schöpfung aufs engste zusammengehören, daß die Schöpfung nur dann, wenn sie in ihrem *Sein* als Erschaffen-Sein erkannt ist,
den Blick auf den Schöpfer freigibt, daß sie also sozusagen transparent
auf den Schöpfer hin ist - all das zeigt, daß eine "rein natürliche", nämlich vom Schöpfer abstrahierende Sicht der "Natur" nach diesem wurzel-
haften Wirklichkeitsverständnis der Natur (Natur jetzt im strengen Sinne
des Wortes als φύ-σις verstanden[718]) Wirklichkeitsverlust ist und in einem
dazu Wirklichkeitsverzerrung, ja Wirklichkeitszerstörung. Eine Welt
ohne Gott ist für den Autor der Sap wie für Paulus eine ihrem Ursprung
entrissene und somit ihrem Untergang preisgegebene Welt. Wer sich in
eine Gott-lose Natur begibt, sich in ihr ansiedelt, wird notwendig hei-
matlos, wurzellos. Es ist eine Welt, eine Natur, die den Menschen nicht
nur ihr gegenüber, sondern auch sich selbst entfremdet. Die in der Sap
und bei Paulus manifestierte pessimistische Sicht desjenigen Menschen,
der Gott verkennt und gerade dadurch die Welt einschließlich seiner
selbst in einen heillosen Zustand bringt, kann also in ihrer Furchtbarkeit,
ihrem Nihilismus nicht mehr überboten werden: Die gottlose Welt ist die
heillose Welt; die nur in sich selbst gesehene Natur ist unnatürlich.

Sind aber so bei Paulus und in der Sap Gottesverhältnis und
Weltverhältnis des Menschen in eine unlösbare Relation zueinander gebracht, so steht die Welt - und d.h. auch: die Welt des Menschen mit der
für sie wesenhaften, unverzichtbaren Verantwortlichkeit - in einer von

---

[717] Daß Paulus bewußt auf die Sap zurückgreift, hat erneut *Timo Laato*, Paulus und das
Judentum, 106ff., überzeugend gezeigt. Hilfreich ist seine Auflistung der lexikalischen
Ähnlichkeiten zwischen Röm 1,18-2,5 und Sap, ib. 118f.

[718] Diesmal φύσις etymologisch von φύω bzw. φύομαι her verstanden: Die Natur von ihrem seinsmäßigen Ursprung her, aus dem sie *hervor-gebracht* ist; s. *Frisk,* ad verbum.

Gott gesetzten Ordnung. Trotz des diffamierenden Klangs, den das Wort
"*Schöpfungsordnung*" leider durch Umstände erhalten hat, mit denen es
seinem ursprünglichen Sinn nach nicht belastet werden darf, ist es der
treffende Begriff für diese Sicht der Wirklichkeit.[719] Abusus non tollit
usum. Will man hier von *natürlicher Theologie* sprechen, so kann man das
durchaus, vorausgesetzt, man versteht Natur als von der Schöpfungsordnung geprägte Natur.[720] Dann aber ist auch die *ethische Ordnung* ein zentraler Aspekt der Schöpfungsordnung - analog zum Verhältnis von kosmischer Ordnung und Torah. *Martin Hengel* hat diese Relation mit dem
passenden Begriff der *Torahontologie* umschrieben.[721] Daß aber dann ein
Verstoß gegen die Torah bzw. gegen die sittliche Ordnung unter die
Verurteilung durch Gottes Gericht fällt, versteht sich aufgrund des aufgewiesenen Zusammenhangs von selbst. Und daß dann gerade der Jude,
der ja im Besitz der Torah ist, sein Leben nach deren Bestimmungen
ausrichten muß, ebenso. Unter den Denkvoraussetzungen von Röm
1,18ff. her ist es also nur folgerichtig, wenn Paulus in Röm 2,6 das Zitat
ψ 61,13 bringt: ὃς ἀποδώσει ἑκάστῳ κατὰ τὰ ἔργα αὐτοῦ. Es ist nur
folgerichtig, wenn er die Täter des Gesetzes als die sieht, die im
eschatologischen Gericht gerechtgesprochen werden, Röm 2,13: οἱ
ποιηταὶ νόμου δικαιωθήσονται. Und vice versa ist es nur folgerichtig, wenn
er die, die im Bereich des Gesetzes sündigen, als die sieht, die durch das
Gesetz gerichtet werden, Röm 2,12: διὰ νόμου κριθήσονται. Sagt aber der
Apostel, daß die Täter des Gesetzes gerechtfertigt werden, bringt er also
genau das Verb, das er später in seinen Rechtfertigungsaussagen für die
Rechtfertigung allein aus dem Glauben verwendet, δικαιωθῆναι, so ist damit kein Widerspruch innerhalb des Röm gegeben. Denn es geht in Röm
1,18ff. gar nicht um die Frage, wie *jetzt* Rechtfertigung möglich ist, wie
überhaupt Rechtfertigung *erlangt* werden kann, da ja Paulus hier gar

---

[719] Politischer Mißbrauch ist schließlich nicht nur mit diesem Wort, sondern auch mit
dem Wort "Gott" getrieben worden - wer wollte aber deshalb das Wort "Gott" aus dem
theologischen Vokabular streichen?
[720] In diesem Zusammenhang sei an die so unglückliche dogmatische Diskussion über
die sog. *natura pura* erinnert, zu der *Karl Rahner*, Über das Verhältnis von Natur und
Gnade, das Nötige gesagt hat. So, wie er den Naturbegriff faßt, sind durchaus Voraussetzungen für ein theologisches Verständigungsgespräch zwischen Katholiken und Luthera-
nern gegeben. Es könnte sich an dieser Stelle wieder einmal die Erfahrung bestätigen,
daß da ein in der Sache weiterführendes Gespräch möglich ist, wo wir uns die theologischen Denkvoraussetzungen von Paulus (und auch anderen Autoren des Neuen Testaments) geben lassen!
[721] *Hengel*, Judentum und Hellenismus, 309ff.

nicht die *finale* Fragerichtung intendiert, sondern den Aufweis der faktischen Situation, daß alle Menschen versagt haben, weil sie ihre Rechtfertigung, die Gott ihnen im Rahmen der genannten Schöpfungsordnung hätte zuteil werden lassen, verspielt haben. Statt der finalen Fragerichtung geht es hier um die *konsekutive*: Sünde, also als consecutio das Urteil Gottes.[722]

Läßt sich also Röm 2,10-13, vor allem die These von V.13, daß die Täter des Gesetzes die Rechtfertigung im eschatologischen Gericht erfahren werden, mit der Rechtfertigung allein aus dem Glauben im eben aufgewiesenen Sinne vereinbaren, so zeigt sich doch noch eine andere Schwierigkeit. Mag man nämlich die in V.13 ausgesprochene These von der Rechtfertigung der Täter des Gesetzes als theologische Aussage interpretieren, der jedoch wegen der weltweiten Schuldverfallenheit aller Menschen keine geschichtliche Realität zukommt, so ist doch von Heidenvölkern, ἔϑνη, die Rede, die zwar das (mosaische) Gesetz nicht besitzen, aber von Natur aus, φύσει, das tun, was des Gesetzes ist und so sich selbst Gesetz sind, *Röm 2,14*. Also doch Gerechte ohne Christi Erlösungstat? Liegt hier nicht ein eklatanter Widerspruch vor? Wieder ist es *Heikki Räisänen*, der Paulus erhebliche Widersprüchlichkeit auch an dieser Stelle seiner theologischen Argumentation vorwirft.[723] Nun gibt er aber selbst zu, daß diese Aussage des Röm für eine Interpretation offen sei, gemäß der "some precepts of the law are occasionally fulfilled by some Gentiles".[724] Doch sei sie unhaltbar, weil sich in Röm 2,26f. die Wendung τὸν νόμον τελοῦσα auf die *Totalität*[725] des Gesetzes beziehe. Nun sollten wir Räisänen zugeben, daß er mit dem Hinweis auf 2,27 für 2,14ff. auf ein Problem hinweist, das in den Röm-Kommentaren in der Regel nicht scharf genug gesehen wird. Ansatzweise ist der Sachverhalt von *Ernst Käsemann* genannt, wenn er feststellt, daß sich die Aussage von V.26f. fraglos auf die nicht hypothetische Feststellung von V.14f. *steigernd* zurückbeziehe.[726] Aber auch er bringt das τὸν νόμον τελοῦσα, das ja der Wortbedeutung nach die gelungene Erfüllung des Gesetzes *als Ganzem*, nicht jedoch die Erfüllung einzelner Gesetzesbestimmungen besagt, nicht mit der Grundaussage der totalen Sündhaftigkeit auch der "Völker", ἔϑνη, in Beziehung. Allerdings ist es sehr die Frage, ob Paulus hier das Verb τελεῖν, das bei ihm nur selten vorkommt[727] und im Zusammenhang mit dem Gesetz einzig Röm 2,27 begegnet, wirklich im Sinne von "das Gesetz in seiner Gesamtheit - sei es in quantitativer, sei es in qualitativer[728] Hinsicht - zur Erfüllung bringen" versteht. Es gibt ja keinen geprägten Sprachgebrauch des Apostels in dieser Hinsicht, an dem sich diese Auffassung festmachen könnte. Interpretieren läßt sich

---

[722] Für Paulus ist Gesetzesgerechtigkeit nicht Werkgerechtigkeit!

[723] *Räisänen*, Paul and the Law, 101ff.

[724] Ib. 103.

[725] Ib. 103 ist *totality* durch Kursivdruck hervorgehoben.

[726] *Käsemann*, HNT, 69.

[727] Außer Röm 2,27 nur noch Röm 13,6 (Steuern zahlen), 2Kor 12,9 und Gal 5,16.

[728] In diesem Sinne Jak 2,8.

seine Aussage demnach nur, wenn wir sie aus dem näheren und auch weiteren Kontext deuten. Dann aber legt sich als Interpretation nahe: Da, wo Heiden *jeweils* die Intention des Gesetzes erfüllen, geschieht ein τὸν νόμον τελεῖν.[729] Dann nähert sich aber trotz des "steigernden" τελοῦσα Röm 2,27 der Aussage von 2,14ff.

Theologisch ist das den Heiden ins Herz geschriebene Gesetz insofern von besonderer Relevanz, als durch die von Paulus herausgestellte Relation von φύσις und νόμος erneut Entscheidendes über das mosaische Gesetz und sein Verhältnis zur Weltordnung als Schöpfungsordnung zum Ausdruck gebracht ist. Wenn nämlich Heiden sich selbst Gesetz sind, wie dieses ihnen ins Herz geschrieben ist, m.a.W., weil es ihrer Natur, ihrem Wesen - φύσις natürlich als *Schöpfungs*-Ordnung! - gemäß ist, dann muß auch das mosaische Gesetz Ausdruck der *Integration der religiösen und sittlichen Ordnung in die Weltordnung* sein. Daraus erhellt aber auch, daß mit der allgemeinen Sündhaftigkeit der Menschheit nicht nur das je persönliche Verhältnis des einzelnen zu Gott und den Mitmenschen betroffen, sondern die ganze Schöpfung in katastrophale Unordnung gebracht worden ist. *Der gottlose Mensch hat die Welt zerstört.* Hat Gott den Menschen um der Sünde willen dem Nichts preisgegeben und zum lächerlichen Toren erniedrigt, wie ἐματαιώθησαν und ἐμωράνθησαν 1,21f. drastisch aussagen, so ist eben die ganze Schöpfung in diesen Prozeß des Nihilismus hineingezogen, 8,20: τῇ γὰρ ματαιότητι ἡ κτίσις ὑπετάγη. Paulus sieht nicht nur eine zerstörte Menschheit, er sieht auch eine zerstörte Welt, eine zerstörte Physis, die trotz der inzwischen gekommenen Gerechtigkeit Gottes (Röm 3,21) noch immer ihrer eschatologischen Freiheit harrt, 8,21: ὅτι καὶ αὐτὴ ἡ κτίσις ἐλευθερωθήσεται ἀπὸ τῆς δουλείας τῆς φθορᾶς εἰς τὴν ἐλευθερίαν τῆς δόξης τῶν τέκνων τοῦ θεοῦ. Dem "Schon" entspricht ja im paulinischen (und weitesthin im neutestamentlichen) Denken ein "Noch nicht". Und was zerstörte Welt bedeutet, zeigt sich heute symptomatisch an den ökologischen Katastrophen. "Das Seufzen der ganzen Schöpfung" (Röm 8,22) wird heute (1992) laut sowohl im mordenden Bombardement in Bosnien durch eine "Volksarmee" wie auch in den kreischenden Sägen, mit denen die Bäume des Regenwaldes gefällt werden. Brutal schreibt die Gegenwart den grausamen Kommentar zum Römerbrief, nicht auf Papier, sondern als

---

[729] So kann Lukas z.B. bezeichnenderweise sagen (Lk 2,39): ὡς ἐτέλεσαν πάντα τὰ κατὰ τὸν νόμον κυρίου. In dieser Wendung ist impliziert, daß es auch ein partielles τελεῖν des Gesetzes gibt.

Realität, als zumeist undurchschaute Gefangenschaft unter der Herrschaft der Hamartia.

Die Situation der Welt ist also von Paulus in Röm 1-3 schwarz in schwarz gemalt. Juden und "Griechen", also alle Menschen, befinden sich unter der Macht der Sünde. Doch wird man schwerlich dem Eindruck entgehen, daß "der" Jude schwerer belastet wird. Er allein wird, wie sich schon bei der rhetorischen Analyse zeigte, angeredet; ihm wird klargemacht, daß ihn seine Beschneidung ohne Beachtung des Gesetzes noch unter den Heiden stellt, der sich selbst Gesetz ist. Der Jude ist Heide geworden, Röm 2,25: ἡ περιτομή σου ἀκροβυστία γέγονεν! Was nutzt die körperliche Beschneidung, ἡ ἐν τῷ φανερῷ ἐν σαρκὶ περιτομή, 2,28, wenn sie nicht - Paulus greift den Dtn 30,6[730] und Jer 4,4[731] ausgesprochenen Gedanken auf - die Beschneidung des Herzens im Geiste ist, περιτομὴ καρδίας ἐν πνεύματι, 2,29? Doch genau mit dieser Beschuldigung des Juden bringt Paulus nun nach Röm 1,18 zum ersten Mal einen soteriologischen Lichtblick, wenn er in 3,1 nach dem Prae des Juden und dem Nutzen der (sarkischen!) Beschneidung fragt. Er bringt jedoch zunächst nur eine Antwort[732]: Den Juden sind die Verheißungen Gottes, τὰ λόγια τοῦ θεοῦ, anvertraut. Das also hat Israel den anderen Völkern voraus: Ihm und nur ihm sind die Verheißungen Gottes zuteil geworden, Verheißungen freilich, die, wie sich erst hernach herausstellen wird, nicht nur ihm allein gelten! Es sind die Verheißungen auf Christus hin. Er wird es sein, an den zu glauben Juden und Heiden in gleicher Weise gehalten sind. Es gibt also nur *ein* Heil für alle. Sind den Juden die Verheißungen gegeben, dann heißt das *nicht ein Sonderheil für Israel*. Die Verheißungen Gottes für die ganze Menschheit zu besitzen bedeutet also nicht, einen anderen Weg als die Völker zum Heil zu haben. Das εἰς σωτηρίαν der Heiden und das εἰς σωτηρίαν Israels ist, von der chronologischen Reihenfolge Röm 1,16 und der chiastischen Umkehrung Röm 11,11ff. abgesehen, identisch. Mit dem Kommen Christi bleibt Israel wohl das auserwählte Volk, aber es muß "zum Heil" denselben Weg wie die Völker gehen! "Zum Heil" bleibt für Israel nur der Weg des Glaubens an Jesus Christus. Und die christliche Kirche ist verpflichtet,

---

[730] Dtn 30,6: καὶ περικαθαριεῖ κύριος τὴν καρδίαν σου καὶ τὴν καρδίαν τοῦ σπέρματός σου ..., ἵνα ζῇς σύ.
[731] Jer 4,4: περιτμήθητε τῷ θεῷ ὑμῶν καὶ περιέλεσθε τὴν ἀκροβυστίαν τῆς καρδίας ὑμῶν...
[732] Die Fortsetzung findet sich in Röm 9,1-5.

auch den Juden das Heil in Christus zu predigen! Für den angeblich theologisch gebotenen Verzicht auf Judenmission, wie er neuerdings mehrfach vehement postuliert wird, kann man sich nicht auf das Neue Testament berufen.[733]

Der soteriologische Lichtblick verlischt sehr schnell. Um im Bild zu bleiben: es wird bereits in V.3 wieder dunkel. Über die Vorstellung von Gott, der im Prozeß gerechtfertigt wird - der wahrhaftige Gott, ὁ θεὸς ἀληθής, wird gegen alle lügnerischen Menschen freigesprochen, V.4; welch eindrucksvolles Bild! - , kommt Paulus zum resümierenden Urteil: Juden und "Griechen", also ausnahmslos alle, stehen unter der Sündenmacht, πάντας ὑφ᾽ ἁμαρτίαν εἶναι, Röm 3,9.

Hat Paulus bisher mehr die Situation der Menschen aus seiner Sicht nachgezeichnet, wenn auch mit theologischen Reflexionen durchzogen, so bringt er in 3,10-18 als Höhepunkt seiner theologischen Argumentation den *Schriftbeweis*. Die Feststellung von 3,9 bekommt nun von der Schrift her ihr Gewicht als von Gott geoffenbarte Wahrheit über den Menschen. Ein ganzes Aufgebot von Schriftstellen soll die Schwere dieses Gewichts dokumentieren.[734]

In Röm 3,10-12 liegt hauptsächlich ψ 13 zugrunde, wobei anscheinend die ersten drei Worte οὐκ ἔστιν δίκαιος aus Eccl 7,20 entlehnt sind: ὅτι ἄνθρωπος οὐκ ἔστιν δίκαιος ἐν τῇ γῇ, ὃς ποιήσει ἀγαθὸν καὶ οὐκ ἁμαρτήσεται. Diese ersten drei Worte sagen aus, worum es in der ganzen

---

[733] Davon ist die Frage zu unterscheiden, ob nach den fürchterlichen Verbrechen des nationalsozialistischen Regimes, die jedes denkbare Maß in Quantität und Qualität überstiegen, im Augenblick Judenmission ausgerechnet von Deutschen durchgeführt werden sollte. Wer aber als Deutscher von der unglückseligen Geschichte Deutschlands im 20. Jh. ein *theologisches* Urteil deduziert, macht die deutsche Perspektive zum Kriterium der Theologie. Ist das nicht die theologische Variante des Nationalismus?

[734] Ob Paulus hier auf eine Testimoniensammlung (Florilegium) zurückgegriffen hat, wie immer wieder angenommen wird (z.B. *Käsemann*, HNT, 81; *van der Minde*, Schrift und Tradition bei Paulus, 54ff.), soll hier nicht erörtert werden. Ich gestehe, daß ich in dieser Hinsicht sehr skeptisch bin, und sehe, daß auch *Dietrich-Alex Koch*, Die Schrift als Zeuge des Evangeliums, 179ff., ähnlich urteilt. Sein Resultat, dem ich voll zustimme, ib. 183f.: "Sicher ist der Eindruck richtig, daß in Röm 3,10-18 kein Zufallsprodukt im Augenblick des Briefdiktats, sondern eine geplante Komposition vorliegt. Röm 3,10-18 setzt zwar hinsichtlich der Textauswahl, -anordnung und -umgestaltung erheblich mehr Vorarbeit voraus, als dies für die Anführung eines Einzelzitats erforderlich war, entspricht aber hinsichtlich des Umfangs der verwendeten Schrifttexte den Zitatenketten von Röm 9,25-29; 10,18-21 und 15,9-12. Löst man sich von der Annahme, daß die Briefe des Paulus insgesamt erst im Augenblick des Diktierens entstanden sind, und setzt man außerdem einen eigenständigen Umgang des Paulus mit dem Text der Schrift voraus, dann ist auch eine derart umfangreiche Zitatkomposition - jedenfalls im Römerbrief - nicht mehr überraschend."

Zitatenzusammenstellung geht: *Kein einziger* ist vor Gott gerecht. Sieht man nun auf Ps 14 bzw. ψ 13, so steht dort zwar in der Tat, daß kein einziger Gutes tut, wirklich kein einziger, *ʾen gam ʾ ʾæḥād*, οὐκ ἔστιν ἕως ἑνός, V.3. Diese Exklusivaussage wird aber dadurch relativiert, daß im Literalsinn des Psalms V.3 zwar das Urteil des himmlischen Richters zu Worte kommt[735], dieses Urteil aber innerhalb eines (ursprünglich individuellen?) Klagelieds steht, das von einem aus dem Geschlecht der Gerechten, *bǝdôr ṣaddîq*, ἐν γενεᾷ δικαίᾳ, gesprochen ist, V.5. Die Gerechten sind aber die Armen, V.6. Nach V.4.7 sind diese Gerechten und Armen das Volk Israel. Die Bitte ergeht an Jahwäh, das böse Geschick seines Volkes zu enden.

Bedenkt man diesen Literalsinn des Psalms, der in gleicher Weise im MT und in der LXX zum Ausdruck kommt, so hat Paulus den tatsächlich in V.3 zum Ausdruck kommenden Exklusivsinn isoliert und ihm dadurch wohl seinen ursprünglichen Sinn wiedergegeben. Damit hat er auch zugleich in grandioser, ja genialer Einseitigkeit aus dem Psalm einen Gottesspruch zugunsten seiner These von Röm 3,9 gemacht. Er hat jedoch den Literalsinn des Psalms insofern bewahrt, als ja tatsächlich V.3 ein Urteil des göttlichen Richters aussagt.

In gleicher Weise ist er auch im Blick auf Eccl 7 vorgegangen. Daß kein einziger gerecht ist, steht V.20: *kî ʾādām ʾēn ṣaddîq bāʾāræṣ ʾašær jaʿasæh tôb* (LXX-Text s.o.). Doch wie in Ps 14/ψ 13 wird diese Aussage durch V.15 relativiert, wo es resignierend heißt, daß auch ein Gerechter trotz seiner Gerechtigkeit zugrunde gehen kann. Daß beide Aussagen zueinander inkonsistent sind, hängt an der kompositorischen Art von Koh/Eccl. Sie bedarf hier keiner näheren Erläuterung.[736] Die übrigen Stellen der Zitateneinheit Röm 3,10ff. bringen über das Gesagte hinaus inhaltlich wenig spezifisch Neues für die Argumentation des Paulus und brauchen daher nicht näher behandelt zu werden.

Festzuhalten ist, daß Paulus einen massiven Schriftbeweis mit einer Kette alttestamentlicher Aussagen bringt, die, je für sich gesehen - aber eben nur *für sich* gesehen! - eine allgemeine Sündenverderbtheit der ganzen Menschheit belegen. Aber diese Zitate sind keine adäquate Zusammenfassung der alttestamentlichen Anthropologie.[737] Das Alte Testament kann zwar sehr massiv von menschlicher Sünde sprechen, aber die alttestamentliche Anthropologie, wenn man überhaupt von *der* alttestamentlichen Anthropologie sprechen kann, besitzt kein derart radikal pessimistisches Menschenbild. Wie Paulus zuvor das Sittenbild der heidnischen und jüdischen Welt überzeichnete und *in malam partem* überinterpretierte, so geschieht es auch analog beim abschließenden

---

[735] *H.-J. Kraus*, BK.AT XV/1, 106.

[736] S. die Kommentare.

[737] S. *Preuß*, Theol. des AT II, 105ff.

Schriftbeweis. Ist damit nun die hamartologische Grundaussage des Paulus hinfällig? Ist damit nicht sogar die fundamentale Voraussetzung für seine Erlösungslehre nicht mehr gegeben? Hat womöglich *Ed P. Sanders* doch recht, wenn er die Sequenz des paulinischen Denkens definiert als "from solution to plight"?[738]. Man kann in der Tat nicht bestreiten, daß Paulus die Situation mit zu grellen Farben malt. Aber die *eigentliche* Intention von Röm 1,18-3,20, daß die Realität eines jeden Menschen dem, was Gott von ihm erwartet, nicht voll entspricht, ist doch der wahre Kern der paulinischen Beweisführung. Und daß leider des Menschen Sünde auch immer wieder brutale Massivität erreicht, bedarf keiner Begründung.

Stellt nun Paulus in *Röm 3,21ff.* die Wirklichkeit der *Gerechtigkeit Gottes,* δικαιοσύνη θεοῦ, gegen das Bild der Wirklichkeit der Sünde, bringt er so den Gegensatz der beiden Herrschaftsbereiche, nämlich der quasi-personifizierten Sündenmacht, der Hamartia, und der Gerechtigkeit Gottes, also dem gerechten Gott, so ist damit ein *Strukturelement* des paulinischen theologischen Denkens deutlich geworden: der Mensch steht immer unter einem Herrn[739], der "Ort", an dem er sich befindet, ist immer ein Ort, der seine Existenz durch und durch bestimmt. Paulus geht es also darum, mit der unausweichlichen Alternative von Sein unter der Harmatia und Sein unter der Gerechtigkeit Gottes auszusagen, daß der Mensch nie in isolierter Neutralität existieren kann, daß er immer ein *in Relation existierendes Wesen* ist. Das Jesuswort "Wer nicht für mich ist, der ist gegen mich" findet hier seine theologische Explikation. Zur Anthropologie des Paulus gehört also essentiell die *Relationsexistenz.* Im Zusammenhang der Darstellung der Theologie des 1Kor kam sie mit dem Existenzial der *Räumlichkeit* bereits zur Sprache. Hier bestätigt sich erneut das dort Gesagte. Es wird jetzt mit einem neuen Begriff ausgesagt: Das *In-Christus-Sein* wird nun als *In-der-Gerechtigkeit-Gottes-Sein* theologisch interpretiert.

Stehen so das Reich des Bösen und das Reich des Guten unversöhnlich gegeneinander und sind dementsprechend die Glaubenden aus dem

---

[738] *Sanders*, Paul and Palestinian Judaism, 548; der deutsche Text, Paulus und das palästinische Judentum, 509, sagt es ein wenig umständlicher: "... das Denken des Paulus [entwickelte sich] von der Lösung hin zur Beschreibung der Misere des Menschen ..."

[739] *Ernst Käsemann* wurde nicht müde, gerade diesen Sachverhalt in seinen Publikationen immer wieder neu zum Bewußtsein zu bringen. Ich zitiere nur HNT, 39: "Was es um den Menschen ist, entscheidet sich daran, welchen Herrn er hat ... Für Paulus gibt es den herrenlosen, sich selbst überlassenen Menschen nie wirklich."

einen Bereich in den anderen versetzt, so scheint wiederum ein äußerst dominierender Zug der paulinischen Theologie für den Primat der Transfer- und Partizipationskategorie im Verständnis von *Ed P. Sanders* zu sprechen. Daß der amerikanische Exeget mit seiner Betonung dieser Kategorien Richtiges gesehen hat, hat sich im Laufe unserer Darlegungen schon mehrfach gezeigt. Doch hängt eben alles daran, daß dieser zweifelsohne zentrale Aspekt der paulinischen Theologie erst dadurch seine theologisch genuine Bedeutsamkeit erlangt, daß er in einem unlösbaren Gefüge mit anderen wesenhaften Aspekten steht. Und gerade dieser Sachverhalt läßt sich bestens an *Röm 3,21-26* ablesen. Denn in diesem begrifflich ungeheuer dichten Abschnitt ist das Ineinandergreifen unterschiedlicher, aber komplementärer theologischer Dimensionen besonders auffällig.

In Röm 3,21f. begegnete der zentrale "Begriff" δικαιοσύνη θεοῦ zweimal, und zwar, für Paulus charakteristisch, in je unterschiedlicher Konnotation und gerade dadurch innerhalb des genutzten Bedeutungsspektrums mit unterschiedlicher inhaltlicher Aussagerichtung. In V.21 ist die Gerechtigkeit Gottes wie in Röm 1,17 Offenbarungsbegriff. In den Prolegomena wurde bereits aufgewiesen, wie nach Röm 1,16f.;3,21 die sich offenbarende Gerechtigkeit Gottes konstitutiv zum theologischen Koordinatensystem der paulinischen Theologie gehört.[740] Es zeigte sich, daß 1,16f. als "*Gott offenbart sich* in seinem machtvollen Evangeliumswort als der die Gerechtigkeit Schaffende" interpretierend paraphrasiert werden kann.[741] Damit hat sich die Theologie des Paulus ihrem Wesen nach[742] als *Offenbarungstheologie* erwiesen. Offenbarung meint dabei nicht die himmlische Offenbarung eines Gott betreffenden Sachverhalts, sondern das Offenbar-geworden-*Sein* und immer je neue Offenbar-*Werden* Gottes selbst. Das offenbarungstheologische ἀποκαλύπτεται von Röm 1,17 mit seinem kerygmatischen je Neu-Ereignis-Werden gründet im offenbarungstheologischen πεφανέρωται von *Röm 3,21*. Dieses Perfekt "ist offenbar geworden und deshalb jetzt offenbar"[743] sagt zunächst ein zeitliches Geschehen aus: Gottes Gerechtigkeit ist offenbar geworden, also: Gott hat sich als der Gerechtmachende zu einem bestimmten

---

[740] Bd. 1, 173ff.

[741] Ib. 180.

[742] "Wesen" *stricto sensu* verstanden!

[743] Das griech. Perfekt kann, wo es wirklich prägnante Aussagekraft haben soll, im Grunde nur im Deutschen mit einer Doppelaussage übersetzt werden, mag es auch in stilistischer Hinsicht wenig elegant sein.

Augenblick in die Geschichte begeben. Gott ist sozusagen selbst Geschichte geworden, existenzial gesprochen: Geschichtlichkeit geworden. Dieses Eingreifen Gottes in die Geschichte ist jedoch hinsichtlich des Gesetzes ein eigentümlich paradoxes Geschehen. Denn es ist ausgerechnet das Gesetz (und die das Gesetz interpretierenden Propheten), das es bezeugt; aber dieses Gesetz bezeugt, daß die Gerechtigkeit Gottes ohne es offenbar geworden ist. Das Gesetz bezeugt somit, wie dann im Abraham-Midrasch von Kap. 4 näher dargelegt wird, sein eigenes Ende als Quelle der Gerechtigkeit. So wird hier antizipiert, was Röm 10,4 - auch dort wieder eine programmatische Feststellung - gesagt wird: Christus ist das Ende des Gesetzes, τέλος νόμου, und zwar sein Ende für jeden Glaubenden, freilich unter dem Gesichtspunkt der Rechtfertigung: εἰς δικαιοσύνην.

Die typisch paulinische Antithetik von Gesetz und Glaube wird auch in Röm 3,21f. in bezug auf die Gerechtigkeit Gottes ausgesprochen. Heißt es in V.21 unter offenbarungstheologischem Aspekt, daß die Gerechtigkeit ohne das Gesetz, χωρὶς νόμου, geoffenbart worden ist, wird sie also in diesem Vers hinsichtlich des göttlichen Offenbarungshandelns ausgesagt, so findet sich in V.22, was von seiten des Menschen zu ihr zu sagen ist: Sie ist Gerechtigkeit Gottes durch den Glauben an Jesus Christus, διὰ πίστεως Ἰησοῦ Χριστοῦ, und zwar für alle Glaubenden, εἰς πάντας τοὺς πιστεύοντας. Indem aber nun der Glaube genannt ist, geht es um den *je individuellen Akt des Glaubens* all der Glaubenden, von denen in V.22 die Rede ist. Es geht nämlich um die je individuelle Aneignung der Gerechtigkeit Gottes. Ist in V.21 mit dem Offenbar-geworden-Sein der Gerechtigkeit Gottes ihre Ver-*körper*-ung in der Person Jesu Christi intendiert - in etwa ist es der Gedanke, der schon in 1Kor 1,30 begegnete: Jesus ist für uns zur Gerechtigkeit von Gott her geworden und insofern zu Heiligung und Erlösung - , ist also in V.21 der Gedanke der universalen *Macht* Gottes in der Weltgeschichte impliziert[744], so hat die Gerechtigkeit Gottes in V.22 mehr den Charakter der *Gabe*. Man darf freilich diese beiden Aspekte nicht zu sehr auseinanderreißen; denn der

---

[744] S. dazu vor allem *Käsemann*, HNT, 86ff. Ich zitiere hier nur ib. 87: "Des Menschen Rechtfertigung ist die Aktualität des als Heilsmacht sich offenbarenden Rechtes Gottes auf seine Schöpfung, und dieses bleibt Grund, Kraft, den Einzelnen transzendierende, auf neue Welt gerichtete Wahrheit der Rechtfertigung ... Es manifestiert sich vielmehr jetzt Gottes endgültiger Sieg ... Die Offenbarung der Gerechtigkeit ist öffentlich und geradezu in rechtlicher Verbindlichkeit angekündigt worden. Denn das ist der Sinn des forensischen Ausdrucks μαρτυρεῖν."

Zusammenhang zwischen beiden Bedeutungen ist dadurch ein innerer, daß, um mit *Ernst Käsemann* zu sprechen, für Paulus mit jeder Gabe der Geber selbst auf den Plan tritt.[745] Insofern ist auch der in V.22 implizierte individualgeschichtliche Aspekt nicht dem universalgeschichtlichen von V.21 als Gegensatz gegenübergestellt, sondern in diesen integriert. Der universalgeschichtliche Aspekt spricht sich ja auch deutlich in dem εἰς πάντας τοὺς πιστεύοντας aus. Doch geht es gerade nicht um Universalgeschichte als solche, sondern um den konkreten Diskussionspunkt des Röm, nämlich das Verhältnis von Juden und Christen im Blick auf die christliche Mission. *Alle* sind zum Glauben an Jesus Christus aufgerufen, alle Heiden, aber eben auch alle Juden. Daß der Jude und gerade der Jude sein Vertrauen auf die rechtfertigende Kraft des Gesetzes aufzugeben hat, das und genau das ist hier nachdrücklich zum Ausdruck gebracht.[746]

Für alle gilt dann auch, daß sie umsonst, δωρεάν, durch Gottes Gnade gerechtfertigt werden, nämlich durch die Erlösung in Christus Jesus, V.24. Die ἀπολύτρωσις wird durch eine dogmatisch-"objektive", aus der Tradition übernommene Formel "definiert": Diesen Jesus Christus hat Gott öffentlich hingestellt als Sühne in seinem Blut, ὃν προέθετο ὁ θεὸς ἱλαστήριον ἐν τῷ αὐτοῦ αἵματι. Danach hat Christus durch seinen Tod am Kreuz für alle Menschen *Sühne* geleistet. Ob ἱλαστήριον hier Sühnemittel oder die alttestamentliche Kapporät, also die Deckplatte der Bundeslade oder deren Aufsatz meint, ist umstritten und mit letzter Sicherheit nicht zu beantworten.[747] Doch hängt m.E. an dieser Frage nicht allzuviel. Das Problem, um das es vordringlich geht, ist, *wie stellvertretende Sühne denkbar* ist, überhaupt, ob das Theologumenon der stellvertretenden Sühne

---

[745] Ib. 88.

[746] Das gilt auch trotz des konzilianten Charakters der paulinischen Argumentation in Kap. 14f., wo der Apostel die Starken ermahnt, die Schwachen nicht zu verachten. Daß sie nicht verachtet werden dürfen, heißt aber nicht, daß sie ihre Gesetzestheologie beibehalten sollten! Paulus erkennt kein Judentum an, in dem die Torah eine soteriologisch konstitutive Rolle spielte. Die energische theologische Einebnung von Jude und "Grieche", die er Gal 3,28 pointiert ausgesprochen hat, ist in soteriologischer Sicht auch im Röm nicht aufgegeben. Daran ändert auch Röm 9-11 nichts! Paulus besteht darauf, daß kein Unterschied in soteriologischer Sicht zwischen Jude und Heide besteht: οὐ γάρ ἐστιν διαστολή!, V.22. Alle haben gesündigt, alle sind der Doxa Gottes verlustig gegangen, V.23. Mit dieser Aussage wird wieder etwas vom dunklen Horizont der Argumentation 1,18-3,20 ansichtig. Die gottlose Welt ist eine Welt ohne die Doxa Gottes. Eine Welt ohne diese Doxa ist eine von Gott verlassene Welt. Daß das Leben des Gerechtfertigten ein Wachsen in die Doxa hinein ist, haben wir von Paulus in 2Kor 3,18 erfahren.

[747] Zur Diskussion s. *Hübner*, Paulusforschung, 2709ff.

von einer verantwortlich vorgehenden theologischen Reflexion als theologisch rezipierbar angesehen werden kann oder nicht vielmehr als zeitbedingte Aussage aus Christologie und Soteriologie ausgeschieden werden müßte. Die Frage spitzt sich zu: *Zentrum christlichen Glaubens* oder *Relikt eines überholten theologischen Denkens*?

Alles kommt zunächst darauf an, wie *Sühne kategorial im Alten Testament verstanden* wird; denn sie ist ein eminent alttestamentliches Thema, wenn auch der Sühnegedanke erst in exilischer und nachexilischer Zeit dominant wurde (Priesterschrift!). Der *locus classicus* für die Frage, wie Sühne nach alttestamentlicher Auffassung zu bewirken sei, ist *Lev 17,11* (Heiligkeitsgesetz): "Denn das Leben des Leibes - es ist im Blut. Und ich selbst habe es euch für den Altar gegeben, damit es für euch Sühne bewirke. Denn das Blut - es sühnt durch das (in ihm enthaltene) Leben." Das Blut ist nach dieser und anderen Stellen (z.B. Dtn 12,23) nahezu mit dem Leben identisch. Wenn also das Blut eines Opfertieres vom Priester auf den Altar gesprengt wird, so wird, eben weil Blut für Leben steht, das *Leben* des Tieres stellvertretend für das *Leben* des mit Schuld Beladenen hingegeben. So sagt *Gerhard von Rad* mit Recht: "Sühnend wirkt aber nicht das Blut an sich, sondern das Blut, sofern in ihm das Leben enthalten ist."[748] Auch nach *Bernd Janowski* hat Jahwäh Israel für den sakralen Bereich "das Blut als Sühnemittel gegeben, *weil* es Träger des Lebens ist".[749] Das alte apodiktische Talionsgesetz *næpæš taḥat næpæš*, Leben anstelle von Leben, Ex 21,23parr., findet hier seine eigentümliche Konkretisierung. *Subjekt der Sühne* ist also *Gott*, also gerade *nicht der Mensch*. Wird Dtn 21,8 Jahwäh angerufen, seinem Volk Israel Sühne zu verschaffen, so ist gerade nicht er der Empfänger der Sühne, sondern Israel. Daß nach der Priesterschrift der Priester Subjekt ist, ändert an diesem Sachverhalt nichts, da ja dieser als bevollmächtigtes Organ Jahwähs fungiert. Vollzieht auch der Priester die Sühnehandlung nach der Vorstellung der Priesterschrift, so ist es doch letztlich Jahwäh, der die Sühne wirkt oder versagt.[750]

Bisher wurde gefragt, *wie* Sühne geschieht. Es muß aber noch grundsätzlicher gefragt werden: *Was* meint im Alten Testament Sühne? Nach *Klaus Koch* werden in der Sühnehandlung Mensch und Sünde voneinander getrennt. Demnach scheint "Sünde" für die Priesterschrift ein dinghaftes, gleichsam materielles Etwas zu sein.[751] Sie ist ein dem Menschen anhaftendes und an ihm Unheil wirkendes Etwas.[752] Dieser geradezu materielle Sündenbegriff ist wesentliches Element in Kochs fundamentaler These vom sog. *Tun-Ergehen-Zusammenhang* bzw. der *schicksalwirkenden Tatsphäre* im Blick auf die Sühne: Sünde als ein am Menschen anhaftendes Etwas wirkt sich in immanenter Konsequenz im Leben des

---

[748] *von Rad,* Theol. des AT I, 283.

[749] *Janowski,* Sühne als Heilsgeschehen, 246; Hervorhebung durch mich.

[750] *von Rad,* Theol. des AT I, 283.

[751] *Koch,* Die israelitische Sühneanschauung, 15.

[752] Ib. 25.

Sünders aus. Also: Die von Gott durch den Priester gewirkte Sühne durchbricht den Tun-Ergehen-Zusammenhang, sie entnimmt den Sünder der schicksalwirkenden Tatsphäre, in ihr werden *næpæš*, also der Mensch, und die Sünde voneinander getrennt, so daß diese nicht mehr dessen bestimmende Macht sein kann.

Von einer anderen Grundvorstellung geht *Hartmut Gese* aus, der die Sühne als *Existenzstellvertretung* versteht.[753] Ihm folgt im wesentlichen sein Schüler *Bernd Janowski*. Der begriffliche Ansatzpunkt beider Alttestamentler ist also ein personaler. Nach Gese gehört es zu den Grunderfahrungen des Menschen, daß er einer Situation begegnen kann, in der er sein Leben verwirkt hat. Somit steht er in einem irreparablen Unheilsgeschehen, in dem nichts wieder gutgemacht werden kann. Die Frage nach der Möglichkeit eines neuen Lebens jenseits des irreparablen Geschehens ist dann die Frage nach der Sühne.[754] Die Existenzstellvertretung ist nun als Sühneleistung gedacht, als *kopær*. "Sühne geschieht also eigentlich durch eine (stellvertretende) Totalhingabe, ist damit Lebenserrettung, die der Mensch erstrebt und Gott ermöglicht."[755] Entscheidend ist für Gese der rituelle Gestus der Handauflegung, *səmîkāh*, im Rahmen der Sühnehandlung ein Gestus, in dem sich gleichsam eine *Subjektübertragung*, aber nicht wie nach Koch eine *Objektabladung* ausdrückt. "Für das Sühneverständnis bedeutet dies: Sühne geschieht durch die Lebenshingabe des in der Handauflegung mit dem Opferherrn identifizierten Opfertieres. Dem entspricht unsere bisherige Definition des Sühneaktes als stellvertretender Totalhingabe."[756]

Der Gegensatz von Kochs Deutung zu der von Gese ist deutlich. Die unterschiedlichen Ansatzpunkte lassen sich auf die Formel bringen: dingliche (kategoriale) Begrifflichkeit - personale (existenziale) Begrifflichkeit.[757]

Bernd Janowski spricht vom eliminatorischen Sündenbockritus *Lev 16,10.21f.*, als dessen charakteristische Elemente er versteht: a) Aufstemmen der beiden Hände auf den Kopf des Tieres, b) Übertragung der *materia peccans* auf den rituellen Unheilsträger und c) anschließendes Wegschicken des sog. Sündenbocks in die Wüste.[758] Scheint es nun so, als gäbe er Klaus Koch recht, wenn er von der Übertragung der *materia peccans* spricht, so distanziert er sich doch von ihm. Ist nämlich das Wegschicken des die Verschuldungen Israels tragenden Azazelbocks "als *eliminatorischer Ritus* zu verstehen, dessen Grundstruktur in der *magischen Übertragung (kontagiöse Magie) und anschließenden Entfernung (Elimination) der materia peccans durch ein dafür vorgesehenes Substitut* besteht", so ist dieser Ritus gerade nicht als Opfer zu begreifen.[759] "Diese Eliminierung der *materia peccans* ist der Grundgehalt des

---

[753] Dies kam bereits kurz im Zusammenhang der Abendmahlstheologie des 1Kor zur Sprache.

[754] *Gese*, Die Sühne, 86f.

[755] Ib. 87.

[756] Ib. 97.

[757] Der Gegensatz kategorial - existenzial ist im Sinne von *Martin Heidegger*, Sein und Zeit, verstanden.

[758] *Janowski*, Sühne als Heilsgeschehen, 215.

[759] Ib. 210.

'Sündenbockritus', nicht aber der des kultischen Sühnegeschehens."[760] Die Handaufstemmung beim Opfer, etwa Lev 1,4b, meint die "Identifizierung des Opfernden mit seinem Opfertier".[761] Zitieren wir Janowski zum letzten Mal: "Weil der Opfernde durch das Aufstemmen seiner Hand auf das Opfertier *an dessen Tod realiter partizipiert*, indem er sich durch diesen symbolischen Gestus mit dem sterbenden Tier *identifiziert*, geht es im *Tod des Opfertieres* ... um den *eigenen*, von dem sterbenden Opfertier stellvertretend übernommenen (!) *Tod des Sünders*. Darum ist das Wesentliche bei der kultischen Stellvertretung nicht die Übertragung, die 'Abwälzung' der *materia peccans* auf einen rituellen Inhaltsträger und dessen anschließende Beseitigung, sondern *die im Tod des Opfertieres*, in den der Sünder hineingenommen wird, indem er sich mit diesem Lebewesen durch die Handaufstemmung identifiziert, *symbolisch sich vollziehende Lebenshingabe des homo peccator.*"[762] Auch Janowski sieht Lev 17,11 als Summe der kultischen Sühnetheologie.

Existenzstellvertretung und die Vorstellung von der Übertragung der *materia peccans* sind Deutungen, die bestimmte Vorstellungen alttestamentlichen Sühneverständnisses bereits *interpretieren*. Es ist jedoch die Frage, ob man beides so klar trennen kann, wie es der geraffte Forschungsüberblick zeigte. Natürlich, *wir* können, haben wir erst einmal aufgrund unserer Analyse diese Trennung erkannt, das Resultat nicht mehr negieren. Wir müssen es in *unsere* Interpretation der alttestamentlichen Vorstellungen miteinbeziehen. Zugleich ist aber zu fragen - auch das gehört zu unserer hermeneutischen Aufgabe - , ob wir nicht zu berücksichtigen haben, daß im Alten Testament eben beide Denkansätze zu einer Einheit zusammengeflossen sind, zumindest beim Endredaktor der Priesterschrift.

Beide Vorstellungen sind unserem Wirklichkeitsverstehen fremd. Eine *materia peccans* kann uns nach unserem "modernen" Verständnis von menschlicher Existenz nur wie eine Depravation des Menschen als des zur Entscheidung fähigen und zu ihr stets neu gerufenen Wesens erscheinen; sie ist für uns notwendig die Verdinglichung des Menschen als eines wesenhaft verantwortlichen Daseins. Und *Existenzstellvertretung* des Menschen, den ja moderne Denkbemühungen als ein in seiner sittlichen Entscheidung unvertretbares Dasein aufgewiesen haben, durch ein Tier, dem doch Existenz im Sinne des menschlichen Daseins gerade nicht zugesprochen werden kann, ist ebenfalls aufs erste ein undenkbarer Gedanke - ganz abgesehen davon, daß das Tier gar nicht daran denkt, sein Leben für den, der durch seine Sünde vor Gott das Leben verwirkt hat,

---

[760] Ib. 219f.; der ganze Satz ist von *Janowski* durch Kursivdruck hervorgehoben.
[761] Ib. 218; von *Janwoski* durch Kursivdruck hervorgehoben.
[762] Ib. 220f.

hinzugeben. Und die Vorstellung, daß das Blut des Menschen mit dem des Tieres aufgrund seiner jeweiligen Identität mit dem Leben austauschbar sei, kann schon allein aufgrund moderner anthropologischer und zoologischer Anschauungen keiner mehr mitvollziehen. Alle Deutungsmittel alttestamentlicher Sühneanschauungen scheinen also in die Aporie zu führen.

Doch wir haben etwas vorschnell mit dem Begriff der Aporie operiert. Denn es ist ja erst zu ermitteln, ob die von den Alttestamentlern vorgetragenen Grundbegriffe samt ihrer Deutungen nicht derart befragt werden können, daß sich dadurch ein Existenzverständnis in den Sühnevorstellungen aufweisen läßt, in dem auch heutige Daseinsmöglichkeiten angesprochen sind. Sind also die alttestamentlichen Sühnevorstellungen und ihre begrifflichen Deutungen in der Weise für eine *existentiale Interpretation* offen, daß daraus resultierende Antworten auch heute noch von hoher existentieller Bedeutsamkeit sind? Ist vielleicht gerade das Ineinander der beiden genannten Deutungen offen für eine solche Interpretation?

Nun ist die Grobheit der Vorstellung von einer *materia peccans* unbestreitbar eine Verdinglichung des Menschen. Mensch und vom Menschen zu verantwortende Tat werden durch diese Vorstellung getrennt, der Mensch steht sozusagen neben seiner Tat; er kann sich von ihr distanzieren, während nach unserem Existenzverständnis der Mensch doch geradezu seine Tat *ist*. Schuld ist von Existenz nicht abtrennbar. Dennoch mag in der archaischen Vorstellung von der verdinglichten *materia peccans* ein existentielles Moment stecken. Sosehr Schuld ein konstitutives Moment des Ichs ist, so kann doch dieses Ich sich dieses Moment insofern zum Objekt machen, als es ein Verhältnis zu seiner Schuld "herstellt".[763] Ich kann mich zu mir selbst verhalten, auch zu mir selbst als schuldigem Wesen. Gerade darin kann ich mich als schuldige Existenz verantwortlich übernehmen. In mir ist da "etwas", was ich zwar *bin*, was mir aber in meiner jetzigen Existenz *vor*-gegeben ist, meiner Gegenwart als meine Vergangenheit vor-gegeben ist. Ich bin mir vor-gegeben, bin mir *gegeben*. Und genau dieses Gegebensein kommt in der archaischen Denkweise von der *materia peccans* sinnenfällig zum Ausdruck. Ich bin etwas, was ich nicht sein will. "In" mir ist etwas, von dem ich mich distanzieren will, es aber nicht kann, weil diese "in" mir gegebene Befindlich-

---

[763] Eine gewisse Parallele besteht zu *Bultmanns* Deutung des paulinischen Begriffs σῶμα, Theol. des NT, 196f.

keit zugleich ich selbst bin.[764] In dieser Doppelheit besteht notwendig die menschliche Existenz; diese Doppelheit macht ihre *Geschichtlichkeit* aus, weil Geschichtlichkeit des Daseins in *Zeitlichkeit* fundiert.[765] Der Schuldige schleppt somit aus seiner Vergangenheit immer etwas mit, das er selbst ist und doch wiederum nicht ist, sozusagen eine existentielle Schizophrenie. Es gibt also eine *existentiale Interpretation* der materia peccans, die die Grausamkeit der schuldhaften Vergangenheit bewußt werden läßt.

Und die *Existenzstellvertretung*? Ehe wir sie existential zu interpretieren versuchen, ist eine Vorüberlegung anzustellen: Wollen wir sie als eine reale Möglichkeit der Sündentilgung interpretieren, weil Jahwäh sie für den alttestamentlichen Tempeldienst gegeben hat? Oder wollen wir sie als eine Vorstellung interpretieren, die sich priesterliche Kreise zurechtlegten, die wir also nur als religionsgeschichtliches Phänomen zur Kenntnis nehmen, nicht aber als von Gott tatsächlich zur Verfügung gestellte Sühneinstitution? *Theologisch* ist deshalb zu fragen: Ist das Ich Jahwähs in Lev 17,11 das Ich, das *Gott* gesprochen hat, oder ist es nur ein fiktives göttliches Ich? Die Frage im Sinne der zweiten Alternative zu beantworten heißt nicht, in grundsätzlicher Weise Jahwähs Ich im Alten Testament als die Offenbarung Gottes in der Geschichte Israels zu bestreiten. Zu sagen, daß in Lev 17,11 das Ich Jahwähs fiktiv sei, bedeutet zunächst nur, den alttestamentlichen Sühnekult als religionsgeschichtliches Phänomen zu werten und Gottes Offenbarung im Alten Testament an anderer Stelle zu sehen. Immerhin ist es das Neue Testament selbst, in dem die Unfähigkeit der alttestamentlichen Opfer zur Sündenvergebung ausgesprochen ist, nämlich in *Hebr 9,9.13*! Zwar findet sich dort immerhin noch der Gedanke des *a minori ad maius*; aber nach Hebr 9,9 vermögen die alttestamentlichen Opfer die Gewissen der Opfernden eben nicht zu "vollenden"[766], nach Hebr 9,13 nur zur Reinheit des Fleisches zu heiligen, ἁγιάζει πρὸς τὴν τῆς σαρκὸς καθαρότητα.[767] Hat aber der Autor des Hebr Lev 17,11, wenn auch ohne expliziten Bezug auf diese Stelle, außer Kraft gesetzt und implizit die hier als von Jahwäh eingesetzte Möglichkeit der Sündenvergebung geleugnet, so kann es dem Exegeten des Neuen Testaments nicht verwehrt sein, in gleicher Weise

---

[764] S. auch die noch folgenden Ausführungen zu Röm 7.
[765] S. auch *Heidegger*, Sein und Zeit, vor allem §§ 72-77.
[766] τελειῶσαι: *H.-F. Weiß*, KEK XIII, 448: vollenden; *H. Braun*, HNT 14, 260: weihen.
[767] *Braun*, HNT, 262.

zu urteilen. Ich interpretiere also hier eine theologische Vorstellung der Priesterschrift und bleibe damit bei der Ermächtigung, die mir das Neue Testament durch den Hebr zugesteht.

Was aber spricht sich in der Vorstellung von der Existenzstellvertretung aus? Zunächst einmal das Bewußtsein der Schuld, genauer: das Bewußtsein, mit seiner ganzen Existenz für die eigene Schuld haften zu müssen, die eben diese Existenz zur schuldigen Existenz gemacht hat. Es ist das Bewußtsein, nicht nur Schuld zu "haben", sondern diese Schuld selbst zu "sein". Und es ist darüber hinaus das Wissen darum, daß Schuld über die eigene Existenz *hinausgreift*, daß sie Schuld *vor* Gott ist, mehr noch: Schuld *gegen* Gott ist. Es ist das Eigentümliche der Sünde, daß, wo sich der Mensch ihrer bewußt wird, er des Verstoßens gegen so etwas wie Heiligkeit innewird und auf diese Weise sich in Relation zu Gott erfährt. Gerade die Sünde verweist den Menschen auf sein Offensein zu Gott hin. Fast ist Sünde so etwas wie eine *felix culpa*, weil sie die Verletzung der Heiligkeit bewußt werden und so erkennen lassen kann, daß es überhaupt Heiligkeit gibt, also daß der heilige Gott existiert. Sünde läßt göttliche Gnade erkennen. Zugespitzt: Sünde kann zur Gnade werden, weil sie aus der Gleichgültigkeit gegen Gott herauszureißen vermag.

Sünde, wird sie wirklich *als* Sünde bewußt, kann die Erkenntnis bewirken, daß durch eben diese Sünde *Leben vor Gott verwirkt* ist. Indem aber Gott nun wie in Lev 17,11 die Substitution des eigenen Lebens durch das Leben des Opfertieres ermöglicht - das ist natürlich im Rahmen des damaligen Vorstellungshorizontes gesagt -, so kommt damit zum Ausdruck, daß Gott die Sünde und gerade darin den Sünder als Menschen ernst nimmt. Ein bloßes Vergeben könnte die Auffassung provozieren, Gott würde die Sünde des Menschen verharmlosen. Sperrt sich also "der" moderne Mensch gegen die von seinem Existenzdenken her unmögliche Lösung der Existenzstellvertretung, so spricht sich doch gerade in ihr das in logischer Stimmigkeit nicht aufgehende Zueinander von göttlicher Gnade und Ernstnehmen des Sünders als Menschen aus. Auf jeden Fall ist in dieser theologischen Sequenz des alttestamentlich-priesterschriftlichen Denkens bei allen Archaismen das *existentielle* Moment deutlich geworden. Sündenerfahrung ist existentielle Erfahrung, Vergebungserfahrung ist ebenso existentielle Erfahrung, und Erfahrung, von Gott als Sünder und eben darin als Mensch ernst genommen zu sein, ist in gleicher Weise solch existentielle Erfahrung. All dies zeigt, daß die alttestamentliche Sühnetheologie Verstehensmöglichkeiten impliziert, die möglicherweise für die stellvertretende Sühne Christi fruchtbar gemacht werden könnten. Die existentiale Interpretation der materia peccans und zugleich der Existenzstellvertretung bietet also ein gewaltiges hermeneutisches Potential für die Deutung dieses neutestamentlichen Theologumenons.

Wie aber ist nun die dogmatisch-"objektive" Formel *Röm 3,25* zu interpretieren? All das, was soeben über die Existenzstellvertretung gesagt wurde, kann in wesentlichen Aspekten auf den Tod Christi übertragen werden. In einer Hinsicht jedoch ist der Begriff Existenzstellvertretung hier passender als für das Alte Testament. Denn das alttestamentliche Opfertier war ja nicht Existenz im Sinne menschlicher Existenz. Und zudem konnte es auch gar nicht die Existenz des schuldigen Menschen vertreten, weil es nichts von seiner Aufgabe der Stellvertretung wußte. Nur die archaische Vorstellung von der Identität des Blutes mit dem Leben machte für das Tier den Gedanken der Existenzstellvertretung möglich. Damit, daß dieser Gedanke für uns nicht mehr nachvollziehbar ist, fällt Lev 17,11, was die *vorstellungsmäßige* Seite angeht, als theologische Aussage in sich zusammen. Was an dieser Bestimmung jedoch bleibt, ist sein existentialer Gehalt. Lev 17,11 *ist* existential interpretierbar, und das macht die theologische und hermeneutische Bedeutsamkeit dieser "Einsetzung" des Sühnekults durch "Jahwäh" aus.

Jesus Christus hat nach seinem *Mensch*-Sein stellvertretende Sühne geleistet: *Homo pro homine* und gerade darin *Deus pro homine*. In der Formel "Deus pro homine" meint natürlich "Deus" zunächst Jesus als den Sohn Gottes, als die Inkarnation der Gerechtigkeit *Gottes*. Doch gilt es, darüber hinaus zu verstehen, daß *Gott* als *Subjekt der Sühnehandlung* gesehen wird: Er hat den Christus als Sühne öffentlich hingestellt, in der Öffentlichkeit der Weltgeschichte hingestellt. Damit hat Paulus einen Grundgedanken der priesterschriftlichen Sühnetheologie aufgegriffen: Gott ist der eigentliche Geber der Sühne. Nicht er wird durch die Sühne versöhnt, nicht sein Zorn wird durch diese Sühne beschwichtigt, nein, *Gott versöhnt den Menschen mit sich*. Denn nicht Gott bedarf des Aktes der Versöhnung; es ist der Mensch, der sie braucht. Daß dieser Gedanke im Laufe der theologischen Reflexion schon recht früh auf den Kopf gestellt wurde, gehört zu den bedauerlichen Entwicklungen in der Dogmengeschichte.[768]

---

[768] S. dazu unter den jüngsten Publikationen vor allem *Pannenberg*, Syst. Theol. II, 447ff. Er spricht zutreffend von der "systematischen Verfestigung der Umdeutung des paulini-

Mit der eben gebotenen Deutung der in Röm 3,25 von Paulus aufgegriffenen Glaubensformel sind wir jedoch bereits auf dem Wege zu der Deutung, die er selbst ihr dadurch zukommen läßt, daß er ihr Interpretamente zufügt. Da ist zunächst das typisch paulinische διὰ [τῆς] πίστεως, das recht unglücklich den Schlüsselbegriff ἱλαστήριον von seiner näheren Bestimmung ἐν τῷ αὐτοῦ αἵματι trennt. Durch diese Einfügung nimmt Paulus die zunächst so "objektive" dogmatische Formel aus eben diesem "Objektivismus" heraus. Die untrennbare Zusammengehörigkeit des damals auf Golgatha Geschehenen und der glaubenden Annahme dieses Geschehens wird auf diese Weise zum Ausdruck gebracht. Die Geschichte des Karfreitags wird so zur Geschichtlichkeit des Glaubenden. Durch die glossenhafte Einfügung "durch den Glauben" ist aber erneut das *individuelle* Moment des Heilsgeschehens deutlich geworden. Mögen auch "alle Glaubenden", wie sie ja im näheren Kontext in V.22 genannt werden, "in Christus" ihre Einheit aufgrund eben dieses Glaubens gefunden haben, so ist es doch jeweils der einzelne, der glaubt. Der als Sühne geglaubte Christus rechtfertigt also. Es ist die theologische Grundstruktur, die sich schon in 1Kor 1,18ff. zeigte: Die *theologia crucis* ist *theologia verbi crucis*, wobei das verbum crucis das *geglaubte* verbum crucis meint.

Ist aber durch die Einfügung διὰ [τῆς] πίστεως der Glaubende selbst in die Formel "eingefügt", so ist es ja, exegesieren wir diese wirklich *geschichtlich*, der jeweils konkrete, individuelle Glaubende. Das heißt aber, es ist der jeweils aus seiner Vergangenheit in die Glaubensgegenwart kommende Mensch, wobei diese Vergangenheit auch ihr Erbe an, archaisch gesprochen, materia peccans in die Gegenwart mitbringt. Hat nun Gott den Christus als Sühne hingestellt, so vertritt dieser in seiner übernommenen Existenzstellvertretung den Sünder einschließlich der materia peccans. Daß also durch die Rede vom ἱλαστήριον ἐν τῷ αὐτοῦ αἵματι der Rekurs auf *kultisches Denken* des Alten Testaments erfolgt ist, bedarf keiner Begründung. Die Frage ist nur, ob mit diesem Rekurs der alttestamentliche Sühnekult zu einer Art Vorläuferinstitution des Sühnegeschehens auf Golgatha gemacht oder ob durch das Theologumenon von Christus als der von Gott hingestellten Sühne der alttestamentliche

---

schen Versöhnungsgedankens im Sinne einer Besänftigung des göttlichen Zorns über die Sünde Adams durch das im Tode Jesu Gott dargebrachte Sühnopfer"; zu dieser Verfestigung habe "die Verbindung des Versöhnungsgedankens mit der Funktion Christi als Mittler zwischen Gott und der Menschheit beigetragen"; ib. 449.

Sühnekult als unwirksam behauptet ist. Ist die von Paulus rezipierte Formel judenchristlicher Provenienz - sollte mit ἱλαστήριον die Kapporät gemeint sein, so wäre dies wohl ein Indiz dafür - , so könnte der *ursprüngliche* Sinn der Formel die typologische Überbietung gewesen sein: Was der alttestamentliche Kult vermochte, war Typos des überbietenden Antitypos Jesus Christus. Doch dürfte *Paulus* die Formel in diesem Sinne gerade nicht verstanden haben. Hat er schon mit der ersten Zufügung ihren Sinn in Richtung Glaubenstheologie erweitert - ihren ursprünglichen "dogmatischen" Sinn wollte er ja nicht durch ihre Zitation den römischen Christen nahelegen, den setzte er doch voraus! - , so ordnet er sie durch die zweite Zufügung in seine Theologie der Gerechtigkeit Gottes ein: εἰς ἔνδειξιν τῆς δικαιοσύνης αὐτοῦ διὰ τὴν πάρεσιν τῶν προγεγονότων ἁμαρτημάτων; zu übersetzen: zum Erweis seiner Gerechtigkeit durch den Erlaß der zuvor begangenen Sünden.[769] Aber er hat anscheinend in diesem Interpretament mit der mit διά beginnenden präpositionalen Wendung wiederum auf traditionelles Gut zurückgegriffen.[770] Erweist nun Gott seine Gerechtigkeit dadurch, daß er durch Christus als Sühne auch die Sünden des alten Äons erläßt, so ist damit die durch den alttestamentlichen Kult gegebene Sühnemöglichkeit ignoriert. Warum Erlaß der damals geschehenen Sünden durch Christus, wenn sie schon durch die alttestamentlichen Sühnopfer erlassen worden wären? Der alttestamentliche Kult ist also durch die theologische Argumentation in Röm 3,25f. als unwirksam disqualifiziert, und zwar zu einer Zeit, in der der Zweite Tempel noch nicht zerstört war und in ihm noch regelmäßig Sühnopfer vollzogen wurden! Paulus ignoriert also in seiner theologischen Argumentation nicht nur, was das priesterschriftliche kultische Gesetz sagt, sondern auch die real existierende Kultpraxis. In V.26 greift Paulus aus V.25 das εἰς ἔνδειξιν... auf, geringfügig zu πρὸς τὴν ἔνδειξιν modifiziert, und ergänzt so die Aussage über die Vergangenheit durch die über die Heilsgegenwart: ἐν τῷ νῦν καιρῷ (s. V.21: νυνί!). Er

---

[769] Diese Übersetzung dürfte seit dem grundlegenden Aufsatz von *Werner Kümmel*, Πάρεσις und ἔνδειξις, gesichert sein.

[770] Das ist schon allein am Plur. ἁμαρτημάτων zu erkennen. *Käsemann*, HNT, 93, sieht jedoch in Röm 3,25b judenchristliche Anschauung, in 3,26 hingegen Kommentierung durch Paulus.

resümiert: damit er gerecht sei[771] und den, der aus dem Glauben an
Jesus existiert, gerechtmacht.

Paulus hat demnach in V.25 Jesus als Hilasterion zunächst in kultischer Begrifflichkeit ausgesagt. Aber durch die argumentative Beseitigung der Wirkung des alttestamentlichen Kults hat er Golgatha nicht als
neuen Kult gedeutet, sondern im Prinzip *kultisches Denken radikal beseitigt*. Man wird mit Käsemann sagen können, daß kultische Sprache nicht
zu bestreiten sei[772]; aber das, was das Wesen des Kults ausmacht, hat
Paulus energischst negiert.[773] [774]

Nach dem Fragenintermezzo von Röm 3,27[775] bringt Paulus den
theologischen Spitzensatz *Röm 3,28*: "Es ist unser theologisches Urteil
(λογιζόμεϑα), daß der Mensch durch Glauben ohne Werke des Gesetzes
gerechtfertigt wird." Die Begründung lautet jetzt: Gott ist nicht nur der
Gott der Juden, sondern auch der Gott der Heiden, und zwar als der
eine Gott, εἷς ὁ ϑεός. Sicher geht es hier zunächst einmal darum, den in
Röm 3,20-22 ausgesprochenen Gedanken zuzuspitzen; doch sollte das,
was eben über das kultische Gesetz gesagt wurde, unbedingt mitgehört
werden. Dasjenige Gesetz nämlich, das den Heiden ins Herz geschrieben
ist und das sie sich so selber sind, Röm 2,14f., enthält ja gerade nicht die
kultischen Anweisungen oder, wenn man will, die kultischen Möglichkeiten der Torah! Daß Paulus sich dennoch energisch dagegen wehrt, die
Torah durch den Glauben zerstört zu haben, zeigt Röm 3,31.[776] Er setzt
sie in Kraft (ἱστάνομεν), indem er sie das Ihre sagen läßt, nämlich *Gen
15,6*, also prophetisch den Hinweis auf die Glaubensgerechtigkeit.[777]

---

[771] δίκαιος meint hier nicht Gerechtigkeit als Gott inhärierende Eigenschaft, das Adjektiv wird ja durch das epexegetische δικαιοῦντα erläutert. Nur so fügt sich δίκαιος in
den Argumentationsgang ein.

[772] *Käsemann*, HNT, 91.

[773] Auf Interpretationen dieser Verse des Röm, die der unseren entgegenstehen, bin ich
nicht eingegangen, um die hier vorgetragene Nachzeichnung und theologische Deutung
nicht zu überfrachten. Abweichende Auffassungen können leicht in den neueren Röm-
Kommentaren nachgelesen werden; dort auch, vor allem bei *Käsemann* und *Dunn*, Angabe weiterer Lit.

[774] Zur Frage der stellvertretenden Sühne s. vor allem *Stuhlmacher*, Versöhnung, Gesetz
und Gerechtigkeit, passim; *ders.*, Bibl. Theol. des NT I, § 21; außerdem *Hofius*, Sühne
und Versöhnung; *Kertelge*, Das Verständnis des Todes Jesu bei Paulus, *ders.*, Die paulinische Rechtfertigungsthese nach Röm 3,21-26; *Merklein*, Die Bedeutung des Kreuzestodes
Christi, vor allem 23ff.; *Hübner*, KuD 29, 284ff.; *ders.*, NTS 39, 80-93.

[775] Auf diese Fragen gehe ich hier nicht näher ein. Ich habe deren Sinn ausführlich behandelt in: Das Gesetz bei Paulus, vor allem 95f.119-121. Der Versuch der Widerlegung
von *Heikki Räisänen*, NTS 26, 101ff., - er wendet sich gleichermaßen z.B. gegen *Gerhard
Friedrich*, *Eduard Lohse* und *Peter von der Osten-Sacken* - überzeugt nicht, weil er sich
gar nicht auf den Duktus der paulinischen Argumentation in Röm 3 einläßt. Der Hinweis
auf ἐξεκλείσϑη als Aorist (einmalige Handlung) ist zu wenig.

[776] S. auch das in der rhetorischen Analyse zu Röm 3,31 Gesagte.

[777] Auch auf den Abraham-Midrasch von Röm 4 gehe ich hier nicht noch einmal ein, s.
Hübner, Das Gesetz bei Paulus, 44ff.; 97ff. Zu Gen 15,6 s. das zu Gal 3,6 Gesagte.

Was aber bedeutet für das *Wirklichkeitsverständnis* des Paulus die Negation des alttestamentlichen kultischen Denkens durch die Christologie? In Röm 3,21-31 scheint jenes theologische Denken zu fehlen, das uns in 1Kor als für Paulus zentral begegnete, nämlich das Denken in "Räumlichkeit". Vom Sein-in-Christus war bisher ausdrücklich keine Rede, obwohl der Apostel es doch an anderen Stellen des Röm sehr massiv bringt. Allerdings findet es zwischen den Zeilen auch hier, wer die theologischen Zusammenhänge der in diesen Versen von Paulus gebrauchten theologischen "Begriffe" vor Augen hat. Wenn nämlich gleich zu Beginn in V.21 gesagt wird, daß die Gerechtigkeit Gottes offenbar geworden sei, und gerade sie in dieser Aussage als göttliche Macht gemeint ist (s.o.), so ist ja in V.22 mit Gerechtigkeit Gottes als Glaubensgerechtigkeit impliziert, daß sich der Glaubende in ihren Herrschaftsbereich begeben hat. Er existiert nun "in" dieser Gerechtigkeit Gottes. Ist nun noch durch V.25 indiziert, daß er auf dem Wege der sog. Existenzstellvertretung in die Existenz Christi, der Sühne für ihn ist, hineingenommen ist, so ist die Gerechtigkeit Gottes mehr als ein bloß "örtlicher" Bereich. Es zeigte sich ja schon früher, daß das Existenzial der Räumlichkeit mehr als rein lokale Bedeutung hat. Christus als die Gerechtigkeit Gottes ist des Christen Gerechtigkeit geworden; und der Christ ist so, indem er *mit Christus dieselbe Gerechtigkeit hat*, aufs engste mit diesem verbunden. Ohne die Aussage In-Christus-Sein ist hier genau das mit ihm theologisch Gemeinte ausgesagt; denn das In-der-Gerechtigkeit-Gottes-Sein und In-dem-meine-Existenz-am-Kreuz-Vertretenden[778] präzisieren theologisch und soteriologisch das In-Christus-Sein. Insofern dieses Sein kein abstrakter theologischer Sachverhalt, sondern konkrete gelebte Existenz ist, dürfte verständlich sein, warum dieses Daseinsverständnis dem Glaubenden Halt und Kraft zu geben vermag, warum hierdurch das Bewußtsein der in Christus vor Gott garantierten Identität geschenkt sein kann: Gott hat mir *diesen* Christus gegeben, hat meine Existenz *in* der seinen festgemacht, so daß mein Glaube das entscheidende Moment des alttestamentlichen *hæʾæmîn* hat, nämlich das Sich-Festmachen in Jahwäh. Glaube ist demnach die Verbindung *von Gott her* über Christus zu eben diesem Gott. Glaube ist nicht primär meine Aktivität auf Gott hin, sondern genau umgekehrt meine *Reaktion*

---

[778] Sit venia verbo! Aber diese Schreibweise macht deutlich, was sonst umständlicher gesagt werden müßte.

als Hinwendung zu Gott, der in Christus den entscheidenden Schritt auf mich hin getan hat, so daß ich nun "in Christus" bei Gott bin.

Das alttestamentliche Sühneverständnis hingegen bedeutet das Wiedergewinnen der Gemeinschaft mit Gott und die Wiedereingliederung in Israel als in das Volk Gottes, das Volk Jahwähs über einen kultisch vollzogenen Mechanismus. Da es aber im Alten Testament nichts Vergleichbares mit dem In-Christus-Sein gibt, ist dort das Daseinsverständnis vom christlichen in diesem Punkte essentiell verschieden. Momente der *Kontinuität* bestehen, sie sind auch in unserer Darstellung mehr als einmal genannt. Aber die *Diskontinuität* ist dominierend. *In-Israel-Sein* ist in entscheidender Weise unvergleichbar mit dem *In-Christus-Sein*.

Daß Gott Subjekt der Erlösung ist, betont Paulus besonders in *Röm 5,6ff.* Wäre nur dies das Spezifikum dieser Stelle, hätte es genügt, auf sie im Zusammenhang der Interpretation von Röm 3,25 kurz hinzuweisen. Doch bringt Paulus in ihr noch einiges zu Sprache, was inhaltlich über Röm 3 hinausgeht. Es ist zunächst der Gedanke der *Liebe Gottes*, ἡ ἀγάπη τοῦ θεοῦ, die schon in V.5 genannt ist. Diese Liebe ist es, die Gott zur Tat der Rechtfertigung bewegt. Das Verhältnis von Gott und Christus wird aber in recht eigenartiger Weise in V.8 ausgesagt (s. aber auch V.5f.): Gott hat seine eigene Liebe zu uns (dadurch) "hingestellt"![779] Im ersten Teil des Satzes ist Gott betont Subjekt des soteriologischen Handelns, im zweiten Teil jedoch Christus. Der gedankliche Zusammenhang zwischen beiden Aussagen ist aus der Abfolge beider Teilsätze nicht erkennbar. Irgendwie muß eine zu postulierende Einheit beider Subjekte gegeben sein, wenn der Vers sinnvoll ausgesagt sein soll. Will Paulus sagen, daß, wenn Christus handelt, dies mit Gottes Handeln identisch ist? Die Kommentatoren sind in der Regel recht wortkarg in dieser Hinsicht.[780] Auf jeden Fall ist das von Paulus wie selbstverständlich

---

[779] Das Präsens ist freilich als Vergangenheit zu verstehen - συνίστησιν ὁ θεός entspricht im Sprachduktus dem προέθετο ὁ θεός von 3,25 - , daß Christus, als wir noch Sünder waren, für uns gestorben ist.

[780] Selbst *Wilhelm Thüsing* bringt in "Gott und Christus" in dieser Hinsicht kaum Substantielles - trotz seiner Intention, die theozentrische Theologie des Paulus darzustellen. Vielleicht hat *Otto Kuss*, Der Römerbrief, Regensburg 1957, 209, etwas von dieser Frage verspürt, wenn er schreibt: "Von Gottes Liebe ist die Rede, nicht von der Liebe Jesu Christi, dessen Tod hier vielmehr allein auf Gott bezogen wird und das Entscheidende über Gottes Gesinnung uns gegenüber aussagt. Dem Apostel kommt es offenbar sehr darauf an, die allein in Gott gründende Initiative Gottes bei dem Heilswirken Jesu Christi hervorzuheben. In Gottes Gottheit liegt der Grund für sein Handeln..." - Natürlich "erklärt sich" der abrupte Subjektwechsel aus dem trinitarischen Dogma, das im NT angelegt ist, das in den Entscheidungen der ersten Ökumenischen Konzilien expliziert

nebeneinandergestellte Subjektsein von Gott und Christus Ausdruck seiner theologischen Überzeugung, daß das, was Christus will, in der Willensgemeinschaft mit Gott geschieht. Die *conformitas voluntatis* zwischen Gott und Christus kommt hier unbestreitbar zum Ausdruck.[781] Kann man sagen, Christus *partizipiere* an der Liebe Gottes zu den sündigen Menschen?

Was jedoch Röm 5 theologisch vor allem über Röm 3 hinausführt, ist der *eschatologische Horizont*. Das Heil, die σωτηρία bzw. das σωθήσεσθαι, ist für Paulus primär das endzeitliche Heil. In Röm 5,8 ist vom eschatologischen Ausblick noch nichts gesagt; hier wird nur auf den Tod Christi für uns zurückgeschaut. Das Moment des Glaubens kommt nicht direkt zur Sprache, ist aber in V.9 im Partizip δικαιωθέντες, das das δικαιωθέντες ἐκ πίστεως von V.1 aufgreift, impliziert. Über diese Aussage von der Rechtfertigung geht Paulus in V.9 sofort über zur Rettung im Jüngsten Gericht: Um wieviel mehr nun werden wir, die wir (ja bereits) jetzt durch sein Blut gerechtgesprochen sind, durch ihn vom (verurteilenden) Zorn (Gottes im Endgericht) gerettet werden, σωθησόμεθα δι' αὐτοῦ ἀπὸ τῆς ὀργῆς! Das δικαιωθέντες wird in V.10 durch das nahezu synonyme καταλλαγέντες inhaltlich erneut ausgesagt; und wiederum folgt das eschatologische σωθησόμεθα, diesmal mit dem Zusatz ἐν τῇ ζωῇ αὐτοῦ. Rechtfertigung erfährt also in der σωτηρία, im eschatologischen Endheil, ihre Vollendung. Von Röm 5,6ff. wird dann aber auch die propositio des Briefes Röm 1,16f. mit einem eschatologischen Akzent versehen. Das dort zu lesende εἰς σωτηρίαν wird allerdings erst von Kap. 5 aus in seinem eschatologischen Sinn deutlich. Erst von hieraus wird dem Leser klar, daß die propositio bereits den eschatologischen Ton anschlägt.

Damit ist aber wiederum *alttestamentliches Erbe* gegeben. Denn σωτηρία ist in der LXX das noch ausstehende Heil, so z.B. bei Deutero- und Tritojesaja (Jes 45,17: Ἰσραὴλ σῴζεται ὑπὸ κυρίου σωτηρίαν αἰώνιον. 46,13: ἤγγισα τὴν δικαιοσύνην μου καὶ τὴν σωτηρίαν τὴν παρ' ἐμοῦ οὐ βραδυνῶ· δέδωκα ἐν Σιὼν σωτηρίαν τῷ Ἰσραὴλ εἰς δόξασμα [futurischer Sinn trotz Vergangenheitsform]. 63,8f.: καὶ ἐγένετο αὐτοῖς εἰς σωτηρίαν ἐκ πάσης θλίψεως… αὐτὸς κύριος ἔσωσεν αὐτοὺς διὰ τὸ ἀγαπᾶν [!] αὐτούς … u.ö.). Ist aber die Rechtfertigung insofern ein zukünftiges Geschehen von Gott her, als diese jetzt erlangte Rechtfertigung eschatologische Gültigkeit

---

wurde und an das auch der lutherische Exeget gebunden ist. Aber gerade angesichts der trinitarischen Implikationen im NT sollte eine solche Stelle expliziert werden!

[781] Probleme wie die des auf dem Sechsten Ökumenischen Konzil zu Konstantinopel 680/681 (Verurteilung des Monothelitismus) lagen außerhalb des theologischen Horizonts des Paulus.

haben wird, so ist doch die Ausrichtung auf das endgültige eschatologische Heil schon jetzt *existenzbestimmend.* Und so muß, was bereits über das Selbstverständnis der Glaubenden und Gerechtfertigten gesagt wurde, in diesem Sinne ergänzt werden. Das Aus-Sein-auf des Gerechtfertigten ist ein Aus-Sein-auf die bald erfolgende Parusie. Wir haben noch 1Thess 4,17f. im Ohr: "So werden wir immerdar mit dem Herrn sein. Daher tröstet einander mit diesen Worten!"

In der Darstellung der rhetorischen Strategie des Paulus im Röm wurde dargelegt, daß es in *Röm 6* nicht primär um die *Taufe* geht. Das Taufgeschehen dient Paulus vielmehr als Argument gegen die törichte Auffassung, man solle in der Sünde bleiben, damit die Gnade zunehme. Was er aber dann mehr athematisch zur Taufe sagt, unterstreicht, was bisher zum Verhältnis von Rechtfertigung und Sein in Christus ausgeführt wurde. V.3 ist nach dem, wie sich uns die theologische Grundkonzeption des Paulus zeigte, zu übersetzen: "Oder wißt ihr nicht, daß wir alle, die wir *in Christus Jesus hineingetauft* worden sind, *in seinen Tod hineingetauft* worden sind?" εἰς kann also nur lokal verstanden werden. Das geht auch konform mit V.4, wonach wir durch die Taufe mit ihm zusammen begraben sind εἰς τὸν θάνατον, in seinen Tod hinein. Gerade durch V.4, mehr vielleicht sogar durch V.5 (σύμφυτοι γεγόναμεν τῷ ὁμοιώματι τοῦ θανάτου αὐτοῦ) ist die "Räumlichkeit" des gnadenhaften Daseins zum Ausdruck gebracht. Das sehr "massive" Taufverständnis von 1Kor 12,12f. ist also in Röm 6 wieder aufgegriffen. Dieses Kapitel dokumentiert, wenn auch mehr en passant, wie wichtig für Paulus die sakramentale Dimension christlicher Existenz ist.[782]

2.2.3.5.3.2 *Röm 7 und Röm 8: Gesetz und Geist*

Wenn vom Gesetz und Geist die Rede ist, so ist, zumal wenn es um das Verhältnis von Röm 7 und Röm 8 zueinander geht, beides im Blick auf den *Menschen* gesagt. Vor den Augen des Paulus steht zunächst der sarkische, unter die Sünde verkaufte Mensch (Röm 7,14), der Mensch also, der deshalb unter die Herrschaft des Gesetzes geraten ist, weil die Sünde dieses um seine ureigene Funktion εἰς ζωήν (7,10) gebracht und es dadurch zum Unterdrückungsinstrument "umfunktioniert" hat. Daß

---

[782] Das schwierige religionsgeschichtliche Problem von Röm 6 braucht für dieses *theologische* Urteil nicht erörtert zu werden, da sich die theologische Deutung des paulinischen Taufverständnisses notwendig aus dem Ganzen der paulinischen Theologie ergibt. Zum religionsgeschichtlichen Problem von Röm 6 s. *Wedderburn*, Baptism and Resurrection, dazu ThLZ 115 (1990), 25-30.

Paulus in 7,10 von der ἐντολὴ ἡ εἰς ζωήν spricht, scheint zunächst zu anderen Aussagen des Röm nicht zu passen. Hat es doch nach 3,21 *nur* die Funktion, die Erkenntnis der Sünde zu bewirken, wie dann auch 7,7 bestätigt. Nach 3,21 ist jedenfalls die Intention εἰς ζωήν ausgeschlossen.[783] Aber hier geht es nicht um Widerspruch, sondern um *Dialektik*, und diese Dialektik liegt ganz in der Eigenart des paulinischen Denkens. Der Apostel liebt sicher das Zusammendenken von Gegensätzen aus rhetorischen Gründen; er liebt es, aus eben diesen Gründen seine Leser bzw. Hörer im Vollzug der Argumentation zu überraschen. Aber es wäre der Struktur des paulinischen Denkens unangemessen, wollte man diese Dialektik nur als Ausdruck rhetorischer Raffinesse sehen. Das Denken des Paulus ist als solches ein *Denken in Gegensätzen*. Das hat sich bereits im Gal gezeigt, als er die Gegensätzlichkeit von Verheißung und Gesetz, von Evangelium und Gesetz, von Glaube und Gesetzeswerk - bewußt wurde hier der jeweils positive Begriff in der Aufzählung der antithetisch zueinander stehenden Größen jeweils zuerst genannt - zum Strukturprinzip seiner Darlegung machte. Im Röm hat er dann dieses im Vollzug des Dialektischen gründende Denken verfeinert; die Dialektik ist nun in den Begriff des νόμος hineingenommen und dieser so zum dialektischen Begriff in sich selbst geworden. Dahinter steckt ein *Wirklichkeitsverständnis*, das das Gegebene eben nicht in oberflächlicher Eindimensionalität zu begreifen bereit ist. Wirklichkeit ist zudem für Paulus immer *existential* gedacht. In all seinen theologischen Begriffen denkt ja Paulus den Menschen mit. Oder soll man gar sagen: All seine theologischen Begriffe sind vom Menschen her gedacht, wobei jedoch wiederum der Mensch in seiner *Relationalität* verstanden ist, nämlich in seiner Relation zu Gott, sei sie gut, sei sie schlecht? Diese "anthropozentrische" Denkweise zeigt sich besonders deutlich in Röm 8,18ff.: Die gesamte Schöpfung, πᾶσα ἡ κτίσις, (V.22) ist durch den Menschen in arge Mitleidenschaft gezogen, nämlich der Nichtigkeit, ματαιότης[784], (V.20) unterworfen. Und so steht es auch mit dem Gesetz. *Das Gesetz ist das, was der Mensch aus ihm macht.* Der sündige Mensch "macht" es zum Werkzeug der Sünde und gerät gerade dadurch, daß nun das gute und

---

[783] Der Unterschied zwischen 3,21 und 7,7 besteht darin, daß nach 3,21 *durch das Gesetz nur* die ἐπίγνωσις ἁμαρτίας geschieht, nach 7,7 hingegen die Erkenntnis der ἐπιθυμία, die als pars pro toto (= pars peccati) *nur durch das Gesetz* erfolgt. Die Aussagerichtung ist also in beiden Fällen einander entgegengesetzt.
[784] Vgl. Röm 1,21: Es sind die Menschen, die Gott in die Nichtigkeit gebracht hat, ἐματαιώθησαν.

heilige Gesetz durch ihn Werkzeug der Sünde *wird*, tiefer unter dessen Tyrannis. Wo jedoch der Mensch der Herrschaft der Sünde und des Todes entnommen ist, wo Gott ihn zum Leben befreit hat, da *wird* das Gesetz des Todes für ihn wieder zum Gesetz des Lebens; da hat ihn das Gesetz, das zum Gesetz des Geistes des Lebens geworden ist, vom Gesetz der Sünde und des Todes befreit (8,2). Wo der Mensch als Gerechtfertigter κατὰ πνεῦμα lebt, da ist für ihn das Gesetz der νόμος πνευματικός (7,14). Wo der Mensch als Gerechtfertigter zur Schar der ἅγιοι gehört, da ist für ihn das Gesetz der νόμος ἅγιος, das Gebot die ἐντολὴ ἁγία καὶ δικαία καὶ ἀγαθή (7,12). Die angebliche Widersprüchlichkeit in den Aussagen über das Gesetz ist beseitigt, wo seine Dialektik vom existentialen Denken des Paulus her begriffen ist. Daß diese "anthropozentrische" Sicht keine anthropologische Engführung meint, zeigt sofort der theologische Sachverhalt, demgemäß es ja Gott ist, der durch *sein* Gesetz den Menschen der Sünde überführt und ihn dadurch mit ihr behaftet (3,20; 7,7), der in einem grauenvollen kosmischen Prozeß des Nihilismus die Menschheit der Nichtigkeit preisgibt (1,21: ἐματαιώθησαν). Der Mensch, der sich selbst um seine Doxa gebracht hat und sich so immer tiefer in das Verhängnis der Nichtigkeit verstricken ließ, d.h. in die von Gott verhängte ματαιότης, ist es, der in seiner Blindheit nicht mehr in der Lage ist, die Tiefendimension seiner Sünde und das dadurch zustande gekommene Verhängnis zu erkennen. Er weiß eben nicht mehr, was er tut (7,15)! In seiner "Erkenntnis" steht er jenseits von Gut und Böse und weiß daher nicht, wie böse er ist. Er ist somit auch blind gegenüber dem Gesetz. Er benutzt, d.h. mißbraucht es, mißbraucht es selbst zum Zweck der Selbsterlösung; er macht sich so zum "Gott", zum Götzen seiner selbst. Und er weiß noch nicht einmal, daß er in dieser Weise "Atheist" ist!

Gerd Theissen bemüht sich um eine *psychologische* Deutung von Röm 7.[785] Der Text- und Traditionsanalyse folgt die psychologische Analyse nach ihren lerntheoretischen, psychodynamischen und kognitiven Aspekten. In Röm 7 macht Paulus, so Theissens These, die Bewußtwerdung eines ehemals unbewußten Konflikts zwischen Sarx und Nomos zum Thema.[786] Der Text sei zwar nicht biographisch gemeint, habe aber einen *biographischen Hintergrund*.[787] Aus der strukturellen Ähnlichkeit

---

[785] *Theissen*, Psychologische Aspekte paulinischer Theol., 181ff. Zu diesem Buch *Hübner*, KuD 33, 323ff.
[786] *Theissen*, op. cit. 181.
[787] Ib. 182.

zwischen Röm 7 und Gal 2, aber auch aufgrund des Inhalts von Röm 7 schließt er, daß das "Ich" dieses Kapitels nicht fiktiv sei, sondern persönliche und typische Züge vereint.[788] "Röm 7 ist ein Rückblick auf den unerlösten Zustand. Wir verstehen dies Kapitel erst, wenn wir uns klarmachen, was für Paulus Erlösung ist."[789]

Insofern ist Theissen *Werner Kümmels* Dissertation "Römer 7 und die Bekehrung des Paulus" gegenüber gerecht geworden, als er die Aussage dieses Kapitels als nicht autobiographisch gemeint sieht. Man wird ihm aber zudem zugeben können, daß, wenn in Röm 7 das "Ich" des Menschen vor und außer Christus zu Worte kommt, der vorchristliche Paulus impliziert ist.[790] In dieser Weise wird man *auch* von einem biographischen Hintergrund sprechen können. Hat nämlich das Berufungswiderfahrnis des Paulus seine psychologische Dimension - immerhin mußte er die Erfahrung von Damaskus und ihre theologischen Implikationen auch psychologisch aufarbeiten![791] - , so wird man nicht a priori ausschließen dürfen, daß sich davon einiges in seiner Retrospektive von Röm 7 kundtut. Gerade weil Paulus kein Psychologe war, konnte er bei der Darstellung der Existenzweise des noch unerlösten Gesetzesmenschen nichtbewußte psychologische Aspekte ausschließen. Besitzt Theissens These, daß Röm 7 das Bewußtwerden des ehemals unbewußten Gesetzeskonfliktes schildert, ein gewisses Wahrheitsrecht[792], so hat dies neben einer - primär! - theologischen Dimension auch seine psychologische. Daß Paulus im wörtlichen Sinne "einen unbewußten Gesetzeskonflikt" schildert[793], geht schon allein aus Röm 7,15 hervor: "Was ich nämlich tue, *weiß ich nicht*, οὐ γινώσκω." Und wenn es nach V.16 heißt, daß "ich" genau das nicht tue, was ich will, nämlich dem Gesetz entsprechen, so kann ja damit, zumal V.16 den V.15 begründet, kein psychischer Zwiespalt gemeint sein. Allem Anschein nach will Paulus sagen, daß das "Ich" gar nicht erkennen kann, wie es gegen sein eigenes Wollen verstößt. *Ernst Käsemann* hat dies besonders treffend formuliert: "Was es um Sünde wirklich ist und wie es sich mit ihrer Herrschaft verhält, entzieht sich der Kategorie der Erfahrbarkeit selbst im Stande unter dem Gesetz ..., wird erst vom Evangelium aufgedeckt und nur dem Pneumatiker einsichtig. Die gesamte paulinische Theologie steht und fällt mit dieser Feststellung, weil Rechtfertigung des Gottlosen ihre Mitte ist."[794] Im Grunde sagt das Theissen ähnlich, wenn er erklärt, daß das Verständnis von Röm 7 das Verständnis dessen voraussetze, was für Paulus Erlösung ist.[795] Und so läßt sich mit Theissen sagen: "Es gibt also einen unbewuß-

---

[788] Ib. 200ff.

[789] Ib. 224.

[790] S. auch *Kertelge*, Exegetische Überlegungen zum Verständnis der paulinischen Anthropologie nach Röm 7.

[791] S. das zu Gal 1,13-16 Gesagte!

[792] Ib. 231, im weiteren ausgeführt ib. 232ff.

[793] Ib. 233.

[794] *Käsemann*, HNT, 192; freilich ist es nun gerade *Theissen*, der sich op. cit. 231, Anm. 77, gegen *Käsemanns* Exegese wendet, und zwar mit dem Argument, daß dessen Auffassung von Psychologie einseitig sei. Darüber mag man diskutieren; es ändert aber nichts an der Richtigkeit des eben gebrachten Käsemann-Zitats.

[795] *Theissen*, op. cit. 224.

ten Gesetzeskonflikt ... Unbewußt *war* die funktionale Beteiligung des Gesetzes an der Entstehung der Sünde. Unbewußt *war* die Tiefendimension des Konfliktes. Man könnte mit einem Wort sagen: Unbewußt *war* nicht die Sünde an sich, sondern ihr 'Übermaß' (Röm 7,13)."[796] Lediglich die letzte dieser Aussagen bedarf einer gewissen Präzisierung: Unbewußt war nicht nur das "Übermaß" der Sünde, sondern ihr quasidämonisches Wesen, ihre Tiefendimension.[797] Auf jeden Fall ist Theissen in einer grundsätzlichen Hinsicht zuzustimmen: "Hinter dem Konflikt von Wollen und Tun steht der Konflikt von Gesetz und Sarx ..."[798]

Erneut muß in diesem Zusammenhang noch einmal gesagt werden, daß mit der Hervorhebung des existentialen Denkens *keine individualistische Engführung* intendiert sein kann. Gerade indem der typische Charakter des Ichs von Röm 7 zum Ausdruck gebracht wurde, zeigt sich, wie das für das individuelle Ich ausgesagte Geschehen ein Geschehen ist, das zugleich für alle "Ichs" vor und außerhalb Christus zutrifft. Paulus konkretisiert zwar in Röm 7 nicht in der Weise, daß durch die Darstellung des lebensverfehlenden Daseins dessen Situation in seinem Mit-Sein mit anderen ausgesagt wird. *Impliziert* ist dies freilich im Gesamtduktus der hamartologischen Ausführungen des Röm, vor allem in Röm 1-3, wo der kosmische Horizont der Hamartia aufgewiesen wird. Es sind ja die universalen Aussagen in Röm 1-3, die in Röm 7 ihre theologische Vertiefung finden.

Daß es in Röm 7 und 8 um zwei in Antithese zueinander stehende Kapitel geht, wurde in den Ausführungen zur Rhetorik des Briefes dargelegt. Theissen hat in einer Übersichtsgraphik gezeigt, wie "die Aussagen in 7,14-24 ... inhaltlich das direkte Gegenteil der Aussagen über den Christen in 8,1ff." darstellen.

7,14 Der Mensch ist unter die Sünde verkauft	8,2 Der Christ ist befreit vom Gesetz der Sünde und des Todes.
7,17 Die Sünde wohnt im Menschen (vgl. 7,20).	8,9 Der Geist Gottes wohnt im Menschen.

---

[796] Ib. 233; Hervorhebungen durch mich.

[797] Ist davon etwas mitgemeint, wenn *Theissen*, ib. 233, von der Tiefendimension des *Konflikts* spricht?

[798] Ib. 233. Bedenken habe ich jedoch, wenn *Theissen*, ib. 233, "Schritt für Schritt" einen stufenweisen Erkenntniszuwachs zu sehen glaubt: "An die Stelle des 'Ich verstehe nicht' von V.15 tritt in V.16 ein σύμφημι und in V.18 ein οἶδα. Aus dem Zwiespalt zwischen Wollen und Tun wird erstens erschlossen, daß dieser Zwiespalt die Zustimmung zum Gesetz einschließt, zweitens, daß im handelnden Ich nichts 'Gutes' wohnt, m.a.W.: Das vorweggeschickte Wissen um den grundsätzlichen Widerspruch zwischen pneumatischem Gesetz und sarkischem Ich (7,14) wird nun auf den in der Sentenz V.15 geschilderten Konflikt von Wollen und Tun angewandt, dieser wird auf den Begriff gebracht." Unsere soeben gebotene Deutung von V.16 fügt sich ungezwungener in den Aussageduktus von Röm 7. Und was Paulus in V.17 über "die in mir wohnende Hamartia" sagt, kann vor und außerhalb des Glaubens nicht gesagt werden".

| 7,18 Sarx und Ich werden gleich-gesetzt. | 8,9 "Ihr seid nicht mehr in der Sarx". |
| 7,23 Das "andere Gesetz" für Krieg. | 8,6 Das Trachten des Geistes ist Leben und Frieden.[799] |

Die *existentiale Denkweise* im Blick auf das Gesetz zeigt sich auch in *Röm 8*. Daß der Nomos jeweils das *ist*, was der Mensch aus ihm "*macht*", läßt sich, wie schon gesagt, an 8,2 ablesen. Bekanntlich ist die Exegese des Verses umstritten: Geht es um zwei entgegengesetzte *Heilsordnungen*, ist also νόμος nur uneigentlich verstanden, oder geht es um zwei sich ausschließende *Aspekte der Torah*[800]? Gemäß der zweiten Auffassung ist das Gesetz der Sünde und des Todes das mosaische Gesetz, *insofern* es den, der es post lapsum als Heilsweg versteht, unter die Sündenmacht zwängt und so dem Tode preisgibt. Und dementsprechend ist das Gesetz des Geistes des Lebens das mosaische Gesetz, *insofern* es den Glaubenden, der es nicht als Instrument zur Erringung des Heils mißbraucht, vom Gesetz als Unheilsmacht befreit. Gemeint ist dann: Das Gesetz ist jetzt für dich[801] nicht mehr die dich tötende Macht; indem du als im Bereich des Pneuma Gottes Existierender es jetzt nicht mehr mißbrauchst und es dadurch wieder seinem eigentlichen pneumatischen Sein zurückgegeben ist, hat es dich davon befreit, für dich todbringende Macht zu sein. Wollte man einwenden, das Gesetz könne doch nicht befreiende, also erlösende Funktion haben, so verfehlte man die Aussage von Röm 8,2. Denn dort steht ja gerade nicht, daß das pneumatische Gesetz den unter die Sünde verkauften Menschen von eben dieser Sündenmacht befreit habe, sondern vom *Gesetz* der Sünde und des Todes! *Von sich aus* war post lapsum das Gesetz in soteriologischer Hinsicht unfähig (V.3!); aber *Gott* hat durch die Sendung des Sohnes die Hamartia verurteilt und so der Rechtsforderung des Gesetzes, τὸ δικαίωμα τοῦ νόμου, Genüge getan (V.4).[802]

Hat sich aber so das existentiale Denken an Röm 8,2 bewährt - der Vers fügt sich ja aufgrund dieser Exegese gut in das durch 3,31 und 7,12.14 gegebene Sinngefüge - , so hat sich damit aber die ebengenannte

---

[799] Ib. 186.

[800] So vor allem *Lohse*, ὁ νόμος τοῦ πνεύματος τῆς ζωῆς.

[801] In Röm 8,2 ist mit א u.a. σε zu lesen. Das ursprünglich unter die Sünde verkaufte und somit dem durch die Sünde pervertierten Gesetz preisgegebene Ich wird angesprochen.

[802] Der Duktus von Röm 8,3f. zeigt, daß hier das Thema des *tertius usus legis* nicht zur Debatte steht und deshalb *Käsemanns* Einwand gegen die hier referierte und geteilte Auffassung vom νόμος in 8,2 (HNT, 207) unzutreffend ist.

Alternative vom doppelten νόμος entweder als entgegengesetzte Heilsordnungen oder als entgegengesetzte Aspekte der Torah als Scheinalternative erwiesen.[803] Was nämlich zustimmend über die sich ausschließenden Aspekte des mosaischen Gesetzes ausgeführt wurde, *implizierte* bereits die wesentlichen Momente der entgegengesetzten Heilsordnungen.

Der existentiale Gedanke mit der provozierenden Formulierung, daß der Mensch das Gesetz entweder zum todbringenden Gesetz oder zum pneumatischen Lebensgesetz "macht", muß freilich *christologisch* fundiert werden. War auch das Gesetz post lapsum eine soteriologisch unfähige Größe, so liegt die "Fähigkeit" des Menschen, es zum befreienden pneumatischen Gesetz zu "machen", in Gottes Tat der Sendung seines Sohnes begründet.[804] Das Gesetz war schwach διὰ τῆς σαρκός, also dadurch, daß der Mensch als Sarx, d.h. als der je individuelle Ort der Hamartia, es schwächte. Aber durch die Sendung des Sohnes im Fleisch hat Gott über die Hamartia das letztgültige, das vernichtende Urteil gesprochen; dies geschah jedoch dadurch, daß der Sohn Gottes gesandt war ἐν ὁμοιώματι σαρκὸς ἁμαρτίας, so daß Gott die Hamartia an der Sarx verurteilen konnte, V.3. Die Aussage ist in ähnlicher Weise gewagt wie 2Kor 5,21, wonach Gott den, der keine Sünde kannte, für uns zur Sünde gemacht hat. Keinesfalls kann die Wendung aus V.3 so verstanden werden, als sei auch Gottes Sohn unter die Sünde verkauft und also Sünder gewesen. ἐν ὁμοιώματι σαρκός dürfte mit Käsemann derselben Tradition entstammen wie Phil 2,7 mit μορφὴν δούλου λαβών, ἐν ὁμοιώματι ἀνθρώπων γενόμενος· καὶ σχήματι εὑρεθεὶς ὡς ἄνθρωπος: Der Sohn Gottes hat das menschliche Wesen (μορφή) angenommen.[805] Der Genitiv ἁμαρτίας bei σαρκός in Röm 8,3 indiziert, daß Gottes Sohn, damals Mensch geworden, die σάρξ annahm[806], die bei allen anderen Menschen zum sündigen Wesen degeneriert war. Worauf es aber dann in dieser Christologie entscheidend ankommt, ist wieder das *forensische* Geschehen: Gott verur-

---

[803] In dieser Hinsicht ist zu ergänzen, was ich früher mehrfach zu Röm 8,2 gesagt habe, nämlich daß dort νόμος als Torah und nicht als Heilsordnung zu verstehen ist, z.B. Das Gesetz bei Paulus, 125f.

[804] *Dunn*, WordBiblComm, 420f., äußert Zweifel an der üblichen Deutung von ὁ θεὸς τὸν ἑαυτοῦ υἱὸν πέμψας als Präexistenz und Inkarnation. Doch sollte schon allein der von Paulus übernommene Hymnus Phil 2,6ff. derartige Zweifel beseitigen. Warum kommt *Dunn* weder auf S. 420f. noch auf S. 438 auf diesen Hymnus zu sprechen?

[805] *Käsemann*, HNT, 208f.

[806] S. λαβών in Phil 2,7.

teilte, κατέκρινεν, die Hamartia an der Sarx, und zwar περὶ ἁμαρτίας. Hier aber bedeutet ἁμαρτία das Sühnopfer.[807] Das Theologumenon der stellvertretenden Sühne Christi von Röm 3,25 begegnet also auch hier. Paulus hat demnach in Röm 8,3 die Rechtfertigungstheologie nicht im Kontext der Gottesgerechtigkeit als Glaubensgerechtigkeit ausgesagt, sondern ihr hier einen stärkeren christologischen Akzent verliehen, indem er über Röm 3,24f. hinaus Christi Präexistenz und Sendung ausdrücklich erwähnte. *Soteriologie ist Christologie*, aber *Christologie ist* auch *Soteriologie*. Festzuhalten ist jedoch zugleich, daß da, wo Paulus thematisch über die im Geiste Gottes befindliche Existenz des Menschen spricht, auch der Horizont des Forensischen, der Rechtfertigungstheologie nicht fehlt. Und das wird durch 8,4 erst recht deutlich: Der Finalsatz schließt an die christologisch-soteriologische Aussage an, in der von der Erfüllung der Rechtsforderung des Gesetzes die Rede ist *und* von uns, die wir gemäß dem Geiste wandeln.

Die nun folgenden *pneumatologischen* Aussagen sind zugleich *anthropologische*. Röm 8,1-8 ist so etwas wie ein kurzes Summarium einer theologischen Anthropologie. Sein und Sollen des erlösten Menschen werden als in ihrem soteriologischen Fundament begründet dargestellt, wobei das Profil dieses erlösten Menschen durch das Spiegelbild des sarkischen Menschen besonders deutlich wird. Was letztlich den Menschen zum Menschen macht, nämlich zum verantwortlichen Wesen, das ist sein *φρονεῖν*, sein *φρόνημα*, sein *Aus-Sein-auf...* Daß es dem Menschen immer um etwas geht, daß er also ein *essentiell intentionales Wesen ist*, das ist die anthropologische Grundvoraussetzung von Röm 8. Damit greift Paulus auf ein Grunddatum alttestamentlicher Anthropologie zurück, nach der der Mensch in seinem Wesen als Wille verstanden ist. Der Mensch will immer etwas. Daß auch der alttestamentliche Mensch, vor allem in seiner Bezeichnung als *næpæš*[808], derjenige ist, "soweit er auf etwas aus ist", sagt ausdrücklich *Werner H. Schmidt*.[809]

---

[807] So u.a. *Käsemann*, HNT, 208; *Stuhlmacher*, NTD, 110, *Dunn*, WordBiblComm, 422; anders z.B. *Friedrich*, Die Verkündigung des Todes Jesu im NT, 68ff.; *Cranfield*, ICC, 382.

[808] Die Übersetzung "Seele" für *næpæš* ist äußerst mißverständlich.

[809] *Schmidt*, [3]EKL I, 157: "Der Mensch, aus Erde und göttlichem Odem, hat nicht Leib und Seele, sondern ist 'lebende Seele' (Gen 2,7), d.h. Lebewesen, Person, Individuum. Vielfach bezeichnet 'Seele' näher das Lebensgefühl bzw. Gestimmtsein, wie die Ungeduld, insbesondere das Wünschen (Gen 34,2f) oder Verlangen, also den Menschen, soweit er auf etwas aus ist: 'Wie der Hirsch lechzt nach den Wasserbächen, so lechzt meine 'Seele' nach dir, Gott' (Ps 42,2; ...)."

Ist also das φρόνημα bzw. φρονεῖν gerade der Mensch selbst in seinem jeweiligen Ausgerichtetsein, so kommt alles darauf an, *wohin* es gerichtet ist. Theologisch relevant sind nur zwei Richtungen, die eine jeweils als absolute Negation der anderen: τὰ τῆς σαρκός - τὰ τοῦ πνεύματος (Röm 8,5f.).[810] Der Gegensatz ist so absolut wie der von θάνατος und ζωή (8,6). Zwar will der Mensch immer, notwendig immer das Leben. Aber es gehört ja zum tragischen Nichtverstehen des unerlösten Menschen, auch und gerade des unerlösten Gesetzesmenschen, der im totalen Unverständnis sogar das ursprünglich zum Leben gegebene Gesetz (Röm 7,10) für sich zum Gesetz des Todes gemacht hat, daß er in seiner Selbsttäuschung, seiner tragisch illusionären Existenz meint, er sei auf dem Wege zum Leben, und sich in Wirklichkeit auf dem Wege zum Tod befindet. Stehen sich so zwei einander total ausschließende Existenzweisen gegenüber, so entspricht auch das einem essentiellen Zug alttestamentlicher Anthropologie. Es ist nach alttestamentlicher Auffassung ein theologisches Existenzial, daß der Mensch entweder unter dem Segen oder unter dem Fluche Gottes steht. Auch hier gilt erneut das *tertium non datur*. Was τὰ τῆς σαρκός besagt, geht aus dem Zusammenhang deutlich hervor: Es ist das, was das Sinnen und Trachten desjenigen Menschen ausmacht, der unter die Hamartia verkauft ist und somit im negativen Sinne des Wortes Sarx als der je individuelle Ort dieser grauenhaften tyrannenhaften Hamartia existiert. Was aber meint τὰ τοῦ πνεύματος? Ist der Geist Gottes oder der des Menschen gemeint? Nun ist πνεῦμα in νόμος τοῦ πνεύματος τῆς ζωῆς von 8,2 unbestritten der lebendigmachende Geist Gottes, so daß schon allein von daher und natürlich erst recht von 8,9b.11 (οἰκεῖ!) her die meisten Exegeten in den Wendungen κατὰ πνεῦμα und τὰ τοῦ πνεύματος Aussagen über den Geist Gottes sehen. Allerdings interpretieren *William Sanday* und *Arthur C. Headlam* das dem ἐν σαρκί gegenübergestellte ἐν πνεύματι in 8,9 als "im menschlichen Geist".[811] Aber wenn es in 8,4-6 um den Gegensatz der menschli-

[810] Richtig *Paulsen*, EWNT III, 1050: "Die Abhängigkeit von Sarx und Pneuma bestimmt den ganzen Menschen und damit sein gesamtes Sinnen und Trachten."

[811] *W.Sanday* and *A.C. Headlam*, ICC, 196: "... εἶναι ἐν πνεύματι = 'to be under the domination of [the] spirit,' i.e. in the first instance, the human spirit. Just as in the one case the man takes his whole bent and bias from the lower part of his nature, so in the other case he takes it from the highest part of his nature. But that highest part, the πνεῦμα, is what it is by virtue of its affinity to God. It is essentially that of part of the man, which holds communion with God ..."

chen Sarx zum göttlichen Pneuma geht, dann dürfte wohl jeder Leser V.9 im gleichen Sinne verstehen.[812]

Handelt es sich aber in Röm 8 um den Gegensatz von menschlicher Sarx und göttlichem Pneuma, so beginnt damit erst das eigentliche *anthropologische* Problem. Die Voraussetzung für ein φρονεῖν κατὰ σάρκα ist das Sein ἐν σαρκί, das, weil σάρξ, hier als Machtsphäre verstanden, die Individuation der ἁμαρτία ist, also ἐν ἁμαρτίᾳ (= ὑπὸ ἁμαρτίαν) meint. So ist die Voraussetzung des κατὰ πνεῦμα das Sein ἐν πνεύματι. Dieses Sein wird aber in V.9 in der Inversion ausgesagt: Der Geist Gottes wohnt in euch, οἰκεῖ ἐν ὑμῖν. Also: Der Christ im Geiste - der Geist im Christ.[813] Entscheidend ist, daß für diese Redeweise von Röm 8 die *totale* Bestimmung des Glaubenden durch den Geist Gottes ausgesagt ist. Wenn es demnach heißt, daß der im Machtbereich des Geistes Gottes - nach V.9c als Geist Christi expliziert - Existierende auf das aus ist, worauf der Geist Gottes aus ist, ist dann noch der Christ als verantwortliches Wesen, als Mensch ernstgenommen? Ist das nicht schon die Sprache der Besessenheit[814], wenn auch jetzt im positiven Sinne?

Nun sollte die überaus enge Verbindung zwischen dem Christen und dem Geist Gottes als von theologisch höchster Relevanz gesehen werden. *Martin Luther* hat es in seiner Römerbriefvorlesung 1515/16 auf die prägnante Formel gebracht: *conformitas voluntatis*.[815] Paulinisch gesprochen wäre dies das Koinzidieren von τὸ φρόνημα τοῦ πνεύματος τοῦ θεοῦ und τὸ φρόνημα τοῦ πνεύματος τοῦ ἀνθρώπου τοῦ πιστεύοντος. Diese Koinzidenz ist aber dadurch ermöglicht, daß der Glaubende dem Machtbereich von Hamartia und Sarx entnommen ist, somit die Unheilsmächte ihn nicht mehr beherrschen können und folglich er, im Machtbereich des Geistes Gottes (und natürlich auch der Gerechtigkeit Gottes) existierend, in der Lage ist, auf das aus zu sein, was des Geistes Gottes ist. Die enge Verbindung des Gerechtfertigten, also des im Geiste Gottes Existierenden als "Konformität im Willen", entspricht dem biblischen Gottes- und Menschenbild. Gott ist im Alten und auch im

---

[812] Anders allerdings steht es mit V.16, wo Gottes Geist unserem Geist, τῷ πνεύματι ἡμῶν, bezeugt, daß wir Kinder Gottes sind.

[813] S., was bereits zum Existenzial der *Räumlichkeit* gesagt wurde.

[814] S. z.B. Mk 5,2 ἄνθρωπος ἐν πνεύματι ἀκαθάρτῳ, ein Mensch *im Machtbereich* eines unreinen Geistes. Mit Röm 8,9c εἰ δέ τις πνεῦμα Χριστοῦ οὐκ ἔχει mit Mk 9,17 ἔχοντα πνεῦμα ἄλαλον!

[815] WA 56, 365,19f.; s. auch ib. 365,4f.: "... ipsis est summum gaudium eo, quod volunt perfecta voluntate idem, quod Deus vult."

Neuen Testament in ganz entscheidender Weise als der gesehen, der das Heil des Menschen *will*[816]; und der Mensch ist ebenfalls in beiden Testamenten als der gesehen, der das Böse oder das Gute *will*. Versteht man den Begriff "Voluntarismus" nicht im streng philosophischen Sinn[817], so läßt sowohl ein Blick auf Gott als auch auf den Menschen von einer dominanten voluntaristischen Tendenz in der Bibel sprechen. Indem aber Gott und Mensch gerade von ihrem Wollen her gesehen werden, darf man in Röm 8 die Koinzidenz von göttlichem und menschlichem φρόνημα als theologische Spitzenaussage sehen, die das Zueinander und Miteinander von Gott und Mensch in theologisch besonders adäquater Weise zum Ausdruck bringen. Röm 8 ist somit einer der theologischen Höhepunkte des Neuen Testaments.

Im Abschnitt über die Rhetorik des Röm kamen die Anspielungen des Paulus in Röm 8 auf Ez 36,26f.; 37,14[818] zur Sprache, ohne daß hinreichend geklärt werden konnte, warum er gerade hier auf formelle Zitierung verzichtet hat. War es auch aus nicht eindeutig feststellbaren Motiven in argumentationsstrategischer Sicht für den Apostel nicht erforderlich, so sollten wir doch in *inhaltlicher* Sicht die theologische Koinzidenz von Ez 36f. und Röm 8 festhalten und sie im Zusammenhang der Darstellung der Theologie des Röm thematisieren. Eine Anspielung auf die beiden Ez-Stellen ist, wie schon gezeigt, für *1Thess 4,8* anzunehmen und ebenfalls für *2Kor 3,3* zumindest sehr ernsthaft zu erwägen. In 1Thess 4,8 findet sich ein Grundgedanke sowohl von Ez als auch von Röm: Gott gibt seinen Geist in die Menschen hinein. In 2Kor 3,3 wie Ez 11,19; 36,26 ist von steinernen und fleischernen Herzen die Rede (in Ez Sing.), und zwar ebenfalls wie in Ez 11 und 36 im Kontext von Geistaussagen. Geht man also davon aus, daß Paulus seit dem 1Thess Gedanken aus dem Propheten Ezechiel für sein theologisches Denken fruchtbar gemacht hat, daß, mehr noch, für sein pneumatisches Selbstverständnis eine nicht unerhebliche Beeinflussung durch Ez anzunehmen ist, so sollte man bei inhaltlichen Übereinstimmungen von Ez und Röm 8 davon ausgehen, daß diese nicht zufälliger Art sind, sondern Ausdruck der theologischen Grundüberzeugung des Paulus sind - wie immer man auch das Faktum des Fehlens formeller Ez-Zitate in Röm 8 erklären mag.

In *Ez 36 und 37* geht es um die geistliche Wiedergeburt Israels, die in Kap. 37 mit dem so eindrucksvollen Bild der Auferweckung der Toten veranschaulicht wird. Israel ist nun das neue Gottesvolk, dem das Herz aus Stein genommen und ein neues Herz aus Fleisch gegeben ist (36,26). Gott gibt ihnen aber nicht nur ein neues Herz und einen neuen Geist, er

---

[816] Z.B. Ez 18,32; 1Tim 2,4.
[817] S. auch S. 109!
[818] Zudem ist der ganze Kontext in Ez 36f. zu berücksichtigen.

gibt ihnen sogar seinen eigenen Geist (36,27).[819] Gott gibt ihn ihnen, damit sie leben.[820] Der alttestamentliche "ekklesiologische" Akzent wird vor allem an der sog. Bundesformel in 36,28; 37,27 deutlich. So kann man das Ganze unter den Begriff einer *eschatologischen Ekklesiologie* innerhalb des Alten Testaments bringen.

Essentiell ist aber auch der Bezug der Neuwerdung Israels auf das *Gesetz*. Zwar begegnet νόμος in Ez 36f. nicht, wohl aber ihn vertretende Begriffe wie τὰ δικαιώματα und τὰ κρίματα (z.B. 36,27). Eigens ist davon die Rede, daß Gott seinen Geist den Israeliten gibt, damit (ἵνα) sie in diesen Rechtssatzungen[821] wandeln und seine Rechtssatzungen[822] bewahren und tun. Damit entfällt aller rein äußerlicher Gehorsam, entfällt das Tun des von Gott Gebotenen, nur weil es autoritativ angeordnet ist. Daß Israel den Geist Gottes im Inneren hat, befähigt es, aus geistgewirkter Einsicht, aus seinem neuen Herzen heraus das zu tun, was Gottes Gebot ist.[823]

Dieses Referat über Ez 36 und 37 ist aber in wesentlicher Hinsicht schon ein Referat zentraler theologischer Gedanken aus Röm 8. Wird dort die Torah, sofern sie ihrer Perversion durch die Hamartia entnommen ist, in 8,2 als νόμος τοῦ πνεύματος τῆς ζωῆς bezeichnet, so sollte man mit bedenken, was der Herr nach Ez 37,5 den Gebeinen sagt: Ich bringe in euch πνεῦμα ζωῆς. Hier bedeutet diese Wendung zwar nicht die besondere Qualifikation des Gesetzes, wohl aber die von Gott gebotene Voraussetzung für Israel, um das von ihm Gebotene, nämlich seine Gesetzesforderungen, zu tun. Und wenn in Röm 8,4, also im nahen Kontext von 8,2, vom δικαίωμα, d.h. von der Rechtsforderung des Gesetzes die Rede ist, so ist ernsthaft zu erwägen - so wenig es auch beweisbar ist -, ob hier nicht Ez 36,27 im Hintergrund steht.

Deutlich sind also die *Übereinstimmungen* zwischen Paulus und Ezechiel:

---

[819] Ez 36,26: καὶ δώσω ὑμῖν καρδίαν καινὴν καὶ πνεῦμα καινὸν δώσω ἐν ὑμῖν καὶ ἀφελῶ τὴν καρδίαν τὴν λιθίνην ἐκ τῆς σαρκὸς ὑμῶν καὶ δώσω ὑμῖν καρδίαν σαρκίνην. (27) καὶ τὸ πνεῦμά μου δώσω ἐν ὑμῖν...

[820] Ez 37,6(14): καὶ δώσω πνεῦμά μου εἰς ὑμᾶς, καὶ ζήσεσθε.

[821] Es ist gleich noch darauf einzugehen, daß in Röm 8,3 der Begriff τὸ δικαίωμα τοῦ νόμου begegnet und dort die Bedeutung "Rechtsforderung" hat.

[822] κρίματα steht für *mišpātai* im hebr. Original und dürfte damit inhaltsgleich sein, also κρίμα und *mišpāt* im Sinne von Einzelgesetz, Rechtsanordnung.

[823] Ähnlich Jer 38,33LXX: διδοὺς δώσω νόμους μου εἰς τὴν διάνοιαν αὐτῶν καὶ ἐπὶ καρδίας αὐτῶν γράψω αὐτούς. Im hebr. Original Jer 31,33 steht bezeichnenderweise der Sing. *nātattî ʾet̠ tôrātî bəqirbām.*

1. Gott gibt seinen *Geist* in die von ihm erlösten Menschen.

2. Gott erneuert so diese Menschen und befreit sie aus ihrer Unfähigkeit, ihm aus ihrem *Inneren* heraus gehorsam zu sein.

3. Die Gabe des Geistes ist im Kontext des *Gesetzes* ausgesagt; es geht darum, daß das, worauf das Gesetz aus ist, Wirklichkeit wird. Das paulinische φρόνημα/φρονεῖν deckt inhaltlich auch das ab, was Ezechiel sagt. Freilich hat τὸ δικαίωμα τοῦ νόμου bei Paulus einen präziseren Sinn als bei Ezechiel.

4. Beide sprechen im Zusammenhang von Geist und Gesetz vom *Leben*. Ez 37,5 lesen wir πνεῦμα ζωῆς, Ez 37,14 δώσω πνεῦμά μου ..., καὶ ζήσεσθε. Paulus spricht Röm 8,2 vom νόμος τοῦ πνεύματος τῆς ζωῆς, 8,6 von ζωὴ καὶ εἰρήνη als dem Resultat des φρόνημα τοῦ πνεύματος und 8,13 vom Handeln des Christen durch den Geist mit dem Erfolg: ζήσεσθε.

5. Sowohl Ezechiel als auch Paulus sehen ihre jeweiligen soteriologischen Vorstellungen im *ekklesiologischen* Horizont.

6. Sowohl Ezechiel als auch Paulus sehen ihre jeweilige Heilsekklesia als eine *eschatologische* Gemeinschaft.

Demgegenüber dürfen aber die deutlichen *Unterschiede* zwischen Paulus und Ezechiel nicht übersehen werden:

1. Die Restitution Israels als einer geistlichen Gemeinschaft geschieht nicht aufgrund eines *soteriologischen Eingreifens Gottes*, wie es in Röm 8,3 genannt ist. Der dort ausgesprochene christologisch-soteriologische Gedanke ist im theologischen Horizont des Ezechiel undenkbar.

2. Was Paulus als Unfähigkeit des *Gesetzes* ansieht (Röm 8,3), ist für Ezechiel nur die Unfähigkeit Israels.

3. Der *Rechtsforderung des Gesetzes* wird nach Ezechiel durch das geistlich restituierte Israel Genüge getan, nach Paulus durch den Sohn Gottes und somit letztlich durch Gott selbst.

4. Die *Auferweckung* ist nach Ezechiel Bild für die geistliche Realität auf dieser Erde, also im geschichtlichen Prozeß, für Paulus das Geschehen am Jüngsten Tage.

5. Dem Propheten Ezechiel geht es um die geistliche Wiederherstellung *Israels*, Paulus aber um das Heil der *ganzen Menschheit*.

Insgesamt geurteilt, liegt der Unterschied im Gottesbild. Für Ezechiel ist Gott der *Gott des Kabod*. Ist doch der *kǝbôd JHWH* ein dominantes Motiv in Ez.[824] Die Röm 5,8 ausgesprochene Liebe Gottes,

---

[824] Z.B. Ez 1,28; 3,12.23; 10,4.18; 11,23; 43,4f. (Zählung nach MT). *kǝbôd ʾælohē jisrāʾel* z.B. Ez 9,3; 10,19; 11,22; 43,2.

die sich im Kreuzestod Christi als Solidarität Gottes mit den sündigen Menschen kundtut, wäre für diesen Propheten Israels ein wohl blasphemischer Gedanke gewesen!

Hilft also Ez 36f. als alttestamentlicher Hintergrund von Röm 8 für die Frage weiter, ob das von Paulus ausgesprochene Wohnen des Geistes Gottes im Gerechtfertigten letztlich eine Paralyse von dessen Individualität ist? Nun hat aber schon der Hinweis auf den paulinischen Imperativ eine vorläufige verneinende Antwort nahegelegt. Diese kann nun durch den Blick auf Ez weiter unterbaut werden. Nach Ez 37,6.14 gibt ja Gott seinen Geist in die Menschen. Und dadurch leben sie.[825] Am Ende von Ez 37,14 steht dann die für Ezechiel entscheidende Aussage Gottes: "... und ihr werdet erkennen, daß ich, der Kyrios, es gesagt habe und tun werde."[826] Wer den Geist Gottes hat, erkennt also Gott in seinem *Tun*. Der Geist befähigt somit zur Gotteserkenntnis. Wer aber Gott wahrhaft erkannt hat, der tut aus sich heraus, aus seiner gottgegebenen, geistgegebenen Freiheit heraus, was auch Gott will. Gerade dieser alttestamentliche Hintergrund der paulinischen Theologie zeigt, daß man nicht das Tun des Christen als das einer von Gott bewegten Marionette sehen darf. "Haben" wir den Geist Gottes, der nach Röm 8,11 der Geist Christi ist[827], so sind wir erlöst von der elenden Knechtschaft der Hamartia, somit frei, unser φρόνημα dem φρόνημα τοῦ πνεύματος (τοῦ θεοῦ) anzugleichen. Die *confirmitas voluntatis* (Luther) ist also keinesfalls eine *extinctio voluntatis hominis*.

---

[825] Uninteressant im Blick auf die paulinische Theologie ist zwar, was unmittelbar darauf in V. 14 gesagt wird, nämlich die Zusage, wieder ins Land Israel zurückzukommen. Diese Zusage ist ja geschichtsgebunden und für die Existenz des Christen - und gerade des Heidenchristen, der doch kein Jude ist! - soteriologisch völlig unerheblich. Die römischen Christen sehen doch nicht in Palästina ihre neue Heimat! Ausgenommen mögen vielleicht einige wenige Judenchristen sein.

[826] Der hebräische Text ist wohl zu übersetzen: "... ihr sollt erkennen, daß ich, Jahwäh, geredet habe und es tun werde." Das ist freilich schon eine Modifikation der ursprünglichen Erkenntnisformel "ihr werdet erkennen, daß ich Jahwäh bin, *wîda ᶜtæm kî ᵓanî JHWH*. Die Erkenntnisformel, erweitert oder auch nicht, findet sich in Ez zunächst in den Gerichtsworten, z.T. in Fremdvölkerworten, dann aber auch in der Fülle der Gerichtsaussagen gegen Israel (Juda); dazu *Zimmerli*, Erkenntnis Gottes nach dem Buche Ez, 112ff. Dann aber (ib. 115): "Hart daneben findet sich nun aber, vor allem in [Kap.] 34-39, aber auch schon in gewissen Schlußpartien früherer Kapitel (11.16.17.2o.28) überraschenderweise noch eine ganze Reihe ganz andersartiger Aussagen." Ihren Grundbestand führt *Zimmerli* auf den Propheten Ezechiel zurück.

[827] So auch 1Kor 2,16 und das oben dazu Ausgeführte!

304

Es darf nicht heruntergespielt werden, daß Paulus in der Tat Formulierungen bringt, die leicht so verstanden werden könnten, als ob die Individualität des Menschen in Gott bzw. in Christus oder dem Geist völlig aufginge und gerade von dort absorbiert würde. Deshalb wurde hier nicht etwa bewußt eine Auffassung aufgebaut, die dann wieder "abgeschossen" wurde. Vielmehr ging es vor allem darum zu zeigen, wie die Erkenntnis des alttestamentlichen Erbes der paulinischen Theologie vor einer Mißdeutung im oben genannten Sinne zu bewahren vermag.

Das theologische Resümee für Röm 8,1-17 im Vergleich mit Ez, vor allem Ez 36 und 37, hat also ergeben: Der Prophet und der Apostel stehen hinsichtlich ihrer pneumatischen, ekklesiologischen und in gewisser Weise auch eschatologischen Aussagen einander recht nahe. Mag auch dem, was Ezechiel sagt, theologisch und christologisch Entscheidendes fehlen, so wird man doch sagen können, daß es eine theologische Verwandtschaft zwischen beiden Männern im Blick auf das gibt, was sie als *Wort Gottes* verkünden.[828] Von *gesamtbiblischer Relevanz* dürfte aber folgender Gesichtspunkt sein: Wie der Abschnitt *Ez 36 und 37 einer der theologisch hervorragendsten Texte* des Alten Testaments ist, so *Röm 8 einer der theologisch hervorragendsten Texte des Neuen Testaments*. Da, wo Paulus am Ende seiner theologischen Existenz sein reifstes theologisches Werk schreibt, da greift er auf dem Höhepunkt der theologischen Argumentation dieses Werkes, da nämlich, wo es um die positive Darlegung dessen geht, was christliche Existenz ausmacht, auf einen der Höhepunkte der alttestamentlichen prophetischen Verkündigung zurück. Und es ist ebenso von hoher theologischer Relevanz, wenn Paulus hier in derjenigen Weise auf eine der theologisch bedeutsamsten Aussagen des Alten Testaments zurückgreift, daß ein hohes Maß an *theologischer Kontinuität* in der Linie von Ezechiel zu Paulus sichtbar wird. Auch hier bleibt zwar die grundsätzliche Differenz zwischen dem Vetus Testamentum per se und dem Vetus Testamentum in Novo receptum bestehen - es zeigte sich ja für Röm 8, daß Paulus ausgerechnet da, wo Kontinuität vom Alten Testament her verzeichnet werden kann, die Rezeption gar nicht kundtut - ; aber die Schere zwischen beiden theolo-

---

[828] Es wurde bereits erwogen, ob nicht Paulus sein apostolisches Amt als Vollendung des prophetischen Amtes des Jesaja, vielleicht auch des Jeremia sieht. Hierüber kann man in der Tat diskutieren. Für Ezechiel dürfte es in *dieser* Hinsicht freilich etwas anders stehen. Paulus hat zwar wesentliche Elemente aus Ez 36f. in seine Theologie integriert, aber sich anscheinend kaum in den Spuren dieses Propheten gesehen. Bezeichnend ist, daß *Karl Olav Sandness*, Paul - One of the Prophets?, auf Ezechiel zwar recht häufig Bezug nimmt, aber letztlich doch wenig Spezifisches für die genannte Frage sagt. Röm 8,1-17 nimmt er so gut wie gar nicht in den Blick.

gischen Größen hat sich im Vergleich zu vielen sogar als Zitat im Neuen Testament rezipierten Stellen des Alten Testaments ein gehöriges Stück geschlossen.[829]

2.2.3.5.3.3 Röm 9-11: Israel und die Rechtfertigung durch den Glauben

Sieht Paulus Israel in Röm 9-11 in einem positiveren Lichte als in früheren Briefen, so stellt sich damit auch die Frage nach der *Geschichte Israels* noch deutlicher als für den Gal. Denn wenn er dem theologischen Problem des Verhältnisses des Gottes Israels zu eben diesem Volk Israel nachgeht, so hat das notwendig seine geschichtliche Dimension.[830] In der Tat schaut er auf Israels Vergangenheit zurück, um von ihr aus theologisch verantwortlich über dessen Gegenwart, aber auch dessen Zukunft zu sprechen. Dieses Problem wird zumeist unter der Fragestellung abgehandelt, ob Paulus in heilsgeschichtlichen Kategorien denke. Doch ist gerade der Begriff "Heilsgeschichte" dadurch belastet, daß er in sehr unterschiedlicher Bedeutung verstanden werden kann. Stellen wir deshalb zunächst als in fundamentaler Hinsicht bedeutsam heraus, daß Paulus im Horizont der *Geschichte* theologisch denkt. Dies ist ihm in seiner theologischen Reflexion so selbstverständlich vorgegeben, daß er diese Selbstverständlichkeit nicht eigens thematisiert. Wie *Immanuel Kant* in der transzendentalen Ästhetik seiner "Kritik der reinen Vernunft"[831] zeigen will, daß Raum und Zeit reine Anschauungsformen sind, so war auch - ein wenig vereinfachend gesagt - die Zeit die für Paulus vorgegebene notwendige "Anschauungsform", innerhalb derer er allein das sagen konnte, was über die Geschichte Israels zu sagen war, nämlich Gottes gnadenhaftes und verurteilendes Handeln. Zeit und Geschichte sind, da Paulus auch von der geschichtlichen Größe Israels her denkt, Konstituenten seiner Theologie.[832]

---

[829] Es ist ja bemerkenswert, wie wenig in Kommentaren und Monographien zu Röm 8 auf Ez 36f. Bezug genommen wird! Als Ausnahmen sind z.B. zu nennen: *Dunn*, WordBiblComm, 417.429 (nur ganz sporadische Erwähnung von Ez 36,26f.; 37,5 für Röm 8,2 und Ez 37,27 für Röm 8,9); *Stuhlmacher*, NTD, 108.

[830] S. dazu vor allem *Luz*, Das Geschichtsverständnis des Paulus, passim; *Lübking*, Paulus - und Israel im Röm; *Schmitt*, Gottes Gerechtigkeit - Heilsgeschichte - Israel.

[831] *Kant*, Kritik der reinen Vernunft, B 33ff.

[832] Zum fundamentaltheol. Problem des Verhältnisses von Gott und Geschichte s. Bd. 1, Abschn. 1.3.3, besonders S. 213ff.

Die Zeit ist für Paulus jedoch nicht nur etwas linear Verlaufendes. Daß sie das *auch* ist, zeigte bereits der Gal; denn sonst hätte die Argumentation mit den 430 Jahren (Gal 3,17) keinen Sinn. Dort bediente sich ja der Apostel der Denkfigur, nach der chronologische Priorität sachliche Priorität impliziert. Wie sehr aber für Paulus Vergangenheit und Zukunft auch ineinanderfließen können, zeigt allein schon die Spannung zwischen Gal 3,6-9 und 3,23. Nach 3,23 "kam" erst mit Christus der Glaube, so daß damit erst die Möglichkeit der Rechtfertigung gegeben war; nach 3,6-9 war aber bereits Abraham als der Prototyp des Glaubenden durch den Glauben gerechtfertigt. "In dir werden alle Völker gesegnet werden" (Gen 12,3 = Gal 3,8) ist die Antizipation des Heilsuniversalismus durch Abraham. Doch auch wenn Vergangenheit und Gegenwart sozusagen koinzidieren, bleibt es dabei, daß es eben die *geschichtliche Vergangenheit*[833] Abrahams ist und daß es die *geschichtliche Gegenwart* des inzwischen "gekommenen" Glaubens ist, die die theologische Argumentation von Gal 3 kategorial erst ermöglichen.

Analoges gilt nun für Röm 9-11, und zwar zunächst einmal für *Röm 9*. Gottes erwählendes und berufendes Handeln ist ein Handeln *im Verlauf* der Geschichte Israels. Wenn Paulus zeigen will, daß das gegenwärtige Israel in eine glaubende Minorität und eine nichtglaubende Majorität zerrissen ist, dann tut er das ja mit dem Verweis auf Gottes geschichtliches Handeln in der Geschichte Israels. Dabei beruft er sich auf Geschehnisse der Patriarchenzeit, deren theologische Interpretation durch ihn immerhin partiell mit der Intention des Pentateuchs übereinstimmt.

Die beiden Söhne des Abrahams demonstrieren in der Tat so etwas wie ein schismatisches Handeln Gottes in der Geschichte. Denn tatsächlich ver-*wirft* (ἔχβαλε!) Gott den Sohn der Hagar (Gen 21,10), tatsächlich beruft er dem Abraham "in Isaak" den Sohn (Gen 21,12). Daß Gott auch "den Sohn der Magd" zu einem Volk machen will (Gen 21,13) - Nachkommenschaft ist im Horizont alttestamentlichen Denkens Segen! -, übergeht Paulus. Er kann es aber insofern tun, als deren Sohn, der freilich auch σπέρματοῦ Ἀβραάμ (s. Gal 3,29!) ist, nicht den Christus zum Nachkommen haben wird. In wesentlichen Aspekten klaffen also in Röm 9,7ff. Vetus Testamentum und Vetus Testamentum in Novo receptum nicht auseinander. Deutet zudem Paulus das Zitat Gen 18,10.14 als Wort der Verheißung, ἐπαγγελίας ὁ λόγος οὗτος, (Röm 9,9), so entspricht das durchaus dem Sinn der alttestamentlichen Aussage. Und was die Zwil-

---

[833] *"Geschichtliche* Vergangenheit" ist im hier gegebenen Zusammenhang kein Pleonasmus!

linge des Isaak und der Rebekka angeht, so bleibt Paulus auch hier nahe bei der Aussageintention von Gen 25,23. Seine theologische Wertung in Röm 9,11 ἡ κατ' ἐκλογὴν πρόθεσις τοῦ θεοῦ läßt sich mit dieser Stelle und der übrigen Darstellung des Jakob gut vereinbaren, auch mit dem Prophetenzitat Mal 1,2f.

Nach den Beispielen aus der Patriarchenzeit bringt Paulus in zutreffender chronologischer Reihenfolge ein Beispiel aus dem Exodusgeschehen, nämlich mit dem Zitat Ex 9,16 die Verhärtung des Pharao.[834] Diesmal hat er sogar die *theologische* Intention des Buches Ex richtig aufgegriffen: Die Verhärtung des Herzens des Pharao dient letzten Endes dem Erweis der Macht des Herrn. Das Verhärtungsmotiv ist bekanntlich das durchgängige Motiv der Darstellung der ägyptischen Plagen. Das Röm 9,18 ausgesprochene theologische Fazit "So erbarmt er sich, wessen er sich erbarmen will, und verhärtet, wen er verhärten will" läßt sich also gut aus Ex herauslesen.

Worum es in Röm 9,6-18 geht, ist demnach der Nachweis des schismatischen Handelns Gottes bereits in der Frühzeit der Geschichte Israels. Sie ist *als* Geschichte der *Verstehenshorizont* der soeben skizzierten theologischen Argumentation. Freilich geht es dabei nicht so sehr um das Heilshandeln Gottes in der Frühzeit der Geschichte Israels als vielmehr in erster Linie um den Nachweis, daß Gott in dieser Geschichte Israels auch *nicht berufen* hat. Daß Isaak und Jakob berufen sind, daß ihre eigentliche Existenz in Gottes berufendem Handeln gründet, in seinem καλεῖν, ist im Grunde nur der helle Hintergrund dafür, daß Gott den Ismael und den Esau nicht berufen hat. Im Zuge dieser Argumentation liegt der Ton auf dem οὐκ καλεῖν Gottes, da gerade das gegenwärtige Nicht-berufen-Sein der Majorität Israels aus der Schrift bewiesen werden soll. Aus der rhetorischen Analyse wissen wir bereits, daß Paulus allem Anschein nach mit diesem Nicht-berufen-Sein die Verwerfung durch Gott suggerieren will, um später überraschend zu sagen, daß das gerade nicht der Fall ist (Röm 11,1f.).

Verhält es sich aber so, daß das eigentliche Argumentationselement gar nicht die Geschichte Israels als Heilsgeschichte ist, gibt also die alttestamentliche Heilsgeschichte für Paulus lediglich die helle Folie für die in den Vordergrund gestellte dunkle "Unheils"-Geschichte ab, so wird man nur im eingeschränkten Sinne sagen dürfen, daß Paulus in Röm 9 im Blick auf Israel heilsgeschichtlich argumentiere. Die im wörtlichen Sinne *relativierte* Heilsgeschichte, nämlich in Relation zur "Unheils"-Geschichte stehende Heilsgeschichte, muß in ihrem Assistentendasein erkannt werden, will man nicht die Aussageproportionen in Röm 9 verzer-

---

[834] Zu den Problemen des Zitats s. *Hübner*, Gottes Ich und Israel, 39f.

ren. Vor allem darf man nicht aus den Augen verlieren, daß in diesem Kapitel gerade nicht Gedanken der paulinischen Rechtfertigungstheologie begegnen! Die alttestamentlichen Gestalten, die nach Paulus der Berufung durch Gott nicht gewürdigt wurden, sind ja keine Schurken, keine Menschen, die Gott den Glauben verweigern. Sie sind, wie vor allem das Beispiel Esau demonstrieren soll, von vornherein dazu bestimmt, auf der Seite der Nichtberufenen zu stehen. Und so geht es, da das gegenwärtige Israel der eigentliche "Gegenstand" der Argumentation ist, keineswegs in Röm 9 darum, dieses des Unglaubens zu beschuldigen, sondern zu zeigen, warum es *nicht* glauben *konnte*.

Wie sehr Paulus die Geschichte Israels als Heilsgeschichte relativiert, zeigt sich dann daran, daß es die *Völker* sind, die an Israels Stelle treten. Neben dem kleinen Rest des Volkes Israels sind sie es nämlich, die vor allem berufen sind (Röm 9,24). Das theologische Schlüsselwort ist wieder wie in 9,7ff. *berufen*, καλεῖν. In V.24 sagt Paulus betont ἐχάλεσεν, in V.25 bringt er dafür den Schriftbeweis.

Das Hos-Zitat ist eine eigenartige Zusammenstellung aus Hos 2,23LXX (MT: 2,25) und 1,10 (MT: 2,1). Wahrscheinlich hat Paulus in Hos 2,23 bewußt das etwas blassere ἐρῶ durch das für ihn theologisch aussagekräftigere καλέσω ersetzt. Hos 1,10 hat er gekürzt, und zwar so, daß ἐν τῷ τόπῳ im Sinne von "statt" die Bedeutung zum Ausdruck bringt: Statt Israel beruft Gott die Heiden als sein Volk.

Damit hat Paulus Hosea das Gegenteil von dem sagen lassen, was dieser zum Ausdruck bringen wollte. Denn er wollte ja sagen, daß nach der Unheilszeit, in der Gott sein Volk "Nicht-mein-Volk" nennt, dieses in der kommenden Heilszeit wieder "Mein Volk" nennen wird. Für Paulus aber sind die Heidenvölker, die "Nicht-mein-Volk" waren, jetzt "Mein Volk". *Ernst Käsemann* hat es zutreffend formuliert: "Paulus denkt wohl an sein Missionswerk ... und bezieht mit vergewaltigender Kühnheit die Israel geltenden Weissagungen auf die Heidenchristen."[835] Da, wo der Prophet[836] das künftige Heil Gesamtisraels prophetisch ankündigt, da liest der Apostel aus dem Text, daß es um das eschatologische Heil der Heidenvölker, der ἔθνη, geht. In aller Eindeutigkeit vertritt er hier die sog. *Substitutionstheorie*: Die heidenchristliche Kirche *anstelle* der Synagoge. Die judenchristliche Minderheit in der Kirche erscheint hier nahezu wie eine *quantité négligeable*. Es ist der kleine Rest, von dem Jesaja

---

[835] *Käsemann*, HNT, 265.
[836] Genauer: Die jüd. Redaktion des Hos-Buches, s. die Kommentare zur St.

spricht (Mischzitat Jes 10,22f.; Hos 1,10LXX): τὸ ὑπόλειμμα σωθήσεται.
Zu übersetzen ist: "*Nur* ein Rest wird gerettet werden." Und das auch
nur, wie Paulus - diesmal fast wörtlich mit Jes 1,9LXX - in V.29
ausdrücklich betont, weil ein Gnadenakt Gottes diesen Rest noch
möglich gemacht hat.[837]

Paulus hat also in der ersten Einheit des Israel-Teils Röm 9-11 gut
alttestamentlich argumentiert, indem er den Gedankengang von Gottes
erwählendem und berufendem Handeln her entwickelt hat. Er hat aber
ausgerechnet mit diesem genuin alttestamentlichen Theologumenon die
Israel geltende Heilsprophetie gerade diesem Israel genommen und auf
die Heidenvölker bezogen! Damit ist jedoch nicht nur an einem
entscheidenden Punkt, sondern auch in äußerst brisanter Weise eine
wesenhafte Diastase zwischen Vetus Testamentum per se und Vetus Testamentum in Novo receptum geschaffen - brisant nämlich, weil hier der
Jude sagen kann, daß ihm die Kirche seine Heilige Schrift dadurch ent-
wunden habe, daß sie als für die Kirche geltend behauptet, was in Wirklichkeit Israel gilt. Will der christliche Exeget den Literalsinn der Hos-
Texte herausstellen, muß er dem Juden recht geben. Hier, am Ende der
Argumentation von Röm 9,6-29, bleibt nur die Alternative: *Entweder*
läßt man den originalen Sinn von Hos gelten; dann ist die von Paulus behauptete Substitutionstheorie von Hos her illusorisch. *Oder* man bleibt
theologisch dabei, daß die Kirche Jesu Christi die gottgewollte Heilsgemeinschaft ist; dann aber kann der Christ die von Paulus zitierten Hos-
Stellen nur als theologisch überholt bewerten. Bleibt man bei dieser Lösung - der christliche Theologe gäbe sich auf, wenn er nicht bei ihr
bliebe! - , so wird man darauf verzichten müssen, die genannten Hos-
Stellen für den christlichen Glauben zu reklamieren.

Es zeigte sich schon aufgrund der rhetorischen Analyse, daß Röm
9,6-29 die Situation Israels allein aus der Perspektive des göttlichen
Handelns darstellt und somit dort die Rechtfertigungstheologie des
Paulus eben noch nicht begegnet, wie auch deutlich die unterschiedlichen Wortfelder von 9,6-29 und 9,30-10,21 zu erkennen geben.[838] Die

---

[837] S. auch *Stuhlmacher*, NTD, 137: "Die Reduktion Israels auf einen Rest ist von Gott ...
gewollt. Sie entspricht der Ankündigung des Propheten Jesaja, daß die Israeliten nur
durch Gottes Gnade vor der Totalvernichtung ... bewahrt werden."
[838] Nochmals: Von Glaube und Gerechtigkeit ist in Röm 9,6-29 nicht die Rede; wo Paulus von Werken spricht (9,12), werden sie gerade nicht im Glauben kontrastiert! Anders
weithin die Lit., jüngst auch *Stuhlmacher*, NTD, 133-137, z.B. 133: Paulus spricht in Röm
9,8.11f. die Sprache der Rechtfertigung. "Gottes Gnadenwahl, wie sie sich in der Ge-

Monopolperspektive der göttlichen Gnadenwahl bringt aber einen Sachverhalt zur Sprache, der von eminenter theologischer Bedeutsamkeit ist. *Gottes Ich* spricht sich in den Briefen des Paulus nirgendwo so deutlich, so unüberhörbar aus wie in Röm 9. War eben davon die Rede, daß die alttestamentliche, durch Gottes Berufen konstituierte Heilsgeschichte nur den hellen Hintergrund für damaliges Nichtberufensein und in der Konsequenz für das heutige Nichtberufensein der Majorität Israels ausmacht, so wird doch da, wo Paulus von der Berufung der Heidenvölker, die jetzt "Mein Volk" sind (Hos 2,23LXX), spricht, endlich der *heils*geschichtliche Aspekt dominierend! Und da begegnet auch das theologische Schlüsselwort καλεῖν in der 1. Pers. Sing: "Ich habe berufen, ἐκάλεσα!" Ist schon für das ganze Kap. 9 charakteristisch, daß sich in den Zitaten laufend Gottes Ich ausspricht[839], so ist doch für dieses Verb das Zitat Hos 2,23LXX von besonderem Gewicht. Mit diesem "ich habe berufen" sind ja die Heidenchristen *angesprochen*, auch die in Rom. Während sich im Alten Testament weithin das Ich Gottes ausspricht, so daß gewisse Passagen - selbst in der schriftlich objektivierten Form - geradezu das Sich-Offenbaren Gottes Ereignis werden lassen[840], trifft dies für das Neue Testament kaum so zu. Hier in Röm 9,25 aber geschieht fast Gleiches wie in jenen Stellen des Alten Testaments. Hier "zitiert" Paulus das Ich Gottes; aber genau dieses konkrete Ich Gottes ist es, das die Heidenchristen Roms als sie betreffend verstehen sollen: "Ich habe *euch*, die ihr 'Nicht-mein-Volk' wart, zu 'Meinem Volk' gemacht!" Insofern jedoch Gott, der sich hier als Berufender offenbart, auch der Gott ist, der die Patriarchen berufen hat, stehen die Heidenchristen in *einer* Offenbarungs- und Berufungsgeschichte mit den Auserwählten der Geschichte Israels. Ohne selbst Israel zu sein, ist ihre christliche Existenz im Horizont der Geschichte Israels gesehen. Und so erweitert sich diese Geschichte Israels zusammen mit der Geschichte der Kirche zu einem gemeinsamen geschichtlichen Horizont, ohne daß Paulus ihn *als solchen* reflektiert.[841] Ist aber Gottes Berufen das eigentliche Kontinuum der sog. Heilsgeschichte und spricht sich in Röm 9 Gott als der Berufende derer aus, die diesen Brief lesen, so ist der Röm selbst ein "Stück" Offenba-

---

schichte Israels manifestiert, und Gottes Werk der Rechtfertigung gehören für den Blick des Apostels aufs engste zusammen!"

[839] *Hübner*, Gottes Ich und Israel, passim.

[840] S. Bd. 1, passim.

[841] S.o., was zur Geschichte Israels als Horizont der Berufungsgeschichte der Patriarchen gesagt wurde.

rungsgeschichte geworden. War z.B. Röm 1,16f. noch theologische Programmaussage *über* die Offenbarung Gottes, so kulminiert diese Theologie darin, daß sie in Röm 9 zu ihrem Fundament zurückführt, nämlich zur Offenbarung Gottes selbst. Wurde in den Prolegomena bestritten, daß das Verhältnis von Altem und Neuem Testament zueinander als primär literarisches Verhältnis zu verstehen ist, wurde vielmehr gezeigt, daß es als das Verhältnis des *Geschehens* von alttestamentlicher Offenbarung (bzw. Offenbarungen) und neutestamentlicher Offenbarung gesehen werden muß, so zeigt sich jetzt die Relevanz dieser Verhältnisbestimmung. In dieser Hinsicht ist also Röm 9 und gerade Röm 9,25 insofern ein Höhepunkt neutestamentlicher Theologie, als Theologie hier zu ihrem Urgrund zurückführt. Theologie zeigt hier, daß sie nicht ihren Grund in sich selbst, ihn nicht in ihrer eigenen begrifflichen Reflexion besitzt, sondern *Theo*-Logie dadurch ist, daß sie ihre Substanz aus dem sich offenbarenden *Theos* und dem diese Offenbarung aufnehmenden Glauben erhält. Theologie ist also darin Theologie, daß sie über sich hinausweist. Die Aussagen in der 3. Pers. Sing. "Gott offenbart" zielen also auf die Anrede in der 1. Pers. Sing. "ich, Gott, offenbare mich dir/euch".

Röm 9,30-10,21 bringt nun die Israelfrage aus der Perspektive des Verhaltens dieses Volkes. Daß die Aussagen 9,6-29, wo *alles* an Gottes berufendem bzw. nichtberufendem Handeln hängt, mit den Aussagen 9,20-10,21, wo es um das Verhalten des Menschen, konkret, das Verhalten Israels geht, nicht in additive Stimmigkeit gebracht werden dürfen, wurde in der rhetorischen Analyse gezeigt. Vielmehr ist zu fragen, ob der geschichtliche Horizont, wie er sich uns in 9,6-9,20 herausgeschält hat, auch für die Überlegungen von 9,30-10,21 fruchtbar gemacht werden kann. Doch ergeben sich in dieser Hinsicht erhebliche Schwierigkeiten, weil einige Aussagen des Paulus nicht eindeutig und deshalb in dieser Hinsicht hin interpretationsoffen sind.
Wann haben die Israeliten nach Röm 10,3 die Gerechtigkeit Gottes verkannt und ihre eigene hinzustellen versucht? Ist diese ihre Schuld erst mit dem Offenbarwerden der Gerechtigkeit Gottes in Jesus Christus (Röm 3,21) möglich? Ist ihre Schuld, sich der Gerechtigkeit Gottes nicht unterworfen zu haben, aufgrund des Argumentationsduktus des Paulus nicht erst mit dem Kommen Christi möglich? Andererseits scheint dieser Argumentation zu widersprechen, daß der Apostel Israel eine grundsätzliche Haltung vorwirft, die ja nicht erst seit Christus gegeben war. Und die Aussage 9,30, daß Israel dem Gesetz der Gerechtigkeit nachlief, aber nicht zum Gesetz durchdrang, läßt sich am besten so verstehen, daß auch die alttestamentliche Zeit mitberücksichtigt wird. Wahrscheinlich haben wir es hier wieder mit einer der Unausgeglichenheiten in der Argumentation des Paulus zu tun, die letztlich darin ihren Grund haben dürfte, daß sich bei ihm die Zeiten und damit auch die Argumentations-

perspektiven ineinanderschieben.[842] Sicher ist, daß 10,4 mit der Aussage, daß Christus das Ende des Gesetzes für jeden Glaubenden insofern ist, als es seit Christus nicht mehr im Dienst der Rechtfertigung stehen kann, eine klare zeitliche Angabe gemacht ist.

Will man angesichts dieser Unschärfe der Argumentation in 9,30-10,3 zu einer einigermaßen überzeugenden Interpretation kommen, so darf man wohl davon ausgehen, daß Paulus von 9,30 an sicher *auch* die Geschichte Israels vor Augen hat, daß er aber in der verweigerten Unterwerfung unter die in Christus offenbar gewordene Gottesgerechtigkeit die Kulmination der Schuld dieses Volkes sieht. Dies dürfte auch für die kontradiktorische Antithese οὐκ ἐκ πίστεως - ἐξ ἔργων (9,31, jetzt anders als in 9,12 rechtfertigungstheologische Terminologie!) zutreffen. Eigentlich ist Verweigerung des Glaubens nur seit Christus möglich; aber schon Abraham glaubte und wurde aufgrund seines Glaubens gerechtfertigt. Diese Unschärfe ist auch für die so unterschiedlich exegesierte Antithese von *Röm 10,5f.* zu berücksichtigen. Wenn Mose über die Rechtfertigung aus dem Gesetz schreibt, daß, wer die Bestimmungen des Gesetzes tut (wörtlich: getan hat, ποιήσας), durch sie leben wird (Lev 18,5), so geht es dabei um die durch das Gesetz angebotene Heilsmöglichkeit. Immerhin hieß es zuvor in 7,10 ἡ ἐντολὴ ἡ εἰς ζωήν. Es ist also mit Röm 10,5 der Blick *zurück* auf eine von der Torah angebotene Heilsmöglichkeit gelenkt. Aber es ist eben eine *rein abstrakte Möglichkeit*, abstrahiert nämlich von der Realität der Sünde Israels in der Vergangenheit des Alten "Bundes". Denn wo immer Israel versuchte, das Gesetz im *finalen* Sinne als Mittel zu Erreichung der Gerechtigkeit zu mißbrauchen, verlor es *eo ipso* alle Ausrichtung auf das Leben. Gesetz auf Leben hin war es ja nur da, wo es dem, der seine Gebote tat, *konsekutiv* das Leben gab. Die Epoche vor Christus war also die Zeit des mißbrauchten Gesetzes. Dieser Mißbrauch gipfelte dann in der Glaubensverweigerung gegenüber Christus.

Bietet nun Mose im eben dargelegten Sinne die, wenn auch nur abstrakte Möglichkeit der *Gesetzesgerechtigkeit* - die ja gerade nicht "Werkgerechtigkeit" ist! - an, so spricht die Gerechtigkeit aus dem Glauben, ἡ ἐκ πίστεως δικαιοσύνη, in Worten aus dem Dtn und dem Psalter. Liegt hier nur metaphorische Quasipersonifizierung der Gerechtigkeit vor? Oder will Paulus Christus als die Gerechtigkeit Gottes zu Wort kommen lassen? Letzteres ist aber wenig wahrscheinlich, weil er aufgrund des ἐκ πίστεως eher die Gabe der Gerechtigkeit meint. Insofern ist

---

[842] Immer wieder haben wir auch zu erwägen, ob Paulus nicht zuweilen sehr bewußt mit Unschärfen argumentiert. Dieses Phänomen ist uns ja schon mehrfach begegnet.

damit auch die Korrespondenz zwischen Mose und der Gerechtigkeit aus dem Glauben etwas gestört, als Mose *über* die von seinem Gesetz gewährte Gerechtigkeit, die andere Gerechtigkeit aber von sich selbst spricht. Und sie sagt das mit Worten - des *Gesetzes*! Dtn 30,12 ist mit den Worten τίς ἀναβήσεται εἰς τὸν οὐρανόν; zitiert.[843] Diese Frage bezieht sich aber auf die ἐντολή von V.11: Das Gebot (des Gesetzes) ist gerade nicht im Himmel, daß man erst in ihn hinaufsteigen müßte, um es zu holen. Paulus hat aber in seiner Argumentation die Frage auf Christus bezogen: Der Mensch soll nicht in den Himmel hinaufsteigen, um diesen Christus von dort herabzuholen. Paulus dürfte Dtn 30,12 deshalb von 30,11 abgetrennt haben, weil er die ἐντολή von V.11 keinesfalls mit Christus identifizieren wollte! *Hans Wilhelm Schmidt* hat richtig gesehen, daß alle jene Worte aus Dtn 30,11-14 ausgelassen sind, die eindeutig zugunsten der Werkgerechtigkeit reden.[844] Die dem Zitat von Dtn 30,12 in Röm 10,6 entsprechenden Worte in Röm 10,7 τίς καταβήσεται εἰς τὴν ἄβυσσον; hat Paulus nicht aus Dtn 30 entnommen.[845] ἀναβαίνειν und καταβαίνειν begegnen zusammen in ψ 106,28 und ψ 138,8, ebenso in Prov 38,4, καταγαγεῖν und ἀναγαγεῖν in ψ 70,20 und Sap 16,13. Doch handelt es sich hier nur um verbale Anleihen. Der zugrunde liegende alttestamentliche Vorstellungskomplex findet sich vor allem in Bar 3,29-31. Denn hier stoßen wir auf die Vorstellungen vom Aufsteigen, ἀναβαίνειν, der *präexistenten Weisheit* und zugleich dem Unvermögen der Menschen, ihr auf diesem Wege zu folgen. Baruch spricht nicht nur von der σοφία (3,23), sondern auch von der φρόνησις und σύνεσις (3,14), von der ἐπιστήμη (3,27). Da aber die ὁδὸς ἐπιστήμης (3,27) inhaltlich gleichbedeutend mit der ὁδὸς τῆς σοφίας (3,23) sein dürfte, die nach V.29 in den Himmel aufsteigende ἐπιστήμη also die dorthin aufsteigende σοφία meint, ist Bar 3,29-31 eine Aussage von der präexistenten Weisheit. Somit sprechen Baruch und Paulus in gleicher Weise von einem präexistenten und transzendenten Wesen, dessen sich die unverständigen Menschen nicht dadurch bemächtigen können bzw. sollen, daß sie ihr in den Himmel nachsteigen. Daß Paulus Bar kannte, zeigte sich bereits bei der Interpretation von 1Kor 1,18ff. Für eine Rezeption von Bar 3 durch Paulus spricht auch, daß in Bar 3,23 die Söhne Hagars (Gal 4,21-31!) als οἱ ἐκζητοῦντες τὴν σύνεσιν ἐπὶ τῆς γῆς genannt werden. Ist es dann reiner Zufall, wenn Paulus in Röm 10,3 von den Israeliten schreibt: τὴν ἰδίαν [δικαιοσύνην] ζητοῦντες στῆσαι, und zuvor von ihnen sagt, daß sie zwar Eifer für Gott haben, aber nicht κατ᾽ ἐπίγνωσιν? Dem entspricht auch Bar 3,23 ὁδὸν δὲ σοφίας οὐκ ἔγνωσαν οὐδὲ ἐμνήσθησαν τὰς τρίβους (!) αὐτῆς. Dann aber ist anzunehmen, daß Paulus, wenn er in Röm 10,6 Worte aus Dtn 30,12 zitiert, zugleich die weisheitliche Vorstellung von Bar 3,29-31 vor Augen hatte und von dort aus Dtn 30,12-14, in eigentümlicher Auswahl zitierend, christologisch auslegte.

---

[843] Μὴ εἴπῃς ἐν τῇ καρδίᾳ σου stammt aus Dtn 9,4.

[844] *H.W. Schmidt*, ThHK 6, 176.

[845] In "Gottes Ich und Israel", 90, habe ich für Röm 10,6-8 als wahrscheinliche Lösung kein formelles Zitat, sondern lediglich eine sprachliche Anleihe aus Dtn 30 und ψ 106 angenommen. Ich modifiziere jedoch im Folgenden diese Annahme, auch unter Berücksichtigung von *Koch*, Die Schrift als Zeuge des Evangliums, 156ff.

Entscheidend ist, daß Paulus das nahe Wort aus *Dtn 30,14* als das Wort des Glaubens begreift. Dann aber dürfte er, da er Dtn 30 von der *präexistenten* Weisheit her versteht, das nahe Wort als das inkarnierte, aus seiner Präexistenz in die *Geschichte* gekommene Wort des Glaubens verstehen.

Geschah in Röm 9,30-10,5 der Rückblick auf Israels Geschichte als *Vergangenheit* bis zum Kommen der Gerechtigkeit Gottes in Christus und zeigte sich in 10,6-8, wie Gottes präexistente *Ewigkeit* als seine Gerechtigkeit in die *Geschichte* einbricht, so weitet sich im Folgenden der Blick in die *Zukunft*. Es weitet sich der Blick auch von Israel auf die ganze Menschheit, indem in 10,12 der Gedanke von 3,29f. aufgegriffen wird.[846] Israels Schuld wird im *universalen missionstheologischen Kontext* herausgestellt, wobei Mission ihrerseits im theologischen Koordinatensystem von Wort Christi, Hören und Glauben ausgesagt wird, 10,17. Den für diesen missionstheologischen Komplex konstitutiven Gedanken des Universalismus beweist Paulus mit ψ 18,5: εἰς πᾶσαν τὴν γῆν! εἰς τὰ πέρατα τῆς οἰκουμένης! Israel versagt, die Welt nicht! Und diese Schuld Israels wird wieder mit einem Schriftbeweis, einem dreifachen Schriftbeweis belegt, Röm 10,19-21. Alle drei Schriftstellen bringen erneut und sehr bezeichnenderweise Gottes Ich. Durch Mose sagt Gott zu Israel (Dtn 32,21): "*Ich* will euch eifersüchtig auf ein Nicht-Volk machen, auf ein unverständiges Volk will *ich* euch zornig machen." Israel ist angesprochen. Das Alte Testament wird zur mahnenden Anrede an Israel. Und in aller Kühnheit (ἀποτολμᾷ) sagt Gott durch den Propheten Jesaja (Jes 65,1): "*Ich* ließ mich von denen finden, die mich nicht suchten." Der Erstleser weiß natürlich nicht, daß dieser Gedanke in Kap. 11 zentral sein wird (Röm 11,14). Und nochmals durch Jesaja spricht Gott zu Israel, diesmal in recht anklagendem Ton. Theologisch gesprochen: als Offenbarungswort des Gerichts (Jes 65,2): "Den ganzen Tag habe *ich* meine Hände zu einem ungehorsamen und (mir) widersprechenden Volk ausgestreckt." Die Rechtfertigungs*theologie* von Röm 10 führt - analog zu Kap. 9 - zum *offenbarenden Gott*. Gott offenbart sich als richtender Gott. Aber Dtn 32,21 in Röm 10,19 bringt dieses richtende Ich schon verborgen als begnadendes Ich.

Wir haben Röm 9 und 10 unter dem Gesichtspunkt der Geschichte gelesen. Es zeigte sich, daß Paulus Geschichte nicht *als* Geschichte re-

---

[846] S. auch πᾶς in Röm 10,13 (= Joel 2,32LXX)!

flektierte, aber im Horizont erst der Geschichte Israels und dann der Geschichte der Kirche die Israelfrage thematisierte. Es war eine eigentümliche Mischung von Heils- und Unheilsgeschichte; diese Mischung brachte sogar, gerade im Blick auf Israel, die Heilsgeschichte als Hintergrund der Unheilsgeschichte. Das tat Paulus im Blick auf die Ebene des alleinigen Handelns Gottes (Röm 9,6-29), das tat er ebenso im Blick auf die Ebene des Verhaltens Israels (9,30-10,21). Bemerkenswert ist dabei, daß der bis Röm 8,39 eindeutige Primat der Rechtfertigungstheologie in Röm 9,6-10,21 im Schatten einer "reinen" *Theo*-Logie steht. Rechtfertigungstheologie ist also nur die eine Seite, nur die komplementäre Seite des alleinigen Berufungshandelns Gottes. Geschichte ist freilich beides, da das Handeln Gottes und das Handeln Israels nur im Rahmen der Geschichte denkbar sind. Aber diese beiden nicht verrechnungsfähigen Ebenen zeigen in ihrem Zueinander, wie Rechtfertigung allein aus dem Glauben ihren eigentlichen theologischen Grund in Gott hat. Das *sola gratia* ist im *solus Deus* verankert und im *sola fide* konkretisiert.

Betrachten wir nun auch Röm 11 unter diesem Gesichtspunkt! Vorausgesetzt sei auch hier, was in der rhetorischen Analyse zu diesem Kapitel im Zusammenhang des Komplexes Röm 9-11 gesagt wurde: In Kap. 11 geht es darum, die Rettung Israels als Volk zu zeigen, obwohl die beiden zuvor stehenden Kapitel eigentlich das Gegenteil erwarten ließen.

Für die Behauptung, daß das *Volk* Israel nicht verstoßen sei, verweist Paulus im Rückblick auf die Geschichte Israels auf das geschichtliche Faktum der 7000 Mann, die ihre Knie der (!) Baal nicht gebeugt haben (1Kön 19,18 in Röm 11,4). Also doch wiede ein Rest, λεῖμμα (wie das ὑπόλειμμα von Hosea = Jes 10,22 in Röm 9,27)! Und λεῖμμα wird durch das theologisch dichte κατ᾽ ἐκλογὴν χάριτος τοῦ θεοῦ interpretiert. Es ist ganz die Welt von Röm 9! Auch das οὐκέτι ἐξ ἔργων Röm 11,6 wird wie in 9,12 nicht einem ἐκ πίστεως entgegengestellt. Gott selbst hat verhärtet, hat den Geist der Betäubung gegeben (Mischzitat Dtn 29,4LXX/Jes 29,10 in Röm 11,8). Und David (ψ 68,23f. in Röm 11,9f.) bestätigt diesen Gedanken.

In Röm 11,11f. wird, wie in Röm 10,19 (Dtn 32,21) schon angedeutet, der erste Teil des Rätsels, besser: des Geheimnisses Israels ausgesprochen. Das theologische Stichwort ist παραζηλῶσαι (V.11). Dieses Verb wird in der Anrede an die Heidenchristen Roms aufgegriffen (V.14); sie werden als Zweige der Wurzel Israels angeredet (V.16). Die Metapher von Wurzel und Zweigen bringt wieder das geschichtliche Moment. Sie liegt aber ein wenig quer zur Grundargumentation des Paulus in Röm 9-11, da letzten Endes das Heil Israels, seine σωτηρία, keine andere ist als die der Heiden, nämlich die δικαιοσύνη und σωτηρία aufgrund der πίστις!

Der Höhepunkt der theologischen Argumentation von Röm 9-11 ist *Röm 11,25-27*. Paulus spricht vom Mysterium: Verhärtung ist teilweise

(Euphemismus ἀπὸ μέρους!) über Israel verhängt worden, bis die Fülle der Heiden (in das Gottesreich?) eintritt. "Und so wird Gott ganz Israel retten, καὶ οὕτως πᾶς Ἰσραὴλ σωθήσεται." Dahinter steht eindeutig Jes 45,25: ἀπὸ κυρίου δικαιωθήσονται καὶ ἐν τῷ θεῷ ἐνδοξασθήσονται πᾶν τὸ σπέρμα τῶν υἱῶν Ἰσραήλ.[847] Dieser Gedanke begegnet auch sonst bei Deuterojesaja in betonter Weise.[848] *Otfried Hofius* sagt mit Recht: "In der Botschaft Deuterojesajas, der Paulus in seiner Theologie und Verkündigung vielfach verpflichtet ist, begegnet in aller Eindeutigkeit die Verheißung einer *endgültigen Errettung ganz Israels* ..."[849] Darüber hinaus zeigt sich gerade in theologisch zentralen Begriffen ein *gemeinsames Wortfeld* für Deuterojesaja (und Tritojesaja) und Paulus. Liest man Deutero- und Tritojesaja mit den Augen des Apostels, so zeigt sich rasch, wie die Aussagen des Jes-Buches, gerade in seinem zweiten und dritten Teil, aus der paulinischen Perspektive als Bestätigung des Evangeliums von Jesus Christus verstanden werden mußten. Dieses Buch läßt sich nämlich bestens so verstehen, daß es sich als prophetische Ankündigung des paulinischen Evangeliums geradezu aufdrängt. Laufend ist die Rede von καλεῖν, εὐαγγελίζεσθαι, ἀκούειν, ἁμαρτία, τὰ ἔθνη, πιστεύειν, δικαιοσύνη, δίκαιος, δικαιωθῆναι, σωτηρία, σωθῆναι, δόξα usw. Wichtig ist nun, daß im Zusammenhang mit den für Paulus entscheidenden theologischen Termini des Jes-Buches das Heil Israels ausgesagt ist. Dann aber ist anzunehmen, daß der Apostel nach dem 1Thess und Gal das Jes-Buch noch einmal genauer studiert hat und ihm dabei - als Mysterium - aufgegangen ist, wie auch Israel als Volk das Heil erreicht, freilich *sola gratia et sola fide*.

Nun ist aber in den letzten Jahren das *sola fide* für die endzeitliche σωτηρία der Juden bestritten worden. Vor allem ist hier die Kritik von *Franz Mußner* zu nennen. Er sieht in Röm 11,25ff. einen Sonderweg Israels zum Heil ausgesprochen: Der Parusiechristus wird ganz Israel ohne vorausgehende Bekehrung zum Evangelium retten. Er stützt sich dabei auf das Jes-Zitat in Röm 11,26f.[850]

---

[847] So auch *O. Hofius*, Das Evangelium und Israel, 202.

[848] Z.B. Jes 45,17: Ἰσραὴλ σῴζεται ὑπὸ κυρίου σωτηρίαν αἰώνιον.

[849] *Hofius*, op. cit. 202.

[850] *Mußner*, Kairos 18, 250f.: "Israel wird nach der Textaussage von Röm 11,26b-32 nicht aufgrund einer der Parusie vorausgehenden 'Massenbekehrung' (*F.W. Mayer*) das Heil erlangen, sondern einzig und allein durch eine völlig vom Verhalten Israels und der übrigen Menschheit unabhängige Initiative des sich *aller* erbarmenden Gottes, die konkret in der Parusie Jesu bestehen wird. Der Parusiechristus rettet ganz Israel, und zwar sola

Der in Röm 11,26f. zitierte Text aus Jes 59,20f. stimmt fast wörtlich mit dem LXX-Text überein. Doch ausgerechnet die Wendung "wegen Zions, ἕνεκεν Σιών" ist bei Paulus in "aus Zion, ἐκ Σιών" geändert. Dieses ἐκ Σιών gibt freilich wenig Sinn, da es sich in die theologische Intention des Paulus kaum einfügt. Was soll die Aussage, daß der Retter ausgerechnet *aus* Zion kommen wird? Mit der Vorstellung des zur Parusie vom Himmel her kommenden Christus ist die Vorstellung des vom Zion herkommenden Christus nur sehr schwer vereinbar. *Berndt Schaller* hat eine mögliche textkritische Erklärung gegeben: εἰς konnte, in Majuskeln geschrieben, leicht als ἐκ gelesen werden, wenn die Buchstaben I und C (= Σ) zu nahe aneinander rückten.[851] Träfe diese Hypothese zu, so hätte Paulus das ἐκ aus der ihm vorliegenden Textfassung genommen, ohne daß er speziell diesem Wort besondere Aufmerksamkeit geschenkt hätte und es daher für die Interpretation des Zitats in Röm 11 unerheblich wäre.

Aber einerlei wie wir die Zion-Aussage lesen - weder mit ἕνεκεν noch mit ἐκ oder εἰς ist eine Aussage gegeben, die Mußners Auffassung bestätigt oder widerlegt. Von erheblich größerem inhaltlichen Gewicht dürfte der *Kontext von Jes 59,20f.* sein. Was zuvor schon allgemein vom Wortfeld der paulinischen Rechtfertigungstheologie und des Deutero- und Tritojesaja gesagt wurde, gilt speziell auch für Jes 59. Paulus sieht in seiner Rechtfertigungstheologie die enge Verbindung von δικαιοσύνη und σωτηρία. In Jes 59,17 stehen im Parallelismus δικαιοσύνη und περικεφαλαία σωτηρίου. Israel bekennt seine ἀνομία und weiß, daß seine ἁμαρτίαι gegen es stehen, 59,12. Deshalb kann die δικαιοσύνη es nicht erreichen, 59,9; s. auch 59,14. Die Israeliten vertrauen auf das Nichtige, ἐπὶ ματαίοις, 59,4 (vgl. Röm 1,21!). So sind auch ihre Gedanken nur Gedanken törichter Menschen, διαλογισμοὶ ἀφρόνων, 59,7 (vgl. 1Kor 1,18ff.!). Die Wahrheit, ἀλήθεια, ist ihnen genommen, 59,14f. Aber der "Bund" - jetzt sind wir wieder beim Zitat von Röm 11,26f. - , den Gott ihnen geben wird, ist, daß er ihre Ungerechtigkeiten von ihnen abwenden wird (Futur!, ἀποστρέψει), 59,20f. Vom alten Sinai-Bund ist nicht die Rede! Es ist also, wenn auch unausgesprochen, eine *neue* διαθήκη.[852] Und daß Gott Israels Sünde hinwegtun wird, bedeutet zugleich die Gabe des Geistes, 59,21: τὸ πνεῦμα τὸ ἐμόν, ὅ ἐστιν ἐπὶ σοί. Das ist unzweifelhaft die in Röm 8 geschilderte pneumatische Existenz des Glaubenden.

Doch nicht nur der Kontext des Zitats Jes 59,20f. ist von theologischer Bedeutung, sondern auch der von *Jes 45,25*, also der Stelle, die hinter Röm 11,26a steht. Und da ist Jes 45,23, jene Worte nämlich, die Paulus zuvor schon in Phil 2,10f. im Christushymnus zitiert hat: Jedes

---

gratia, ohne Werke des Gesetzes, aber auch ohne vorausgehende 'Bekehrung' der Juden zum Evangelium. Gott rettet Israel auf einem 'Sonderweg', und dennoch nicht am Evangelium vorbei, weil auch *sein* 'Retter' Christus sein wird, der nach Röm 10,12 'der Herr aller' ist."; s. auch *ders.*, Traktat, 59f. Massiver und gröber sagt es *Klappert*, Traktat, 85f.90: Israels Heil geschieht nach Paulus "transkerygmatisch" und "transekklesiologisch", und zwar im kirchenkritischen Sinne; Israel kommt zwar an der Kirche vorbei, nicht aber die Kirche an Israel.

[851] *Schaller*, ἥξει ἐκ Σιὼν ὁ ῥυόμενος.

[852] Nicht umsonst wird in den Kommentaren immer wieder für diese Stelle auf Jer 38,31LXX hingewiesen.

318

Knie - also auch Israels! - wird sich vor dem Herrn beugen. Im Zitat von Röm 11,26f. befinden sich auch Worte aus *Jes 27,9*. In Jes 27,13 ist von der Proskynese vor dem Kyrios in Jerusalem die Rede. Paulus dürfte wohl τῷ κυρίῳ als τῷ Χριστῷ verstanden haben. Vergegenwärtigt man sich all diese einzelnen Elemente des jeweiligen Kontextes aus Jes 45,25; 59,20f.; 27,9, so ist die Bekehrung, besser: Hinwendung Israels zu Christus, also der Glaube Israels an Christus als den Retter, deutlich impliziert.

Nicht bestreiten läßt sich natürlich - darin ist Mußner recht zu geben[853] - , daß die Rettung Israels irgendwie im Zusammenhang mit der Parusie erfolgt. Aber dieser Sachverhalt kann nicht dagegen angeführt werden, daß Paulus die Rettung Israels am Ende der Tage sola gratia et sola fide erwartet.

Wir müssen aber in diesem Zusammenhang noch einmal auf die Frage nach dem *Horizont der Geschichte* in Röm 9-11 zurückkommen. Sowohl das Diptychon der zueinander komplementären und eben nicht miteinander verrechenbaren Kap. 9 und 10 als auch das Kap. 11 mit der Synthese der beiden in diesen Kapiteln zum Ausdruck gekommenen Realitätsebenen steht ganz in diesem Horizont. Selbst da, wo von Gottes Wirken die Rede ist, ist dies nur als Wirken in der Geschichte der Fall. Nichts, was Paulus bis einschließlich Röm 11,25 sagt, meint ein Geschehen jenseits der Geschichte. Auch das der Rettung Israels unmittelbar zuvorstehende Eintreten der Fülle der Heidenvölker ist ein innergeschichtlicher Prozeß. Und da sich οὕτως in 11,26 auf das zuvor Gesagte bezieht[854], ist dieser *geschichtliche* Vorgang die von Gott gesetzte Voraussetzung für Israels Rettung. Aber gerade diese geschichtliche Voraussetzung von V.25 hat Jes prophetisch angekündigt: Die *eschatologische Wallfahrt der Völker nach Jerusalem*, wie sie z.B. Jes 2 und Jes 60 - unmittelbar also nach Jes 59 (Röm 11,26f.)! - ausgesagt ist, hat Paulus auf die Kollekte hin interpretiert (Röm 15,15ff.). Daß die Völker den Reichtum ihrer Schätze bringen, μεταβαλεῖ εἰς σὲ πλοῦτος θαλάσσης καὶ ἐθνῶν καὶ λαῶν, steht Jes 60,5. Und die Aussage 60,6, wonach alle aus "Saba"[855] Gold und Weihrauch (nach Jerusalem) bringen, wird fortgesetzt durch καὶ τὸ σωτήριον κυρίου εὐαγγελιοῦνται. Die Völker sind es also, die das Heil des Herrn als Evangelium verkündigen! Paulus sieht diese Aussagen im Zusammenhang seiner *chiastischen Israel-Soteriologie*:

---

[853] *Mußner*, Kairos 18, 252f.

[854] Ich nenne hier nur seit meinem "Gottes Ich und Israel" erschienene Lit.: *Dunn*, WordBiblCom, 681; *Stuhlmacher*, NTD, 154f.; *H. Baarlink*, Romeinen II. Een praktische bijbelverklaring (t&t), Kampen 1989, 62ff.

[855] Saba meint natürlich metaphorisch die Heidenvölker!

Röm 1,16f:	zuerst der Jude, dann der Heide.
Röm 11:	zuerst die Heiden, dann Israel.

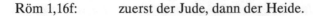

Ist aber "der erste Akt" der Rettung Israels, nämlich die Rettung der Heidenvölker, ein geschichtliches Geschehen, von "Jesaja" als solches prophetisch angedeutet, und ist Israel von diesem "Jesaja" als gerettetes Volk in eben diesem geschichtlichen Zusammenhang gesehen, so wäre es erst recht sehr eigenartig, wenn Paulus, ohne es eigens zu sagen, die Rettung Israels als Geschehen jenseits der Geschichte verstände.

Es ist also festzuhalten: Sowohl das Mysterium καὶ οὕτως πᾶς Ἰσραὴλ σωθήσεται mit seinem alttestamentlichen Hintergrund im Jes-Buch als auch die recht eigenwillige Aufnahme des Motivs der Wallfahrt der Heiden im selben alttestamentlichen Buch als geschichtliche Vorgänge durch Paulus indizieren, daß die Rettung Israels nicht am Evangelium und somit am Glauben vorbei geschieht. Auch *Röm 11,28-32*, wo Paulus das Fazit seiner Israel-Theologie formuliert, liest sich am ungezwungensten in der Weise, daß Israel am Ende, nachdem es jetzt Gott gegenüber wegen seiner Verweigerung des Glaubens an Christus ungehorsam ist (νῦν ἠπείθησαν), glauben wird. Und genau dieser eigenartige Weg zur Rettung über den Unglauben und folglich der Weg zum Glauben wird im Hymnus Röm 11,33-36 gepriesen. *Diese* Wege von Heiden und Israel sind unerforschlich. Diese Wege sind Ausdruck der Tiefe des Reichtums der Weisheit und der Erkenntnis Gottes. Mit Jes 40,13 fragt Paulus, wer den Geist des Herrn erkannt habe. Daß er, der Apostel, ihn habe, erklärte er ja schon 1Kor 2,16. Nur weil er den Geist Gottes hat, konnte er bei seiner *geistgewirkten Lektüre des Jes-Buches* zur Erkenntnis des Israel-Geheimnisses kommen. Gottes Geist gab ihm zu verstehen, was er bei der Niederschrift früherer Briefe noch nicht verstanden hatte.

Wer also *verstehen* will, was Paulus *verstehend* bei Jesaja las, muß den LXX-Text des Jes mit den Augen des Paulus lesen. Diese LXX-Lektüre des Jes ist *conditio sine qua non* für jeden, der wirklich die Theologie des Röm verstehen will.

2.2.3.5.3.4 Röm 12-14: Randbemerkungen zur Ethik des Paulus

Es geht in unseren Ausführungen nicht um Ethik. Eine Ethik des Neuen Testaments ist ihrem Genus nach etwas anderes als eine Theologie des Neuen Testaments. Und gerade für Pauls gibt es eine Reihe guter Darstellungen seiner Ethik, z.B. *Otto Merk*, Handeln aus Glauben, *Victor Paul Furnish*, Theology and Ethics in Paul, *Wolfgang Schrage*, Ethik des Neuen Testaments, Abschn. IV: Die christologische Ethik des Paulus, *Rudolf Schnackenburg*, Die sittliche Botschaft des Neuen Testaments II, 1. Kap. Paulus. Auf sie sei hier verwiesen. Dennoch muß unsere Aufmerksamkeit ein wenig den ethischen Ausführungen des Paulus im Röm zugewandt werden, nicht seinen materialen ethischen Aussagen, wohl aber der christologischen Fundierung der Ethik, die er auch unter Berufung auf die Schrift argumentativ vorgetragen hat.

Es ist bemerkenswert, daß Paulus in Röm 12,2 für die Generallinie seiner ethischen Anweisungen auf popularphilosophische Kriterien verweist.[856] Bemerkenswert ist ferner, daß er für konkrete ethische Anweisungen in Röm 12,9ff. selbst da keine alttestamentlichen Aussagen zitiert, wo offenkundig Parallelen vorliegen. Wohl aber wird die Aufforderung, sich nicht selbst zu rächen, Röm 12,19, zunächst mit einer Paraphrase von Dtn 32,35 (aus dem Lied des Mose) begründet, die durch καθὼς γέγραπται als formelles Zitat gekennzeichnet ist. Doch geht es in diesem Dtn-Text gerade nicht um eine ethische Anweisung an Israel, sondern um eine Ankündigung Gottes, daß er dieses unverständige Volk am Tage der Vergeltung strafen werde: ἐν ἡμέρᾳ ἐκδικήσεως ανταποδώσω.[857] Aus einem alttestamentlichen Drohwort ist also die Begründung für ethisches Verhalten geworden. Dtn 32,35 besagt somit in Röm 13,19: Was Gottes ist, ist nicht des Menschen! Freilich folgt dann in V.20 eine ethische Anweisung aus Prov (Prov 25,21f.).[858]

Auffälliger ist, daß in *Röm 13,8-10* Gebote des *Dekalogs* zitiert werden. Freilich werden sie gar nicht so sehr als Imperative, die auch den Christen gelten, in die Argumentation eingebracht. Vielmehr zählt Paulus sie auf, um sie als im Liebesgebot *Lev 19,18* zusammengefaßt verstehen zu lassen. Worum es also dem Apostel geht, ist gerade nicht, die Zehn Gebote zur Grundlage ethischen Verhaltens zu machen, sondern um zu zeigen, daß bereits alttestamentliches Ethos sein Telos im Liebesgebot besitzt. Hat Paulus noch in Gal 5,14 die Liebe als das "ganze" Ge-

---

[856] *Betz*, ZThK 85, 199ff.
[857] S. auch im unmittelbaren Kontext Dtn 32,36: ὅτι κρινεῖ κύριος τὸν λαὸν αὐτοῦ.
[858] Fast wörtliche Übereinstimmung mit LXX.

setz, ὁ πᾶς νόμος, vom quantitativ vollständigen ganzen Gesetz, ὅλος ὁ νόμος, abgesetzt und damit bewußt letzteres energisch abgelehnt, so findet sich eine derart reduktionistische Tendenz im Röm expressis verbis gerade nicht. Paulus insistiert zwar wie im Gal auf dem Liebesgebot als dem Inbegriff der unumstößlichen Verpflichtung des Christen. Er sieht auch das Gesetz, daß ja im Röm einen erheblich höheren theologischen Stellenwert als im Gal besitzt, seinem inneren Wesen nach auf das Liebesgebot hingerichtet. Aber es unterbleibt in Röm 13,8-10 alles, was das Gesetz in überholte und nicht überholte Teile aufspalten würde. Daß Paulus die Reinheitsgebote aus Lev kategorisch als außer Kraft befindlich beurteilt, zeigt jedoch in aller Deutlichkeit *Röm 14,14* (οὐδὲν κοινὸν δι᾽ ἑαυτοῦ) und *Röm 14,20* (πάντα μὲν καθαρά). Es ist jedoch zu registrieren, daß Paulus keine Beziehung zwischen Röm 13,8-10 und Röm 14,14.20 herstellt.

Hier ist jedenfalls noch ein Punkt, wo möglicherweise in einem späteren Brief des Paulus, falls er ihn noch hätte schreiben können, weitere theologische Reflexion zum Gesetz zu erwarten gewesen wäre. So ist auch die Theologie des Röm durch gedankliche und strukturelle Unausgeglichenheiten offen auf weitere Ausgestaltungen. Auch die Theologie dieses Briefes ist noch nicht bis ins letzte ausgereift.

Auffällig ist auch das Mischzitat *Röm 14,11f.*, zusammengesetzt aus *Jes 45,23* und dem vorgeschalteten "Ich lebe, spricht der Herr" aus *Jes 49,18*.[859] Der Zusammenhang ist die Ermahnung an die römische Gemeinde wegen der Streitigkeiten um die Speisen. Was aber Paulus zitiert, ist wieder nicht eine Aussage der Schrift über diese Thematik, sondern im Zusammenhang des eschatologischen Gerichts der von Paulus eschatologisch aufgefaßte Jes-Text: Vor Gott als dem Lebendigen werden am Jüngsten Tage alle Menschen ihre Knie beugen. Man sollte jedoch nicht übersehen, daß Paulus im Christushymnus des Phil mit dem Kyriostitel von Jes 45,23 Christus meint, hier aber Gott.

Von großer theologischer Relevanz ist das Röm 15,3 mit καθὼς γέγραπται eingeführte Zitat ψ 68,10 - ψ 68 ist Klagelied eines einzelnen - , in dem die Schmähungen, ὀνειδισμοί, die auf den Klagenden gefallen sind, *christologisch* interpretiert werden. Paulus hat also diesen Psalm als Klagelied Christi während seiner Passion gelesen. Doch wird hier nicht Christi Passion als soteriologisches Geschehen angeführt, sondern im

---

[859] Obwohl ζῶ ἐγώ, λέγει κύριος auch in Jer 22,24 und Ez 5,11 steht, dürfte Paulus hier auf Jes 49,18 rekurrieren, weil er in Röm weitesthin vom Jes-Buch aus argumentiert.

Sinne der *Nachfolge Christi*: Wie Christus nicht sich selbst zu Gefallen gelebt hat, so sollen auch die Starken die Schwächen der Schwachen tragen und nicht sich selbst gefallen.[860] Hier haben wir eine der wenigen Stellen, wo Paulus über seine Hermeneutik hinsichtlich der Schrift spricht, Röm 15,4: "Was auch immer zuvor geschrieben wurde, ist zu unserer Belehrung geschrieben worden, damit wir durch die Geduld und die Ermahnung (Trost?), den uns die Schriften geben, Hoffnung haben."

Doch die letzten Zitate von Kap. 14 und 15 bringen wieder das Thema der Völker (Röm 15,9-12): In ihrer Mitte preist Paulus Gott (ψ 17,50), sie werden zur Freude und zum Lobpreis aufgefordert (Dtn 32,43; ψ 116,1). Doch endet dieses Zitat in bezeichnender Weise mit einem Wort des Jesaja (Jes 11,10). Dieser Prophet verweist auf Isai als Stammvater Jesu; auf ihn als Isais Nachkommen hoffen die Völker. Mit Röm 15,13 endet das eigentliche Corpus des Briefes, in 15,12 zitiert Paulus das *Alte Testament* als Schrift *christologisch-missionstheologischer Prophetie*. In Jes 11,10 ist also für Paulus die ganze Verheißung der Schrift zusammengefaßt. Von Isai bis Christus, von Israel bis zu den Völkern - das ist für Paulus die Theologie des Alten Testaments, und das ist zugleich für ihn seine eigene Theologie. Die Schrift Israels ist die prophetische Schrift der Verheißung für die Völker.

---

[860] S. auch die ethische Ausrichtung Phil 2,5ff.!

2.2.3.6 Der Christushymnus des Philipperbriefes und die paulinische Christologie

Es ist schwierig, den Phil bzw. die im Phil zu einer literarischen Einheit zusammengefügten Einzelbriefe mit Sicherheit chronologisch einzuordnen. Hier wird davon ausgegangen, daß wahrscheinlich zwei Briefe des Apostels an die Gemeinde zu Philippi durch spätere Redaktion ineinandergearbeitet sind: 1. ein Brief aus einer Gefangenschaft (1,1-3,1a; 4,2-7.10-23) und 2. ein Kampfbrief (3,1b-4,1.8f.).[861] Letzterer soll hier nicht Gegenstand unserer Ausführungen sein, weil das, was Paulus in ihm in scharf polemischer Form zur Rechtfertigung sagt, der Sache nach bereits zur Sprache gekommen ist. Aus dem Gefangenschaftsbrief wird hingegen der Christushymnus *Phil 2,5ff.* Gegenstand der Ausführungen sein. Es ist umstritten, aus welcher Gefangenschaft Paulus diesen Brief geschrieben hat. Mit *Joachim Gnilka*[862] dürfte Ephesos als der wahrscheinlichste Ort seiner Entstehung anzunehmen sein. Ist aber dann dieser Brief um 55 oder kurz danach geschrieben, so führt eine solche Datierung in die letzte Zeit des paulinischen Wirkens. Geht es uns vor allem um den Christushymnus, so ist dieser, ein zwar nicht von Paulus gedichteter, aber immerhin von ihm rezipierter Hymnus, als Zeugnis für seine Christologie zu beurteilen, die er gegen Ende seines missionarischen und theologischen Wirkens vertreten hat. So soll die Behandlung des Hymnus hier dazu dienen, die Christologie des Apostels insgesamt zu skizzieren.[863]

Paulus hat in seinen Briefen nirgendwo einen christologischen Traktat verfaßt, in dem es um Christologie um ihrer selbst willen ginge. Wo er christologisch argumentiert, tut er es im Dienste anderer theologischer Fragen oder Streitpunkte.[864] Die Christologie ist die nicht disku-

---

[861] So auch *J. Gnilka*, HThK X/3, 10.

[862] Ib. 24; *Vielhauer*, Geschichte der urchristl. Lit., 168-170. *Kümmel*, Einleitung in das NT, 288-291, hält die ephesinische Gefangenschaft für eine mögliche Hypothese; er hält jedoch an der Integrität des Phil fest.

[863] Zur Ergänzung des hier Gesagten s. *Hübner*, ANRW II/25.4, 2730-2745 (Abschn. VI, Christologie); zum Kyrios-Bekenntnis ib. 2735, vor allem die Ausführungen zu *Joseph A. Fitzmyer*, ib. 2739f.

[864] Interessant ist, welchen Ort moderne Autoren einer Theol. des NT der Christologie des Paulus in dessen Theol. zuweisen. So bringt *Rudolf Bultmann* im Abschn. "Die Theol. des Paulus" unter der Teilüberschrift "Die χάρις" als einen der 3 Paragraphen den § 33 "Tod und Auferstehung Christi als Heilsgeschehen", also Christologie *als* Soteriologie. *Hans Conzelmann* bringt im 2. Teil der Darstellung der Theol. des Paulus "Die Offenbarung der Glaubensgerechtigkeit" als 1. Paragraphen den § 24 "Gottes Heilstat 'in Christus'", dessen Teil I er überschreibt: "Die Grundlagen (die 'objektive' Christologie)". Die Teile II-IV bringen soteriologische Sachverhalte. Hingegen widmet *Leonhard Goppelt* der eigentlichen Christologie 4 Paragraphen (§ 32: Die Fragestellung; § 33: Der Sohn Gottes; § 34: Der Kyrios; § 35: Der Christusweg als Heilsoffenbarung: das Kreuz).

tierte, geradezu selbstverständliche Voraussetzung, von der aus andere, vor allem soteriologische Probleme argumentativ entfaltet werden.

Im *1Thess* ist von Jesus Christus bzw. vom Kyrios vor allem im eschatologisch-apokalyptischen Horizont die Rede. Vor ihm - s. vor allem die ausführliche Formel in 1Thess 2,19: ἔμπροσθεν τοῦ κυρίου ἡμῶν Ἰησοῦ ἐν τῇ αὐτοῦ παρουσίᾳ - werden wir im Endgericht stehen; und das meint dasselbe wie die *inhaltlich* gleichbedeutende Formel ἔμπροσθεν τοῦ θεοῦ καὶ πατρὸς ἡμῶν ἐν τῇ παρουσίᾳ τοῦ κυρίου ἡμῶν Ἰησοῦ 1Thess 3,13.[865] Gottes und Christi Richteramt sind also eins! Ist Gott nach dem Alten Testament der Richter schlechthin, so übernimmt Christus im Endgericht eine eminent göttliche Funktion.[866] Nach der in 1Thess 1,10 von Paulus zitierten Tradition ist es dieser von Gott von den Toten auferweckte Christus, der uns aus dem kommenden Zorn, also aus dem Endgericht Gottes, herausreißt, Ἰησοῦν τὸν ῥυόμενον ἡμᾶς ἐκ τῆς ὀργῆς τῆς ἐρχομένης. Wieder also der *futurische* Aspekt, wenn auch unter Verweis auf das *vergangene* Ostergeschehen. Man gewinnt also den Eindruck, daß die christologische Reflexion den Paulus des 1Thess noch wenig bewegt hat.[867]

Im *Gal* dominiert die *soteriologische Dimension* der Christologie. Möglicherweise enthält ja schon Gal 1,4 eine Anspielung auf Jes 53. Sieht man den Gal als einen kurz nach dem 1Thess geschriebenen Brief, so hat Paulus bereits in dieser Zeit seine polemische Soteriologie in die *Präexistenzchristologie* eingebaut. Er dürfte sie als solche aber schon zuvor vertreten haben. Denn wenn er in Gal 4,4 mit der möglicherweise traditionellen Formel ἐξαπέστειλεν ὁ θεὸς τὸν υἱὸν αὐτοῦ die Präexistenz des Sohnes Gottes nur *en passant* erwähnt, um in diesem Horizont den Mensch gewordenen (γενόμενον ἐκ γυναικός) und unter das Gesetz geratenen (γενόμενον ὑπὸ νόμον) Sohn Gottes als Vermittler unserer Gotteskindschaft uns vor Augen zu stellen, so zeigt das, wie selbstverständlich für Paulus die Präexistenz Christi war! Daher ist auch anzunehmen, daß es lediglich an der Thematik des 1Thess liegt, daß wir dort nichts davon lesen. Mit der Präexistenzchristologie hat aber Paulus zum Ausdruck gebracht, daß das von Gott durch Christus ins Werk gesetzte Heilsgesche-

---

[865] S. auch 1Thess 1,3; 3,9.

[866] S. auch "dieser Menschensohn" in aethHenB. Die vorchristliche Datierung der Bilderreden ist zwar umstritten, m.E. aber wahrscheinlich.

[867] Zur Christologie des 1Thess s. auch *Bussmann*, Themen der pln. Missionspredigt, 38ff.; *Horn*, Das Angeld des Geistes, 138ff.; *Schade*, Apokalyptische Christologie, passim.

hen in der Ewigkeit seinen Ausgang besitzt, m.a.W., daß unsere Heilsexistenz bereits vor unserer Zeit und somit auch schon vor Golgatha bei Gott bereitlag.[868]

Um es mit einem Begriff der späteren Dogmatik zu sagen: Gal 4,4-6 ist eine *trinitarische* Stelle in der paulinischen Argumentation. Gott sendet aus seiner Ewigkeit seinen Sohn in die Zeit, als diese zu ihrer Fülle, ihrem πλήρωμα, gekommen war. Dieser Sendung korrespondiert dann die Sendung des Geistes des Sohnes Gottes - erneut die Verbform ἐξαπέστειλέν - , die Sendung nämlich in unsere Herzen. Und so wird der, der das Sohn-Sein originär und wesenhaft ist, zum Urbild und zur heilsökonomischen Voraussetzung unseres Sohn-(Tochter-)Sein. Sohn-Sein der Christen heißt aber dann, den Geist zu "haben".[869] Das Kind-Gottes-*Sein* ist aber eine entscheidende *ontische Umwandlung* des zuvor sarkischen Menschen; denn wer den Geist Gottes bzw. den Geist seines Sohnes hat, ist der in seinem Inneren, in seinem Herzen völlig umgestaltete Mensch. Wer Sohn/Tochter Gottes *ist*, der *hat* den Heiligen Geist[870] und *wirkt*, was Gottes ist, nämlich die Liebe. Indem der Christ als Kind Gottes mit Gott und dem, der der Sohn Gottes schlechthin ist, ein und denselben Geist hat, ist er sozusagen ins Wirken Gottes und Sohn-Sein Christi hineingenommen. Er *partizipiert* am Sohn-Sein Christi und somit am Geiste Gottes bzw. des Sohnes Gottes. So ist im Gal die Präexistenzchristologie das theologische Fundament der Aussage vom befreienden Wirken Gottes in seinem Sohne und durch seinen Geist. Die *Sendungschristologie* setzt also die *Präexistenzchristologie* voraus.

Zu den wichtigsten christologischen Zeugnissen der authentischen Paulinen gehört der Christushymnus *Phil 2,6-11*. Als von Paulus aufgegriffener Text[871] geben seine Formulierungen aber nicht unbedingt dessen theologische Gedanken wider. Die Differenz zwischen der ursprünglichen Intention des Hymnus und der des Paulus wird schon daran ersichtlich, daß der Kontext des Hymnus in Phil 2 paränetischer Natur ist, der Hymnus selbst aber die Erhöhung des Mensch Gewordenen und

---

[868] S., was im Gal-Teil über Gal 4,4 gesagt wurde.

[869] S. Gal 3,5: ἐπιχορηγῶν; Formen von λαβεῖν in Gal 3,2.14. Gal 3,14 ἵνα τὴν ἐπαγγελίαν τοῦ πνεύματος λάβωμεν ist paraphrasierend zu übersetzen: damit wir den verheißenen Geist empfangen.

[870] Schon 1Thess 1,5 ist die Rede vom πνεῦμα ἅγιον, der nach 1Thess 4,8 der Geist *Gottes* (Ez 36,27; 37,14).

[871] Darüber sind sich nahezu alle Autoren einig. Zur Lit. zu Phil 2,5-11 seien außer den Kommentaren vor allem genannt: *Käsemann*, Kritische Analyse von Phil 2,5-11; *Georgi*, Der vorpaulinische Hymnus Phil 2,6-11; *Strecker*, Redaktion und Tradition im Christushymnus Phil 2,6-11; *Martin*, Carmen Christi.

die Verleihung des Kyrios-Namens an ihn zum Skopus hat.[872] Trotz dieser Differenz sollte man die christologische Auffassung des Hymnus als die im wesentlichen auch von Paulus geteilte betrachten. Immerhin hat er dieses Christuslied zitiert, um es zur Argumentationsgrundlage zu machen. Daher ist zu fragen, wie die im Hymnus aufweisbaren christologischen Vorstellungen mit den uns bisher deutlich gewordenen christologischen Vorstellungen des Apostels koinzidieren oder sich zumindest in sein christologisches Denken fügen. Dabei mag es für den einen oder anderen Begriff durchaus möglich sein, daß Paulus ihn nicht in genau dem Sinne aufgreift, wie der Dichter des Hymnus ihn zuvor gemeint hat. Das gilt gerade für die Begriffe, die der sonst üblichen christologischen Terminologie des Paulus fremd sind. Gehen wir nun davon aus, daß der Hymnus, wie er in Phil 2 vorliegt, zum größten Teil in seiner Urform erhalten ist. Als paulinischer Zusatz sei θανάτου τοῦ σταυροῦ in V.8 angenommen.[873]

Von fundamentaler Bedeutung ist, daß dem Hymnus und Paulus die *Präexistenzchristologie* gemeinsam ist. Jedoch ist im Hymnus, anders als bei Paulus, nicht von der Sendung des Sohns die Rede. Dieser - im Hymnus begegnet das Prädikat "der Sohn" nicht, in V.10 ist von "Jesus" die Rede, in V.11 von "Jesus Christus" - ergreift selbst die Initiative: Obwohl er ἐν μορφῇ θεοῦ existierte, hielt er nicht an dieser Daseinsweise fest.[874] Was in V.6 negativ formuliert ist, ist für den V.7 positiv gesagt: Er erniedrigte sich selbst, indem er die μορφὴ δούλου annahm. Die Diskussion um den Begriff μορφή - meint er "Gestalt", meint er "Wesen"? - führte zu einer gewissen Einigung: μορφή besagt "Daseinsweise".[875] Im Grunde ist aber auch diese Diskussion eine Scheindiskussion, da zumindest im Sinne des Paulus beides nicht begrifflich exakt voneinander zu unterscheiden ist. Das Wesen manifestiert sich ja für ihn in der Gestalt. Und was schließlich im Duktus der paulinischen Argumentation als *Wesen* zu bezeichnen wäre, ist das Sein des Christus als "*Sein für*", nämlich als Sein für die Sünder, als Hingabe für sie. Es geht Paulus gerade nicht um die Inkarnation als solche, sondern um sie als den *geschichtlichen*

---

[872] Den ethischen Zweck der paulinischen Verwendung des Hymnus betont vor allem *Strecker*, op. cit.

[873] So die meisten Autoren.

[874] "Die ganze Diskussion", ob οὐχ ἁρπαγμὸν ἡγήσατο τὸ εἶναι ἴσα θεῷ so zu interpretieren sei, daß ἁρπαγμόν *res rapta* oder *res rapienda* bedeutet, ist mit *Josef Ernst*, RNT, 67, "im Grunde müßig"; "Der Satz erhält nur dann einen vernünftigen Sinn, wenn man den Ausdruck 'als Raub verstehen' im Sinne von 'nicht egoistisch für sich ausnützen' deutet."

[875] Z.B. *Käsemann*, Kritische Analyse, 67: "die Daseinsweise in einer bestimmten Ausrichtung, also etwa in göttlicher Substanz und Kraft", freilich verstanden als "das Wesen ..., welches durch das Dasein in einer bestimmten Sphäre charakterisiert wird", ib. 73; *Gnilka*, HThK, 114; *Habermann*, Präexistenzaussagen im NT, 118.

Beginn des soteriologischen Seins Jesu. Deshalb auch sein Zusatz "bis zum Tode am Kreuz". Durch diese redaktionelle Hinzufügung erhält der Hymnus seinen starken soteriologischen Akzent.

Weithin ist man sich einig, daß mit μορφὴν δούλου keine Anspielung auf den Gottesknecht des Deuterojesaja vorliegt.[876] Für den Dichter des Hymnus trifft das sicher zu. Da nämlich μορφὴ δούλου ihren Sinn aus der Opposition zu μορφὴ θεοῦ gewinnt, meint die Daseinsweise des Knechts die eines Menschen.[877] Doch kann ein eventueller Einfluß von Jes 53 auf den Hymnus nicht allein aus der Interpretation von μορφὴν δούλου λαβών gefolgert oder bestritten werden. Daß der Hymnus im Banne dieses Gottesknechtsliedes steht, sieht *Otfried Hofius* darin gegeben, daß in einer sehr "präzisen" Weise von einer freiwilligen, im Gehorsam gegen Gottes Heilswillen bejahten Erniedrigung die Rede sei.[878] "Freiwillig ([Jes]53,4.10.12) und in demütigem Gehorsam (53,7) geht der Gottesknecht in den Tod, der ein Tod in Schande ist (53,3.9.12); in diesem Tod erwirbt er den 'Vielen' das Heil (53,5.12); um dieses seines Todes willen (*lākēn*/διὰ τοῦτο 53,12a) wird er zu höchster Höhe erhoben (52,13) und empfängt aus der Hand Jahwes die 'Vielen' zum Besitz, denen sein Tod das Heil erwarb (53,12)."[879] Hofius verweist auch auf den Gesamtzusammenhang der Verkündigung Deuterojesajas. Seine Argumentation wird jedoch dadurch etwas relativiert, daß das auffällige διὰ τοῦτο in Jes 53,12 eine soteriologische Aussage einführt, das διό in Phil 2,9 aber die Erhöhung des Christus. Überhaupt fehlt ja im ursprünglichen Hymnus der soteriologische Akzent. Aber im Blick auf seine Rezeption durch Paulus ist diese Überlegung zweitrangig. Ist nämlich Jesus *für Paulus* der leidende und erhöhte Gottesknecht von Jes 53 (Gal 1,4; 1Kor 15,3), so ist zumindest zu fragen, ob er nicht bei der Rezeption des Hymnus angesichts seines eigenen soteriologischen Christusverständnisses *auch* an Jes 53 dachte. Daß die Formel μορφὴν δούλου λαβών bei ihm diese Assoziation hervorrufen konnte, sollte man nicht bestreiten. Wenn er mit der von ihm übernommenen Tradition hinter "Christus ist für unsere Sünden gestorben" (1Kor 15,3) κατὰ τὰς γραφάς setzen konnte, so si-

---

[876] *Z.B. Gnilka*, HThK, 120; *Hofius*, Der Christushymnus, 62; anders *E.Lohmeyer*, KEK IX/1, 94, und vor allem *Joachim Jeremias*, Παῖς (θεοῦ) im NT, 207ff.

[877] Außerdem wäre es recht eigenartig, wenn der μορφὴ θεοῦ implizit eine μορφὴ παιδὸς θεοῦ gegenübergestellt wäre!

[878] *Hofius*, Der Christushymnus, 70f.

[879] Ib. 71f.

cherlich auch hinter Phil 2,6-8![880] Ist nun der Gedanke der Präexistenz des Christus im Gedanken der Präexistenz der Weisheit vorgebildet, so steht er doch ganz im Horizont der christologisch fundierten Soteriologie. Soteriologie hat also ihr Fundament in der Christologie (einschließlich ihrer Präexistenzkomponente), Christologie hat ihre Entelechie in der Soteriologie. Soteriologie ohne Christologie ist substanzlos, Christologie ohne Soteriologie perspektivlos. Wie schon die alttestamentlichen Aussagen über die präexistente Weisheit ihre soteriologische, zumindest quasi-soteriologische Dimension besaßen, wie schon dort Präexistenz primär um der Wirksamkeit in der Gegenwart willen ausgesagt wurde, so nun auch im Christushymnus Phil 2. Daß der Christus die Daseinsweise eines Knechtes annahm, hat seine soteriologische Fundierung darin, daß er zuvor in der Daseinsweise Gottes existierte. Und vice versa: Daß der Christus zuerst in der Daseinsweise Gottes existierte, zielt im theologischen Denken des Paulus auf sein soteriologisches Tun. Sein göttliches Sein ermöglicht sein Kreuz als Heilsgeschehen, das Kreuz als Heilsgeschehen wurzelt im göttlichen Sein. Die Korrelation von μορφὴ θεοῦ und μορφὴ δούλου ist theologisch fundamental und unverzichtbar. Daß sie aber so deutlich in Phil 2 zum Ausdruck kommt, hängt nicht zuletzt an der redaktionellen Zufügung in Phil 2,8c durch Paulus.

Die *zweite Strophe* des Hymnus beginnt mit V.9: Wegen seines Gehorsams hat Gott den Christus über alle Maßen erhöht: ὑπερύψωσεν. Er hat ihm den Kyrios-Namen gegeben, V.9-11. V.10f. zitiert *Jes 45,23* in enger Anlehnung an den LXX-Wortlaut. Theologisch relevant ist, daß in dieser Jes-Stelle ein Wort Gottes vorliegt: Vor ihm als *Gott*, außer dem es keinen anderen gibt (Jes 45,21), soll sich jedes Knie beugen; jede Zunge wird *Gott* preisen (so dürfte ἐξομολογήσεται in V.23 zu übersetzen sein). Nach Phil 2 hingegen hat eben dieser Gott *Jesus* den Kyrios-Namen gegeben, damit sich in dessen Name jedes Knie beugen und jede Zunge bekennen soll (ἐξομολογήσηται erhält also im Hymnus den Sinn des Bekennens), daß Jesus Christus der Kyrios ist, zur Verherrlichung Gottes, des Vaters. Gott gibt also dem Christus seinen eigenen Hoheitstitel Kyrios. Denn wenn vom *Namen* "Kyrios" die Rede ist, so hat Gott, der in der LXX der Kyrios (für Jahwäh in der Biblia Hebraica)

---

[880] Sollte auf die Formulierung von Phil 2,7 ἐν ὁμοιώματι ἀνθρώπων γενόμενος Ez 1,5 mit ὁμοίωμα ἀνθρώπου Einfluß genommen haben, so höchstens als verbale Anspielung.

schlechthin ist, in der Tat seinen eigenen Namen dem Christus gegeben. Wie aber ist dann diese Namensgebung, die doch nach dem Aussageduktus des Hymnus dem Christus eine höhere Würde als zuvor gibt, mit seiner doch schon präexistenten göttlichen Daseinsweise zu vereinbaren? Kann das ἐν μορφῇ θεοῦ ὑπάρχων von V.6 überhaupt noch überboten werden?

Nach *Otfried Hofius* erblickt der Hymnus in der Erhöhung des Gekreuzigten die Äonenwende als die Ablösung der "verborgenen" durch die "offenbare" Königsherrschaft Gottes; es sei "genau jenes 'Mehr', das nach alttestamentlicher und altjüdischer Erwartung Gottes 'offenbare' Gottesherrschaft von seiner 'verborgenen' Königsherrschaft unterscheidet".[881] Also haben sich mit der Erhöhung Jesu nicht dessen Macht und Herrlichkeit verändert, sondern die Situation der Welt und des Menschen in ihr.[882] Dann aber bedeutet der verliehene Kyrios-Name nicht, daß Jesus "objektiv" zum Kyrios geworden ist, sondern daß er als der, der vor seiner Inkarnation in göttlicher Daseinsweise existierte, gerade darin immer schon der Kyrios war, aber jetzt als dieser anerkannt und bekannt wird. Mag es vielleicht auch eine theologisch gefährliche Formulierung sein - wer Theologie betreibt, bewegt sich immer auf gefährlichem Boden, es sei denn, er halte sich in existentiell unverbindlicher Weise an verbindliche Formeln! - : Jesus ist erst dann wirklich der Kyrios, der er ja schon ist, *geworden*, wenn er als dieser Kyrios von den Menschen bekannt wird. Die Lösung, die Hofius anbietet, korrespondiert somit dem, was in den Prolegomena zum Begriff der Offenbarung deutlich wurde: Erst als im Glauben ergriffene Offenbarung ist sie wirklich *Offen*-barung geworden. Und genau im Duktus dieses theologischen Denkens gehört die Exhomologese konstitutiv zum Kyrios-Sein Jesu. Sonst wäre alle Kenosis (Phil 2,7) vergeblich!

Das Kyrios-Sein Jesu hat im Blick auf diese Exhomologese *universale* Dimension. Das steht im Einklang mit dem in 1Kor 15,20-28 ausgesprochenen universalen Charakter der Herrschaft Jesu bzw. Gottes, auch mit dem soteriologischen Totalaspekt von Röm 8,18-25. Paulus ist in seinen Aussagen zuweilen recht nahe an der Apokatastasis panton, ohne sie letztlich auszusprechen. Ist in das Zitat Jes 45,23/Phil 2,10 ἐπουρανίων καὶ ἐπιγείων καὶ καταχθονίων eingefügt, so geschieht die Exhomologese nicht

---

[881] *Hofius*, Der Christushymnus, 66.
[882] Ib. 66.

nur durch die Menschen, sondern auch durch die Geisterwelt.[883] Insofern gottfeindliche Geister gezwungen sind, Christus göttliche Ehre zu erweisen, liegt natürlich kein soteriologischer Gedanke vor.[884] Das eigentliche Problem stellt sich aber erst jetzt: Wie steht es mit dem *Verhältnis* von *Gott* und *Christus*, wenn jener diesem seinen göttlichen Kyrios-Namen gab? Zwar war der Christus schon vor der Inkarnation in der Daseinsweise Gottes. Aber erst für seine Erhöhung nach der Kenosis bringt der Hymnus die Anwendung eines in der Schrift auf Gott gemünzten Textes auf den Christus.

Nach *David B. Capes* hat die Applikation von Jahwäh-Texten auf Christus signifikante christologische Implikationen: "It suggests that he believed, that Christ was in some sense (!) Yahweh himself, manifest as the Messiah."[885] Für ihn ist dabei von besonderer Bedeutung, daß es zwar für damalige palästinensische Juden möglich war, alttestamentliche Passagen, die sich ursprünglich auf Gott - genauer: *ʾælohîm* - bezogen, auf eine Erlösergestalt anzuwenden; jedoch: "Christian exegetes applied to Christ scripture texts which originally refered to *JHWH* not *ʾælohîm*. Given the rather broad use of *ʾælohîm* in Jewish writings, it is not surprising, that Jewish exegetes would attribute *ʾælohîm* texts to redeemer figures who acted as God's agent."[886] Gegen *Larry Hurtado*[887] insistiert Capes darauf, daß die ersten Christen Jesus nicht *neben* Gott verehrten, sondern *als* Gott.[888] Dann aber stellt sich - mit Capes - die Frage, *welche Art von Monotheismus* es erlaubt, Christus sowohl als den zu sehen, der mit Gott identifiziert ist, als auch als den, der von ihm unterschieden ist. Er fragt nach derjenigen jüdischen Kategorie, mit der diese anscheinend antithetischen Konzeptionen miteinander vereinbart werden können. Er findet sie mit *A.R. Johnson* in dessen Vorstellung von Jahwäh als einer

---

[883] S. z.B. *Dibelius*, Geisterwelt 107.

[884] Daß die Exhomologese der Geisterwelt *jetzt* geschieht, dürfte Intention sowohl des Dichters des Hymnus als auch des Paulus sein; *Gnilka*, HThK, 130: "Nicht umsonst hat der Dichter die futurischen Formeln des Isaiaswortes abgeändert.", nämlich das Futur in den Konjunktiv des Aorists.

[885] *Capes*, OT Yahweh Texts, 164.

[886] Ib. 167; *Capes* verweist für *ʾælohîm* z.B. auf Ps 45,3 und Ex 4,16; ib. 167, Anm. 362.

[887] *Hurtado*, One God, One Lord.

[888] *Capes*, OT Yahweh Texts, 169: "... early Christians not only worshiped Jesus *alongside* God, they worshiped him *as* God." S. auch seine Ausführungen zum Engel Jahwähs, ib. 169: "In some texts he is only God's representative and therefore distinct from Yahweh (2Kgs 19:35; 1Kgs 19:7). In others he is in distinguishable from God as a manifestation of Yahweh in human form (Gen 16:10,13; 21:17,19; 22:11). Thus to see the angel of Yahweh is to see Yahweh himself (Gen 16:13; 32:30; 48:15-16; Judg 13:22). The angel of Yahweh also bares the divine name and indicates Yahweh's presence (Exod 23:20-23; 32:34; cf. 33:14; Isa 63:9). He is frequently therefore presented as a theophany, God revealed in time and space for a redemptive purpose."

"corporate person".[889] Es ist im Grunde die alte, auch in unseren Darlegungen schon erwähnte Konzeption von der *corporate personality*.[890] Mit Johnson sieht Cape diese Vorstellung für Gott im israelitischen Verständnis vom Menschen "as possessing 'an indefinable "extention" of the personality' or corporate dimension".[891] Auf diesem Hintergrund ist es nach Capes sowohl für Juden (gemeint sind Judenchristen) als auch für Paulus möglich gewesen, den Messias Jesus als *"Manifestation Jahwähs"* zu verstehen.

[892] Der Begriff der Manifestation ist sicherlich geeignet, den hier zu beschreibenden christologischen "Sachverhalt" zu umschreiben, keinesfalls kann er aber das Verhältnis von Gott und Christus zueinander *erklären*. In dieser Hinsicht bleiben alle - notwendig - aus der Immanenz genommenen Begriffe unzureichend. Transzendenz kann nie begrifflich einsichtig gemacht werden. Und so verbleibt auch die Konzeption der corporate personality in ihrer Anwendung auf Gott der letztlich unzulängliche Versuch, mit einer recht sinnvollen und auch in unserem Horizont interpretierbaren Vorstellung sich dem Unsagbaren denkend zu nähern. Die theologische Aufgabe dieser Annäherung ist uns zwingend gestellt. Sie hat gerade im Rahmen der Offenbarungsproblematik ihren guten Sinn. Für diese Aufgabe gilt freilich: *Die verstandene Offenbarung ist niemals der verstandene Gott!*[893]

Sosehr auch der Hymnus die göttliche Herrscherstellung Christi betont, so bleibt doch auffällig, daß er mit der Doxologie εἰς δόξαν θεοῦ πατρός schließt. Ist sie redaktioneller Zusatz des Paulus?[894] Eindeutige Kriterien gibt es zur Beantwortung dieser Frage nicht. Wichtiger als sie ist, ob die Doxologie den Zweck des ἐξομολογήσηται oder der Akklamation κύριος Ἰησοῦς Χριστός aussagt. *Wilhelm Thüsing* liegt aufgrund seines starken Interesses an einer *theo*-logischen Interpretation der paulinischen Christologie daran, gerade das Kyrios-Bekenntnis auf die Doxologie ausgerichtet zu sehen, und vermutet deshalb in dieser einen paulinischen Zusatz.[895] Mag diese Anahme zutreffen oder nicht, auf jeden Fall hat Thüsing recht, wenn er herausstellt, daß "die allgemeine christliche Theozentrik selbstverständlich schon durch das Handeln Gottes bei dieser Erhöhung gewahrt" sei.[896] Doch kann man ihm nicht darin zustimmen, daß im Sinne des Paulus (nicht des Hymnus) die Mächte und

---

[889] *Johnson*, The One and the Many in the Israelite Conception of God; *Capes*, OT Yahweh Texts, 173f.

[890] So vor allem *Robinson*, Corporate Personality in Ancient Israel; s. auch *Ellis*, Biblical Interpretation in the NT Church, 716: "Corporate personality also chacterizes the nature of God. It is not a metaphor, as modern Western Man is tempted to perceive it, but an ontological affirmation from which the biblical writers' view of reality perceedes."

[891] *Capes*, OT Yahweh Texts, 173; *Johnson*, The One, passim.

[892] *Capes*, OT Yahweh Texts, 174; *Ellis*, Biblical Interpretation, 719.

[893] Für wenig ergiebig halte ich den von *Capes*, op. cit. 174ff., begrüßten Versuch *Alan Segals* in "Paul the Convert", die paulinische Christologie von der jüdischen *Merkabah-Mystik* her zu verstehen.

[894] S. die ausführliche Diskussion bei *Thüsing*, Gott und Christus I, 46ff., vor allem 55ff.

[895] Ib. 57 u.ö.

[896] Ib. 55.

Menschen "im Namen Jesu" das Knie *vor Gott*, nicht aber vor Christus beugen.[897] Gerade die theozentrische Ausrichtung der paulinischen Christologie, wie sie so energisch von Thüsing vertreten wird, meint doch, daß die mit der Akklamation verbundene Proskynese des Kyrios dem in ihm epiphanen Gott gilt. Zugespitzt formuliert: Die dem Kyrios erwiesene Doxa *ist* die Gott erwiesene Doxa![898]

Die Interpretation von Phil 2 ruft nach einer Interpretation von *Röm 1,3f.* Beide Stellen enthalten nämlich geprägte vorpaulinische Christusaussagen von theologisch programmatischem Charakter. Beide Stellen erhalten ihren theologisch präzisen Sinn erst durch die redaktionellen Eingriffe bzw. Ergänzungen des Apostels. Dabei zeigt sich ein verblüffendes Ergebnis: Obwohl beide Ursprungstexte sehr unterschiedliche christologische Konzeptionen enthalten, bringt sie Paulus in eine Aussagerichtung, die sie am Ende in wichtigen Punkten koinzidieren lassen.

Es mag der Anlage unserer Darstellung der paulinischen Theologie widersprechen, daß Röm 1,3f. nur bei der rhetorischen Analyse des Röm zur Sprache kam, dieser christologisch so entscheidenden Stelle aber keinen Raum bei der vertiefenden Darstellung der Theologie des Briefes gegeben wurde. Dieser offensichtliche Verstoß gegen ein formales Prinzip dürfte aber durch inhaltlichen Gewinn kompensiert sein. Unser bisheriges chronologisch bestimmtes Vorgehen hatte den Sinn, die Theologie des Paulus als *Prozeß* eines fortschreitenden theologischen Argumentierens in den Briefen und von Brief zu Brief deutlich werden zu lassen. Die beiden christologischen Zentralstellen Phil 2,6ff. und Röm 1,3f. sind aber weithin aus sich selbst nach Tradition und paulinischer Redaktion interpretierbar, ohne daß inhaltlich Wesentliches verlorenginge. Hinzu kommt, daß beide Briefe in zeitlicher Nähe zueinander geschrieben sein dürften, wobei noch nicht einmal mit letzter Sicherheit gesagt werden kann, ob, wie ich selber annehme, dem Phil die zeitliche Priorität eignet. Die Auslegung beider Texte wird zeigen, daß für sie das chronologische Argument keine wesentliche Rolle spielt. Ausschlaggebend für die Behandlung beider Texte im Vergleich war, daß sich gerade durch ein solches Vorgehen die christologische Intention des Apostels in besonders plastischer Weise vor Augen führen läßt. Und vielleicht ist es auch nicht der geringste Vorteil, daß die Darstellung der paulinischen *Christologie* den Abschluß dieses Teils der Biblischen Theologie des Neuen Testaments bildet.

---

[897] Ib. 56; dagegen mit Recht *Gnilka*, HThK, 127 u. 127, Anm. 109.

[898] S. auch *Ernst*, RNT, 70: "Natürlich ist auch hier Gott Objekt der Verehrung und Anbetung, aber Gott ist auf eine einzigartige Weise 'im Namen Jesu' anwesend." Schon *Richard Adalbert Lipsius* hat 1891 (HC II/2, 211) gegen *de Wette* in ähnlicher Weise argumentiert.

Mit *Ernst Käsemann*[899] sei angenommen, daß κατὰ σάρκα (und κατὰ πνεῦμα ἁγιωσύνης?)[900] zu der Paulus überkommenen judenchristlichen Formel gehörte.[901] Für die Ursprünglichkeit von ἐν δυνάμει bringt er das erwägenswerte, freilich nicht unbedingt zwingende Argument, daß Paulus mit der Einfügung dieser Worte den Adoptianismus der Formel nur verstärken konnte.[902] Somit dürfte die Formel aller Wahrscheinlichkeit nach zumindest die Worte von τοῦ γενομένου bis ἐξ ἀναστάσεως νεκρῶν enthalten haben.[903] Hat also Paulus die christologische Formel nahezu unverändert übernommen, so gilt für sie analog, was sich schon an seiner Rezeption des Christushymnus in Phil 2 zeigte. Er versteht den überlieferten Wortlaut im Horizont seines theologischen Denkens. So ist methodisch streng zwischen Ursprungssinn und Rezeptionssinn der Formel zu unterscheiden.

Liest man die Formel isoliert für sich, so berichtet sie von einer *doppelten Sohnschaft*. Jesus ist zunächst κατὰ σάρκα, also gemäß seiner irdisch-menschlichen Herkunft, Nachkomme Davids. Dies ist ein sehr ehrenvolles κατὰ σάρκα![904] Ist Jesus der Sohn Davids, so gilt ihm die Verheißung *2Sam 7,12-16*[905], eine Stelle, die nach der Katastrophe von 587 v.Chr. nur als messianische Verheißung gelesen werden konnte (s. auch *PsSal 17,21ff*.!).[906] Wenn es die Absicht des Paulus war, mit dem Röm auch und gerade die judenchristlichen Glieder der römischen Gemeinde anzusprechen und für sich zu gewinnen, so dürfte 2Sam 7 und vielleicht auch PsSal 17 mit zum prophetischen Pro-Evangelium der Schrift (Röm 1,2) gehört haben. Doch die irdisch-messianische Existenz Jesu aufgrund seiner Davidssohnschaft wird durch die Gottessohnschaft κατὰ πνεῦμα ἁγιωσύνης *überboten*. Gott handelt, indem er den Messias - Käsemann spricht vorsichtiger vom irdisch als Messiaskönig Gekennzeichneten[907] - zu seinem Sohn einsetzt. Er tut es in seiner göttlichen Macht, ἐν

---

[899] *Käsemann*, HNT, 8f.

[900] S. TestLevi 18,11: καὶ πνεῦμα ἁγιωσύνης ἔσται ἐπ᾿ αὐτοῖς (gemeint sind die Heiligen der Endzeit).

[901] *Dunn*, WordBiblCom, 13, hält es für sehr wahrscheinlich, daß Paulus aufgrund seiner antithetischen Sicht von σάρξ und πνεῦμα (z.B. Röm 8) in Röm 1,3 κατὰ σάρκα "with at least some negative connotation" zitiert habe. Paulus hat aber kaum Jesu irdische Herkunft von David so abgewertet!

[902] *Käsemann*, HNT, 10.

[903] S. auch *Hahn*, Hoheitstitel, 251ff., und *Schweizer*, ThWNT VIII, 367f.

[904] Mit vollem Recht schreibt *Käsemann*, HNT, 9: "Von einer Niedrigkeitstheologie kann also in 3b keine Rede sein ..."

[905] So auch *Hengel*, Der Sohn Gottes, 101, unter Berufung auf *O. Betz*.

[906] S. auch 4QFlor zu 2Sam 7,11ff.!

[907] *Käsemann*, HNT, 9.

δυνάμει[908], aufgrund der Auferstehung von den Toten, ἐξ ἀναστάσεως νεκρῶν.

Ist der Sohn Davids also erst aufgrund der Auferstehung der Sohn Gottes? Wenn die Formel, wie allgemein akzeptiert, judenchristlicher Provenienz ist, muß die Frage verneint werden; denn der Messias ist doch gerade aufgrund seiner Davidssohnschaft und der damit gegebenen Nathansverheißung 2Sam 7 der Sohn Gottes.[909] Vielleicht ist es dieser Gesichtspunkt, der das umstrittene ἐν δυνάμει verständlicher machen könnte: Der Messias als Sohn Gottes wird durch das Widerfahrnis der Auferweckung[910] der kraft göttlicher Macht inthronisierte Sohn Gottes, also der Sohn Gottes ἐν δυνάμει.[911]

Umgreift aber die Gottessohnschaft Jesu seine Davidssohnschaft, so sind κατὰ σάρκα und κατὰ πνεῦμα (ἁγιωσύνης) keinesfalls so antithetisch gemeint, wie dies zuweilen gesagt wird.[912] Beide Sohnschaften sind aufeinander bezogen, sie stehen in Kontinuität zueinander. Steht hinter V.3 2Sam 7 - sollte man vielleicht auch an die messianisch interpretierten Stellen Jes 9 und 11 denken? - , so befindet sich V.4 im Vorstellungsbereich von Ps 110, ohne daß jedoch erkennbar auf diesen Psalm angespielt würde. Doch selbst wenn man Ps 110 hier aus dem Spiel lassen will, wird man mit *Ernst Käsemann*[913] u.a. in Röm 1,4 Jesu Erhöhung und Inthronisation ausgesprochen sehen. Hier ist zwar von der Auferste-

---

[908] Wenn sich *Cranfield*, ICC, 62, dafür ausspricht, daß ἐν δυνάμει das υἱοῦ θεοῦ qualifiziere, so hat auch dieser grammatische Bezug sein inhaltliches Wahrheitsmoment. Denn *gerade dadurch*, daß Gott ἐν δυνάμει an Jesus handelt, wird dieser zum Sohn Gottes ἐν δυνάμει, zum mächtigen Sohn Gottes, zum Sohn Gottes, der an Gottes Macht partizipiert; s. den nächsten Absatz!

[909] In einer judenchristlichen Formel konnte dem irdischen Jesus allein schon aufgrund seines einzigartigen Gottesverhältnisses (*Hengel*, Der Sohn Gottes, 99) die Gottessohnschaft nicht abgesprochen werden!

[910] Auch wenn von Auferstehung, ἀνάστασις, die Rede ist, ist natürlich die Auferwekkung, also ein Handeln Gottes an Christus, gemeint!

[911] S. die etwas spöttische, aber zutreffende Bemerkung *Käsemanns*, HNT, 10: "Begreiflich ist, daß man mit ἐν δυνάμει wenig anzufangen wußte und die sich allmählich als Allheilmittel ad absurdum führende Annahme eines Interpretaments erneut anwandte ..."

[912] Z.B. *H. Lietzmann*, HNT 8, 25; *Schmidt*, ThHK, 18: Davidssohnschaft als Erfüllung der messianischen Hoffnung der *Juden*, Gottessohnschaft als Amt der *universalen* Heilsgeschichte. Eine überspitzte Interpretation! Der (relative!) Kontrast umfaßt doch nur die jeweilige Daseinsweise; zutreffend *Cranfield*, ICC, 62: "The meaning of the first six words of this clause then is probably 'who was appointed Son-of-God-in-power' (that is, in contrast with His being Son of God in apparent weakness and poverty in the period of His earthly existence)."

[913] *Käsemann*, HNT, 11.

hung die Rede, aber eben von der *Auferstehung um der Inthronisation willen*.[914]

Zielt aber unsere Formel auf Erhöhung und Inthronisation, so verbindet sie diese Ausrichtung mit dem Christushymnus Phil 2. Denn auch dort ging es, wenn auch im Zusammenhang der Verleihung des Kyrios-Namens, um die Verleihung der göttlichen Machtposition an den Christus. Im Gegensatz zu diesem Hymnus kennt aber die Formel von Röm 1 *keine Präexistenz*. Dann aber stellt sich für diese Stelle die Frage nach der "Qualität" der Gottessohnschaft Jesu in seiner irdischen Existenz und nachher kraft seiner Inthronisation. Versteht man diese Gottessohnschaft für den irdischen Jesus in den Kategorien von 2Sam 7 und verwandten Texten, so handelt es sich nicht um ein Gott-Sein - wohlgemerkt, im Sinne der ursprünglichen Formel! Schwierig wird es, im Sinne dieser Formel die Gottessohnschaft des Erhöhten zu bestimmen. Zweifelsfrei partizipiert er an der göttlichen Macht. Aber diese hat er kraft eines Widerfahrnisses, das auch für alle Menschen bestimmt ist, nämlich kraft der Auferstehung. Aber wahrscheinlich ist für die Formel die Frage nach der Seinsweise des erhöhten Gottessohnes anachronistisch gestellt. Denn über sie wurde zum Zeitpunkt ihrer Formulierung wahrscheinlich noch kaum reflektiert.

Hans Conzelmann greift zu kurz, wenn er die Gottessohnschaft der Formel rechtlich, nicht aber physisch verstanden wissen will.[915] Schon die Auffassung, beide Begriffe als antithetische Begriffe zu verstehen, ist jüdischem Denken nicht angemessen. Hat Gott den Sohn Davids "rechtlich" zu seinem Sohn "adoptiert", so *ist* er der Sohn Gottes! *Martin Hengel* hat recht, wenn er diese moderne Alternative als nicht zureichend bezeichnet.[916] Ist Jesus kraft der ihm widerfahrenen Auferstehung der in göttlicher Macht Inthronisierte, sitzt er also auf dem göttlichen Herrscherthron, so "fungiert" er an Gottes Stelle. Im hebräischen Denken koinzidieren aber Sein und Funktion, zumindest im erheblichen Ausmaß. Also partizipiert der Erhöhte am "Sein" Gottes. Gerade darin sieht die judenchristliche Formel die gleiche "Überhöhung" wie Phil 2,9 (ὑπερύψωσεν). Röm 1,4 kommt also nahe an das Kyrios-Sein von Phil 2,11 heran, ohne daß vom Kyrios-Titel die Rede ist.

Nach Auffassung der meisten Autoren ist in Röm 1,4 Ἰησοῦ Χριστοῦ τοῦ κυρίου ἡμῶν redaktionelles Interpretament des Paulus.[917] Dieser Zu-

---

[914] Übrigens ein Hinweis darauf, daß schon in recht früher Zeit Auferstehung (Auferweckung) und Erhöhung gar nicht so sehr als konkurrierende christologische Vorstellungen verstanden wurden!

[915] *Conzelmann*, Grundriß der Theol., 95.

[916] *Hengel*, Der Sohn Gottes, 94.

[917] Z.B. *Käsemann*, HNT, 11.

satz enthält aber fast wörtlich die Akklamation von Phil 2,11 κύριος Ἰησοῦς Χριστός. *Paulus kommentiert also die judenchristliche Formel von Röm 1,3f. mit dem Hymnus Phil 2.*[918] Was über das göttliche Sein Jesu in Röm 1,4 ausgesagt ist, begreift und interpretiert er als dessen Kyrios-Sein. Er liest die judenchristliche Formel von der Präexistenz her, die in Phil 2 ihren klaren Ausdruck findet. Er kombiniert sozusagen beide Texte. Und wie er schon den Hymnus durch den Zusatz θανάτου τοῦ σταυροῦ (Phil 2,8) mit dem für seine Theologie so wichtigen soteriologischen Akzent versieht, so tut er es auch in Röm 1,5 durch die soteriologisch und kerygmatisch zentralen Begriffe χάρις, ἀποστολή und ὑπακοὴ πίστεως. Im Zusammenhang mit seinem Apostolat spricht er von der um πᾶσιν erweiterten Wendung ἐν τοῖς ἔθνεσιν. Und auch Jesu *Name* wird genannt, wenn auch nicht als der Kyrios-Name (s. aber V.7!): ὑπὲρ τοῦ ὀνόματος αὐτοῦ! Die judenchristliche Formel von Röm 1,3f. ist also ganz der paulinischen Theologie dienstbar gemacht. Kurz: Paulus liegt in erster Linie an seiner Soteriologie, aber eben an einer *christologisch fundierten Soteriologie*, da sie sonst nicht mehr Soteriologie wäre!

Bedacht wurde zuletzt die Glaubensformel "Jesus Christus, unser Herr". Noch fundamentaler wäre nach dem Sinn von *"Jesus Christus"* zu fragen. Nun wird man aber mit *Martin Karrer* sagen können, daß bis zur Abfassung der Paulusbriefe ein schon abgeschlossener Prozeß stattfand, in dem sich "Jesus Christus" im hellenistischen Gemeindebereich zur zentralen Benennung Jesu verdichtet hatte, die ohne Verlust an Bedeutsamkeit diesen Namen vertreten konnte.[919] Deshalb dürfte der Ort, an dem Jesus als der Christus bzw. Messias *thematisch* zu behandeln ist, im Zusammenhang mit den Traditionen der synoptischen Evangelien und dem Selbstverständnis Jesu gegeben sein.[920]

---

[918] Natürlich kann er auch ohne Bezug auf diesen Hymnus vom Bekenntnis des Kyrios Jesus sprechen (1Kor 12,3; Röm 10,9)!

[919] *Karrer*, Der Gesalbte, 90.

[920] S. Bd. 3.

2.2.4 Die Theologie des Paulus

Resümieren wir nun die Theologie des Paulus, so soll es uns nicht einfach um eine inhaltliche Zusammenfassung oder Kurzfassung des bisher argumentativ Dargelegten gehen. Die Intention dieses Abschnittes ist es vielmehr, nachdem bisher der theologische Umgang des Paulus mit dem Alten Testament untersucht wurde, nun die Perspektive zu wechseln und vom Alten Testament, genauer: von der Schrift als der Schrift *Israels* auf die Theologie des Paulus, auf diesen neutestamentlichen Rezeptor der Schrift zu schauen. Ist dessen Theologie in ihrem Zentrum durch die Emphase der *Freiheit* bestimmt, ist es des weiteren gerade die Freiheit, die auch in den Schriften des Alten Testaments besonders virulent ist, so könnte vielleicht ein solcher Ansatzpunkt versprechen, daß sich uns von ihm aus wesenhafte Strukturen gesamtbiblischen Denkens erschließen. Zur elementaren Glaubensüberzeugung Israels gehört immerhin, daß Jahwäh gerade darin der Gott Israels ist, daß er es aus dem Sklavenhaus Ägyptens befreit hat, zum *Exodus* befreit hat. So steht es eindrucksvoll zu Beginn des Dekalogs Ex 20,2/Dtn 5,6. Gott ist als Befreier Israels derjenige, der damit diesem seinem Volk Zukunft eröffnet hat. Doch wo Israel gegenüber und an seinem Gott schuldig wurde, da verspielte es seine Freiheit. Da wurden seine Feinde mächtig über es, da versklavten sie es, da führten sie es in die Verbannung. Da nahmen sie ihm sogar das Land, das Jahwäh ihm als ein Land, in dem Milch und Honig fließen (Ex 3,8 u.ö.), verheißen und gegeben hatte. Da führten sie es in ein unreines Land (vgl. Am 7,17); die Verbannten mußten im Exil gar den Hohn der in Jerusalem Zurückgebliebenen ertragen, Ez 11,15: "Sie - die Exulanten - sind fern von Jahwäh, *raḥaqû me ʿal JHWH*; das Land ist uns zum Besitz gegeben." Jahwäh tröstet zwar durch den Mund des Propheten die Verbannten und bestreitet die Auffassung der in Jerusalem Zurückgebliebenen. Aber in diesem Wort kommt immerhin die Vorstellung vom *Land* als Garantie der Gegenwart Gottes klar zum Ausdruck. Ohne Land und vor allem ohne das Jerusalemer Heiligtum keine helfende Gegenwart Gottes! Ohne Land kein Segen Gottes, keine Gnade Gottes![921]

---

[921] *W. Zimmerli*, BK.AT XIII/1, 249, beurteilt den Satz "Sie sind fern von Jahwäh" als doppelsinnig, nämlich geographisch fern von Jerusalem und fern vom Ort der Gottesgegenwart. "Denn das Land ist sakramentales Pfand der Huld Jahwes. Wer das Land verloren, hat das sichtbare Zeichen seiner Huld verloren und ist ferne von Jahwes Heil."

Sind *Segen* und *Fluch* Grundkategorien alttestamentlicher Theologie, also das Ja und das Nein Gottes, so stehen komplementär dazu *Freiheit* und *Knechtschaft*. Beide Gegensätze, für Israel von existentieller Bedeutsamkeit, stehen in engem theologischen Zusammenhang, ohne direkt identisch zu sein. An Gottes Segen hängt Israels Freiheit; an Israels Treue zu Jahwäh, zu seinem "Bund", bərît, und zum Gesetz, tôrāh, hängt aber die Bewahrung des Segens, der in der Gabe des Landes seinen konkreten Ausdruck findet. Und nachdem Israel Segen, Freiheit und Land verspielt hatte, als es so wieder wie einst in Ägypten ein Volk von Unfreien geworden war, da sagte prophetisches Wort Jahwäh erneut als Befreier an, als goʾel (Jes 41,14 u.ö.), der einen *neuen Exodus* in die Wege leiten werde.

Es versteht sich von selbst, daß der Exodus für die heutigen lateinamerikanischen Befreiungstheologen der Prototyp der von Gott gewirkten Befreiung schlechthin ist, und zwar im Blick auf die überaus elende Situation der so vielen Armen in den südamerikanischen Ländern.[922] Die *alttestamentliche Theologie der Freiheit* ist also von elementarer Bedeutsamkeit für die *Theologie der Befreiung*. Somit hängt viel daran, welchen theologischen Stellenwert für uns heute das Befreiungsgeschehen der Herausführung aus Ägypten besitzt.

Nun ist es aber eigentümlich und daher unserer theologischen Reflexion aufgegeben, daß Paulus ausgerechnet auf das Exodusgeschehen als solches so gut wie nicht rekurriert.

Röm 9,17 wird der Pharao erwähnt, aber nur als Beispiel dafür, daß Gott an ihm seine Doxa erweist, damit sein Name in aller Welt verkündet werde. Der Pharao soll nur demonstrieren, daß Gott verhärtet, wen er will. Recht ausführlich geht Paulus auf die Wüstenwanderung in *1Kor 10,1ff.* ein, jedoch gerade nicht, um das Exodusgeschehen in typologischer Weise als Typos zum überbietenden Antitypos der in Christus erfolgten Befreiung von der Sünde zu verstehen zu geben, sondern um in einer Art Quasitypologie einen paränetischen Sachverhalt zu veranschaulichen. Freilich ist durch die Gleichsetzung des Felsens mit Christus (V.4) dieser bereits als im Exodus Wirkender ausgesagt. Trotzdem, es geht nicht um den Exodus als Weg ins verheißene Land.

Kann Paulus überhaupt am *Land* gelegen sein? Ist nicht seine Theologie auf die Mission der heidnischen Völker ausgerichtet? Wenn Kirche ihrem Wesen nach das Sein in Christus ausmacht, wenn *sie* der "Raum" der Christen ist, was soll dann ein geographisch umgrenztes

---

[922] Ich nenne hier aus der Fülle der Publikationen nur *Gutiérrez*, Theologie der Befreiung, vor allem 211ff.; *C. Boff/J. Pixley*, Die Option für die Armen, 38ff.

Landstück an der Ostküste des Mittelmeers? Doch solche Fragen simplifizieren das theologische Denken des Apostels. Immerhin lag ihm an der Kirchengemeinschaft zwischen Judenchristen und Heidenchristen, wofür allein schon die Missionssynode beredtes Zeugnis ist. Obwohl Paulus im Gal ausführlich auf diese Synode eingeht, ist gerade aus diesem Brief kein positives Votum für die theologische Relevanz des Landes Israel zu vernehmen. Die radikale Abwertung des irdischen Jerusalems scheint dagegenzusprechen, ganz abgesehen davon, daß den jüdischen Bewohnern der Stadt auf "allegorische" Weise die Herkunft von Sara bestritten wird (Gal 4,21-31). Trotzdem muß es aber dabei bleiben, daß Paulus auch im Gal keinerlei Abstriche an der Kirchengemeinschaft mit den judenchristlichen Gemeinden macht. Gegen die negative Wertung Jerusalems im Gal steht später die positive im Röm. Die geistliche Realität der judenchristlichen Gemeinde gerade dieser Stadt wird in Röm 15,27 ausgesprochen: τοῖς πνευματικοῖς αὐτῶν ἐκοινώνησαν τὰ ἔθνη. Das Motiv der in Jes 2,2ff., Micha 4,1ff. und Jes 60,5f. prophetisch angekündigte Wallfahrt der Völker zum Zion wandelt Paulus ab zur Vorstellung, daß die von ihm ins Werk gesetzte Kollekte für die Armen der Heiligen in Jerusalem eschatologische Erfüllung dieser Prophetie ist. Jerusalem hat also in der nun ausgereiften Theologie des Apostels im Röm einen hohen theologischen Stellenwert. Insofern aber Jersualem als Metropole Israels nicht ohne das Land Israel gedacht werden kann, ist es nicht völlig aus dem theologischen Denken des Paulus verschwunden. Obwohl er nur in Röm 15 und zudem noch unthematisch darüber spricht, ist es doch keine Marginalthematik.

Dennoch ist festzuhalten: Sosehr Jerusalem und die eschatologischen Jerusalem-Aussagen des Alten Testaments für Paulus nicht ohne theologische Bedeutsamkeit sind, hat er doch keinesfalls den Impetus seiner Freiheitstheologie direkt mit dem Exodus als dem alttestamentlichen Freiheitsgeschehen schlechthin verknüpft. Noch nicht einmal begegnet in typologischer Sicht die Überbietung des Freiheitswirkens Gottes beim Exodus durch die vor allem im Gal ausgesprochene Freiheitstheologie des Paulus.[923] Im Gal - also in der paulinischen magna charta libertatis! - ist Mose, der Anführer Israels beim Exodus in die Freiheit, nur in einer abwertenden Aussage erwähnt, nämlich in Gal 3,19, wo er deshalb als Mittler bezeichnet wird, weil er als Mittler des

---

[923] S. das o. zu 1Kor 10,1ff. Gesagte!

Engelsgesetzes fungiert. Aber ausgerechnet Gal 3,19 soll die Inferiorität des versklavenden Gesetzes beweisen. Also Mose als Funktionär derjenigen Mächte, derentwegen das Gesetz inferior ist und in die Versklavung führt! Also *Mose als Symbol der Unfreiheit!*

Und doch wird man den Gegensatz "Exodus zum versklavenden Sinaigesetz - Freiheit von den Unheilsmächten Sünde, Tod und Gesetz" nicht so kraß sehen dürfen, wie es der Gal zunächst aussagt. Denkt Paulus nämlich, wo er vom Alten Testament her denkt, in besonderer Weise vom Jes-Buch aus, und zwar besonders von Deutero- und Tritojesaja her (vor allem im Röm), so ist es ja gerade dieser Teil des Buches, wo bereits im Alten Testament der Exodus aus Babylon als *typologische Überbietung* des Exodus aus Ägypten vorgestellt wird. Und das geschieht bezeichnenderweise im *soteriologischen* Kontext! Israel ist schuldig geworden, es hat zwiefach gebüßt und nun Gottes Vergebung erfahren, Jes 40,2: λέλυται αὐτῆς ἡ ἁμαρτία. Der erneute Exodus ist also das Geschehen der vergebenden Gnade Gottes; Freiheit aus Sklavendasein ist jetzt Freiheit aus selbstverschuldetem Sklavendasein! Ganz im Gegensatz zum ersten Exodus, wo die Schuld eindeutig auf seiten der ägyptischen Unterdrücker und vor allem auf seiten des Pharao lag, ist nun Israel selbst der schuldige Teil. Im Grunde hat sich Israel selbst mit seiner Sünde - Jes 40,2 heißt es ja ausdrücklich ἡ ἁμαρτία! - seiner Freiheit beraubt. Das Exil ist sozusagen die Konkretisierung der Macht der Hamartia über Israel. Die Parallele drängt sich auf: Deuterojesaja verkündet wie später Paulus die Freiheit aus der Sklavenherrschaft der Hamartia. Und daß Israel die Befreiung aus dem Tod gnadenhaft erfahren hat, erzählt überaus anschaulich im Bilde Ezechiel (Ez 37). *Theologisch steht also der zweite alttestamentliche Exodus der paulinischen Theologie vom gottgewirkten "Exodus" aus dem Herrschaftsbereich von Sünde, Tod und Gesetz näher als der erste alttestamentliche Exodus.*

Doch hat Paulus auch den zweiten Exodus *als solchen* nicht thematisiert. Aber die Ausführungen über die Theologie des Röm haben doch zur Genüge gezeigt, daß der Apostel Aussagen des Deuterojesaja (und Tritojesaja) über die *Folgen* des zweiten Exodus in seine theologischen Erwägungen einbezieht (Jes 45,25 in Röm 11,26; Jes 60,5f. [auch Jes 2,2ff.; Micha 4,1ff.] in Röm 15,25ff.). Dann aber ist die Affinität der theologischen Konzeptionen von Deutero-/Tritojesaja und Paulus noch erheblich enger, als es im ersten Augenblick aussehen mag. Erinnert sei noch einmal daran, daß wichtigste theologische Begriffe und Worte sowohl zum *Wortfeld des Deuterojesaja (und Tritojesaja)* als auch zum

Wortfeld des Paulus gehören wie z.B. δικαιοσύνη, σωτηρία, πιστεύειν, ἁμαρτία, εὐαγγελίζομαι, Ἰσραήλ und τὰ ἔϑνη.

Stellt man also nicht eine direkte Verbindung zwischen der durch den Exodus aus Ägypten geschenkten Freiheit und der Freiheitstheologie des Paulus her, geht man vielmehr den - übrigens auch chronologisch sinnvolleren - Weg über den zweiten Exodus, wie er in der Typologie des zweiten Jesaja seine theologische Reflexion gefunden hat, so steht die *paulinische Theologie* doch wesentlich mehr in der *Wirkungsgeschichte des ersten Exodus*, als dies in der Regel zum Ausdruck kommt.

In der lateinamerikanischen Befreiungstheologie spielt die Theologie des Paulus bedauerlicherweise bei vielen ihrer Vertreter eine nur ganz beiläufige Rolle - wenn überhaupt! Sie könnten aber der Bedeutsamkeit ihrer Theologie an Gewicht verleihen, wenn sie das theologische Potential der paulinischen Theologie für sie fruchtbar machten. Manche Mißverständnisse könnten gerade da ausgeräumt werden, wo zuweilen der Anschein mangelnden theologischen Tiefgangs entstanden ist.

Bedenkt man also die inneralttestamentliche Wirkungsgeschichte des Exodus aus Ägypten, so könnte die paulinische Theologie, wo ihre emphatische Freiheitsrede von der inneren Dynamik ihres Inhalts her gedacht ist, die Hilfe sein, die eine in Unfreiheit geratene Menschheit dringend braucht. Doch vermag sie diese Hilfe nur da zu schenken, wo im Glauben die Hamartiaherrschaft dieses Äons durchbrochen und somit die Rechtfertigung als Rechtfertigung durch Gott verstanden ist. Im Bereich der Gerechtigkeit Gottes zu sein, den Exodus aus dem Bereich der Unheilsmächte erfahren zu haben, vor Gott als der durch Gott Gerechte zu existieren - all das ist kein menschlich machbares Werk. Es ist die im Glauben empfangene Gnade Gottes. *Daß Gott den Gottlosen rechtfertigt (Röm 4,5), ist die Hoffnung der Welt.* Diese Hoffnung ist aber nur dann begründete Hoffnung, wenn es die vielen sind, die glauben. Paulus kann im universalen Horizont theologisch denken, er kann aber auch - und er weiß, warum er es tut! - seinen entscheidenden theologischen Spitzensatz von Röm 4,5 im Singular aussprechen: πιστεύοντι δὲ ἐπὶ τὸν δικαιοῦντα τὸν ἀσεβῆ, λογίζεται ἡ πίστις αὐτοῦ εἰς δικαιοσύνην.

Anders steht es mit dem *Sinaigeschehen*, also mit "Bund" und Gesetzgebung. Ist Torah sogar zuweilen Synonym für die ganze Heilige Schrift Israels, so sind bei Paulus die Akzente entschieden anders gesetzt. Freilich ist hier von Brief zu Brief zu differenzieren. So hat der Apostel im Gal das eigentliche Erbe der Geschichte Israels in der Verheißung an Abraham gesehen. Dieser ist Empfänger von Gottes ἐπαγγελία. Doch gerade sie steht theologisch im Gegensatz zu Gesetz. So steht ausgerechnet das, was im Pentateuch das Heilskonstitutivum schlechthin ist, nämlich das Sinaigeschehen, für den Paulus des Gal theologisch weit unten. Die im Alten Testament vorfindliche Heilsgeschichte wird hier sozusagen auf den Kopf gestellt. Wird also der Sinai-"Bund", der die Sinai-διαθήκη aus der theologischen Mittelpunktstellung radikal entfernt, so zeigt das die völlige "Umwertung aller Werte". Im Röm ändert sich jedoch das Bild. Paulus bringt jetzt eigens eine Apologie des Gesetzes, Röm 7,7ff. Es ist heilig, ist geistlicher Natur; sein Gebot ist heilig, gerecht und gut, Röm 7,12.14. Obwohl es nicht zu rechtfertigen vermag, Röm 3,20, kommt es mit seiner Rechtsforderung zum Ziel, Röm 8,4. Und trotzdem hat es seine urcigene Funktion verloren. Denn Israel hat seine theologische Vorrangstellung verloren. Es ist soteriologisch "eingeebnet". Das Sinaigeschehen als das Geschehen der Gesetzgebung ist nicht mehr die Konstituierung der Heilsgemeinde. Heilsgemeinde ist jetzt die weltweite, die umfassende Kirche, die ecclesia catholica, von der Israel nur noch ein Teil ist. Einen gewissen Ehrenvorrang hat dieses Israel sicherlich nach dem Röm, wie vor allem Röm 11 und dann auch Röm 15,25ff. zum Ausdruck bringen. Aber gerade daran, daß auch im Röm das Gesetz die rechtfertigende Kraft dem Glauben abtreten muß, zeigt sich, welchen theologischen Substanzverlust sowohl das Gesetz als auch Israel erlitten hat. Gesetz und Israel sind durch die universale Sicht relativiert, also in Relation zur ganzen Menschheit gebracht. Dem *einen* Gott entspricht das missionarische Ziel der *einen* zu erlösenden Menschheit, Röm 3,29f. Der εἰς θεός ist für Paulus mit einem durch das Gesetz soteriologisch bevorzugtem Israel unvereinbar. Und deshalb hat Abraham als der, der für die universale Soteriologie steht, einen höheren theologischen Stellenwert als Mose. Die Kluft zwischen Abraham und Mose ist nicht mehr so groß wie im Gal; aber Mose steht immer noch weit hinter Abraham. So ist es bezeichnend, daß Paulus kurz vor dem Röm in 2Kor 3 Mose sogar mit dem Dienst des Todes statt dem des Lebens in Verbindung bringt. An diesem Negativbild kann auch 1Kor 10,2 "alle wurden auf Mose getauft in der Wolke und im Meer" nichts ändern, zumal diese "Typologie"[924] im Kontext eines Israel widerfahrenen Unheils steht. Und wo Mose direkt mit dem Gesetz genannt wird, Röm 10,5, geschieht es bewußt um der Gegenüberstellung

---

[924] S. die Ausführungen zu 1Kor 10!

zur Gerechtigkeit aus dem Glauben. In Röm 10,19 läßt Paulus ausgerechnet den Mose die Heilsökonomie von Röm 11 andeuten. Im Röm
wird Mose im Zusammenhang mit dem Sinai-*Geschehen* nur in 5,14
genannt; und dort geht es wieder um die Relation νόμος - ἁμαρτία. Paulus
bringt also im Röm ein positiveres Bild vom Sinaigesetz; aber das Sinaigeschehen als solches hat in seinem theologischen Denken keinen Platz.

Hat sich nun herausgestellt, daß die "heilsgeschichtliche" Kontinuität
vom Alten zum Neuen Testament einzig im Handeln Gottes liegt, in der
Offenbarung Gottes, so geht daraus hervor, daß das in den Offenbarungen Gottes sich aussprechende Ich Gottes das für diese
Kontinuität konstitutive Moment ist. Es kommt somit alles darauf an,
daß *Gott*, sich offenbarend, sein Ich spricht; die theologische Dignität
des jeweils Angesprochenen hängt somit am Ansprechenden. Israel ist
also deshalb soteriologisch relativiert, weil Gott Israel *und* die Völker in
gleicher Weise berufend und rechtfertigend anredet. Die Berufung und
Rechtfertigung der Heiden sind in keiner Weise "weniger wert" als die
Berufung und Rechtfertigung Israels in der neuen διαθήκη. Der Gedanke
des Universalismus, der im Gedanken des einen Gottes fundiert ist, läßt
mit *theologischer* Notwendigkeit jegliches *soteriologische* Prae Israels ver-
schwinden, mag auch ein *chronologisches* Prae in der propositio des
Röm, in Röm 1,16f., betont ausgesprochen sein, das dann aber wieder in
Kap. 11 in ein chronologisches Post umgekehrt wird.

Was jedoch Paulus aus dem Alten Testament und zugleich im Sinne
dieses Alten Testaments aufgegriffen hat, ist das Element des *Prophetischen*. Freilich findet sich auch hier eine Kluft zwischen Vetus Testamentum per se und Vetus Testamentum in Novo receptum, da er
nichteschatologisch gemeinte Aussagen der Propheten eschatologisch interpretiert und als eschatologische Prophetie in seine Argumentation integriert. Dies tut er freilich analog zu Qumran. Und auch das messianische Vorzeichen vor diesem Verständnis des Prophetischen ist nichts
spezifisch Paulinisches, nicht spezifisch Christliches. Insofern ist aber
dieser Umgang mit der Prophetie spezifisch christlich, als es *dieser* Messias Jesus von Nazareth ist, auf den hin alle Schrift weissagt. Das rein
formale Element des Prophetischen tut's also nicht!

Mit 20 zitierten Texten stehen die *Psalmen* in den authentischen
Paulusbriefen an zweiter Stelle (Jes mit 25 an erster).[925] Auch vor diesen

---

[925] So nach der Zählung von *Koch*, Die Schrift als Zeuge, 33.

Psalmzitaten steht das messianische Vorzeichen, und zwar in mehrfacher Hinsicht. 1. Paulus versteht bestimmte Aussagen der Psalmen als Aussagen über *Christus*, z.B. ψ 8,6 in 1Kor 15,27, wobei das eschatologische Moment hinzukommt. 2. Er versteht bestimmte Aussagen der Psalmen als Aussagen über die *gegenwärtige eschatologische Zeit*, z.B. ψ 17,50 in Röm 15,9 und ψ 116,1 in Röm 15,11. In beiden Stellen ist diese Zeit als Zeit der Völkermission verstanden. Paulus hat sie also in seinem missionstheologischen Horizont gelesen. 3. Paulus versteht bestimmte Aussagen der Psalmen als Aussagen über den Menschen als *Sünder*. Hinzuweisen ist hier vor allem die Zitatenkette Röm 3,10ff. und ψ 142,2 in Gal 2,16 und Röm 3,20. Eigentümlich ist jedoch, daß Paulus so gut wie kaum Psalmtexte bringt, in denen sich der Gerechtfertigte in seinem neuen Sein wieder erkennt.[926] ψ 43,23 in Röm 8,36 meint in zu spezieller Weise die christliche Leidensexistenz; ψ 115,1 in 2Kor 4,13 ist eher schon missions- bzw. apostolatstheologische Aussage.

Bei den Psalmtexten handelt es sich - es wurde schon bei der Interpretation von Gal 2,16 deutlich - insofern um eine besondere Art von Zitaten (und Anspielungen), als es ja aus dem Gottesdienst vertraute Gebetstexte sind. Zitiert Paulus sie, so zitiert er sich selbst als Betenden. Daher steht er, wenn er in seiner Argumentation Psalmzitate bringt, mit seiner ganzen christlichen Existenz für das ein, was er sagt. Zitiert er Psalmentexte im christologischen Verständnis, so tut er es als der, der als "in Christus" Existierender diese Psalmen betet. Zitiert er Psalmen, in denen der Mensch als Sünder zur Sprache kommt, so tut er es als der, der gerechtfertigter Sünder ist und so in diesen Psalmen seine Vergangenheit als unter der Hamartia beschrieben sieht. Daß aber gerade in solchen Texten mehr oder weniger der Literalsinn bewahrt wird, ist theologisch bedeutsam. Denn damit führt gerade die so wichtige Gruppe der Psalmzitate die Rechtfertigungstheologie des Paulus ins Alte Testament zurück, wenn auch in einem defizienten Modus.

Daß Paulus auch von den alttestamentlichen *Weisheitsbüchern* her theologisch denkt, zeigt sich vor allem in Röm 1. Dort versteht er mit der *Sapientia Salomonis* die mit der Schöpfung gegebene *Offenbarung* Gottes. Diese etwas unglücklich "*theologia naturalis*" genannte Theologie gibt die gedankliche Voraussetzung dafür, durch das bloß Vorhandene hin-

---

[926] Dies entspricht dem ebenfalls eigentümlichen Tatbestand, daß gerade in Röm 8,1-17, also in der Darstellung des Gerechtfertigten als pneumatische Existenz, kein formelles Schriftzitat vorliegt.

durch auf die eben nicht "bloß vorhandene" Wirklichkeit Gottes zu schauen und von daher den Begriff der *geschichtlichen* Offenbarung Gottes zu denken.

So zeigt sich, daß Paulus *Offenbarungstheologe* ist.[927] Er theologisiert aus dem Glauben, aus dem Widerfahrnis des sich ihm offenbarenden Christus heraus. Die auf Glauben zielende Offenbarung Gottes und der aus dieser Offenbarung Gottes gewirkte Glaube werden in der Theologie reflektiert. Es ist aber niemals ein bloß intellektuelles Spiel mit Begriffen, sondern eine aus betroffener Existenz geschehene Reflexion der durch Gottes Offenbarung verwandelten und sich stets neu verwandelnden Existenz. Im Bewußtsein seines "Seins in Christus" theologisiert Paulus. Paulinische Theologie würde daher in sich zusammenfallen, wollte man sie aus der Neutralität als kastalisches Glasperlenspiel (Hermann Hesse) "verstehen".

Es klingt aber bereits in Gal 4 auch etwas von der Kenosischristologie des Christushymnus Phil 2 (2,6: ἑαυτὸν ἐκένωσεν) an, vielleicht noch nicht so sehr im γενόμενον ἐκ γυναικός als vielmehr im ὑπὸ νόμον. Der beim Vater in seinem göttlichen Bereich befindliche Sohn ist Mensch geworden - wir können also auch für den Gal von *Inkarnationschristologie* reden - , um so in den versklavenden Bereich des Gesetzes zu gelangen und folglich, wie aus Gal 3,13 zu ergänzen wäre, zugleich in den Bereich der Sünde, der Hamartia, deren Fluch er stellvertretend übernimmt. Das ὑπὸ νόμον des Christus ist also zugleich das ὑπὸ ἁμαρτίαν (vgl. Gal 3,22!). Gal 1,4 τοῦ δόντος ἑαυτὸν ὑπὲρ ἁμαρτιῶν ἡμῶν wird somit in Gal 4,4-6 expliziert.

Das theologische Fazit: Die Soteriologie des Gal besitzt ihr Fundament in der Präexistenz-, Inkarnations- und Kenosischristologie. Mehr noch: Die Soteriologie des Gal besitzt ihr Fundament in der trinitarischen Theologie; *der* Sohn Gottes und der Heilige Geist gehören zum *Sein* Gottes. Kennt auch Paulus, überhaupt das Neue Testament, noch nicht das Dogma der Trinität, so ist doch das, was dieses Dogma später einmal aussagen wird, in der Theologie des Paulus schon wurzelhaft und substantiell angelegt.

---

[927] Zum Offenbarungsverständnis des Paulus s. noch *Lührmann*, Das Offenbarungsverständnis bei Paulus; zutreffend ib. 163: "Durch die Verbindung mit dem Thema der Rechtfertigung wird Offenbarung bei Paulus als ein in der Geschichtlichkeit des Menschen sich ereignendes Handeln Gottes verstanden..."

2.3 Die Wirkungsgeschichte der paulinischen Theologie im Neuen Testament

Zur Wirkungsgeschichte der paulinischen Theologie im Neuen Testament sind zunächst die deuteropaulinischen Briefe zu rechnen, wobei der *Kolosserbrief* und der *Epheserbrief* - beide Briefe dürften heutzutage nach der Mehrheit der evangelischen und auch katholischen Exegeten als deuteropaulinisch anzusehen sein[1] - vom theologischen Gewicht her die größte Bedeutung haben, während der *Zweite Thessalonicherbrief* lediglich wegen seiner abweichenden Auffassung von der Eschatologie des 1Thess zu nennen ist. Die *Pastoralbriefe* können wir aus unseren Überlegungen nicht ganz ausklammern. Sie bringen im Gefolge der paulinischen Theologie immerhin das soteriologische Thema; doch fehlt der theologische Tiefgang. Sie sind eher ein historisches Dokument ihrer Zeit als eine genuine Fortsetzung der paulinischen Theologie.

Die Wirkungsgeschichte der paulinischen Theologie dokumentiert sich aber auch im *Jakobusbrief* und im *Ersten Petrusbrief*. Der *Zweite Petrusbrief* muß in diesem Zusammenhang nicht nur genannt werden, weil Paulus eigens erwähnt wird (2Petr 3,15f.), sondern weil in diesem Brief bewußt Rezeption paulinischer Theologie unter laufendem Bezug auf das Alte Testament geschieht, wenn auch in einem Geiste, der von dem des Paulus recht verschieden ist. Daß aber da, wo dieser Brief behandelt wird, auch der *Judasbrief* berücksichtigt werden muß, versteht sich aufgrund der literarischen Abhängigkeit des 2Petr von Jud von selbst.

Für die Wirkungsgeschichte der paulinischen Theologie im Neuen Testament gilt, was *Andreas Lindemann* in grundsätzlicher Weise für die nachpaulinische frühchristliche Literatur gesagt hat: Es gibt in ihr "keinerlei kommentarähnliche Auseinandersetzung mit Paulusbriefen, und es gibt auch keine systematische Durchdringung der auf Paulus zurückgehenden theologischen Tradition; man muß sich deshalb darauf beschränken, die frühchristlichen Schriften nach unmittelbaren Zusammenhängen mit paulinischer Überlieferung zu befragen".[2]

---

[1] Dies ist sowohl wegen der Theologie als auch wegen des Stils beider Briefe anzunehmen. Für die Beurteilung des Stils des Kol verweise ich hier nur auf *Bujard*, Stilanalytische Untersuchungen. Die theologischen Differenzen zu den authentischen Paulinen dürften aus der Darstellung der Theologie der beiden Briefe ersichtlich werden. Als Vertreter der Authentizität des Kol wird in der Regel *Werner Kümmel* genannt, der in der Tat so in seiner Einleitung in das Neue Testament, 298ff., urteilt. Er hat aber inzwischen seine Auffassung zugunsten des deuteropaulinischen Charakters dieses Briefes geändert; s. *Kümmel*, L'exégèse scientifique au XXe siècle, 483f.; er beruft sich auf *Bujard*.

[2] *Lindemann*, Paulus im ältesten Christentum, 114.

2.3.1 Die deuteropaulinischen Briefe

Der Kol ist der Brief eines Schülers des Apostels Paulus, wahrscheinlich erst nach dessen Tod geschrieben. Dieser Schüler, der zumindest einige Briefe seines Lehrers kannte, hat in seinem Schreiben die Theologie seines Lehrers rezipiert und sie selbständig im Blick auf die Adressaten theologisch weitergedacht. Was im Kol steht, hat dann der Vf. des Eph rezipiert und theologisch auf seine Weise weitergeführt, so daß wir den Eph mit *Andreas Lindemann* als "eine überarbeitete und erweiterte Fassung des Kol"[3] ansehen dürfen. Es gibt also eine *literarische* Tradition von den authentischen Paulinen über den Kol zum Eph, in die der 2Thess und die Pastoralbriefe nicht hineingehören.

2.3.1.1 Der Kolosserbrief

Von allen nichtpaulinischen Briefen des Neuen Testaments steht der Kol mit seinem theologischen Denken Paulus am nächsten. So verwundert es nicht, daß immer wieder versucht wurde, ihn als authentischen Paulusbrief zu verteidigen, während dies für den vom Kol literarisch abhängigen Eph heute nur noch sehr selten geschieht.[4] Auch der Aufbau des Kol ähnelt dem der authentischen Paulinen. Zumeist wird er in einen theologischen und einen (ab 3,1) paränetischen Teil gegliedert. Doch ist auch der theologische Teil so sehr von einer paränetischen Tendenz geprägt, daß diese Einteilung recht künstlich ist und dem Duktus der im Brief vorliegenden Argumentation nur partiell gerecht wird. Sicherlich, auch für den Röm ist festzuhalten, daß alle theologische Argumentation bis hin zu Kap. 11 auf einen paränetischen Zweck ausgerichtet ist. Aber die theologisch-dogmatische Argumentation des Röm hat doch ihre Aussagekraft auch in sich selbst. War die Paränese im Gal, sofern er rhetorisch analysiert wurde, noch ein Fremdkörper[5], war dann im Röm die Paränese schon enger mit der theologischen Argumentation verbunden, so daß diese auch auf die Paränese ausgerichtet war, so geht der Kol hierin noch einen Schritt weiter: Die Paränese durchdringt den ganzen Brief, mag sie auch erst ab Kap. 3 zu voller eigenständiger Entfaltung kommen.

Unsere Aufgabe ist nicht die der Darstellung der neutestamentlichen Ethik. Da aber trotz des paränetischen Grundakkords des Kol der Christushymnus sein eigenes theologisches Gesicht hat und gerade auch in Kap. 2 die theologische Argumentation essentiell ist, gehört der Kol in eine Darstellung der Theologie des Neuen Testaments. Der Autor dieses Briefes *denkt theologisch*, auch und gerade im Blick auf seine paränetischen Intentionen. Er will in den theologischen Fußspuren des von ihm so geschätzten Apostels Paulus gehen. Er will wie dieser theologisch argumentieren. Doch findet sich in seinem Brief *kein einziges alttesta-*

---

[3] Ib. 122.

[4] So z.B. von *Markus Barth*, AncB 34/34A, der die Authentizität des Eph mit verkrampfter Beweisführung zu begründen versucht.

[5] S. die genannten Schwierigkeiten von *Hans Dieter Betz* bei der Klassifizierung des paränetischen Abschnitts des Gal!

348

mentliches Zitat. Und das, obwohl er auch jene Briefe des Paulus gekannt haben dürfte, in denen dieser in seiner theologischen Argumentation sehr bewußt auf die Schrift zurückgegriffen hatte. Hat der Autor
des Kol also bewußt auf die theologische Argumentation mit der Schrift
verzichtet? Oder ist ihm in seiner nachpaulinischen Situation gar nicht
mehr bewußt, wie sehr er sich in dieser Hinsicht von Paulus unterscheidet?

Haben wir auch zu berücksichtigen, daß der Kol hinsichtlich seiner
Argumentationsstrategie nicht in der Weise akribisch durchstrukturiert
ist wie etwa der Gal oder Röm, so läßt sich doch ein deutliches
Argumentationsgefälle erkennen. Bietet der Hymnus den theologischen
Ausgangspunkt, um von ihm aus das für die gefährliche Situation in
Kolossä[6] Erforderliche zu sagen, so ist es also ein liturgischer Text, der
diesen Zweck erfüllt. Das erinnert an das alte Gesetz *lex orandi est lex
credendi.* Vielleicht müßte man hier ein wenig umformulieren: *lex orandi
est lex theologiae.* Insofern ist dies jedoch etwas zu relativieren, als der
Vf. des Kol aus theologischer Intention Ergänzungen am Hymnus vorgenommen hat und zudem der Hymnus selbst ein auch hochtheo-
logischer Text ist. Hinzu kommt, daß der Vf. erst auf Umwegen zu den
theologischen bzw. christologischen Aussagen in Kap. 2 kommt.
Zunächst werden nämlich die Kolosser ermahnt, 1,21-23; und dann
kommt "Paulus" noch auf sich selbst zu sprechen, 1,24-29, ehe in 2,1-19
die theologische Auseinandersetzung mit der in Kolossä grassierenden
Irrlehre, der "Philosophie", geschieht.

Für die Darstellung der Theologie des Hymnus ist es nicht erforderlich, seinen originären Wortlaut genau zu rekonstruieren. Es genügt zu
wissen, daß der Vf. des Kol in V.18 τῆς ἐκκλησίας hinzugefügt und so das
σῶμα, das in der ursprünglichen Fassung das All gemeint haben dürfte,
nun zur Bezeichnung der Kirche geworden ist. Christus ist also das
Haupt, κεφαλή, des Leibes, der die Kirche ist. Des weiteren dürfte er
auch in V.20 das Kreuzesmotiv in die 2. Strophe eingetragen haben.[7]

Der *Hymnus* bringt sowohl gemäß seiner ursprünglichen Intention
als auch in seiner erweiterten Form eine recht prägnante Christologie
zum Ausdruck. Daß es sich um Präexistenzchristologie handelt, ist gegenüber Paulus nichts Neues, auch nicht, daß Christus als Schöpfungsmittler ausgesagt wird (s. 1Kor 8,6).[8] Auch daß Christus *Bild Gottes* ist,
εἰκὼν τοῦ θεοῦ, hat Paulus bereits gesagt, deutlich vor allem in 2Kor 4,4.
Freilich ist der theologische Zusammenhang bei Paulus und Deu-

---

[6] Ob der Brief des Deuteropaulus wirklich an die Gemeinde zu Kolossä gerichtet ist oder
eher die Gemeinde zu Laodizäa oder eine andere Gemeinde als Adressat anzunehmen
ist, ist für die Darstellung der Theologie des Kol belanglos. Wer will, mag Kolossä in
Anführungstriche setzen.

[7] Dies ist zumindest Konsens der meisten Kommentatoren.

[8] Kol 1,16 τὰ πάντα δι'αὐτοῦ καὶ εἰς αὐτὸν ἔκτισται und 1Kor 8,6 δι'οὗ τὰ πάντα
καὶ ἡμεῖς δι' αὐτοῦ sind inhaltlich so gut wie identisch. Beides sind übrigens Bestandteile poetischer Texte. Ob auch der eben genannte Text aus Kol 1,16 Zusatz des Vf. des
Kol ist, ist weder verifizierbar noch falsifizierbar.

teropaulus jeweils recht unterschiedlich. Bei Paulus geht es im hermeneutischen Kontext um das Licht des Evangeliums, im Hymnus Kol 1,15 zunächst einmal um eine kosmologische Aussage.

Ein weiterer Unterschied zwischen Paulus und dem Kol ist, daß Paulus den Begriff εἰκών nicht für Christus reserviert, sondern mit ihm auch Aussagen über den Menschen formuliert. So ist nach 1Kor 11,7 der Mann εἰκὼν καὶ δόξα θεοῦ, während die Frau nach V.8 nur die Doxa ihres Mannes ist und insofern anscheinend auch in direkter Weise Bild nur des Mannes und lediglich indirekt, also über den Mann, Bild Gottes. Gen 1,26f. wird hier eingeschränkt, indem diese Stelle von Gen 2,4ff. her interpretiert wird.[9] Wichtiger ist der *soteriologische* Zusammenhang für 2Kor 3,18 und Röm 8,29. Was aber vor allem Kol 1,15a von Paulus unterscheidet, ist die *betonte* Herausstellung Christi als Bild Gottes. Bei Paulus wird dieses Christologumenon als nur *ein* Element inmitten einer theologischen Argumentation genannt, im Kol-Hymnus hingegen ist εἰκών einer der entscheidenden theologischen Begriffe, die den ganzen Hymnus inhaltlich strukturieren. An ihm hängt das Wirklichkeitsverständnis, das dem Hymnus zugrunde liegt, das aber auch der Vf. des Kol teilt.

Die in der Forschung sehr intensiv gestellte Frage nach den religions- und geistesgeschichtlichen Parallelen - fast durchgängig wird auf Platon[10], Philon[11] und das Corpus Hermeticum[12] verwiesen - spielt für die Theologie des Kol keine entscheidende Rolle. Daß der Dichter des Hymnus von derartigen Anschauungen, in welcher Brechung auch immer, beeinflußt war, läßt sich kaum bestreiten. Aber ob er sie *als* solche aufgegriffen hat, ist sehr fraglich, gerade auch angesichts dessen, daß es sich im Hymnus um Gebetssprache handelt. Muß auch offenbleiben, ob der Dichter des Hymnus die paulinischen Aussagen über Christus als εἰκὼν τοῦ θεοῦ gekannt hat, so ist doch damit zu rechnen, daß zumindest der Vf. des Kol sie vor Augen hatte.

Durch die redaktionelle Einfügung von τῆς ἐκκλησίας in den ursprünglichen Hymnus (V.18) hat dieser seinen streng kosmologischen Charakter eingebüßt und ist so zum Zeugnis einer Ekklesiologie geworden, die als entschieden *christologisch konzipierte Ekklesiologie* verstanden sein will. Daß die Christologie den theologischen Primat vor der Ekklesiologie besitzt, ist freilich genuines Erbe paulinischer Theologie. Und diese christologische Priorität ist unverzichtbares theologisches Po-

---

[9] *Jervell*, Imago Dei, 110ff.; *Kuhli*, EWNT I, 945f.: "Die indirekt vorausgesetzte fehlende Gottebenbildlichkeit der Frau korrespondiert mit ihrer mangelnden Unmittelbarkeit zu Christus V.3 ..."; s. auch die bei *Kuhli* genannte Lit.
[10] *Platon*, Tim 92c: ὅδε ὁ κόσμος οὕτω, ζῷον ὁρατὸν τὰ ὁρατὰ περιέχον, εἰκὼν τοῦ νοητοῦ [θεοῦ?] θεὸς αἰσθητός...
[11] *Philon*, Conf Ling 146 über den λόγος: καὶ γὰρ ἀρχὴ καὶ ὄνομα θεοῦ καὶ λόγος καὶ ὁ κατ᾽ εἰκόνα ἄνθρωπος καὶ ὁ ὁρῶν, Ἰσραήλ, προσαγορεύεται.
[12] CH XII,8.

stulat! Ist nun aber die Kirche das Geheimnis Gottes (Kap. 2), hat sie also teil am Offenbar-Sein Gottes in Christus, so hat der ursprünglich kosmologisch intendierte Christushymnus durch die genannte Einfügung nicht nur seine ekklesiologische Spitze erhalten, sondern auch eine kerygmatische Dimension gewonnen. Dann aber dürfte die ursprünglich kosmologisch verstandene εἰκὼν τοῦ θεοῦ τοῦ ἀοράτου vom Vf. des Kol auch, vielleicht sogar vornehmlich als *offenbarungstheologischer Begriff* verstanden worden sein: Christus ist die sichtbare Ikone des unsichtbaren Gottes; in der Kirche ist der unsichtbare Gott in Christus anschaulich geworden.[13]

Die theologische und speziell kerygmatische Bedeutung des *Präexistenzgedankens* wurde schon in Gal 4 deutlich. Er erhält im Kol seine offenbarungstheologische Zuspitzung. Ging es für Paulus vor allem darum, daß mit Christi Präexistenz die Grundlage unseres Heils beim ewigen Gott zum Ausdruck gebracht ist, so geht es im Kol eher um denjenigen zeitlichen Aspekt, der im *Revelationsschema*[14] ausgesprochen ist. Es ist eine gut begründete Auffassung, daß die Aussage von Christus als der Ikone des unsichtbaren Gottes im Kontext der Aussage vom Erstgeborenen vor aller Schöpfung, πρωτότοκος πάσης κτίσεως, ihre Wurzeln in der *Weisheitstheologie* des Alten Testaments hat.[15]

Vor allem wäre *Sap 9,1ff.* (neben Prov 8,23f., Sir 1,4 und 24,9) zu nennen[16]. So geht es dabei gerade nicht um das Schopfungsgeschehen als solches, auch nicht primär um die Mitwirkung der Weisheit zum damaligen Zeitpunkt. Sap 9 ist das Gebet des (nicht genannten) "Salomon" um Weisheit, damit er klug regieren kann. Es ist die Weisheit, die bei der Erschaffung der Welt zugegen war, um deren Sendung (ἐξαπόστειλον, vgl. Gal 4,4.6) der Beter bittet, damit er weiß, was vor Gott wohlgefällig (εὐάρεστον, vgl. Röm 12,2) ist, Sap 9,9f. Die Gegenwartsrelevanz des Hinweises auf die Vergangenheit ist also gemeinsame Überzeugung von Sap 9 und dem Hymnus Kol 1. Trotzdem hat *Christoph Burger* etwas Richtiges gesehen, wenn er meint, daß der weitgespannte religionsge-

---

[13] Z.B. *Aletti*, Col 1,15-20, 86: "Le Fils est εἰκὼν τοῦ θεοῦ τοῦ ἀοράτου, il est celui en qui et par qui Dieu se fait connaître.

[14] S. unten zu Kol 1,26.

[15] So betont *Aletti*, Col 1,15-20, passim.

[16] Sap 9,1ff.: Θεὲ πατέρων καὶ κύριε τοῦ ἐλέους
    ὁ ποιήσας τὰ πάντα ἐν λόγῳ σου
    καὶ τῇ σοφίᾳ σου κατασκευάσας ἄνθρωπον,
    ἵνα δεσπόζῃ τῶν ὑπὸ σοῦ γενομένων κτισμάτων
    καὶ διέπῃ τὸν κόσμον ἐν ὁσιότητι καὶ δικαιοσύνῃ
    καὶ ἐν εὐθύτητι ψυχῆς κρίσιν κρίνῃ,
    δός μοι τὴν τῶν σῶν θρόνων πάρεδρον σοφίαν.

schichtliche Kontext (die alttestamentlichen protologischen Weisheits-
aussagen) schon deshalb nicht das letzte Wort hätten, weil der Text
selbst eine Erklärung bringe.[17] Betrachtet man den Passus von der Versöhnung in Kol 1,20 als sekundär und versteht man die der πρωτότοκος-
Aussage von V.15 parallele Wendung πρωτότοκος ἐκ τῶν νεκρῶν in V.18
als für die zweite Strophe zentral, so kann man mit Burger den Inhalt
des Hymnus mit "Schöpfung und Auferweckung"[18] und mit *Ernst Käsemann* mit "Schöpfung und eschatologische Neuschöpfung"[19] angeben.
Dem Aussagegefälle von Kol 1 entspricht aber, daß die protologischen
Aussagen im Dienste der eschatologischen stehen.[20] Das thematische
Schwergewicht liegt deutlich auf der zweiten Strophe des Hymnus.[21]
Dann aber ist es die Offenbarung in Christus einschließlich ihrer soteriologischen Bedeutsamkeit, die den Hymnus in das theologische
Koordinatensystem des Briefes stellt; dann ist es dieses theologische Ko-
ordinatensystem, das schon im Hymnus seine entscheidenden Konturen
gewinnt.

Trägt aber die zweite Strophe den theologischen Akzent gerade dadurch, daß er durch die redaktionellen Zufügungen des Vf. des Kol gesetzt ist, so dürfte dieser auch die Aussagen der ursprünglichen ersten
Strophe aus seiner theologischen Perspektive gelesen haben. Dann aber
hat er auch τὰ πάντα ... εἰς αὐτὸν ἔκτισται in V.16 von einem soteriologischen Vorverständnis her gelesen: Alles ist auf Christus als den Versöhner und Friedensstifter hin geschaffen. Zugespitzt: *Die Schöpfung geschah um der Erlösung willen. Sie geschah um der Ekklesia willen.* Christus
als das Haupt, ἡ κεφαλή, des Leibes - σῶμα jetzt nicht mehr im quasi-stoi-
schen Sinn als τὰ πάντα verstanden[22] - , also als das Haupt der Kirche, ist
der eigentliche und tiefste Sinn allen Daseins.

Stehen aber Protologie und Kosmologie im Dienst der Soteriologie,
ist des weiteren im Sinne des Autors des Briefes *von der Vergangenheit
um der Gegenwart willen die Rede*, so fügt sich das gut in die Aussagetendenz der Worte, mit denen der Hymnus eingeführt wird, Kol 1,11-14.
Hier spricht sich nämlich das *Selbstverständnis* aus, mit dem der Hymnus
rezipiert und interpretiert wird: Freudiger Dank gegenüber dem Vater
seitens derer, die sich berufen wissen, "am Los der Heiligen teilzuhaben
im Lichte". Denn Gott hat sie aus der Gewaltherrschaft der finsteren

---

[17] *Burger*, Schöpfung und Versöhnung, 43.

[18] Ib. 51.

[19] *Käsemann*, Eine urchristliche Taufliturgie, 37; allerdings möchte ich nicht mit *Käsemann* den Hymnus Kol 1 als christliche Redaktion eines vorchristlichen Hymnus betrachten.

[20] *Burger*, Schöpfung und Versöhnung, 51.

[21] *Lohse*, KEK, 103.

[22] Die entsprechenden stoischen Parallelen finden sich in fast jedem Kol-Kommentar.

Mächte herausgerissen und ins Reich seines geliebten Sohnes versetzt. Die Christen Kolossäs wissen sich an einen anderen "Ort" versetzt. Der Grundgedanke der *existenzialen Räumlichkeit*, der bereits im Zusammenhang der Theologie des 1Kor expliziert wurde, ist hier wieder in aller Deutlichkeit ausgesprochen, vielleicht sogar noch wesentlich klarer und präziser als in den authentischen Paulinen. Mit den Verben ἐρρύσατο und μετέστησεν hat der Vf. des Kol diesem Selbstverständnis bestens Ausdruck verliehen. Was es heißt, aus der Finsternis ins Licht versetzt zu werden, hat der antike Mensch wahrscheinlich besser verstanden, besser empfunden als der Mensch des 20. Jh., der schon allzusehr ans Neonlicht in der Nacht gewöhnt ist. Dann aber durchkreuzen sich in Hymnuseinleitung und Hymnus die Existenziale der Räumlichkeit und der Zeitlichkeit. Die Basileia Christi ist dann der "*Zeit-Raum*", in dem sich die Glaubenden geborgen wissen.

Rudolf Bultmann hat zutreffend herausgearbeitet, daß für Paulus im Wort des Evangeliums, in der Verkündigung das Heilsgeschehen als eschatologisches Ereignis präsent ist. An ihm partizipiert der Verkündiger im Akt der Verkündigung.[23] Damit partizipiert er aber auch an der göttlichen Autorität des Evangeliums, in dem Gott als der Gerechtmachende gegenwärtig ist. Diesen Gedanken bringt der Vf. des Kol in zugespitzter Weise. Er läßt Paulus Großes und Erhabenes über sich, über sein apostolisches Amt sagen, vor allem *Kol 1,24*: Er erfüllt, ἀνταναπληρῶ, an seinem Fleisch, d.h. in seiner leiblich-irdischen Existenz, was an den Bedrängnissen Christi noch fehlt. Ist das Leiden Christi also in soteriologischer Hinsicht nicht ausreichend? Oder spricht "Paulus" hier nur so mißverständlich, daß diese Auffassung zwar entstehen kann, er in Wirklichkeit aber anderes sagen will?[24]

Die Aussageintention von Kol 1,24 wird verzerrt gesehen, wenn man sie vom Kontext isoliert. Gerahmt wird der Vers durch Aussagen über die kerygmatische Aufgabe des Paulus. Dieser ist nach V.23 Diener des

---

[23] *Bultmann*, Theol. des NT, § 34.

[24] Zuweilen wird die Auffassung vertreten - so z.B. von *E. Lohse*, KEK IX/2, 113ff. -, hinter der Wendung ϑλίψεις τοῦ Χριστοῦ stünden die apokalyptische Vorstellung von den endzeitlichen Trübsalen als Wehen des Messias und der Gedanke des endzeitlichen Maßes, nämlich des Maßes der Leiden, das in der messianischen Zeit die Gerechten und Märtyrer zu erdulden hätten. Nach dieser Auffassung hätte Paulus durch sein Leiden zur Verkürzung der endzeitlichen Trübsale der Kirche beigetragen (s. auch *Stuhlmann*, Das eschatologische Maß im NT, 99-101). Die folgenden Ausführungen werden aber zeigen, daß dieses Ausweichen auf den Topus der messianischen Wehen nicht erforderlich ist. Für Kol 1,24 s. vor allem *Kremer*, Was an den Leiden Christi noch mangelt.

Evangeliums, τοῦ εὐαγγελίου ...οὗ ἐγενόμην ἐγὼ Παῦλος διάκονος, nach V.25 Diener der Kirche, ἡ ἐκκλησία, ἧς ἐγενόμην ἐγὼ διάκονος. Die bewußt vorgenommene parallele Formulierung dürfte die Absicht des Autors indizieren, die Verkündigung des Apostels als für die kirchliche Existenz essentiell verstehen zu lassen.

Kirche ist also ihrem Wesen nach auch für den Kol Ort der Verkündigung, Verkündigung freilich im Sinne ihrer theologischen Tiefendimension. Und so ist es Aufgabe des Apostels, das Wort Gottes als das Evangelium vom versöhnenden Tod Christi zu erfüllen, πληρῶσαι τὸν λόγον τοῦ θεοῦ, Kol 1,25. Dieses Wort *ist* das *Geheimnis*, μυστήριον, das seit Urzeiten verborgen, jetzt aber offenbar geworden ist, ἐφανερώθη, und zwar seinen Heiligen. ἐφανερώθη meint dabei mehr als einen rein noëtischen Vorgang. Sicherlich haben wir es *auch* mit einem Geschehen im gnoseologischen Bereich zu tun (V.27: γνωρίσαι). Aber wenn das Mysterium darin besteht, daß "Christus in euch" ist[25], dann gehört zu ihm auch die ekklesiologische Situation der im Kol Angesprochenen. Das *Sein* der Heidenchristen ist somit wesenhaftes Moment des Mysteriums. Gott hat sie in sein Geheimnis hineingenommen. *Günther Bornkamm* folgert mit Recht aus dem terminologischen Befund, daß die Verkündigung nicht nur Kunde von der geschehenen Offenbarung des μυστήριον Gottes gibt, sondern selbst zum *Ereignis* des Mysteriums und zum Geschehen der Offenbarung gehört.[26]

Eduard Lohse sieht im Χριστός ἐν ὑμῖν den *Inhalt* des Mysteriums.[27] Wir können präzisieren: Inhalt ist dieser "Christus in euch" als Christus passus et resurrectus. Aber der Begriff "Inhalt" suggeriert einen nur gnoseologischen Zusammenhang: Wir *erkennen* als Inhalt des Evangeliums den Christus. Gemeint ist aber weit mehr: Daß der Christus als der Gekreuzigte und Auferweckte in uns existiert, *ist* das Mysterium. Daß im Kol also das Mysterium neben seinem unbestreitbar gnoseologischen Aspekt primär *ontisch* gemeint ist und somit seine *ekklesiologische* Dimension hat, macht sein eigentliches Wesen aus.

---

[25] *J. Ernst*, RNT, 187f., charakterisiert: "Das 'Christus unter euch' ist der Siegesruf des Heidenapostels."

[26] *Bornkamm*, ThWNT IV, 827,25ff.

[27] *Lohse*, KEK, 121; s. auch *P. Pokorný*, ThHK X/1, 85f.: "Das Geheimnis (μυστήριον...) ist das Schlüsselwort des ganzen zweiten Teils des Kolosserbriefes... Die christliche Verkündigung hat das apokalyptische Offenbarungsschema zugunsten des Evangeliums umgestaltet... Der neue Äon bricht in unser Zeitalter ein, das von der Ewigkeit verborgene Geheimnis wird verkündigt..."; *Lona*, Die Eschatologie im Kol und Eph, 100ff.

Damit zeichnet sich aber eine Lösung für das Problem Kol 1,24 ab. Gehört nämlich die Kirche ins Mysterium hinein, so auch der *Apostel!* Ist die Kirche das Geheimnis der Gegenwart Christi, so auch der Apostel! Repräsentiert nun Paulus als Apostel den Christus, so gerade ihn als den Christus crucifixus. Er hat zwar keinesfalls teil an dessen einmaliger erlösenden Tat auf Golgatha. Aber insofern das Kreuzesgeschehen als Heilsgeschehen im Verkündigungsgeschehen präsent ist, ist dieses selbst - wie für Paulus - eschatologisches Ereignis, also Heilsgeschehen. In genau diesem Zusammenhang kann "Paulus" von sich sagen, daß er in seinen Bedrängnissen das erfülle, was an den ϑλίψεις τοῦ Χριστοῦ noch fehlt. Das ἀνταναπληρῶ in V.24 ist engstens auf das πληρῶσαι τὸν λόγον τοῦ ϑεοῦ in V.25 bezogen. Weil der Apostel den Tod Christi als Heilsereignis verkündet und diese Verkündigung ihrerseits Heilsereignis ist, kann der Vf. des Kol sprachlich bis an die Grenze des Sagbaren gehen und V.24 formulieren. Es ist die existentielle Einheit mit Christus, die existentielle Einheit *im* Mysterium, die er "Paulus" in dieser zugespitzten Weise sagen läßt. Mit *Kol 1,24 radikalisiert* also der Vf. des Kol, was Paulus in *2Kor 4,10ff.* über sein apostolisches Amt und seine apostolische Existenz gesagt hat und schafft so eine für viele anstößige Aussage, die ihre Erklärung im kerygmatischen Erbe des Paulus besitzt.

Ausdrücklich ist in Kol 1,27 im Zusammenhang mit dem Mysterium als der Christusgegenwart in der Kirche die Rede von den *Heidenvölkern*: ἐν τοῖς ἔϑνεσιν. Dürfte zudem ziemlich sicher sein, daß in Kol 1,24-29 ein offensichtlicher literarischer Bezug auf den Röm gegeben ist[28], so fällt auf, daß das Mysterium im Kol in keinem thematischen Zusammenhang mit *Israel* steht. Trotz des engen terminologischen Bezugs auf den Röm hat der Vf. des Kol das Israel-Mysterium von Röm 11,25f. ignoriert. Das heißt, daß die Heidenmission kurz nach dem Tode des Apo-

---

[28] Kol 1,25: πληρῶσαι τὸν λόγον τοῦ ϑεοῦ - Röm 15,19: πεπληρωκέναι τὸ εὐαγγέλιον τοῦ Χριστοῦ. Kol 1,26: τὸ μυστήριον τὸ ἀποκεκρυμμένον ἀπὸ τῶν αἰώνων καὶ ἀπὸ τῶν γενεῶν - νῦν δὲ ἐφανερώϑη τοῖς ἁγίοις αὐτοῦ - Röm 16,25f.: κατὰ τὸ εὐαγγέλιόν μου καὶ τὸ κήρυγμα Ἰησοῦ Χριστοῦ, κατὰ ἀποκάλυψιν μυστηρίου χρόνοις αἰωνίοις σεσιγημένου φανερωϑέντος δὲ νῦν διά τε γραφῶν προφητικῶν … εἰς πάντα τὰ ἔϑνη γνωρισϑέντος. Kol 1,27: Χριστὸς ἐν ὑμῖν - Röm 8,10: Χριστὸς ἐν ὑμῖν. Kol 1,27: ἡ ἐλπὶς τῆς δόξης - Röm 5,2: ἐπ᾽ ἐλπίδι τῆς δόξης τοῦ ϑεοῦ. Daß der Vf. des Kol den Röm kannte und ihn gerade bei der Niederschrift von 1,24ff. vor Augen hatte, scheint mir sicher, selbst wenn sein Exemplar Röm 16,25f. noch nicht enthielt. Die literarische Abhängigkeit dürfte nur schwer zu bestreiten sein; s. auch *Lohse*, KEK, 255; *Lindemann*, Paulus im ältesten Christentum, 115.

stels[29] thematisiert werden kann, ohne daß Israel genannt wird! Um das Jahr 60 dürfte dann aber in Kolossä oder der näheren Umgebung die Israelfrage nicht mehr als relevant, zumindest nicht mehr als theologisch beunruhigend gesehen worden sein. Dem entspricht auch, daß der Kol kein alttestamentliches Zitat enthält.

In diesem Zusammenhang ist auch das so auffällige und konstant in der Literatur erwähnte *völlige Fehlen der Rechtfertigungsterminologie* zu sehen. Es ist schon eigenartig, wenn der Vf. des Kol überhaupt nicht von δικαιοσύνη, δικαιοῦσθαι und νόμος spricht! Der forensische Gedanke, der Paulus so wichtig war, fällt aus der Interessensphäre des Deuteropaulus heraus. Der Jüngste Tag ist für die Kolosser der Tag der sich offenbarenden Doxa, nicht der Tag des göttlichen Forums![30]

Die Frage ist freilich, ob mit *Kol 2,11ff.* nicht doch wieder Israel, das Judentum und das Alte Testament in den Blick kommen, wenn von der Beschneidung und kurz darauf von Speise, Trank, Fest, Neumond und Sabbaten die Rede ist. Wenn der leiblichen Beschneidung die nicht von der Hand vorgenommene, nämlich die περιτομὴ τοῦ Χριστοῦ, entgegengestellt wird, so mag das noch auf der Linie der Judenpolemik von Röm 2,25ff. liegen, die ihrerseits auf Dtn 30,6 und Jer 4,4 zurückgreift. Kann vermutet werden, daß die Beschneidung von den Vertretern der in Kap. 2 bekämpften "Philosophie" als Zeichen der Überwindung der sarkischen Seinsweise gefordert wurde, womöglich im gnostischen oder zumindest protognostischen Sinne?[31] Nun ist umstritten, ob oder inwieweit die kolossische Philosophie gnostischen Charakters ist. Ist jedoch die genaue Bestimmung ihres zweifelsohne synkretistischen Charakters nicht möglich[32], so dürfte sie doch aller Wahrscheinlichkeit nach keine genuin jüdische Sekte gewesen sein.[33] Daß sie asketische Züge hatte, geht aus V.2,16.21 hervor. Ihre Engelverehrung (V.18) ist allerdings kein Grund

---

[29] Mit den meisten Autoren, die den Kol für deuteropaulinisch halten, sei angenommen, daß dieser Brief nicht lange nach dem Märtyrertod des Paulus geschrieben wurde.

[30] S.u. zu Kol 3,3f.!

[31] Anscheinend versteht *Lohse*, KEK, 153f., die Wendung ἀπέκδυσις τοῦ σώματος τῆς σαρκός als Aufnahme einer Formulierung der bekämpften Philosophie. Der Hinweis auf das "Ausziehen des Fleischesleibes" deute auf Praktiken von Mysteriengemeinschaften hin; er spricht von "durchaus gnostischer Weltbetrachtung". Wie *Lohse* verweist auch *Gnilka*, HThK, 133, auf *Apuleius*, met XI,23f., und sieht in Kol 2,11 einen zusätzlichen polemischen Akzent: "Die Überwindung des Fleischesleibes ist allein an Jesus Christus gebunden ... Sie erfordert nicht eine asketische Verachtung der Sarx, sondern die Verwirklichung eines neuen Lebens, das Christus ermöglicht hat." *Gnilka*, ib. 167, hält eine einseitig gnostische Bestimmung für fragwürdig. *Pokorný*, ThHK, 105, Anm. 106, schließt ein gnostisches Verständnis vom Ausziehen des Fleischesleibes aus.

[32] Richtig *Ernst*, TRE 19, 372,46f.: "Die 'Frömmigkeit' (θρησκεία 2,18; ἐθελοθρησκία 2,23) der Irrlehre äußert sich in diversen, religionsgeschichtlich nicht mehr eindeutig einzuordnenden Verhaltensweisen."

[33] Es sei jedoch nicht bestritten, daß mit jüdischem Einfluß zu rechnen ist.

gegen jüdische Provenienz.[34] Doch einerlei, wie man die kolossische "Philosophie" des näheren bestimmt[35], soviel ist jedenfalls deutlich, daß der Vf. des Kol in seiner Auseinandersetzung nicht primär gegen sie als *jüdische* Anschauung polemisierte. Es ist zwar nicht auszuschließen, daß er, ihren heidnischen Charakter verkennend, sie aufgrund des in V.16 Gesagten als Vertreterin des Judentums sah. Aber selbst wenn das der Fall gewesen sein sollte, hat er nicht sosehr ihr jüdisches Wesen bekämpft, sondern den Versuch, *außer* dem Glauben an Christus andere Praktiken zur Sicherung des Heils auszuüben. Daß damit eine gewisse Parallele zum Gal gegeben ist, wo Paulus gegen die Galater polemisierte, weil sie ihr Heil nicht nur in Christus suchten, sondern durch die Praxis der Beschneidung sichern wollten, ist unbestreitbar. Die erhebliche Differenz zwischen den Polemiken beider Briefe besteht jedoch darin, daß im Gal die Auseinandersetzung im Rahmen der Theologie der Rechtfertigung aus dem Glauben geschah, dies im Kol jedoch gerade nicht der Fall ist. Daß Christologie für den Autor des Kol *keine bloß theoretische* Lehre der Theologie ist, sondern das *Offenbarungsgeschehen* deutlich werden lassen will, *in das die Glaubenden selbst hineingenommen* sind, zeigt Kol 2,9f. Auf die christologische Spitzenaussage, daß in Christus die ganze Fülle der Gottheit leiblich[36] wohnt, folgt die Anrede: Ihr seid in ihm erfüllt. Es ist für die theologische Denkweise des Kol bezeichnend, daß ἐν αὐτῷ ... πᾶν τὸ πλήρωμα τῆς θεότητος in ἐν αὐτῷ πεπληρωμένοι aufgegriffen ist: Die Kolosser sind "in dem", "in dem" alle "Fülle" wohnt, "erfüllt". Dies geschieht durch die Taufe, V.12.

Mit dem Mitbegrabensein mit Christus ist Röm 6,4 aufgegriffen. Über Paulus hinaus geht jedoch die Auffassung, daß die Kolosser in Christus auch durch den Glauben *mitauferweckt* sind, συνηγέρθητε. Die Preisgabe des eschatologischen Vorbehaltes von Röm 6,4 gehört zum Spezifikum der Theologie des Kol. Doch sofort ist dann die Argumentation von Kol 2 wieder bei Paulus; ist schon διὰ τῆς πίστεως paulinische Idiomatik, so steht hinter dem Hinweis auf die Kraft Gottes, der Christus von den Toten auferweckt hat, Röm 8,11. Dies wird durch συνεζωοποίησεν ὑμᾶς σὺν αὐτῷ, Kol 2,13, bestätigt, das ebenfalls in Röm 8,11 seine Parallele besitzt: ζῳοποιήσει καὶ τὰ θνητὰ σώματα ὑμῶν. Doch auch hier hat der Vf. des Kol in die Gegenwart verlegt, was Paulus von der eschatologischen Zukunft ausgesagt hatte.

Mit dem jetzt schon stattgefundenen Auferwecktsein mit Christus - man kann hier von präsentischer Eschatologie sprechen - hat das *In-Christus-Sein* eine gegenüber der paulinischen Theologie *neue Qualität*

---

[34] Wenn *Lohse*, KEK, 175, Anm. 2, *Francis*, StTh 16, 109ff., zustimmt, Verehrung der Engel sei innerhalb des Judentums nicht denkbar, so ist doch zu erwägen, ob nicht die nachweisbare Hochschätzung der Engel im Judentum (z.B. in Qumran, s. *Hengel*, Judentum und Hellenismus, 422ff.) in jüdischen Randbereichen sich in Engelverehrung konkretisieren konnte.

[35] Näheres s. in meinem in Arbeit befindlichen Kommentar zum Kol und Eph (HNT).

[36] Ob σωματικῶς, wie zumeist angenommen, "leiblich", "leibhaftig" meint oder "wesenhaft", läßt sich mit letzter Sicherheit nicht sagen. M.E. sprechen die stärkeren Gründe für "leiblich", da es im Kol keine σῶμα-Aussage gibt, die für σωματικῶς in Kol 2,9 die Bedeutung "wesenhaft" annehmen ließe. In σωματικῶς dürfte also der *Inkarnationsgedanke* zum Ausdruck kommen.

gewonnen. Schon allein in formaler Hinsicht ist die Häufung von Wendungen wie ἐν αὐτῷ oder ἐν ᾧ auffällig. Wenn der Christ in Christus als in dem Auferweckten selbst der Auferweckte ist, so partizipiert er an Christi eschatologischer Doxa. Daß jedoch auch schon für Paulus ein solches Partizipieren gegeben ist, zeigte sich in 2Kor 3,18. Aber was dort als Prozeß ausgesagt wurde, ist für den Autor des Kol bereits Zustand (s. aber Kol 3,3!). Damit ist jedoch erneut deutlich geworden, wie beherrschend für den Kol das Existenzial der Räumlichkeit ist.[37]

Dieser theologische Akzent wird auch in *Kol 3,1-4* deutlich. Mit 3,1 sieht man fast durchgängig den Anfang des zweiten, nun paränetischen Teils des Briefes. Abgesehen von der paränetischen Tendenz, die bereits in Kol 1 und 2 deutlich wurde, ist mit diesem Vers kein so deutlicher Einschnitt gegeben, wie dies oft angenommen wird.[38] Mit συνηγέρθητε τῷ Χριστῷ ist 2,12 aufgegriffen, mit ἀπεθάνετε 2,20, der Sache nach auch συνταφέντες in 2,12. Da Kol 3,1-4 *theologisch* argumentiert, könnte man fragen, ob dieser Abschnitt nicht eher den Abschluß des vorangehenden ersten Teils des Briefes bildet. Dafür spräche auch, daß εἰ ἀπεθάνετε σὺν Χριστῷ 2,20 und εἰ οὖν συνηγέρθητε τῷ Χριστῷ 3,1 einander entsprechen. Es ist auch zu fragen, ob die Imperative τὰ ἄνω ζητεῖτε/φρονεῖτε in 3,1f. in erster Linie *ethisch* zu verstehen sind. Gemeint ist doch eher, daß die Kolosser ihre ganze Existenz auf den himmlischen Bereich richten, was freilich ethische Konsequenzen hat. So sollte man ernsthaft erwägen, ob nicht die Paränese erst mit 3,5 (übrigens dort auch ein οὖν!) beginnt.

Der Indikativ συνηγέρθητε in Kol 3,1 steht in eigentümlicher Paradoxie mit den Imperativen in 3,1f.: Die Kolosser *sind* mit Christus auferweckt und befinden sich so aufgrund ihrer Auferstehungswirklichkeit im Bereich des eschatologischen "Obens", sind aber trotzdem aufgefordert, ihr ganzes Sinnen und Trachten auf dieses "Oben" zu richten. τὰ ἄνω ist also der Bereich ihres Existierens, zugleich aber auch der Bereich, auf den sie sich ausrichten sollen. Diese Spannung sollte man zur Kenntnis nehmen und nicht beseitigen.[39] In ihr kommt nämlich die *Geschichtlichkeit* menschlicher Existenz insofern deutlich zum Ausdruck, als sich der Mensch immer schon in der Spannung zwischen dem befindet, was er *ist* - auch und gerade, wenn er schon ist, was er sein soll - , und dem, was die jeweilige geschichtliche Situation von ihm *fordert*. Für den

---

[37] Das *räumliche* ἐν αὐτῷ besitzt seine Ergänzung im *personalen* σὺν αὐτῷ. Auch dieses hat seine Parallelen bei Paulus; früheste Belege 1Thess 4,17; 5,10; s. auch Röm 6,4 συνετάφημεν; Röm 6,5 σύμφυτοι γεγόναμεν; Röm 6,8 συζήσομεν αὐτῷ.

[38] So wird der Übergang zur Paränese als durch οὖν in Kol 3,1 bezeichnet angegeben, z.B. *Lohse*, KEK, 193 (Verweis auf Röm 12,1). Aber diese Partikel begegnet sowohl bei Paulus (allein 48 mal im Röm) als auch im Kol (5 mal) so oft, daß sie nicht zum Kriterium der Briefgliederung gemacht werden kann. In der Nähe von Kol 3,1 begegnet οὖν in 2,16; 3,5.12.

[39] Schon die paulinische Dialektik von Indikativ und Imperativ ist von einer analogen Spannung geprägt.

Christen bedeutet das, daß er sein gnadenhaftes Mit-Christus-Auferweckt-*Sein* als seine jeweils neue Aufgabe, als sein jeweils neues Sein-*Sollen* begreift. Indem vom Existenzial der Geschichtlichkeit die Rede ist, ist der Mensch vom Existenzial seiner *Zeitlichkeit* aus in den Blick genommen. Zugleich ist aber durch das "Oben" der Mensch in seiner *Räumlichkeit* gesehen. Ist der Christ aber durch sein Auferweckt-Sein im "Oben", im Bereich Christi und somit Gottes, so ist er doch zugleich auch im "Unten". Er führt sozusagen eine Doppelexistenz, doch mit unterschiedlicher Gewichtung der beiden Existenzen. Mit *Erich Gräßer* kann man sagen, daß der Mensch im Himmel sein wahres Leben, seine wirkliche Existenz führt.[40] Die Primärexistenz ist also die himmlische Existenz, das irdische Dasein hat somit seinen Grund in dieser himmlischen Existenz. Daß damit keine Weltflucht gemeint ist[41], zeigt die paränetische Akzentsetzung des Gesamtbriefes. Sicherlich stimmt es, daß man die räumlichen Kategorien als das Proprium des Kol nicht aufweichen darf.[42] Aber die starke Betonung des räumlichen Wirklichkeitsverständnisses hat doch darin ihre Aussagespitze, daß es gerade dabei um den geschichtlich und somit zeitlich existierenden Christen geht. Genau das wird an den Imperativen ζητεῖτε und φρονεῖτε deutlich.

Gerade diese beiden Verben bringen eine Grundstruktur menschlicher Existenz zum Ausdruck. Der Mensch ist immer auf etwas aus. Der

---

[40] *Gräßer*, ZThK 64, 165; doch geht er wohl zu weit, wenn er expliziert, ib. 165: "... auf Erden lebt nur der 'Doppelgänger', der Schatten davon." Darf man angesichts der heutigen Forschung (1992) - *Gräßers* Aufsatz wurde schon 1967 publiziert - noch so unbefangen wie vor einigen Jahrzehnten iranisches und mandäisches Material für die Interpretation ntl. Schriften heranziehen (z.B. Verweis auf die *daêna*)? Hier kann ich nicht zur umstrittenen Gnosisfrage Stellung nehmen. Ich nehme aber an, daß *Elemente* gnostischen Denkens schon in der zweiten Hälfte des 1. Jh. zu postulieren sind, auch wenn sie literarisch nicht nachweisbar sind - freilich nur Elemente, nicht eine mythologische Gnosis, wie sie in späteren Zeugnissen vorliegt. M.E. erklären sich so manche ntl. Aussagen, z.B. im Eph oder Joh, vielleicht auch im Kol, in ungezwungenerer Weise, wenn man sie im Horizont solch postulierter gnostischer Elemente versteht. Aber dann sollte man terminologisch besser von protognostischen Vorstellungen sprechen. Manche Aspekte gnostischen Weltverständnisses haben ihre Wurzeln auch im griechischen und hellenistischen Denken! Trotz kritischer Stimmen und trotz vieler neuer Erkenntnisse hat *Hans Jonas* mit seiner existentialen Interpretation der Gnosis Wesentliches richtig gesehen. Insofern möchte ich *Gräßers* Deutung von Kol 3,1-4 erheblich mehr zustimmen, als andere es tun.

[41] So auch die meisten Autoren.

[42] So *Gnilka*, HThK, 173f.; *Gräßer*, ZThK 64, 162, sieht für V.2 in den "*lokal* gebrauchten Präpositionen σὺν (Χριστῷ) und ἐν (τῷ θεῷ) ... die stark *räumliche* Vorstellung" apostrophiert.

Mensch ist geradezu sein *Aus-Sein-auf...* Einen Menschen, der nicht in irgendeiner Weise zielgerichtet ist, gibt es nicht. Immer geht es ihm um irgend etwas, und sei es noch so gering, noch so lächerlich.[43] Diesen Aspekt menschlicher Existenz haben wir schon für Röm 8 bedacht, wo sich φρονεῖν in einer inhaltlich zentralen Aussage findet.[44] Der paulinische Gedanke, daß Subjekt des Sinnens und Trachtens entweder das Fleisch oder der Geist ist, wird also in Kol 3,1f. mit den beiden Imperativen ausgesprochen. Allerdings ist jetzt der Mensch selbst Subjekt des φρονεῖν; vom Heiligen Geist ist dort nicht die Rede.[45]

In Kol 3,1 wird das "Oben" als der Ort bezeichnet, wo Christus zur Rechten Gottes sitzt. Damit greift der Autor eine Wendung auf, die auf die christliche Adaption von ψ 109,1 zurückgeht: εἶπεν ὁ κύριος τῷ κυρίῳ μου Κάθου ἐκ δεξιῶν μου. Es ist aber äußerst fraglich, ob ihm diese alttestamentliche Stelle bei der Niederschrift vor Augen stand. Eher ist anzunehmen, daß er einen urchristlichen Glaubenssatz zitiert.[46]

Mehr noch steckt das *Zeitproblem* in *Kol 3,3*. Der Gegensatz vom jetzt verborgenen und bei der Parusie Christi erst offenbar werdenden Leben liegt nicht im theologischen Aussageduktus des Briefes. Die bisher sich zeigende Markierung innerhalb der Geschichte war die von *damals* und *jetzt* (Kol 1,21f.26). Doch nun geht es um das Zueinander der *Gegenwart* und des künftigen Zeitpunktes der *Parusie*. Diese futurische Ausrichtung des Blicks kommt allerdings noch in Kol 1,5 zur Sprache, wo von der Hoffnung die Rede ist, die im Himmel bereitliegt. Der räumliche Aspekt des theologischen Denkens wird auch hier wieder erkenntlich - das Hoffnungsgut liegt wie ein Deponat für die Zuteilung am Jüngsten Tag dort "oben" bereit[47] - , aber der zeitliche Aspekt ist

---

[43] Richtig hat dies *Josef Ernst*, RNT, 221, gesehen: "Das 'Suchen' ist ein dem Menschen angeborenes Grundverhalten. Es kommt nur darauf an, daß es auf das richtige Ziel hingelenkt wird."

[44] Röm 8,5; in Röm 8 stehen auch die einzigen ntl. Belege für φρόνημα (8,6.7.27).

[45] Vom Geiste (Gottes) spricht der Vf. des Kol nur Kol 1,8 - ganz im Gegensatz zu Paulus und zum Eph!

[46] Paulus *zitiert* ψ 109,1 nicht, spielt aber in 1Kor 15,35 auf V.1b an. Doch dürfte der Vf. des Kol, wenn er 1Kor kannte, diese Anspielung möglicherweise nicht bemerkt haben.

[47] *Ernst*, RNT, 157: "Die Tendenz zur Objektivierung der christlichen Grundhaltungen verdichtet sich im Begriff der Hoffnung auf besonders auffällige Weise... Die Sprache des Apostels bewegt sich in den Bahnen des apokalyptischen Judentums. Gott hat für den Gerechten einen Schatz im Himmel bereitgestellt, der jetzt schon vorhanden, aber noch nicht verfügbar ist ..." S. auch *Woschitz*, Elpis, Hoffnung, 578: "Die Hoffnung 'liegt bereit': sie ist als transzendentes Gut der Sphäre der Vergänglichkeit enthoben. Sie ist nicht Motiv des Lohnes, sondern Grund und Ziel von Glaube und Liebe."

durch den Begriff ἐλπίς herausgestellt.[48] Doch ist *Petr Pokorný* zuzustimmen, daß die "räumliche" Interpretation der christlichen Hoffnung hier die Dimension der künftigen Erfüllung relativiert.[49] Ist nun das Leben der Kolosser, ihre ζωή, die nach Kol 3,3 mit Christus in Gott verborgen ist, κέκρυπται[50], mit diesem verobjektivierten Hoffnungsgut von 1,5 identisch?[51] Da aber in V.4 ausdrücklich Christus als "euer Leben" bezeichnet wird, zuvor jedoch die enge Verbindung der Kolosser mit Christus betont wurde, wird man Kol 3,3f. nicht ungebrochen von 1,5 her interpretieren dürfen. Worum es in diesen Versen geht, ist, daß gerade diese so überaus enge Verbindung der Christen mit Christus in deren geschichtlicher Wirklichkeit noch verborgen ist.[52] Aber es ist eben die geschichtliche Existenz der Christen, die auf das ewige Ziel hin gerichtet ist, ohne daß die gegenwärtige Geschichte als solche ignoriert würde. Die eschatologische Ausrichtung der geschichtlichen Existenz des Christen ist gerade kein Überspringen der Heilsgegenwart, die ja im Mittelpunkt der theologischen Reflexion des Briefes steht.[53]

Eine terminologische Auffälligkeit verdeutlicht den zuletzt herausgestellten Sachverhalt, nämlich eine eigentümliche Verschiebung des κρύπτεσται und des φανερωθῆναι innerhalb des zeitlichen Koordinatensystems. Nach Kol 1,26 war das Mysterium "Christus in euch" seit Urbeginn verborgen, bis es "jetzt" seinen Heiligen offenbart worden ist. Somit ist die Zeit vor Christus die Zeit des Verborgenseins, die Zeit seit Christus die Zeit des Offenbarseins. Nach Kol 3,3f. jedoch ist die Gegenwart - also das νῦν von 1,26! - die Zeit des Verborgenseins, der Zeitpunkt des Jüngsten Gerichts aber erst der Termin des Offenbarwerdens. Ein terminologischer Ausgleich erfolgt nicht.

Wichtiger als diese offensichtlich bestehende terminologische Inkonsistenz ist das Verständnis von *Offenbarung*, das beiden Aussagen zugrunde liegt. Denn wie sich schon für Kol 1,26f. zeigte, ist für den Vf. des Kol Offenbarung ein Geschehen, das Gott in die Wege geleitet und in das er die Menschen einbezogen hat. Offenbarung ist auch im Kol nicht ein primär noëtischer Akt Gottes, sondern ein göttliches Geschehen am

---

[48] ἐλπίς kommt im Kol nur im 1. Kap. vor (1,5.23.27), ἐλπίζειν fehlt ganz.

[49] *Pokorný*, ThHK, 34.

[50] Nach Kol 1,26 ist es das Mysterium, von dem gilt: ἀποκεκρυμμένον ἀπὸ τῶν αἰώνων καὶ ἀπὸ τῶν γενεῶν.

[51] So *Gräßer*, ZThK 64, 161f.: Die ζωή ist das Auferstehungsleben jenseits des Todes, vorerst sicher bei Gott deponiert. Die obere Welt ist "das Depot unseres 'Lebens', d.h. unseres 'Hoffnungsgutes' (1,5)".

[52] Luthers *sub contrario* läßt sich auch für Kol 3,3 aussagen.

[53] Zu Kol 3,1-4 s. auch *Lona*, Die Eschatologie im Kol und Eph, 172ff.

Menschen. Dem "Christus in euch" von 1,27 entspricht in 3,3f., daß Christus "euer Leben" ist. Die Menschen, denen als den Heiligen das Mysterium Gottes offenbart wurde, werden selber mit Christus offenbar werden. Wird nämlich Christus als deren Leben offenbar, φανερωϑῇ, so werden sie dann "mit ihm" offenbar, φανερωϑήσεσϑε, und zwar in der Doxa. Und gerade im Zusammenhang mit dem Geheimnis "Christus in euch" ist von der Hoffnung auf diese Doxa die Rede, Kol 1,27.

Also: Gott hat sein Geheimnis geoffenbart, in Christus ist es jetzt offenbar, am Ende werden die Heiligen in göttlicher Doxa offenbar sein. Diese sind jetzt schon in das Geheimnis der Offenbarung Gottes hineingenommen, sie werden es in besonderer Weise am Ende der Tage sein. Hineingenommen in das Mysterium der Offenbarung bedeutet aber Hineingenommensein in die göttliche Doxa. Festzuhalten ist aber auch, daß der Vf. des Kol *kein Wort über die Offenbarung für die Zeit vor Christus* fand, also für die Zeit des Alten "Bundes"! Der Vf. des Eph wird diesen Sachverhalt korrigieren.

2.3.1.2 Der Epheserbrief

Der Vf. des Eph hat nicht nur, auch aus der Kenntnis der authentischen Paulinen, den Kol theologisch weitergedacht. Er hat vor allem seinen Brief so konzipiert, daß die alte paulinische Einteilung, wie sie im Gal und Röm zu finden ist, nämlich in einen mehr theologischen und einen mehr paränetischen Teil, wieder deutlicher zu erkennen ist als im Kol. Die theologischen Unterschiede zwischen Kol und Eph beruhen teilweise auf einer Weiterentwicklung der theologischen Spezifika des Kol, teilweise aber auch auf einem Aufgreifen solcher Gedanken des Paulus, die der Autor des Kol übergangen hat.

Will man den Eph[54] rhetorisch analysieren, so ist das Resultat wenig ergiebig. Kann man, wie gesagt, den Brief in einen mehr theologischen und einen mehr paränetischen Teil gliedern, so zeigt sich insofern ein Unterschied gegenüber Gal und Röm[55], als der paränetische Teil die Hälfte des Briefes einnimmt. Aber gerade die Paränese des Gal war es ja, die die rhetorische Analyse dieses Briefes für *Hans-Dieter Betz* erschwerte, da sie sich nicht in das Gefüge der rhetorischen partes artis einpaßte. Und der erste Teil des Eph ist zudem alles andere als eine klar aufgebaute theologische Argumentation. Er beginnt mit der Eulogie Eph 1,3-12(14), der in 1,15-21 ein Dank- und Bittgebet folgt - ein Gebet freilich, das voller theologischer Aussagen ist. Im 2. Kap. werden die Epheser als die angesprochen, die "tot" waren und nun "lebendig" sind, weil sie mit Christus auferweckt und in den Himmel versetzt sind. Die Adressaten werden als ehemalige Heiden angesprochen, die in Christus nun Israel nahegekommen sind. Diese Ausführungen sind, obwohl sie formal eine Anrede ausmachen, im Grunde schon wieder eine theologische Abhandlung in nuce, die auf das christologische Ziel ausgerichtet ist: Christus ist unser Friede, nämlich Friede zwischen Juden und Heiden. Diese christologische Aussage zielt aber ihrerseits wiederum auf die Zusage: *Ihr seid* also Mitheilige der Heiligen!

Anders als der Kol, der den zum geoffenbarten Mysterium gehörigen Paulus vor der christologisch ausgerichteten Polemik gegen die "Philosophie" thematisiert, bringt der Eph zuerst die christologischen Ausführungen und dann erst in Kap. 3 die Selbstaussagen des "Paulus" über seinen Apostolat, die durch ein erneutes Gebet abgeschlossen werden. Doch auch der Beginn der eigentlichen Paränese ist durch und durch theologisch strukturiert, vor allem durch ekklesiologische Aussagen.

Die theologische Aussage der *Eulogie Eph 1,3-14* gipfelt in V.10 mit ἀνακεφαλαιώσασθαι τὰ πάντα ἐν τῷ Χριστῷ; dieses "das All in Christus als dem Haupt zusammenzufassen" ist Inhalt des uns kundgetanen Mysteriums von V.9. In dieser theologischen Spitzenaussage vermischen sich offenbarungstheologische, universal-kosmologische und ekklesiolo-

---

[54] Ob es sich wirklich um einen "Epheserbrief" handelt, ist ein textkritisches Problem, das hier unbeachtet bleiben kann.

[55] Mit den anderen authentischen Paulusbriefen kann man den Eph in formaler Hinsicht kaum vergleichen.

gische Dimensionen. Von ihr aus ist die ganze Eulogie inhaltlich zu interpretieren. Das theologische Fundament von V.10 ist aber bereits in 1,3f. gelegt; denn hier finden sich die Denkvoraussetzungen, von denen aus die Eulogie konzipiert ist. Was sich im Kol als Weiterdenken der Existenziale der Zeitlichkeit bzw. Geschichtlichkeit und der Räumlichkeit zeigte, ist in Eph 1,3ff. aufgegriffen, jedoch modifiziert. Das zeitliche Koordinatensystem greift nun in die "Zeit" vor der Zeit zurück. Zwar gibt es dafür in Kol 1,26 mit dem Mysterium, das vor den Äonen und Generationen verborgen war, eine gewisse Analogie. Aber Eph 1,4 bringt gerade mit der Wendung "vor Grundlegung der Welt, πρὸ καταβολῆς κόσμου" eine Aussage über die Christen, die gewissermaßen ihren soteriologischen Ort vor dem Geschehen der Erschaffung der Welt haben. Denn Gott hat sie als "in Christus" befindlich schon damals auserwählt. Es ist nicht einfach der Erwählungsbeschluß Gottes, daß wir eines Tages "in Christus" existieren werden. Vielmehr ist uns "in Christus" eine sozusagen protologische Existenz zugesprochen.[56] Verstand der Kol die Zeit vor dem Offenbarwerden des Mysteriums, also die Zeit des ποτε nur als die Zeit des Unheils, so kennt der Eph nun eine Vergangenheit, und sei es auch die Vergangenheit vor der Zeit der Erschaffung der Welt, als die "Zeit" des Heils. Gott hat uns in unserer *geschichtlichen Existenz* mit allem geistlichen Segen gesegnet, nämlich dem Segen "in Christus", ein Segen freilich, der sich "in den Himmeln" befindet; dem entspricht (καθώς in V.4), daß Gott uns in unserer *protologischen Existenz* auserwählt hat, und zwar wiederum "in Christus". Für diese unsere protologische Existenz besagt das aber, daß trotz des im Grunde zeitnegierenden πρὸ καταβολῆς κόσμου ein "zeitliches" Moment ausgesagt ist, mit dem ἐν Χριστῷ hingegen ein "räumliches". Wiederum können wir vom *"Zeit-Raum"* sprechen.

Ohne daß er auf *Heinrich Schliers* Aussage, wir prä-existierten schon als Erwählte in Christus Bezug nimmt, wendet sich *Rudolf Schnackenburg* gegen ein mögliches Mißverständnis von Eph 1,4: "den Gläubigen wird keine real-personale Präexistenz, auch keine himmliche Entrücktheit in ihrer irdischen Existenz zugesprochen, sondern nur eine himmlische Anwesenheit 'in Christus Jesus'..."[57] Insofern hat Schnackenburg

---

[56] *H. Schlier*, Der Brief an die Epheser. Ein Kommentar, Düsseldorf [7]1971, 49: "Sofern wir Erwählte sind und als Erwählte prä-existieren, prä-existieren wir schon in Christus. Das ist eine christliche Umbildung des jüdischen Theologumenon von der Präexistenz nicht nur des Messias, sondern auch des Heilsvolkes und der Heilsgüter."
[57] *R. Schnackenburg*, EKK X, 50.

recht, als der Vf. des Eph sicherlich nicht eine personale Präexistenz im Sinne etwa der platonischen Anthropologie behaupten will. In Eph 1,3ff. geht es thematisch gar nicht um den einzelnen, sondern gemäß der ekklesiologischen Grundtendenz des Briefes um die *Präexistenz der Kirche*. Freilich ist der einzelne in der Aussage über das ekklesiologische ἡμᾶς[58] impliziert. Schnackenburg spricht von der "Ausdehnung des Christusbereiches bis in die Vorweltlichkeit", die mit der Präexistenz-Christologie zusammenhänge.[59] Das ist korrekt formuliert, verdeckt aber vielleicht etwas die Problematik. Denn die Frage ist ja, wie "wir" als die "in Christus" Befindlichen in dieser Ausdehnung zu denken sind. Man wird diese Frage zuspitzen können: Liegt es überhaupt in der Intention des Vf. des Eph, sich unsere "Prä-Existenz" im vorzeitlichen Christus *vorzustellen*? Oder überschreitet er bewußt die Grenze des Vorstellbaren, um seiner Ekklesiologie höchstes theologisches Gewicht zu geben? Gibt es vielleicht nach seinem theologischen Verständnis insofern etwas "real" Existierendes, als das von Gott Gedachte und Gewollte eben in Gott und somit in Christus bereits eine Realitätsdimension besitzt, die begrifflich weder mit Aussagen der griechischen, vor allem platonischen Philosophie noch mit einer verflachenden Erwählungsvorstellung - "sie werden, wenn sie einst geschichtlich existieren werden, in Christus existieren" - erfaßt werden kann?

Wie unangemessen unser Versuch ist, die vorzeitliche Existenz der Kirche begrifflich zu bewältigen, zeigt auch die räumliche Aussage in Eph 1,3: ἐν τοῖς ἐπουρανίοις (steht ἐν Χριστῷ dazu als Apposition?). Berechtigt ist die Frage, wie diese Aussagen innerhalb der weltanschaulichen Vorgabe des Eph vorgestellt werden könnten. Hier genügt festzustellen, daß ein Bereich über der Erde angenommen ist, als Bereich Gottes verstanden. Doch ist diese weltanschauliche Topographie nicht so sehr als solche für die Interpretation der Eulogie entscheidend. Worauf es hier ankommt, ist, daß ihr Beter seine Existenz im himmlischen Bereich gegründet weiß. Wie er in vorzeitlicher "Zeit" *in Christus* auserwählt war und somit seine Existenz seit Urzeiten in Gott geborgen weiß, so weiß er sich als *in Christus* Existierender mit diesem Christus in den Epurania geborgen. Nicht der in einer bestimmten Weltanschauung vorgestellte Raum und die analog dazu vorgestellte Zeit sind es, die den Beter in seinem ganzen Sein auf Gott hin ausgerichtet sein lassen, sondern dessen *Räumlichkeit* und *Zeitlichkeit*.[60] Indem er sich in dieser Räumlichkeit und dieser Zeitlichkeit versteht, befindet er sich auch schon in der rechten gnadenhaften Beziehung zu Gott.[61]

---

[58] In Eph 1,3-12 steht 7mal ἡμᾶς, zudem in V.9 1mal ἡμῖν.

[59] *Schnackenburg*, EKK, 49.

[60] Beides wiederum als Existenzial verstanden!

[61] Nach *Schnackenburg*, EKK, 49f., dient der Ausdruck ἐν τοῖς ἐπουρανίοις keiner "Himmelstopographie"; mit der lokalen Vorstellung werde vielmehr im jeweiligen Zu-

Die vorzeitliche Erwählung in Christus hat ihre *geschichtliche* Seite. Erstaunlicherweise wird in V.4 sofort das sittliche Ziel genannt: damit wir heilig und untadelig vor ihm[62] seien. Dieser ethische Akzent korrespondiert mit dem paränetischen Zweck des Briefes. Die geschichtliche Seite bezieht sich aber mehr noch auf den *soteriologischen* Aspekt, nämlich auf die Erlösung durch Christi Blut und die Vergebung der Sünden, auf den Reichtum seiner Gnade[63], dann vor allem auf die Kundgabe des Mysteriums seines Willens an uns "zur Verwaltung der Fülle der Zeiten, εἰς οἰκονομίαν τοῦ πληρώματος τῶν καιρῶν", 1,7-10. Gerade die letztere Wendung, mit der der Vf. des Eph auf Gal 4,4 rekurriert, zeigt, wie Gottes Jenseitigkeit, diesmal im Blick auf die Zeit, und sein zeit- und geschichtsimmanentes Wirken zusammengesehen werden. Die Immanenz gewinnt ihren eigentlichen Sinn erst von der Transzendenz her. Es gibt in der *Geschichte* einen Punkt, der von Gott her qualifiziert ist. Aber es ist der Christ in seiner Geschichtlichkeit, für den dieser hervorragende Augenblick der Geschichte bedeutsam geworden ist. Geschichte, auch und gerade die Geschichte Gottes, gewinnt ihren Sinn erst, wo sie in der Geschichtlichkeit menschlicher Existenz verstanden (γνωρίσας ἡμῖν, V.9!) und so zugleich existenzverwandelnd geworden ist.

Das eigentliche Problem stellt sich jedoch erst mit *Eph 1,10*. Da Christus, schon vom Kol her, Haupt der Kirche ist, also κεφαλή des σῶμα, ist anzunehmen, daß ἀνακεφαλαιώσασθαι τὰ πάντα ἐν τῷ Χριστῷ für den Vf. des Eph bedeutet: das All in Christus wie in einer κεφαλή zusammenzufassen.[64] Ist aber das All mit der Kirche identisch? So stellt sich die Frage nach dem *Verhältnis von Kirche und All*. Dieses All, τὰ πάντα, ist in lokaler Hinsicht definiert: τὰ ἐπὶ τοῖς οὐρανοῖς καὶ τὰ ἐπὶ τῆς

---

sammenhang ein geistiger Sachverhalt angedeutet: der Wirkbereich und die Wirkmächtigkeit Gottes (bzw. widergöttlicher Mächte). So gewinne von daher eine existentiale Interpretation der Wendung "in den Himmeln" ihr Recht, aber auch ihre Grenze; denn es gehe zwar um das Verständnis der eigentümlichen, zwischen "Himmel und Erde" eingespannten christlichen Existenz, nicht aber um die menschliche Existenzsituation überhaupt. Damit hat *Schnackenburg* durchaus etwas Richtiges gesehen. Aber die Entmythologisierung, die er im Grunde hier vornimmt, ignoriert m.E., daß dem Vf. des Eph die lokale Vorstellung sehr wichtig ist. Dieser versteht sie sicher im realen Sinn. Doch ist es - und darin hat *Schnackenburg* recht - der "geistige Sachverhalt", den in Eph 1 die "lokale Vorstellung" intendiert. Existentiale Interpretation, im Sinne *Bultmanns*, nicht *Heideggers* verstanden, befragt ja, wenn es um mythologische Texte geht, real gemeinte mythologische Vorstellungen auf ihren Existenzgehalt.

[62] κατενώπιον αὐτοῦ meint "vor Gott", nicht "vor Christus".

[63] χάρις in V.7 ist die geschichtliche Tat Gottes an uns.

[64] Ähnlich auch *Schnackenburg*, EKK, 58f.

γῆς. Nun gäbe es aber insofern eine Möglichkeit, diese Wendung *auch* ekklesiologisch, also nicht nur kosmologisch zu fassen. Indem nämlich nach Eph 1,3 der Bereich ἐν τοῖς ἐπουρανίοις mit dem Bereich ἐν Χριστῷ gleichgesetzt ist, entspricht diesem Bereich der geschichtlich irdische Bereich ἐπὶ τῆς γῆς, da auf dieser Erde die Kirche ἐν Χριστῷ ihre geschichtliche Existenz hat. Dann hätte der Vf. des Eph τὰ πάντα in V.10 ähnlich verstanden wie schon der Vf. des Kol, der in Kol 1,18 die universale Herrscherstellung Christi durch den redaktionellen Einschub τῆς ἐκκλησίας ekklesiologisch interpretierte.[65] Für den Vf. des Eph umfaßt dann, zumindest intentional, das soteriologische Wirken Christi, in dessen Vollzug er ja das Haupt ist, den ganzen Kosmos. Er würde damit auch in der Tradition der paulinischen Theologie stehen (Röm 8,18ff.!). Die Frage, wie denn die Himmel in die Kirche einzugliedern seien, kann in doppelter Weise beantwortet werden: 1. Kein Bereich kann aus dem "in Christus" herausgenommen werden. 2. Christus hat die in den himmlischen Bereichen hausenden Mächte entmachtet und so das All in sein soteriologisches Wirken einbezogen (Eph 6,12). An dieser Entmachtung nehmen aber die im Eph Angesprochenen teil (6,13ff.). *Damit gewinnt die Kirche kosmische Dimensionen.* Theologisch sinnhaft kann das aber nur ausgesagt werden, weil die kosmisch ausgeweitete Ekklesiologie in der kosmisch ausgeweiteten Christologie fundiert ist. Wie immer man die schwierige Frage nach dem Verhältnis von All und Kirche beantwortet, auf jeden Fall wird der Kirche im Sinne des Eph ein gewisser universaler, ja kosmischer Charakter beigemessen. Dieser kosmische, zumindest quasikosmische Charakter ist aber - und daran hängt theologisch alles - vom Sein-in-Christus her zu erfassen. Weil der Christus auch das Haupt des Alls ist, partizipiert die Kirche, eben weil sie der Leib Christi ist, am kosmischen Wesen des Alls.[66]

Wie schon die zentrale Stellung der Kirche in der Theologie des Eph Erbe der Theologie des Kol ist, so auch die *hermeneutische Dimension*

---

[65] *Gnilka*, HThK, 80f.: "Christus ist dabei vorgestellt als Mittler der Neuordnung und Pazifizierung des Alls. Die Christologie des Christusliedes von Kol 1 ist insofern einseitig weitergeführt, als über die Schöpfungsmittlerrolle nicht weiter gesprochen wird und doch vorausgesetzt bleibt, daß die Erlösungsmittlerrolle auf das 'Universum' ausgedehnt ist."

[66] Ähnlich *Rudolf Hoppe*, Stuttgarter kleiner Kommentar - NT 10, 36: "Die Kirche, in der die Fülle Christi gegenwärtig ist, die der Raum ist, in dem sich Christus "aus-wirkt", soll die Welt und das All durchdringen und wachsen und damit die widergöttlichen Mächte besiegen (vgl. 3,10). So soll die Kirche immer mehr der Raum der Christusherrschaft werden. Die Kirche im Eph ist also als kosmische Größe entworfen. Diese kann sie aber nur darstellen, wenn sie *Kirche Christi* ist und diese Bestimmung nicht verliert."

dieser Ekklesiologie. Konstitutiv dafür ist der Begriff μυστήριον, der bereits in der Eulogie begegnet, 1,9.[67] Könnte γνωρίσας in 1,9 noch zu einer rein noëtischen Interpretation des Mysteriums führen, so zeigt doch schon *Eph 1,13*, daß der Vf. des Eph auf sehr eigenwillige Art sogar die Relation von Evangelium und Glaube in *ontologischer* Weise vorstellt und so über den Bereich des rein Noëtischen hinausführt.

Als die, die "in Christus" sind, haben die Epheser das Wort der Wahrheit[68] gehört, das näherhin als "Evangelium eures Heils" charakterisiert wird.[69] Die Epheser haben aber nicht nur "in Christus" dieses Wort gehört, sie sind auch "in Christus" zum Glauben gelangt und so mit dem Heiligen Geist der Verheißung versiegelt worden.[70] Das also, was das Hören, Glauben und im Geiste Gottes Existieren dem Wesen nach ausmacht, ist das In-Christus-Sein. Nur wer "in Christus" ist, hört, glaubt und existiert im Geiste Gottes!

Ist in Eph 1 vom Mysterium noch so die Rede, daß seine hermeneutischen Aspekte als auf die ganze Kirche bezogen deutlich werden, so geschieht in Eph 3 eine gegenüber dem Kol spezifische Modifikation hinsichtlich des *kirchlichen Amtes*. Kol 1,24ff. sprach zwar "Paulus" auch im Blick auf die eigene apostolische Aufgabe vom Mysterium, aber es war nach 1,26 den Heiligen Gottes geoffenbart, νῦν δὲ ἐφανερώθη τοῖς ἁγίοις αὐτοῦ. In *Eph 3,3* hingegen erklärt "Paulus", daß ihm das Mysterium gemäß einer Offenbarung kundgetan sei, κατὰ ἀποκάλυψιν ἐγνωρίσθη μοι τὸ μυστήριον. Und nach V.5 ist es Gottes heiligen Aposteln und Propheten im Geist offenbart worden.[71] Wie sehr dem Vf. des Eph

---

[67] Zu μυστήριον s. vor allem *Lührmann*, Das Offenbarungsverständnis bei Paulus, 124; *Lindemann*, Die Aufhebung der Zeit, vor allem 74ff.; *Caragounis*, The Ephesian Mysterion, in den Kommentaren vor allem *Lohse*, KEK, 118ff., und *Schlier*, Eph, passim.

[68] In ὁ λόγος ἀληθείας dürfte ἀλήθεια weniger im atl. Sinn von ʾæmæt die Zuverlässigkeit und Treue meinen; vielmehr handelt es sich um einen der Begriffe der Offenbarungsterminologie: In der Aletheia wird Gottes Wesen offenkundig, wobei dem Menschen nicht nur etwas kundgetan wird, sondern dieser als der Glaubende ins Offenbarungsgeschehen konstitutiv hineingehört. Im Eph dürfte also ἀλήθεια ähnlich wie in den authentischen Paulinen verstanden sein.

[69] σωτηρία dürfte in diesem Zusammenhang als das gegenwärtige Heil verstanden sein, ganz im Sinne der präsentischen Eschatologie, die der Vf. des Eph aus dem Kol übernommen, aber noch radikalisiert hat.

[70] ἐπαγγελία ist Wiederaufnahme eines zentralen Begriffs der paulinischen Theologie. Im Kol begegnet das Wort nicht.

[71] Wenn er dann in Eph 3,7 erklärt οὗ (sc. τοῦ εὐαγγελίου) ἐγενήθην διάκονος κατὰ τὴν δωρεὰν τῆς χάριτος τοῦ θεοῦ τῆς δοθείσης μοι, dann klingt Kol 1,23 nach. Der Vf. des Eph dürfte aber auch Gal 1,15f.; 2,9 vor Augen gehabt haben, zumal in Eph 3,8 eine ziemlich sichere Anspielung auf Gal 1,16f. und 1Kor 15,9f. vorliegen dürfte.

an den Ämtern der Kirche[72] liegt, zeigt der Sachverhalt, daß das erste formelle Schriftzitat im Eph (mit formula quotationis διὸ λέγει), und zwar mit argumentativer Funktion, in *Eph 4,8* die kirchlichen Ämter begründet. Das ist symptomatisch für die am kirchlichen Amt interessierte Ekklesiologie des Eph.

Zitiert ist in Eph 4,8 ψ *67,19*, und zwar in einer Fassung, für die weder der hebräische noch der LXX-Text als Quelle in Frage kommt.[73] Die zweite Zeile des Psalmverses bringt ἔδωκεν statt ἔλαβες, also eine völlige Umkehrung des Sinns - geben statt nehmen! Auf eine Erklärung für diesen eigentümlichen Tatbestand sei hier verzichtet, da sie Spekulation bliebe. Entscheidend ist, daß ψ 67,19a als Aussage über die Himmelfahrt Jesu verstanden ist. Es ist also der erhöhte Christus, der die Ämter, δόματα, schenkt. Er ist nach Eph 4,10 über alle Himmel hinaus aufgestiegen, ὁ ἀναβὰς ὑπεράνω πάντων τῶν οὐρανῶν, um alles zu erfüllen, ἵνα πληρώσῃ τὰ πάντα. Hier begegnet also wieder πάντα, jene Wendung, die schon in Eph 1,10 Rätsel aufgab. In 4,10 hat sie zunächst einwandfrei kosmologische Bedeutung, steht aber im Dienst der ekklesiologischen Intention. Parallele Aussagen stehen in Eph 1,20-23, wo in V.22 auf ψ 8,7 angespielt ist.[74] Im Zusammenhang mit dieser Anspielung ist die Rede davon, daß Gott den zu seiner Rechten eingesetzten Christus zum Haupt über alles, ὑπὲρ πάντα, für die Kirche "gab" (ἔδωκεν wie 4,11!). Und gerade in 1,23 ist die Kirche als Leib Christi interpretiert, und dieser wiederum als die Fülle dessen, der das All in allem erfüllt, τὸ πλήρωμα τοῦ τὰ πάντα ἐν πᾶσιν πληρουμένου[75].

Zurück zu Eph 4,7ff.! Der erhöhte Christus "gibt" nach V.11 die einen zu Aposteln, andere zu Propheten, Evangelisten, Hirten und Lehrern. Zweck dieses Vorgangs ist vor allem der Aufbau des Leibes Christi, V.12.[76] Und wieder ist die Rede von der Erkenntnis, nämlich der Erkenntnis des Sohnes Gottes. Es geht dem Autor in diesem Zusammenhang aber um die *Einheit*, ἑνότης, von Glaube und Erkenntnis (s. Eph 4,4-6!). Die vielen Ämter haben also die Funktion, die Einheit der Kirche zu sichern. So sollen die Christen zum vollkommenen Menschen werden, εἰς ἄνδρα τέλειον, V.13. Es geht um die Festigkeit der Kirche! Also sollen ihre Glieder keine unmündigen Kinder werden, die vom

---

[72] Das grundlegende Werk zum Amt im Eph (aus kath. Sicht) ist immer noch die exegetisch und theologisch sorgsam gearbeitete Monographie von *Helmut Merklein*, Das kirchliche Amt nach dem Eph.

[73] Zur Herkunft des Zitats s. ib. 65f.

[74] Ein förmliches Zitat dürfte nicht vorliegen, wohl aber eine sehr bewußte Anspielung auf den messianisch verstandenen Vers ψ 8,7. Die 2. Pers. Sing. des Psalms ist in Eph 1,22 in die 3. Pers. Sing. umgeformt. Der Text der Anspielung differiert auch sonst gegenüber dem LXX-Text.

[75] *Hübner*, EWNT III, 261f.; ib. 263f.

[76] Zu οἰκοδομή s. *Kitzberger*, Bau der Gemeinde.

Spiel der Wellen hin- und hergetrieben würden. Wahrhaftig und in Liebe sollen sie auf Christus als das Haupt hinwachsen, αὐξήσωμεν εἰς αὐτὸν τὰ πάντα, ὅς ἐστιν ἡ κεφαλή, Χριστός, V.15. Kein Wunder also, daß "Paulus" mit V.17 einen paränetischen Abschnitt beginnt. Ist aber die οἰκοδομή der Kirche der eigentliche Sinn der kirchlichen Ämter, so haben sie keinen Selbstzweck. Sie kommen von Christus her, sie zielen auf Christus hin. Im Eph ist also *Ekklesiologie*, auch *ekklesiologische Ämterlehre*, ihrem Wesen nach *wurzelhaft Christologie*.

Helmut Merklein hat die theologisch bedeutsame Funktion des Schriftzitats von ψ 67,19 in Eph 4,8 zutreffend umschrieben: "Es verwehrt, den ganzen Passus 4,7ff. bloß als beiläufige Bemerkung zu einigen kirchlichen Ämtern mißzuverstehen. Er gewinnt dadurch vielmehr den Charakter einer grundsätzlichen Erwägung über das Phänomen der δόματα der Kirche, einer - um in heutigen Sprachkategorien zu reden - grundsätzlichen Amtstheologie. Die Begründung der δόματα in der Erhöhung Christi läßt klar erkennen, wie hier - wohl erstmals innerhalb der paulinischen Tradition - Amt, und nicht nur apostolisches, sondern kirchliches Amt schlechthin theologisch reflex wurde. Die ekklesiologische Notwendigkeit des Amtes beginnt sich zu formulieren."[77] Trifft aber zu, was Merklein sagt, so fragt es sich, ob diese Charakteristik - wir gehen hier davon aus, daß sie den theologischen Sachverhalt des Eph trifft - eine Auffassung zum Ausdruck bringt, die die *spezifische* Amtstheologie der römisch-katholischen Kirche und somit nicht das evangelisch-lutherische Amtsverständnis wiedergäbe. Es wäre dann zu fragen, ob der Eph ein Stadium des sog. Frühkatholizismus widerspiegelte, in dem sich erste Strukturen der römisch-katholischen Amtstheologie abzeichneten. Dann aber wäre der Eph im neutestamentlichen Corpus Paulinum - von den Pastoralbriefen einmal abgesehen - diejenige Schrift, die im Gegensatz zu den authentischen Paulinen in kontroverstheologischer Sicht für die konfessionelle Theologie der römisch-katholischen Kirche genutzt werden könnte. Immerhin ist es bemerkenswert, daß wissenschaftliche Kommentare zum Eph in deutscher Sprache im Laufe der letzten Jahrzehnte nur von katholischen Autoren geschrieben wurden (Heinrich Schlier, Joachim Gnilka); selbst in katholisch-evangelischen Gemeinschaftswerken (EKK, ÖTK) war dieser Brief die Domäne katholischer Exegeten (Rudolf Schnackenburg, Franz Mußner).[78] Nun dürfte aber gerade Merkleins Studie über das kirchliche Amt nach dem Eph die Strukturen dieses Amtes in einer Weise dargelegt haben, die auch aus der Perspektive evangelischer Theologie nicht nur diskussionswürdig, sondern weithin auch in sachlicher Hinsicht zutreffend sind. Wenn er

---

[77] *Merklein*, Das kirchliche Amt nach dem Eph, 67.

[78] Z.Z. ist kein von einem evangelischen Autor geschriebener wissenschaftlicher Eph-Kommentar in deutscher Sprache auf dem Buchmarkt erhältlich! Wohl aber gibt es auf der Stufe der auf wissenschaftlicher Grundlage für weitere Schichten geschriebenen Kommentare zwei ausgezeichnete Werke, nämlich die von *Hans Conzelmann* (NTD) und *Andreas Lindemann* (ZB).

herausstellt, daß die Amtstheologie von Eph 4,7ff. direkt als konsequente und systematische Anwendung des ekklesiologischen Prinzips vom Kriterium der οἰκοδομή auf die paulinische Charismenlehre verstanden werden könne[79], so kann man dem nur zustimmen. Desgleichen konvergiert Merkleins Urteil, daß die auf Apostel und Propheten zurückgehende Verkündigung im Eph als *normativ* verstanden werde, mit dem evangelischen Verständnis: "Dadurch bekommt das Amt der am Beginn der Kirchengeschichte wirkenden Apostel und Propheten selbst normativen Status: Apostel und Propheten werden als Fundament der Kirche dargestellt (2,20)."[80] Was in den Prolegomena über den Begriff der *Tradition* gesagt wurde[81], steht durchaus in Einklang mit Merkleins Auffassung, daß der Grund für diese Wertung der Apostel und Propheten in erster Linie ein theologischer sei: "Apostel und Propheten sind Traditionsnorm, weil sie Offenbarungsempfänger sind (3,3ff)"[82]. *Tradition* ist hier nämlich von der apostolischen Verkündigung der Kirche her verstanden. Daß es dann zu einer "Verfestigung" des Amtes als *Institution* kommt, zu einer gewissen objektivierenden Sicht des Amtes, wie sie auch tatsächlich im Eph vorliegt, ist ein notwendiger geschichtlicher Prozeß, den nur der negativ bewerten kann, der ungeschichtlich denkt. Merklein hat recht: "Theologisch ist demnach 'Amt' als Funktion der Tradition des Evangeliums zu charakterisieren, in welchem die Kirche ihr Konstitutivum erkennt."[83] Und auch dem, was er sozusagen als Fazit erklärt, muß der lutherische Theologe zustimmen: *"Amt gehört wesentlich zur Kirche."*[84] Insofern Merklein das kirchliche Amt im Anschluß an den Eph von der Verkündigung der Kirche her versteht, daß er es als "Funktion des Evangeliums und seiner Tradition" definiert und daneben diesen theologischen Sachverhalt als Grundtheologumenon bezeichnet[85], gibt der Monographie ihren hohen ökumenischen Stellenwert. Mit ihr ist sicherlich nicht der konfessionelle Dissens beseitigt, der ja primär ein ekklesiologischer Dissens sein dürfte. Aber Merkleins Studie zeigt, daß es sich lohnt, gerade in der Ekklesiologie das theologische Gespräch als ökumenisches Gespräch zu führen. Von Confessio Augustana Art. IV her - "institutum est ministerium docendi evangelii et porrigendi sacramenta" - gewinnen zentrale Aussagen Merkleins ökumenische Relevanz!

Die Ausführungen über das Mysterium führten also via Apostolat zur Frage nach dem kirchlichen Amt. Mit diesem Komplex meldet sich aber um so energischer die Frage nach *Zeit* und *Geschichte* im Eph. Sie impliziert auch das *Israel*-Problem. Die Antwort findet sich in Eph 2,1ff.

In *Eph 2,1ff.* begegnet wieder das aus der paulinischen Theologie und dem Kol bekannte Schema ποτε - νῦν. Das in 1,4 ausgesprochene

---

[79] *Merklein*, Das kirchliche Amt nach dem Eph, 394.

[80] Ib. 394.

[81] Bd. 1, 37ff.

[82] *Merklein*, Das kirchliche Amt nach dem Eph, 394.

[83] Ib. 395.

[84] Ib. 399; Hervorhebung durch mich. Von den evangelischen Theologen sind es nicht nur die Lutheraner, die das Amt als konstitutiv und essentiell für die Struktur der Kirche beurteilen.

[85] Ib. 398.

Heil in der "Zeit" schon vor der Zeit übergeht der Autor hier. Die Vergangenheit wird nur in dunkelsten Farben gemalt. Die Epheser waren "tot" aufgrund ihrer Untaten und Sünden, in denen sie κατὰ τὸν αἰῶνα τοῦ κόσμου τούτου wandelten, nämlich κατὰ τὸν ἄρχοντα τῆς ἐξουσίας τοῦ ἀέρος, wer auch immer dieser Herrscher genau sein mag. Deutlich ist jedenfalls, daß sich die in ihren Sünden Wandelnden auf eine dämonische Macht ausrichteten. Sie taten, was die Sarx will. Sie waren also Gefangene von Sünde und satanischer Macht. "Wir waren von Natur aus, φύσει, Kinder des Zorns." Gott aber, so 2,5ff., wendete diese elende Situation in seinem Erbarmen. Er hat uns, die Toten, "mit Christus lebendig gemacht, συν-εζωοποίησεν", er hat uns mit ihm auferweckt, συν-ήγειρεν, ja sogar mit ihm in den Epurania inthronisiert "in Christus", συν-εκάθισεν. In Christus und mit Christus sitzen wir also auf dem göttlichen Thron, partizipieren an göttlicher Macht! Größeres kann nicht mehr gesagt werden![86] Doch der Vf. des Eph bringt die Angesprochenen wieder auf die Erde. Es erinnert ein wenig an den eschatologischen Vorbehalt des Paulus von Röm 6,4, wenn es in Eph 2,10 als Begründung heißt, daß wir zu guten Werken "in Christus" geschaffen seien - κτισθέντες also als die Eph-Variante der paulinischen καινὴ κτίσις -, die Gott im voraus bereitet hat, damit wir in ihnen wandeln.[87] Dem περιεπατήσατε κατὰ τὸν αἰῶνα τοῦ κόσμου τούτου... von V.2 entspricht das ἵνα ἐν αὐτοῖς περιπατήσωμεν von V.10. In rhetorischer Hinsicht ist also περιπατεῖν inclusio.

"Paulus" hat hier heidenchristliche Epheser angesprochen. Ausdrücklich sagt er in 2,11: ποτὲ ὑμεῖς τὰ ἔθνη ἐν σαρκί. Sie waren sogenannte Heiden, οἱ λεγόμενοι ἀκροβυστία, sie wurden so genannt von der sogenannten Beschneidung. Hier begegnet nun endlich das Thema Israel, freilich zunächst in einem wohl etwas abfälligen Ton: Die sog. Beschneidung, die mit Händen an der Sarx vorgenommen wurde! Von der Sarx war aber in V.3 sensu malo die Rede. Mag auch in V.11 eine gewisse Verschiebung im Bedeutungsspektrum von Sarx vorgenommen worden sein, unbestreitbar bleibt ein abwertender Tonfall. Aber die Heiden waren - und jetzt wird Israel im positiven Sinne genannt! - zu jener vergangenen Unheilszeit "ohne Christus", der Gemeinde (πολιτεία) Israel entfremdet und fern den verheißenden Heilssetzungen Gottes, ξένοι τῶν

---

[86] Die an die paulinische Rechtfertigungstheologie erinnernden Aussagen in Eph 2,5ff. könnten spätere Glossen sein, *Hübner*, Glossen in Eph 2. M.E. gewinnt durch diese Hypothese der Text an inhaltlicher Geschlossenheit und auch Aussagekraft.
[87] Klingt in προητοίμασεν in Eph 2,10 das protologische Motiv von Eph 1,4 an?

διαϑηκῶν τῆς ἐπαγγελίας; sie waren in einem hoffnungslosen Zustand, waren "Atheisten" "in der Welt". Ihr Unheil war es also, nicht zu Israel gehört zu haben. Man sollte nach diesem Unheilsbild der Ferne von Israel als der Heilsgemeinde annehmen, daß die Heiden endlich ihr Heil in der Aufnahme in die Gemeinde Israel fänden. Doch genau das nicht! Sie, einst fern, sind nun nahe geworden - nicht Israel nahe geworden, sondern "im Blute Christi". Denn er ist unser Friede, der "die beiden, τὰ ἀμφότερα" zu einem gemacht hat, indem er die Scheidewand des Zaunes eingerissen hat. Sie ist dem Kontext nach der Zaun zwischen Israel und den Völkern[88], die nun eins werden, nicht ein größeres Israel, sondern das neue Gottesvolk. Denn Christus hat das Spezifikum des alten Israel, das Gesetz, vernichtet. So hart steht es noch nicht einmal im Gal! Das Gesetz ist nicht wie für Paulus das Mittel gottwidriger Selbstrechtfertigung, es ist das Instrument der Trennung zwischen Israel und den Völkern. Und als dieses Instrument hat Christus es zerstört. So versöhnt er Israel und die Völker, stiftet Frieden zwischen ihnen und ist daher selbst der Friede schlechthin. Als τὸν νόμον τῶν ἐντολῶν ἐν δόγμασιν καταργήσας, 2,15, ist er ἡ εἰρήνη ἡμῶν, 2,14! Von daher gewinnt auch die ironische Bezeichnung der leiblichen Beschneidung der Juden in Eph 2,4 ihren klaren Sinn. Wie Paulus leugnet dieser Deuteropaulus die Heilskraft der Beschneidung. Der theologische Kontext ist aber ein ganz anderer als bei Paulus geworden. Die Rechtfertigungsproblematik, die für Paulus so vital war, ist dem Vf. des Eph in ihrer theologischen Bedeutsamkeit nicht mehr klar. In dieser Hinsicht ist er μακράν (V.13) von Paulus.

Israel hatte seine Heilsfunktion als das Volk, dem die Verheißung für die Heilszeit, auch die Verheißung für die Heiden, gegeben war. Das erinnert an Röm 3,1ff. und steht auch theologisch in der Nähe dieser Stelle. Eine Heilspräferenz Israels für die Gegenwart kennt aber der Vf. des Eph nicht! Auch insofern ist er ein echter theologischer Nachfolger seines Lehrers. Was aber heißt das für die Frage nach der *Geschichte* im

---

[88] Nicht der Zaun zwischen dem Himmel und dieser Erde. Zu diesen beiden Alternativhypothesen s. die Kommentare. Wahrscheinlich kann man mit *Gnilka*, HThK, 140, sagen, daß die Wand - vorausgesetzt, der Verf. des Eph habe hier Tradition übernommen - ursprünglich kosmische Bedeutung hatte und diejenige Mauer bezeichnete, die die Welt Gottes hermetisch von der Welt des Menschen abtrennte, das sie aber vom Verf. des Eph auf das Gesetz bezogen wurde. Auch *Franz Mußner*, ÖTK 10, 75ff., deutet die "trennende Mauer" als das Gesetz und die "beiden Bereiche" dementsprechend als den jüdischen und heidnischen Bereich.

theologischen Denken des Vf. des Eph? Thematisiert wird sie im Eph nur als Gegensatz von vergangener Unheilszeit und gegenseitiger Heilszeit. Das aber heißt, daß Geschichte *als solche* hier nicht in den Blick kommt. Das ist das Wahrheitsmoment der These von *Andreas Lindemann* von der Aufhebung der Zeit.[89] Das aber bedeutet nicht, daß der Vf. des Eph nicht auf sein Geschichtsverständnis befragt werden könnte. Indem er die Erbauung der Gemeinde als Ziel formuliert, indem er die Kirche auch von der ethischen Verantwortung ihrer Glieder her sieht, ist zumindest die Existenz der Kirche in ihrer Geschichtlichkeit anvisiert.

In *Eph 2,14* mit seiner Aussage von Christus als unserem Frieden ist der Bezug zum Alten Testament in besonderer Weise gegeben. Schon in der "messianischen" Prophetie *Jes 9,5* wird das Kind, das uns geboren ist, neben anderen Titeln mit dem des *sār šālôm* bezeichnet. Jes 9 ist in seiner Authentizität umstritten.[90] Doch ist dieses Problem für die Frage nach der Rezeption des Alten Testaments im Neuen unerheblich. Eigenartig ist freilich die Übersetzung der LXX: ἐγω γὰρ ἄξω εἰρήνην ἐπὶ τοὺς ἄρχοντας, εἰρήνην καὶ ὑγίειαν αὐτῷ. μεγάλη ἡ ἀρχὴ αὐτοῦ, καί τῆς εἰρήνης αὐτοῦ οὐκ ἔστιν ὅριον ἐπὶ τὸν θρόνον Δαυίδ. Danach ist nicht der künftige Heilskönig der Friede selbst, er ist nur Empfänger des Friedens. Wichtiger als Jes 9 ist, daß der Verf. des Eph sich anscheinend auf *Jes 57,19* bezieht: εἰρήνην ἐπ' εἰρήνην τοῖς μακρὰν καὶ τοῖς ἐγγὺς οὖσι. Denn in Eph 2,13 finden sich die Worte μακράν und ἐγγύς und in Eph 2,14 εἰρήνη. Dann aber hat dieser Deuteropaulus wie Paulus selbst für seine theologischen Zentralaussagen auf Deuterojesaja zurückgegriffen. Wie für Paulus enthält das Jes-Buch das messianische Evangelium und es ist nicht mehr bloße Heilsaussage im national beschränkten Sinn für Israel. Christus als die Inkarnation des von "Jesaja" angekündigten Weltfriedens ist die Überwindung eines bloß national begriffenen Friedens für das Volk Israel. Heil ist, wie der ganze Eph thematisch zum Ausdruck bringt, kosmischer Natur.

Genannt seien noch folgende alttestamentlichen Zitate und einige Anspielungen im Eph: Gen 1,26f. in Eph 4,24; Sach 1,16 in Eph 4,25; Ps 4,5 in Eph 4,26; Gen 2,24 in Eph 5,31; Ex 20,12/Dtn 5,16 in Eph 6,2f. und Sap 5,17 in Eph 6,13f.

---

[89] *Lindemann*, Die Aufhebung der Zeit.

[90] Die meisten Autoren bestreiten die Authentizität. Deren Argumente halte ich nicht für zwingend. Außerdem: Sollte wirklich in exilisch-nachexilischer Zeit der kommende Friedenskönig - ein Mensch! - als "starker *Gott*" tituliert werden?

Entspricht der präsentischen Eschatologie die hohe Wertschätzung der Ehe - das Einswerden von Mann und Frau ist ja ein großes Geheimnis, nämlich Bild für das enge Verhältnis von Christus und seiner Kirche, Eph 5,32 -, also die auffällige Differenz zu 1Kor 7? Theologisch bedeutsam ist vor allem Eph 5,24 mit der Anspielung auf Gen 1,26. Den Satz zu lesen genügt, um seine Bedeutsamkeit zu erkennen.

2.3.1.3 Der Zweite Thessalonicherbrief

Der 2Thess ist also deuteropaulinischer Brief, theologisch gesehen, das Bemühen, die im 1Thess in apokalyptischer Anschauung zum Ausdruck gebrachte Naherwartung der Parusie zu bestreiten, und zwar ausgerechnet mit apokalyptischen Vorstellungen.[91] *Apokalyptik gegen Apokalyptik!* Der entscheidende Abschnitt ist *2Thess 2,1-12.*

Dies wird vor allem an der Wendung "*der Tag des Herrn,* ἡ ἡμέρα τοῦ κυρίου" in V.2 deutlich. In der LXX ist diese Wendung Wiedergabe von *jôm JHWH,* zumeist unartikuliert als ἡμέρα κυρίου, vor allem in der Wendung ἐγγὺς ἡμέρα κυρίου (Joel 1,15; 2,1; 4,14; Ob 15; Zeph 1,7; nur Jes 13,6: ἐγγὺς γὰρ ἡ ἡμέρα κυρίου). Obwohl also gerade der Tag des Herrn in der LXX als der nahe Tag ausgesagt ist[92], bringt ihn der Vf. des 2Thess im Zusammenhang der Parusieverzögerung: ἐνέστησεν ἡ ἡμέρα τοῦ κυρίου (2Thess 2,2) ist eine Täuschung.

Das Motiv der *Parusieverzögerung* geht aber auch auf frühjüdische Interpretationen der prophetischen (Hab) und apokalyptischen (Dan) Naherwartung zurück. *Wolfgang Trilling*[93] sieht mit *August Strobel*[94] in *Hab 2,3ff.* (Vorgeschichte Jes 13,22; Ez 12,21ff.) den Grundtext für diese Anschauung. Unbestreitbar ist die Interpretation dieser Stelle in *1QpHab VII* bezeichnet. Als Hintergrund von 2Thess 2 ist aber auch der Weg von der im Buche *Daniel* ausgesprochene Naherwartung zur Verzögerung der Erlösung in der *Zehnwochenapokalypse* in *aethHen 93,3-10; 91,12-17* zu sehen.[95]

Daß der Vf. des 2Thess bemüht war, das Problem der nicht eingetroffenen Naherwartung *theologisch* zu lösen, war in der damaligen kirchengeschichtlichen Situation ein notwendiger, unverzichtbarer Schritt. Wie er jedoch die apokalyptische Naherwartung mit Hilfe von wiederum apokalyptischen Vorstellungen in seiner theologischen Reflexion zu korrigieren bemüht war, kann für unsere heutige theologische Aufgabe kaum hilfreich sein. Die jeweilige theologische Anstrengung in Kol und Eph hingegen, die im Horizont der Naherwartung formulierte Theologie des Paulus aus dem Horizont ihrer apokalyptischen Weltanschauung in einem von der Apokalyptik befreiten Horizont hineinzu-

---

[91] *Lindemann,* Paulus im ältesten Christentum 131, charakterisiert ihn als den Versuch, primär apokalyptische Kategorien in die paulinische Tradition einzutragen.

[92] Nur in Mal 3,27 zeigt sich ein gewissen Verzögerungsmotiv: Elia muß zuvor kommen.

[93] *W. Trilling,* EKK XIV, 91f.

[94] *Strobel,* Untersuchungen, 98-116.

[95] *Müller,* TRE 3, 215; er charakterisiert die Zehnwochenapokalypse als konventikelhafte Verengung (Asidäer), als Ergebnis einer theologischen Reflexion. *Müllers* Deutung der Apokalyptik ist freilich z.T. etwas eigenwillig.

bringen und gerade dabei der Gegenwart die tiefere Reflexion zu wid-
men, bedeutet in der neutestamentlichen Wirkungsgeschichte der paulinischen Theologie ein Vorgehen von größter Bedeutsamkeit. Kol und
Eph sind daher im Gegensatz zum 2Thess unverzichtbar, wenn heute die
paulinische Theologie für die kirchliche Verkündigung fruchtbar
gemacht wird. Dies gilt vor allem in ekklesiologischer Hinsicht (Eph!).
Paulus hat das große Verdienst, die Rechtfertigungstheologie in mehr-
fachen Ansätzen je neu durchdacht zu haben. Ihr Grundgedanke blieb
allerdings insofern apokalyptisch akzentuiert, als die Rechtfertigung
durch Gott sola gratia und sola fide als die Antizipation des unmittelbar
bevorstehenden Endgerichts begriffen wurde. Die deuteropaulinischen
Briefe Kol und Eph jedoch haben den Gedanken der Rechtfertigung in
den Hintergrund treten lassen und dafür theologisch Entscheidendes für
die notwendige Überwindung einer in apokalyptischen Begriffen
vorgestellten Naherwartung getan. Die der Kirche und ihrer Theologie
damit überantwortete Aufgabe ist es daher, das Grundanliegen sowohl
des Paulus als auch der beiden deuteropaulinischen Autoren zu wahren,
sie *zusammenzudenken* und für die kirchliche Verkündigung fruchtbar zu
machen.

2.3.1.4 Die Pastoralbriefe

Wie man die Pastoralbriefe wertet, hängt davon ab, wonach man fragt. Wer aus ihnen etwas über die Entwicklung der kirchlichen Ämter um die Jahrhundertwende oder vielleicht auch erst kurz danach erfassen will, erhält interessante Antworten. Wer diese Briefe unter ethischem Gesichtspunkt liest, wird ebenfalls Wichtiges erfahren. Wer sie jedoch auf theologische Reflexion hin untersucht, wird nicht das Niveau paulinischer Reflexion vorfinden. Unbestritten gibt es in ihnen theologisch wichtige Texte; doch sind die wichtigsten unter ihnen wohl Zitate überkommener, vielleicht liturgischer Tradition wie z.B. 1Tim 2,4ff. oder 3,16.

Eine Parallele zu Kol und Eph besteht darin, daß die *Person des Paulus* thematisiert wird. Hier zeigt sich die Vertrautheit des Vf. mit Selbstaussagen des Apostels in den authentischen Paulinen (z.B. 1Tim 1,15f. mit Anspielung auf 1Kor 15,9; s. auch Eph 3,8), jedoch in eigentümlicher Modifikation der Aussage. Von besonderer Wichtigkeit ist in diesem Zusammenhang Tit 1,1-3, wo sich "Paulus" im Präskript des Briefes als Knecht Gottes und Apostel Jesu Christi vorstellt und dabei seine Verkündigungsaufgabe in theologisch dichter Sprache zum Ausdruck bringt. In V.3 sind Offenbarungs- und kerygmatische Terminologie in Verbindung mit soteriologischer gebracht. Dem Autor der Pastoralbriefe liegt also sehr entschieden an der Verkündigungsaufgabe des Paulus.

Ist diese also offenbarungstheologisch und soteriologisch fundiert - theologisch kann es keine bessere Fundierung geben! - und ist damit ein äußerst wichtiger Aspekt des apostolischen Selbstverständnisses des Paulus sachgemäß aufgegriffen[96], so geschieht doch eine bemerkenswerte Verschiebung im Blick auf das Wesen der Verkündigung. Die theologische Wucht des paulinischen Evangeliumsbegriffs, wie sie etwa in Röm 1,16f. begegnet, ist domestiziert, wenn der Apostel "*die gesunde Lehre, ἡ ὑγιαίνουσα διδασκαλία*" (1Tim 1,10; 2Tim 4,3; Titus 1,9; 2,1) verkündet. Zwar ist auch vom Evangelium die Rede, von ihm sogar im Zusammenhang mit dem Begriff δύναμις θεοῦ (2Tim 1,8; vgl. 1Kor 1,18; Röm 1,16). Aber hier geht es gerade nicht darum, daß das Evangelium im Vollzug seiner Verkündigung die Kraft Gottes *ist*, wie dies für die Theologie des Paulus zentral war, sondern, daß der Apostel seine Leiden mit Hilfe der Kraft Gottes durchhält. Wie 2Kor 4 wird die Leidensexistenz des Apostels christologisch ausgesagt; aber der Paulus

---

[96] Nach *Helmut Merkel*, NTD 9/1, 88, hat das Präskript des Röm als Vorbild für den Tit gedient.

der Pastoralbriefe trägt nicht die νέκρωσις τοῦ Ἰησοῦ an seinem Leibe mit sich herum, damit an ihm auch das Leben Jesu offenbar werde, φανερωθῇ (2Kor 4,10f.). Der Gedanke ist modifiziert: Der Apostel vermag zu leiden, weil "uns die Gnade in Christus Jesus vor ewigen Zeiten (!)[97] geschenkt wurde, die aber erst jetzt offenbar wurde" (2Tim 1,9f.) - auch hier also eine Form von φανερωθῆναι: (χάριν) φανερωθεῖσαν δὲ νῦν διὰ τῆς ἐπιφανείας τοῦ σωτῆρος ἡμῶν Χριστοῦ Ἰησοῦ. Die christologischen, soteriologischen, offenbarungstheologischen und kerygmatischen Elemente der paulinischen Theologie begegnen hier, aber in einer ganz anderen theologischen Zusammensetzung. An 2Kor 4 erinnert zwar das mit dem für die Pastoralbriefe typischen πιστὸς ὁ λόγος[98] eingeleitete Wort 2Tim 2,11-13; aber die Tiefe der paulinischen Dialektik zeigt sich hier nicht.[99]

Vom *Alten Testament* war bisher noch nicht die Rede. Und tatsächlich spielt dieses auch in den Pastoralbriefen kaum eine Rolle.[100] Das ist insofern von theologischer Relevanz, als ja gerade der alttestamentliche Hintergrund für die bisher in den Pastoralbriefen genannten Thematiken in den paulinischen Parallelen deutlich war. Der Vf. dieser Briefe kann also diejenige Überzeugung des Paulus, die für diesen eindeutig auch im Horizont der Schrift stehen, ohne den Blick auf sie aufgreifen. In diesem Zusammenhang ist von besonderem Interesse, wie er Röm 1,1-3 abwandelt. Dort ist für den Sohn Gottes, der aus dem Samen Davids stammt, ἐκ σπέρματος Δαυίδ, auf das Evangeliums Gottes verwiesen, das Gott durch seine Propheten in den heiligen Schriften schon im voraus verkündet habe. In 2Tim 2,8 steht auch ἐκ σπέρματος Δαυίδ, aber von der Schrift ist keine Rede mehr! Es heißt nur noch: κατὰ τὸ εὐαγγέλιόν μου.[101]

---

[97] Vgl. Eph 1,4!

[98] 1Tim 1,15; 3,1;4,9; 2Tim 2,11; Titus 3,8; diese Wendung ist auch im Zusammenhang mit ἡ ὑγιαίνουσα διδασκαλία zu sehen.

[99] S. auch *Wolter*, Die Pastoralbriefe als Paulustradition, 95: "Soteriologie und Paränese finden in den Pastoralbriefen ihre Einheit in der Person des Paulus als des aufgrund seines prototypischen Heilsgeschicks authentischen Interpreten des Evangeliums und Garanten des Heils. In diesen Texten ist ... Paränese also in der Tat nicht wie bei Paulus als direkte 'Konsequenz des Kerygmas' verstanden ..."

[100] Bezeichnend ist, daß in *Wolter*, op. cit. im Bibelstellenregister keine atl. Stellen verzeichnet sind! Der Vf. hat zwar solche genannt (z.B. S. 217); aber sie sind in seinen Augen allem Anschein nach nicht essentiell.

[101] Zu Charakterisierung der Pastoralbriefe s. auch *O. Knoch*, NEB, vor allem ib. 6-10.12-14. Er beurteilt sie theologisch etwas positiver, kommt jedoch bei der Auslegung in wichtigen Punkten der unseren recht nahe.

2.3.2 Die Katholischen Briefe (außer 1-3Joh)

2.3.2.1 Der Jakobusbrief als theologisches Schreiben

Daß der Jak in die neutestamentliche Wirkungsgeschichte der paulinischen Theologie gehört, ist unbestritten. Gehört er aber auch in eine Darstellung der Theologie des Neuen Testaments? Kein Geringerer als *Martin Dibelius* hat immerhin erklärt, daß der Jak keine "Theologie" habe.[1] Nun stellt niemand in Abrede, daß dieser Brief einen durch und durch paränetischen Charakter besitzt, daß er eine Paränese ist.[2] Aber auch ein paränetisches Schreiben kann ein zugleich theologisches Schreiben sein. Dieser Sachverhalt trifft vor allem deshalb für den Jak zu, weil sich sein Vf. mit der paulinischen Theologie oder dem, was er dafür hält, auseinandersetzt, vor allem in Jak 2,14-26.[3] Diese Kritik steht im Koordinatensystem seiner Darlegungen über das Gesetz. Auf jeden Fall enthält der Jak theologisches Gedankengut, so daß die Darstellung der neutestamentlichen Wirkungsgeschichte der *Theologie* des Paulus nicht ohne Jak möglich ist. Nicht zum Thema einer neutestamentlichen Theologie gehört jedoch der Inhalt der Paränese des Briefes; er ist hervorragender Gegenstand einer neutestamentlichen Ehtik.[4]

Jak 2,14-26 gehört organisch in die durch den ganzen Brief sich durchziehende Argumentation, die als paränetische zugleich auch weithin theologische Argumentation ist. In diesem Abschnitt geht es um das Verhältnis von *Glaube* und *Werken*.

Auffällig ist, daß von den 16 Vorkommen von πίστις allein 11 in 2,14-26 begegnen.[5] Es ist nicht so, als ob der Vf. nur polemisch und nur in diesem polemischen Abschnitt vom Glauben spräche. Schon zu Beginn des Briefes spricht er von der Bewährung im Glauben, die Standhaftigkeit bewirke; diese aber soll ein vollkommenes Werk, ἔργον τέλειον, bewirken, 1,3f. Recht positiv wird also bereits hier das Verhältnis von Glaube und Werk (Sing.!) dargelegt. Der Glaube ist danach die unverzichtbare Voraussetzung für die christliche Existenz. Glaube und Werk machen sozusagen die Ganzheit der christlichen Person aus. Von jenem synthetischen Existenzverständnis, gegen das Paulus in Gal

---

[1] *M. Dibelius/H. Greeven*, KEK XV, 36; "Theologie" dort in Anführungszeichen.
[2] Ib. 35.
[3] *Ulrich Luck* hat eine der interessantesten Jak-Studien geschrieben und ihr die bezeichnende Überschrift "Die Theologie des Jakobusbriefes" gegeben, ZThK 81, 1ff.
[4] S. vor allem *Schrage*, Ethik des NT, 266ff.
[5] Zudem dreimal Formen von πιστεύειν.

3,10 polemisch zu Felde zieht, ist hier nichts zu spüren. *Christliche Existenz* ist nach Jak 1 *Glaubensexistenz*, denn aus dem Glauben erwächst das Werk. Gal 5,6 scheint theologisch und auch existentiell in nächster Nähe: πίστις δι ἀγάπης ἐν-εργ-ουμένη! Wer Mangel an Weisheit, σοφία, hat, soll sie von Gott im Glauben erbitten; Zweifler - also Menschen ohne Glauben! - sind schwankende Gestalten, sind Menschen ohne Halt in ihrem angeblichen christlichen Dasein, Jak 1,5f. Wem der feste Glaube fehlt, ist ein Mensch mit gespaltener Seele, ἀνὴρ δίψυχος, ein wankelmütiges Wesen, 1,7f. Die Bitte um den Geist erinnert sofort an das Gebet "Salomons" in Sap 9.

In Jak 2,1 ist aber bereits von der Gefährdung des Glaubens die Rede; man soll nicht "mit Ansehen der Person" "den Glauben an unseren Herrn Jesus Christus der Herrlichkeit" haben. Man kann also nach Auffassung des Vf. des Jak sehr wohl an Jesus als dem Herrn der Doxa glauben, ohne sich so zu verhalten, wie es der Christ tun muß (Verletzung der sog. Armenfrömmigkeit, Lieblosigkeit und Verachtung dem Armen gegenüber).

Beginnt der Jak mit einer Aussage über den Glauben, so schließt er auch mit einer solchen, Jak 5,15: Das Gebet des Glaubens wird den Kranken retten. Das Thema des Schlußabschnitts ist aber nicht die Krankenheilung, sondern das Gebet. Die an Jak 1 gewonnene Erkenntnis, daß durch den Vf. des Jak christliche Existenz Glaubensexistenz ist, konkretisiert sich nun darin, daß Glaubensexistenz *Gebetsexistenz* ist.

Die Aussagen des Jak über den Glauben gewinnen ihren spezifischen theologischen Ort durch ihre Verflechtung mit Aussagen über das *Gesetz*. Ist nach Jak 2,1 der Glaube durch προσωπολημψία bestimmt, durch eine Haltung also, die wegen der Hintansetzung des Armen Verachtung des Armen, und somit Menschenverachtung ist, so kennt der Vf. des Jak einen Glauben, der zwar, was seine praktischen Konsequenzen angeht, pervertiert, ja pervers ist, dem aber das Prädikat "Glauben" nicht abgesprochen werden kann. *Glaube* und *Wirkung des Glaubens* sind nach 2,1 *keine notwendige existentielle Einheit*. Somit läßt sich der Glaube an den Herrn Jesus Christus als Für-wahr-halten des Kyrios-Seins Christi definieren. Dadurch erhält der Glaubensbegriff in 2,1 einen etwas intellektualistischeren Anstrich als in 1,2.6 und 5,15, wo ein stärkeres Fiduzialmoment zum Ausdruck kommt.[6] Aber diese begriffliche Trennung von "reinem" Glauben und Auswirkung im ethischen Verhalten in 2,1 präludiert bereits 2,14-26. Es ist diese Ergänzungsbedürftigkeit des Glaubens durch die Werke, die Jak 2,1 in eine Fülle von Aussagen über das Gesetz

---

[6] *F. Mußner*, HThK XIII/1, 133, zu Jak 1,6: "... in πίστις [steckt] ein ganz starkes Moment des Vertrauens auf Gott ..."

eingebettet sein läßt. Dabei wird dieses durch eine Reihe emphatischer Formulierungen in seinem hohen Wert hervorgehoben. Es ist das vollkommene Gesetz der Freiheit, νόμος τέλειος ὁ τῆς ἐλευθερίας, 1,25 (s. auch 2,12), das königliche Gesetz, νόμος βασιλικός, 2,8. Da letztere Wendung in V.9 mit der formula quotationis κατὰ τὴν γραφήν auf das Liebesgebot der Torah Lev 19,18 bezogen ist und somit dieses Gebot deren Grundaussage darstellt, da des weiteren in V.11 Dekaloggebote genannt sind und diese den Grundsatz von V.10 begründen sollen, wonach das ganze Gesetz zu halten sei - ὅστις γὰρ ὅλον τὸν νόμον τηρήσῃ - , weil, wer auch nur gegen ein einziges Gebot verstößt, gegen alle schuldig geworden ist, wird man auch "das vollkommene Gesetz der Freiheit" von 1,25 als die Torah interpretieren müssen.[7] Gerade die Forderung der tätigen Liebe zu den Armen ist also mit dem alttestamentlichen Gesetz begründet! Was der Christ über den "reinen" Glauben hinaus zu leisten hat, ist mit Worten dieses Gesetzes ausgesagt! Zum Glauben an Christus muß daher die schriftgebotene Erfüllung der Torah hinzukommen. *Vom Glauben zum Gesetz!*

Dies klingt in den Ohren dessen, der von Paulus herkommt, hart. Trotzdem sollte man nicht übersehen, daß gerade hier enge Parallelen zu Aussagen des Paulus bestehen. Wie dieser zitiert der Vf. des Jak Lev 19,18. Heißt es in Gal 5,14 πεπλήρωται, so steht τελεῖτε in Jak 2,8 in theologischer Nachbarschaft. Die Nähe von Jak 1,2ff. zu Gal 5,6 wurde schon erwähnt. Man könnte zunächst sagen, daß der Vf. des Jak lediglich einen verengten *Begriff* des Glaubens habe, so daß er halt die Ergänzung dieses Glaubens fordern müsse, um das zum Ausdruck zu bringen, was Paulus mit seinem Glaubensbegriff bereits implizit sagt. Wäre da nicht das der Theologie des Paulus so elementar widersprechende Prinzip von Jak 2,10, man könnte die Aussagen des Jak gut im paulinischen Sinne interpretieren. Paulus will ja genau wie der Vf. des Jak, daß sich der Glaube in der Liebe aus-*wirke*; und daß der Vf. des Jak das alttestamentliche Liebesgebot mit Dekaloggeboten kombiniert, hat ihm doch Paulus selbst in Röm 13,8-11 vorexerziert! Und hat nicht Paulus im Gal trotz seiner antinomistischen Theologie von Gal 5,14 und 6,2, also in paränetischem Zusammenhang, positiv über das Gesetz reden können? Setzen wir voraus, daß der Vf. des Jak mit zumindest einigen Paulusbriefen vertraut war, so konnte er "das Gesetz Christi" von Gal 6,2

---

[7] Dies ist genau jene theol. Grundhaltung, die Paulus in Gal 3,10; 5,3f. aufs entschiedendste ablehnt!

durchaus im Sinne seines "vollkommenen Gesetzes der Freiheit", seines "königlichen Gesetzes" verstehen.[8]

Schwierigkeiten bereitet aber der Identifizierung des "vollkommenen Gesetzes der Freiheit" mit der Torah die Rede vom Worte der Wahrheit, λόγος ἀληθείας, 1,18. Denn dieser Logos ist nach *Dibelius/Greeven* das Evangelium[9], nach *Mußner* (im Zusammenhang mit 1,21) die urapostolische Paradosis[10]. Nun ist es aber wegen der Argumentationseinheit innerhalb des 1. Kap. schwierig, von den Begriffen λόγος ἀληθείας, ὁ ἔμφυτος λόγος und νόμος τέλειος ὁ τῆς ἐλευθερίας die beiden ersten auf das Evangelium, das dritte aber auf die Torah zu beziehen. Vom "eingepflanzten Wort" heißt es, daß es "eure Seelen retten, σῶσαι, könne" - eine Aussage, die für die Torah nicht zutreffen kann! Dann aber ergibt sich das Dilemma, daß "das vollkommene Gesetz der Freiheit" wegen des Argumentationszusammenhangs von 1,24 mit 1,18.21 das Evangelium, wegen des Argumentationszusammenhangs mit 2,8 aber die Torah sein müßte. So kommt Mußner auf die naheliegende Lösung, daß es bei der Wendung von 1,24 "weder nur um das atl. Gesetz (im jüdischen Verstande) noch nur um das 'Evangelium' (im Sinn der Bergpredigt oder gar des Apostels Paulus) geht, sondern um den Willen Gottes, der sowohl nach atl. wie nach ntl. Ethik fordert, dem Nächsten Gutes zu tun".[11] Er spitzt zu: "Das Evangelium ist für ihn 'Gesetz'!"[12]

Mußners Interpretation geht insofern in die richtige Richtung, als in der Tat eine äußerst enge Verbindung zwischen dem Evangelium - das Wort kommt jedoch im Jak nicht vor[13] - und dem Gesetz besteht. Aber seine Formulierung suggeriert eine theologische Grundauffassung, die dem, was der Vf. des Jak intendiert, nicht gerecht wird. Wenn "das Wort

---

[8] Noch nicht war hier die Rede vom hellenistischen, vor allem *stoischen* Hintergrund der Formel νόμος τέλειος ὁ τῆς ἐλευθερίας, den z.B. *Dibelius/Greeven*, KEK, 148ff., deutlich aufgewiesen haben. Wenn es da heißt, daß die Vorstellung von einem solchen Weltgesetz, dessen Befolgung innere Freiheit verleiht, auch auf jüdischem Boden existenzfähig sei (ib. 149), so zeigt das die weithin hellenistische Prägung des damaligen Judentums, wie dies vor allem *Hengel*, Judentum und Hellenismus, gezeigt hat. Von *Seneca* sei zitiert De vita beata 15,7 "deo parere libertas est", von *Philon* Quod omnis probus liber 45 p.452: ὅσοι μετὰ νόμου ζῶσιν, ἐλεύθεροι. Diese philosophie- und religionsgeschichtlichen Parallelen verdeutlichen nur das oben Gesagte, modifizieren es aber nicht.

[9] *Dibelius/Greeven*, KEK, 137.

[10] *Mußner*, HThK, 102. Ob wegen des ἀπεκύησεν an das in der Taufe eingepflanzte Wort (Jak 1,21) zu denken ist, bleibt Spekulation; doch ist der Zusammenhang mit der Taufe ernsthaft zu erwägen.

[11] *Mußner*, HThK, 107.

[12] Ib. 107.

[13] Vor allem kennt der Vf. des Jak die tiefe theol. Anschauung des Paulus vom Evangelium als der Dynamis Gottes nicht; die Repräsentation Gottes im Wort des Evangeliums hat er bei seiner Lektüre des Röm, den er wohl kannte, nicht erfaßt. Zu einer solchen theol. Reflexion reicht es beim Vf. des Jak nicht!

der Wahrheit" das Wort von der Heilstat Gottes in Christus ist, um es in einer nichtjakobëischen Terminologie zu sagen, so *impliziert* es, was das mosaische Gesetz fordert. Aber von diesem Gesetz werden im Jak nur ethische Gebote genannt. Der gesamte Bereich des Kultischen fällt aus dem theologischen Horizont des Vf. heraus. Beschneidung, Speisegebote, Sabbatheiligung usw. - all das ist für ihn völlig uninteressant. In dieser Hinsicht besteht zwischen Röm und Jak keinerlei Differenz. Paulus geht nur insofern über den Jak hinaus, als er ausdrücklich erklärt, daß es keine kultische Unreinheit gibt (Röm 14,14.20).

Mit diesen Darlegungen sind die Voraussetzungen für ein theologisches Verständnis von Jak 2,14ff. gegeben. In 2,14-17 ist der rein paränetische Horizont vorherrschend; er wird ab V.18 durch den theologischen Horizont abgelöst (Lindemann).[14] Ebenfalls mit *Andreas Lindemann* möchte ich in 2,14-26 eine bewußt antipaulinische Polemik annehmen.[15] Der Abschnitt ist so formuliert, daß der direkte Bezug auf paulinische Aussagen - vor allem des Röm - erkenntlich ist.[16] Die Antithese von Glaube und Werken ist paulinisch, das Zitat Gen 15,6 in V.23 im Zusammenhang dieser Antithese ebenso. Die Aussage ἐξ ἔργων δικαιοῦται ἄνθρωπος καὶ οὐκ ἐκ πίστεως μόνον in V.24 ist schwerlich anders denn als Antiformulierung zur Paulusaussage denkbar. Daß der Vf. des Jak auf Gen 22 in V.21 anspielt, ist als Einspruch gegen die paulinische Interpretation von Gen 15,6 zu sehen; für ihn interpretiert Gen 22,9ff. das paulinische Zitat Gen 15,6. Er verbleibt damit im Rahmen des jüdischen Abrahamsverständnisses, wie es z.B. in Sirach 44,20 zum Ausdruck kommt: καὶ ἐν πειρασμῷ εὑρέθη πιστός.[17] Sirach 44,21 fährt bezeichnenderweise fort: διὰ τοῦτο ἐν ὅρκῳ ἔστησεν αὐτῷ ἐνευλογηθῆναι ἔθνη ἐν σπέρματι αὐτοῦ - ein interessanter Kontrapunkt zu Gal 3,8, wo Gen 18,18 (s. auch 12,3) zitiert ist! Dazu paßt ausgezeichnet Jak 2,22: ἡ πίστις συνήργει τοῖς ἔργοις αὐτοῦ καὶ ἐκ τῶν ἔργων ἡ πίστις ἐτελειώθη.

Der Vf. des Jak hat damit eindeutig gegen die paulinische Rechtfertigungstheologie Stellung genommen. Ihn als Polemiker gegen eine Interpretation der paulinischen Theologie zu sehen, die diese mißverstanden habe, ist m.E. nicht möglich. Er sieht in der paulinischen Rechtfertigungstheologie nicht nur die Gefahr, daß Glaube und Werke existentiell auseinandergerissen werden. In seinen Augen *hat* Paulus Glaube und Werk getrennt und die Rechtfertigung so allein vom Glauben als einem bloßen Für-wahr-halten abhängig gemacht. Und dagegen

---

[14] *Lindemann*, Paulus im ältesten Christentum, 245.
[15] Ib. 243.
[16] So auch *Lüdemann*, Paulus, der Heidenapostel II, 200.
[17] Man bedenke, daß Jak 1,2 schon von πειρασμοί die Rede ist!

protestiert er.[18] [19] Die Frage ist jedoch, ob der Vf. des Jak gegen Paulus protestiert, weil er dessen Glaubensbegriff mißverstanden hat oder weil er dessen sehr gut verstandene Theologie in ihrer entscheidenen Aussage treffen will und deshalb, wie Lindemann annimmt, in antipaulinischer Polemik in Jak 2,19 die πίστις als ein bloßes Für-wahr-halten bestimmter Sätze hinstellt.[20]

Nun kann man in der Tat den Gegensatz zwischen Paulus und dem Vf. des Jak nicht dadurch einebnen, daß man sagt, letzterer fürchte, daß ein zu eng gefaßter Glaubensbegriff, vertreten in einer Lehre von der Rechtfertigung allein durch den Glauben, in die Amoralität führe. Der tiefe theologische Graben ist vielmehr dadurch gegeben, daß nach Jak 2,24 die *Rechtfertigung* auch durch Werke zu geschehen hat! Das aber wäre in den Augen des Paulus eine essentielle Zerstörung des christlichen Glaubens. Mag es auch zweifelhaft sein, ob der Vf. des Jak tatsächlich aus polemischen Gründen den paulinischen πίστις-Begriff zur Karikatur eines bloßen Für-wahr-haltens entstellt hat, so hat er doch das zentrale theologische Anliegen des Paulus insofern durchaus richtig erfaßt, als dieser die auch organisch aus dem Glauben erwachsenen Werke der Liebe (Gal 5,6) kategorisch aus dem Prozeß der Rechtfertigung ausgeschlossen hat. Aber dies ist für ihn der casus belli! Deshalb ist Lindemann im Entscheidenden zuzustimmen: "Der Vf des Jak hat Paulus durchaus verstanden. Gerade deshalb protestiert er gegen die paulinische Theologie. Er tut es nicht im Namen des Judentums, nicht im Namen einer 'Gesetzesfrömmigkeit'. Sondern er tut es im Namen einer weisheitlich orientierten christlichen 'Religion'."[21]

Von besonderer Wichtigkeit für die Interpretation des Jak ist der Aufsatz über die Theologie dieses Briefes von *Ulrich Luck*.[22] Er hat überzeugend nachgewiesen, daß der Jak durch eine Weisheitstheologie geprägt ist, die eine bemerkenswerte Geschlossenheit aufweist und die

---

[18] Zu klären wäre noch in einer eingehenden Exegese die crux interpretum *Jak 2,18*. Doch ist die hier vorgelegte Auffassung von Jak 2 zwar nicht völlig, aber doch im wesentlichen unabhängig von dieser Diskussion. Verwiesen sei für sie auf *Burchard*, ZNW 71, 27ff.; *Donker*, ZNW 72, 227ff.; *Neitzel*, ZNW 73, 286ff.
[19] *Lindemann*, Paulus im ältesten Christentum, 245: "Der Glaubensbegriff von V.14-17 hat mit dem paulinischen Verständnis von πίστις im Grunde nichts zu tun... V.19 bestätigt die Feststellung, daß πίστις im Sinne des Jak mit Aussagen der paulinischen Theologie offenbar kaum in einem Zusammenhang steht..."
[20] Ib. 249.
[21] Ib. 250.
[22] *Luck*, ZThK 81,1ff.

auch die theologische Struktur bis in die Einzelheiten hinein bestimmt.[23] Paulus hingegen komme es im Gegensatz zur jüdischen Weisheitstheologie darauf an, zwischen dem Wirken Gottes und dem des Menschen zu unterscheiden.[24] Nicht mehr zustimmen kann ich Luck jedoch, wenn er diese "jakobäische" Theologie als primär nicht durch ein "Anti" bestimmt sieht.[25] Die Frage ist jedoch dann, ob es Wege gibt, die weisheitliche Theologie des Jak in die Theologie des Neuen Testaments zu integrieren. Hier ist noch theologische Arbeit zu leisten.

---

[23] Ib. 23.
[24] Ib. 28.
[25] Ib. 23.

2.3.2.2 Der Erste Petrusbrief - Höhepunkt der Wirkungsgeschichte der paulinischen Theologie

Wenn ein neutestamentlicher Brief nach Paulus, der nicht zur paulinischen Schule gehört, in theologischer Sicht einer besonderen Beachtung würdig ist, dann der 1Petr! Sein Vf. hat, einmal von Kol und Eph abgesehen, wie kein anderer neutestamentlicher Autor in konzeptionell selbständiger Weise die paulinische Theologie verarbeitet und dabei einen eigenen theologischen Entwurf vorgelegt.[26] Trotz des Einspruchs von *Leonhard Goppelt*[27] ist daran festzuhalten, daß er Schriften des corpus Paulinum gekannt hat.[28] Mit *Rudolf Bultmann* wäre sogar zu erwägen, ob nicht der 1Petr sogar zur paulinischen Schule zu rechnen wäre.[29] Doch ist der Begriff "paulinische Schule" vielleicht zu vage, als daß eine bejahende oder verneinende Antwort auch schon die Sache selbst klärte.

Der Brief ist unter *rhetorischen* Gesichtspunkten von *Lauri Thurén* analysiert worden.[30] Seine These: Die rhetorische Analyse zeigt, daß der 1Petr am besten erklärt werden kann "by seeing them (sc. the different parts of the letter) as a distinctive strategic device, designed to be understood differently by various addressees in changing rhetorical situations".[31] Diese These ist bemerkenswert und erwägenswert. Eine Diskussion kann hier nicht stattfinden. Nur soviel sei referiert: Thurén unterscheidet zwei Hörerkreise, einen "passiven" und einen "aktiven". Für beide sei die Disposition unterschiedlicher Art. Sein Schema[32] sei hier wiedergegeben:

General rhetorical situation:

	'passive' audience	'active' audience
Rhetorical unit	Disposition	
1,1-12	Exordium	Exordium I
1,13-2,10	Argumentatio I	Exordium II/Argum. II
2,11-3,12	Argumentatio II	Argumentatio I
3,13-4,11		Argumentatio III
4,12-5,7		Argumentatio IV
5,8-14		Peroratio.

---

[26] Daß es sich um ein deuteropetrinisches Schreiben handelt, wird hier mit den meisten Autoren vorausgesetzt.

[27] *L. Goppelt*, KEK XII/1, 48ff.; s. auch die vorsichtige Argumentation von H. *Frankemölle*, NEB, 25 (unter Berufung auf *N. Brox*): "Zwar setzt nach Brox 1Petr paulinische Theologie voraus, weit mehr jedoch greift der Vf. auf mit Paulus gemeinsame, liturgische und homiletische Traditionen urchristlicher Theologie zurück." Damit ist jedoch der Einfluß der paul. Theol. auf den Vf. des 1Petr zu stark reduziert.

[28] So z.B. *Lohse*, Die Entstehung des NT, 133.

[29] *Bultmann*, Theol. des NT, 495.

[30] *Thurén*, The Rhetorical Strategy of 1 Peter.

[31] Ib. 183.

[32] Ib. 162.

Für unsere Darstellung der Theologie des 1Petr genügt es, wenn wir zur Kenntnis nehmen, daß der Brief mehrere Einzelargumentationen bringt. Sieht Thurén in 1,1-12 das *exordium*, so wird man dem teilweise zustimmen. Jedoch ist 1,1f. davon zu trennen und als Präskript zu beurteilen. Insofern hat 1,3ff. den Charakter des exordium, als die hier vorliegende Eulogie trotz ihres Gebetscharakters theologisch Fundamentales für den Gesamtbrief aussagt (ähnlich Eph 1,3ff.!). Die Adressaten sind in diesem Abschnitt betont angesprochen; die 2. Pers. Plur. findet sich jedoch über V.9 hinaus nahezu im ganzen Brief. Trotzdem dürfte nach diesem Vers zunächst eine Zäsur gegeben sein. Während 1,3-9 in der Form der Eulogie die Adressaten als die Glaubenden, denen das Heil, die σωτηρία, zuteil ward, geradezu emphatisch angesprochen sind, geht es in 1,10-12 um die *Propheten*, um ihre Prophetie auf Christus hin.

Damit ist aber das für den ganzen Brief bestimmende Moment des *Vetus Testamentum in Novo receptum* betont angegeben. Die Theologie des 1Petr ist weithin eine Theologie, die die Schrift bedenkt und dies durch Schriftzitate, mit formulae quotationis eingeleitet, zum Ausdruck bringt. Die Schrift hat elementar *prophetischen* Charakter, auch wenn der Verf. nicht nur Propheten zitiert. Da es ihm aber um die enge Verbindung von Heilszusage und Aufforderung zu christlich verantwortlicher Existenz geht, verwundert es nicht, wenn die Schriftzitate auch paränetische Zwecke verfolgen. Das bedeutet aber nicht, daß sie damit aus dem theologischen Gesamtduktus des Prophetischen herausgenommen wären.

Aus den *prophetischen Büchern* stammen folgende Zitate: Jes 40,6-8 (1Petr 1,24f.), Jes 28,16 (1Petr 2,6), Jes 8,14 (1Petr 2,8),[33] Jes 53,9 (1Petr 2,22).[34] Aus den *übrigen Schriften des Alten Testaments* finden sich folgende Zitate: Lev 19,2 u.ö. (1Petr 1,16), ψ 117,22 (1Petr 2,7), ψ 33,13-17 (1Petr 3,10-12), Prov 11,31LXX (1Petr 4,18), Prov 3,34LXX (1Petr 5,5).

Die Eulogie ist in theologisch dichter Sprache formuliert. Das entscheidende Stichwort ist bereits in V.3 ausgesprochen: ἀναγεννήσας. Gott hat uns nach seiner großen Gnade *wiedergeboren*.[35] Die theologische Wurzel der Vorstellung von der Wiedergeburt in der Theologie des Paulus ist der Begriff der καινὴ κτίσις (Gal 6,15; 2Kor 5,17). Ist der

---

[33] 1Petr 1,9f. spielt u.a. auf Jes 43,20f. und Hos 2,23 an; doch liegt kein förmliches Zitat vor.

[34] In V.23 auch Anspielung auf Jes 53,7; in V.24 auf Jes 53,4; in V.25 auf Jes 53,6 und Ez 34,5f.

[35] Zur religionsgeschichtlichen Herkunft dieses Theologumenons s. die Kommentare, vor allem *Goppelt*, KEK, 92ff.; *K.H. Schelkle*, HThK XIII/2, 28ff. Für unsere Fragestellung ist dieses religionsgeschichtliche Problem unerheblich, da der *theol.* Sinn des Begriffs Wiedergeburt aufgrund der Konnotation zur Genüge deutlich wird. Damit ist nicht behauptet, daß die historische Frage der Religionsgeschichte theol. hier irrelevant wäre. Aber für die Darlegung der Theol. des 1Petr trägt sie kaum etwas aus.

Mensch aus dem Herrschaftsbereich der Sündenmacht, der ἁμαρτία, herausgenommen, so ist er ein Neuer geworden. Der Mensch im Herrschaftsbereich der Gerechtigkeit Gottes ist eben nicht mehr der, der er zuvor unter der Sünde gewesen ist. Diese hatte ja sein Inneres besetzt und ihn von innen her pervertiert (Röm 7!). Der Gedanke der Wiedergeburt sagt im Grunde nichts anderes. Wer wiedergeboren, von neuem geboren ist, ist nicht mehr der alte. Die Erschaffung des Menschen (Gen 1 und 2) ist für Paulus der angemessene Horizont seiner Aussage von der neuen Schöpfung. Im 1Petr ist dieser Horizont durch die Vorstellung des Neugeborenwerdens individualisiert; doch es ist das gleiche grandiose Wunder der Neu-Werdung wie bei Paulus. Durch die Auferstehung Jesu Christi ist dieser einem neuen Leben geschenkt; und es ist dieses neue Leben des auferstandenen Christus, das den Grund hergibt für das neue Leben der neugeborenen Christen. Es ist das Leben voller Hoffnung auf das unvergängliche Erbe.

εἰς κληρονομίαν in V.4 ist paulinische Diktion (Gal 3 u.ö.). Es ist im Himmel aufbewahrt (vgl. Kol 1,5; 3,3). διὰ πίστεως und εἰς σωτηρίαν finden sich im 1Petr in der Eingangseulogie (1,5), im Röm in der propositio 1,16f. Und auch die Zusammenstellung von ἀποκαλυφθῆναι einerseits und διὰ πίστεως und εἰς σωτηρίαν andererseits ist ebenfalls gut paulinisch (Röm 1,16f.). 1Petr 1,3-9 atmet also in der Tat ganz und gar paulinischen Geist und ist durch 1,10-12, ebenfalls ganz im Sinne des Paulus, im Kontext der als prophetische Verheißung verstandenen Schrift ausgesagt. In V.10 ist die σωτηρία zusammen mit den προφῆται προφητεύσαντες genannt, wobei zudem in V.12 noch einmal eine Verbform von ἀποκαλύπτω erscheint und außerdem eine Verbform von εὐαγγελίζομαι (Passiv). Wie bei Paulus findet sich also die Einheit von Soteriologie und kerygmatischer Theologie. Zudem ist in beiden Briefen die eschatologische Ausrichtung des Ganzen offenkundig.

Das Selbstverständnis der Christen, aufgrund ihrer Berufung *Heilige* zu sein, ist schon für die theologische Überzeugung des Paulus grundlegend. So redet er z.B. die Römer als berufene Heilige, κλητοὶ ἅγιοι an (Röm 1,7).[36] So sicher es ist, daß Paulus von den durch ihre Berufung heilig Gewordenen erwartet, daß sie würdig ihres Heiligseins leben, so motiviert er doch seine Paränese nicht ausdrücklich mit diesem Heiligsein. Doch genau das ist es, was nun im 1Petr geschieht. Der Verf. des

---

[36] Ob dies schon vorpaulinisch das Selbstverständnis aller Christen war, ist schwer zu sagen und kann hier außer Betracht bleiben. Immerhin kann Paulus noch am Ende seiner missionarischen und theologischen Wirksamkeit von der speziellen Gruppe der Heiligen in Jerusalem sprechen, Röm 15,25ff.

Briefes ist der einzige neutestamentliche Autor, der *Lev 19,2*[37] "Seid heilig, denn ich bin heilig!" *zitiert*. Wie für Paulus ist es das Berufensein durch Gott, das das Heiligsein zur Folge hat. Von Gott wird das καλεῖν ausgesagt, von den Christen das ἅγιοι. Über Paulus geht aber "Petrus" hinaus, indem er in diesem Zusammenhang auch das Heiligsein Gottes bringt: *Wie* (nicht weil!, κατὰ τὸν καλέσαντα ὑμᾶς ἅγιον) Gott heilig ist, sollen die Adressaten in ihrem ganzen Verhalten heilig sein, V.15. Dieser paränetische Satz wird dann durch Lev 19,2 begründet.[38] *Goppelt* sieht in Gottes Heiligkeit richtig den Ausdruck seines Wesens: "Er ist unantastbar rein und treu und verwirft ... die ihn verleugnende Unreinheit."[39] Der alttestamentliche Hintergrund von "heilig", *qadôš*, im Sinne von "ausgegrenzt sein" wird zumindest hier nicht explizit ausgesprochen.[40] Worum es dem Verf. des 1Petr geht, ist, daß die Christen - nach 1Petr 2,9 mit *Ex 19,5f.* ein auserwähltes Geschlecht, ein königliches Priestertum und Gottes "besonderes Eigentum"[41] - "in ihrer Grundhaltung und in ihrer Praxis das *werden*, was sie von Gott her schon *sind*"[42].

Zur Paränese: Der enge Zusammenhang von Glaube und Hoffnung einerseits und ethischem Verhalten andererseits wird in 1,13f., also zu Beginn des paränetischen Abschnitts 1,13ff. deutlich. "Petrus" ermahnt zunächst, die Hoffnung ganz auf die Gnade zu setzen, die bei der Offenbarung Jesu Christi - ἀποκάλυψις Ἰησοῦ Χριστοῦ ist hier futurisch-eschatologischer Begriff - geschenkt wird. Danach erfolgt die Mahnung zum Gehorsam und zum Freibleiben von Begierde.[43]

Der paränetische Unterabschnitt 1,13-21 endet - man kann sagen: bezeichnenderweise - mit einer *soteriologischen* Passage (V.18ff.), nämlich dem Hinweis auf den Loskauf mit dem kostbaren Blute Christi.[44] Dieser ist das Lamm ohne Fehl und Makel, eine deutliche Anspielung

---

[37] Ob er in 1Petr 1,16 an diese Stelle oder eine der bereits genannten Parallelstellen dachte, ist schwer zu sagen und auch unerheblich.

[38] Im Zitat selbst ist aber das *kausale* Verhältnis ausgesprochen (ὅτι)!

[39] *Goppelt*, KEK, 118.

[40] Dieser Gedanke mag in 1Petr 1,17 τὸν τῆς παροικίας ὑμῶν χρόνον angedeutet sein, er ist im Brief jedoch nicht thematisch.

[41] So die Einheitsübersetzung.

[42] *Frankemölle*, NEB, 37.

[43] μὴ συσχηματιζόμενοι ταῖς ... ἐπιθυμίαις in 1Petr 1,14 erinnert an μὴ συσχηματίζεσθε τῷ αἰῶνι τούτῳ in Röm 12,2. Auch diese bis ins Verbale gehende Übereinstimmung ist ein weiteres Indiz dafür, daß der Vf. des 1Petr den Röm gekannt hat.

[44] Dieses Blut wurde bereits im Präskript 1Petr 1,2 programmatisch genannt.

auf *Lev 22,17-25*[45]. Kultische Aussagen der alttestamentlichen Opferbestimmungen werden also bewußt aufgegriffen und in einen christologischen Horizont gestellt. Ob man hier von Typologie sprechen sollte, sei dahingestellt. Eine bewußt typologische Absicht des Autors ist jedenfalls nicht erkennbar.

Hat er kultische Aussagen des alttestamentlichen Opfergesetzes aus ihrer kultischen Denkweise herausgenommen? Diese Frage ist deshalb so schwer zu beantworten, weil zuvor geklärt werden müßte, was für einen Begriff von *Kult* der Verf. des 1Petr hatte. In dieser Hinsicht tragen wir freilich zu leicht unsere eigenen Vorstellungen ein. Stellen wir daher nur fest, daß unser Autor keine bewußt antikultischen Aussagen macht und daß er unbefangen auf alttestamentlich-kultische Bestimmungen anspielt. Was darüber hinausgeht, ist nur ein Streit um nachträglich fixierte Begriffe, nicht aber um die Sache selbst.

Die christologisch-soteriologischen Aussagen sind *protologisch* verankert. πρὸ καταβολῆς κόσμου in 1Petr 1,20 erinnert an Eph 1,4, wo dieselbe Wendung begegnet. In beiden Stellen geht es um die protologische Grundlegung des Heilsgeschehens.[46] Auffällig ist in 1Petr 1,20 der weite Bogen vom Proton zum Eschaton. Soteriologie hat also sowohl ihre protologische als auch ihre eschatologische Dimension. Sie umfaßt alles von der Vorvergangenheit bis hin zum Ende der Zeiten. Doch geschieht hier eine eigentümliche Koinzidenz von Gegenwart und Zukunft: Christus ist am Ende der Zeiten, ἐπ᾽ ἐσχάτου τῶν χρόνων, nämlich *jetzt*, erschienen: φανερωθέντος in V.20 ist also in zeitlicher Hinsicht nicht identisch mit ἐν ἀποκαλύψει Ἰησοῦ Χριστοῦ in V.13. Zu diesen Aussagen fügt sich bestens V.21 mit der Aussage über Christi Auferstehung, seine Doxa und den Glauben und die Hoffnung auf Gott.[47]

In 1Petr 1,22 werden die Adressaten als die angesprochen, die sich geheiligt haben, τὰς ψυχὰς ὑμῶν ἡγνικότες. Diese Heiligung, geschehen aufgrund des Gehorsams gegenüber der Wahrheit - ἀλήθεια meint hier

---

[45] Vgl. Lev 22,21 καὶ ἄνθρωπος, ὃς ἂν προσενέγκῃ θυσίαν σωτηρίου τῷ κυρίῳ ... ἐκ τῶν βουκολίων ἢ ἐκ τῶν προβάτων, ἄμωμον ἔσται εἰς δεκτόν, πᾶς μῶμος οὐκ ἔσται ἐν αὐτῷ mit 1Petr 1,19 τιμίῳ αἵματι ὡς ἀμνοῦ ἀμώμου καὶ ἀσπίλου Χριστοῦ. S. auch Ex 29,38-41. In V. 38 heißt es ausdrücklich ἀμνοὺς ἐνιαυσίους ἀμώμους. Da der Vf. des 1Petr in 2,22 Jes 53,9 ausdrücklich im soteriologisch-christologischen Sinne zitiert, ist es durchaus möglich, daß er bei der Formulierung von 1Petr 1,19 auch Jes 53,7 vor Augen hatte: ὡς πρόβατον ἐπὶ σφαγὴν ἤχθη καὶ ὡς ἀμνός ...

[46] Übrigens ist in Eph 1,4 von den Auserwählten als ἁγίους καὶ ἀμώμους die Rede! Daß der Vf. des 1Petr auch den Eph gekannt hat, scheint mir ziemlich sicher zu sein.

[47] In 1Petr 1,21 ist δόξα als die gegenwärtige Doxa Christi ausgesagt, im futurischen Sinne aber in 1Petr 4,13: ἐν τῇ ἀποκαλύψει τῆς δόξης αὐτοῦ.

das Evangelium[48] als das Wort Gottes, das Wort der Offenbarung[49] - , ist gleichbedeutend mit der Realisierung der Aufforderung Lev 19,2/1Petr 1,16. Heiligung ist also hier das Tun des Menschen, nicht das Gnadenhandeln Gottes am Menschen. Natürlich ist dieses menschliche Tun, das sich vor allem in der Liebe konkretisiert, nicht im synergistischen Sinne gemeint. Nun wird allerdings ἠγνικότες zuweilen mit "gereinigt" übersetzt.[50] *Goppelt* verweist dafür auf die Bedeutung von ἁγνιάζειν als terminus technicus in der LXX für die rituelle Reinigung, die kultfähig macht (Ex 19,10; Jos 3,5).[51] Nun ist es aber gerade die Frage, ob hier dieser LXX-Horizont dem Vf. des 1Petr vor Augen steht. Er übernimmt zwar Vorstellungen und Begriffe der Schrift, auch solche, die im kultischen Kontext verankert sind. Aber er denkt entschieden von der christologischen Soteriologie her und interpretiert deshalb aus der Schrift entnommene Vorstellungen und Begriffe vom Heilsgeschehen her, das in Jesus Christus Wirklichkeit wurde (s.o.).

Die Aufforderung zur Liebe aus reinem Herzen wird erneut mit der Wiedergeburt begründet, V.23. Es ist das eigentümliche Interpretationsmuster des 1Petr, daß die theologische Aussage die Paränese begründet und die Paränese dann wieder auf die Heilsaussage rückverweist. Es ist eine gewisse sich wiederholende Kreisbewegung.[52] Die Wiedergeburt wird nun an dieser Stelle ihrerseits begründet, und zwar mit der Schrift in plerophorischer Diktion: Ihr seid wiedergeboren nicht aus vergänglichem, sondern aus unvergänglichem Samen. Und dieser Same ist - die "*Worttheologie*" des 1Petr wird erneut betont vorgetragen - das lebendige und bleibende Wort Gottes, διὰ λόγου ζῶντος ϑεοῦ καὶ μένοντος. Mit der formula quotationis διότι wird dann *Jes 40,6-8* zitiert[53], wonach jeder Mensch, πᾶσα σάρξ, wie eine Blume vergeht, das Wort des Herrn[54] aber in Ewigkeit bleibt. Das erste förmliche Prophetenzitat des 1Petr hat

---

[48] *Goppelt*, KEK, 131.

[49] Richtig *Schrage*, NTD, 79: "Gottes Offenbarung, wie sie im 'Wort der Wahrheit' ... den Menschen trifft und sich als Wahrheit im Gehorsam erschließt"; ähnlich *Schelkle*, HThK, 52: "die göttliche Offenbarung in der christlichen Botschaft". Ob man dies freilich als "rechte Lehre und rechter Glaube der Kirche" explizieren darf, ist fraglich. Diese Umschreibung würde eher auf die Pastoralbriefe zutreffen.

[50] So z.B. die Einheitsübersetzung (*Frankemölle* korrigiert freilich in NEB, die ja die Einheitsübersetzung interpretiert, mit "Weil ihr euer Herz geheiligt habt", ib. 39) und *Goppelt*, KEK, 127. Hingegen übersetzen *Schelkle*, HThK, 51, und *Schrage*, NTD, 78, mit "geheiligt".

[51] *Goppelt*, KEK, 131, Anm. 20.

[52] Im Rahmen unserer Darstellung der Theol. des 1Petr kann nicht dieser sich wiederholenden Kreisbewegung für den ganzen Brief im einzelnen nachgegangen werden. Für diese Argumentationsstruktur des 1Petr s. den aufschlußreichen Aufsatz von E. *Lohse*, Paränese und Kerygma im 1Petr, vor allem ib. 324ff.

[53] In Anlehnung an den LXX-Text, aber doch ihm gegenüber variiert.

[54] τὸ δὲ ῥῆμα κυρίου statt wie in Jes 40,8 τὸ δὲ ῥῆμα τοῦ ϑεοῦ ἡμῶν.

also Gottes Wort zum Inhalt. Und dieses wird in V.25b mit wohl aus Röm 10,6-8[55] entlehntem τοῦτο δέ ἐστιν ausdrücklich mit dem als Evangelium verkündeten Wort identifiziert. 1Petr 1,24f. konkretisiert also, was in 1,10ff. zuvor programmatisch gesagt wurde: Die Propheten sprachen bereits vom leidenden und verherrlichten Christus. Sie verkündeten bereits das Evangelium von Christus. Sie sagten bereits das Wort Gottes als des Evangeliums Wort. Und darüber hinaus sagten sie *als* Wort Gottes, *was* Wort Gottes ist. Der *Prophet* Jesaja wird somit als *Evangelist* vorgestellt. Er verkündet die neutestamentliche Soteriologie. Und er ist zugleich der Prophet der Worttheologie.

Auf die alttestamentlichen Bezüge der petrinischen *Ekklesiologie* wurde bereits hingewiesen. Auch sie hat ihre paulinischen Wurzeln, wie vor allem 1Petr 2,5 zeigt (οἰκοδομεῖσθε[56]). Wiederum bezeichnend ist, daß der Vf. des Briefes für die ekklesiologische Darlegung u.a. auf eine Formulierung zurückgreift, die Paulus für seine Paränese verwendet hat. Der Aussage ἀνενέγκαι πνευματικὰς θυσίας εὐπροσδέκτους [τῷ] θεῷ in V.5 entspricht nämlich Röm 12,1 mit παραστῆσαι τὰ σώματα ὑμῶν θυσίαν ζῶσαν ἁγίαν εὐάρεστον τῷ θεῷ.[57] Auch die ekklesiologischen Aussagen begründet der Vf. des 1Petr mit der Schrift. Wiederum zitiert er Jes, und zwar ausdrücklich mit der aufschlußreichen formula quotationis διότι περιέχει ἐν γραφῇ. Er zitiert Jes 28,16, eine Stelle, die Paulus in Röm 9,33 zitierte: Gott legt den Eckstein; und wer an ihn glaubt, wird nicht zuschanden. Der Jes-Text wird durch einen Psalmtext (ψ 117,22) und einen weiteren Jes-Text (Jes 43,20) bestärkt. Wie in Röm 9-11 läßt also "Petrus" Gott sein Ich aussagen. Und dieses göttliche Ich steht im engsten Kontext mit dem Glauben. So kann "Petrus" in V.9f. dann mit Worten der Schrift den Adressaten theologisch höchste Würde zusprechen: Auserwähltes Geschlecht (Jes 43,20), königliches Priestertum (Ex 19,6), Volk Gottes (Hos 2,23). *1Petr 2,9f.* ist somit ein Höhepunkt in rhetorischer und theologischer Hinsicht zugleich.

Mit 1Petr 2,11 beginnt ein neuer Abschnitt. Die dort vorgetragene Paränese bedarf keiner Kommentierung in einer Darstellung der Theologie. Theologisch relevant ist dann aber wieder, daß mitten in der Paränese (über den Stand der Sklaven) wieder die Christologie zu Worte kommt. Freilich wird hier diese Christologie als Vorbildschristologie

---

[55] Dort τοῦτ᾽ ἔστιν. Natürlich hat der Vf. des 1Petr seine Formeln nicht aus Qumran entlehnt (1QpHab laufendes pišrô ᶜal o.ä.)!

[56] Zu οἰκοδομή/(ἐπ)οἰκοδομεῖν bei Paulus s. vor allem *Kitzberger*, Bau der Gemeinde.

[57] Auf die Nähe des 1Petr zum Röm wurde bereits aufmerksam gemacht.

vorgetragen: Wie Christus gelitten hat, sollen auch die Sklaven leiden. Und ausgerechnet hier bringt der Vf. des 1Petr ein Zitat aus dem *Vierten Gottesknechtslied* (Jes 53,9), auf das dann noch Anspielungen aus dem selben Lied erfolgen (in V.23 auf Jes 53,7, in V.24 auf Jes 53,4 und in V.25 auf Jes 53,6). Man mag in diesem exegetischen Vorgehen des Briefschreibers eine gewisse Abwertung der Soteriologie sehen. Und daran ist in der Tat etwas Wahres. Doch auch Paulus hatte schon das Christuslied Phil 2 einer paränetischen Intention dienstbar gemacht. Und festhalten sollte man unbedingt, daß hier - anders als in den authentischen Paulinen - Jes 53 tatsächlich als Aussage des leidenden Christus *zitiert* wird! Und in V.23ff. *exegesiert* der Vf. Jes 53! In diesen drei Versen hat er das Lied unbestreitbar soteriologisch exegesiert. Paränese geht hier fast unversehens in Soteriologie über.

Ganz im Dienst der Paränese steht aber das Zitat ψ 33,13-17 in 1Petr 3,10-12.[58] Ist es bewußt geschehen, daß hier eine formula quotationis fehlt?

In *1Petr 3,13ff.* wird erneut in paränetischem Kontext - Leiden um der Gerechtigkeit willen[59] - auf den leidenden Christus hingewiesen. Zunächst heißt es unter Anspielung auf Jes 8,12f., κύριον αὐτὸν ἁγιάσατε, in christologischer Spezifizierung (V.15): κύριον δὲ τὸν Χριστὸν ἁγιάσατε. Der paränetische Skopus lautet: Es ist besser zu leiden als Böses zu tun (V.17). Und sofort folgt die christologische Begründung: Auch Christus hat als Gerechter für die Ungerechten gelitten. Das Ziel dieses Leidens ist wieder soteriologisch formuliert: "Damit er euch zu Gott hinführe, nach dem Fleische getötet, aber lebendig gemacht nach dem Geiste." Röm 8 steht im Hintergrund, doch das Begriffspaar σάρξ/πνεῦμα ist nicht genau im paulinischen Sinn verstanden. Der Anschluß in V.19 mit der Predigt an die Geister im Gefängnis ist etwas unvermittelt. "Petrus" kommt anscheinend auf dieses Thema zu sprechen, weil er die *Typologie* "Rettung durch Wasser" bringen will: Acht Menschen, darunter Noah, wurden durch das Wasser gerettet - euch rettet jetzt das Wasser in Gestalt der Taufe. Ausdrücklich ist hier von ihr als dem Antityp, ἀντίτυπον, die Rede (V.21). Eigentümlich ist freilich die Umschreibung des Rettens: Die Taufe ist nicht ein Abtun des leiblichen Schmutzes, sondern die Bitte (!) an Gott um ein gutes Gewissen kraft der Auferstehung Jesu Christi. Nur hier ist im 1Petr ausdrücklich von Typologie die Rede. Nur hier liegt in diesem Brief eindeutig solche Typologie vor. Es ist eine überbietende Typologie: διεσώθησαν δι᾽ ὕδατος für Noah und die Seinen meint im geringeren Maße eine Rettung als das σῴζει βάπτισμα für die Christen. Im eigentlichen Sinne soteriologisch ist nur diese Rettung.

Das Spezifische der Argumentation des 1Petr ist also, daß soteriologische und paränetische Aussagen ineinander verschachtelt sind, beide Aspekte aber in entscheidender Weise als auch vom prophetischen

---

[58] Weithin nach LXX, jedoch mit bezeichnenden Veränderungen, vor allem Imp. der 3. Pers. Sing. statt 2. Pers. Sing.

[59] Der 1Petr dürfte an Adressaten geschrieben sein, die um ihres Glaubens willen Leiden ertragen.

Wort, als Evangelium verstanden, ausgesagt verstanden sind. Darüber hinaus ist gerade der 1Petr derjenige neutestamentliche Brief, der das Vierte Gottesknechtslied ausdrücklich für das Leiden Christi zitiert und soteriologisch-christologisch exegesiert. Dieser Brief ist in der Tat das Dokument eines eigenständigen Weiterdenkens der paulinischen Theologie auf hohem Niveau.

Sowohl für die Frage nach der Wirkungsgeschichte der paulinischen Theologie als auch für die Frage nach der Rezeption des Alten Testaments durch neutestamentliche Autoren ist der Jud von großem Interesse. Er wirft ein Schlaglicht auf die theologische Situation am Ausgang des neutestamentlichen Zeitalters. Leider ist aber die theologische Auswertung des Briefes dadurch erschwert, daß wir die kirchliche und religionsgeschichtliche Situation, in die hinein er geschrieben ist, nicht überzeugend rekonstruieren können.[60] Daß sich der Vf. des Jud zu einer recht bedrohlichen Lage äußert, steht außer Zweifel. Aber die Bedrohung läßt sich nicht ganz durchschauen. Geht es um gnostische Weltverneinung oder eine sonstige Spielart der Gnosis?[61] Wie ist V.19 zu deuten: ψυχικοί, πνεῦμα μὴ ἔχοντες?[62]

Trotz aller Unsicherheiten - deutlich ist auf jeden Fall, daß der Vf. des Jud insofern theologisch nahe bei den Pastoralbriefen steht, als er einen Glaubensbegriff vertritt, nach dem sich die πίστις zu einer gewissen Verfestigung entwickelt hat. Die Adressaten werden aufgefordert, für den ein für allemal den Heiligen überlieferten Glauben zu kämpfen, τῇ ἅπαξ παραδοθείσῃ τοῖς ἁγίοις πίστει,[63] Jud 3. In diesem Sinne ist auch Jud 20 zu verstehen: ἐποικοδοῦντες ἑαυτοὺς τῇ ἁγιωτάτῃ ὑμῶν πίστει. Mag auch hier ein gewisses Moment der *fides qua creditur* zu beobachten sein, so ist doch die *fides quae creditur* bestimmend.

Nun ist es die Überzeugung des Vf. des Jud, daß diejenigen, die in der genannten Weise am Glauben festhalten, nicht wie die gottlosen

---

[60] Zur Diskussion um den Jud s. *Heiligenthal*, ThR 51, 117ff.

[61] Für die Forschungsgeschichte des Jud ist vor allem wichtig *Käsemann*, Eine Apologie der urchristlichen Eschatologie. Er sieht den Brief im Zusammenhang der Auseinandersetzung mit einem Gnostizismus libertinistischer Prägung. Der Brief vertritt die typische Anschauung eines kirchlichen Traditionalismus, nach dem der Geist in der Tradition aufgeht.

[62] S. dazu *Pearson*, The Pneumatikos-Psychikos Terminology. *Sellin*, ZNW 77, 206ff.: Die Häretiker des Judas stehen in einer paul. Tradition, deren ältestes Zeugnis der Kol ist; es sind weder Libertinisten noch Gnostiker im eigentlichen Sinne, sondern eine Bewegung von Wanderlehrern, die pneumatisch bewirkte Ekstasen erleben, bei denen sie über die Engel erhöht werden und wahrscheinlich in historischer Kontinuität zur Theol. des Kol und des Eph Engel und kosmische Menschen verachten. Ferner sind sie unter Berufung auf Paulus Antinomisten, die ausschließlich χάρις und Pneuma betonen.

[63] *K.H. Schelkle*, HThK XIII/2, 149: "Die Begrifflichkeit entwickelt sich auf die Formeln der fides quae creditur hin, wenn Paulus von der 'Predigt des Glaubens' spricht (Röm 10,8; Gal 1,23)... Noch deutlicher sind Ausdrücke wie Eph 4,5... Titus 1,4... 1Tim 3,9... 1Tim 1,19; 4,1; 6,21... Es ergibt sich, daß der Begriff des Glaubens in späteren Schriften des NT immer stärker als fides quae creditur betont wird. So gelangt die Entwicklung endlich bei Jud 3,20 und 2Petr 1,1 an, wobei der Eintritt in die spätapostolische Zeit erkennbar wird."

(ἀσεβεῖς) und zügellosen (εἰς ἀσέλγειαν) Menschen, die in die Gemeinde eingedrungen sind, ein lasterhaftes Leben führen, V.4. Trotzdem, auch den Heiligen schadet Belehrung nicht! Und so erinnert sie der Autor an eine ganze Serie alttestamentlicher Vorkommnisse, vorab an den Exodus, von dessen Teilnehmern der Herr alle, die nicht glaubten, vernichtet hat, V.5. Der Engelsturz Gen 6 wird wahrscheinlich in V.6 beschworen, wie auch aus V.7 hervorgehen dürfte, wo Sodom und Gomorrha (Gen 19) genannt werden. Doch hat der Vf. des Jud in V.6 nicht nur Gen 6 vor Augen gehabt, sondern auch die jüdische Weiterbildung dieser Perikope.[64] Daß er neben den biblischen Belegstellen auch auf pseudepigraphische Literatur zurückgreift, zeigt sich noch einmal in V.9, wo er auf eine nicht mehr erhaltene Stelle aus *Assumptio Mosis* anspielt (Streit des Erzengels Michael mit dem Satan um den Leichnam des Mose). In V.11 nennt er Kain (Gen 4,5-8), den Irrtum Bileams (Num 22,24) und den Aufruhr des Korah (Num 16). Und ohne einen Unterschied zwischen Schrift und Pseudepigraphen zu machen, zitiert er in V.14f. *aethHen 1,9*, und zwar mit der formula quotationis ἐπροφήτευσεν δὲ καὶ τούτοις ἕβδομος ἀπὸ Ἀδὰμ Ἑνὼχ λέγων.[65] Mit dieser formula quotationis wird Henoch gleichberechtigt neben die Propheten des Alten Testaments gestellt!

Damit zeigt sich aber erneut, daß selbst gegen Ende der neutestamentlichen Zeit die Kanonfrage immer noch offen war. Es wurde bereits in den Prolegomena deutlich, daß auf die Frage nach einem eventuellen alexandrinischen Kanon keine letztlich überzeugende Antwort gegeben werden konnte. Die Frage nach einem Kanonsverständnis des Vf. des Jud dürfte kaum angemessen sein. Dieser hat wohl kaum darüber reflektiert; für ihn war entscheidend, daß es eben der fromme Henoch war, der die so bedeutsamen Worte gesprochen hat: "Siehe, es kam der Herr mit seinen heiligen Zehntausenden, um Gericht über alle zu halten und alle Gottlosen zu überführen wegen all ihrer Werke der Gottlosigkeit, die sie getan haben, und um aller trotzigen Reden willen, die sie als die sündhaften Gottlosen gegen ihn geführt haben." Der fromme Henoch also als der Prophet des Gerichts! Die Schrift also als Zeugnis des strafenden Gottes! Sie ist gerade nicht Zeugnis des rettenden Evangeliums. Sie wird als Beispielsammlung für paränetisches Material benutzt.

Der Jud enthält eine ganze Reihe paulinischer Begriffe, wenn auch gegenüber ihrer Verwendung durch Paulus in bemerkenswerter Neuinterpretation, z.B. σωτηρία, πίστις, πνεῦμα (ἅγιον) und δόξα. Aber gerade sie, die bei Paulus ihren alttestamentlichen Hintergrund niemals verloren haben, stehen hier nicht im Kontext derjenigen alttestamentli-

---

[64] S. die Belegstellen bei *Schelkle*, HThK, 155, vor allem in aethHen.

[65] In Jud 14 auch Anspielung auf aethHen 60,8; 93,3.

chen Bezüge, die der Brief enthält. Theologisch vermag er nichts zu geben, was nicht schon anderswo im Neuen Testament gesagt ist. Seine Bedeutung ist rein theologiegeschichtlich, nicht aber im eigentlichen Sinne theologisch.

Das späteste Schreiben des Neuen Testaments ist der 2Petr. Dieser Brief dokumentiert zugleich das chronologische Ende der neutestamentlichen Wirkungsgeschichte der paulinischen Theologie. Die Geschichte der Niederschrift des Neuen Testaments beginnt also mit einem Paulusschreiben, dem 1Thess; sie endet mit einem Brief, der bewußt in der Wirkungsgeschichte des Paulus stehen will, dem 2Petr. Aber gerade er ist Gegenstand eines heftigen Streits der Exegeten. Für die einen ist er nach dem danielischen "Gewogen und für zu leicht befunden" ein Dokument des theologischen Niedergangs und Verfalls, womöglich noch mit dem Epitheton "frühkatholisch" zu versehen. Und schon spielen kontroverstheologische Auseinandersetzungen mit. Andere bemühen sich hingegen um die theologische Ehrenrettung des Briefes; diese Theologen sind zumeist katholische Exegeten. Ist also der 2Petr dazu prädestiniert, die Exegeten konfessionalistisch auseinanderzudividieren? Ist womöglich in diesem Streit um seinen theologischen Wert auch noch der Streit um die paulinische Theologie selbst impliziert, da es ja beim Urteil über ihre Wirkungsgeschichte auch um sie selbst geht? Es wäre schon eine recht unglückliche Optik, würde der chronologische Abschluß der neutestamentlichen Wirkungsgeschichte der paulinischen Theologie einen verborgenen konfessionalistischen Dissens von Paulus aufdecken!

Einige Schlaglichter auf die Situation der so unterschiedlichen Interpretation des 2Petr! Nach *Siegfried Schulz* ist er "das klarste und eindeutigste Zeugnis des Frühkatholizismus im Neuen Testament und als der eigentliche Repräsentant des fortgeschrittenen Frühkatholizismus zugleich die ... fragwürdigste Schrift des ganzen neutestamentlichen Kanons".[66] Der Brief ist "das Testament des von dieser Erde scheidenden und vergotteten Petrus", sein Vf. "der anonyme orthodoxe Schreiber" als "Testamentsvollstrecker des Zwölf-Apostels Petrus".[67] Auch für *Wolfgang Schrage* ist der 2Petr "die späteste und in ihrer *theologischen Bedeutung* fragwürdigste Schrift des Neuen Testaments"[68]. "Zunächst ist es wieder das im Anschluß an den Judasbrief stark betonte Gewicht der apostolischen *Lehrtradition* und ihrer normativen Geltung, das in einer dem Neuen Testament sonst nicht eigenen Einseitigkeit alles beherrschend in den Vordergrund rückt."[69] "... was der Verf. als apostolisches Erbe aus-

---

[66] *Schulz*, Die Mitte der Schrift, 294.

[67] Ib. 295.

[68] *W. Schrage*, NTD 10, 118; Hervorhebung durch *Schrage*.

[69] Ib. 118; Hervorhebung durch *Schrage*.

gibt, [ist] nur ein stark verdünnter Rest dessen, was die apostolische Zeit tatsächlich an Glaubensinhalten geschaffen hatte."[70] "Von einem Vertrauen auf die bezwingende Macht der Proklamation des Evangeliums ist nichts mehr zu erkennen."[71] Es fehlt dem Brief eben "an theologischer Tiefe und geistlicher Kraft", mag er auch "nicht einfach wertlos" sein.[72] Aber schon *Ernst Käsemann* hat 1952 ungeheuer scharf, ja vernichtend über den 2Petr geurteilt: Aus dem Boten des Evangeliums ist der Garant der Tradition geworden, aus dem Zeugen der Auferstehung der Zeuge der historia sacra, aus dem Träger eschatologischen Gotteshandelns das Fundament der Heilsanstalt.[73] "Die christliche Wahrheit liegt tatsächlich abgeschlossen vor und braucht nur von einem Geschlecht zum anderen tradiert zu werden."[74] Und die Rezeption von Jes 65,17; 66,22 in 2Petr 3,13? Ihr Sinn ist nur paränetisch: Weil die kosmische Katastrophe kommt, gilt es, sich in heiligem Wandel und in Frömmigkeit zu bewähren. Und so tragen nach V.12 die guten Werke lediglich dazu bei, daß das Ende rascher erfolgt (jüdisches Theologumenon!) - also Werkgerechtigkeit im krassesten Ausmaße: "Die neuen Himmel und die neue Erde, in denen Gerechtigkeit wohnt, sind demnach das Schauspiel der von ihren Widersachern befreiten und für ihre frommen Werke belohnten Gerechten."[75] Und spricht der Autor in 2Petr 1,4 von der θεῖα φύσις, so ist an die Stelle existentialer Rede die hellenistisch-naturalistische getreten![76] Also: "Die Ontologie und Metaphysik schiebt sich in den Vordergrund."[77]

Die Verteidigung des 2Petr erfolgt, wie zu erwarten, hauptsächlich von katholischer Seite. Da ist vor allem der Kommentar von *Hubert Frankemölle* zu nennen.[78] Er bringt - und das ist zuvor zu sagen - insofern eine essentiell neue Perspektive in die Forschung, als er den Brief nicht in antignostischer Front sieht: "2Petr hat durchgehend eine rein binnenkirchliche Perspektive."[79] Es geht um "hausgemachte" theologische Probleme. Man wird nicht bestreiten können, daß sich der Brief so lesen läßt. Frankemölles Argumente sind schwerwiegend, bedürfen aber noch weiterer Absicherung. Er wirft denen, die "starke Defizite" in Christologie, Soteriologie, Ethik und Eschatologie konstatieren, vor, *ungeschichtlich* zu argumentieren; hier würden nämlich die konkrete Sprachsituation von 2Petr und seine pragmatische Wirkabsicht auf eine ganz bestimmte Gemeindesituation mißachtet.[80] Seine Charakteristik des Briefes: "Das ganze Denken von 2Petr erweist sich als spezifisch hellenistisch-jüdisch - ist jedoch offen in Terminologie und Thematik auch für pagan-griechische, gnostische und mysterientheologische

---

[70] Ib. 118.

[71] Ib. 119.

[72] Ib. 123.

[73] *Käsemann*, Eine Apologie der urchristlichen Eschatologie, 141.

[74] Ib. 142.

[75] Ib. 145.

[76] Ib. 146.

[77] Ib. 148.

[78] *Frankemölle*, NEB.

[79] Ib. 73.

[80] Ib. 74.

Vorstellungen ..., die aber nicht das Grundthema des Briefes betreffen. 2Petr steht im Schnittpunkt dieser Einflüsse, ist aber am stärksten von jüdischen Traditionen und Problemen geprägt."[81] "Die Logik von 2Petr lautet: Die Hoffnung auf die Zukunft ist verbürgt, da der Glaube an die Vergangenheit, an Jesu göttliche Epiphanie seiner 'Größe, Ehre und Herrlichkeit' (V.17f.) verbürgt ist."[82] Und was das Schriftverständnis des 2Petr angeht, so urteilt Frankemölle: "Angesichts der krisenhaften Situation bei den Adressaten und des Versuchs von selbsternannten Schrift- und Offenbarungserklärungen (1,20f.; 2,3.12.18; 3,3f.) ist der Rekurs auf die solidarische kirchliche Tradition und ihre Zeugen verständlich - wenn aus der situativen Lösung nicht eine ungeschichtlich systematische Lehre und kirchenpraktische Dauerregel wird." Zu den Sachfragen ist gleich noch das Nötige zu sagen.

Als Apologie des Briefes kann *Peter Dschulniggs* Studie über den theologischen Ort des Briefes verstanden werden.[83] Als diesen Ort identifiziert er das gesetzestreue Judenchristentum, wie es im Mt vollendet zum Ausdruck gekommen sei.[84] Im Mt hat jedoch Petrus seine besondere Stellung inne (Mt 16,13ff.). So aktualisiert der Verf. des 2Petr den "Primat"[85] des Petrus. Der in diesem Brief erhobene Anspruch, Vollstrecker des Testaments des Petrus zu sein (2Petr 1,13-15), bestehe also auf dem Hintergrund des Mt zu Recht. Daher habe die Kirche des 4. Jhs. ein sicheres Gespür für die *theologische Authentizität* dieses Briefes erwiesen, als sie ihn in den Kanon aufnahm. "Sie hat darin zutreffender geurteilt als einige Exegeten des 20. Jhs., welche die Aufnahme des 2Petr in den Kanon als verfehlt betrachten."[86]

Aufgrund dieser fragmentarischen Skizze der Forschungsgeschichte dürften die Grundprobleme deutlich geworden sein: Wie steht es mit dem *Schriftverständnis* des Verf. des 2Petr, wie mit seiner Christologie und Soteriologie? Hat der Prozeß der *Verobjektivierung* von Glaube und Evangelium in ungebührlicher Weise zugenommen? Wie steht es mit einem eventuellen Gefangensein in jüdischen Vorstellungen, die sich mit dem Evangelium nicht vereinbaren lassen? Zuvor aber einige Bemerkungen zum Aufbau des Briefes!

Richtig hat *Frankemölle* gesehen, daß das Proömium das Gliederungsprinzip des ganzen Briefes bietet, der demgemäß Ausführungen zur Orthodoxie (Glaube an die Herrschaft und Macht Gottes von der Schöpfung an bis zum Gericht) und zur Orthopraxie (Verwirklichung in sittlich gelebter Lebensführung) in gegenseitiger Verwiesenheit aufeinander enthält: "Näherhin setzt 1,3 (Heilsindikativ) die Verse 1,12-21 frei, 1,5-10 (Praxis, Ethik) werden in Kap. 2 entfaltet und 1,11

---

[81] Ib. 78.

[82] Ib. 79.

[83] *Dschulnigg*, BZ 33, 161ff.

[84] Ib. 176f.

[85] Anführungsstriche durch *Dschulnigg*.

[86] Ib. 177.

(eschatologische Verheißung) in Kap. 3."[87] Auffällig ist schon bei flüchtiger Lektüre, wie dominant im Brief die Rolle des *Erinnerns* und in Korrespondenz dazu die des *Erkennens* ist.

Der opinio communis, daß neben hellenistischen Denkvoraussetzungen vor allem *jüdisches* Gedankengut die Darlegungen des 2Petr prägt, sei zugestimmt. Sollte man aber mit Frankemölle annehmen müssen, daß sich das *ganze* Denken von 2Petr als spezifisch jüdisch erweise, so würde sich freilich damit eine substantiell theologische Defizienz dokumentieren. Denn das wäre ein erhebliches Zurückfallen hinter den theologischen Gewinn, der uns in der Theologie des Paulus geschenkt ist. Es wird zwar immer wieder gesagt, daß nicht jede theologische Aussage im Neuen Testament an der paulinischen Theologie gemessen werden darf. Das ist im Prinzip richtig. Aber zugleich gilt auch - und das muß sehr energisch festgehalten werden - , daß es in der Theologie des Paulus elementare Einsichten gibt, die nicht mehr preisgegeben werden dürfen, wenn anders Theologie nicht ihre christliche Substanz verlieren will. Zwar ist nicht jeder theologische Gedanke des Apostels sakrosankt; aber seine glaubensmäßige Grundüberzeugung, zu der das *sola fide* und *sola gratia* zu rechnen und aus der seine je neuen theologischen Bemühungen erwachsen sind, kann der christliche[88] Theologe unter keinen Umständen preisgeben. Sollte also in *dieser* Hinsicht der 2Petr hinter Paulus zurückfallen, so müßte hier aus innerneutestamentlicher theologischer Sachkritik Distanz gegenüber dem Brief geübt werden. Aber es ist erst einmal zu prüfen, ob überhaupt ein solcher elementarer Verstoß vorliegt!

Daß sich der Verf. des 2Petr nicht von der Theologie des Paulus absetzen will, erhellt allein schon daraus, daß er in 3,15f. auf den "geliebten Bruder Paulus" zu sprechen kommt, dessen Briefe er achtend erwähnt, sie aber als zumindest teilweise schwer verständlich charakterisiert.[89] Deshalb haben die Unbelehrbaren und Ungefestigten sie zu ihrem eigenen Verderben (πρὸς τὴν ἰδίαν αὐτῶν ἀπώλειαν) verdreht. Paulus mißzuverstehen führt also ins ewige Verderben! Nun ist es auffällig, daß um die Mitte des 2. Jh.[90] "Petrus" den Paulus ehrenvoll erwähnt, hingegen zu Lebzeiten beider Paulus den Petrus beim factum Antiochenum

---

[87] *Frankemölle*, NEB, 80.

[88] Dies ist ein weitgehender ökumenischer Konsens.

[89] Zum Paulusverständnis des 2Petr s. vor allem *Lindemann*, Paulus im ältesten Christentum, 91ff.

[90] In Rom? *Kümmel*, Einleitung, 383: Auf Rom kann man nur raten.

(Gal 2,11ff.) schärfstens getadelt hat; er habe gegen die Wahrheit des Evangeliums verstoßen. "Petrus" aber anerkennt die Weisheit, σοφία, die dem Paulus von Gott gegeben worden sei. Somit dürfte man um 150 n.Chr. dem scharfen Gegensatz zwischen beiden Männern, wie er in Antiochien ausgebrochen war, nicht mehr besondere Beachtung geschenkt haben. Beide waren sie für die Kirche des 2. Jhs. gemeinsam Blutzeugen, die in Rom das Martyrium erlitten hatten (1Clem 5).

Die *theologische Terminologie* des 2Petr verrät deutlich Kenntnis paulinischer Briefe. Sicher fehlen theologische Begriffe, die für Paulus besonders wichtig waren. Aber andere zentrale theologische Begriffe des Apostels begegnen sogar in betonter Aussage. Schon das Präskript 1,1f. bringt πίστις, δικαιοσύνη τοῦ θεοῦ, ἐπίγνωσις θεοῦ und σωτὴρ Ἰησοῦς Χριστοῦ[91]. Geradezu formelhaft ist im 2Petr der Genitiv τοῦ κυρίου ἡμῶν καὶ σωτῆρος Ἰησοῦ Χριστός geworden (1,11; 2,20; 3,2.18). Aber man sollte diese Formelhaftigkeit nicht zu sehr als theologische Erstarrung bewerten.[92] Den Kyrios zugleich als den Retter zu sehen bedeutet zunächst, das göttliche Herr-Sein Jesu im soteriologischen Horizont zu verstehen.[93] Und wenn im Präskript die Rede von der Gerechtigkeit "unseres Gottes und Retters Jesu Christi" ist, so meint dies keineswegs schon notwendig eine doketische Tendenz.[94]

Sehr viel hängt in der Tat bereits an der Interpretation der Wendung πίστιν ἐν δικαιοσύνῃ τοῦ θεοῦ ἡμῶν καὶ σωτηρος Ἰησοῦ Χριστοῦ in *2Petr 1,1.* "Glaube" meint hier die fides quae creditur. Was aber bedeutet "*Gerechtigkeit*"? Die Parallelstellen dieses Begriffs (2,5; 2,21; 3,13) verstehen ihn im *ethischen* Sinne.[95] Aber die Formulierung in 1,1 erlaubt keinen rein ethischen Sinn, mag er auch in gewisser Weise impliziert sein. Die Deutung des Verses ist schon allein dadurch schwierig, daß ἐν instru-

---

[91] σωτήρ in den authentischen Paulinen nur Phil 3,20, dieses Wort aber 10mal in den Pastoralbriefen.

[92] So in etwa *Schrage*, NTD, 119.

[93] Richtig *Frankemölle*, NEB, 89: "Daß sofort zu Beginn des Briefes, an semantisch exponierter Stelle (ebenso am Ende in 3,18), auf die Soteriologie verwiesen wird, gibt die christologische uns soteriologische Denkweise des Vf. unzweideutig an."

[94] So jedoch *Schrage*, NTD, 119.

[95] Zu *2Petr 2,5*: *K.H. Schelkle*, HThK XIII/2, 208: Nicht der paulinische Inhalt von Gerechtigkeit, die Gott gibt, sondern die Rechtheit als Gott wohlgefälliges Verhalten; Noah mahnt als Gerechter zur Gerechtigkeit. Für Noah als den, der Gerechtigkeit predigt, s. Sib 1,128f.; 1,150-198; Jub 7,20-39; s. auch 1Clem 7,6; 9,4. Zu *2Petr 2,21*: *Schelkle*, HThK, 218: "ὁδὸς ... δικαιοσύνης ist der Wandel in der Rechtschaffenheit." Zu *2Petr 3,13*: *Schrage*, NTD, 146: Der neue Himmel und die neue Erde (nach Jes 65,17; 66,22) sind der Ort der neuen gerechten Ordnung. *Schrage* verweist auch auf PsSal 17,26f.; slavHen 65,8; 4Esr 7,114.

mental oder lokal oder instrumental und zugleich lokal verstanden werden kann: Erlangen wir als *in* der Gerechtigkeit Jesu Christi Befindliche den Glauben oder erlangen wir ihn *durch* eben diesen Glauben?[96] Die instrumentale Bedeutung könnte sich vom wahrscheinlich instrumental verstandenen ἐν ἐπιγνώσει κτλ in V.2 nahelegen. Doch wie immer man hier exegesiert, der *soteriologische* Akzent in 1,1f. ist deutlich erkennbar. Dann aber darf die soteriologische Konnotation für δικαιοσύνη nicht übersehen werden. Handelt es sich aller Wahrscheinlichkeit nach um eine eingliedrige christologische Formel "in der Gerechtigkeit unseres Gottes und Retters Jesus Christus"[97], so steht die Gerechtigkeit von V.1 in der Nähe der paulinischen Theologie. Für Paulus ist nach 1Kor 1,30 Christus Jesus die Gerechtigkeit Gottes, sie ist in ihm manifest, epiphan geworden.[98] Jesus ist unser Gott *als* unser Retter, da er die Gerechtigkeit Gottes ist. Daß Jesus auch als von Gott unterschieden ausgesagt werden kann, zeigt schon V.2; denn dieser Vers besagt die Erkenntnis Gottes *und* die Erkenntnis Jesu, unseres Herrn. Widersprüchlich wird eine solche Deutung der beiden Verse nur, wenn man mit einer hier unpassenden Ontologie begriffliche Abgrenzungen vornehmen will.

Jesus Christus als *Gerechtigkeit Gottes* ist also a parte fortiori als soteriologischer Begriff zu bestimmen. Insofern steht er unbestreitbar in der Tradition der Theologie des Paulus. Damit ist aber nicht gesagt, daß der Vf. des 2Petr die theologische Tiefe und die theologische Reflexionskraft des Völkerapostels erreicht habe. Berücksichtigt man aber die paränetische Abzweckung des Briefes, so ist allen Ernstes zu fragen, ob sich theologische Tiefe, wenn der Verf. sie dennoch besessen haben sollte, in gerade diesem Schreiben zeigen mußte. Hätten wir von Paulus nur den Phlm, wäre niemand auf den Gedanken gekommen, hier läge das Schreiben eines der bedeutendsten und bedeutsamsten Theologen der Christenheit vor!

Dem Verf. des 2Petr geht es - mit *Hubert Frankemölle* - "um die Einheit von Glauben an die Wahrheit (1,12) und Tun der Wahrheit als 'Weg der Wahrheit' (2,2) und als 'Weg der Gerechtigkeit' (2,21)".[99] Wahrheit ist aber immer - zumindest im Neuen Testament - *erkannte* Wahrheit, *verstandene* Wahrheit. Und so ist es für die theologische Intention des 2Petr bezeichnend, daß die von Paulus übernommene Grußformel χάρις ὑμῖν καὶ εἰρήνη in 1,2 die Fortsetzung hat πληθυνθείη ἐν ἐπιγνώσει τοῦ θεοῦ καὶ Ἰησοῦ τοῦ κυρίου ἡμῶν. Der in der Tat "verobjektivierte" Glaube in V.1

---

[96] Die Übersetzungen variieren.

[97] Anders *Frankemölle*, NEB, 89; doch ist sein Argument - "Jesus Christus wird in 2Petr nie Gott genannt" - nicht stichhaltig.

[98] S. auch Röm 3,21f.: δικαιοσύνη θεοῦ πεφανέρωται ... δικαιοσύνη δὲ θεοῦ διὰ πίστεως Ἰησοῦ Χριστοῦ. Gerade das Paulus und 2Petr 1,1 gemeinsame Wortfeld im soteriologischen Zusammenhang ist bei der Exegese von 2Petr 1,1 zu berücksichtigen.

[99] *Frankemölle*, NEB, 80.

wird in V.2 durch die gerade nicht verobjektivierte Erkenntnis Gottes und Jesu in den Kontext der christlichen Glaubensexistenz gestellt. Gnade und Friede sollen durch die Gottes- und Christuserkenntnis zur Fülle kommen. Es geht also um den geschichtlichen Prozeß eines stetigen Wachsens im Glauben. Der Christ ist somit in seiner *Geschichtlichkeit* gesehen. Genau dieser "Sach"-Verhalt muß vor Augen stehen, wenn nun über die Aufnahme hellenistischer ontologischer Begrifflichkeit im Proömium 1,3-11 zu sprechen ist.

Anstößig für viele Exegeten ist, daß in *2Petr 1,3* nicht wie im 1Kor und Röm von der Kraft Gottes, der Dynamis Gottes gesprochen wird, sondern von "seiner *göttlichen Macht*", die uns zum Leben und zur Frömmigkeit gegeben worden ist. Nun stimmt es schon, daß ϑεᾶ δύναμις in der hellenistischen Umwelt des Neuen Testaments die unpersönliche "göttliche" Macht meint.[100] Aber es heißt doch ausdrücklich *seine*, also des persönlichen Gottes göttliche Macht.[101] Die inkriminierte Wendung ist also als argumentum ad hominem bestens verstehbar und "entschuldbar". Auch der zweite Teil von V.3 zeigt den streng *theologischen* Gedankengang des Verf.: Gott gibt uns seine göttliche Macht durch die Erkenntnis - doch wohl die *Glaubenserkenntnis*! - dessen, der uns durch seine Herrlichkeit und Kraft[102] berufen hat. διὰ τῆς ἐπιγνώσεως τοῦ καλέσαντος ἡμᾶς ἰδίᾳ δόξῃ καὶ ἀρετῇ ist, abgesehen von ἀρετή, ganz in paulinischer Begrifflichkeit formuliert. Gotteserkenntnis und Berufung durch Gott korrespondieren einander, wobei unsere Erkenntnis im berufenden Handeln gründet.

Eigentümlich ist in V.4 die Aussage, daß uns durch Gottes Herrlichkeit und Kraft die ehrenvollen und größten Verheißungen, ἐπαγγέλματα, geschenkt seien.[103] Verheißen sind aber die Parusie und die eschatologische Vollendung der Glaubenden (s. auch 3,4.9.12f.).[104] Zweck der eschatologischen Verheißungen ist, daß der Gott Erkennende *teilhaft der göttlichen Natur* wird, ϑείας κοινωνοὶ φύσεως - freilich nicht jetzt, sondern erst anläßlich der Parusie. Daß hier die Grenzen der biblischen, auch neutestamentlichen Sprache überschritten sind, sollte man nicht leugnen, auch nicht herunterspielen. So wie der Verf. des 2Petr in 1,4 formuliert, ist es ein gefährliches Spiel mit der theologischen Sprache. Trotzdem darf das hier Gesagte nicht von vornherein einem Verdikt verfallen. Zunächst ist daran zu erinnern, daß in 1,3 die unbiblische Wendung ϑεία δύναμις durch den Zusatz αὐτοῦ ihrem ursprünglichen unbiblischen Sinn entrissen und theologisch "verwendungsfähig" gemacht wurde. Und was für V.3 gilt, sollte auch für V.4, zumindest als Möglichkeit, eingeräumt

---

[100] Belege s. in nahezu allen Kommentaren.

[101] S. z.B. *Frankemölle*, NEB, 91: Der Verf. des 2Petr "personalisiert sie (sc. die unpersönliche Redeweise der Wendungen und Formeln hellenistischer Frömmigkeit) aber durch 'seine'".

[102] ἀρετή ist hier wohl am besten mit "Kraft" zu übersetzen; so z.B. *Schelkle*, HThK, 186.

[103] Nach V.3 erneut das Perf. von δωρέομαι.

[104] So richtig *Schelkle*, HThK, 188; *Schrage*, NTD, 126; *Frankemölle*, NEB, 91.

werden. Das gilt um so mehr, als ja der in 2Petr 1,4 ausgesprochene Gedanke immerhin gewisse Wurzeln bei Paulus und im Kol hat. Zur Seinsweise und zur Manifestation in Epiphanie Gottes gehört seine *Doxa*, die ja auch in 2Petr 1,3 begegnet. Nach *2Kor 3,18* werden wir - auch eine gewagte und gefährliche theologische Formulierung! - , indem wir die Doxa des Herrn unverhüllt sehen, in dieses Bild umgestaltet (Präsens als Angabe eines prozeßhaften Geschehens), und zwar von Doxa zu Doxa. Hier ist sogar der eschatologische Vorbehalt von 2Petr 1,4 aufgegeben! Und *Kol 3,4* heißt es sogar, daß die Adressaten mit Christus in der Doxa offenbar werden. Die sprachlichen Parallelen ὅταν ὁ Χριστὸς φανερωθῇ und ὑμεῖς σὺν αὐτῷ φανερωθήσεσθε ἐν δόξῃ können nur allzuleicht theologisch mißdeutet werden. Gesteht man aber Paulus und diesem Deuteropaulus zu, daß sie eine theologisch gewagte Sprache sprechen durften, so sollte man nicht von vornherein dies dem Verf. des 2Petr verbieten! Alles kommt also darauf an, wie die in 2Petr 1,4 ausgesagte "Vergottung" vom Verf. des Briefes *gemeint* ist. Unterstellt, er kannte 2Kor 3,18, womöglich auch Kol 3,4, konnte er dann nicht in seiner geistesgeschichtlichen Situation diese Sätze in die Formulierung von 2Petr 1,4 *umsprechen*? Nach *1Kor 15,44* wird ein σῶμα πνευματικόν auferweckt. Man lese diese Stelle neben *2Kor 3,17*: ὁ δὲ κύριος τὸ πνεῦμά ἐστιν! Daß der Verf. des 2Petr den Menschen nicht als von Natur aus bereits göttliches Wesen versteht, sagen nahezu alle Autoren.

So wird man urteilen müssen, daß θείας κοινωνοὶ φύσεως insofern eine äußerst gefährliche theologische Wendung ist, als sie im pantheistischen Sinne (Stoa) oder im Sinne einer Vergottung (Mysterienreligionen) mißverstanden werden *kann*. Aber sie ist von Haus aus nicht so gemeint. Sie ist innerhalb einer Ontologie gesprochen, die wir so nicht übernehmen können. Aber zeitgebundene Ontologien in der Schrift sind darauf zu befragen, was mit ihnen *theologisch* ausgesagt werden soll, nicht was sie in ihrer bloßen vorstellungsmäßigen Vorfindlichkeit auszusagen scheinen. Auch 2Petr 1,4 hat das Recht, *interpretiert* zu werden, hat das Recht auf eine *angemessene Hermeneutik*!

Haben wir bisher versucht, die Wendung "teilhaftig der göttlichen Natur" aus sich selbst und aufgrund des theologischen Kontextes des Briefes zu verstehen, so muß dies nun dadurch ergänzt werden, daß wir nach dem *Zweck* fragen, den der Verf. mit ihr verfolgt. Innerhalb der Argumentation, die ja im Proömium programmatische Argumentation ist, geht es um Paränese. Diese aber ist verankert im betonten Hinweis auf das Tun Gottes: Er hat uns die Verheißungen geschenkt, damit wir durch sie der göttlichen Natur teilhaftig werden. "Durch sie" zeigt aber deutlich genug, daß das eschatologische Heilsgut keineswegs Ergebnis menschlicher Anstrengung ist. Es stimmt einfach nicht, daß hier, wie *Karl Hermann Schelkle* meint, eine synergistische Anschauung vorliege.[105] Die Partizipialkonstruktion in V.4 ἀποφυγόντες κτλ. will keineswegs das Zuvorstehende begründen, "weil ihr dem Verderben der Welt, das durch

---

[105] *Schelkle*, HThK, 188.

die Begierde verursacht ist, entflohen seid".[106] Wenn dann V.5 mit καὶ αὐτὸ τοῦτο einsetzt, so hat gerade Schelkle richtig interpretiert, "eben deshalb", weil den Christen so hohe Zusagen gemacht worden seien, würden sie zur sittlichen Anstrengung gemahnt.[107]

Auf das *Alte Testament* kommt der Verf. in *2Petr 1,16-21* zu sprechen.

Im Proömium 1,3-11, das ja immerhin in programmatischer Zusammenfassung das Briefthema ansagt, war von der *Schrift* weder thematisch noch athematisch die Rede. Wohl ging es dort um die Erkenntnis und den Glauben, es ging dabei um den Ausblick auf die eschatologische Vollendung und um die mit Gottes Handeln begründete Paränese. Mit V.12 zeigt "Petrus", daß er von Gott her zur Verkündigung autorisiert ist. Gegenüber den Adressaten braucht er nur zu *erinnern*, denn sie haben die Erkenntnis der Heilsbotschaft (εἰδότης) und sind insofern "in der anwesenden Wahrheit" gestärkt. Mit ἐν τῇ παρούσῃ ἀληθείᾳ beginnt aber das Problem. Ist es die als *depositum fidei* vorhandene und verfügbare Wahrheit? Geht es um die Begründung der späteren Lehre von diesem depositum fidei, wie der Katholik Schelkle diese Stelle für sein Kirchenverständnis in Anspruch nimmt[108] und derentwegen sich der Protestant Schrage von dem 2Petr theologisch absetzt[109]? Nun gibt es aber die bemerkenswerte Parallele *Kol 1,5f.* ἐν τῷ λόγῳ τῆς ἀληθείας τοῦ εὐαγγελίου τοῦ παρόντος εἰς ὑμᾶς.[110] Auch im Kontext dieser Aussage findet sich eine gewisse "Verobjektivierung" des Heilsguts, nämlich die in den Himmeln bereitliegende Hoffnung.[111] Aber ist mit dieser "Verobjektivierung" in Kol 1,5f. und 2Petr 1,12 schon ein verfügbarer Besitz ausgesagt? Wenn "Petrus" sagt, daß die Adressaten in der gegenwärtigen Wahrheit gestärkt seien, dann ist damit doch wohl auch ein *existentielles* Moment zum Ausdruck gebracht. Die Aufgabe einer ökumenischen Theologie müßte es also sein, einmal den Sinn von παρούσῃ genauer zu bestimmen. Der Begriff depositum fidei ist ein interpretationsbedürftiger Begriff. Im Grunde ist jede dogmatische Formel - auch jede Formel der Confessio Augustana! - der Gefahr ausgesetzt, als verfügbarer Begriff die Offenbarung Gottes zur verfügbaren Sache zu pervertieren. Hier müßte auch sprachphilosophisch einiges investiert werden. Das kann an dieser Stelle nicht geschehen; aber die Richtung, in die hinein in diesem Zusammenhang gedacht werden müßte, soll zumindest aufgewiesen werden. Formeln, gerade theologische Formeln, entwachsen, wenn sie wirklich authentischer Natur sind,

---

[106] Man beachte die syntaktisch unterschiedlichen Übersetzungen von 2Petr 1,4!

[107] *Schelkle*, HThK, 189f. Es ist jedoch auffällig, wie der Vf. des 2Petr für seine paränetischen Aussagen - gerade im programmatischen Proömium! - Begriffe der popularphilosophischen Ethik benutzt (ἀρετή, ἐγκράτεια, ὑπομονή, εὐσέβια). Alttestamentlich interpretierbar ist die mehrfach vom Autor genannte δικαιοσύνη im ethischen Sinne (2,5; 2,21; 3,13). Aber auch dieser Begriff ist für die griechische und hellenistische Ethik konstitutiv (Kardinaltugend).

[108] *Schelkle*, HThK, 194.

[109] *Schrage*, NTD, 118.

[110] Vielleicht das deutlichste Indiz dafür, daß der Vf. des 2Petr den Kol gekannt hat.

[111] S. die Ausführungen zu Kol 1,3ff.!

als lebendiger Ausdruck einer betroffen machenden Situation. Und genau diese Formeln sind es, die dann außerhalb ihrer Ursprungssituation zur Erstarrung depravieren. *Daß* mit Kol 1,5f. und 2Petr 1,12, zumal beide theologische Aussagen deuteroapostolischer Natur sind, die Intention ausgesprochen ist, apostolische Tradition zu behaupten und zu reflektieren, ist unbestreitbar. Aber war der nachapostolischen Zeit nicht die Aufgabe gestellt, über Tradition zu reflektieren? Die früher übliche Gegenüberstellung von sola scriptura einerseits und Schrift und Tradition andererseits wird der gegenwärtigen fundamentaltheologischen Situation weder auf katholischer noch auf evangelischer Seite gerecht. Sie ist weder historisch noch theologisch haltbar.

Was aber ist *inhaltlich* die Wahrheit? Sie meint, in Absetzung von gekünstelten Mythen[112], "die Macht und Parusie unseres Herrn Jesus Christus" (V.16).[113] Ist παρουσίαν epexegetisch zu δύναμιν gemeint, dann ist Jesu als Offenbarwerden dieser Macht am Jüngsten Tage verstanden. Dieser Ausblick auf das eschatologische Heil entspräche den eschatologischen Verheißungen von 1,4. Verbürgt ist aber die mit der "apostolischen" Predigt verkündete Botschaft vom Endheil durch die Tatsache, daß "Petrus" mit anderen ein Augenzeuge der Verklärung Jesu war, ἐπόπται ... τῆς ἐκείνου μεγαλειότητος (V.16).[114] Petrus und seine Mitapostel sahen also die Ehre und Herrlichkeit, τιμή und δόξα, die Jesus empfangen hatte; sie hörten die Stimme der erhabenen Doxa, V.17; sie hörten die Stimme, die vom Himmel selbst kam. Waren sie doch auf dem heiligen Berg, also im Bereich der göttlichen Doxa, V.18! Wir können interpretieren: Wer bereits Zeuge der göttlichen Doxa war - alttestamentlich: Zeuge des *kabôd JHWH*![115] - , er ist befähigt und befugt, mit gottgegebener Autorität auch von der künftigen Doxa zu künden. Und das impliziert, auch von jener göttlichen Natur zu künden, deren wir Menschen einst teilhaftig werden. Und genau in diesem Zusammenhang ist die Rede vom *prophetischen Wort*, das äußerst zuverlässig ist.[116] **Die apostolische eschatologische Verheißung ist also mit der alttestamentlichen prophetischen Verheißung identisch.** Es ist sehr schwer zu sagen, ob hier auf die alttestamentliche Ankündigung des Tages Jahwähs angespielt wird, wobei dieser Tag dann ins christologisch-soteriologische Licht gestellt wäre. Nach verbreiteter exegetischer Meinung ist προφητικὸς λόγος im Sinne des 2Petr die ganze Heilige Schrift[117] Inwieweit das Gotteswort in V.17, das ja in den Verklärungsperikopen der synopti-

---

[112] Was darunter zu verstehen ist, bleibt immer noch umstritten. Wir brauchen hier dieser Frage nicht nachzugehen.

[113] Parusie ist nach der Auffassung der meisten Autoren an dieser Stelle wie auch sonst im NT die Wiederkunft Christi am Jüngsten Tage. Dies erhellt für 2Petr auch aus 3,4.12. Anders *Schrage*, NTD, 131, der, unter Berücksichtigung dieser beiden Stellen "bewußte Doppeldeutigkeit" annimmt: "Parusie" im Fleisch und Parusie am Ende der Tage.

[114] Gut die Übersetzung von *Schrage*, NTD, 129: "wir sind eingeweihte Zeugen seiner Majestät gewesen."

[115] S. Bd. 1, passim!

[116] Komperativ als Elativ.

[117] Z.B. *Schelkle*, HThK, 200; *Frankemölle*, NEB, 98. Gut auch dessen Interpretation ib. 98: "Das Zeugnis des Petrus im Einklang mit den übrigen Zeugen der Verklärung (1,12-18) gewinnt noch höhere theologische Legitimation, da es mit der Schrift übereinstimmt."

schen Evangelien als Modifikation von ψ 2,7 verstanden ist, nun auch hier als prophetisches Psalmwort aufgefaßt ist, muß offenbleiben.

An dieses prophetische Wort werden die Adressaten des 2Petr gewiesen, wie an ein Licht, bis der Tag anbricht - es ist der eschatologische Tag der Parusie - und bis der Morgenstern in ihrem Herzen aufgeht. Der Morgenstern aber ist Christus selbst, vielleicht in messianischer Deutung von Num 24,17: ἀνατελεῖ ἄστρον ἐξ Ἰακώβ.[118]

In *2Petr 2,20f.* hat nach Schrage der Verf. eine durch die Apostel und ihre Tradition autorisierte und durch die Kirche und ihre Rechtgläubigkeit domestizierte Interpretation im Auge; der Geist sei an die apostolische Tradition gebunden.[119] Aber vielleicht sollte man angesichts unserer Unkenntnis hinsichtlich der konkreten Situation diese Verse nicht zu grundsätzlich interpretieren. Hermeneutisch will diese Aussage zum Ausdruck bringen: Es geht hier um geistgewirkte Prophetie und um im Geist verstandene Prophetie. Das jedenfalls hat Schrage auf jeden Fall richtig gesehen: "Was vom Geist stammt, kann auch nur vom Geist recht verstanden und recht ausgelegt werden."[120] Der Verf. des 2Petr befindet sich mit dieser Einstellung in der Nähe der paulinischen Hermeneutik, wie sie in *1Kor 2,6-16* ihren klassischen Ausdruck gefunden hat.[121]

Da der Verf. des 2Petr den Jud als literarische Vorlage benutzte, hat er in Kap. 2 die alttestamentlichen Beispiele dieses Briefes in hier nicht näher zu erläuternder Modifikation übernommen. Jetzt also wieder das Alte Testament als Belegschrift für warnende Beispiele! Es geht um Polemik gegen die Gegner. *2Petr 2,20f.* ist bezeichnend für die Einstellung des Verf.: Die Gegner waren dem Schmutz der Welt entronnen, weil sie den Herrn und Retter Jesus Christus erkannt hatten; wenn sie aber nun wieder Sklaven des Verderbens werden, dann sind die letzten Dinge für sie schlimmer als die ersten. Sie hätten dann besser den Weg der Gerechtigkeit nicht erkannt. In V.22 wird dies mit Prov 26,11 begründet. Ob aber der Verf. dieses Briefes diese Stelle als Schriftzitat oder lediglich als Sprichwort kennt, ist schwer zu sagen.[122]

Wichtiger für das Thema der Biblischen Theologie ist das 3. Kap. Hier rekurriert der Verf. auf "die von den heiligen Propheten vorhergesagten Worte". Er gibt Information über die Eschata. Wie durch Wasser die damalige Welt zugrundeging (Gen 6ff.; Sintflut), so am Ende der Zeit die jetzigen Himmel und die Erde durch Feuer (Anspielung auf

---

[118] So z.B. *Schrage*, NTD, 132.

[119] Ib. 132.

[120] Ib. 132; ähnlich *Schelkle*, HThK, 201f: "Weil Gott und Gottes Geist Urheber der Prophetie sind, kann die richtige Deutung nur von ihnen kommen und muß nur menschliche Auslegung in die Irre gehen." *Schelkle* fügt allerdings sofort hinzu: "Für den Verfasser des Briefes ist nur die Auslegung der großen Kirche gültig, und sie hat also den Geist. Spricht dies der Brief auch nicht aus, so ist es doch für ihn fraglose Gewißheit."

[121] Zu 2Petr 1,12-15 s. noch *Vögtle*, Die Schriftwerdung der apostolischen Paradosis nach 2Petr 1,12-15; zu 2Petr 1,20b *ders.*, "Keine Prophetie der Schrift ist Sache eigenwiller Auslegung" (2Petr 1,20b).

[122] S. die Kommentare.

Jes 33,11f.; Joel 2,3; Sach 12,6; auch auf Zeph 1,18; 3,8?)[123] diese Information geschieht aber, um auf die höhnenden Spötter in den letzten Tagen aufmerksam zu machen. Eine Information also um der Gegenwart willen. Wird auf die Worte der Propheten verwiesen, so ist dies der gleiche Sachverhalt wie in 1,19. Hier in *2Petr 3,2* wird aber diesen Worten "das durch eure Apostel verkündete Gebot des Herrn und Retter, τῆς τῶν ἀποστόλων ὑμῶν ἐντολῆς τοῦ κυρίου καὶ σωτῆρος" zur Seite gestellt. Die Bedeutung dieses Gebots geht aus Text und Kontext nicht klar hervor. Das Liebesgebot ist dem Zusammenhang nach wohl kaum gemeint.[124] Hier dürfte *Schrage* zutreffender urteilen: Das von den Aposteln überlieferte Gebot des Herrn und Retters wird wohl in inhaltlicher Übereinstimmung mit dem prophetischen Zeugnis gesehen und gebietet also eschatologische Hoffnung.[125]

Das Grundthema ist immer wieder die Auseinandersetzung mit den Gegnern. Diese verweisen höhnisch auf das Nichteingetroffensein der Parusie. Und erneut argumentiert der Verf. des 2Petr mit dem Alten Testament, diesmal in V.8 mit *ψ 89,4*: Tausend Jahre sind beim Herrn wie ein Tag. Mit diesem Psalmvers begründet er die Parusieverzögerung. Die Parusie kommt! Und mit ihr der Weltenbrand!

Daß dann noch in 2Petr 3,15f. die *Briefe des Paulus* genannt werden, wurde schon gesagt. Im Zusammenhang mit 3,2 bekommen sie zumindest implizit Schriftdignität. Das Werden des zweiteiligen Schriftkanons deutet sich vorsichtig an; klar ausgesprochen ist es noch nicht.

---

[123] Von *Schelkle*, HThK, 226, genannte Stellen. S. aber Aussage des zeitgenössischen Judentumsm Sib, passim; 1QH III,29ff.

[124] So anscheinend *Schelkle*, HThK, 223; s. auch *W. Grundmann*, ThHK 15, 109: "Das Gebot des Herrn und Retters umfaßt den Inhalt des Glaubens und bestimmt die Weise des Lebens. Es ist Gebot des Glaubens und des Lebens, das neue Gesetz (!)."

[125] *Schrage*, NTD, 142.

Mit Paulus beginnt chronologisch das Neue Testament; denn dessen ältestes Schreiben ist der um 50 n.Chr. verfaßte 1Thess. Und mit Paulus endet das Neue Testament; denn der Vf. des 2Petr äußert sich zustimmend zu Paulus (2Petr 3,15f.). Dazwischen liegen, wenn wir nur die in diesem 2. Band behandelten Briefe berücksichtigen, die übrigen authentischen Paulinen, die Deuteropaulinen einschließlich der Pastoralbriefe und die beiden deuteropetrinischen Briefe. In seinen eigenen Briefen entwickelt Paulus kontinuierlich seine Theologie, in den Briefen der Paulusschule wird seine Theologie neuen kirchengeschichtlichen Situationen adaptiert; der Wille besteht, paulinisches Erbe getreu zu bewahren und für die jeweilige Gegenwart fruchtbar zu machen. Und auch die beiden Petrusbriefe verfolgen auf je eigene Art dieses Ziel. Nur eine einzige Dissonanz ist lautstark zu hören, nämlich der scharfe Protest des Jakobusbriefes gegen die paulinische Rechtfertigungsverkündigung und Rechtfertigungstheologie. Schauen wir auf die im 3. Band zu behandelnden neutestamentlichen Schriften, so wird man den Hebräerbrief nicht ganz aus der paulinischen Tradition herausnehmen dürfen, auch wenn kein direkter Bezug auf Paulus vorliegt und auch seine Wertung des alttestamentlichen Kultgesetzes ein sehr eigenes theologisches Gesicht hat. Schaut man auf die Evangelien, so besteht trotz nicht seltener Bestreitung eine theologische Affinität zum Evangelium des Markus. Und Lukas hat immerhin in seiner Apostelgeschichte dem Paulus ein Denkmal gesetzt, wenn auch nicht dem *Apostel* Paulus. Das Evangelium des Johannes und die drei johanneischen Briefe liegen sicher nicht auf der direkten Linie von Paulus her; doch gibt es auch hier beachtliche Berührungspunkte. Die Apokalypse des mit dem Evangelisten Johannes sicherlich nicht identischen Johannes fällt freilich ganz aus diesem Rahmen heraus.

Das Fazit: Der größte Teil des Neuen Testaments besteht aus den Briefen des Paulus und aus Schriften, die entweder bewußt sein Erbe bewahren wollen oder zumindest mehr oder weniger in seinem theologischen Schatten stehen. Es gibt allerdings keinen neutestamentlichen Autor, der den Apostel in seiner theologischen Bedeutsamkeit erreicht, vielleicht vom Evangelisten Johannes abgesehen. Fast das ganze Neue Testament ist also in irgendeiner Weise paulinisch.

Dennoch, die Wirkungsgeschichte der paulinischen Theologie ist sichtlich auch ein Zurückbleiben hinter Paulus, ein ihn nicht Verstehen, ein Domestizieren seiner Theologie, ja sogar zuweilen ein erhebliches Umbiegen seiner theologischen Intentionen. Und wir? Wir werden keinesfalls für dieses oder jenes Stadium seiner Theologie optieren können, jedenfalls nicht in dem Sinne, daß wir etwa die Theologie des Gal oder des Röm repristinieren könnten. Damit würden wir gerade *theologisch* dem Theologen Paulus nicht gerecht. Herauszustellen, daß die Rechtfertigung ganz zentral für sein theologisches Denken gewesen ist, war eines der wichtigsten Anliegen des 2. Bandes unserer Biblischen Theologie. Die Rechtfertigung als *iustificatio impii* ist das unverzichtbare paulinische Erbe an uns. Wollen wir heute Theologen sein, die auch aus existentiellem Engagement Theologie betreiben und, mit *Karl Barth* gesprochen, "theologische Existenz" sein wollen, so müssen wir die *Verkündigung* der Rechtfertigung als das Vermächtnis des Paulus theologisch neu durchdenken, seinen sich allmählich wandelnden theologischen Horizont mit dem Horizont unseres Selbst-, Welt- und Gottverstehens verschmelzen. *Hans-Georg Gadamers* Terminus der "Horizontverschmelzung" ist immer noch einer der fruchtbarsten hermeneutischen Begriffe.[1] Aber gerade, indem wir die paulinische Rechtfertigungs-*Verkündigung* als uns existentiell und theologisch verpflichtend betrachten, werden wir sie theologisch neu bedenken und artikulieren, werden wir sie als Menschen des ausgehenden 20. Jh. neu interpretieren, und zwar so, daß ihre Substanz, die in der Offenbarung Gottes in Jesus Christus gründet, nicht verlorengeht.

Wir werden dann, mit *Rudolf Bultmann* gesprochen, die theologischen Gedanken des Neuen Testaments als Glaubensgedanken auffassen und explizieren, als Gedanken, in denen sich das glaubende Verstehen von Gott, Welt und Mensch entfaltet.[2] Wir werden die theologischen Gedanken des Neuen Testaments und insonderheit die des Paulus auf den zugrunde liegenden Glauben befragen, der seinerseits die glaubende Aufnahme der Offenbarung Gottes ist. Wir werden die Theologie des Neuen Testaments als Offenbarungstheologie zu verstehen suchen und die in Jesus Christus ergangene Offenbarung Gottes theologisch so reflektieren, daß sie für uns Menschen heute zur verstandenen, nämlich *in unserem Glauben verstandenen Theologie* wird. Insofern möchte ich die

---

[1] *Gadamer*, Wahrheit und Methode, 284ff., vor allem 289f.
[2] *Bultmann*, Theol. des NT, 586.

Trias "*Offenbarung - Glaube - Theologie*" etwas enger aneinanderrücken, als es Bultmann getan hat, ohne dadurch Hermeneutik als rein theologische Hermeneutik zu definieren. Das jedenfalls bleibt das Postulat: Nur *im Glauben* verstandene Offenbarung ist verstandene Offenbarung! Eine in der Neutralität der "objektiven" Distanz "verstandene" Offenbarung ist, weil sie nicht im Glauben die Offenbarung des sich *uns* gebenden Gottes, des deus pro *nobis* ist, eine Karikatur des Verstehens. Denn das Wesentliche wäre gerade nicht verstanden, wo nicht verstanden ist, daß *wir* gemeint und in diesem Verstehen *wir* andere geworden sind.

Paulus hat mit seinem Evangelium genau diese Hermeneutik verfolgt. Er hat theologisch *über* das Evangelium gesprochen. Aber seine Theologie, geboren aus dem Glauben an die Offenbarung Gottes in Jesus Christus, zielt wiederum auf Offenbarung, zielt darauf, daß der sich offenbarende Gott uns anredet. Und so hat er eben nicht nur theologisch über das Evangelium gesprochen. Es gibt auch Passagen in seinen Briefen, wo Theologie in Verkündigung übergeht. *Helmut Merklein* hat in einer in mancher Hinsicht wohl etwas gewagten Vorlesung "Der Theologe als Prophet" mit dem bezeichnenden Untertitel "Zur Funktion prophetischen Redens im theologischen Diskurs des Paulus" das Verhältnis von theologischer Argumentation und prophetischem Reden bei Paulus auf die Prophetie als wichtigem theologischen Erkenntnismittel aufmerksam gemacht. In soteriologischer Hinsicht bleibe zwar das Kerygma die fundamentale Offenbarungsaussage, die von der Prophetie weder in Frage gestellt noch überboten werde. Sie bleibe insofern auf das Kerygma angewiesen. Aber: Prophetie ist mehr als nur Entfaltung des Kerygmas![3] So sei die Prophetie das Medium, das Theologie relevant sein lasse.[4] Vielleicht müßte man ein wenig korrigierend darauf insistieren, daß Prophetie in der Verkündigung des Kerygmas gründet. Doch soll diese Frage hier nicht weiter diskutiert werden. Entscheidend ist, daß Paulus eben nicht nur in seinen Briefen Theologie vorträgt, sondern sich kerygmatisch und prophetisch an seine Gemeinden wendet. Insofern spricht er nicht nur über das Evangelium, sondern spricht das Evangelium und spricht insofern das Wort der Offenbarung.

In dem Maße freilich, wie die paulinische Theologie in der nachpaulinischen neutestamentlichen Literatur theologisch reflektiert wird, tritt das Moment der direkten Zusage des Kerygmas sehr entschieden gegen-

---

[3] *Merklein*, NTS 38, 427.
[4] Ib. 428.

über dem der theologischen Reflexion zurück, gegenüber dem theologischen Weiterdenken der paulinischen, vom Kerygma inspirierten Theologie. Doch wohnt auch sicherlich dem deuteropaulinischen Begriff des Mysteriums noch ein stark kerygmatisches Moment inne. Aber irgendwie geschieht doch schon ein Objektivierungsprozeß, welcher Offenbarung als Offenbarungsgut und "objektive" Offenbarungserkenntnis einerseits und Mysterium andererseits unter Abschwächung des Glaubensmomentes einander annähert. Daß trotz dieser Tendenz gerade Kol und Eph authentische Theologie bieten, wurde gezeigt. Und daß fast alle die in der neutestamentlichen Wirkungsgeschichte der paulinischen Theologie stehenden Schriften - von Ausnahmen abgesehen - höher einzuschätzen sind als es oft geschieht, wurde vielleicht auch deutlich.

Was aber für alle neutestamentlichen Autoren nach Paulus, die in seiner Tradition stehen, gilt, ist, daß sie theologisch von der Offenbarung her denken und daß für sie Theologie essentiell Offenbarungstheologie ist.

Es mag sein, daß man in den Ausführungen dieses 2. Bandes das apokalyptische Moment, vor allem der paulinischen Theologie, zu wenig betont sieht. Doch meine ich, daß die apokalyptischen Aussagen hinreichend genannt sind. Sie sind aber so sehr in die paulinische Theologie des Wortes mit ihrer soteriologischen und kerygmatischen Dimension integriert, daß diese Theologie nicht mehr von ihren apokalyptischen Aussagen her definiert werden kann.[5] Die von Paulus rezipierte Apokalyptik ist nicht mehr, was sie zuvor war. Insofern kann man auch nur mit Einschränkung mit *Ernst Käsemann* von der "Apokalyptik als Mutter der christlichen Theologie"[6] sprechen.

---

[5] S. dazu vor allem *Baumgarten*, Paulus und die Apokalyptik.
[6] *Käsemann*, Zum Thema der urchristl. Apokalyptik, 130f.

Literaturverzeichnis

Wie in Band 1 werden, um das Literaturverzeichnis nicht übermäßig anwachsen zu lassen, in der Regel nur diejenigen Publikationen genannt, mit denen exemplarisch die Diskussion geführt wird oder die zumindest in den Anmerkungen berücksichtigt sind. Jedoch nenne ich zusätzlich einige Veröffentlichungen, auf die zwar in diesem Buch nicht ausdrücklich Bezug genommen wurde, auf die aber wegen ihres theologischen Gewichts hingewiesen werden sollte. Ebenso werden weder Rezensionen, sofern sie nicht den Umfang eines Aufsatzes einnehmen, noch Kommentare zu biblischen Büchern genannt, sondern jeweils in den Anmerkungen mit den üblichen Abkürzungen nach Schwertner angegeben. Weitere Lit. s. in dem von *O. Merk* besorgten Literaturnachtrag zur 9.Aufl. von *Bultmann*, Theologie des Neuen Testaments, vor allem 693-702, und *H. Hübner*, ANRW II.25.4, 2813-2840.

J.-N. Aletti, Colossiens 1,15-20. Genre et exégèse du texte. Fonction de la thématique sapientielle (AnBib 91), Rom 1981

- , Comment Dieu est-il juste? Clefs pour interpréter l'epître aux Romains, Paris 1991

- , La présence d'un modèle rhétorique en Romains: Son rôle et son importance, Bib. 71 (1990), 1-24

Altes Testament - Frühjudentum - Gnosis. Neue Studien zu "Gnosis und Bibel, Hg. von K.-W. Tröger, Gütersloh 1980

P. Althaus, Die Theologie Martin Luthers, Gütersloh 1962

S. Amsler, L'Ancient Testament dans l'église. Essai d'herméneutique chrétienne (BT [N]) Neuchâtel/Ch 1960

D.E. Aune, Romans as a *Logos Protreptikos*, in: The Romans Debate, 278-296

R.D. Aus, Paul's Travel Plans to Spain and the "Full Number of the Gentiles" of Rom 11,25, NT 21 (1979), 232-262

W. Bacher, Die exegetische Terminologie der jüdischen Traditionsliteratur, I und II, Darmstadt 1965 (= I: Leipzig 1899; II: Leipzig 1905)

L. Baeck, Das Wesen des Judentums, Darmstadt [6]1966

H.R. Balz, Heilsvertrauen und Welterfahrung. Strukturen der paulinischen Eschatologie nach Röm 8,18-39 (BEvTh 59), München 1971

- , Methodische Probleme der neutestamentlichen Christologie (WMANT 25), Neukirchen 1967

A.J. Bandstra, The Law and the Elements of the World, Kampen 1964

J.M.G. Barclay, Obeying the Truth: A study of Paul's Ethics in Galatians, Edinburgh 1988

Ch.K. Barrett, From First Adam to Last. A Study in Pauline Theology, London 1962

- , The Allegory of Abraham, Sarah and Hagar in the Argument of Galatians, in: Rechtfertigung, 1-16

Ch. Barth, Die Errettung vom Tode in den individuellen Klage- und Dankliedern des Alten Testaments, Zürich 1947

K. Barth, Kirchliche Dogmatik IV/1, Zürich 1960

- , Die Auferstehung der Toten, München 1924

D. Barthélemy, Les Devanciers d'Aquila (VT.S 10), Leiden 1963

R. Batey, "So all Israel will Be Saved". An Interpretation of Rom 11,25-32, Interpr. 20 (1960), 218-228

K.-A. Bauer, Leiblichkeit, das Ende aller Werke Gottes. Die Bedeutung der Leiblichkeit des Menschen bei Paulus (StNT 4), Gütersloh 1971

R. Baumann, Mitte und Norm des Christlichen. Eine Auslegung von 1Kor 1,1-3,4 (NTA 5), Münster 1968

J. Baumgarten, Paulus und die Apokalyptik (WMANT 44), Neukirchen 1975

J. Becker, Paulus. Der Apostel der Völker, Tübingen 1989

J.Ch. Beker, Paul, the Apostle. The Triumph of God in Life and Thought, Philadelphia ²1984

- , Der Sieg Gottes. Eine Untersuchung zur Struktur des paulinischen Denkens (SBS 132), Stuttgart 1988

- , Paul's Theology: Consistent or Inconsistent?, NTS 34 (1988), 364-377

W. Bender, Bemerkungen zur Übersetzung von 1Kor 1,30, ZNW 71 (1980), 263-268

K. Berger, Zur Diskussion über die Herkunft von 1Kor 2,9, NTS 24 (1978), 270-283

G. Bertram, Art. παίζω κτλ.: ThWNT V, 625-635

E. Best, The Power and the Wisdom of God. 1 Corinthians, in: Paolo a una chiesa divisa (1Co 1-4), Ed. L. De Lorenzi (Ben.Monogr-BibOec 5), Rom 1980, 10-41

H.D. Betz, Der Apostel Paulus und die sokratische Tradition. Eine exegetische Untersuchung zu seiner "Apologie" 2Kor 10-13 (BHTh 45), Tübingen 1972

- , IICor 6,14-7,1: An Anti-Pauline Fragment?, JBL 92 (1973), 88-108

- , Geist, Freiheit und Gesetz, ZThK 71 (1974), 78-93

- , The Literary Composition and Function of Paul's Letter to the Galatians, NTS 21 (1974/75), 353-379

- , Das Problem der Grundlagen der paulinischen Ethik (Röm 12,1-2), ZThK 85 (1988), 198-218

- , The Problem of Rhetoric and Theology according to the Apostel Paul, in: L'Apotre Paul, 16-48

O. Betz, Die heilsgeschichtliche Rolle Israels bei Paulus, ThBeitr 9 (1978), 1-21

H. Binder, Der Glaube bei Paulus, Berlin 1968

M. Black, The Christological Use of the Old Testament in the New Testament, NTS 18 (1972), 1-14

J. Blanck, Paulus und Jesus. Eine theologische Grundlegung (StANT 18) München 1968

- , Erwägungen zum Schriftverständnis des Paulus, in: Rechtfertigung, 37-56

F. Blass/A. Debrunner/F. Rehkopf, Grammatik des neutestamentlichen Griechisch, Göttingen ¹⁴1975

R. Bloch, Art. Midrash: DBS 5, 1263-1281

H. Boers, The Form Critical Study of Paul's Letters. 1 Thessalonians as Case Study, NTS 22 (1976), 140-158

C. Boff/J. Pixley, Die Option für die Armen, Düsseldorf 1987 (Original: Opçao pelos pabres, Petrópolis 1986)

P. Borgen, Philo of Alexandria. A critical and synthetical survey of research since World War II, in: ANRW II/21.1, Berlin 1984, 99-154

G. Bornkamm, Der Lobpreis Gottes, Röm 11,33-36, in: *ders.*, Das Ende des Gesetzes. Paulusstudien. Gesammelte Aufsätze I (BEvTh 16), München 1958, 70-75

- , Der Römerbrief als Testament des Paulus, in: *ders.*, Geschichte und Glaube II. Gesammelte Aufsätze IV (BEvTh 53), München 1971, 120-139

- , Art. Paulus: ³RGG V, 166-190

- , Art. μυστήριον: ThWNT IV, 809-834

U. Borse, Der Standort des Galaterbriefes (BBB 41), Köln 1972

M. Bouttier, En Christ. Étude d'exégèse et de théologie paulienne (EHPhR 54), Paris 1962

E. Brandenburger, Adam und Christus. Exegetisch-religionsgeschichtliche Untersuchung zu Röm 5,12-21 und 1Kor 15 (WMANT 7), Neukirchen 1962

- , Fleisch und Geist (WMANT 29), Neukirchen 1968

416

- , Alter und neuer Mensch, erster und letzter Adam-Anthropos, in: Vom alten zum neuen Adam. Urzeitmythos und Heilsgeschichte, Hg. von W. Strolz, Freiburg/Basel/Wien 1986, 182-223

V.P. Branick, Source and Redaction Analysis of ICor 1-3, JBL 101 (1982), 251-269

H. Braun, Das Alte Testament im Neuen Testament, ZThK 59 (1962), 16-31

C. Breytenbach, Versöhnung. Eine Studie zur paulinischen Soteriologie (WMANT 60), Neukirchen 1989

F.F. Bruce, Paul: Apostle of the Heart Set Free, Grand Rapids/Mich. 1977

G. W. Buchanan, The Day of Atonement and Paul's Doctrine of Redemption, NT 32 (1990), 236-249

Th.G. Bucher, Die logische Argumentation in 1Kor 15,12-20, Bib. 55 (1974), 465-486

- , Nochmals zur Beweisführung in 1Kor 15,12-20, ThZ 36 (1980), 129-152

F. Büchsel, "In Christus" bei Paulus, ZNW 42 (1949), 141-158

- , Art. εἴδωλον κτλ.: ThWNT II, 373-377

M. Bünker, Briefformular und rhetorische Disposition im 1. Korintherbrief (GTA 28), Göttingen 1983

W. Bujard, Stilanalytische Untersuchungen zum Kolosserbrief (StUNT 11), Göttingen 1973

R. Bultmann, Der Stil der paulinischen Predigt und die kynisch-stoische Diatribe. Mit einem Geleitwort von Hans Hübner (FRLANT 13), 1984 (Nachdruck der 1. Auflage von 1910)

- , Karl Barth. Die Auferstehung der Toten, in: ders., Glauben und Verstehen I, Tübingen [8]1980, 38-64

- , Das Problem einer theologischen Exegese des Neuen Testaments, in: Anfänge der dialektischen Theologie, Hg. von J. Moltmann (ThB 17/II), München 1977, 47-72

- , Art. Paulus: [2]RGG IV, 1019-1045

- , Theologie des Neuen Testaments, Hg. von O. Merk, Tübingen [8]1980

- , Die Geschichtlichkeit des Daseins und der Glaube. Antwort an Gerhardt Kuhlmann (1930); in: Heidegger und die Theologie, 72-94

- , Neues Testament und Mythologie. Das Problem der Entmythologisierung der neutestamentlichen Verkündigung, Nachdruck der 1941 erschienenen Fassung, Hg. von E. Jüngel (BEvTh 96), München 1985

- , Exegetica. Aufsätze zur Erforschung des Neuen Testaments, Hg. von E. Dinkler, Tübingen 1967

- , Glossen im Römerbrief, ib. 278-284

- , Ursprung und Sinn der Typologie als hermeneutische Methode, ib. 369-380

- , Art. γινώσκω κτλ.: ThWNT I, 688-719

- , Art. πιστεύω κτλ. D. Die Begriffsgruppe πίστις im Neuen Testament: ThWNT VI, 203-230

Ch. Burchard, Zu Jakobus 2,14-26, ZNW 71 (1980), 27-45

- , 1Korinther 15,39-41, ZNW 75 (1984), 233-258

Ch. Burger, Schöpfung und Versöhnung. Studien zum liturgischen Gut im Kolosser- und Epheserbrief (WMANT 46), Neukirchen 1975

C. Bussmann, Themen der paulinischen Missionspredigt auf dem Hintergrund der spätjüdisch-hellenistischen Missionsliteratur (EHS.T 3), Bern/Frankfurt a.M. 1975

B. Byrne, "Sons of God" - "Seed of Abraham" (AnBib 83), Rom 1979

W.S. Campbell, The Place of Romans 9-11 within the Structure and Thought of the Letter (StEv 7), Berlin 1982, 121-131

H. v. Campenhausen, Die Entstehung der christlichen Bibel (BHTh 39), Tübingen 1968

A. Camus, Der Mythos von Sisyphos. Ein Versuch über das Absurde (rororo 12378), Hamburg 1991 (= 1959; franz. Original: Le Mythe de Sisyphe, Paris 1942)

D.B. Capes, Old Testament Yahweh Texts in Paul's Christology (WUNT II/47), Tübingen 1992

C.C. Caragounis, The Ephesian *Mysterion* (CB.NT 8), Lund 1977

E. Cassirer, Philosophie der symbolischen Formen, 1.Bd.: Darmstadt [2]1953, 2.Bd.: [8]1987, 3.Bd.: [2]1954, Index: [2]1954

L. Cerfaux, Saint Paul et le "Serviteur de Dieu" d'Isaie, StAns 27-28 (1951), 351-365

I. Christiansen, Die Technik der allegorischen Auslegungswissenschaft bei Philon von Alexandrien (BGBH 7), Tübingen 1969

C.J. Classen, Paulus und die antike Rhetorik, ZNW 82 (1991), 1-33

R.E. Clement, "A Remnant Chosen by Grace" (Rom 11:5): The Old Testament Background and Origin of the Remnant Concept, in: Pauline Studies, FS F.F. Bruce, Ed. D.A. Hagner and M.J. Harris, Exeter 1980

Y.M.-J. Congar, O.P., Das Mysterium des Tempels. Die Geschichte der Gegenwart Gottes von der Genesis bis zur Apokalypse, Wien 1960 (franz. Original: Le mystère du temple, Paris 1955)

H. Conzelmann, Grundriß der Theologie des Neuen Testaments, München [3]1976

C.H. Cosgrove, Argueing like a Mere Human Being: Galatians 3.15-18 in Rhetorical Perspective, NTS 34 (1988), 536-549

J.A. Crafton, Paul's Rhetorical Vision and the Purpose of Romans: Towards a New Understanding, NT 32 (1990), 317-339

A.W. Cramer, STOICHEIA TOU KOSMOU. Interpretatie van een nieuwtestamentische term, Nieuwkoop 1961

R. Dabelstein, Die Beurteilung der "Heiden" bei Paulus (BET 14), Frankfurt 1981

Das Paulusbild in der neueren deutschen Forschung, In Verbindung mit U. Luck, hg. von K.H. Rengstorf (WdF 24), Darmstadt 1964

G.N. Davies, Faith and Obedience in Romans. A Study in Romans 1-4 (JStNT.SS 39), Sheffield 1990

W.D. Davies, Paul and the People of Israel, NTS 24 (1977/78), 4-39

J.A. Davis, Wisdom and Spirit. An Investigation of 1 Corinthians 1,18-3,20. Against the Background of Jewish Sapiential Traditions in the Greco-Roman World, New York/London 1984

R. Deichgräber, Gotteshymnus und Christushymnus in der frühen Christenheit. Untersuchungen zu Form, Sprache und Stil der frühchristlichen Hymnen (StUNT 5), Göttingen 1967

A. Deissmann, Die neutestamentliche Formel "in Christo Jesu", Marburg 1892

- , Paulus, Eine kultur- und religionsgeschichtliche Studie, Tübingen [2]1925

K. Deißner, Auferstehungshoffnung und Pneumagedanke bei Paulus, Leipzig 1912

G. Delling, Paulus' Stellung zu Frau und Ehe (BWANT 4/5), Stuttgart 1931

- , Art. στοιχεῖον: ThWNT VII, 670-687

A.M. Denis, L'Apôtre Paul, prophete "messianique" des Gentils. Étude thématique de 1Thess 2,1-6, EThL 33 (1957), 245-318

M. Dibelius, Die Geisterwelt im Glauben des Paulus, Göttingen 1909

Die Israelfrage nach Röm 9-11, Hg. von L. De Lorenzi (BenMonogr-Bibl.ökum. Abt. 3), Rom 1977

Die Paulinische Literatur und Theologie, Skandinavische Beiträge, Hg. von S. Pederson, Aarhus/Göttingen 1980

Ch. Dietzfelbinger, Paulus und das Alte Testament. Die Hermeneutik des Paulus, untersucht an seiner Deutung der Gestalt Abrahams (TEH 95), München 1961

- , Die Berufung des Paulus als Ursprung seiner Theologie (WMANT 58), Neukirchen 1985

418

W. Dilthey, Die Entstehung der Hermeneutik, in: *ders.*, Gesammelte Schriften , V. Bd.: Die geistige Welt. Philosophie des Lebens, Erste Hälfte, Stuttgart/Göttingen [5]1968

W. Dittmar, Vetus Testamentum in Novo I-II, Göttingen 1899/1903

E. v. Dobschütz, Zum paulinischen Schriftbeweis, ZNW 24 (1925), 306f.

H. Dörrie, Zur Methodik antiker Exegese, ZNW 65 (1974), 121-138

T.L. Donaldson, The "Curse of the Law" and the Inclusion of the Gentiles: Galatians 3.13-14, NTS 32 (1986), 94-112

K.P. Donfried, The Theology of 1 Thessalonians as a Reflection of Its Purpose, in: To Touch the Text, Biblical and Related Studies in Honour of J.A. Fitzmyer, S.J., Ed. M.P. Horgan and P.J. Kobelski, New York 1989, 243-260

Ch.E. Donker, Der Verfasser des Jak und sein Gegner. Zum Problem des Einwandes in Jak 2,18-19, ZNW 72 (1981), 227-240

J.W. Drane, Paul: Libertine or Legalist? A Study in the Theology of the Major Pauline Epistles, London 1975

F. Dreyfus, Le passé et le présent d'Israel (Rom 9,1-5; 11,1-24), in: Die Israelfrage nach Röm 9-11, 131-151 (Diskussion 152-192)

A. van Dülmen, Die Theologie des Gesetzes bei Paulus (SBM 5), Stuttgart 1968

I. Dugandzic, Das "Ja" Gottes in Christus. Eine Studie zur Bedeutung des Alten Testaments für das Christusverständnis des Paulus (fzb 26), Würzburg 1977

P. Dschulnigg, Der theologische Ort des Zweiten Petrusbriefes, BZ 33 (1989), 161-177

J.D.G. Dunn, Jesus, Paul and the Law. Studies in Mark and Galatians, London 1990

- , The Relationsship Between Paul and Jerusalem According to Galatians 1 and 2, ib. 108-128

- , The Incident at Antioch (Gal. 2.11-18), ib. 129-182

- , The New Perspective on Paul, ib. 183-214

- , Works of the Law and the Curse of the Law (Gal. 3.10-14), ib. 215-241

- , What was the Issue between Paul and "Those of the Circumcision"?, in: Paulus und das antike Judentum, 295-317

G. Ebeling, Wort und Glaube I, Tübingen [3]1967

- , Die Wahrheit des Evangeliums. Eine Lesehilfe zum Galaterbrief, Tübingen 1981

- , Der Sühnetod Christi als Glaubensaussage. Eine hermeneutische Rechenschaft, ZThK.B 8 (1990), 3-28

K.-G. Eckart, Zur Terminologie des Jak, ThLZ 89 (1964), 521-526

J. Eckert, Die urchristliche Verkündigung im Streit zwischen Paulus und seinen Gegnern nach dem Galaterbrief (BU 6), Regensburg 1971

- , Paulus und Israel. Zu den Strukturen paulinischer Rede und Argumentation, TThZ 87 (1978), 1-13

- , Art. καλέω κτλ.: EWNT II, 592-601

H.J. Eckstein, Der Begriff Syneidesis bei Paulus (WUNT II/10), Tübingen 1983

G. Eichholz, Die Theologie des Paulus im Umriß, Neukirchen [4]1983

K. Elliger, Studien zum Habakuk-Kommentar vom Toten Meer (BHTh 15), Tübingen 1953

E.E. Ellis, Paul's Use of the Old Testament, Edinburgh 1957

- , Prophecy and Hermeneutic in Early Christianity. New Testament Essays (WUNT 18), Tübingen 1978

- , The Old Testament in Early Christianity. Canon and Interpretation in the Light of Modern Research (WUNT 54), Tübingen 1991

- , Biblical Interpretation in the New Testament Church, in: Mikra, 691-725

- , Σῶμα in First Corinthians, Interp. 44 (1990), 132-144

F.-W. Eltester, Eikon im Neuen Testament (BZNW 23), Berlin 1958

J. Ernst, Art. Kolosserbrief: TRE 19, 370-376

C.A. Evans, Paul and the Hermeneutics of "True Prophecy": A Study of Romans 9-11, Bib. 65 (1984), 560-570

R. Fabris, Legge della libertà in Giacomo (RivBib.S 8), Brescia 1977

P. Feine, Das gesetzesfreie Evangelium des Paulus nach seinem Werdegang dargestellt, Leipzig 1899

A. Feuillet, La Citation d'Habacuc II.4 et les huit premiers Chapitres de l'Épître aux Romains, NTS 6 (1960), 52-80

J. Fichtner, Gottes Weisheit. Gesammelte Studien zum Alten Testament, Hg. von K.D. Fricke (AzTh II/3), Stuttgart 1965

- , Vom Psalmenbeten. Ist das Beten aller Psalmen der christlichen Gemeinde möglich und heilsam?, ib. 67-87

- , Der Begriff des "Nächsten" im Alten Testament mit einem Ausblick auf das Spätjudentum und Neues Testament, ib. 88-114

P. Fiedler, Röm 8,31-39 als Brennpunkt paulinischer Frohbotschaft, ZNW 68 (1977), 23-34

K.M. Fischer, Tendenz und Absicht des Epheserbriefes (FRLANT 111), Göttingen 1973

- , Adam und Christus. Überlegungen zu einem religionsgeschichtlichen Problem, in: Altes Testament - Frühjudentum - Gnosis, 283-298

J.A. Fitzmyer, The use of explicit Old Testament quotations in Qumran literature and in the New Testament, in: *ders.*, Essays on the Semitic Background of the New Testament (SBibSt 5), Missoula/Montana 1974

- , Der semitische Hintergrund des neutestamentlichen Kyriostitels, in: Jesus Christus in Historie und Theologie, 267-298

C. Forbes, Comparison, Self-Praise and Irony: Paul's Boasting and the Conventions of Hellenistic Rhetoric, NTS 32 (1986), 1-30

F.O. Francis, Humility and Angelic Worship in Col 2:18, StTh 16 (1962), 109-134

H. Frankemölle, Gespalten oder ganz. Zur Pragmatik der theologischen Anthropologie des Jak, in: Kommunikation und Solidarität, Hg. von H.-U. von Brackel und N. Mette, Fribourg/Münster 1985, 160-178

G. Friedrich, Die Verkündigung des Todes Jesu im Neuen Testament (BThSt 6), Neukirchen ²1984

A. Fridrichsen, Aus Glauben zu Glauben (CNT 12), Uppsala 1948

- , Ackerbau und Hausbau in formelhaften Wendungen in der Bibel und bei Platon, ThStKr 94 (1922), 185-186

H. Frisk, Griechisches Etymologisches Wörterbuch, 3 Bde., Heidelberg 1960-72

F. Froitzheim, Christologie und Eschatologie bei Paulus (fzb 35), Würzburg 1979

U. Früchtel, Die kosmologischen Vorstellungen bei Philo von Alexandrien (ALGHL 2), Leiden 1968

M. Fuhrmann, Die antike Rhetorik. Eine Einführung, München/Zürich ³1990

V.P. Furnish, Theology and Ethics in Paul, Nashville 1968

H.-G. Gadamer, Wahrheit und Methode, Grundzüge einer philosophischen Hermeneutik, Tübingen ³1972

K. Galley, Altes und neues Heilsgeschehen bei Paulus (AzTh I/22), Stuttgart 1965

D.B. Garlington, "The Obedience of Faith". A Pauline Phrase in Historical Context (WUNT II/38), Tübingen 1991

L. Gaston, Israel's Enemies in Pauline Theology, NTS 28 (1982), 400-423

J.G. Geger, Some Notes on Paul's Conversion, NTS 27 (1981), 697-704

D. Georgi, Der vorpaulinische Hymnus Phil 2,6-11, in: Zeit und Geschichte, 263-291

H. Gese, Τὸ δὲ Ἀγὰρ Σινὰ ὄρος ἐστὶν ἐν τῇ Ἀραβίᾳ (Gal 4,25), in: *ders.*, Vom Sinai zum Zion. Alttestamentliche Beiträge zur Biblischen Theologie (BEvTh 64), München 1974, 49-62

420

- , Zur biblischen Theologie. Alttestamentliche Vorträge (BEvTh 78), München 1977

- , Die Sühne, ib. 85-106

- , Die Herkunft des Herrenmahls, ib. 107-127

W. Gesenius, Hebräisches und aramäisches Handwörterbuch über das Alte Testament, Berlin/Göttingen/Heidelberg 1962 (= [17]1915)

God's Christ and His People, FS N.A. Dahl, Ed. J. Jervell and W.A. Meeks, Oslo/Bergen/Tromsö 1977

I. Goldhahn-Müller, Die Grenze der Gemeinde (GTA 39), Göttingen 1989

L. Goppelt, Typos. Die typologische Deutung des Alten Testaments im Neuen (BFChTh.M 43), Gütersloh 1939 (Nachdruck: Darmstadt 1969)

- , Theologie des Neuen Testaments, 2 Bde., Göttingen [3]1980

M. Gourgues, A la Droite de Dieu. Résurrection de Jésus et actualisation du Psalm 110:1 dans le Nouveau Testament (EtB), Paris 1978

E. Gräßer, Der Alte Bund im Neuen. Exegetische Studien zur Israelfrage im Neuen Testament (WUNT 35), Tübingen 1985

- , Kol 3,1-4 als Beispiel einer Interpretation secundum homines recipientes, ZThK 64 (1967), 139-168

- , "Ein einziger ist Gott" (Röm 3,30). Zum christologischen Gottesverständnis bei Paulus, in: "Ich will euer Gott werden". Beispiele biblischen Redens von Gott, Hg. von N. Lohfink (SBS 100), Stuttgart 1992, 177-205

K. Grayston, ἱλάσκεσθαι and related Words in LXX, NTS 27 (1981), 640-656

P. Grelot, Note sur 2Corinthiens 3.14, NTS 33 (1987), 135-144

E. Güttgemanns, Der leidende Apostel und sein Herr. Studien zur paulinischen Christologie (FRLANT 90), Göttingen 1966

R.H. Gundry, Σῶμα in Biblical Theology. With Emphasis on Pauline Anthropology (MSSNTS 29), Cambridge 1976

G. Gutiérrez, Theologie der Befreiung. Mit der neuen Einleitung des Autors und einem neuen Vorwort von J.B. Metz, Mainz [10]1992 (Original: Teología de la liberacíon, Salamanca 1972)

R. Gyllenberg, Rechtfertigung und Altes Testament bei Paulus (FDV), Stuttgart 1973

K. Haacker, War Paulus Hillelit?, in: Das Institutum Judaicum der Universität Tübingen 1971-1972, 106-120

H. Haag, Der Gottesknecht bei Deuterojesaja (EdF 223), Darmstadt 1985

J. Habermann, Präexistenzaussagen im Neuen Testament (EHS.T 362), Frankfurt a.M./Bern/New York/Paris 1990

F. Hahn, Christologische Hoheitstitel (FRLANT 83), Göttingen [3]1966

- , Genesis 15,6 im Neuen Testament, in: Probleme biblischer Theologie, 90-107

- , "Siehe, jetzt ist der Tag des Heils". Neuschöpfung und Versöhnung nach 2Kor 5,14-6,2, EvTh 33 (1973), 244-253

- , Das Gesetzesverständnis im Römer- und Galaterbrief, ZNW 67 (1976), 29-63

- , Art. Χριστός: EWNT III, 1147-1165

J. Hainz, Ekklesia. Strukturen paulinischer Gemeinde-Theologie und Gemeinde-Ordnung (BU 9), München 1972

- , Koinonia. "Kirche" als Gemeinschaft bei Paulus (BU 16), Regensburg 1982

D.R. Hall, Romans 3.1-8 reconsidered, NTS 29 (1983), 183-197

W.S. Hall, Paul as a Christian Prophet in his Interpretation of the Old Testament in Romans 9-11, University Microfilms International, Ann Arbor 1982

R. Hanhart, Die Bedeutung der Septuaginta in neutestamentlicher Zeit, ZThK 81 (1984), 395-416

G.W. Hansen, Abraham in Galatians. Epistolary and Rhetorical Contexts (JStNT.SS 29), Sheffield 1989

A.T. Hanson, Studies in Paul's Technique and Theology, London 1974

- , The New Testament Interpretation of Scripture, London 1980

- , The Living Utterances of God. The New Testament Exegesis of the Old, London 1983

- , The Paradox of the Cross in the Thought of St Paul (JStNT.SS 17), Sheffield 1987

A. v. Harnack, Das Alte Testament in den Paulinischen Briefen und in den Paulinischen Gemeinden, SPAW.PH 1928/XII, 124-141

D.M. Hay, Glory at the Right Hand. Psalm 110 in Early Christianity (SBL.MS 18), Nashville/Tennessy 1973

R.B. Hays, Echoes of Scripture in the Letters of Paul, New Heaven & London 1989

H. Hegermann, Jesaja 53 in Hexapla, Targum und Peschitta (BFChTh.M 56), Gütersloh 1954

- , Die Vorstellung vom Schöpfungsmittler im hellenistischen Judentum und Urchristentum (TU 82), Berlin 1961

- , Art. δόξα: EWNT I, 823-841

M. Heidegger, Sein und Zeit, Tübingen [16]1986 (= [1]1927)

- , Unterwegs zur Sprache, Pfullingen 1971

- , Kant und das Problem der Metaphysik, Frankfurt a.M. [4]1973

- , Hölderlins Hymne "Andenken" (Gesamtausgabe II/52), Frankfurt a.M. 1982

Heidegger und die Theologie. Beginn und Fortgang der Diskussion, Hg. von G. Noller (ThB 38), München 1967

R. Heiligenthal, Der Judasbrief. Aspekte der Forschung in den letzten Jahrzehnten, ThR 51 (1986), 117-129

M. Hengel, Der Sohn Gottes. Die Entstehung der Christologie und die jüdisch-hellenistische Religionsgeschichte, Tübingen 1975

- , The Cross of the Son of God, London 1986

- , Judentum und Hellenismus (WUNT 10), Tübingen [3]1988

- , Christologie und neutestamentliche Chronologie, in: Neues Testament und Geschichte, FS O. Cullmann, Hg. von H. Baltensweiler und B. Reicke, Zürich/Tübingen 1972, 43-67

- , Mors turpissima crucis. Die Kreuzigung in der antiken Welt und die "Torheit" des "Wortes vom Kreuz", in: Rechtfertigung, 125-184

- , Der vorchristliche Paulus, in: Paulus und das antike Judentum, 177-293

I. Hermann, Kyrios und Pneuma. Studien zur Christologie der paulinischen Hauptbriefe (StANT 2), München 1961

G. Herold, Zorn Gottes und Gerechtigkeit Gottes bei Paulus. Eine Untersuchung zu Röm 1,16-18 (EHS.T 14), Bern/Frankfurt a.M. 1979

F.-W. von Herrmann, Der Begriff der Phänomenologie bei Heidegger und Husserl, Frankfurt a.M. [2]1988

S. Herrmann, Art. Jeremia/Jeremiabuch, TRE 16, 568-586

J.D. Hester, The Faith of Jesus Christ: An Investigation of the Narrative Substruction of Galatians 3:1-4:11 (SBLDS 56), Chico 1983

P. Hoffmann, Die Toten in Christus. Eine religionsgeschichtliche und exegetische Untersuchung zur paulinischen Eschatologie. (NTA 2), Münster, [3]1978

O. Hofius, Der Christushymnus Philipper 2,6-11 (WUNT 17), Tübingen [2]1991

- , Paulusstudien (WUNT 51), Tübingen 1989

- , Erwägungen zur Gestalt und Herkunft des paulinischen Versöhnungsgedankens, ib. 1-14

- , "Gott hat unter uns aufgerichtet das Wort von der Versöhnung" (2Kor 5,19), ib. 15-32

- , Sühne und Versöhnung. Zum paulinischen Verständnis des Kreuzestodes Jesu, ib. 33-49

- , Das Gesetz des Mose und das Gesetz Christi, ib. 50-74

- , Gesetz und Evangelium nach 2. Korinther 3, ib. 75-120 (zitiert nach JBTh 4 [1989], 105-149)
- , "Rechtfertigung des Gottlosen" als Thema biblischer Theologie, ib. 121-147
- , Wort Gottes und Glaube bei Paulus, ib. 148-174
- , Das Evangelium und Israel. Erwägungen zu Röm 9-11, ib. 175-202
- , Herrenmahl und Herrenmahlsparadosis. Erwägungen zu 1Kor 11,23b-25, ib. 203-240
- , Das Zitat 1Kor 2,9 und das koptische Testament des Jakob, ZNW 66 (1975), 140-142
B. *Holmberg*, Paul and Power. The Structure of Authority in the Primitive Church as Reflected in the Pauline Epistles, Philadelphia 1980
T. *Holtz*, Zum Selbstverständnis des Apostels Paulus, ThLZ 91 (1966), 322-330
- , Zur Interpretation des Alten Testaments im Neuen Testament, ThLZ 99 (1974), 21-31
- , Der antiochenische Zwischenfall (Gal 2,11-14), ZNW 32 (1986), 344-361
- , Art. αἰών: EWNT I, 105-111
M.D. *Hooker*, Jesus and the Servant. The Influence of the Servant Concept of Deutero-Isaiah in the New Testament, London 1959
- , Beyond the Things that are Written? St. Paul's Use of Scripture, NTS 27 (1981), 295-308
- , ΠΙΣΤΙΣ ΧΡΙΣΤΟΥ, NTS 35 (1989), 321-342
R. *Hoppe*, Der theologische Hintergrund des Jakobusbriefes (fzb 28), Würzburg [2]1985
F.-W. *Horn*, Das Angeld des Geistes. Studien zur paulinischen Pneumatologie (FRLANT 154), Göttingen 1992
R.A. *Horsley*, The Background of the Confessional Formula in 1Kor 8,6, ZNW 69 (1978), 130-135
H. *Hübner*, Das Gesetz bei Paulus. Ein Beitrag zum Werden der paulinischen Theologie (FRLANT 119), Göttingen [3]1982
- , Gottes Ich und Israel. Zum Schriftgebrauch des Paulus in Röm 9-11 (FRLANT 136), Göttingen 1984
- , Das Gesetz in der synoptischen Tradition, Göttingen [2]1986
- , Vetus Testamentum in Novo II: Corpus Paulinum, Göttingen 1993
  , Paulusforschung seit 1945. Ein kritischer Literaturbericht, in: ANRW II.25.4, 2649-2840
- , Was heißt bei Paulus "Werke des Gesetzes"?, in: Glaube und Eschatologie, FS W. Kümmel, Hg. von E. Gräßer und O. Merk, Tübingen 1985, 123-133
- , Glossen in Epheser 2, in: Vom Urchristentum zu Jesus, FS J. Gnilka, Hg. von H. Frankemölle und K. Kertelge, Freiburg/Basel/Wien 1989, 392-406
- , Gal 3,10 und die Herkunft des Paulus, KuD 19 (1973), 215-231
- , Das ganze und das eine Gesetz, KuD 21 (1975), 239-256
- , Identität und paulinische Theologie. Anmerkungen zum Galaterbrief, KuD 24 (1978), 181-193
- , Biblische Theologie und Theologie des Neuen Testaments. Eine programmatische Skizze, KuD 27 (1981), 2-19
- , Der "Messias Israels" und der Christus des Neuen Testaments, KuD 27 (1981), 217-240
- , Sühne und Versöhnung. Anmerkungen zu einem umstrittenen Kapitel Biblischer Theologie, KuD 29 (1983), 284-305
- , Rudolf Bultmann und das Alte Testament, KuD 30 (1984), 250-272
- , Methodologie und Theologie. Zu neuen methodischen Ansätzen in der Paulusforschung, KuD 33 (1987), 150-175.303-329
- , Der Heilige Geist in der Heiligen Schrift, KuD 36 (1990), 181-208
- , Anthropologischer Dualismus in den Hodayoth?, NTS 18 (1971/72), 268-284
- , Pauli theologiae proprium, NTS 26 (1979/80), 445-473

- , Rechtfertigung und Sühne bei Paulus. Eine hermeneutische und theologische Besinnung, NTS 39 (1993), 80-93

- , Der vergessene Baruch. Zur Baruch-Rezeption des Paulus in 1Kor 1,18-31, StNTU 9 (1984), 161-173

- , Der Galaterbrief und das Verhältnis von antiker Rhetorik und Epistolographie, ThLZ 109 (1984), 241-250

- , Intertextualität - die hermeneutische Stragegie des Paulus?, ThLZ 116 (1991), 881-898

- , Die Theologie des Paulus im Lichte seiner Berufung, JGNKG 89 (1991), 27-37

- , Was ist existentiale Interpretation?, in: Bibel und Mythos. Fünfzig Jahre nach Rudolf Bultmanns Entmythologisierungsprogramm, Hg. von B. Jaspert, Göttingen 1991, 9-37

- , Die Rhetorik und die Theologie. Der Römerbrief und die rhetorische Kompetenz des Paulus, in: Die Macht des Wortes. Aspekte gegenwärtiger Rhetorikforschung (Ars rhetorica 4), Hg. von C.J. Classen und H.-J. Müllenbrock, Marburg 1992, 165-179

- , Die Sapientia Salomonis und die antike Philosophie, in: ders. (Hg.), Die "Weisheit Salomos" im Horizont Biblischer Theologie, Neukirchen 1993

- , Art. Galaterbrief: TRE 12, 5-14

- , Art. Bund 2.Neues Testament: [3]EKL 1, 568-570

- , Art. ἀλήθεια κτλ.: EWNT I, 138-145

- , Art. γραφή κτλ.: EWNT I, 628-638

- , Art. εἴδωλον κτλ.: EWNT I, 936-941

- , Art. νόμος: EWNT II, 1158-1172

- , Art. πληρόω κτλ.: EWNT III, 256-262

- , Art. πλήρωμα: EWNT III, 262-264

- , Art. τέλος: EWNT III, 832-835

F.W. Hughes, Rhetoric of 1Thessalonians, in: The Thessalonian Correspondence, *94-116*

L.W. Hurtado, One God, One Lord: Early Christian Devotion and Ancient Jewish Monotheism, Philadelphia 1988

N. Ittmann, Die Konfessionen Jeremias. Ihre Bedeutung für die Verkündigung des Propheten (WMANT 54), Neukirchen [3]1982

B. Janowski, Sühne als Heilsgeschehen. Studien zur Sühnetheologie der Priesterschrift und zur Wurzel KPR im Alten Orient und im Alten Testament (WMANT 55), Neukirchen 1982

K. Jaspers, Wahrheit und Unheil der Bultmannschen Entmythologisierung, in: Kerygma und Mythos III, Hg. von H.-W. Bartsch (ThF 5), Hamburg-Bergstedt [2]1957, 9-46

V. Jegher-Bucher, Der Galaterbrief auf dem Hintergrund antiker Epistolographie und Rhetorik. Ein anderes Paulusbild (AThANT 78), Zürich 1991

G. Jeremias, Der Lehrer der Gerechtigkeit (StUNT 2), Göttingen 1963

Joachim Jeremias, Art. παῖς θεοῦ. C. παῖς θεοῦ im Spätjudentum in der Zeit nach der Entstehung der LXX. D. παῖς θεοῦ im Neuen Testament: ThWNT V, 676-713

- , Abba. Studien zu neutestamentlichen Theologie und Zeitgeschichte, Göttingen 1966

- , Zum Sendungsbewußtsein Jesu. Παῖς (θεοῦ) im Neuen Testament, ib. 191-216

- , Jerusalem zur Zeit Jesu, Göttingen [3]1969

J. Jervell, Imago Dei. Gen 1,26f. im Spätjudentum, in der Gnosis und in den paulinischen Briefen (FRLANT 76), Göttingen 1960

- , Der unbekannte Paulus, in: Die Paulinische Literatur und Theologie, 29-49

- , The Letter to Jerusalem, in: The Romans Debate, 53-64

Jesus Christus in Historie und Theologie, FS H. Conzelmann, Hg. von G. Strecker, Tübingen 1975

R. Jewett, The Thessalonian Correspondence. Pauline Rhetoric and Millinarian Piety, Philadelphia 1986

B.C. Johanson, To All the Brethren. A Text-linguistic and Rhetorical Approach to 1 Thessalonians (CB.NT 16), Lund 1987

A.R. Johnson, The One and the Many in the Israelite Conception of God, Cardiff 1961 Jüdische Existenz und die Erneuerung der christlichen Theologie. Versuch der Bilanz des christlich-jüdischen Dialogs für die Systematische Theologie, Hg. von M. Stöhr (ACJD 11), München 1981

E. Käsemann, Leib und Leib Christi (BHTh 9), Tübingen 1933
- , Exegetische Versuche und Besinnungen, I, Göttingen [5]1967, II, Göttingen [3]1970
- , Anliegen und Eigenart der paulinischen Abendmahlslehre, ib. I, 11-34
- , Eine urchristliche Taufliturgie, ib. I, 34-51
- , Kritische Analyse von Phil 2,5-11, ib. I, 51-95
- , Eine Apologie der urchristlichen Eschatologie, ib. I, 135-157
- , Das Problem des historischen Jesus, ib. I, 187-214
- , Sätze heiligen Rechtes im Neuen Testament, ib. II, 69-82
- , Zum Thema der urchristlichen Apokalyptik, ib. II, 105-131
- , Gottesgerechtigkeit bei Paulus, ib. II, 181-193
- , Paulinische Perspektiven, Tübingen 1969
- , Zur paulinischen Anthropologie, ib. 9-60
- , Die Heilsbedeutung des Todes Jesu bei Paulus, ib. 61-107
- , Rechtfertigung und Heilsgeschichte im Römerbrief, ib. 108-139
- , Das theologische Problem des Motivs vom Leibe Christi, ib. 178-210
- , Der gottesdienstliche Schrei nach der Freiheit, ib. 211-236
- , Geist und Buchstabe, ib. 237-285
- , Erwägungen zum Stichwort "Versöhnungslehre im Neuen Testament" in: Zeit und Geschichte, 47-59

E. Kahle, Die Kairoer Genisa. Untersuchungen zur Geschichte des hebräischen Bibeltextes und seiner Übersetzungen, Berlin 1962

I. Kant, Kritik der reinen Vernunft (Theorie-Werkausgabe III und IV, Wiesbaden 1956

M. Karrer, Der Gesalbte. Die Grundlagen des Christustitels (FRLANT 151), Göttingen 1991

Ch. Kayatz, Studien zu Proverbien 1-9. Eine form- und motivgeschichtliche Untersuchung unter Einbeziehung ägyptischen Vergleichsmaterials (WMANT 22), Neukirchen 1966

L.E. Keck, Towards the Renewal of New Testament Christology, NTS 32 (1986), 362-377
- , The Function of Rom 3:10-18. Observations and Suggestions, in: God's Christ and His People, 131-157

H.C. Kee, Das frühe Christentum in soziologischer Sicht. Methoden und Anstöße (UTB 1219), Göttingen 1982 (amerik. Original: Christian Origins in Sociological Perspective. Methods and Resources, Philadelphia/Pennsilvania 1980)

G.A. Kennedy, New Testament Interpretation through Rhetorical Criticism, Durham/N.C. 1984

A. Kerringan, Echoes of Themes from the Servant Songs in Pauline Theology, in: Studiorum Paulinorum Congressus Internationalis Catholicus II, 217-228

R. Kerst, 1Kor 8,6 - Ein vorpaulinisches Taufbekenntnis?, ZNW 66 (1975), 130-139

K. Kertelge, "Rechtfertigung" bei Paulus. Studien zur Struktur und zum Bedeutungsgehalt des paulinischen Rechtfertigungsbegriffs (NTA 3), Münster [2]1971
- , Das Verständnis des Todes Jesu bei Paulus, in: Der Tod Jesu. Deutungen im Neuen Testament, Hg. von K. Kertelge (QD 74), Freiburg/Basel/Wien 1976
- , Gesetz und Freiheit im Galaterbrief, NTS 30 (1984), 382-394
- , Die paulinische Rechtfertigungslehre nach Röm 3,21-26, in: *ders.* (Hg.), Die Autorität der Schrift im ökumenischen Gespräch (ÖR.B 50), Frankfurt a.M. 1985, 70-76
- , Apokalypsis Jesou Christou (Gal 1,12), in: Neues Testament und Kirche, 266-281

M. Kettunen, Der Abfassungszweck des Römerbriefs (AASF Diss. hum. litt. 18) Helsinki 1979

S. Kim, The Origin of Paul's Gospel (WUNT II.4), Tübingen 1981

I. Kitzberger, Bau der Gemeinde. Das paulinische Wortfeld οἰκοδομή/(ἐπ)οἰκοδομεῖν (fzb 53), Würzburg 1986

W. Klaiber, Rechtfertigung und Gemeinde. Eine Untersuchung zum paulinischen Kirchenverständnis (FRLANT 127), Göttingen 1982

B. Klappert, Traktat für Israel (Römer 9-11). Die paulinische Verhältnisbestimmung von Israel und Kirche als Kriterium neutestamentlicher Sachaussagen über die Juden, in: Jüdische Existenz und die Erneuerung der christlichen Theologie, 58-137

H.-J. Klauck, Herrenmahl und hellenistischer Kult. Eine religionsgeschichtliche Untersuchung zum ersten Korintherbrief (NTA 15), Münster 1982

G. Klein, Rekonstruktion und Interpretation. Gesammelte Aufsätze zum Neuen Testament (BEvTh 50), München 1969

- , Der Abfassungszweck des Römerbriefes, ib. 129-144

- , Römer 4 und die Idee der Heilsgeschichte, ib. 145-169

- , Individualgeschichte und Weltgeschichte bei Paulus. Eine Interpretation ihres Verhältnisses im Galaterbrief, ib. 180-224

- , "Christlicher Antijudaismus". Bemerkungen zu einem semantischen Einschüchterungsversuch, ZThK 79 (1982), 411-450

H. Klein, Leben neu entdecken. Entwurf einer Biblischen Theologie, Stuttgart 1991

G. Klinzig, Die Umdeutung des Kultes in der Qumrangemeinde und im Neuen Testament (StUNT 7), Göttingen 1971

D.-A. Koch, Die Schrift als Zeuge des Evangeliums. Untersuchungen zur Verwendung und zum Verständnis der Schrift bei Paulus (BHTh 69), Tübingen 1986

- , Beobachtungen zum christologischen Schriftgebrauch in den vorpaulinischen Gemeinden, ZNW 71 (1980), 174-191

- , Der Text von Hab 2,4b in der Septuaginta und im Neuen Testament, ZNW 76 (1985), 68-85

- , "... bezeugt durch das Gesetz und die Propheten". Zur Funktion der Schrift bei Paulus, in: Sola Scriptura. Das reformatorische Schriftprinzip in der säkularen Welt, Hg. von H.H. Schmid und J. Mehlhausen, Gütersloh 1991, 169-179

K. Koch, Die israelitische Sühneanschauung und ihre historischen Wandlungen, Habilitationsschrift Erlangen 1955

- , Art. ṣdq: ThHAT II, 507-530

W. Kraus, Der Tod Jesu als Heiligtumsweihe. Eine Untersuchung zum Umfeld der Sühnevorstellung in Römer 3,25-26a (WMANT 66), Neukirchen 1991

J. Kremer, Was an den Leiden Christi noch mangelt. Eine interpretationsgeschichtliche und exegetische Untersuchung zu Kol 1,24b (BBB 12), Bonn 1956

- , Art. θλῖψις, θλίβω: EWNT II, 375-379

- , Art. κατοπτρίζομαι: EWNT II, 677-678

- , Art. πνευματικός, πνευματικῶς: EWNT III, 291-293

R. Kühner/B. Gerth, Ausführliche Grammatik der griechischen Sprache II/1, Darmstadt 1966 (= ³1898)

W.G. Kümmel, Heilsgeschehen und Geschichte (I). Gesammelte Aufsätze 1933-1964 (MThSt 3), Marburg 1965

- , Πάρεσις und ἔνδειξις. Ein Beitrag zum Verständnis der paulinischen Rechtfertigungslehre, ib. 260-270

- , Das literarische und geschichtliche Problem des Ersten Thessalonicherbriefes, ib. 406-417

- , Römer 7 und das Bild des Menschen im Neuen Testament (ThB 53), München 1974

426

- , Einleitung in das Neue Testament, Heidelberg [21]1983

- , L'exégèse scientifique au XX$_e$ siècle: le Nouveau Testament, in: Le monde contemporain et la Bible, Ed. C. Savart/J.-N. Aletti, Beauchesne (o.J.), 473-515

H. Kuhli, Art. εἰκών: EWNT I, 942-950

- , Art. Ἰσραήλ: EWNT II, 495-501

H.-W. Kuhn, Jesus als Gekreuzigter in der frühchristlichen Verkündigung bis zur Mitte des 2. Jahrhunderts, ZThK 72 (1975), 1-46

K.G. Kuhn, Art. Ἰσραήλ κτλ. B. In der nach-at.lichen jüdischen Literatur: ThWNT III, 360-370

E. Kutsch, Neues Testament - Neuer Bund? Eine Fehlübersetzung wird korrigiert, Neukirchen 1978

T. Laato, Paulus und das Judentum. Anthropologische Erwägungen, Åbo 1991

J. Lambrecht, Transformation in 2Cor 3,18, Bib. 64 (1983), 243-254

- , Structure and Line of Thought in 2Cor 2,14-4,6, ib. 344-380

- , Paul's Christological Use of Scripture in ICor 15,20-28, NTS 28 (1982), 502-527

P. Lampe, Die stadtrömischen Christen in den ersten beiden Jahrhunderten. Untersuchungen zur Sozialgeschichte (WUNT II/18), Tübingen 1987

D. Lange, Ethik in evangelischer Perspektive. Grundfragen christlicher Lebenspraxis, Göttingen 1992

P.H. Langkammer, Literarische und theologische Einzelstücke in 1Kor 8,6, NTS 17 (1970/71), 193-197

L'Apôtre Paul. Personnalité, Style et Conception du Ministère, Ed. A. Vanhoye (BETL 73), Leuven 1986

E. Larsson, Christus als Vorbild (ASNU 23), Uppsala 1962

- , Die Hellenisten und die Urgemeinde, NTS 33 (1987), 205-225

- , Paul: Law and Salvation, NTS 31 (1985), 424-436

B. Lategan, Is Paul Defending his Apostleship in Galatians?, ZNW 34 (1988), 411-430

H. Lausberg, Handbuch der literarischen Rhetorik, 2 Bde., München [2]1973

Law and Religion. Essays on the place of the Law in Israel and Early Christianity by members of the Ehrhardt Seminar of Manchester University, Ed. B. Lindars SSF, Cambridge 1988

Law in Religous Communities in the Roman Period. The Debate over *Torah* and *Nomos* in Post-Biblical Judaism and Early Christianity, Ed. P. Richardson and St. Westerholm (StChJ 4), Waterloo/Ontario 1991

R. Liebers, Das Gesetz als Evangelium. Untersuchungen zur Gesetzeskritik des Paulus (AThANT 75), Zürich 1989

B. Lindars, New Testament Apologetic. The Doctrinal Significance of the Old Testament Quotations, London 1961

A. Lindemann, Die Aufhebung der Zeit. Geschichtsverständnis und Eschatologie im Epheserbrief, (StNT 12), Gütersloh 1975

- , Paulus im ältesten Christentum. Das Bild des Apostels und die Rezeption der paulinischen Theologie in der frühchristlichen Literatur bis Marcion (BHTh 58), Tübingen 1979

- , Die Rede von Gott in der paulinischen Theologie, ThGl 69 (1979), 357-376

- , Die Gerechtigkeit aus dem Gesetz. Erwägungen zur Auslegung und zur Textgeschichte von Röm 10,5, ZNW 73 (1982), 231-250

H. von Lips, Weisheitliche Traditionen im Neuen Testament (WMANT 64), Neukirchen 1990

W.R.G. Loader, Christ at the Right Hand - Ps. CX.1 in the New Testament, NTS 24 (1978), 199-217

W. von Loewenich, Luthers theologia crucis, Witten [5]1967

E. Lohse, Märtyrer und Gottesknecht. Untersuchungen zur urchristlichen Verkündigung vom Sühntod Jesu Christi (FRLANT 64), Göttingen ²1963

- , Die Einheit des Neuen Testaments. Exegetische Studien zur Theologie des Neuen Testaments, Göttingen 1973

- , Die Entstehung des Neuen Testaments (ThW 4), Stuttgart ⁵1990

- , Die alttestamentlichen Bezüge im neutestamentlichen Zeugnis vom Tode Jesu Christi, ib. 111-124

- , Glaube und Werke. Zur Theologie des Jak, ib. 285-306

- , Paränese und Kerygma im 1. Petrusbrief, ib. 307-328

- , ὁ νόμος τοῦ πνεύματος τῆς ζωῆς. Exegetische Anmerkungen zu Röm 8,2, in: Neues Testament und christliche Existenz, FS H. Braun, Hg. von H.D. Betz und L. Schottroff, Tübingen 1973, 279-287

H.E. Lona, Die Eschatologie im Kolosser- und Epheserbrief (fzb 48), Würzburg 1984

N. Longenecker, The Nature of Paul's Early Eschatology, NTS 31 (1985), 85-95

D.A. Losada, La cuestión de Israel en Rom 9-11, RevBib 43 (1981), 65-80

U. Luck, Historische Fragen zum Verhältnis von Kyrios und Pneuma bei Paulus, ThLZ 85 (1960), 845-848

- , Weisheit und Leiden. Zum Problem Paulus und Jakobus, ThLZ 92 (1967), 253-258

- , Der Jakobusbrief und die Theologie des Paulus, ThGl 61 (1971), 161-179

- , Die Theologie des Jakobusbriefes, ZThK 81 (1984), 1-30

H.-M. Lübking, Paulus und Israel im Römerbrief. Eine Untersuchung zu Röm 9-11 (EHS.T 23), Frankfurt a.M./New York/Nancy 1986

G. Lüdemann, Paulus, der Heidenapostel. Bd. I: Studien zur Chronologie (FRLANT 123), Göttingen 1980

- , Paulus der Heidenapostel II: Antipaulinismus im frühen Christentum (FRLANT 130), Göttingen 1983

- , Das frühe Christentum nach den Traditionen der Apostelgeschichte. Ein Kommentar, Göttingen 1987

D. Lührmann, Das Offenbarungsverständnis bei Paulus und in den paulinischen Gemeinden (WMANT 16), Neukirchen 1965

- , Glaube im frühen Christentum, Gütersloh 1976

- , Rechtfertigung und Versöhnung. Zur Geschichte der paulinischen Tradition, ZThK 67 (1970), 437-452

- , Gal 2,9 und die katholischen Briefe. Bemerkungen zum Kanon und zur regula fidei, ZNW 72 (1981), 65-87

U. Luz, Das Geschichtsverständnis bei Paulus (BEvTh 49), München 1968

- , Der alte und der neue Bund bei Paulus und im Hebräerbrief, EvTh 27 (1967), 318-336

F.W. Maier, Israel und die Heilsgeschichte nach Röm 9-11 (BZfr XII,11/12), Münster 1929

- , Ps 110,1 (LXX 109,1) im Zusammenhang von 1Kor 15,24-26, BZ 20 (1932), 139-156

A. Maillot, Essai sur la citations vétérotestamentaires contenues dans Romans 9 à 11, ou comment se servir la Torah pour que le "Christ est la fin de la Torah", ETR 57 (1982), 55-73

J. Marböck, Weisheit im Wandel. Untersuchungen zur Weisheitstheologie bei Ben Sira (BBB 37), Bonn 1971

R.P. Martin, Carmen Christi. Philippians 2:5-11 in Recent Interpretation and in the Setting of Early Christian Worship (MSSNTS 4), Cambridge ²1984

R. Martin-Archard, Art. *gûr*, THAT I, 409-412

J.L. Martyn, Apocalyptic Antimonies in Paul's Letter to the Galatians, NTS 31 (1985), 410-424

428

W. Marxsen, Einleitung in das Neue Testament. Eine Einführung in ihre Probleme, Gütersloh [4]1978

H.-P. Mathys, "Liebe deinen Nächsten wie dich selbst." Untersuchungen zum alttestamentlichen Gebot der Nächstenliebe (Lev 19,18) (OBO 71), Göttingen 1986

B. Mayer, Unter Gottes Heilsratschluß. Prädestinationsaussagen bei Paulus (fzb 15), Würzburg 1974

G. Mayer, Aspekte des Abrahambildes in der hellenistisch-jüdischen Literatur, EvTh 32, (1972), 118-127

Melanchthons Werke in Auswahl, V. Band Römerbrief-Kommentar 1532. In Verbindung mit G. Ebeling hg. von R. Schäfer, Gütersloh 1965

O. Merk, Handeln aus Glauben. Die Motivierungen der paulinischen Ethik (MThSt 5), Marburg 1968

- , Der Beginn der Paränese im Galaterbrief, ZNW 60 (1969), 83-104

- , Zur Christologie im Ersten Thessalonicherbrief, in: Anfänge der Christologie, FS F. Hahn, Hg. von C. Breytenbach und H. Paulsen, Göttingen 1991, 97-110

- , Art. ἄρχων: EWNT I, 401-404

H. Merklein, Das kirchliche Amt nach dem Epheserbrief (StANT 33), München 1973

- , Studien zu Jesus und Paulus (WUNT 43), Tübingen 1987

- , Die Bedeutung des Kreuzestodes Christi für die paulinische Gerechtigkeits- und Gesetzesthematik, ib. 1-106

- , Erwägungen zur Überlieferungsgeschichte der neutestamentlichen Abendmahlstraditionen, ib. 157-180

- , Der Tod Jesu als stellvertretender Sühnetod. Entwicklung und Gehalt einer zentralen neutestamentlichen Aussage, ib. 181-191

- , Entstehung und Gehalt des paulinischen Leib-Christi-Gedankens, ib. 319-344

- , Die Weisheit Gottes und die Weisheit der Welt (1Kor 1,21). Zur Möglichkeit einer "natürlichen" Theologie nach Paulus, ib. 376-384

- , "Es ist gut für den Menschen, eine Frau nicht anzufassen". Paulus und die Sexualität nach 1Kor 7, ib. 385-408

- , Paulinische Theologie in der Rezeption des Kolosser- und Epheserbriefes, ib. 409-447

- , Der Theologe als Prophet. Zur Funktion prophetischen Redens im theologischen Diskurs des Paulus, NTS 38 (1992), 402-429

- , Die Einheitlichkeit des 1Kor, ZNW 75 (1984), 153-183

B.F. Meyer, The pre-Pauline Formula in Rom. 3.25-26a, NTS 29 (1983), 198-208

O. Michel, Paulus und seine Bibel (BFChTh.M 18), Gütersloh 1929 (Nachdruck: Darmstadt 1972, mit Nachtrag 213-221)

Mikra. Text, Translation, Reading and Interpretation of the Hebrew Bible in Ancient Judaism and Early Christianity, Ed. M.J. Mulder, Assen/Maastricht/Philadelphia 1988

M.P. Miller, Targum, Midrash and the Use of the Old Testament in the New Testament, JSJ 2 (1971), 29-82

H.-J. van der Minde, Schrift und Tradition bei Paulus. Ihre Bedeutung und Funktion im Römerbrief (Paderborner ThST 3), Paderborn 1976

F. Montagnini, Elizione e libertà, grazia e predestinazione a proposito di Rom. 9,6-29, in: Die Israelfrage nach Röm 9-11, 57-86 (Diskussion: 86-97)

H. Moxnes, Theology in Conflict. Studies in Paul's Understanding of God in Romans (NT.S 53), Leiden 1980

Ch. Müller, Gottes Gerechtigkeit und Gottes Volk. Eine Untersuchung zu Römer 9-11 (FRLANT 86), Göttingen 1984

K. Müller, Anstoß und Gericht. Eine Studie zum jüdischen Hintergrund des paulinischen Skandalon-Begriffs (StANT 19), München 1969

- , 1Kor 1,18-25. Die eschatologisch-kritische Funktion der Verkündigung des Kreuzes, BZ 10 (1966), 246-272

- , Art. Apokalyptik/Apokalypsen III. Die jüdische Apokalyptik. Anfänge und Merkmale: TRE 3, 202-251

M. Müller, Graeca sive Hebraica veritas? The Defence of the Septuagint in the Early Church, SJOT 1/1989, 103-124

- , Hebraica sive Graeca veritas. The Jewish Bible at the Time of the New Testament and the Christian Bible, SJOT 2/1989, 55-71

U.B. Müller, Zur frühchristlichen Theologiegeschichte. Judenchristentum und Paulinismus in Kleinasien an der Wende vom ersten zum zweiten Jahrhundert n. Chr., Gütersloh 1976

W.E. Müller, Die Vorstellung vom Rest im Alten Testament. Für die Neuauflage durchgesehen, überarbeitet, mit Ergänzungen und einem Nachtrag versehen von H.D. Preuß, Neukirchen 1973

J. Munck, Christus und Israel. Eine Auslegung von Röm 9-11 (AJut.T 7), Aarhus 1956

F. Mußner, Christus, das All und die Kirche. Studien zur Theologie des Epheserbriefes (TThSt 5), Trier [2]1968

- , Traktat über die Juden, München 1979

- , "Ganz Israel wird gerettet werden" (Röm 11,26), Kairos 18 (1976), 241-255

- , NOOYMENA. Bemerkungen zum "Offenbarungsbegriff" in Röm 1,20, in: Fides quaerens intellectum. Beiträge zur Fundamentaltheologie, FS M. Seckler, Hg. von M. Kessler u.a., Tübingen 1992, 137-148

G. Nebe, "Hoffnung" bei Paulus. Elpis und ihre Synonyme im Zusammenhang der Eschatologie (StUNT 16), Göttingen 1983

- , Righteousness in Paul, in: Justice and Righteousness, Ed. H. Graf Reventlow and Y. Hoffmann, JStOT.S 137, 131-153

H. Neitzel, Eine alte crux interpretum im Jakobusbrief, ZNW 73 (1982), 286-293

Neues Testament und Kirche, FS R. Schnackenburg, Hg. von J. Gnilka, Freiburg/Basel/Wien 1974

F. Neugebauer, In Christus. Eine Untersuchung zum paulinischen Glaubensverständnis, Göttingen 1961

- , Das paulinische "in Christo", NTS 4 (1957/58), 124-138

K.W. Niebuhr, Heidenapostel aus Israel. Die jüdische Identität des Paulus nach ihrer Darstellung in seinen Briefen (WUNT 62), Tübingen 1992

K. Niederwimmer, Der Begriff der Freiheit im NT (TBT 11), Berlin 1966

- , Askese und Mysterium. Über Ehe, Ehescheidung und Eheverzicht in den Anfängen des christlichen Glaubens (FRLANT 113), Göttingen 1975

- , Erkennen und Lieben. Gedanken zum Verhältnis von Gnosis und Agape im ersten Korintherbrief, KuD 11 (1965), 75-102

F. Nietzsche, Werke III, Hg. von K. Schlechta, München [6]1969

E. Norden, Agnostos Theos. Untersuchungen zur Formengeschichte religiöser Rede, Darmstadt [6]1974

E. von Nordheim, Das Zitat des Paulus in 1Kor 2,9 und seine Beziehung zum koptischen Testament Jakobs, ZNW 65 (1974), 112-120

M. Noth, "Die mit des Gesetzes Werken umgehen, die sind unter dem Fluch", in: ders., Gesammelte Studien zum Alten Testament (TB 6), München [3]1966, 155-171

F.-J. Ortkemper, Das Kreuz in der Verkündigung des Apostels Paulus (SBS 24), Stuttgart [2]1968

E. Osswald, Zur Hermeneutik des Habakkuk-Kommentars, ZAW 68 (1956), 243-256

P. von der Osten-Sacken, Römer 8 als Beispiel paulinischer Soteriologie (FRLANT 112), Göttingen 1975

R. Otto, Das Heilige, München 1987 (= 1917)

W. Pannenberg, Systematische Theologie, Bd. II, Göttingen 1991

H. Patsch, Zum alttestamentlichen Hintergrund von Röm 4,25 und 1Petr 2,24, ZNW 60 (1969), 273-281

H. Paulsen, Überlieferung und Auslegung in Römer 8 (WMANT 43), Neukirchen 1974

- , Art. φρονέω: EWNT III, 1049-1051

Paulus und das antike Judentum, Hg. von M. Hengel und U. Heckel, Tübingen 1991

B.A. Pearson, The Pneumatikos-Psychikos Terminology (SBLDS 12), Missoula 1968

L.G. Perdue, Paraenesis and the Epistle of James, ZNW 72 (1981), 241-256

Ch. Plag, Israels Wege zum Heil. Eine Untersuchung zu Römer 9 bis 11 (AzTh I/40), Stuttgart 1969

O. Pöggeler, Der Denkweg Martin Heideggers, Pfullingen [2]1983

W. Popkes, Christus traditus. Eine Untersuchung zum Begriff der Dahingabe im Neuen Testament (AThANT 49), Zürich 1967

- , Adressaten, Situation und Form des Jak (SBS 125/126), Stuttgart 1986

- , Zum Aufbau und Charakter von Römer 1,18-32, NTS 28 (1982), 490-501

F. Prat, S.J., La théologie de Saint Paul, 2 Bde., Paris [19]1930

W. Pratscher, Der Herrenbruder Jakobus und die Jakobustradition (FRLANT 139), Göttingen 1987

H.D. Preuß, Theologie des Alten Testaments II, Stuttgart 1992

Probleme biblischer Theologie, FS Gerhard von Rad, Hg. von H.W. Wolff, München 1971

H. Probst, Paulus und der Brief. Die Rhetorik des antiken Briefes als Form der paulinischen Korintherkorrespondenz (1 Kor 8-10) (WUNT II/45), Tübingen 1991

K. Prümm, Diakonia Pneumatos I: Theologische Auslegung des Zweiten Korintherbriefes, Rom/Freiburg/Wien 1967

G. von Rad, Gesammelte Studien zum Alten Testament, Bd. II, Hg. von R. Smend (ThB 48), München 1973

- , Deuteronomium-Studien, ib. 109-153

- , Gottes Wirken in Israel. Vorträge zum Alten Testament, Neukirchen 1974

- , Theologie des Alten Testaments, 2 Bde., München [9]1987

W. Radl, Ankunft des Herrn. Zur Bedeutung und Funktion der Parusieaussagen bei Paulus (BET 15), Frankfurt a.M./Bern/Cirencester 1981

- , Alle Mühe umsonst? Paulus und der Gottesknecht, in: L'Apôtre Paul, 144-149

H. Räisänen, Paul and the Law (WUNT 29), Tübingen [2]1987

- , The Torah and Christ. Essays in German and English on the Problem of the Law in Early Christianity (Publications of the Finnish Exegetical Society 45), Helsinki 1986

- , Das "Gesetz" des Glaubens und des Geistes, NTS 26 (1979/80), 101-107

- , Galatians 2.16 and Paul's Break with Judaism, NTS 31 (1985), 543-553

K. Rahner, Über das Verhältnis von Natur und Gnade, in: ders., Schriften zur Theologie I, Einsiedeln/Zürich/Köln 1954, 323-345

Rechtfertigung, FS E. Käsemann, Hg. von J. Friedrich, W. Pöhlmann und P. Stuhlmacher, Tübingen/Göttingen 1976

L. von Renthe-Fink, Art. Geschichtlichkeit: HWP 3, 404-408

M. Rese, Überprüfung einiger Thesen von Joachim Jeremias zum Thema des Gottesknechtes im Judentum, ZThK 60 (1963), 21-41

- , Die Rolle des Alten Testaments im Neuen Testament, VF 12/2 (1967), 87-97

- , Israel und Kirche in Römer 9, NTS 34 (1988), 208-217

J. Reumann, "Righteousness" in the New Testament in the United States Lutheran Roman catholic dialogue. With responses by J.A. Fitzmyer and J.D. Quinn, Philadelphia 1982

431

H. Graf Reventlow, Liturgie und prophetisches Ich bei Jeremia, Gütersloh 1963

- , Rechtfertigung im Horizont des Alten Testaments (BEvTh 58), München 1971

- , Epochen der Bibelauslegung I: Vom Alten Testament bis Origines, München 1990

P. Richardson, Pauline Inconsistency: 1Corinthians 9,19-23 and Galatians 2,11-14, NTS 26 (1980), 347-362

H. Ringgren, Art. *qdš* II.2.-V: ThWAT VI, 1188-1204

H.W. Robinson, Corporate Personality in Ancient Israel, Rev. ed., Philadelphia 1980

J. Roloff, Anfänge der soteriologischen Deutung des Todes Jesu (Mk 10,45 und Lk 22,27), NTS 19 (1972/73), 38-64

E. Ruckstuhl, Art. Jakobus (Herrenbruder): TRE 16, 485-488

A. Sand, Der Begriff "Fleisch" in den paulinischen Hauptbriefen (BU 2), Regensburg 1967

- , Art. σάρξ: EWNT III, 549-557

E.P. Sanders, Paulus und das palästinische Judentum. Ein Vergleich zweier Religionsstrukturen (StUNT 17), Göttingen 1985 (engl. Original: Paul and Palestinian Judaism. A Comparison of Patterns of Religion, London 1977

- , Paul, the Law, and the Jewish People, Philadelphia 1983

- , Paul (Past Masters), Oxford/New York 1991

K. Sandnes, Paul - One of the Prophets? (WUNT II/43) Tübingen 1991

H.-H. Schade, Apokalyptische Christologie bei Paulus. Studien zum Zusammenhang von Christologie und Eschatologie in den Paulusbriefen (GTA 18), Göttingen 1981

B. Schaller, Zum Textcharakter der Hiobzitate im paulinischen Schrifttum, ZNW 71 (1980), 21-26

- , ἥξει ἐκ Σιὼν ὁ ῥυόμενος. Zur Textgestalt von Jes 59,20f. in Röm 11,26f., in: De Septuaginta. Studies in Honour of John William Wevers, Toronto 1984, 201-206

H. Schell, Katholische Dogmatik, Kritische Ausgabe, Hg., eingeleitet und kommentiert von J. Hasenfuß und P.-W. Scheele, Bd. II: Die Theologie des dreieinigen Gottes. Die Kosmologie der Offenbarung, München/Paderborn/Wien 1972

W. Schenk, Der Erste Korintherbrief als Briefsammlung, ZNW 60 (1969), 219-243

- , Textverarbeitung im Frühjudentum, Frühkirche und Gnosis, in: Altes Testament - Frühjudentum - Gnosis, 299-313

H.-M. Schenke/K.M. Fischer, Einleitung in die Schriften des Neuen Testaments I: Die Briefe des Paulus und Schriften des Paulinismus, Berlin 1978

H. Schlier, Über das Hauptanliegen des 1. Briefes an die Korinther, in: ders., Die Zeit der Kirche. Exegetische Aufsätze und Vorträge I, Freiburg [3]1966, 147-159

- , Art. θλίβω, θλῖψις: ThWNT III, 139-148

H.H. Schmid, Gerechtigkeit und Glaube. Genesis 15,1-6 und sein biblisch-theologischer Kontext, EvTh 40 (1980), 396-420

K.L. Schmidt, Art. καλέω κτλ.: ThWNT III, 488-539

W.H. Schmidt, Art. Anthropologie I. Alttestamentliche Anthropologie, [3]EKL 1, 156-158

- , Art. *dbr* II-V: ThWAT II, 101-133

W. Schmithals, Paulus und Jakobus (FRLANT 85), Göttingen 1963

- , Die Gnosis in Korinth. Eine Untersuchung zu den Korintherbriefen (FRLANT 66), Göttingen [3]1969

- , Der Römerbrief als historisches Problem (StNT 9), Gütersloh 1975

- , Die Korintherbriefe als Briefsammlung, ZNW 64 (1973), 263-288

- , Judaisten in Galatien?, ZNW 74 (1983), 27-58

R. Schmitt, Gottesgerechtigkeit - Heilsgeschichte - Israel in der Theologie des Paulus (EHS.T 240), Frankfurt a.M./Bern/New York/Nancy 1984

E.J. Schnabel, Law and Wisdom from Ben Sira to Paul (WUNT II/16), Tübingen 1985

G. Schneider, Präexistenz Christi. Der Ursprung einer neutestamentlichen Vorstellung und das Problem ihrer Auslegung, in: Neues Testament und Kirche, 399-412

U. Schnelle, Gerechtigkeit und Christusgegenwart. Vorpaulinische und paulinische Tauftheologie (GTA 24), Göttingen 1983

- , Wandlungen im paulinischen Denken (SBS 137), Stuttgart 1989

- , Der erste Thessalonicherbrief und die Entstehung der paulinischen Anthropologie, NTS 32 (1986), 207-224

J. Schoon-Janßen, Umstrittene "Apologien" in den Paulusbriefen. Studien zur rhetorischen Situation des Ersten Thessalonicherbriefes, des Galaterbriefes und des Philipperbriefes (GTA 45), Göttingen 1991

W. Schrage, Die konkreten Einzelgebote in der paulinischen Paränese. Ein Beitrag zur neutestamentlichen Ethik, Gütersloh 1961

- , Ethik des Neuen Testaments (GNT 4), Göttingen 1982

- , Die Stellung zur Welt bei Paulus, Epiktet und in der Apokalyptik, ZThK 61 (1964), 125-154

- , Das Verständnis des Todes Jesu im Neuen Testament, in: Das Kreuz Jesu Christi als Grund des Heils, Hg. von F. Viering, Gütersloh 1967, 49-89

- , Zur Frontstellung der paulinischen Ehebewertung in 1Kor 7,1-7, ZNW 67 (1976), 214-234

H. Schreckenberg, Ananke. Untersuchungen zur Geschichte des Wortgebrauchs (Zetemata 36), München 1964

A. Schreiber, Die Gemeinde in Korinth (NTA 12), Münster 1977

J. Schreiner, Jeremia 9,22.23 als Hintergrund des paulinischen "Sich-Rühmens", in: Neues Testament und Kirche, 530-542

Th.R. Schreiner, "Works of Law" in Paul, NT 33 (1991), 217-244

G. Schrenk, Was bedeutet "Israel Gottes"?, Jud. 5 (1949), 81-94

G. Schrenk/G. Quell, Art. πατήρ κτλ.: ThWNT V, 940-1024

H. Schürmann, "Das Gesetz des Christus" (Gal 6,2). Jesu Verhalten und Wort als letztgültige sittliche Norm nach Paulus, in: Neues Testament und Kirche, 282-300

S. Schulz, Die Decke des Moses. Untersuchungen zu einer vorpaulinischen Überlieferung in 2Kor 3,7-18, ZNW 49 (1958), 1-30

- , Die Mitte der Schrift. Der Frühkatholizismus im Neuen Testament als Herausforderung an den Protestantismus, Stuttgart/Berlin 1976

A. Schweitzer, Geschichte der paulinischen Forschung, Tübingen 1911, z.T. jetzt in: Das Paulusbild in der neueren deutschen Forschung, 113-123

- , Die Mystik des Apostels Paulus. Mit einer Einführung von W.G. Kümmel (UTB 1091), Tübingen 1981 (Neudruck der 1. Aufl. 1930)

E. Schweizer, Neotestamentica. Deutsche und englische Aufsätze 1951-1963, Zürich/Stuttgart 1963

- , Zur Herkunft der Präexistenzvorstellung bei Paulus, ib. 105-109

- , Röm 1,3f. und der Gegensatz von Fleisch und Geist vor und bei Paulus, ib. 180-189

- , Die Kirche als Leib Christi in den paulinischen Homologumena, ib. 272-292

- , Die Kirche als Leib Christi in den paulinischen Antilegomena, ib. 293-316

- , The Church and the Missionary Body of Christ, ib. 317-329

- , The Service of Worship. An Exposition of 1 Corinthians 14, ib. 333-343

- , Das Herrenmahl im Neuen Testament, ib. 344-370

- , Art. πνεῦμα κτλ. E. Das Neue Testament: ThWNT VI, 394-449

- , Art. σάρξ, E. Das Neue Testament: ThWNT VII, 123-145

- , Art. υἱός κτλ. C. Judentum. I. Hellenistisches Judentum, 1. Septuaginta. c-d.: ThWNT VIII, 355-356; D. Neues Testament, 364-395

A. Segal, Paul the Convert: The Apostolate and Apostasy of Saul the Pharisee, New Heaven/London 1990

M.A. Seifried, The Subject of Rom. 7:14-25, NT 34 (1992), 313-333

O.J.F. Seitz, James and the Law, StEv 2 (1964) (TU 87), 472-486

G. Sellin, Der Streit um die Auferstehung der Toten. Eine religionsgeschichtliche und exegetische Untersuchung von 1Korinther 15 (FRLANT 138), Göttingen 1986

- , Die Häretiker des Judasbriefes, ZNW 77 (1986), 206-225

C. Siegfried, Philo von Alexandria als Ausleger des Alten Testaments, Jena 1875 (Nachdruck: Amsterdam 1970)

G. Sinn, Christologie und Existenz. Rudolf Bultmanns Interpretation des paulinischen Christusereignisses (TANZ 4), Tübingen 1991

R.B. Sloan, Paul and the Law: Why the Law Cannot Save, NT 33 (1991), 35-60

J. Smit, The Letter of Paul to the Galatians: A Deliberative Speech, NTS 35 (1989), 1-26

K.R. Snodgrass, Justification by Grace - to the Doers: An Analysis of the Place of Romans 2 in the Theology of Paul, NTS 32 (1986), 72-93

A.H. Snyman, Style and the Rhetorical Situation of Romans 8.31-39, NTS 34 (1988), 218-231

H. Freiherr von Soden, Sakrament und Ethik bei Paulus. Zur Frage der literarischen und theologischen Einheitlichkeit von 1Kor 8-10, in: Das Paulusbild in der neueren deutschen Forschung, 383-379

Th. Söding, Der Erste Thessalonicherbrief und die frühe paulinische Evangeliumsverkündigung, BZ 35 (1991), 180-203

H.F.D. Sparks, 1Kor 2,9 a Quotation from the Coptic Testament of Jacob?, ZNW 67 (1976), 269-276

K. Stalder, Das Werk des Geistes in der Heiligung bei Paulus, Zürich 1962

B. Standaert, La rhétorique ancienne dans Saint Paul, in: L'Apôtre Paul, 79-92

E. Stange, Diktierpausen in den Paulusbriefen, ZNW 18 (1917), 107-119

Ch.D. Stanley, Paul and Homer: Greco-Roman Citation Practice in the Century C.E., NT 32 (1990), 48-78

O.H. Steck, Israel und das gewaltsame Geschick der Propheten. Untersuchungen zur Überlieferung des deuteronomistischen Geschichtsbildes im Alten Testament, Spätjudentum und Urchristentum (WMANT 23), Neukirchen 1967

G. Steiner, Martin Heidegger. Eine Einführung, München/Wien 1989 (Amerik. Original: Martin Heidegger, New York 1978)

K. Stendahl, Paul among Jews and Gentiles and other Essays, Philadelphia [2]1978

G. Strecker, Befreiung und Rechtfertigung. Zur Stellung der Rechtfertigungslehre in der Theologie des Paulus, in: Rechtfertigung, 479-508

- , Redaktion und Tradition im Christushymnus Phil 2,6-11, in: *ders.,* Eschaton und Historie. Aufsätze, Göttingen 1979, 142-157

A. Strobel, Art. ἀνάγκη κτλ.: EWNT I, 185-190

- , Untersuchungen zum eschatologischen Verzögerungsproblem aufgrund der spätjüdisch-urchristlichen Geschichte von Habakuk 2,2ff. (NT.S 2), Leiden 1961

Studies in Lutheran Hermeneutics, Ed. J. Reumann, Philadelphia 1979

Studiorum Paulinorum Congressus Internationalis Catholicus 1961, 2 Bde. (AnBib 17-18), Rom 1963

P. Stuhlmacher, Gerechtigkeit Gottes bei Paulus (FRLANT 87), Göttingen [2]1966

- , Biblische Theologie des Neuen Testaments I, Göttingen 1992

- , Versöhnung, Gesetz und Gerechtigkeit. Aufsätze zur biblischen Theologie, Göttingen 1981

- , Jesus als Versöhner. Überlegungen zum Problem der Darstellung Jesu im Rahmen einer biblischen Theologie des Neuen Testaments, ib. 9-26

434

- , Das Gesetz als Thema biblischer Theologie, ib. 136-165

- , "Das Ende des Gesetzes". Über Ursprung und Ansatz der paulinischen Theologie, ib. 166-191

- , Erwägungen zum ontologischen Charakter der καινὴ κτίσις bei Paulus, EvTh 27 (1967), 1-35

- , Theologische Probleme des Römerbriefpräskrips, EvTh 27 (1967), 374-389

- , Zur Interpretation von Römer 11,25-32, in: Probleme biblischer Theologie, 555-570

- , "Er ist unser Friede" (Eph 2,14). Zur Exegese und Bedeutung von Eph 2,14-18, in: Neues Testament und Kirche, 337-358

R. Stuhlmann, Das eschatologische Maß im Neuen Testament (FRLANT 132), Göttingen 1983

M.J. Suggs, "The Word is Near You": Romans 10:6-10 within the Purpose of the Letter, in: Christian History and Interpretation: Studies presented to John Knox, Ed. W.R. Farmer, C.F.D. Moule, R.R. Niebuhr, Cambridge 1967, 289-312

H.St.J. Thackeray, The Septuagint and Jewish Worship (SchL 1920), London 1921

Theologia crucis - Signum crucis, FS E. Dinkler, Hg. von C. Andresen und G. Klein, Tübingen 1979

Theorie der Argumentation. Hg. von M. Schecker (Tübinger Beiträge zur Linguistik 76), Tübingen 1977

The Romans Debate, Ed. K.P. Donfried, Peabody/Mass. 1991 (= 1977)

The Thessalonian Correspondence, Ed. R.F. Collins (BEThL 87), Leuven 1990

G. Theißen, Psychologische Aspekte paulinischer Theologie (FRLANT 131), Göttingen 1983

W. Thüsing, Gott und Christus in der paulinischen Soteriologie, Bd. I: Per Christum in Deum. Das Verhältnis der Christozentrik zur Theozentrik, Münster ³1986.

- , Rechtfertigungsgedanke und Christologie in den Korintherbriefen, in: Neues Testament und Kirche, 301-324

L. Thurén, The Rhetorical Strategy of 1 Peter. With Special Regard to Ambiguous Expressions, Åbo 1990

A.B. du Toit, Persuasion in Romans 1:1-17, BZ 33 (1989), 192-209

P.J. Tomson, Paul and the Jewish Law: Halakha in the Letters of the Apostle to the Gentiles (CRINT III/1), Assen/Maastricht 1990

W. Trilling, Die beiden Briefe des Apostels Paulus an die Thessalonicher. Ein Forschungsbericht, in: ANRW II/25.4, Tübingen 1987, 3365-3403

H. Ulonska, Paulus und das Alte Testament, Diss. theol. Münster 1963

H. Umbach, In Christus getauft - Von der Sünde befreit. Die Gemeinde als sündenfreier Raum bei Paulus, Diss. theol. Göttingen 1992

L. Venard, Citations de l'Ancien Testament dans le Nouveau Testament: DBS II, 23-51

G. Vermes, Bible and Midrash: Early Old Testament Exegesis, in: ders., Post-Biblical Studies (SJLA 8), Leiden 1975, 59-91

R. Vicent, Derash homilético en Rom 9-11, Sal. 42 (1980), 751-781

Ph. Vielhauer, Geschichte der urchristlichen Literatur, Berlin 1978 (= 1975)

- , Oikodome. Aufsätze zum Neuen Testament, Bd. 2 (TB 65), München 1979

- , Oikodome. Das Bild vom Bau in der christlichen Literatur vom Neuen Testament bis Clemens Alexandrinus, ib. 1-168

- , Paulus und das Alte Testament, ib. 196-228

- , Gesetzesdienst und Stoicheiadienst im Galaterbrief, in: Rechtfertigung, 543-555

J.L. de Villiers, The Salvation of Israel according to Rom 9-11, Neotestamentica 15 (1981), 199-221

A. Vögtle, Offenbarungsgeschehen und Wirkungsgeschichte. Neutestamentliche Beiträge, Freiburg/Basel/Wien 1985

-, Die Schriftwerdung der apostolischen Paradosis nach 2Petr 1,12-15, ib. 297-304

-, "Keine Prophetie der Schrift ist Sache eigenwilliger Auslegung" (2Petr 1,20b), ib. 305-328

S. *Vollenweider*, Freiheit als neue Schöpfung. Eine Untersuchung zur Eleutheria bei Paulus und in seiner Umwelt (FRLANT 147), Göttingen 1989

H. *Vollmer*, Die Alttestamentlichen Citate bei Paulus textkritisch und biblisch-theologisch gewürdigt nebst einem Anhang über das Verhältnis des Apostels zu Philo, Freiburg 1895

J.S. *Vos*, Traditionsgeschichtliche Untersuchungen zur paulinischen Pneumatologie, Assen 1973

R. *Walker*, Allein aus Werken. Zur Auslegung von Jak 2,14-26, ZThK 61 (1964), 155-192

G. *Wallis*, Art. *hb*, ThWAT I, 105-128

N. *Walter*, Der Thoraausleger Aristobulos. Untersuchungen zu seinen Fragmenten und zu pseudepigraphischen Resten der jüdisch-hellenistischen Literatur (TU 86), Berlin 1964

-, Zur Interpretation von Römer 9-11, ZThK 81 (1984), 172-195

-, Geschichte und Mythos in der urchristlichen Präexistenzchristologie, in: Mythos und Rationalität, Hg. von H.H. Schmid, Gütersloh 1988, 224-238

-, "Bücher: so nicht der heiligen Schrifft gleich gehalten ..."? Karlstadt, Luther - und die Folgen, in: Tragende Tradition, FS für M. Seils, Hg. von A. Freund/U. Kern/A. Radler, Frankfurt a.M./Berlin/Bern/New York/Paris/Wien 1992

-, Art. ἔϑνος: EWNT I, 925-929

W. *Warnach*, Agape. Die Liebe als Grundmotiv der neutestamentlichen Theologie, Düsseldorf 1951

F. *Watson*, Paul, Judaism and the Gentiles. A Sociological Approach, Cambridge 1986 (First Paperback Edition 1989)

A. *Wechsler*, Geschichtsbild und Apostelstreit. Eine forschungsgeschichtliche und exegetische Studie über den antiochenischen Zwischenfall (Gal 2,11-14) (BZNW 62), Berlin/New York 1991

A.J.M. *Wedderburn*, Baptism and Resurrection. Studies in Pauline Theology against Graeco-Roman Background (WUNT 44), Tübingen 1987

-, The Reasons for Romans, Edingburgh 1991

H. *Weder*, Das Kreuz Jesu bei Paulus. Ein Versuch, über den Geschichtsbezug des christlichen Glaubens nachzudenken (FRLANT 125), Göttingen 1981

-, Gesetz und Sünde: Gedanken zu einem qualitativen Sprung im Denken des Paulus, NTS 31 (1985), 357-376

J.A.D. *Weima*, The Function of Law in Relation to Sin, NT 32 (1990), 219-235

J. *Weiß*, Beiträge zur Paulinischen Rhetorik, in: FS B. Weiß, Göttingen 1897, 165-247

K. *Wengst*, Christologische Formeln und Lieder des Urchristentums (StNT 7) Gütersloh 1972

St. *Westerholm*, Israel's Law and the Church's Faith. Paul and His Recent Interpreters, Grand Rapids/Mich. 1988

C. *Westermann*, Art. ᵓādām, THAT I, 41-57

J.L. *White*, New Testament Epistolary Literatur in the Framework of Ancient Epistolography, in: ANRW II.25.2, 1730-1756

M. *Widmann*, 1Kor 2,6-16: Ein Einspruch gegen Paulus, ZNW 70 (1979), 44-53

H.-A. *Wilcke*, Das Problem eines messianischen Zwischenreichs bei Paulus (AThANT 51), Zürich 1967

U. *Wilckens*, Weisheit und Torheit. Eine exegetisch-religionsgeschichtliche Untersuchung zu 1Kor 1 und 2 (BHTh 26), Tübingen 1959

-, Rechtfertigung als Freiheit. Paulusstudien, Neukirchen 1974

-, Die Rechtfertigung Abrahams nach Römer 4, ib. 33-49

- , Zu Römer 3,21-4,25. Antwort an G. Klein, ib. 50-76

- , Was heißt bei Paulus: "Aus Werken des Gesetzes wird kein Mensch gerecht"?, ib. 77-109

- , Zur Entwicklung des paulinischen Gesetzesverständnisses, NTS 28 (1982), 154-190

- , Zu 1Kor 2,1-16 in: Theologia crucis, 501-537

D.D. Williams, The Spirit and the Forms of Love, New York/London 1981

S.K. Williams, The Hearing of Faith: AKOH I T in Galatians 3, NTS 35 (1989), 82-93

M. Winter, Pneumatiker und Psychiker in Korinth. Zum religionsgeschichtlichen Hintergrund von 1Kor 2,6-3,4 (MThSt 12), Marburg 1975

Ch. Wolff, Jeremia im Frühjudentum und Urchristentum (TU 119), Berlin 1976

- , Niedrigkeit und Verzicht in Wort und Weg Jesu und in der apostolischen Existenz des Paulus, NTS 34 (1988), 183-196

H.W. Wolff, Jesaja 53 im Urchristentum. Die Geschichte der Prophetie "Siehe, es siegt mein Knecht" bis zu Justin, Bethel 1942 (Neuausgabe, Hg. von P. Stuhlmacher, Gießen 1984)

M. Wolter, Rechtfertigung und zukünftiges Heil. Untersuchungen zu Röm 5,1-11 (BZNW 43), Berlin 1978

- , Die Pastoralbriefe als Paulustradition (FRLANT 146), Göttingen 1988

K.M. Woschitz, Elpis und Hoffnung. Geschichte, Philosophie, Exegese, Theologie eines Schlüsselbegriffs, Wien/Freiburg/Basel 1979

A.S. van der Woude, Die messianischen Vorstellungen der Gemeinde von Qumrân (SSN 3), Assen 1957

W. Wrede, Paulus (RV I,5-6), Halle 1904; jetzt in: Das Paulusbild in der neueren deutschen Forschung, 1-97 (hiernach zitiert)

A.G. Wright, The Literary Genre of Midrash, CBQ 28 (1966), 105-138.417-457

N.T. Wright, The Climax of the Covenant. Christ and the Law in Pauline Theology, Edingburgh 1991

W.H. Wuellner, Aggadica Homily Genre in ICor 1-3, JBL 89 (1970), 199-204

- , Paul's Rhetoric of Argumentation in Romans, in: The Romans Debate, 128-146

- , Der Jakobusbrief im Licht der Rhetorik und Textpragmatik, LingBibl 43 (1978), 5-66

F. Zehrer, Die Psalmenzitate in den Briefen des Hl. Paulus, HabSchr. masch. Graz 1951

Zeit und Geschichte. FS Rudolf Bultmann, Hg. von E. Dinkler, Tübingen 1964

D. Zeller, Juden und Heiden in der Mission des Paulus. Studien zum Römerbrief (fzb 1), Stuttgart 1973

W. Zimmerli, Biblische Theologie, Berliner Theologische Zeitschrift 1 (1984), 5-26

- , "Heiligkeit" nach dem sogenannten Heiligkeitsgesetz, VT 30 (1980), 493-512

- , Gottes Offenbarung. Gesammelte Aufsätze zum Alten Testament (ThB 19), München ²1969

- , Erkenntnis Gottes nach dem Buche Ezechiel, ib. 41-119

J. Zmijewski, Der Stil der paulinischen "Narrenrede" (BBB 52), Bonn 1978

H.-J. Zobel, Art. *Jisraēl*: ThWAT III, 986-1012

439

Stellenregister (in Auswahl)

443

448

449

450

Hans Weder
Einblicke ins Evangelium

Exegetische Beiträge zur neutestamentlichen Hermeneutik. Gesammelte Aufsätze aus den Jahren 1980 - 1991. 1992. 493 Seiten, kartoniert. ISBN 3-525-53594-5

In einem ersten Teil sind Aufsätze zusammengestellt, die das hermeneutische Potential der neutestamentlichen Texte zu erkennen und für das gegenwärtige Verstehen des Neuen Testaments fruchtbar zu machen suchen. Dabei kommen auch wissenschaftstheoretische und philosophische Probleme zur Sprache.
Die Aufsätze des zweiten Teils konzentrieren sich auf die anthropologischen Erträge theologischer Hermeneutik. Die Begegnung mit dem Evangelium hat schon im Neuen Testament zu interessanten Einblicken ins Menschliche geführt: das Humanum wird nicht systematisch definiert, sondern die Menschen werden auf das Menschliche angesprochen. Das Nachdenken über das Humanum hat schon von sich aus die Gestalt der Zuwendung zum Menschen.
Arbeiten zur paulinischen Theologie sind im dritten Teil zusammengestellt. Sie lassen sich umreißen mit den Stichworten Freiheit, Sünde und Gesetz.
Als schönste Frucht des Nachdenkens über den Christus, wie es im Neuen Testament stattgefunden hat, wird die johanneische Theologie der Inkarnation angesehen. Hier liegen ungeahnte Schätze für die hermeneutische Bemühung verborgen. Die Arbeiten im vierten Teil sind ein Versuch, einige von ihnen ans Licht zu bringen.

Peter Stuhlmacher
Biblische Theologie des Neuen Testaments

Band 1: Grundlegung. Von Jesus zu Paulus. 1992. XI, 419 Seiten, kartoniert. ISBN 3-525-53595-3

Die "Biblische Theologie des Neuen Testaments" von Peter Stuhlmacher verfolgt eine dreifache Zielsetzung: *Erstens* versucht sie, die neutestamentlichen Texte so zu interpretieren, wie sie sich selbst verstehen, nämlich als Glaubenszeugnisse von Jesus Christus, dem messianischen Menschensohn und Gottesknecht. *Zweitens* ist sie bemüht, der Tatsache Rechnung zu tragen, daß Altes und Neues Testament wesenhaft zusammengehören, weil die "heiligen Schriften" Israels durch Jesus und die Apostel bereits zur Bibel des Urchristentums gemacht worden sind, ehe es überhaupt neutestamentliche Einzelschriften gab. *Drittens* zielt sie darauf ab, die neutestamentlichen Zeugnisse sowohl in ihrer Verschiedenheit als auch in ihrer gegenseitigen Berührung und theologischen Einheit zu begreifen: Die Texte verdanken sich sämtlich der geschichtlichen und geistlichen Wirkung der Sendung Jesu zur Versöhnung von Juden und Heiden mit Gott, und sie lassen mit unterschiedlicher Intensität und Klarheit erkennen, daß das "Wort von der Versöhnung" (2 Kor 5,19) die Mitte der Schrift ist.
Im ersten Band wird zunächst die methodische Grundlegung und eine kritische Übersicht über die bisherigen Bemühungen um eine (biblische) Theologie des Neuen Testaments gegeben. Dann folgen die Darstellungen der Verkündigung Jesu, der Urgemeinde und des Paulus.

Vandenhoeck & Ruprecht · Göttingen und Zürich